Bernhard Singer

Churbaierisches Intelligenzblatt 1771

Bernhard Singer

Churbaierisches Intelligenzblatt 1771

ISBN/EAN: 9783742892027

Hergestellt in Europa, USA, Kanada, Australien, Japan

Cover: Foto ©Thomas Meinert / pixelio.de

Manufactured and distributed by brebook publishing software
(www.brebook.com)

Bernhard Singer

Churbaierisches Intelligenzblatt 1771

Churbaierische Intelligenzblätter für das Jahr 1771.

Mit Churfürstl. gnädigstem Privilegio.

Herausgegeben
von dem
Churfürstl. Intelligenz- und Addreß-Comtoir
in München.

Summarischer Innhalt.

Artic. I. Sr. setzt glorreich regierenden Churfürstl. Durchlaucht in Baiern rc. Maximiliani III. höchstlandsherrliche Verordnungen, Generalien, Geboth und Verboth.

Artic. II. Inn- und ausländische zum Verkauf angebothene Producte, Häuser, Güter, öde Gründe, bürgerliche Gerechtigkeiten u. d. gl.

Artic. III. Avertissements, Edictal-Citationen, Erbschaften, aufzunehmende, oder auszuleihende Gelder, Verstiftungen, Pachte rc. Item Standeserhebungen; Personen, so Dienste suchen; oder was man sonst ausfindig machen will.

Artic. IV. Inn- und ausländische Waaren- Venalien- und Victualien-Preise, Geld-Course und Münzsachen.

Artic. V. Handlungs- Nachrichten, und was dahin einschlägt.

Artic. VI. Policey- Nachrichten, auswärtige Verordnungen. Item Künste, Handwerker, neue Erfindungen und landesnützliche Vorschläge betreffend.

Artic. VII. Nachrichten zum Dienst der Landwirthschaft.

Artic. VIII. Nachrichten von neuherausgekommenen Büchern, von gelehrten Gesellschaften rc. Akademische Præmia und Preisfragen. Item was in das Reich der Wissenschaften zur Litteratur gehört.

Artic. IX. Natur-Begebenheiten; vermischte Nachrichten und Merkwürdigkeiten.

Artic. X. Etwas zum guten Geschmack.

— — — — Adeone!
Scire tuum nihil est, nisi te scire hoc sciat alter.

Persius.

Heil dem Volke, dem Fürsten Seegen
So wünscht dieß Jahr der Patriot:
Getrost! es wird der Sturm sich legen,
Es lebet noch, der alte GOtt.

Churbaierisches Intelligenzblatt

Num. I.
München den 18. Jänner 1771.

Artic. I.

Höchstlandesherrliche Verordnung und Ausschreiben.

1) Decret: die zu Beförderung der Landwirthschaft in Baiern und der Obern-Pfalz, zu Erhaltung der Wohlfeilheit der Lebensmittel; zu Exequierung Landesnutzlicher Vorschläge; und in der Folge auch zu Handhabung einer guten Landes-Policey gnädigst verordnete geheime Hof-Commission. Dat. 3. Dec. 1770.

Decretum Serenissimi Dom. Dom. Ducis Electoris &c.

Se. Churfürstl. Durchl. Unser gnädigster Herr ꝛc. haben den bedaurlichen Zustand, worinn der gröste Theil dero Churlanden durch den bekannten Miswachs, und die hieraus erfolgte Theurung, und Getreidmangel versetzet worden sind, empfindlichst zu Herzen genommen. Und gleichwie nun höchstderoselben erste Sorge, und vorzügliche Beschäftigung ist, den betrangten Unterthan der künftigen Dürftigkeit, und Nahrungsmangel möglichstermassen zu entledigen, mithin alle Mittel zu gebrauchen, wodurch das Uebel, wo nicht gänzlichen abgewendet, doch um ein merkliches vermindert, und insonderheit die höchstnöthige Sommersaat nicht zu sehr verkürzt werden möge: Als haben Sie zu dessen besserer Besorgung dieser gemeinen Landsangelegenheit eine geheime Hof-Commission gnädigst angeordnet, und hierzu als Präsidenten Dero Conferenz-Minister, und Obrist-Hofmeister ꝛc. Grafen von Seinsheim; zum Vice-Präsidenten aber den wirklichen geheimen Rath, Cammerer, und Revisions-Vice-Directorn Grafen von Lodron; wie nichtweniger als Assessores auf der rechten Seite Dero geheimen Raths, und Cammerer Grafen Cajetan von Fugger zu Zinneberg, dann den Hofoberrichter Baron von Widmann Seniorem, und den Hofrath Baron Widmer; auf der linken Seite aber Dero beyde geheimen Räthe von Planck, und von Stubenrauch, nebst dem Hofrath Seyboth, und Hofkammerrath Wilhelmseder gnädigst ernannt.

Mehrhöchstgedacht Se. Churfürstliche Durchl. übertragen demnach

1mo. Dieser niedergesetzten Commission, welche nur der höchsten Stelle allein subordinirt seyn solle, all dasjenige tam quod Deliberationem, als Executionem, was das Getreidwesen und die bis auf nächstkünftige Aerndzeit benöthigte Aushilfe betrift. Dahero sollen

2do. Sämmtliche Berichte, dann alle sowohl Inn- als Ausländische in dergleichen Materien einschlagende Sachen ohnmittelbar an die Commission dirigirt; solche auch allenfalls von den übrigen Stellen sogleich dahin gegeben, und hernach von selber die hierauf erfolgende Resolutiones durch die geheime Canzley expedirt, und erlassen, auch hievon in der geheimen Conferenz nichts zur Proposition gebracht werden, was nicht ehevor von derselben überlegt, oder dieselbe mit ihrer gutächtlichen Meinung hierüber vernommen ist.

3tio. Sollen wochentlich 2. oder 3. und nach Erforderniß der Umständen oder der anwachsende Arbeit noch mehr Sessiones gehalten, auch in Sachen, wo Gefahr ob dem Verzug hastet, ausser der gewöhnlichen Zeit hierzu angesagt werden.

4to. Sind die beyde Churfürstl. Hofräthe Baron Widmer, und Eckhorn bey dieser Deputation als ordinari Proponenten hiemit gnädigst denominirt, welche auch zugleich die Expeditionen zu besorgen haben.

5to. Sollen die Prothocolla bey jeder Session ordentlich gehalten, und Sr. Churfürstl. Durchl. von Zeit zu Zeit zur höchsten Einsicht übergeben werden; Höchstwelche,

6to. Wochentlich einen Tag bestimmen werden, an welchem in der geheimen Conferenz über wichtigere Sachen proponirt werden soll. In Fällen aber, wo periculum in Mora obhanden, hat man sich Commissions Seits jedesmal zu melden, damit solche bey ermeldter Conferenz unverzüglich vorgenommen werden. Um aber endlichen,

7mo. Die Geschäffte destoweniger aufzuhalten, oder zu erschweren, ist in Sachen, wo eine Auskunft von anderen Collegiis erforderlich, auf jedmaliges Verlangen sogleich ein Deputirter von dort zur Commission abzuordnen, um sich hierbey kurz, und mündlichen vernehmen zu lassen.

Se. Churfürstl. Durchl. versehen sich solchemnach gnädigst, daß man sich von Seite der Commission dieses übertragene Geschäfft mit vereinigten Kräften solchergestalten angelegen seyn lassen werde, wie es die Wichtigkeit der Sache, und auf sie samt- und sonders, vorzüglich aber auf das Præsidium gesetzte gnädigste Vertrauen mit sich bringt. Und es verbleiben höchstdieselbe ermeldtem Commissions-Präsidenten, Vice-Präsidenten, dann übrigen geheimen, Hofkammer, Policey-, Commercien- und respective Mauth-Directorial-Räthen mit Churfürstl. höchsten Hulden, und Gnaden wohl- und gewogen, München den 3. Dec. Anno 1770.

Maximilian Joseph, Churfürst rc.

Fr. von Sclatii.

*) Diese gnädigst verordnete Commission, eine neue abermalige Probe von der landesväterlichen Liebe, Sorgfalt und Wachtbarkeit des besten Regenten, läßt uns viel Gutes hoffen. Ihr Gegenstand ist zu wichtig; und der vereinbarte, der glühende Eifer dieser hochansehnlichen, und dapfern Männer, so redlicher Patrioten, für das wahre Wohl des Vaterlandes, wird nicht nur den Eckstein manch bisherigen Vorurtheils wider gute Gesinnungen, beyseite raumen; sondern auch die Wirksamkeit landesgedeyhlicher Anstalten, und der bestgemeinten Landesverordnungen: folglich die gesegneten Früchten des Fleises, bey einer mitteiferenden Policey, uns geniessen lassen. Wir machen die Probe:

b) Höchstlandesherrliche Verordnung. Den verbothenen Getreidaufkauf bey den Häusern; gesetzwiderige Verheimlichung des Getreides; bessere Beschlagung der Schranen; und die auf gewisse Verbrechen gesetzte Strafe, der Landesverweisung, des Galgens, so andern, mit Verschließung des Gnadenweges rc. betreffend. Dat. 28. Dec. 1770.

Nachdem Se. Churfürstl. Durchlaucht abbereit vermög eines unterm 22. September dieß Jahres im Druck erlassenen General-Mandats, und der hierauf unterm 19. Novembr. abhin, über die sich geäußerten Anstände ergangenen Leuterationen dem gesammten Landespublikum sattsam kund gethan haben, wie es Höchstdieselbe aus landesväterlicher Sorgfalt für dero Churlanden, bey gegenwärtig mäßlicher Getreidzeit gehalten wissen wollen, ungehindert dessen aber aus der Erfahrenheit sich beweisen will, wie sich einige verwegene Mißhändler an die Pönfälle wenig kehren, mit Zurückhaltung des Getreids, und Steigerung dessen Preises allerley unerlaubter Vortheile sich bedienen, und ihren Nebenmenschen, Mitbürgern und Landsleuten dasjenige in billigen Preis nicht vergonnen, was die Vorsicht GOttes noch an allerley Getreidsorten dem Vaterlande gegeben hätte.

So haben Höchstgedacht Se. Churfürstl. Durchläucht nicht nur wider die wucherische Getreidkipperer und Fürkäufer, sondern auch wider theils gewinnsüchtige, über ihre eigene Nothdurft das Getreid hinterlsteckende oder verhaltende Getreideigenthümer, weß Stand und Caracters dieselben immer seyn mögen, vom Höchsten bis zum Niedrigsten, Höchstdero eigene Churfürstl. Aemter unausgenommen, einen geschärften Getreidpönsatz durch öffentlichen Lands-Beruf zu jedermänniglichen Gewarnung, in denen Städten durch öffentlichen Trommelschlag oder Trompetenschall, und auf dem Lande vor allen Pfarrkirchen wohl vernehmlich ausrussen, somit auch all gewöhnlicher Orten anheften zu lassen resolvirt, wie folgt:

Erstlich, gegen jene, welche sich über so gemessene Verbothe anmassen dürften, unter was immerley Prätext einiges Getreid außer Land zu verschwärzen, sollen ohne zu hoffen habender Gnade, mit der wirklichen Todesstrafe, und zwar gegen die Getreideigenthümer, oder deren Fürkäufern und Getreidköglern, welche wissentlich für einen Ausländer vorkaufen, an einem auf offenen Schranen zu errichtenden Galgen verfahren; gegen den Fuhrleuten, und wissentlichen Helfern mit dreyjähriger Zuchthausstrafe ohne weiters fürgeschritten, connivirende Beamten aber, es mögen hernach Unsrige, oder Unserer Ständen, Civil- oder Militarofficianten seyn, mit infamer Caßation, und gestalten Dingen mit wirklicher Landesverweisung angesehen werden. Sollten aber wider Verhoffen auch Standespersonen eines solch ärgerlichen Verbrechens sich beantheiligen, sollen selbe mit [illegible] Degradirung aller Churfürstl. Gnaden, Caracters, Würden, Ehren und Freyheiten für ihre Person entsetzet werden.

Andertens, wie bereits vorhin die Confiscationsstrafe auf allen Vorkauf, Getreidaufschüttung, und wie immer Namen habende innländische Wucherey und Kipperey in obig beyden Mandaten ausgedruckt, und welchermassen sich mit dem Getreid-Ein- und Verkauf auf offentlichen Schranen zu verhalten, klar genug verordnet ist: so wird vor solchen unnachläßigen Confiscationsschaden jedermänniglich nochmal gewarnet, und zu allem Ueberfluß der seit deme annoch fürgekommene neuerliche Anstand hiemit auch erläutert, daß es für einen verbothenen Häuserkauf nicht anzusehen seye, wenn einem an Saam- oder Speise ausliegenden Unterthan ein Nachbar, ein Müller, ein Pfarrer, oder sonstiger Freund in Minuto Metzen- oder auch Schäffelweis, entweder auf Borg, Tausch, oder auch für Bezahlung aushelfen will; doch sollen dergleichen nachbarliche Käuf oder Täusche, wenn selbe ein ganzes Schäffel oder mehr austragen, und nicht etwann nur etliche Metzen betreffen dürfte, der Obrigkeit angedeutet, solches aber denen Bräuen und Wirthen, es möge derley Kauf oder Verkauf viel oder wenig betreffen, um so weniger mehr gestattet werden, als bey selben die Gelegenheit des Unterschleifs zu gefährlich, und für derenselben Hausnothdurft in besagten Mandat dd. 19. Nov, auf denen Schranen besondere Versehungen verordnet sind.

Drittens, nachdem zuverläßig zu erfahren gestanden, daß einige entweder in ihren eigenen Wohnungen verborgene Getreidbehältnissen haben, oder aber ihre Käufe und Unterhandlungen solchermassen anstellen, daß sie entweder bey gefreyten Orten an ganze Getreidhäusen nur etwas Geld daran geben, oder aber an ungefreyten Orten unter dem fälschlichen Vorwand, als ob sie dem Unterthan nach und nach um den Lohn das Getreid verführen wollten, hier und dort das schon erkaufte Getreid auf den Namen ihres Gedkäufers bis zur Vertheuerung, oder wohl gelegentlicher Abholung bey bessern Weg und Wetter liegen lassen, folgends andurch an solch verschiedenen Plätzen gleich denen Anschütten sich Vorräthe sammeln und verwahren.

Als haben Se. Churfürstl. Durchläucht auch auf diese Hinterhaltungen nicht nur die Confiscation des Getreids, sondern auch des heimlichen Kastens, wenn er dem Vorkäufer zugehöret, oder an diesem Betrug sein Gebkäufer wissentlichen Verkaufs-Antheil gehabt hatte, dermassen von nun an geschlagen, daß die gefreyten Stände (obschon denenselben mit dermaligen Ausschluß der Pfarrer der freye Kauf und Verkauf bey denen Schlössern und Klöstern annoch verwilliget ist) in diesem Fall davon auch nicht ausgenommen sind, sondern auch bey selben das verkaufte Getreid ohneinstellig abzuführen angefangen, und damit continuirt, auch gleich nach geschlossenen Kauf einer solchen, auf einmal wegzuführen nicht möglicher Quantität zu Unsrer geheimen Hofcommißion von dem Käufer und Gebkäufer die berichtliche Anzeige der gemachten Abführungsanstalten gemacht werden solle.

Viertens: welche unter dem Vorwand eigener Nothdurft mehrer Getreid verkaufen als eine ganze Jahrs-Nothdurft austragen mag, wollen Se. Churfürstl. Durchläucht ebenfalls mit Confiscirung des Uebermaasses bey gegenwärtig offenbaren Theurungsumständen gestraft wissen, wes Standes sie immer, geistlich- oder weltliche Communitäten, oder Privaten seyn mögen; was aber jemand von dem selbsterbauten, oder eingedienten Getreide zu mehrern Vorrath vor sich, und seine Unterthanen aufbehaltet, soll hierunter nicht verstanden seyn, wenn es nur in der Fassion getreulich angezeigt werden wird. Und wie dann

Fünftens: mehrhöchstgedacht Se. Churfürstl. Durchläucht unter heutigem Dato eine nochmalige freywillige Fassion, oder tabellirte Beschreibung in der Absicht auf die allgemeine Landswohlfahrt gnädigst anbefohlen haben: so wird zu jedermänniglichen Gewahrniß hiemit kund gethan, daß bey denenjenigen, welche ihre Getreidvorräthe, und proportionirte Consumptionsnothdurft nicht getreulich angegen, oder zu falschen Anzeigen doloser Weise, (besonders, da der Unterschied ein beträchtliches abtragen möchte) sich abgeben würden, ohne weiters die ebenmäßige Confiscation des Getreids, wenn selbes nach der Beschreibung durch wem immer entdeckt werden würde, dermassen statt haben solle, daß nicht nur allein das Uebermäßige, sondern aller Vorrath des bey einer Militarvisitation sich befindenden geflissentlicher weis verschwigenen Getreids abgenommen, und mit Hinwegrechnung des Aufbringers-Antheil, den Armen des Orts, wo es sich ergiebt, ausgetheilt werden solle.

Sechstens: da manche mit gegenwärtigen ganz ungewöhnlich vertheuerten Getreidpreise noch nicht vergnügt, geflissentlicherweis das Ausdreschen gänzlich unterlassen, oder ausgesetzt haben: gegen solche wollen Se. Churfürstl. Durchläucht, daß die Obrigkeiten mit der wirklichen Ausdröschung vorgreifen, das Ausgetroschene von Zeit zu Zeit auf die nächste Schranen ex Officio verführen, allda in dem niedersten Schranenpreise al minuto armen bedürftigen Leuten verkaufen, und solch mindern Geldbetrag dem eigennützigen Eigenthümer zustellen lassen.

Siebentens: soll jedermänniglich, der von dergleichen Getreidverhaltungen eine Wissenschaft hat, es mögen Leute inn- oder ausser des Hauses, von Militar- oder Civilstand seyn, die geheime Anzeige mittels einer verschlossenen Vorstellung zu Unsrer verordneten geheimen Hofcommißion mit der Versicherung freygestellt seyn, so, daß nicht nur der Namen des Anzeigers sorgfältigst verschwiegen, sondern die Helfte desjenigen, was über seine Aufbringung in die Confiscation verfehlt würde, demselben wenn er es in natura nicht verlanget, nach dem Geldwerth in aller geheime zugebracht, auch derselbe, wenn er über lang oder kurz aufkommen würde, wider alle Thätlichkeiten ernstlichst geschützt werden sollte. Wie dann auch derley Denunziation so gar denen in der Complicitet stehenden Sträflingen, wenn sie es zu rechter Zeit selbst entdecken würden, nicht nur allein zu Befreyung

von

von der verdienten Strafe, sondern auch sogar zu Erhaltung des Aufbringers-Antheil bevorgestellt seyn soll.

Achtens: ertheilen Se. Churfürstliche Durchlaucht hiemit in dergleichen Getreidconfiscationswesen allen Jurisdictionsobrigkeiten, deren Churfürstl. Gerichtern, und deren Ständen dermassen das Jus Præventionis, daß der einen Obrigkeit, wenn es einmal Rechtsanhängig, die anderte weder mit der Verhandlung, noch auch mit der Visitation einen Einhalt erzeigen solle.

Neuntens: da vielfältig die Amtleute mit ihrer Sorglosigkeit die meiste Schuld tragen: so wird hiemit offentlich verordnet, daß, wenn sich dieselbe selbst als Angeber der verbothenen Getreidkippern darstellen werden, ihnen auch das Quantum des Aufbringersantheil zu guten kommen solle? Soferne aber ein anderer zuvor kommen würde, solle derjenige, welcher sich mit der Unwissenheit entschuldiget, den Verlust seines Diensts zu gewarten, und, wenn sich ausweiset, daß er gar davon Wissenschaft gehabt, aber nur aus Interesse oder menschlichen Respect geschwiegen hätte, die Landsverweisung, ja nach Gestalt der Umstände einer wieder selben erprobten laudrischen Mitschuld, selbst den dem Galgen verworcht haben.

Zehentens: Nachdem manche Frevler ganz vermessentlich auf die Churfürstl. höchste Huld und Gnade sich zu verlassen, ungescheut vorgeben: Als wollen Se. Churfürstl. Durchläucht dem gesammten Publikum anmit gnädigst versichern, daß Höchstdieselbe in vorerwehnten Pönsätzen wider die bey gegenwärtigen Getreidmangel dem Vaterlande also unbarmherzig schadende Wucherey, auch eine unerbittliche Gerechtigkeit herrschen zu lassen beschlossen, mithin sowohl der geheimen derentwillen verordneten Hofcommission, als Dero Hofrath und andern Dicasterien dieses nicht nur ernstlich aufgetragen, sondern auch dergleichen Landsverderbern Dero Gnaden-Weg anmit allerdings verschlossen haben wollen. Signatum München den 28ten Decembris 1770.

Ad Mandatum Serenissimi Dni. Dni. Ducis Electoris speciale. (L.S.)

Mathias Prändl Churf. wirkl. Rath und geheimer Secret.

b) Instruction, die Beschreibung der vorräthigen Getreider, bey dem Adel-Ritter-Geistlich-Bürger und Bauernstande, in Absicht auf die Nothdurft zur eignen Landes-Consumption: dann der Seelenbeschreibung betreffend.

PP. Maximilian Joseph, Churfürst rc.

Ertheilen hiemit folgende Instruction. Wornach sich alle in unsern Churlanden befindliche Gericht- und Kastenämter vor sich und deren Incorporationsorten, schuldgehorsamst und förderlichst zu achten haben.

Wenn jemals Unsere landsherrliche Sorgfalt ein widriger Erfolg gerühret hat; so ist es sicherlich die Vereitlung der von Uns unterm 22. Septemb. angeordneten, und zu einem tabellirten Universalconspect ganz unbrauchbar eingelaufenen Getreidbeschreibung. Woran entweders ein unzeitiges Mistrauen der Getreideigenthümer; oder ein übler Verstand, und ungleiche Ausdeutung Unserer Willensmeynung; endlich wohl auch eine ungleiche Denkensart einiger Unserer Beamten für Unsern Dienst, oder für die Liebe des Vaterlands, die Schuld tragen dürfte.

Ob nun zwar manche diese Landsangelegenheiten zu wenig einsehen, oder die Folgen in ihren Zusammenhang nicht erkennen, folglich die nochmalige Beschreibung für unnütz und überflüßig erachten dürften, weil einerseits der hieländische Getreidmangel nicht nur aus der Getreidtheuerung, sondern auch aus der kundbaren Mißträthigkeit in den meisten Lands-Refieren schon vorhin aufgelegt, und unstreitig wäre; anderseits aber, weil durch solch neue Ueberzeugung dem Mangel und der Theuerung nicht gesteuert, zumalen das Getreid nicht vermehret, sondern nach verlautender gänzlichen Gewißheit des Abgangs, etwan noch mehrers, oder aus Forcht, oder aus Eigennutz, zuruck gesteckt werden dürfte.

So haben Wir jedoch nach reifer Ueberlegung, und würdigen Berathschlagung vorerwehnter An- und Umstände ohne Rucksicht der beträchtlich darüber ergehenden Arbeiten, Uns gnädigst entschlossen, diese Beschreibung auf eine andere und wirkbarere Art für jetzt und künftige dergleichen Zeiten wiederholen zu lassen.

Zu dem Ende, um das Mißtrauen deren Getreideigenthümern im Voraus zu beseitigen, wollen Wir die zwo Hauptbewegursachen derley unentbehrlichen Universalgetreideinsicht jedermänniglich dahin unverhalten wissen, weil nämlich Wir eines Theils für den Abgang nicht nur mittels Getreidzufuhr aus fremden Landen, so viel nöthig und möglich, zu sorgen gedenken, sondern auch die sich meldende, sogar mit Recessen versehene Nachbarn nicht einmal mit ihren eignen Zehend- und Gültgetreidern vor wirklicher Erkänntniß der hinreichenden eignen Landsnothdurft aus dem Lande pasiren dürfen; andern Theils aber, weil Wir, wenn etwan nur wucherische Absichten die Getreider hinterhalten sollten, dergleichen Vorsorgen (allenfalls zu künftigem Entgeld des hieländischen Getreidhandels) auch nicht übertreiben, folglich Unsere landsherrliche Vorsichten, damit hieran weder zu wenig, noch zu viel beschehen möge, nach derley neuen Beschreibung des näheren ermessen lassen wollten.

Verordnen, und befehlen demnach hiemit gnädigst, und gemessenesten Ernsts.

Erstlich: daß alle unsere, wo immer entlegene Landsunterthanen, dem Vaterlande zur Vorsicht, eine redliche und aufriche Fassion in den verlangenden Punkten ablegen; dahero alle Unsere Beamte, und so alle Jurisdictionsobrigkeiten, deren Incorporationsorten, dieselbe vor sich ruffen, und Mann für Mann, jeden allein, so kurz und förderlich, als es möglich, vernehmen sollen; Wie Wir denn

Zweytens: bey dieser neuen Beschreibung alle Weitläufigkeit, aufhältliche Context und Verlängerungen sorgfältigst vermieden wissen wollen: so haben Wir ein kurzes tabellirtes Protocoll vordrucken lassen, davon Wir jedwederem Gerichte, nach ermessender Nothdurft genügliche Bögen hiemit zu empfangen geben. Und wenn einige hiemit nicht auszukommen erachten sollten, die beförderliche Nachbegehrung bey Unserm geheimen Expeditionsamt mit eigenen Bothen allerdings bevorstehen; darüberhin aber

Drittens: zur genauern Nachachtung weiters verordnen, daß auf einer Seite wenigst 10. Häuser beschrieben; die Dörfer und Hausnamen nur kurz eingetragen; die Zahlen in ihre Linie richtig eingestellet; und (wenn der Zahlen mehr seyn sollten, als das Fach der Rubrique nach quer fassete, wie solche unten bey dem Latus sich ergeben werden) selbe nach längs der Linie eingesetzt werden sollen. Ueber welches

Viertens, noch weiters zu beobachten stehet, daß Wir in dieser Sache kein Rapular gehalten wissen wollen; dahero diese Conscription sogleich zu Ständen originalisirt, mithin so viel möglich reinlich gefasset, und bewahret werden solle. Und damit nicht Summen über Summen in diesem Protocoll vorkommen dürften, so sind bey Beschreibung der gerichtischen Unterthanen nur die Latera zu erheben, und erst am Ende des ganzen Gerichtes eine Summa zu ziehen. Alsdann aber sollen mit Beylegung und Adnumerirung der von den Incorporations-Orten eingesendeten Protocollen, aus denenselben die Summaria allein in das gerichtische Protocolls-Libell übertragen, und endlich, erst von Gerichts- und Incorporations-Orten zusammen, ein durch alle Columnen gehendes Summa Summarum gezogen werden.

Fünftens: ist in Specie bey denen Columnen des Protocolls selbst zu beobachten, daß in dem Ersten, und weitesten deren numerirten 8. Columnen, oder Rubricken das Amt oder Dorf, ohne Fractur, nur mit kleiner Kanzleyschrift, vorgetragen, sohin die Eigenthümer ganz kurz, ohne Umstände, mit ausgeschriebenen Zu- und abbrevirten Tauf-nâmen nachgeschrieben werden sollen.

Bey der zweyt und dritten Columna beruhet es auf eigner Ansage der Getreideigenthümer: dabey jedoch jedem die Wahrheit bestens einzubinden stehet.

Bey der vierten Columna der Personen, ist allein der Unterschied zu machen, daß Handarbeitende starke Kinder von 12. bis 13. Jahren schon unter die Erwachsene zu zehlen seyen; dagegen die unkräftigere Jugend unter die Kinder einzustellen ist. Wie denn auch die Ehehalten, wo sie dienen, andere Innwohner aber bey dem Hause, wo sie dermalen wohnen, unter die Zahl der Erwachsenen gehören, um hieraus die Consumption des Getreids desto eher zu ermessen.

Bey der fünften Columna wird von darum um die Speis- und Fouragenothdurft auf ein ganzes Jahr gefragt, (obschon es solang bis zur Erndte nicht austrägt) weil solches jeder Hausvater von langjähriger Erfahrenheit förderlicher anzusagen, und man allhier das weitere schon zu proportioniren weis. Dabey ist jedoch das Aufmerken zu nehmen, daß dasjenige, was von einigen Getreideigenthümern, sie mögen vom geistlichen, adelichen oder Burgerstand seyn, in Haupt- und Garnisonsstädten consummirt wird, unter die Consumption auf dem Lande nicht eingerechnet, mithin zweymal angesetzt werde; zumal solche in den Städten schon angesagt werden.

Bey dem sechsten Fach ist kurz zu erfragen, wie viel an Weitzen und Korn actu angebauet stehet, ohne sich aufzuhalten, ob die Felder gleich, oder ob hie und da etwas umzubauen seyn möchte, als welch letzteres solchemfalls unter das nachfolgende Fach N. 7. zu rechnen wäre; wassen

Bey dem siebenten Fach nachgefragt wird, ob bey dem Winterbau nichts unangesäet geblieben, und wieviel, wenn man mit Sommerkorn, und Sommerweitzen Vorsehung thun könnte, solches zum Nach- oder Umbau an Schäffeln austragen möchte?

Bey der achten Columna hingegen ist vor sich selbst der Betrag der nächstbevorstehenden Sommersaat leicht zu erfragen, mit deme allen aber sich auf das äuserste zu befördern, und mit vieler Umschreibung oder unnützen Fragen sich nicht aufzuhalten.

Wenn bey ein oder anderm Orte am Getreide sich gar nichts zu befinden angesagt werden sollte; ist es bey dem Vorrath in der Columna mit leeren Strichen zu entwerfen, und gleichwohl die übrige Umstände des Protocolls zu beobachten.

Sechstens: jedem Getreideigenthümer ist wohl deutlich die Erinnerung zu thun, daß, wenn sich über lang oder kurz, auf welche Art es geschehen mag, eine Getreidverhaltung wider diese, jedermänniglich unschädliche, lediglich zur allgemeinen Landswohlfahrt dienende Conscription, ausdecken, oder das Getreid doloser Weise verhalten, und ein beträchtliches austragen wurde, das mehrbetragende Getreid in natura, oder wenn es auch nach der Hand wirklich verkauft wäre, im betreffenden Geldwerth ipso facto als ein Commissum declarirt, confiscirt, und dem armen Publikum der Gemeinde des Orts (deme solche Verheimlichung in der Folge zu empfinden stünde) die Hälfte des Geldbetrags ausgetheilet, die andere Hälfte aber dem Ausbringer zugestellt werden solle. Es mag hernach der Denunciant ein wirklich dienender oder ausgestandener Ehehalt benachbarter Unterthanen, oder auch allenfalls von mehrer Condition seyn, dessen Namen allerdings uneröfnet bleiben solle; wenn nur eine Denunciation oder Entdeckung richtig befunden seyn wird. Und wie dann

Siebentens: bey Gelegenheit dieser Vernehmung ganz unschwer sich thun lässet, daß von jedwederer Dorfschaft ein oder anderer raffinirter Unterthan, welchem man etwas zu wissen zutrauen möchte, befragt werde, ob ihm nichts von verborgnen anschütten, grossen Vorräthen von Fürkäufern, oder Kaudern, und wer solche namentlich wären, bekannt wäre: so ist alsdenn über die Aussage dessen, welcher dergleichen wirkliche Anzeigen thun würde, ein kleines Nebenprotocoll zu formiren, und solch besonders würdige Umstände zu annotiren; ohne mit denen übrigen so nichts oder nur Unverläßiges zu melden wüßten, vergebentliche Aufenthalt, oder Schreiberey zu machen. Ferners und

Achtens: wenn ein Beamter nach ersetzten tabellirten Protocoll ersehen würde, daß es diesem oder jenem Unterthan an Saam- und Speisgetreide gebräche, hätte er ihn um die Grundherrschaft, und andey zu befragen: ob er von derselben eine Aushilfe zu verhoffen habe? oder, wie er sich mit Credit helfen möge? in dessen ein oder anderer Ermanglung wäre solches vorbesagtem Particularprotocoll kurz einzuverleiben: nebstbey aber ein kleines Gutachten anzuhängen, wie diesem an Saam- oder Speisleidenden Unterthan durch seine Grundherrschaft, oder in anderweg in Zeiten zu succurriren seyn möchte? Und wie Wir nun

Neuntens: diese nämliche Beschreibung respectivè freywillige Faßion von allen Incorporationsorten Unsrer dreyen Landständen erfüllt wissen wollen; so haben Unsere Gerichter denenselben mittels Circularien und beylegend nothdürftigen tabellirten Protocollspapier, auf Tag und Nacht diese Unsere gnädigste Verordnung zur Nachachtung zu communiciren: mit dem Anhang, daß selbe das tabellirte Protocoll von ihren Schlössern, Klöstern, deren Hofgebäuden, Gilten, Zehenten und Bräuhäusern (von welch letztern jedoch einiges schon vermalztes Getreid nicht mehr in Ansatz kommet) in voraus verfassen, alsdenn ihre hofmärchische Unterthanen doch exclusivè der einschichtigen (welche pro hoc actu speciali zur Beförderung, ihre Faßion Unserm Pfleggerichte, wo sie entliegen, mit andern Dorfsgemeinern ohne aller Jurisdictions-Præjudiz abzulegen haben) vorgeschriebenermassen nachtragen, und solches Protocoll sub Termino 14. Tägen peremptoriè zu dem Incorporationsgerichte, und nicht recta hiehero einsenden sollen; ausser deme jedes Incorporationsgericht sein Hauptprotocoll zu schliessen, die ungehorsame Restanten in eine Anzeig zu bringen, und vor Ausgang des Monaths Januarii zu Unserer geheimen Hofcommißion alles einzusenden, denen Säumigen aber unzuverhalten hätte, daß Wir durch Commißionen auf ihre Unkosten den Abgang ersetzen lassen werden. Hingegen ist diese Faßion nur von denjenigen Städt und Märkten zu erfordern, wo nicht wirkliche Garnisonen liegen; massen wegen diesen letztern diese Conscription in anderwege schon veranlaßet ist.

Schlüßlich, so sehr Uns in höchster Person diese Landsvorsicht zu Gemüth stehet, so förderlich erwarten Wir einen aufmerksamen Vollzug vorstehender Punkten; darüber Wir den Uns versprechenden Fleiß und Ordnung bey sich ergebenden Gelegenheiten gnädigst erkennen; Saumsaal- und Schlaudereyen aber in Ungnaden bemerken, und exemplarisch bestraffen werden. Gegeben München den 28. Decemb. 1770.

Ex Commissione Ser. Dni. D. Ducis & Elect. speciali. (L.S.)

Mathias Prändl, Churfürstl. wirkl. Rath und geheimer Secret.

*) Die Faßion ist in folgende 8. Rubricken abgetheilt: Rubr. 1.) Namen der Getreidinnhaber & reliqua. 2.) Vorrath an Körnern. 3.) an Unausgetroschenem. 4.) Personen. a) Erwachsene über 13. Jahre. b) und Kinder unter 13. Jahren. 5.) Nothdarft zur Speis und Fourage auf ein ganzes Jahr. 6) was über Winter schon ausgebauet ist. 7) Saamen zum winterlichen Nachbau. 8) Saamen zum Sommerbau: alles nach Münchner-Schäffeln, als des in ganz Baiern und der obern Pfalz gleichen Getreidmaaßes, auszusetzen.

d) Ordonnanz an sämmtl. Mauth- und Beymauthämter, verschiedene Instructionsmäßige Punkten, und Ermahnungen zur guten Besorgung ihrer Amtsgeschäffte betreffend. Dat. 1. Dec. 1770.

Indem die Churfürstl. Mauth-Direct. Hauptbuchhalterey wegen der an sämmtliche baierische, und weitlegene oberpfälzißische Churfürstl.

fürstl. Mauthämter dieses laufende 1770ste Jahr abgegebenen Schreibmaterialien oder Amtsnothdurften, die Satisfaction brevi manu bey hiesigen Hauptmauthamt erlangt, folglich keine andere Mauth- oder Hauptstation vom 1. Decemb. 1769. an, einige Bezahlung anher zu leisten: noch hiefür etwas in Aufrechnung zu bringen hat; als wird neben diesem noch weiters gnädigst anbefohlen: daß

a) die künftig nur auf Material-Empfangsscheine erhaltende Manual- und Polletenpapier, Wachs, und derley Amtsrequisiten, im Rechnungs-Inventario mittels der hierzu besonders gedruckten Anzeigungstabellen pr. Empfang genommen werden sollen.

b) Ist man der Zuversicht, daß die sämmtl. Churfürstl. Mauthämter zu Folge der Instruction, nicht allein über den Empfang von da aus, sondern auch, was dieselbigen an Amtsrequisiten an die Beymauthämter abgeben, ein förmlich rubricirtes Material-Register halten werden.

c) In so weit es die Acta bewähren, haben theils Hauptstationen sehr oft das Versehen begangen, daß sie die Beystationen mit solchen Amtsnothdurften wo nicht aufgehalten, doch sehr spät formalirt, und durch öfters Begehren der Letztern, viele Bothenlöhner verursacht. Welchemnach die Filialämter in Zukunft nothdürftiglich, und jedesmal zeitlich genug versehen werden sollen.

d) So oft die Hauptstation an Manual- und derley Amts- oder Blombiernothdurften etwas vonnöthen hat, hat dieselbe künftig nicht bloß den Lieferzettel, sondern auch gleich den Material-Empfangsschein an die Hauptbuchhalterey mitzusenden; so wird der Lieferzettel mit dem begehrten Quanto & Quali bey dem Bothen wieder zurück gehen: und beyderseitige Sicherheit hergestellt bleiben.

e) Die Hauptstationen haben nichtminder zu Vermeidung der durch öftere einzelne Abgaben unnöthig vergrößerten Bothenlöhner, an Polleten- und Manualpapier künftig auf ein- oder zweymal ein genugsames, oder auf ein Jahr auslängliches Quantum, wenigst im Antrag eines vierteljährigen Voraths gegen gleich mitgebenden Material-Schein, abzubegehren.

f) Sollten den Hauptstationen oder Beymauthämtern etwa, Tarifen, Instructionen, Mauthkarten, Supplemente, Resolutionen, Intelligenzblättern ꝛc. abgehen: so darf um das Abgängige nur ein Materialschein mit einem Lieferzettel zur Mauth-Directorial-Registratur eingesendet werden.

g) Den gemilderten Preis über die bey den Aemtern zum Verkauf etwa noch daliegenden Tarifen, wird man Zweifels ohne in den heurigen Intelligenzblättern beobachtet haben? — Wären keine mehr davon verhanden, und würden doch von Fremden gesucht, so ist ein Materialschein hierum zur Registratur einzusenden.

h) Ist an Obsignir- oder Amtsstempeln etwas erfoderlich, so besorgt die Nothdürft die Hauptbuchhalterey: massen die Aemter bey schwer Verantwortung hievon anderswo nichts verfertigen, oder das mindeste ändern zu lassen.

i) Die Intelligenzblätter müssen alle Jahr mit dem Indice gebunden, und in dem Inventario mit andern Amts-Requisitis vorgetragen werden.

k) Die meisten Filialämter beschweren sich, daß ihnen die Intelligenzblätter sowohl, als die Circularien oft sehr spät, öfter aber gar nur offner und besudelt zukommen: welches, (wenn das Vorgeben richtig ist,) eine ziemliche Nachläßigkeit der Hauptstationen anzeigete; daher die fördersamste Versendung derselben mit Umschlag oder Converte Amtshalber zu besorgen um so mehr anbefohlen wird, als dem höchsten Dienste an zeitlicherer Einlieferung der Intelligenzblätter und der Patenten oft sehr viel gelegen hat.

l) Kein Amt wird von sich die Lauigkeit blicken lassen, daß bey unvorsehener Nachsicht, die Polleten, Amtsmanualien, Stempeln ꝛc. nicht allzeit wohl registrirt, und versperrter anzutreffen seyn werden. Massen die Stempeln die Waarenbeschauer im Sack herum

 zu

zu tragen, sich nicht unterfangen, noch die Aemter bey Vermeidung der in der Blombier-Instruction ausgesetzten Strafe. dieses gedulden sollen.

m) Damit die churbaierisch- und oberpfälzische Unterthanen in der bedungenen Reciprocation, und von dem mit Churpfalz verglichenen mutuellen Commercio einen wesentlichen Nutzen ziehen mögen: so sind die receßmäßigen Commercialpoleten (welche bey der Hauptbuchhalterey abzulangen sind) an die sämmtl. hierländische hoh- und niedere Jurisdictions-Obrigkeiten von Zeit zu Zeit gegen Materialschein gratis abzugeben.

n) In den Registraturen beschwert man sich, daß theils Churfürstl. Beamten an die sogenannten Flügelmäntel oder Umschläge in Amtsberichten und Protocollen NB. welche nicht eingeheftet: noch so sehr verliebt sind; ungeacht diese Frötterey sogar per Generale schon oft abgeschaft worden. Es wird daher unverhalten gelassen, daß, wenn dergleichen Berichte ꝛc. noch uneingeheftet erscheinen, diese remittiert werden würden.

o) Die Berichte därfen, wie schon einmal anbefohlen worden, ihres Innhalts, oder mit der Materie, von was er handelt, von außen a tergo nicht mehr überschrieben werden, weil es die Bothen oder Posten eben nicht zu wissen haben, was von Churfürstl. Aemtern an Churfürstl. Stellen einberichtet worden.

p) Die Hauptstationen haben alle Quartal berichtlich anher anzuzeigen, von welchen Monathen die Bescheidspunkten etwa noch abgängig sind? So, wie die verantworteten Bedenkenspunkten künftig jedesmal mit einem Remiß directe anher zum Churfürstl. Kammeralmauth-Directorio in der rechten Zeit einzusenden sind; um hernach wesentlich einzusehen, welche Aemter es vorzüglich ihnen angelegen seyn lassen, ihre Dienstschuldigkeit, accurat, wohl und gut zu verproben.

q) Die Monaths-Extracte laufen in der Instructionsmäßigen Zeit von theils Aemtern gar selten ein; und wenn künftig diese vor den 20. jeden Monaths nicht hier einlaufen: so wird die auf diesen Saumsal mit 6. Reichsthaler gesetzte Strafe nicht nur erhollet, sondern auch die Hälfte dieser Strafe der Justification adjudicirt werden. Im übrigen, und

r) haben die Filialämter die Manualien, jedesmal verschlossener zur Hauptstation zu senden; die Bilanz oder den gedruckten Extract hingegen, sonderbar, und zwar in Duplo dahin zu geben, massen davon ein Exemplar zur Abrechnung bey der Hauptstation verbleibt, das andere Exemplar hingegen mit den verschlossnen Manualien anher ad Justificandum einzusenden ist. Schließlichen und

s) haben sämmtl. Hauptstationen zu Erhaltung der von Zeit zu Zeit nothdürftigen Auskünften der Preise aller Venalien und Victualien, Feilschaften ꝛc. dann wie sich Handel und Wandel, die Erndte, die Feldfrüchten, so anders, was die Erzeugung der Landsproducte, und die Landsökonomie betrift, die erforderliche, Instructionsmäßige Erkundigung einzuhollen, und alle Monath ihre Speculationes und Preisanzeigen, so andere nützliche Erforschungen zum Intelligenzcomtoir zeitlich einzusenden. Wornach sich sämmtl. Churfürstl. Mauth- und Hauptämter gehorsamst zu achten, und die Nothdurft den Filialämtern durch beykommenden Abdruck zu bedeuten haben. München, den 1. Decemb. 1770.

Churfürstl. Kammeralmauth-Directorium.

Franz Kohlbrenner, Churfl. wirkl. Rath und Hofkammer-Secret.

c) Verruf: die verbothenen heimlich und offentlichen Schmähungen und Pasquillen. und darauf gesetzte Strafen betreffend. Dat. 18. Dec. 1770.

Mit vieler Befrembung hat man höchster Orten zu vernehmen gehabt, was für eine Schrift in Form eines Churfürstl. Befehls oder Patents erst dieser Tägen allhier zum Vorschein gekommen, und unter dem schönen Thurn offentlich affigirt worden seye.

Aus

Aus dem so spöttlich- als ungereimten Innhalt derselben leuchtet das hierunter begangene Falsum zwar jedermänniglich von selbst gleich in die Augen: damit aber der gemeine Mann sich desto weniger daran stosse, und irr dadurch gemacht werde, so wird ermeldte Schrift aus Churfürstl. höchsten Befehl nicht nur für ein falsch- infam- und lügenhaftes Werk hiermit erklärt, sondern auch demjenigen, welcher den boshaft- und sträflichen Urheber oder Propalanten entdeckt, ein Recompens von 150. fl. nebst der Verhellung seiner heimlichen Denunciation versprochen.

Gleichwie hiernächst sowohl die heimlich- als offentliche Schmähungen und Pasquillen solcher Gestalt über Hand nehmen, daß fast niemand mehr, was Stands und Wesens er auch immer seye, damit verschont bleibt, und es so gar mit den auf das gemeine Beste lediglich abzielenden Churfürstl. Verordnungen selbst so weit kommt, daß man solche auf das allerfrey- und frecheste zu critisiren und anzutasten keinen Scheuh mehr tragt, so wird hiermit jedermann ernstlich ermahnt und gewarnet, sich dergleichen höchststräflichen Ungebühr um so mehr zu entäussern, als man besondere Obacht darauf bestellen, und dem Befund nach gegen die Uebertretter auf exemplarische Art zu verfahren wissen wird. München den 18. Decemb. 1770.

Ex Commissione Seren.
D. D. Ducis & Elect.
speciali.

(L.S.)

Karl Anton Müller, Churfürstl.
Hofraths-Secret.

Artic. II.

Feilschaften.

a) Johann Georg Reithmayr Churfl. Malzmühler zu Schwarzach, Rentamts Straubing hat 130. Stücke nußbäumene Läden jeden à 2. fl. zu verkaufen, welche hiemit dem inländischen Publikum feil gebothen werden.

b) Bärtlmee Gartner, Zillenschopper zu Vograreith unweit Halfing hat 10. ferchene Mühlgründl fein ausgearbeit, und zum Gebrauch hergericht, das Stück zu 2. fl. 30. kr. bis 2. fl. zu verkaufen.

c) Johann Adam Koysel, Wasenmeister in München hat 100. rohe Pferdhäute zu verkaufen: und biethet solche sowohl der hiesigen Lederfabrick, als den übrig inländischen Lederern feil: das Paar zu 6. fl.

d) Die hiesig burgerlichen Metzger auf dem alten Fleisch biethen dem inländischen Publikum feil 1200. Stück rohe Ochsenhäute, das Paar zu 22. 20. und 18. fl.

e) Beym Churfürstl. Hofkastenamt Amberg werden um künftige Faßnachtzeit in die 60. bis 80. Centen Churfürstl. Hofschmalz plus licitandi verkäuflich abgegeben, welches dem inländischen Publikum, besonders den Küchelbackern in München, hiemit zeitlich notificirt wird, sich aldort in Amberg Freytag den 8. Febr. ad licitandum peremptoriè zu melden.

f) In dem Graf Fuggerischen Markt Hofkirchen an der Donau Gerichts Hengersperg, stehet ein wohl gebauet zwey Gaden hohe burgerliche Behausung sammt der Ledersgerechtigkeit, Haussfahrniß und Werkzeug um billigen Preis zu verkauffen; wer hierzu Belieben trägt, kann sich beym Kammereramt daselbst melden.

Artic. III.

Licitatio respective Gandverkündung.

a) In der bey hienntstehenden Orte, gegen Philipp Jakoben Leichtl bürgerlichen Bierbräuer allda: und Anna Catharina dessen Ehewirthinn Commissorio modo vorwaltenden Gand-Streitssache, will nunmehro nach denen Edictstägen: und hierauf behörigen publicirter Prioritäts-Erkanntniß die Rechts-Ordnung den offentlichen Gandverkauf gesamt fahrend, und liegenden Leuchttbräuischen Vermögens, unvermeidlich erfordern.

Gleichwie nun aber von Gandrichteramts wegen, zu solcher bevorhabender Licitation der vierte, fünfte und sechste nächst eingehendem Mo-

Monats Februarii unabänderlich anberaumt werden;

Also auch hat man solch bestimmt peremtorischen Termin mittels dieß, denen offenen Zeitungsblättern einrucken, und durch diese zu jedermanns Wissenschaft von darumen verlautbaren lassen wollen, damit, wenn sich allenfalls dort oder da ein Liebhaber befindete, der gesinnet wäre, solch subhastirt leuthlische Braustadt, und das gesamt übrige Vermögen gandtäuflich an sich zu bringen, sich zu obangesetzten Licitationstägen bey hiesigen Gandrichteramte zeitlich zu melden, und den weiteren Erfolg allda geziemends abzuwarten wisse: Actum Scherding den 2ten Jenner Anno 1771.

Churfürstl. Land- und gnädigst decretirtes Gandrichteramte allda.

b) Nachdem die von Johann Hausinger besitzende, zum Churfürstl Gericht- und Kastenamt Natternberg vogt- und grundbare eingängige Mühl alldort der verhandenen Schulden halber an den meistbiethenden verkauft werden muß: und zu dem Ende der 18. 19. und 20. Hornung zum Gandurtheil anberaumt worden. Als wird solches zu dem Ende bekannt gemacht, daß, wer an ihne Hausinger eine Foderung zu machen hat, oder in dem Dorf Natternberg sich auf dieses Nahrungsgeschäfft einer wohleingerichten Mühl verlegen will, auf bemeldte Zeit sich in dem Pfleghause zu Deggendorf melden, und dem weithern Rechts begnüglich abwarthen: auch eine prompte Justitz allda erfragen kann. —

Citatio Edictalis.

c) Demnach sich Peter Kisel ganzer Hofsbesitzer zu Prömaischel tröfelsteinischer Hofmarchs-Unterthan in der Oberpfaltz bereits vor 1. Jahr von seinen Anweesen absentirt: und niemand ihne zu suchen weißt, dann Weib und Kind verlassen. Da aber er Kisel allschon viele Schulden hinterlassen, und sodann nach seiner Absentirung dessen Eheweib in noch mehrere Schulden verfallen, alsozwar, daß der status passivus sich bereits nach der obrigkeitlich vorgenommenen Schuldenbeschreibung auf 1938. fl. 8. kr. belaufet, und die Creditores befriediget seyn wollen; Als wird derselbe nach Maßgab des gnädigst Em. Cod. Judiciarii dergestalten citirt, daß er sich sub termino 6. Wochen peremptorie bey allhiesigen Hofmarchsgericht in Person selbst sistiren, alsdann eintweders selbst sich um einen annehmlichen Käufer bewerben, oder mit seinen Glaubigern abkommen, als nach Verfluß obigen Termins man von Obrigkeits wegen solches plus licitanti verkaufen wurde. Act. den 5. Jenner 1771.

Hofmarchsgericht Tröfelstein, Johann Nepomuc. von Reisach, Churf. Kammerer, und Regierungs-Rath zu Landshut, dann Inhaber der Hofmarch allda.

Avertissement.

d) In dem um die aus Roßhaaren verfertigte Peterinenkragen von Inn- und Auswärtigen öftere Nachfrage gehalten worden: So wird hiemit jedermann kund gemacht, daß diese Kragen, wie andere feine Roßhaararbeit bey Christian Heilberger Kragenmacher bey dem Isarthor nächst dem Germsieder zu halbdutzend oder einschichtig, um billige Preise zu haben sind. An Schönheit, dauerhafter Arbeit, und in der wahren Güte soll ihm niemand gleich kommen; auch hat er dem Innländern zu Matratzen, und Sessel, gesottene Roßhaare zu verkaufen, das Pfund vor 20. kr.

e) Nachdem der Churfürstl. Markt Frontenhausen in Baiern, Renntamts Landshut fertigen Jahrs mit einer durch den Bliz und Wetterschlag entstandenen Feuersbrunst in die Asche gelegt: und mittels des auf 5. mal hundert tausend Gulden ästimirten Schadens, etliche hundert Familien in die bitterste Armuth versetzt worden: wornach die sanfte Sprache des Mitleidens ein jedes Christenherz zur Beyhülfe, zur Liebe gegen den Nächsten ermahnet: Als wollen wir dieses mit der Versicherung nicht unangezeigt lassen, daß das Intelligenz-Comtoir in München die von guten Herzen anhersendende Beyhülfsgelder, es seye von Fremden oder Einheimischen, sicher und gewiß dem Magistrat des Marktfleckens Frontenhausen zu behändigen, und dem Gutthäter, der etwa seinen Namen sonst verschwiegen halten will, die verlangende Quittung und Dankschreiben dagegen zuzusenden nicht entstehen wird.

f) Die wahre Liebe des Nächstens; diese wechselweise Unterstützung in unseren Dürftigkeiten; dieses von dem HErrn uns so sehr empfohlene Werk der Liebe, hat einige anschnliche Menschenfreunde und Gönner landesnützlicher Anstalten bewogen, die wahrhaft Armen (exclus. der faulen Bethler, deren Versorgung der Policey überlassen bleibet) mit einer täglich wohlfeilen Speis hier in München zu befriedigen. Vielleicht ein Nachahmungswürdiges Beyspiel auch für andere Stadteinwohner unsers Vaterlandes. Es wurde eine eigene Kupfermünz geschlagen: auf dem Avers ist das Aug der heiligen Vorsehung: Speis der Armen. Revers: auf einen Tag: die größere Münz aber: auf einen Monath giltig. Wir wollen aber das nähere dieser Anstalt in dem besonders abgedruckten, und hier ganz eingerückten Avertissement vernehmen.

„In einer zwischen dem St. Josephspital, und dem Kloster der Frauen Servitinen allhier angerichteten eigenen Kuchel wird nach hierländischen Geschmack, auf Unkosten derjenigen Gutthäter, welche Speiszeichen ablangen, eine reinlich gekochte, Jung- und Alten, Gesund- und Kranken gedeyliche warme Speis zubereithet, und am Sonntag den 13. Jänner zum erstenmal, sodann alle Tag durch die Porten des Churfürstl. St. Josephsspitals auf den Glockenstreich 11. Uhr Mittags ausgetheilt, dabey stehet zu beobachten.

Erstens: Wer einige Zeichen verlangt, wolle belieben derentwillen zu den Churfürstl. St. Josephspital-Kapellänen deren HH. PP. Merianern zu schicken, wo deren zweyerley zu haben sind: einige, deren jedes auf ein ganzes Monath den Armen für eine tägliche Portion dienet, und kostet derley Monathzeichen 1. fl. 30. kr. Andere hingegen, welche nur für einen Tag, oder eine Portion gelten, und jedes 4. kr. kostet.

Jedermänniglich stehet frey, so viel Zeichen als gefällig, auf ein- oder öftermal zu nehmen, und wird, weil die linke Hand was die rechte thut, nicht zu wissen hat, kein Namen aufgezeichnet, sondern für den Betrag des Gelds die austreffende Zeichen erfolgt; auch einzele Zeichen stehen vor verstandene 4. kr. Preise alltäglich zu haben, wenn selbst auch Arme derley an sich bringen wollten.

Zweytens: Alle Unkösten werden dem gutthätigen Publico getreulich mittels offenen Druck verrechnet werden, und wenn die klügeste Anstalten die Zeichen noch wohlfeiler machen liessen, würden auch solche im Preise abschlagen.

Drittens: Mehr Portionen werden täglich nicht bereithet, als Zeichen zur Kuchel angesagt werden. Nun wie jedes Monathzeichen den Armen auf ein ganzes Monath, folglich eines in das andere 30. Tage dienet: so hat der Arme, das von einem Gutthäter erhaltende Monathzeichen an dem Tag, wo er das erstemal die Portion geniessen will, in St. Josephsspital bey den Merianern von 7. bis 8. Uhr Fruhe zu übergeben, und dafür einen monathlichen Kostzettel von Dato der Eingab auf 30. nacheinander folgende Tage lautend zu erhalten; gegen dessen Vorweis den Armen die Speis erfolget, zumalen hierauf bey der Kuche angetragen wird, nach Auslauf des assignirten 30ten Tags aber der Kostzettel erlöschet, er möchte zurücke gegeben seyn, oder nicht.

Viertens: Jenen Armen aber, welche einzele Tagszeichen haben, wird hiemit erinnert, daß selbe an dem Tag, wo sie die Portion geniessen wollen, auch von 7. bis 8. Uhr Fruhe das Zeichen an obiges Ort einliefern müssen, dagegen sie sodann vor solchen Tag den Kostzettel erhalten, welchen sie Puncto um 11. Uhr Mittags im St. Josephsspital demjenigen ablegen, welcher ihnen dagegen in ihr selbst mitbringendes Geschier die Speis-Portion abfolgen wird.

Fünftens: Werden alle Gutthäter ersucht, daß selbe durch Ablangung derley Zeichen der allgemeinen Hof- und Stadtalmosen-

Büchse

Büchse an dem bisher Gereichten, keinen Abbruch machen, auch an weggeschafte Waganten, oder sonst von andern Seiten mit Hülf und Almosen versehene Personen einige Zeichen nicht abgeben, ja lieber gar keine ablagen, folglich den gnädigst erlassenen Generalien hierinfalls sich gemäß verhalten möchten. Ingestalten diese Nebenhülfe nur für die äußerst nothleidende, sonst hülflose Arme, um sie vor Hunger und Krankheit zu retten, gewiedmet, *) auch derentwillen, wie bey einer Churfürstl. gnädigst verordneten geheimen Hof-Commission, also bey einem Churfürstl. hochlöblichen Policeyrath, mit Beyfall begnehmt worden ist. Es wird auch allen dermal nicht vorauszusehenden Inconvenientien und Vortheilhaftigkeiten, wie solche in der Ausübung vorkommen möchten, nach und nach, auf das möglichste vorzubeugen der Bedacht genommen werden.

Sechstens: Werden im St. Josephsspital 2. große geheitzte Zimmer eines vor die Manns- das andere vor die Weibspersonen von 11. bis 12. Uhr erlaubt, wo diejenige Arme, so ihr Speis zu Haus nicht aufwärmen können, solche allda unter Vorlesung eines geistlichen Buchs warmer geniessen können. **)

*) Gebet, so wird Euch gegeben werden. Luc. c. 11.

*) Bittet, so wird Euch gegeben: suchet, so werdet Ihr finden. Luc. c. 11.

Churfürstl. gnädigst privileg. Intelligenzcomtoir allda.

g) Der Index zu den fertigen Intelligenz-Blättern ist bereits fertig, und gratis bey den Verlegern dieser Blätter zu haben; wogegen aber dieselbe die Abnehmer ersuchen, daß der kleine Betrag für den ganzen Jahrgang an sie richtig möchte eingesendet werden; massen die allenfalls pro 1770. etwa ermangelnd einzelne Blätter auf Anzeige des abgängigen Numeri gratis von da aus erfolgen sollen; damit ein jeder Leser seinen vollständigen Band erhalten möge. Wenn aber für die Jahre 1766. 67. 68. & 69. einzelne Blätter abgehen: so kann auf Anzeige des Num. das Stück vor 6. kr. abgegeben werden; massen er Defekt dem Comtoir beschwerlich fällt.

h) So wird auch dieses Jahr hindurch öfters ein Beytrag zum Intelligenzblatt folgen; wie dann der erste nächster Tagen die Presse verlassen wird: auch gnädigster Anbefehlung gemäß, eine große Anzahl Exemplarien gratis unter das Bauernvolk und an gemeine Landwirthe vertheilt werden muß, damit die Anleitung zur Landes-Industrie, aller Orten einen mehrern Frucht bringen möge. Wozu wir uns dieß Jahr um so bereitwilliger verwenden werden, als wir von der oeconomischen Societät in Baiern und andern Freunden der Landwirthschaft Unterstützung zu hoffen haben.

i) Nachdem in abgewichenem Monath December anserten von hierunterstehenden Amt auf vorhero beschehenes Ansuchen des löblichen Tabacks-Apaldo in dem sogenannten Stachelgarten vor dem Neuhauserthor ein ausländischer Tabac erfunden worden, und wer solchen alldahin verborgen haben möchte, bishero noch unbekannt ist. Als wird demjenigen, der hierzu einen Anspruch zu haben vermeint, ein 6. wochiger Termin à dato angerechnet, präfigieret, inner welchen sich derselbe bey untgesetzten Amt stellen, und seine Rechtfertigung vorbringen, widrigenfalls aber gewärtigen müßte, daß er nicht mehr angehört, sondern mit der beherigen Confiscation, so anderem verfahren werden wird. München den Jan. 1771.

Stadt-Oberrichteramt allda.

k) Von Churfürstl. Hofrath in München, wird durch gegenwärtige Edictal-Citation der flüchtig begebene Carl Schürmbeck Burgermeister, und Joseph Kastenmayr Stadt-Schreiber beyde von Rhain dergestalten vorgeladen, daß sie sich in Zeit 14. Täg eingangs gemeldten Orts stellen; im widrigen gewärtigen sollen, daß gegen sie in contumaciam verfahren, und die durch ihre Flucht, und anders verdient Straf an ihnen vollstrecket werde. Actum München den 11. Jenner 1771.

Churfürstl. Hof-Canzley.

Jos. Ant. Perthold, Churfürstl. Hofraths-Secretarius.

Erster Beytrag
zum Churbaierischen Intelligenzblatt
für das Jahr (1771.)
Den Landwirthschafts-Artikel betreffend.

Juvat Amor Patriæ! Natura juvat! sub Numine crescit. *Stahl.*

Erstes Stück.

a) Unterrichte und Anweisung, wie auf das Fruhjahr, zu Steuerung des Abgangs an dem Lebensunterhalt vieler Menschen, verschiedene Gartenfrüchte und Erdgewächse zum theil auf Brachfeldern, oder andern unbebauten, oder ödliegenden Gründen zu erziegeln, und zu pflanzen seyen. *)

*) (Von einem Gönner der Landcultur, und Mitgliede der Churbaierischen Oeconomischen Societät verfaßt, und höchster Orten gnädigst approbirt.)

Vorerinnerung an den Landmann.

Der grosse Nutzen, welcher sowohl für Menschen als Vieh von den vorhin ergangenen Höchstlandsväterlichen Verordnungen in Landwirthschafts-Verbesserungen, in der Zukunft zu erwarthen stehet, ist aus gegenwirtigem Unterricht mehrmal zu entnehmen; dessen Gegenstände und Befolgung, so gut es auch gemeynt ist, jedennoch dem Landmann nicht als ein Gesetz aufgedrungen, sondern demselben nur (per Modum Consilii) in der Art eines guten Raths, anempfohlen wird. Dadurch lernen wir nach und nach die Schädlichkeit unserer Vorurtheile, die bis hieher in einigen Landesgegenden geherrschet haben, nähers einsehen. Der Landmann wird dem guten Rath ein williges Gehör geben, und mit ein so anderm Versuch seinem Nachbar zum Beyspiel reitzen. Er wird sich durch unerfahrne Leute nicht mehr irre machen lassen, als ob durch derley Unternehmungen dem Getreidbau einiger Abbruch geschähe; da im Gegentheil nur andere bisher unbenutzt gebliebene Plätze, Hügeln, Bergflächen rc. mit nützlichen Erdfrüchten bebauet werden können. Der Getreidbau wird auf sandigen, oder harten Böden um ein merkliches befördert; indem mittels der mehr erziegelnden Erdgewächse das vortrefliche Viehfutter gepflanzet, der Dünger vermehret, der Acker durch das öftere Rühren und Reinigen zum künftigen Winterbau viel stattlicher zubereithet, folglich durch diese heilsame Nutzanwendung dem gegenwärtigen Getreidmangel guten theils gesteuert werden kann; weil dergleichen Fruhzeitigere Früchten aus dem Pflanzenreich um ein so anders Monath fruher, als die Erndte in unsern Gegenden eintritt, zum Genuß kommen. Welche zugleich, wie alle Kräuterkenner bezeugen, die Gesundheit des Menschen auffrischen, und den Leib von allen gesalzen, scharfen und faulen Säften reinigen. Niemanden wird demnach die Mühe in Anpflanzung so gedeylicher Erdfrüchten gereuen; wohl aber denjenigen, der sie bisher versaumet, oder nicht verstanden hat.

So viel den Einkauf des Saamens zu diesen nutzlichen Pflanzen betrifft, hat man vorher zu sehen, ob er frisch, oder alt seye? man zerknirscht oder drucket etliche Körner: giebt er viel Oel oder Saft, so ist er gut. Ist er aber drocken und matt, so ist er schon alt. Giebt der Saamen gar keinen Geruch noch Saft: so taugt er nicht mehr. Welches ein jeder Hausvater schon selbst am besten zu prüfen weis. Damit nun der gemeine Landmann dergleichen Saamen in hinlänglicher Quantität und Qualität zu rechter Zeit erlangen, oder kaufen möge: wird eine jede kluge Obrigkeit von selbst den Bedacht nehmen, demselben diessfalls mit Rath und Anweisung, gemeß der in letzterer diessfälliger Landesverordnung geäußerten gnädigsten Intention, mit allem Eifer an die Hand zu geben.

§. 1. Von Resch- oder Mangoldsrüben, auch Rangers, und Dickrüben.

Diese Rüben, ob sie schon verschiedentlich genennt werden, seynd doch fast einerley, und werden auf gleiche Weise gebauet. Es ist kein Gewächse zu finden, daß in einem Sommer so oft, wie diese geerndet, und für Menschen und Vieh benutzet werden kann. Sobald man im Fruhjahr keine sonderliche Kälte mehr vermuthet, werden die Saamenkörner in dem zubereitheten Acker 15. Zolle weit voneinander gesteckt. Kommen hinnach vor einem Saamenbollen mehr Pflanzen hervor, so werden die überflüßige seiner Zeit, und bey feuchten Wetter an die leere Plätze versetzet: welches Verpflanzen ebenfalls geschiehet, wenn man in Ermanglung der Zeit dem Acker, aber ja nicht zu dick besäen muß.

Vom Unkraut muß der Grund rein gehalten, und dahero öfters aufgehäcklet werden. Gegen Ende des May kann man die große und fette Blätter schon das erstemal abschneiden, und solche als ein Zugemüß den Leuten: auch allenfalls dem darnach sehr begierigen Viehe als ein vortrefliches Futter fürgeben.

Gleichwie nun bey guter Witterung das Kraut nach 14. Tagen wieder vollständig aufgewachsen ist, so kann man mit der täglichen Abschneidung mittler Zeit immer weiter gehen, und so den ganzen Sommer verfahren; doch müssen allemal die Herzblätter stehen bleiben. Um Michaelis werden dann die schöne große Rüben aus dem Land gehoben, um solches so fort mit Winterfrucht anzubauen. Bey dem Ausnehmen muß man ihnen alle Blätter wegschneiden, sonst wachsen sie aus. Gut ist es auch, wenn man sie bey drocknen Wetter ausnimmet. Weil man aber dieses

Kraut bey etwa erzielter Menge nicht gleich verbrauchen kann, so wird solches zerschnitten, etwas weniges eingesalzen, und in einem Trog zu weiterem Gebrauch eingeschweret.

Dieses über allemassen nützliche Erdgewächse dauret hinnach bey guter Verwahrung zum Futter und Mastung unterschiedlichen Viehes den ganzen Winter hindurch, ja, so lange, bis man auf künftiges Jahr das erste Kraut von diesen Pflanzen wieder erlangen kann; nur werden einige der schönsten rothen Wurzeln, denen man das Herzblatt gelassen, im Frühejahr zum Saamen ausgesteckt. Diese Pflanzen gleichen fast durchgehend dem gemeinen Mangold: und kann man von einem Juchert Acker wohl in die 15. Wägen voll Wurzeln oder Rüben einführen.

§. 2. Von den Erdäpfeln, Grund- oder Erdbirnen, und Tartuffeln.

Die sogenannte Tartuffeln theilen sich überhaupt in zwo Arten: nämlich in weiße und röthlichte, dann rund und länglichte, daher der Namen von Erdäpfel, und Grund- oder Erdbirn entstanden. Sie werden theils etwas zeitig im Frühlinge, sobald man keine starke Kälte mehr vermuthet, also etwa im April, auf einem zweymal, und mehr tief als seichte gepflügten Acker gebauet: und so erndet man schon im August, und wohl gar um Jacobi die Früchte davon; die spätere aber, die jene an Güte übertreffen, werden im halben May in die Erde gebracht.

Ein mittelmäßiger lockerer Grund tauget am besten dazu, ob sie schon auch in anderen auch wohl gedeihen. Aus dem bloßen Saamen kann dieses Gewächs nicht leicht gezogen werden, sondern man bauet die Frucht selbst. Es werden entweder ganze Tartuffeln, oder, wenn sie nicht groß, oder auch zerschnitten eingelegt worden, Erdbirn. Sind sie wie eine wälsche Nuß in der Größe, so nimmt man etwa zwey zusammen, ja wenn solche wie ein kleiner Apfel sind, so ist ein Stuck genug; sind sie aber einer Faust groß, so werden sie in zwey Stück zerschnitten, und eines davon also in die Grube etwa 3. Zoll tief gelegt, daß das zugeschnittene auf dem Erdboden unter sich zu liegen komme, und sodann locker zugedeckt. Diejenige Erdäpfel oder Grundbirnen, die viele Aeuglein haben, sind die besten zum Einlegen; es müssen aber diese bey dem Verschneiden wohl geschonet bleiben. An theils Orten, wo deren sehr viele gebaut werden, pflegt man solche anstatt ordentlich einzulegen, schlechterding zu säen, und wohl auseinander zu werfen, und hernach sorgfältig einzuegen.

Wann ihr Kraut etwann 2. quer Hand hoch gewachsen, werden sie gelind aufgehäcklet und gehäuflet, je größer der Haufe, je größer wird die Frucht, dahero sie wohl von einander, als 2. bis 2½. Schuhe, oder ¾tel Elen weit zu legen. Es soll auch die Erde nicht zugespitzt aufgehäuffelt werden, sondern oben etwas breit bleiben, und durchaus locker gelassen werden, damit der Regen desto besser eindringet, und die Frucht am Wachsthum

thum nicht gehinderet werde. Wenn das Kraut ein Schuhe hoch, werden sie nochmal gehäcklet, doch ohne die Pflanzen zu verletzen. Kann diese Arbeit mehrmal wiederholet, sonderbar aber das Unkraut fleißig weggeschafft werden, so wird die Frucht nur desto besser gedeihen.

So lang das Kraut nicht geblühet, soll es durchaus nicht: wohl aber, wann die grüne Aepferl beginen welk zu werden, und abzufallen, abgeschnitten werden, hinnach aber taugt es für ein gutes Viehfutter.

Auf Michaelis nimmt man auch die spätere Erdäpfel und Grundbirn aus dem Land, worauf das durch diesen Sommerbau mürbe und rein gewordene Feld ohne weiters mit Wintergetreid nutzlich besaamet wird. *)

*) In der obern Pfalz kommen die Erdäpfel sehr gut fort. — Auch in Baiern, besonders an den Gebürggegenden, wird sie der Landmann mit Vergnügen, und mit dem größten Nutzen bauen können.

Nota.

§. 3. Bevor das Getreid angebauet wird, ist höchst nothwendig, daß durch dem Pflug die in der Erde zurücke gebliebene Wurzeln ausgereitet, und sämtliche Wurzeln auf dem Feld zusammen getragen, und verbrennet werden, welcher Aschen ungemein gut dunget: und das Sommerkorn geräthet sehr schön darauf.

Nach dem Ausnehmen säubert man diese Früchten zugleich von der Erde, doch ohne Abwaschen: bringet sie in einen trocknen Keller, oder auf einen Boden, oder in eine Kammer, in der es weder feuchte ist, noch gefriehret; in Ermanglung dessen aber werden sie in Sand verscharret. Stücke, die im Ausgraben verletzet sind, mithin bald faul werden, und andere anstecken, sollen also fort abgesöndert, und zuerst verbraucht werden: die übrigen aber soll man im Winter zuweil durchsuchen, und die etwann angegriffene, oder faul gewordene dem Vieh geben.

Die Erdäpfel und Grundbirnen seynd sonst eine der allergesegensten, von GOtt erschaffnen Gewächse, und von einem Viertel deren wohl 20. bis 30. und noch mehr eingeerndet werden, haben auch vor all anderen Früchten zum voraus, daß ihnen der Schauer niemals schaden kann, sofort manchem dießfalls verunglückten Landmann in solcher Noth stattlich aushelfen können.

Die Tartuffeln überhaupt sind einem Hauswirthe eine überaus nützliche Frucht: er kann sie theils für Menschen, theils für das Vieh auf mancherley Art gebrauchen. Der gemeine Mann in anderen Landen isset sie, nachdeme er solche einmal gewohnet, gemeiniglich mit starker Begierde. Sie sättigen ihn gut, und erforderen keine weitläufige Zubereitung; daneben kann er das Brod dabey schonen: er kochet sie in bloßem Wasser, ziehet ihnen sodann die Haut ab, und genießet sie in Salz eingetunket, oder auch mit etwas geschmolzenen Butter: man bereitet sie auch auf verschiedene Arten mit Einbrennen und Brühen, wie nicht weniger mit Eßig statt eines Salat. Auf gleiche Weise nimmt man solche zu Pfannkuchen.

Allen Gartenfrüchten kann man mit zertriebenen Erdäpfeln eine gute Brühe geben, oder sie einbrennen, und also damit das andere Mehl erspahren; von mehr anderen Zurichtungen derselben nicht zu gedenken.

Brod aus dieser Frucht wird auf zweyerley Art gemacht: einige nehmen sie rohe, thun die Haut ab, und reiben sie auf einem Riebeisen, da sie denn eine Feuchtigkeit von sich geben, weswegen das Geriebne auf ein sauber Tuch zu legen, damit das Wasser abrinne; dann wird dieses Geriebne mit gleich viel anderen Mehl, und dem nöthigen Sauerteig Abends eingemenget, damit es über Nacht gähre. Andere sieden die Erdäpfel vorher ab, und halten es viel besser, nämlich: sie waschen solche sauber mit warmen Wasser, werfen sie hernach in ein siedendes, wann sie nun aufspringen, muß man selbe sogleich heraus nehmen und schälen, so werden sie mit einem Löffel gar leicht zum Gebrauch vertrieben, und unter den halben Theil Mehl vermenget. Zur Viehfutterung und Mastung zerstosset man diese Frucht mit Stoßeisen, oder zerschneidet sie ganz dünne, und giebt sie unter anderen Futter von schlechtem Getreid, oder auch weiß und gelben Ruben dem Viehe in kleinen, doch öftern Portionen, worauf solches in zwey Monath fett seyn wird.

Denen Mastschweinen werden die Erdäpfel gekocht, und gestampfet: das Wasser aber muß fleißig davon weggegossen werden, um selben hiedurch keinen Eckel an diesem Futter zu verursachen.

Ingleichen wird alles Federvieh und Gefliegl hiemit feist gemacht, wenn man die Frucht klein stosset, und ohne zu kochen, mit etwas gebrochenen schlechten Getreid vermenget, solchem vorleget. Das Federvieh aber ohne vorhabende Mastung zu fütteren, zerstosset man bloß die rohe Erdäpfeln, und wirft sie also oder gekocht, dem Geflügel vor: man verstehet aber, daß diese Frucht dem Geflügel anfangs nicht ohne Vermischung des ordinarien Futters gegeben, sondern nach und nach daran gewöhnt werden solle.

§. 4. Von allerhand Rüben.

Deren giebt es bekanntermassen vielerley, als Wasser- oder Weißerüben. Item Gelbe- Rothe- Fruhe- und Spätrüben, nur hat der Landmann darauf zu sehen, daß er solche nicht nach seiner Gewohnheit allesamt erst auf Johanni, oder wohl gar nach der Erndte ausbaue, sondern bey gegenwärtiger Getreidtheurung mit den Fruhrüben, sobald die starke Nachfröste nicht mehr zu beförchten, sogleich im Frühlinge den Anfang mache.

Die gelbe Rüben sind nicht außer Acht zu lassen, sie werden in andern Landen in großer Menge auf den Feldern gebauet, sind eine gut und gesunde Speise für Menschen, und anbey das beste Mastfutter für unterschiedlich Vieh. Man pflegt meistens weiß und blauen Mohn darunter zu säen, welcher das Unkraut, so den gelben Rüben am Wachsthum sehr

 schä-

schädlich ist, durchaus verhindert. Die Rüben werden insgesamt Winterszeit in den Kellern aufbehalten, oder man gräbt sie in Gärten in Gruben mit Stroh, und hinnach Erden bedecket. Der Saamen aber wird wie bey der Mangoldsrübe erlangt.

§. 5. Von den Schottenfrüchten, als fruhen Zucker- und andern Erbsen, Fisolen, und Feldbohnen.

Der Erbsenbau im Brachfelde ist eine große Verbesserung des Ackers für die darauf folgende Wintersaat, da solcher den Grund locker, und von dem Unkraut rein erhaltet. Es ist weit nützlicher die Erbsen unterzuackern, als solche hinnach erst zu säen, und je bälder sie können im Frühjahr ohne die Nachfröste mehr zu besorgen, gebauet werden; je besser ist es, und wird man also zum Theil fruhe grüne Erbsen mit den Schalen zur Speise erlangen. Eben diesen Vortheil genießet man von den fruhen Zuckererbsen nnd Zwergelfisolen, die man aber nützlicher einzulegen, oder zu stecken, als zu säen pflegt. Die Feldbohnen, so man auch Saubohnen nennet, werden in einen mehr feucht, als gar zu drocknen Acker gesteckt, oder weit ausgeworfen, und eingeeget; es giebt deren große und kleine, sie schmecken grün ausgelöset, und gekocht gut: die dürre aber taugen nicht nur zur Speise, sondern auch gebrochner vor das Rind- und Schweinevieh, von einem Viertel Aussaat kann man deren wohl 10. 15. bis 20. erlangen. Bey dergleichen Saamensorten kann nicht unbemerkt gelassen werden, daß, wenn selbe des Abends spät gelegt, oder gesäet werden; und nachdeme sie über Nacht den Thau empfangen, des andern Morgens sehr fruhe, da sie annoch naß sind, mit Erde bedeckt, oder eingeeget werden, es zu ihrem Gedeihen und Wachsthum großen Vorschub giebt.

§. 6. Allerhand Krautarten.

Dieser Pflanzen giebt es mancherley, als: weißes, blaues, auch röthliches Kraut, wozu noch das Werschingkraut. Item die gemeine Kolraben, dann die Dorschen oder Erdkohlrüben gezählet werden, sonderbar aber das Fruhekraut und Fruhekohlraben, so Anfangs May gepflanzet werden, nicht zu vergessen seynd. Diese Sorten werden fast alle auf gleiche Weise gepflanzet, die dem Landmann schon meisten theils bekannt ist; nur hat selber die Vorsicht zu gebrauchen, daß bey dem Pflanzen, deren nicht zu viel auf einmal in die Hand genommen, und solche hiedurch zerdrücket, erwärmet, und welk gemacht, wohl aber solche vor dem Einsetzen in das Wasser getunket, und hiezu die Löcher oder Gruben nicht mit einem spitzigen Holz, sondern vielmehr mit der Hande ausgehöhlet werden. Die Pflanzen, welche keine gute Wurzeln haben, oder denen die Herzblätter ermangeln, taugen nicht. Die Dorschen pflegt man anderer Orten unter das gemeine Kraut zu setzen, und seynd gegen solches von doppelten Nuten in der Landwirthschaft, da besonders hievon die Blätter zum Theil bald abgenommen, und schon lang vor der Erndte zur Speis für Menschen gebraucht werden können. Es wäre daher zu wünschen, daß die bisherige Krautgärten, welche meistentheils an abgelegnen, und mit ungebauten Gründen umgebenen Refieren befindlich, für dergleichen mehrern Erdgewächsen erweitert, und um ein merkliches vergrößert würden.

§. 7. Bauzwiebeln.

Zu diesen wird ein guter Grund gewählet, und nach gehöriger Düngung wohl gepflüget, hernach mit einem eisenen Rechen gleich gemacht, darauf wird der, insgemein ein paar Stunden vorher in Wasser eingeweichte, sodann mit gesübter Holzasche vermengte Zwiebelsaamen dick gesäet- und unterrechnet; hinnach mit viereckigten an die Fußsohlen befestigten Breteln in etwas getretten. Dieß geschiehet alles im Fruhejahr, sobald der Landmann nur im Stand ist, in dem Erdboden zu handthieren. Der Zwiebelsaamen wird von den schönsten und größten Zwiebeln erlangt, die im dem Garten wohl an die Sonne im Fruhejahr gesteckt, und wenn sie hoch gewachsen, mit Stängeln locker zusamm gebunden werden: worauf der Saamen sodann im August oder September reif, und eingesammelt wird.

§. 8. Türkisch Korn, oder Waitzen.

Diese sehr reichlich ergiebige Frucht taugt nicht nur zum Kochmehl, sondern auch vornämlich zur treflichen Mastung für Schweine, und allerhand Geflügel. Man steckt es sowohl in Gärten, als auf ganze Aecker, wenigst einen guten Schuh weit, oder noch mehr voneinander, der Schnur nach in kleine Löcher, in deren jedes 7. oder 8. Körner gelegt werden, die man nicht vom größten, sondern mittelmäßigen, und kleineren nimmt. Jeder Stengel giebt einen, auch zwey Kolben, der jeder 200. bis 300. Körner, sohin ein Viertel deren ansäet, über die 30. und 40. tragen kann, man muß aber den Boden wohl bedungen, nnd sobald es fingerlang, solcher gerühret, und hinnach noch ein- und anderemal aufgehäcklet werden, so wird man seine Wunder sehen. Es stehet nicht gern an winterischen Orten, sondern liebet die Hitze; wenn die Kolben wirklich da stehen, und der oberste anfängt zu dorren, so schneidet man diesen ab, und die Blätter darzu, welche ein herrliches Viehfutter geben, so werden die Kolben vollkommen, thut man es aber zubalde, so schadet es diesen. Die abgebrochene Kolben muß man ohne Anstand aufmachen, das ist: die Blätter daran abziehen, einige davon abreißen, und an jeden ein paar lassen, mit welchen man je zwey und zwey zusammen bindet, die man hernach in Luft an Stangen oder Seilen aufgehänget, und trocknen läßt, hierauf aber ausdrischt, wenn es der Mühe werth ist, oder ausbricht; und vor den

Mäusen, die ihm sehr gefährlich sind, wohl verwahret. Das Stecken oder Einlegen dieser Körner muß im Frühling nicht allzufrühe geschehen, weil sie wenig Kälte leiden können. Die ausgebrochne Kolben und Stengel kann man Büschelweis im Ofen verbrennen. NB. Die Kolben muß man nicht eher abbrechen, bis die Blätter, damit sie umhüllet, dürre worden, welches ein Anzeigen ist, daß die Körner reif sind. Von dem Anbau dieser Frucht kann auch das Churbaierische Intelligenzblatt de Anno 1769. Pag. 10. nachgesehen werden.

§. 9. Vom Mohn, Oelmagen, oder Magsaamen.

Davon giebt es dreyerley Arten: der geschlossene, offene und weiße. Der erste bringet größere Köpfe als der offene, dieselbe bleiben verschlossen, und nachdem sie reif geworden von den Stengeln in die Säcke abgeschnitten, und nach eigner Bequemlichkeit ausgeschüttelt, oder ausgeklopft. Der offene hingegen ist zwar reicher an Saamen, ist aber der Gefahr ausgesetzt, bey seiner Zeitigung und entstehenden Wind stark auszufallen. Diesem Uebel wird dadurch abgeholfen, daß solcher, sobald er anfängt sich zu eröffnen, zusamm gestellt, einige Tage bis zu seiner völligen Austrocknung auf dem Acker gelassen, hinnach auf Leihlach oder Tischtücher ausgeschüttelt, und bis zum Oelschlag aufgehoben wird. Die dritte Art ist die weiße, weil der Saamen gegen die andern viel weißer ist: auch solchen von vielen vorgezogen werden will. Die Aussaat geschiehet, wie mit den Rüben, und pflegt man meistens gelbe Rüben mit unterzusäen. Auf einem Juchert Acker mögen wohl bey 3. Centner Oel erlangt werden. Dieser Saamen wird meistens im April gebauet, und so man den Acker von Unkraut wohl reiniget, und mit kleinen Hacken von 2. Zinken rühret, und die Pflanzen in etwas häufelt, so kommen von einem Stengel 10. bis 15. Köpf hervor, absonderlich, wenn solche nicht enge, sondern etwa ein Schuh weit voneinander stehen. Das Magsaamenöl ist von einem guten Geschmack, wird andrer Orten stark zum Kochen, und noch viel andern verbraucht, und von dem Landmann eine große Menge Schmalz oder Butter zum Verkauf hiedurch erspahret, auch viel Geld für das Baumöl im Land erhalten. Der Rübsaamen oder Sommerrübsen werden schlechterdingen gebaut, wie die Rüben, sind auch bald so gut, wie der Magsaamen.

§. 10. Erdartischocken.

Bombinambeu, oder Papas indicus, ein den Erdbirnen nicht unähnliches Erdgewächs, so man mit Recht Erdartischocken nennen kann; denn es kommet im Geschmack der zeitigsten und besten Artischocken gleich: ja es übertrift diese, und wird daher auf die Tafeln großer Herren als eine besonders niedliche Speis gesetzt. Es wird aus den kleinsten Stöcken fortgepflanzt, wenn nur jedes ein gesundes Auge zum keimen hat. Sonderbar

(b) ist,

ist, daß man es im Herbst, wie im Frühling pflanzen kann, und daß es sich folglich über Winter im Boden erhält, welches andre dergleichen Erdgewächse nicht thun. Es treibet ein wohl 20. bis 24. Spannen hohes, mithin sehr prächtiges Kraut, der Sonnenblume nicht viel ungleich: als welcher von der kleinern Art auch die Blühen der Erdartischocke ähnlich sind. Wenn sie wohl bekommen, und große Stöcke geben sollen, müssen sie wenigst 2. Schuhe weit voneinander gepflanzt, wohl aufgerührt, gehäufelt, und von Unkraut rein gehalten werden. Je besser der Boden ist, welchen man ihnen vergönnt, desto reicher ist ihr Wachsthum: wiewohl sie auch mit einem mittelmäßigen Grund verlieb nehmen, und wegen der starken Ausbeute des Anbaues vorzüglich wehrt sind. Sie geben eine gesunde, und jedermann recht angenehme, nahrhafte Speise, wenn sie wie Artischocken gekocht, oder wie Sellery mit Eßig und Oel als Salat genossen werden.

§. 11. Kürbisse.

Deren giebt es zwey Arten, die grüne, und die weißliche oder gelbe. Die Körner werden, wenn gar kein Frost mehr zu besorgen, weit voneinander gesteckt. Wenn ihre Reben 5. oder 6. Schuh lang gewachsen, soll man etliche Schaufeln Erden darauf werfen, zu verhüthen, daß sie nicht vom Winde gebrochen werden, und die Frucht auch größer ausfällt. Um die Blühezeit werden die Nebensprossen hinweg, und nur die 2. Hauptsprossen gelassen, wie dann auch nachmals die grossen Blätter, so den übrigen Gewächsen hinderlich sind, zum Theil abgebrochen werden mögen. Diese Frucht kann die Kälte nicht viel ertragen, dahero sie mehr Unterlands gedeyhen wird: dient zur Speise für Menschen, und zu einen guten, und sehr ergiebigen Futter für das Vieh, sonderheitlich für die Schweine.

§. 12. Vom Fruh-Schnittköhl.

Diese Pflanze ist nebst der Fruh-Mayrübe dem Landmann bey gegenwärtigen Umständen anzubauen am rathsamsten. Der zimlich wohlfeile Saamen wird gleich im Fruhjahr, wenn man in Boden kann, in einen gut zugerichteten Ackergrund, oder auch Krautgarten weit auseinander geworfen: so, daß auf ein halb Juchert dessen 2. Pfund hinreichen werden, und verfahret man, wie mit dem Rübensaamen: doch, daß er etwas dicker, als letzterer genommen werde. Zu Ende des April, oder Anfang des May werden die überflüßig, und zu enge stehende junge Pflanzen nach und nach ausgezogen, welche dann schon zum erstenmal zu einer guten, gesunden, und ergiebigen Speise und Zugemüß dienen. Die übrigen, welche in behöriger Entfernung auf dem Acker stehen bleiben, werden hinnach, wie die Krautpflanzen gerühret, gehäufelt, und der Grund vom Unkraut gereiniget, worauf sie schnel wachsen, und man solche bis auf die Herzblätter hinnach öfters abschneidet, da sie dann bald wiederum wie zuvor, in ihrer Vollkommenheit erscheinen werden: also schreitet man mit dem Abschneiden von Tag zu Tag immer weiter, und wird hiemit diese Speis bis auf Johannis in gewaltiger Menge erlangt, wohinnach die Pflanzen in den Saamen schießen, sofort solche auf einmal, was man nicht hievon für künftiges Jahr zur Aussaat benöthiget, aus dem Land gehoben, und dem Viehe zu einem stattlichen Futter vorgelegt werden. Der Acker wird hierauf ohne weitere Düngung mit Wintergetreid angebaut, welches auch viel besser, als auf die bloße Brach gedeyhen wird: oder wer hieran zweifelt, mag diesen Grund sogleich mit Rüben, oder gemein Kraut, oder mehr andern bepflanzen. Dieses vortrefliche Feldgewächs kann übrigens auch zu andrer Zeit im August gebauet, und solcher Gestalten von Michaeli den Herbst, Winter und Frühjahr hindurch bis wieder auf Johannis benutzet werden.

b) Preise allerley frischen Saamen, welche allhier in München bey Johann Leonhard Diez, burgerlichen Saamenhändlern (wohnhaft in Zinnsmeisterohause auf dem Rindermarkt) um nebenstehende Preise zu haben sind.

NB. Vor heuriges Jahr, sonst sind die Saamen wohlfeiler.

Sämereyen.	das Loth. fl.	kr.		Loth. fl.	kr.
Englischer Carviol, oder Blumenköhl.	1	30	Extra dauerhafter großer Pologneser mit weißen Blatt. — — — —	—	36
Cyprischer Carviol. — — — —	1	30	Gelb romanischer Pologneser, halb kraus.	—	30
Holländischer Carviol. — — —	1	—	Grüner Pologneser. — — — —	—	30
Ordinari oder gemeiner Carviol. —	—	12	Groß gelb glatter Pologneser. — —	—	30
Frühe romanische Proggoli. — —	—	48	Holländer Frühkopf-Salat, unters Glas.	—	15
Spate detto detto. — — —	—	48	Früh gelber Kopfsalat, oder Schmalzheipl.	—	15
Ordinari gemeine detto. — — —	—	24	Imperial oder Kaisersalat. — —	—	15
Früh Ulmer kraus Wörschin. — —	—	15	Spanische Montrösalat. — — —	—	15
Ganz niedrig kraus Fruhwörschin. —	—	12	Grünkopf oder Hannoversalat. — —	—	15
Mittere Sommer- oder Herbstwörschin.	—	10	Braunkopf oder Berlinersalat. — —	—	15
Großen spat oder Winterwörschin. —	—	6	Foreln oder rothgesprängten Salat. —	—	15
Frühkraut, des frühesten. — — —	—	15	Gelb, grün, roth, Prahlsalat. —	—	15
Salzburger Frühkraut, das niedrige.	—	15	Winter-Kopfsalat, gelb. — — —	—	10
Anglberger groß spat Frühkraut. —	—	12	Englisch gelber Prinzenkopfsalat. —	—	15
Brassica Rubro, rothes Kraut. —	—	15	Ordinari gelb Kopfsalat. — — —	—	10
Groß spat Kappis, oder Feldkraut. —	—	6	Passauer oder Bindsalat, grün. — —	—	12
Früh weiße kleine Kalrabi. — —	—	15	Roth gesprängt fein Bundsalat. — —	—	15
Spate große weiße Kalrabi. — —	—	8	Fein gelb Schließladuck. — — —	—	12
Große spate blaue Kalrabi. — —	—	6	Eichenblatt-Salat. — — — —	—	10
Dorschen, Boden oder Erdkalrabi. —	—	3	Fein gelb Ausstechsalat. 1. tt. 2. fl. 30. kr.	—	6
Blaue krauser Winterköhl fein. —	—	6	Ordinari Ausstechersalat. 1. tt. 1 fl. 30. kr.	—	8
Schnittköhl. — — — — —	—	3	Rapunzel oder Schinkensalat. — —	—	4
Allerhand Salatsaamen.			Nisselsalat. — — 1. tt. — fl. 24. kr.	—	2
Früh Pologneser fein kraus. — —	—	30	Winterantissi breite Art. — — —	—	6
Klein Vier Pologneser. — — —	—	30	Escarolle, extra schön breit. — —	—	18
Gelb kraus Spatkopf Pologneser. —	—	30	Winterantissi, kraus. — — —	—	8

(f)　　　　　　　　　　　　Extra

	Loth. fl.	kr.
Extra fein franzöſiſchen krauſten Antiſſiſaamen. — — — — — —	—	18
Finochia, oder italiäniſchen Fenchel.	—	15
Ordinari Fenchelſaamen. — — —	—	2
Anis und Coriander. 1. tt. — fl. 16. kr.	—	1
Früh roɑte Monathradiesgen. — —	—	6
Früh länglichte Monathrettig, mit kleinem Kraut. — — — — —	—	6
Weis lange Monathrettig, ins freye Land.	—	3
Revenelle, roth franzöſiſ. Monathrettig.	—	6
Frühboden oder Halbrettig. — —	—	4
Groß ſpat Sommer- oder Bodenrettig.	—	4
Früh ſchwarze Winter- oder Halbartrettig.	—	6
Rothe Winterrettig. — — — —	—	6
Weiße Winterrettig. — — — —	—	6
Schwarze Winterrettig. — — —	—	6
Groß Erfurter Winterrettig. — —	—	8
Scorzonero-Wurzel. — — —	—	6
Attevive, oder Haberwurzel. — —	—	6
Kerbelkraut-Saamen. 1. tt. — fl. 24. kr.	—	2
Cochlearia, oder Löffelkraut. — —	—	5
Pimpornellſaamen. — — — —	—	4
Naſturtium, oder Gartengreß. 1. tt. 30. kr.	—	2
Ciggori, Wegwarten, oder Hinlläuft.	—	6
Fein roth geſprängt Ciggori. — —	—	8
Thimian, Demuth oder Kettelkraut. —	—	10
Charthami, oder wild Saffran. —	—	6
Cardebenedicten-Kern. — — —	—	3
Artiſchocken-Kern. — — — —	—	18
Spaniſche Cardon-Kern. — — —	—	10
Cucumern-Kern. — — — —	—	6
Groß lange Schlangengurken. — —	—	8
Cucum. Aſinin. oder Eſelkürbis. —	—	12
Cucurbita Major, große Kürbis. —	—	13
Flaſchenkürbis-Kern. — — —	—	10
Allerhand Sorten kleine Kürbis. —	—	10
Verſchiedene der frühen und ſpäten Sorten Cantilluppen und beſten Melonenkern.	—	24
Mamortica-Kern, roth. — — —	—	24
Mamortica-Kern, groß weiß. — —	—	24
Roth, weiß und gelbe, groß ſpaniſche Verſetzwieſel. — — — —	—	20
Ordinari Sommer- oder Bauzwieſel.	—	4
Winter- oder Röhrlzwieſerl. — —	—	3
Ranna oder rothe Ruben. — — —	—	3
Gelbe Ranna. — — — — —	—	4
Baſtinath große Art. — — — —	—	4
Ordinari Baſtinath. — — — —	—	2

	Loth. fl.	kr.
Peterſilwurzen, große Art. — —	—	4
Ordinari Peterſil. — 1. tt. 40. kr.	—	3
Weiß, roth, gelb, römiſche Mangolt oder Bieſſen. — — 1. tt. 36. kr.	—	8
Pori oder Lauch. — — — —	—	6
Große Stangen Pori. — — —	—	8
Majorana, Küchen Majoran. — —	—	6
Spargelſaamen von beßter Art. — —	—	26
Spönathſaamen breite Art. — —	—	2
Winterſpönath der ſpitzige. — —	—	2

Saamen zu Verbeſſerung des Lands.

	fl.	kr.
Früh weiß rundſcheibigte Mayrüben.	—	4
Spat weiße Feld- oder Herbſtrüben. —	—	2
Baieriſche oder Stegrüben. — —	—	1
Rüpsſaamen zum Oel ſchlagen. — —	—	2
Turnips, oder engliſche Dickrüben. —	—	4
Gelbe, runde, ſüße, engliſche Rüben. —	—	6
Franzöſiſch ſüße lange Rüben, weiße. —	—	6
Carotta Lutea. Früh goldgelbe lange Rüben oder Möhren. — — —	—	4
Ordinari gelbe Feldrüben oder Möhren.	—	2
Geniſta ordinari. — — — —	—	8
Geniſta ſpinoſa, oder Zaunhecken. —	—	10
La Lucerne, Sichel oder ewige Klee, ſo des Jahrs 6. bis 7mal kann abgeſchnitten werden. — 1. tt. 1. fl. 12. kr.	—	5
Esparſette, oder Türkenklee. 1. tt. — fl. 40. kr.	—	40
Saint-Foin, heilig Heu, oder Ree-Gras. — — — — 1. tt. —	—	14
Trifolium, oder Wieſſenklee. 1. tt. —	—	24
Crainer-Klee, ein beßere Art. 1. tt. —	—	18
Canarienſaamen. — — 1. tt. —	—	20
Senfſaamen gelb. — — 1. tt. —	—	24
Senfſaamen braun. — — 1. tt. —	—	24
Moor hirſche. — — — 1. tt. —	—	24

Allerhand Saamen.

	das Loth.	
Zellerſaamen ordinari. — — —	—	4
Groß holländiſch Knollen Zelleri. —	—	6
Zucker-Wurzelſaamen. — — —	—	8
Portulaca, gelb breite Art. — —	—	10
Rapunzel-Wurzel. — — — —	—	6
Baſilicum, groß breit Art. — —	—	10
Baſilicum, fein krauß. — — —	—	12
Naglſaamen, oder Grasblumen gefüllt. — — — — —	—	18

	Loth. fl.	Loth. kr.
Magsaamen von feinsten holländischen in extra besten Sorten. — — —	8	—
Gelben Feiglsaamen flamiert. — —	—	12
Detto do.: recht braun. — — —	—	30
Weinrauthen. — — — — —	—	4
Acetosa, oder Saurampfen. — —	—	3
Annethi, oder Dillensaamen. — —	—	2
Edle Salbeisaamen. — — — —	—	4
Isoppen oder Weinkraut. — — —	—	6
Melissen edle. — — — — —	—	6
Lafendl. — — — — — —	—	8
Saturei, oder Josephskräutel. — —	—	6
Tobacksaamen. — — — — —	—	10

	Loth. fl.	Loth. kr.
Weiß grau braun Mohnsaamen gefüllt.	—	6
Gelbe, weiße, rothe Frühezwergelfisoln.	—	2
Hochsteigende weiße Fisoln. 1. tt. —	—	10
Rothe Feuer- oder Spalierbohnen. 1. tt.	—	24
Saubohnen große und kleine. 1. tt. —	—	10
Früh französische Zwergzucker-Arbis zum Ausscheln, weiße Blüh. — 1. tt. —	—	36
Grüne hochsteigende Arbis. 1. tt. —	—	36
Groß breitschaligte Zuckerarbis mit weißer Blüh. — — — 1. tt. —	—	48
Allerschönste englische Zuckerarbis mit recht breiten Schaln und weißer Blüh.	1	—

*) Da die frischen Saamen dem Landmann höchst nöthig sind: so wäre gut, wenn die Gerichts-Obrigkeiten und die Magistrate, jeden Ortsbesonders an die Gärtner die Ermahnung ergehen liessen, in den Monathen Februari, März, April, May ꝛc. nicht nur auf die Erzeugung mehreren und frischen Saamens den Antrag zu machen, sondern auch solchen auf den ordinari Wochenmärkten feil zu halten. Wie dann diese Gärtner und Saamenhändler dahin anzuweisen, daß sie, wenn ihre mehreren Vorräthe nicht an einer Gegend verkauft werden könnten, solche nebst dem Quanto, und Sorten, dann des Preises dem Churfürstl. gnädigst privilegirten Intelligenzcomtoir in München (so die Postfreyheit genießet) mit einer schriftlichen Nota ohne Zierrath, anzeigen sollen. Welches alsdann ohne mindesten Entgeld oder Bezahlung einer Gebühr, dem Landmann zum besten dergleichen nöthige Artikel den offnen Blättern einverleiben, und bekannt machen wird. So werden auch alle Landwirthe, Schloß- und Klostergärtner, besonders die sämtlichen Tit. HH. Pfärrer freundlichst ermahnet, mit Anbauung dieser vorgeschriebenen Pflanzen und Erdfrüchten den Unterthanen und Pfarrkindern mit einem guten Beyspiel voranzugehen; und in christlicher Eintracht, den Nebenmenschen mit Lehr und Unterricht zu Verbesserung seines Nahrungsstandes anzuweisen.

NB. Diese Beyträge werden fortgesetzt, ohne sich wegen allerley Vorfällen auf eine gewiße Zeit einschränken zu können. Sie haben den Preis, wie die Intelligenzblätter, wenn es gleich mehrere Bogen halten wird; um dem gemeinen Mann zum Beßten nur alles leidenlich einzurichten. So sind auch, auf Churfürstl. gnädigsten Befehl über 2000. Exemplarien von diesem Landwirthschafts-Unterrichte durch die Churfürstl. Herren Gerichtsbeamten den Dorfsgemeinden gratis hinaus gegeben worden.

Diese Blätter sind zu haben: 1) Bey denen Löbl. Reichs- und Oberpostämtern: 2) In München bey Carl Mank, Buchbinder im Wasserburgerladen. 3) Zu Freysing bey dortig burgerlichen Buchbinder Herrn Sebastian Mesner. 4) Zu Straubing, Burghausen, Ingolstadt und Schärding beym Hauptmauthamt. 5) Zu Landshut bey der Regierungs-Expedition. 6) Zu Regensburg beym Herrn Kästerer Schmied. 7) Zu Augsburg bey Herrn Kletts seligen Erben Buchhändlern. 8) Zu Amberg bey Tit. Herrn Regierungs-Secretario Hetzendorfer. 9) Zu Neumarkt in der Pfalz bey Herrn Leander Reich, burgerlichen Buchbinder.

Die Wahrheit hat immer einen Begleither!
Entweder den Beyfall derer, die sie lieben; — oder den Haß
derer, die sie scheuen! —
Moral. Relig.

Churbaierisches
Intelligenzblatt
Num. II.
München den 31. Jänner 1771.

Artic. I.

a) General-Mandat: Die Pferdezucht in Baiern und der obern Pfalz: und die zu deren Emporbringung nunmehr bekanntgewordene Prämien: item die gelehrigen Hufschmiede und Sattler betreffend, dat. 19. Nov. 1770.

Maximilian Joseph, Churfürst ꝛc.

Entbiethen allen und jeden Unsern Gruß und Gnade, und geben denenselben zu vernehmen: Wie Wir zwar bereits durch Unser Mandat vom 20sten Junii abgewichenen 1769sten Jahres jedermänniglich kund thun lassen, daß Wir aus landesväterlicher Vorsorge für die Verbesserung des Nahrungsstandes Unserer Landesunterthanen den gnädigsten Entschluß gefaßt, vor allem der Pferdezucht durch Erziegelung wohlgestellt, kräftig und dauerhafter Follen auf Unsern, und Unser zu Erzielung der gemeinen Landeswohlfart hiemit willfährig einverstandenen lieb- und getreuen Landschaft gemeinsamen Kösten immer mehr aufzuhelfen, sohin den Landmann in den Stand zu setzen, daß derselbe bessere Pferde erziehen, und eben dadurch von seinem darauf verwendenden Fleiß und Mühe einen größern Nutz und Erwerb einärndten möge.

Nachdem Wir nun in gedacht-Unserm Mandat bereits jedermann die Weisung geben, und die Art erleichtert haben, welchergestalten man der Follen, die das 3te Jahr erreichet, dann der zu der Pferdzucht undüchtig erfundenen Mutterpferden mittels erlaubter außer Landes Verkaufung derselben sich entübrigen, und hiegegen zu einen guten Follenzügel taugliche Stuttpferde anschaffen möge; so hat es zwar hiebey, denn was dießfalls die Landes- und Policeyordnung 2ten Buch 4. Titl. ohnehin verordnet, noch durchgehends, und in so lang sein Verbleiben, bis Wir bey der durch diese Unsere gnädigste Verordnung im Lande

Ad B sich

sich vermehrenden Pferdeanzahl ein anders gnädigst veranstalten zu lassen, Uns veranlasset sehen werden.

Um aber jedermann, und sonderheitlich dem Landesunterthann solch Unsere alleinig zur Landeswohlfart abzielende Verordnung, und wie man sich diessfalls in ein, so andern zu verhalten habe, vollständig begreifen zu machen, so erklären Wir

Erstens, daß gleich Eingangs ersagtermaßen diese neue Anrichtung der Pferdezucht sowohl von Uns, als Unser diessfalls mit Uns einverstandenen lieb- und getreuen Landschaft niemalen anderst, als alleinig zu wahrer Wohlfart des Vaterlandes, und beträchtlichen Nutzen des Landesunterthann ins Werke zu setzen, wirklich angefangen, und zu solchem Ende eine eigene cummulative Gstüettskommißion ernennet, und von Uns gnädigst begnehmet worden ist; also auch sind zu Erzielung dieser Absicht von Uns, und selber auf gemeinsame nicht geringe Kösten bereits eine ziemliche Anzahl wohlgewachsener, und zu der vorhabenden Landeszucht tauglicher Hengsten von auswärtigen Landen beygeschafft worden. Welch getroffene Veranstaltung jene Ortschaften, wohin man ein, so anders Jahr, derley Hengsten zum Bschellen abgeschickt hat, mit all unterthänigstem Dank allschon schuldigst erkennen; es wirdet aber auch mit weiterer Beykaufung derley Bschellhengsten fortan nach Gestaltsame der Erforderniß in solcher Maaß fürgeschritten werden.

Anderens, daß selbe in gesammte vier Rentämter nach und nach vertheilet, und hiemit die in selben zu einer beßern Pferdezucht tüchtig sich vorfindende Mutterpferde beschellet werden sollen, welches aber ohne mindesten Entgelt des Unterthans, und, ohne daß selber einiges Springgeld zu bezahlen hat, jedes Orts veranstaltet werden wird.

Drittens, lassen Wir jedermann, und sonderheitlich allen Unterthanen, hiemit gnädigst zusichern, daß weder zu Unsern churfürstl. Hofstall, weder zu Unsers Militair denenselben jemalen ein Foll um ein benannte Tax, oder in anderweg werde abgenommen werden, sondern all und jeden solle der freye Kauf und Verkauf derselben sowohl dermalen inner, als auch nach ein- so andern Jahr außer Landes ohnbenommen und unbeschränkt seyn.

Viertens, obschon diese ansehentliche Vortheil jedermann an sich selbsten ermuntern sollten, sich nach und nach zu beßerer Pferdezucht tüchtige Mutterpferde anzuschaffen; so haben Wir Uns doch noch ferners mit Unser lieb- und getreuen Landschaft dahin verstanden, daß zu noch mehrerer Aufweckung des Unterthans zu seinem allschon selbst sichtbaren Vortheil Wir noch weiters jenen, so sich diessfalls mit sonderm Fleiß und Mühe in der Pferdezucht hervorzuthun, und deren habende Follen am besten aufzuerziehen beflissen sind, sohin in dem von Gottes Gnaden anhoffend- 1771sten Jahre, und inskünftig auf die offentlich privilegierte Märkt (wie Wir gleich hinnach verordnen) die bestgewachsene Hengst und Stuttfollen zum Verkauf bringen werden, sonderheitliche Prämien dergestalten ertheilen lassen wollen.

Fünftens, daß der schönste Hengstfoll von drey Jahre 30. fl., und der deme nächstkommende 30. fl, das schönste Stuttfüll gleichen Alters, 30, denn das ebenmäßig deme nächstkommende 20. fl, der schönste Hengstfoll von 2. Jahre, 30. fl, und der solchem nächstkommende 20. fl, das schönste Stuttfüll nämlichen Alters, 20. fl, und endlichen das nächstkommende 15. fl. zu Prämien erhalten sollen. Gleich aber diese Prämien nur jene Follen erhalten, welche von denen Landgestüttsbschellern erzeugt worden sind; als haben deren Innhabere, wenn sie ein Prämium zu gewinnen sich die Hofnung machen können, sich solcherthalben jederzeit mit einem obrigkeitlichen Attestat zu versehen.

Die Pferdmärkt, wo diese Prämien ausgetheilt werden, bestimmen Wir dermalen im Rentamt München, den Keferloher, so den 1. September, im Rentamt Straubing, den in der Haupestadt daselbst, so am Sonntag nach St. Michaeli, dann für das Rentamt Burghausen, den Braunauermarkt, so an Mitfasten abgehalten wird, für das Rentamt Landshut entgegen benennen

Wir

Wir um so minder einen sonderbaren, welches die Erfahrenheit bis anhero gegeben, daß selbige Unterthannen nach Gestaltsame ihrer Entlegenheit ohnehin einen dieser dreyen Märkten zu besuchen bereits gewohnt sind. Behalten Uns aber bevor, diese Märkte, befindenden Umständen nach, doch in solcher Maaß abzuändern, daß hiervon dem Publiko jedesmalen zeitige Nachricht ertheilet werden solle; gleich Wir auch durch abgesönderte Kommißionsbefehlsschreiben solche Verfügungen treffen lassen werden, daß sich niemand über das gefelte Urtheil des Zuspruch des Prämium halber mit Fug beklagen könne.

Sechstens, ist Unsere gnädigste Willensmeinung, daß bey gedacht cummulativer Gstüttskommißion jedes Jahr zu behöriger Zeit überlegt werde, in was für Ortschaften jedes Rentamts die Bschellhengsten abzuschicken der Pferdezucht am meisten zu statten kommen möge. Welche Wahl von bereits vorhandenen, oder aber von Zeit zu Zeit sich jedes Orts nachschaffenden tüchtigen Mutterpferden abhangen wird. Sobald nun gedachte Ortschaften ausgesehen seyn werden, wirdet von ersagter Kommißion selbsten jemand abgehen, oder abgeordnet werden, erwendeter Orten die zum Bschellen tüchtigste Mutterpferde auszusuchen, und zu mustern, deme dann auf zuvor einlaufende Kommißionsbefehlsschreiben auf ein oder mehrere Musterplätz (wie es die jedortige Umstände zugeben werden) alle in solchem Lande, oder Pfleggericht, nebst denen alldahin inkorporierten Hofmärchen, befindlich tüchtige Stuttpferde gestellet, und in Aussuchung derselben nicht allein der mindeste Einhalt erzeuget, sondern vielmehr von denen churfl. Land- und Pfleggerichts, dann herrschaftlich- und hofmärchischen Beamten allschuldigster Diensteifer erwiesen werden solle. Welches von selbsten ebenmäßig sich auf die Aussehung der Bschellplätze, Stallungen vor die Hengsten, dann Bestellung der glatt- und rauchen Fourage ergahet, von erdeuter Gstüttskommißion getreulich und baar sogleich in selcher Maaß bezahlt werden wird, wie diesfalls zwischen dem Abgeordneten und denen Beamten die vorläufige Abredung getroffen, respektive kontrahiert worden ist.

Siebentens, ist, um den Endzweck einer landesgedeihlichen bessern Pferdezucht zu erreichen, ohnumgänglich erforderlich, daß über die ausgewählte Mutterpferde ordentliche Register gehalten werden, in welchen nicht allein des Unterthans Nam, und Aufenthaltsort, sondern auch der Stutten Farb, und allenfalls habendes Zeichen, dann von was für einem Hengst mit Namen selbe besprungen worden, von jenen Beamten, in deren Gerichtsdistrikt sothane Stutten gehörig, mit aller Verläßigkeit aufzuzeichnen kommet; ferners ist selben einzuverleiben, ob die Stutte trächtig geworden, oder unträchtig verblieben, das Füll auf die Zeit getragen, oder früher verworfen, in welch beyd erstern Fällen beyzumerken, ob das Füll ein Hengst, oder Stutt, dann wessen Farb, und etwann mit was Zeichen bemerkt seye.

Achtens, in einem gleichen Register ist auch der erste Kauf (massen Wir mit denen fernern Dispensiren) eines dergleichen Foll vorzumerken, den der Verkaufer jedesmal bey seiner Gerichtsobrigkeit mit dem Namen und Aufenthaltsort des Käufers anzugeben hat, welches ebnermassen mit denen Mutterpferden, und zwar in jenem Fall jedesmal zu beobachten, da solche bey noch andauernder Trachte, und ehe selbe gefüllet, von einem Gericht in das andere verkauft wurden. Sollte aber ein trächtiges Mutterpferd, oder auch ein Füll, in dessen erstem Jahre krepieren, ist der Innhaber mit an Handnehmung zweyer Gezeugen nebst dem Wasenmeister schuldig, hierüber die Anzeig bey seiner Gerichtsobrigkeit zu thun, selbe aber hat solche mit kurzer Entwerfung der Umständen im gedachten Register anzumerken.

Neuntens, diese Register sind jedes Jahr an die Gemeinsam churfürstl. und landschaftl. Landgestüttscommißion einzusenden, von welcher unter derselben sonderbarer Fertigung denen Land- und Pfleggerichtern, auch Hofmärchen inskünftig ebenmäßig die Befehlschreiben werden zugeschlossen, dann auf gleiche Art die Attestaten und Polleten wegen außer Landespaßirung der untüchtigen Mutterpferden ertheilt werden. Gleich auch sammentlich sowohl Land- als Pfleggericht- dann hof-

Ho

märchische Beamte aus all Vorstehenden genugsam entnehmen können, daß sowohl Wir, als Unsere lieb- und getreue Landschaft diesfalls alleinig die Wohlfart des lieben Vaterlandes, und den Nutzen des Unterthans in Besserung der Pferdezucht zum Augenmerk genommen haben; als versehen Wir Uns gegen selbe gnädigst, sie werden auch ihres Orts hierzu zu allen Amtseifer und Fleiß schuldigst und bereitwilligst um so mehr verwenden, als sie nach Gestaltsame desselben, dann habend mehr oder minderer Bemühung von gedacht-gemeinsamer Landgstüttskommission auch eine thätige Belohnung zu empfangen haben werden. Jenen Orten, wo zwey deren Beamten sich befinden, freygestellend, ob einer derselben die Bemühung allein über sich nehmen, und also auch den Rekompens alleinig beziehen, oder ob beyde erstere, wie leztern, unter sich abtheilen wollen.

Zehentens, haben Wir punkto andertens :c. herkommen lassen, wie diese zu Verbesserung des Landgestüttes mit vielen Kösten bereits angeschafte, und noch ferners beybringen lassende Bschellhengste nach und nach in gesammte vier Rentämter vertheilet werden sollen; es erfordert aber diese Unsere gnädigste Willensmeinung auch zum voraus, daß eben auch die Landesunterthanen, wenn sie zu ihren eigenen Nutzen hieran Antheil nehmen wollen, sich nach und nach um besser gestelte, und zu Erzielung einer guten Pferdezucht tüchtigere Mutterpferde (sonderheitlich in jenen Landesgegenden, die aus deren Lage zur gemeldter Pferdezucht bereits gedeihlicher sind) umsehen, und solche an sich zu bringen suchen. Bis nun ein und anders zu seiner mehrern Vollkommenheit gedeihen wird, gedenken Wir auch dem Unterthan die Benutzung seiner dermalig habenden Mutterpferde nicht zu beschränken, und in solcher Absicht erlauben Wir zwar gnädigst, daß die sogenannte Gaulreuter (welche mit ihren Hengsten von Ort zu Ort reuten, und für ein gewisses Geld zu bschellen pflegen) noch ferners pasirt werden mögen; doch ist selben bey empfindlicher ſe, und den mitfehligen Unterthan ohnmittelbar betreffender Bestrafung geschärfest verbothen, eine zum Landgestütt bereits ausgesucht- und beschriebene Stutte mit ihrem Hengsten bespringen zu lassen: nebenbey haben Unsere, und die hofmärchische Beamte, deren Distrikt von selben am ersten betretten werden, derley Hengsten sich jedesmalen vorführen zu lassen, solche zu besichtigen, und nebst deme, daß selbe doch in etwas gut gebauet seyn sollen, sonderheitlich auf frische Augen und gutes Hufwerk Acht zu tragen, wornach denenselben bey solch richtigen Befund der Pasirung wiesen ein Attestatum ohnentgeltlich ertheilet, in dessen Ermangelung aber solche ohn all weiters rück- und anwieder aus dem Land gewiesen werden sollen.

Eilftens, haben sowohl Unsere Land- und Pfleggericht- als auch die hofmärchische Beamte, denen Unterthanen wohl einzuprägen, wie ihrer eigener Nutz und From erfordere, daß sich selbe von dem allzufrühen, oder auch übertriebenen Anspannen ihrer noch zarten Follen, so viel, als immer möglich, enthalten; die Mängel, welche durch derley unzeitiges Anspannen vielgedachten Follen zugezogen werden, in einem Unserm Geboth entwerfen zu lassen, wurde um sehr überflüßig seyn, als selbe nicht allein denen Beamten, sondern auch denen Unterthanen selbst im mindesten verborgen seyn können. Jeder Unterthan wirdet demnach zu dessen selbstigen Vortheil sich von seinen eigenem Schaden um so mehr selbst zu hüten wissen, als jeder aus gegenwärtig-Unser gnädigsten Verordnung überzeugt seyn muß, daß solche von Uns alleinig aus landesväterlicher Vorsorge zum Besten des Vaterlandes ausflüsse, und Unsere lieb- und getreue Landschaft aus gleicher Absicht sich dahin bereitwilligst verwende.

Zwölftens, ist eine fast allgemeine Klag, daß sonderheitlich auf dem Lande, wie nicht minder in geringern Städten und Märkten, an erfahrnen Schmieden und Sattlern, ein großer Mangel und Abgang seye, und die wenigere derselben die Wissenschaft ihres Handwerkes zur Helfte besitzen, ja erstere (ohne von geringen Pferdkuren etwas zu melden) nicht einmal ein für junge Pferde tauglich, und deren Huefen ohnschädliches Eisen zuschmieden und aufschlagen, leztere aber eben so wenig einen förmlichen und unschadhaften Kommet-

schirr

schnlich herzuziehen wissen, wodurch auch die bestgestellte Follen und junge Pferde, gleich in deren Jugend, wo sie noch in Kräften und Preis zum weitern Verkauf wachsen sollen, in solcher Maaß verderbet werden, daß selbe weder mit Nutzen mehr verhandelt, noch zu selbstigen Dienst des Eigenthümers in längere Jahre hinausdauern können. Wie aber dieser höchststräfliche Unfug sich hauptsächlichen daher nimmet, daß sowohl in Lehrung der Jungen, als Wanderung der Gesellen und Knechten, dann selbsten in Erkiesung der Meistern, am mindesten Unsere Landes- und Policeyordnung beobachtet wird; als haben Wir gesammte, und sonderheitlich die Obrigkeiten in Städt und Märkten auf derselben viertes Buch, ersten Titel, hiemit gemäßenst mit dem Anhang anweisen wollen, daß in Fällen, wo selber nicht gestrackt nachgelebt werden sollte, Wir aus landesherrlicher Macht, so ohngern Wir auch hieran kommeten, fürzugreifen, und derley landesverderbliche Mißbräuche abzustellen, Uns widerwillig bemüßiget sehen würden.

Gegenwärtig Unsere gnädigste Verordnung ist, wie all Unsere gnädigste Generalien, sogleich nach Empfang dieß gehörig kund zu machen, und üblicher Orten anzuheften, hieran beschieht Unser ernstlich gnädigster Befehl und Willensmeinung. München, den 19. November 1770.

Ex Commissione Ser. Dni. D. Ducis & Elect. speciali. (L.S.)

Mathias Ornatsperger, Churfürstl. Hofraths-Secret.

b) Generale an sämmtliche Churfl. Pfleggerichter: die Publication des zur neuen Stemplung der Gold und Silberborten anberaumten Termins: und die Reise des Fabriken Directeurs von Vacano betreffend. Dat. 24. Decemb. 1770.

Maximilian Joseph, Churfürst rc.

Unsern Gruß zuvor, liebe Getreue! Es ist die allhier etablirte Gold- und Silberborten-Fabrick, welche vormal unter der Aufsicht und Direction des allhiesigen Kaufmanns Pilgram gestanden, dermal mit Unserer gnädigsten Begnehmigung, Unserm Commercienrath von Vacano mit gewissen Conditionen übergeben, und deme die Direction besagter Fabrick aufgetragen worden.

Da nun in der Folge auch der, von dem Handelsmann Pilgram zu Plombirung der Gold- und Silberfabrick-Waaren vormal gebrauchte Stempel cassirt, und dem besagten Vacano ein neues Fabrickzeichen, oder Stempel zugestellt worden, dessen er sich auf seine eigne fabricirte gute Silber- und Goldborten-Producte: als Träde, Bouillons, Blätten, Flindern, Ringeln, Blätteln, Gespinnste, Frisée, Fransen, Borten und Spitzen, alles von gutem Gold und Silber, im Halt 15. löthig 12. dn. Gewicht, künftig zu bedienen, und deme zu mehrer Authentick das hiesige Hauptmauthamts-Signet, (so zu den innländischen Fabrikaten bestimmet ist) allzeit beygedruckt werden muß. So erfordert die Nothwendigkeit, daß alle mit dem vormalig Pilgramischen, in anzeigenden drey Muscheln bestehenden Signete, gestempelte, oder sonst mit der behörigen Stemplung nicht versehene, in den Handen der Handelsleute und Krämmer allschon befündliche gute Gold- und Silberborten, Spitzen rc. nenlich mit dem vacanischen Fabrickstempel bemerkt, und, wie obstehet, authenticirt werden.

Wessen Ends willen, und damit die Handelsleute und Krämmer mit solch ihrer guten Gold- und Silberborten-Waare nicht deswegen in die weiten Wege, oder anher gesprengt, und in beschwerliche Reisekösten versetzt werden, der Vacano selbst in Unsere Hauptstädte abreisen wird: um mehrgedachte Waaren neben dem Hauptmauthamts-Stempel, auch mit seinen Fabrickzeichen zu bemerken; um den sämtlichen Handelsleuten in Unsern Landen deswillen, und in Folge Unserer unterm 10. Febr 1768. ausgefertigten Stemplungs-Instruction alle Sicherheit zu verschaffen.

Es wird demnach zu diesen Geschäfte der Zeitraum, inner welchem selbes obverstandenermassen bewirkt werden kann, folgendermassen anberaumt: als für alle Krämmer und Handelsleute Rentamts München:

Beym Hauptmauthamt München in der bevorstehenden Gebnachidult: und zwar vom 7. bis 28. Jänner inclusivè. *

Beym Hauptmauthamt Landshut vom 14. April bis 30. dito, für eben dieses Rentamt.

Beym Hauptmauthamt Straubing vom 1. May bis 15. dito, für die Krämmer dieses Rentamts.

Beym Mauthamt Braunau, in gleicher Absicht für die Krämmer des ganzen Rentamts Burghausen vom 19. bis 31. May.

Beym Hauptmauthamt Amberg vom 10. Febr. bis 18. dito, für die Handelsleute und Krämmer in der obern Pfalz.

Und weil die Krämmer an manchen Orten allzuweit von obigen Hauptmauthämtern entlegen; so hat man annoch an folgende Orte die Abordnung des Vacano bestimmt. Als

Zum Hauptmauthamt Neumarkt in der obern Pfalz vom 2. Febr. bis 8. dito.

Neuburg vorm Wald den 20. Febr. bis 28. dito.

Stadt am Hof vom 3. Märzen bis 8. dito.

Ingolstadt vom 10. Märzen bis 15. dito.

Beym Beymauthamt Fridberg in der Stadt vom 17. Märzen bis 22. dito: und zu Landsberg beym Gränzmauthamt allda vom 24. bis 28. Märzen 1771.

Wir befehlen Euch demnach hiemit gnädigst, diese zu besagtem Ende angesetzten Termin, und die Absicht dieses Geschäffts den sämtlichen in euren Gerichts-Districte, und Incorporations-Orten entlegenen Handelsleuten und Krämmern alsogleich bekannt zu machen, und ihnen durch Verruf die unverweilte Nachricht zu ertheilen: auch ihnen anbey ohnverhalten zu lassen, daß, wenn jemand nach Verfluß des jedem Circul anberaumten Termins, mit unächt gestempelten guten Gold- und Silber-Borten, derley Spitzen, Fransen rc. es sey in seiner Boutique, oder auf offnen Jahrmärkten betretten würde, diese bedenklich, oder unächt gestempelte Waare, ohne weitere Proceßgestaltung, oder die Parthey zu hören, ipso facto der Confiscation unterworfen seyn, und bleiben solle.

Betreffend die Fremden, oder in Unseren Landen nicht domicilierten, sondern nur von einem zum anderem Jahrmarkte herumreisenden Bortenhändler, Krämmer oder Savoyarden, so sind diese eben zu Erfüllung Unsers gnädigsten Geschäffts, an die obbesagten Termine des ihnen nächstgelegenen, obbemerkten Hauptmauthamts, oder aber hieher zu verweisen.

München den 24. Dec. 1770.

Ex Commissione Seren. Dom. D. Ducis Electoris.

Franz Kohlbrenner, Churfl. wirklicher Rath, und Hofkammer-Secret.

* Wegen der weithen Entlegenheit derer im Rentamt München liegenden Krämern ist der Termin denenselben vom 28. Jänner bis 18. Febr. verlängert worden.

Artic. II.

Feilschaften.

a) Beym Churfürstl. Hofkastenamt Amberg werden den 8ten. Febr. 60 - bis 80. Centen Hesschmalz plus licitandi verkauft: welches dem innländischen Publico hiemit nochmal kund gemacht wird.

b) Franz Butz, Fleckfieder von Stadt am Hof hat 8. tausend Stück Ochsenklauen zu verkaufen, das Hundert zu 12. und 14. kr. welches den Kammachern und Beinarbeitern im Lande hiemit notificirt wird.

c) Bey Hrn. Philipp Eberhard Schuh burgerl. Handelsmann in Gängkofen ist immer ein gutes Sortiment von weissen, gebleichten, auch ungebleichten Garn, deßgleichen Zwirn um billige Preise zu haben: welches den innländischen Bortenmachern, und andern hiemit eröffnet wird, sich mittels Correspondenz dahin zu wenden.

Artic. III.

Avertissement.

Nachdem in der Churfl. Haupt- und Regierungsstadt Burghausen alle Freytag in der

Fasten

Fasten ein ordentlicher Roß- und Viehmarkt abgehalten wird: auf welchen sonderbar die schönsten und ansehnlichsten Pferde (mit denen dieses Rentamt gegen andern Ortschaften vorzüglich wohl versehen ist:) in großer Anzahl erscheinen, wobey die Käufer hoh- und niedern Standes eine vorzügliche Auswahl treffen, und alle Zufriedenheit haben können. So wird dieses hiemit jedermänniglich zu wissen gemacht.

Citatio.

Des burgerl. Handelsmanns in Trosperg Schmids Ladenjung Franz Beer wurde mit 25. tt. Natural-Rapée von der Confinwache arrapirt, und ihme solcher abgenommen: wobey aber der Jung über die Salzburgische Gränzen flüchtigen Fus gesetzt, folglich zu Verhandlung dieses Straffalls sich noch nicht dargestellt hat. Diesemnach wird gemeldter Franz Beer anher peremptorie citirt, à dato inner 6. Wochen zu Abgebung seiner Exception alda zu erscheinen, widrigenfalls nach den Gesetzen der Mauthordnung verfahren werden solle, was Rechtens ist. Trosperg den 21. Jänner Churfl. Mauthamt alda. 1771.

Den 10. Jänner 1771. ist einem gewissen Freunde eine Viertelstunde ausser Landsperg, wo sich die Strasse theilet, ein großer Hund mit einem weißen Blassen auf dem Kopf, und weißen Strich am Hals, ein Halsband mit IBl.Z. verlohren gegangen, wer diesen bekommt, wird ersucht, solchen an Herrn Schlicker Weinwürth im Thall, gegen einen guten Recompens, einzuliefern.

Artic. V.

Handlungs - Nachrichten.

Französische und Deutsche.

a) Der anhaltende Regen, und die dadurch verursachte Ueberschwemmungen vieler Provinzen in Frankreich haben unsägliche Schäden angerichtet. Zu Limoges hat es 14. ganzer Tage in einem weg geregnet: und von allen Früchten, welche man im verwichenen Herbste daselbst bekommen, sind die Kastanien die einzige gewesen, über deren Mangel man nicht zu klagen gehabt. Derowegen haben die Mayländer Juden fast alles Getreide im Venetianischen zusammengekauft, um solches über dem Golfo die Venetia auf dem mittelländischen Meere nach Frankreich zu schiffen: weil es an der Gegend am Rhein, wie in Schwaben, und Baiern mit der Erndte umgeschlagen hat: auch Baiern, selbst vieles Getreid itzo aus dem Venetianischen überbringen läßt. Die Holländer haben deßgleichen alles Getreid in Neapel und Sicilien aufgekauft; um solches für ihre Landes-Magazine heimzuführen.

b) Zu Blois ist der beste weiße Wein für 150. Liv. verkauft worden; der etwas geringere, sowohl weißer als rother, für 125. Liv. der sogenannte Gros noir zu 100. bis 110. Liv. Jetzt aber sind die Preiße ungemein herabgefallen.

c) Nach Briefen aus Mez sind die Früchte daselbst ungemein gestiegen, seithdem der souveraine Hof von Nancy am 13. Nov. 1770. die Ausfuhr aller Arten vom Getreide, sogar vom Gemüße, Tartoffeln, (Erdäpfel) und andere Lebensmitteln bey 1000. Thaler Strafe verbothen hat; indem Mez von lauter Lothringischen Dörfern umgeben ist, von welchem es sonst mit allem reichlich versorgt worden. Der Centner Korn kommt daselbst auf 14. Livr. Und das Pfund weis Brod ist am 24. Nov. lezthin auf 3. Sous 3. D. taxiert worden. Die Regierung hat aber von auswerts 80. tausend Säcke Korn zur Subsistenz der Guarnison und des gemeinen Mannes an den 3. Bistümern kommen lassen: und der Magistrat der Stadt Mez hat allein auf 15000. Centner für die Burgerschaft Commißions gegeben. * Die Weinlese ist in Lothringen ebenfalls schlecht gewesen.

* Nach guten Grundsätzen der Policey (wer denenselben eher Gehör gibt, ehe das Verhängniß der Mißräthigkeit die Ohren eröffnet) sollte ein jede große und kleine Stadt, Flecken und großes Dorf ein Getreid-Maga-

zin von 2. bis 3. jähriger Nothdurft haben. Und auf Kosten der Stadtkammer- oder Gemeinden-Cassa beygetrachtet werden. Man verkauft davon in theuern oder Mißjahren hernach der Absicht gemeß, um einer noch größern Theuerung Einhalt zu thun; die den Bürger sonst verarmet, oder ihn aus der Bilanz seiner Einnahme setzet; wo er alsdenn kein anders Mittel hat, als durch Aufschlag seiner Waare und Handwerksarbeit sich zu regressiren. Aber wehe dem zährenden Stande, der von der Besoldung lebt: und weder auf seine Arbeit, noch auf seine Besoldung schlagen kann. — Viele kommen da zu leiden: und viele müssen ihren Müßiggang theuer genug bezahlen. Allein! wo das Geld zu so einem Fond der Gemeinden-Magazine hernehmen? heißt es. Da schweigen wir. — Denn wir können weder Rath noch Vorschlag dazu hergeben, weil wir den weisen Policeyanstalten niemal vorgreifen. Meine privat-Meynung, sagt Cato, (so lang die Gedanken zollfrey sind) ist nur diese, daß etwa dort oder hier gegen 3. bis 4. pro cent ein Capital zu entlehnen: daß die Kirche oder Bruderschaft, Vormunder und Stiftungen etwas vermögen haben dürften, um der allgemeinen Wohlfahrt der menschlichen Gesellschaft mittels eines Getreide-Magazins eine fruchtbare Stiftung zu machen. Eine gute Anstalt, Obsicht und getreue Verrechnung kann von so einer publiquen Anstalt (von der wir fertigen Jahrs, wie schon Anno 1767. geredet und bewiesen haben) ein Jahr ins ander 10. 15. und mehr pro Cent gewinnen. Die Vereinbahrung der Gemüther zu heilsamen offentlichen Anstalten kann Wunder wirken; so wie Zerrüttung, Dissension, und Wucher mit untermischtem Stolz und Unwissenheit, alle gute Vorschläge zu Wasser machet; wornach das Verhängniß die Menschen zum Frieden zwingen, und zu Erfüllung patriotischer Wünsche leithen muß. Die beste Handels-Bruderschaft ist die Liebe des Nächstens: in welche das ganze menschliche Geschlecht eingeschrieben ist; — Zwar ihr tragen viele Habit und Stab, und die Formul in der Hand; dagegen aber Geiz, Eigennutz und Wucher im Herzen. Das sind die rechten Bruderschaftler: nicht wahr?

Artic. VI.

Policey-Nachrichten.

Und zwar erstlich von der Policey der Wahrheit.

§. 1. Was die Seele in dem Körper, das ist die gute Policey in einem Lande; so, wie der Staat nichts anders ist, als eine grosse Menge Menschen unter einer weisen Regierung.

§. 2. Ist aber die Policey in einem Lande träge, krank oder gar krippelhaft: so ist der Staat in eben so bedauerlichen Umständen, als der menschliche Körper, wenn eine unwirksamer Geist denselben der Tyraney seiner Gebrechlichkeiten und unordentlichen Begirden überläßt.

§. 3. Es muß demnach, wenn es gut gehen soll, der Geist aufgeweckt werden, daß er wirke; sich mit guten Grundsätzen ausrüste, nach welchen er seine Handlungen zum gemeinen Frieden und Wohlfahrt einrichten will; und den anzubequemen Körper herum peitsche, daß er Folge leiste.

§. 4. Der Staatskörper braucht auch eine Seele. Eine unlaugbare Nachricht für die Policey der Wahrheit. —

§. 5. Die Seele hat zwar immer mit den bösen Begierden und Leidenschaften des Körpers zu kämpfen; sie muß oft dem letztern den Capo-Zaum anlegen; sie muß ihn zurücke halten, und zuweil anspornen; sie muß ihn zum Gehorsam, zum Guten, zur Ordnung, zu Ausübung der wesentlichen Pflichten leithen, wenn sie nicht unterliegen, oder das Unter über sich gekehrt sehen will.

§. 6. Die Moralisten sagen, daß hieraus das Verdienst entspringe; dem seye, wie ihm wolle; Staatsmänner rechnen es sogar im politischen Verstande zur Policey der Wahrheit.

§. 7. Es ist ein ehrliches Stück Arbeit, die Wahrheit, wie die Policey, bey Hofe, in den Raths- und Gerichtsstuben, bey den Magistraten, bey dem gemeinen Mann; — hätten es bald vergessen; bey dem Geist der Nation, geltend zu machen.

§. 8.

§. 8. Es sagt uns zwar die Wahrheit, daß alle Mühe und Arbeit, welche zur Wohlfahrt des gemeinen Wesens abgezehlet, wenn die Vorschläge zu Erreichung dieses edlen Endzwecks keine falsche Gründe, keine Lügen sind, ein ruhmwürdiges ein heiliges Verdienst ausmachen. — Aber ist die Policey des Herzens gut?— ist Wahrheit in dem, was wir reden? — geschicht es ohne Eigennutz, ohne Interesse: was wir unter dem Schleyer der Wahrheit thun? —

§. 9. Doch, ihr hohansehnlichen Mäñer am Staatsruder! ihr Räthe, ihr Verwalter der Gerechtigkeit! ihr Policeyrichter, ihr fromen Säuglinge der Wahrheit! Euer Verdienst, wenn ihr auch noch so sehr darum kämpfen müßt; glaubet es, wenn ihr die Wahrheit zur Hofmeisterinn bestellet, sie wird Euch den Weeg der Ehren führen. — Denn wenn es keine Ueberwindung kostete, würde Euer Bemühen für das wahre Wohl des Vaterlandes zu keinem Verdienst erwachsen; sondern unter eitel Großthun verdorren.

§. 10. Denket: das gemeine Volk, welches Euch ernähret, will Frieden und Ordnung in seinen Gewerben haben; Es will sein Brod in Ruhe geniessen; — seine Arbeiten ohne Proceß verrichten; und jeder Mensch die Vortheile der Wohlfeilheit zum Genuß haben.

§. 11. Denket: daß Euer Beruf die Werkstadt; Euer Wohl- und Gesunddenken das Werkzeug; Euer Gewissen der Maasstab; und der Himmel, Euer Lohn sey. — Der alles werth ist.

Amicum Populi. — — Remunerabit Deus! —

§. 12. Rechtschaffene Männer, die den Eigennutz als eine Pestilenz scheuen: die sich wirklich um das gemeine Beste bekümmern, und den bösen Rathgebern, dem unbenennten Despotismo, aus Liebe zur Wahrheit mit Nachdruck widerstehen: haben immer was zu leiden; aber sind die nicht schon auf der Welt, in ihrem erfüllten Beruf von dem Herrn seelig gesprochen, die Verfolgung leiden, um der Gerechtigkeit willen? —

§. 13. Haltet daher gute Policey unter der Wahrheit, daß sich keine falsche einmenge; Aus ihren Früchten sollt ihr sie erkennen? — oder sammelt man Feigen von den Disteln?

§. 14. Scheuet das Natterngezücht der Heuchler, Wohldiener und Kriecher, die in dem Gehäuse der Narrheit Weise und Richter sind. Diese Staatsmänner in dem Schneggenhause! —

§. 15. Lachet zu ihrer Ehrsucht, brechet ihnen die Füße in ihren Caballen, weil sie Menschen anbethen: und ärgert euch nicht an ihren Beutel, dem zu lieb sie arbeiten, leben und sterben. — Die Zeit und Wahrheit wird ihnen die Larve schon abziehen.

§. 16. Die die Freyheit des Volkes nicht untergraben: sich keine närrische Gröse zueignen: sich in ihrem Beruf thätig erzeigen; keine Jaherren sind; dem Gesetz keine willkührliche Auslegung geben; den Staat nicht mit Lotterien heilen; bey keiner lahmen Gerechtigkeit schlafen; keinen großen Dieb laufen, und keinen kleinen ungestraft; auch kein Verdienst unbelohnt lassen; die — — die haltet für gute Policeyrichter — — für Freunde der Wahrheit.

§. 17. Die das Liecht, wie die Eule; die Feder, wie den Druck; und den Rechtschaffnen mehr, als den Taschenspieler scheuen; diese haltet sicher vor Feinde der Wahrheit.

§. 18. Dieses sind im kurzen Begriff die Policeygesetze der Wahrheit; welche aber mit den Gesetzen der Weltpolitick von den klugen Kindern der Finsterniß oft so sehr vermischt werden; daß die Falschheit unter den Schleyer der Wahrheit hinein schleift; oder ein Böswicht den Mantel eines Heiligen erwischt. *

* Freylich ist in der Finstere das Greifen erlaubt; aber, läßt sich dann die Wahrheit nicht auch mit Händen greifen? —

Wir bitten daher, unsere Leser, von uns zu glauben, daß wir mit der ganzen Welt im Frieden leben, und der guten Policey einen redlichen Landbothen abgeben wollen.

Unsere Nachrichten sollen immer neu seyn, wenn sie schon in den Gegenden, wo wir sie herhollen, bekannt und in Ausübung sind. Der Meister Hanns ist ein guter Schneider, er wird das Kleid schon recht anmessen, daß

maß fragen kann. Sollte aber manchmal die Naht zu weitschichtig und zu grob seyn, so läßt er sich belehren, man muß doch gegen ihn Geduld und Sanftmuth gebrauchen; denn es geht ihm oft mit der Arbeit sehr drange. Die * * * * * * sind die Knöpfe welche der Schneider einnähen muß; und die Löcher können sich die Leute schon selbst darein schneiden; er will das Kleid nicht verpfuschen. —

** Die Welt ist ein Schauspiel. Wir ließen jetzo die Wahrheit, die Policey, einen Landbothen, und den Meister Schneider auftretten. Bey dem letzten Act bittet ein empyrischer Arzt, ihm die Bühne besteigen zu lassen. Er biethet dem geneigten, dem hohansehnlichen Publico seine Universal-Pillulen an; er curriret Menschen und Vieh; zeigt seine Patente vor; und hat so etwas von Schriften in der Hand, das wir im Dunklen für Intelligenzblätter ansahen. Nun! seine Medicament ist zwar für alle gemacht, aber sollte es wohl allen helfen? — Lasse man den ehrlichen Mann bey seiner guten Meynung, wenn er glaubt, die ganze Welt sey krank. Verschleißt er wenig von seinen Universal-Pillulen; so hat der Hannswurst wieder etwas von Zahnpulver, Hiernsälbel, und Pflaster für die Hüneraugen. Die, welche der Schuh druckt, werden sich schon bey ihm melden. Wer sollte den guten Narren etwas übel nehmen können, wenn er das Interesse seines Herrn befördert? —

Wenn aber ein anderer gegen ihn aufträtte, um mit einem Schwerde des Bassa Osmann Oglu gegen seinen hölzernen Elpadon zustreiten: würde da das Parterre nicht gewinnen? — — Und ein allgemeines Händelklatschen entstehen? —

Artic. VII.

Von landwürthschaftlichen Dingen.

Da der Raum in diesem Blatt zu schmal ist, so wird das mehrere für diesen Artickel im nächsten Blatt, und in einem sonderbaren Beytrag nachgeholet werden.

Artic. VIII.

Von gelehrten Sachen.

Am 12. Nov. abhin hielt die Chufürstl. Pfälzische Academie der Wissenschaften in Mannheim ihre offentliche Versammlung, welche gewöhnlichermassen von dem Präsidenten Herrn Professor Schöpflin durch eine schöne Anrede eröffnet worden.

Der beständige Secretarius verlaß hierauf die Urtheil der Academie von den eingekommnen Preisschriften über die vor 2. Jahren bekannt gemachte Preisfrage, von dem Ursprung des Pfalzgrafen Hermanns von Strahleck, und seines Bruders Heinrich, Grafens von Katzenellebogen. Die Prämie von 50. Dugaten wurde hierüber dem Herrn Professor Crollius zu Zweybrücken, zuerkannt. *

* Die weitern Preisfragen werden mit nächsten folgen; massen wir alle, die uns zukommen, richtig und förderfamst anzeigen werden.

Artic. X.

Etwas zum guten Geschmack.

(Wer einen Geruch hat:)

Gib, HErr! uns dieses Jahr, der du uns bitten heißt.
Gesundheit für den Leib, und Weisheit für den Geist.

Prophezeyhung auf das Jahr 1771.

§. 1. Dieses Jahr haben wir lauter gute Tage zu hoffen, wenn wir so leben, daß wirs verdienen. —

§. 2. Die Kinder werden gehorsam seyn gegen ihre Eltern; sie werden sie lieben, und verehren. Sie werden auch im Alter, als eine kindliche Pflicht für sie sorgen; weil die geprüfte Tugend der Kinder jener ihre Dürftigkeit in Uberfluß zu verwandeln, Sorge trägt. —

§. 3. Die Eltern aber werden anfangen, das Zweig in seiner Jugend zu biegen, daß es aufrecht wachse, und blühe. —

§. 4. Durch böse Beyspiele werden sie ihre Kinder nicht mehr verderben, sondern sie zur Tugend, und Sittsamkeit anleithen. —

§. 3.

§. 5. Die Söhne werden zu wackern Bürgern erzogen, und ihnen ihre Unwissenheit mit Ernst benommen werden. —

§. 6. Die Töchter werden nicht mehr verlangen, durch Ueppigkeit ihre Versorgung zu erkaufen, und ihre jungen Männer mit schlechter Waare zu bedienen. —

§. 7. Sie werden nicht eher nach einen Mann hungern, bis sie ehevor eine Hauswürthschaft gelernt haben: wenigst, bis sie ein Kindsmuß kochen lernen, daß nicht angebrennt ist. —

§. 8. Niemand mehr wird den Leidenschaften der Großen niederträchtig schmeicheln, noch das Handwerk der Kriecher lernen; noch mit offnen Augen unrecht thun. —

§. 9. Jedermann wird den Rechtschaffenen loben; den Bösen tadeln, den Faulen zur Arbeit peitschen, den Müßiggeher scheuen, und jeden zu bessern suchen. —

§. 10. Die Kunst wird niemal die Stelle der Natur einnehmen, sondern ihr nur dienen. —

§. 11. Jeder wird sich beeyfern, dem Nächsten mehr Hülfe zu leisten, als der andere: und in der Barmherzigkeit wird ein Wetteyfer entstehen, der nicht größer seyn kann. —

§. 12. Man wird kein armes Kind mehr auf der Gassen bethen, oder betheln sehen, nein! alle werden in Real-Schulen, oder gegen eine kleine Summe bey burgerlichen Handwerkern gelehret, und versorgt. —

§. 13. Für die wahrhaft Armen werden Arbeitsspitäler erbauet: und das Almosen an die freywilligen Bethler in Arbeits-Lohn zur Karte verwendet. Die Venetianer werden Matroßen annehmen, wenn wir allenfalls etwas übriges hätten. —

§. 14. Schande wird es für einen Bethler seyn, wenn er nicht arbeitet: und die schärfste Zucht werden alle Müßiggänger empfinden. — Die 4. Zoll hohen Frisuren der sogenannten Streitretter werden auf 1. zöllige herabgesetzt, und noch viel andere schreckbare Dinge an ihnen vollbracht werden. —

§. 15. Die Grossen werden selbst Almosen sammlen, für die Anstalten zu Verpflegung der arbeitenden Armen: und mit ihren eigenen Kleidern werden sie den Nackenden bedecken. Sie werden Seminaria für die adeliche Jugend stiften, von ihrem aus dem Schweiße der Arbeitsamen gesammelten Vermögen: und die Don Quixotte werden in jüngern Zeiten sehr rar werden. —

§. 16. Die Damen werden für arme Männer wollene Fußsocken stricken, und mit ihren Haaren die Zäher der Hausarmen abtrocknen. Viele werden von klugen Handelsleuten einpacken lernen, und die speeren Zeiten Daniels bejammern: in ihre zarte Hände wird ein Moralisches Buch gegeben, um einen rauhen Geist zu poliren. —

§. 17. Ihr Töchter von Sodoma gehet nach Ninive, und im Wollenen von gemeinen Landtuch gekleidet. Aber wehe euch, ihr Sturmhauben! gebt acht, daß euch hochgethürmte Russen nicht belagern. —

§. 18. Jeder Ehemann wird dieses Jahr seine Frau, wenn sie gleich ein halbes Säculum auf dem Rucken trägt, so lieben, und ehren, als wenn sie eine jugendliche, eine blühende Rose wäre. —

§. 19. Die Frauen werden dagegen dieses Jahr sich ihrer Herrschaft verzeihen, und keine Ansprache mehr auf eine Hose machen. — (Dieses jedoch nur auf eine Probe: — Salvo jure quocunque.)

§. 20. Sie werden auch gegen ihre Männer einen solchen Gehorsam ausüben, und so demüthig seyn, wie die fromme Ruth, sich quer zu den Füssen ihres Herrn legte. —

§. 21. Noch eine Tugend werden sie dieses Jahr ausüben. Sie werden nicht nur über die massen verschwiegen seyn, sondern auch, wenn der Mann etwas ahndet, mit untergeschlagenen Augen, sittsam, allzeit schweigen. —

§. 22. Man wird Wunder sehen, wie still, wie eingezogen, wie fleißig, wie hauswürthschaftlich, und fromm dieses Jahr die Weiber seyn werden. —

§. 23. Doch ihr Männer trauet dem Wetter nicht, es ist auch eine Zeit der Veränderung. Nur dieses Jahr leidet alles geduldig; denn auch fromme Frauen können liebäugeln, wie die andächtigen Buhlschwestern, oder aber den rollenden Donner trutzen. Da gebt acht, es werden Platzregen kommen. Der Himmel bewahre euch vor einen Wolkenbruch. — Aber erfreuet euch: wenn ihr waschnaß seyd, und frolocket; euer Belohnung ist groß in dem Himmel.

§. 24. Die Gerechtigkeit wird dieses Jahr noch nicht auf die Gand geschrieben. Denn es werden redliche Advocaten ankommen, die auf die Abkürzung der Processe antringen, die mehr Processe beylegen, . als befördern. —

§. 25. Bey allen Dicasterien wird Recht, Rath, und Ordnung erscheinen. In den Kanzleyen aber Wissenschaft, Verschwiegenheit, und doppelter Fleiß herrschen. Jeder wird sich um nichts so sehr bekümern, als seinem Berufe ein Genüge zu leisten, und seine Besoldung zu verdienen. — — So gar die Canzley = Bothen werden eine Addition von 3. oder 4. Füssen bekommen, damit nur auf keiner Expedition der Bart wachsen möge. —

§. 26. Die Herren Kameralisten werden dieses Jahr anfangen, zu Betreibung der Landwürthschaft Prämia auszutheilen, und Preisfragen im Lande bekannt zu machen. Sie werden die offene Schuld bethen, was sie bisher mit Gedanken, Worten, und Werken gesündiget, oder mit Unterlassung vieler guten Werk begangen haben. — Wie solches etwa geschehen seyn mag, heimlich, oder offentlich: wissentlich, oder gar aus Unwissenheit. Item wider die 10. Gebott des neuen Katechismus für die Jugend, so sich dem Finanzwesen widmet. —

§. 27. Die Plusmacher, Finanzer, Pachters, und Project = Fabrikanten werden, wie es sich versehen läßt, ein schlechtes Jahr haben: sie werden es aber nicht achten, weil sie auf die schlechten Zeiten schon anticipirt haben. —

§. 28. Den Patrioten läßt sich ein guter Stern sehen; denn die Wahrheit wird über unsern Horizont dieses Jahr immer sichtbar seyn. Und denen, die ein kurzes Gesicht haben, rathen wir gute Ferngläser.

§. 29. Den reichen Bethlern, und hochansehnlichen Bethlerinnen dürften dieses Jahr an der alten Leyer vielmal die Saiten abspringen. — Sie sollten sich also um bessere Gedärme, und um schicklichere Griffe umsehen. —

§. 30. Bey den Höfen dürfte es heuer nicht viel Veränderungen absetzen, mithin beym alten verbleiben. Rang, Titul und Würden, und einige kleine Diebereyen ausgenommen. —

§. 31. Unsere deutschen, und lateinischen Schulen haben eine neue Epoche zu erwarten, so bald die Schulmeister Seminarien, die burgerlichen Geschäfts = oder Realschulen in allen großen Städten werden errichtet seyn. Dann wird die Jugend glänzen, und ein klügers Volk aufstehen. —

§. 32. Die Kalender werden heuer mit der Witterung alle zu recht kommen. Schreibt z. E. der eine Kalender Regen und Wind; und der Himmel zeigt Sonnenschein, so darf man nur den Kalender von einem andern Rentamt hernehmen, so wird sich Sonnenschein finden. Ungefehr, wie eine streitende Parthey, der wenig Recht überig verbleibet, für den Rest noch allemal ein geschickten Advocaten antrift, der die Mühl aufs neue in den Gang bringt. —

§. 33. Die Inteligenz = Blätter dürften dieses Jahr denen auf dem tobenden Waldmeere brausenden Stürmen ausgesetzt seyn. — Damit wir aber auf keiner Sandbank stecken bleiben, noch unser Schif leeck werde: so wird der Admiral rufen: duc in altum. — denn wir sind Matrosen auf dem Schiffe der Wahrheit. —

Ueberhaupt, wenn diese Prophezeyung alle in Erfüllung kommt, so werden wir im Ganzen, ein recht gutes, seegenreiches, christliches Jahr erleben: so wie mit allen Patrioten wohl von Herzen wünschen.

(1771)

* Nicht wahr? Das Jahr steht hinten, wie vorn.

Die Welt gleicht dem maskirten Baale,
Wo keiner ist, was er sich nennt.
Wie glücklich! wer in jedem Falle,
Die Leut auch in der Maske kennt. — — — —
Patriot. Ged.

Churbaierisches Intelligenzblatt

Num. III.

München den 15. Februar. 1771.

Artic. I.

a) Patent: Den abermal schärfest verbothenen Fürkauf bey den Häusern, die Abhaltung der Wochenmärkte: die verbothene rohe Häute = und Leinöl-Ausfuhr, dann die innländische Lederer und Seifensieder betreffend, Dat. den 24. Dec. 1770.

Nachdem Se. Churfürstl. Durchl. unser gnädigster Churfürst und Herr! Den Zustand Dero getreuen Bürger und Unterthanen, worein sie durch das heurige Mißjahr und durch die daraus entstandenen Folgen der Theuerung aller Lebens-Bedürfnisse versetzet worden, allzutief zu Herzen nehmen, auch alle jene Mittel aus Landesväterlicher Liebe und Wachtsamkeit hervor zu suchen äusserst bemühet sind, wodurch dem Mangel abgeholfen, die steigenden Preise in Schranken gehalten, und die Ausfuhren derjenigen rohen Producten gehemmet werden, welche zum Favor der Landes = Industrie im Lande selbst verarbeitet werden sollen und können, damit der innländische Erwerb, Nahrung, Fleiß, Perfection Verdienst, Kunst und Wissenschaft immer mehr blühen und wachsen möge. Als wollen höchstgedacht Se. Churfürstl. Durchl. hiemit gnädigst verordnet haben: daß

1mo. Alle Churfürstl. Gerichts- und Policey-Obrigkeiten wie sämmentliche Mauth- und Beymauthämter alles Ernsts darauf antringen sollen, daß zu mehrer Emporbringung der Viehezucht sowol, als zu mehrer Erzeugung des Geflügelwerks und der Gartenpflanzen, so andern Wochenmarktsfeilschaften, alle Mittel angewendet, und die Landwirthe, wie die Bauerschaft hiezu vermahnet werden; weswegen Kraft der vorhin schon ergangenen gnädigsten Verordnungen besonders deren vom 23. & 30. Aug. alle Kauderey und Fürkäufe bey den Häusern, es seye Getreide, Vieh, Venalien und Victualien sub pœna Confiscationis abgeschafft, und jedermann mit seiner Marktsgesellschaft auf die in allen Städten und Märkten etablirte Wochen- und Viehmärkte angewiesen seyn und bleiben. Worauf also sonderheitlich alle Churfürstl. Mauthämter nochmal strengst angewiesen werden.

2do. Solle zum Vortheil der Viehzucht wie schon 1767. & 1768. verordnet worden, das sogenannte Bütling-Schlachten oder das Stechen deren alten erwachsenen Kälber im ganzen Lande abgeschaffet seyn und bleiben, welchemnach die sämmtliche Mauthbeamten darauf Nachforschung zu halten, und jeden Orts Policey-Obrigkeit jedesmal anzuzeigen haben, wenn wider dieses höchst-landesherrliche Geboth gehandelt würde; gestalten ein Kalb oder Jungvieh wenn es einmal 65. oder 70. tt. im Gewicht, oder ein Alter von 3. Monathen erreicht hat: bis vollständige 3. Jahr, bey Strafe von 3. Reichsthl. vom Stücke, nicht geschlachtet werden darf; sondern es solle zur Viehzucht, zum Ackerbau, oder zur Mastung auferzogen, auch (welches wohl zu merken ist) unter obbestimmten Alter nicht ausser Landes gebracht werden; weswegen in den Manualien die Bestimmung des Alters, Werth und Gewichts vom effitirenden Viehe nach Vorschrift der Mauthordnung, jedesmal wohl zu exprimiren ist.

Wäre aber Sache, daß jemand besonder Convennienz halber, unter diesem Alter, nemlich der 3. Monath bis 3. Jahr ein so anders Stuck Kalb oder Jungvieh gleichwohl ausser Lands verkauffen wolte, so hätte er um den gemeinen Handel mit dem Gränz-Nachbarn gütlich beyzuhalten, hievon lediglich die in dem Supplemente zur Mauthordnung ausgesetzte Effito-Accis in Duplo zu entrichten: Es verstehet sich aber dieses nur allein von dem Minutto, was ein Gränz-Nachbar dem andern zuhandelt, und nicht von ganzen Herrden: worauf also die Beamten gute Obsicht zu halten angewiesen sind.

3tio. Wollen Se. Churfl. Durchl. in gleicher Absicht gnädigst, daß zu Erhaltung der Stich- und Saugkälber im Lande, von denen in dem behörigen Alter einschichtig ausser Landes verkaufenden Kälbern die Effio-Accise doppelt, mithin vom Gulden werth 12. kr. in Baiern wie in der obern Pfalz erfordert, mithin der wahre Werth jedesmal redlich angesetzt werde.

4to. Der bisher eingerissene fast, aller Orten beklagte Mangel an Unschlit und der hierausgefolgte allzuhohe Kerzen- oder Lichterpreis veranlasset die Nothwendigkeit, daß auf die vorhin schon verbothene Ausfuhr des Unschlits desto strenger gehalten, und jenes Mittel ergriffen werden müße, den Preis der Lichter wieder herabsetzen zu können; Welchemnach den hiesigen Seifensiedern erlaubt ist, das Unschlit sowohl vom Lande, als auch von ausser Lands frey in die Stadt herein zu bringen: So wie allen innländischen Seifensiedern und Kerzenziehern hiemit vergönnet wird, das rohe Unschlit (nach vorherig Mauthämtlicher Beschau) Mauth und Accis frey herein zu bringen. Wogegen aber die Ausfuhr der Kerzen, Lichter und Seifen gegen Entrichtung der Tarifmäßigen Effito-Mauth und Accise zum Favor der Landes-Industrie gestättet seyn solle.

5to. Haben Se. Churfürstl. Durchl. in einer unterm 16. Oct. a. dieß, gnädigst abgefaßten Special-Resolution die Verordnung wiederhollen lassen: daß die rohen Häute sowol bey der hiesigen Leder-Fabrick als auch von sämmtlichen burgerlichen Lederern von den Metzgern erkauft, und mittels Haltung mehrer Gesellen, zu Verbesserung ihres Nahrungs-Geschäfts, im Lande selbst verarbeitet und gegärbt werden sollen. Den sämmtlichen Churbaierischen Mauthämtern wird demnach hiemit gnädigst anbefohlen, auf die Sperr der rohen Häute mit der äussersten Strenge zu halten, und, wenn wider Verhoffen die Metzger an die Lederer an einem Orte diese nicht absetzen könnten, so sind selbe mit dem Quanto, quali, Gewicht und Preiße dem Intelligenzblatt einzuverleiben; damit dieses Product den übrigen innländischen Lederern bekannt gemacht werden möge; gestalten ohne ingrossirten Paß von nun an, weder rohe Kalbfelle, so andere unbearbeitete rohe Häute, noch einig rohes Unschlit oder Leinöl nach Regensburg oder Passau, am wenigsten gar ausser Lands passirt werden dörfe: massen es die Regenten-Pflicht nicht zugeben kann, daß die Fremden mit Abbruch der eigenen Landesbürger, das rohe Materiale so

hän-

Käuffe, die bishero beschehen, an sich bringen, und dem hieländischen Publico Nahrung und Verdienst entziehen solten.

Wornach sich also alle Aemter gehorsamst zu achten, und dieses Patent wie gewöhnlich, zu unterzeichnen haben. München den 24. Dec. 1770.

Ex Commissione Seren. Dom. D. Ducis Electoris Speciali &c.

Franz Kohlbrenner, Churf. wirklicher Rath, und Hofkammer-Secret.

b) Patent: die auf die ausführende frischen Fische gelegte Essito-Accise, pr. 2. fl. vom Centen, welche in dem Supplemente zur Tarif nur mit 1. fl. 40. kr. belegt waren, betreffend, Dat. 2. Jänner 1771.

Nachdem Se. Churfl. Durchl. in Baiern rc. Unserm allerseits gnädigsten Herrn, Herrn, von Höchst Dero Regierung Amberg bereits die unterthänigst berichtliche Vorstellung gemacht worden, daß bekannten Dingen nach die Weyer von den oberpfälzischen Unterthanen vielfältig zu Wiesen gemacht worden, auch der mehrere Theil deren Weyern in dem kurz abgewichenen Jahr von den vorgewesten grossen Wassergüssen abgerissen worden; nichtminder auch viele Centen Fische von den Churfürstl. Mauthämtern ausser Lands gelassen worden, folgbar andurch ein ziemlicher Fischmangel dort zu Lande sich in Zukunft bezeigen dürfte. Als haben Höchstgedacht Se. Churfürstl. Durchl. vermög einer von Dero höchsten Stelle unterm 27. Nov. fertigen Jahrs hierüber erfolgten Signation den gnädigsten Entschluß gefaßt, daß von nun an, statt einer aus mehr erheblichen Ursachen unthunlichen Fischsperr, die Essito-Accise statt der dermaligen belegten 1. fl. 40. kr. auf 2. fl. von jedem Centen Fische in kraft dieß erhöhet seyn, und eingebracht werden solle. Man will demnach die sämmtlich Churfürstl. oberpfälzischen Mauthämter zur gehorsamsten Erfüllung dieses gnädigsten Geschäffts hiemit nachdrucksamst angewiesen, und sich dieses genauesten Vollzugs gänzlich versehen: schließlich aber, und damit sich kein Amt einer Unwissenheit entschuldigen könne, gegenwärtiges Circular-Patent von jeder Station unterschriebener zurück gewärtiget haben. München den 2. Jänner 1771.

Vom Churfl. Kameral-Mauth-Directorio, an sämmtl. Oberpfälzische Mauthämter also abgangen.

Secret. Piendl.

c) Verruf, die Vorlehen der Speis- und Saamen-Getreider, und die den Darleyhern gnädigst ertheilte Vorzüge, betreffend. Dat. 6. Febr. 1771.

Se. Churfürstl. Durchläucht haben aus Anlaß der nächst vorstehenden Sommersaat jedermänniglich kund zu thun gnädigst befohlen, daß

1mo. Wer einem Unterthan, welcher sich nicht ohnedem schon von seinem Grundherrn, oder auch von dem Zehendherrn besorgt zu werden hoffen kann, anheuer in Natura die nothwendige Saam- oder Speisgetreider darleihet, nicht nur das Jus Separationis auf dem ganzen Gut haben, sondern auch der Bezahlung halber gleich an dem Fand selbst, dergestalt angewiesen seyn solle, daß

2do. Jede Jurisdictionsobrigkeit dem Darleiher, ohne Proceßverstattung auf dem paratesten Weg der Ausdreschung zu seiner Foderung unentgeltlich verhelfen, und, wenn die hofmarchische, städt- und märktische Obrigkeit nicht unverlängt demselben anhanden stehen würde, sogleich das Incorporationsgericht mit der Ausdreschung vorgreifen, eben so auch auf Anruffen bey Churfürstl. Gerichtern, ein anders benachbart-Churfürstl. Gericht prävenitren möge: wie dann somit

3tio. Von dem ausgedroschenen Getreide der Treiddarleiher ohne geringsten Unkosten, und zwar

4to. Vor allen grundherrl. und vogteyl. dann landsherrl. oder landschäftlichen Prästationen, auch sogar vor dem Zehend, auf jene Art befriediget werden solle. Wie

5to. Der Darleiher, und der Unterthan um den Ersatz entweder in Natura, oder in was für einen Geldanschlag sich selbst vergleichen, und ohne bedürfenden grundherrlichen Consens (als welcher pro præstito zu

halten

halten ist) bey der Obrigkeit des Darleihers das Vorlehen angezeigt haben wird. Welche Anzeige

6to. Die Obrigkeit alsogleich, ohne allen Tax oder Verehrung, zu protocolliren, dem Unterthan Extract für seine Grundherrschaft unentgeltlich zu ertheilen, und jede Obrigkeit, remorâ omni appellatione, & recursu, nach der Erndte auf Anrufen um so gewisser auch unentgeltlich zu exequiren hat; als außer deme dieselbe um das Duplum des Taxes und aller Unkösten und Schäden gestraft, und solche Strafe dem Aufbringer, wenn es auch der Darleiher, oder der das Vorlehen suchende Unterthan selbst wäre, zugestellt werden sollte. Wo übrigens,

7mo. Wenn jemand hierinnfalls sich beschweret erachten würde, demselben erst nach vollstreckter Execution, und beschehener Bezahlung, der Rechtsweg bevorgestellt bleiben möge. Dahingegen,

8vo. Wenn einer wider Verhoffen das vorgeliehene Getreid anderweit, und nicht zum Saamen oder Speise verwenden, oder mehr als nöthig, an sich bringen, und wieder theurer verkaufen würde, solcher auf Jahr und Tag auf die Festung Rottenberg in die Schanzarbeit condemnirt werden solle. Wo indessen jedennoch dem Vorleiher, auch bey nicht beschehener Versione in rem, von dem Gut und übrigen Fand, das Vorlehen vergütet werden solle.

Weßentwillen die Ausschreibung per Generale an alle Jurisdictionsobrigkeiten auch bereits ergangen. Sig. München, den 6. Febr. 1771.

Ad Mandatum Seren. Dni. Dni. Ducis, & Electoris speciale. (L.S.)

Mathias Prändl, Churfl. Rath, und geheimer Secret.

Artic. II.

Feilschaften.

a) Die Metzgerschaft zu Neumarkt in der obern Pfalz biethet dem innländischen Publikum feil 700. Stücke rohe Schaaffelle: um den allerbilligsten Preise. Es werden also Kirschner und Weisgärber, Pergamenter und andere dahin zu correspondiren vermahnet.

b) Adam Westermayer, Paul Albrecht, Gotthard Eber & 3. Cons. Unterthannen Gerichts Regen biethen feil: 150. Centen schön gehächelten Flachs, welchen sie auf hiesige Stadt-Waag anher zu bringen, auch sonst an die Innländer abzugeben bereit sind: wenn ihnen eine Bestellung zukommet: den Centen vom besten zu 35. fl. zu 32. und den schlechten zu 28. fl. ohne Fracht.

c) Zu Ingolstadt ist eine Rothgärbers-Behausung sammt der Handwerksgerechtigkeit und wohl eingerichteten Werkstatt, um billigen Preise zu verkaufen. Inn- und Ausländer, wer sein Profeßion recht gelernt, können sich auf der Stadtschreiberey Ingolstadt melden, wo es die besten Conditionen vernehmen wird.

Artic. III.

Nachdem in der Churfl. Haupt- und Regierungsstadt Burghausen alle Freytag in der Fasten ein ordentlicher Roß- und Viehmarkt abgehalten wird: auf welchem die schönsten und ansehnlichsten Pferde, mit denen dieses Rentamt vorzüglich wohl versehen, erscheinen: mithin die Käufer hoh- und niedern Standes alles Vergnügen und Zufriedenheit bey der beßten Auswahl finden können: als wird solches zu jedermanns Wissenschaft hiemit durch offenen Druck bekannt gemacht.

Avertissement.

Nachdem in abgewichenen Monat Dec. Auferten von hieuntstehendem Amte auf vorhero beschehenes Ansuchen des löbl. Tobacks-Opalts in dem sogenannten Staches-Garten vor dem Neuhauser Thor ein ausländischer Toback erfunden worden, und wer solchen alldahin verborgen haben möchte, bisher noch unbekannt ist. Als wird demjenigen, der hierzu einen Anspruch zu haben vermeynet, ein 6. Wochiger Termin a dato angerechnet, präfigieret, inner welchen sich derselbe bey untengesetztem Amte stellen, und seine Rechtfertigung vor-

vorbringen, widrigenfals aber gewärtigen müsse, daß er nicht mehr angehört, sondern mit der behörigen Confiscation, so andern verfahren werde würde. München den 13. Jänner 1771. Stadt Oberrichteramt allda.

Avertiss.

Nachdem vermöge eines ex Commissione Serenissimi Domini Ducis, & Electoris speciali &c. unterm 5ten dies Monats, und Jahrs von einer Churfl. Höchstlöbl. geheimen Hof-Commission an allhiesige Stadt ausgefertigt-gnädigstem Befehls, allhier alle Wochen, und zwar jederzeit am Mittwoche nebst dem gewöhnlichen Wochen-auch einen Getreid-Markt öffentlich halten zu dürfen gnädigst verwilliget worden; Als wird ein solches einem gesamten Publikum hiemit zu dem Ende kund, und zu wissen gethan, daß obbesagten Getreidmarkt nebst dem dabey haltenden Wochenmarkte jedermann zu besuchen berechtiget seye. Actum Abensberg den 21. Jänner 1771.

Churfürstl. Stadt Abensberg.

Artic. IV.

Innländische Waarenpreise.

a) Im Markt Hals bey Passau, stehen die Preise verschiedener Bedürfnisse im Monat Jenner a. curr. wie folgt: 1. Klafter hart Holz 3. fl. 15. kr. weiches 2. fl. 15. kr. — 1. tt. Rindfleisch 5. kr. Kalbfleisch 6. kr. Schweinsfl. $7\frac{1}{2}$. kr. Schaafl. 4. kr. Bier, die baierische Maaß von Waitzen $3\frac{1}{2}$. kr. Braun oder Gerstenbier $3\frac{1}{2}$. kr. Die Saat auf dem Feld stehet doch zimmlich gut; weil sie mit Schnee bedeckt ist. Theils Handwerksleute haben es dermal zimmlich hart, indem die Victualien immer theurer werden, und der Verschleis ihrer Producte dagegen dermaliger Theuerung sich immer verringert.

b) Schongau den 13. Jänner, Flachs der schönste das tt. 26. kr. der mittere das tt. 24. kr. der kürzeste das tt. 19. kr. Hanf, der feine der Centen 40. fl. der gröbere der Cent. 15. fl. einschirige Schaafwolle 100. tt. 37. fl. zweyschirige 42. fl. ausgelassenes Innschlit 100. tt. 23. fl. grüne Ochsenhäute das Paar 15. fl. Kühehäut 7. fl. 30. kr. rohe Kalbfell das Stuck 1. fl. 30. kr. rauhe Schaaffell das baar 40. kr.

Artic. V.

Handlungs-Nachrichten.

a) Toulose. Das Project der Vereinigung des Canals von Langedoc mit der Garonne durch das Land Quercy, werden wir im Kurzen ausgeführt sehen. Es sind Ingenieurs hineingeschickt, um den Plan aufzunehmen. Und man hat sich vorgenommen, das Werk selbst mit der grösten Hitze zu betreiben.

b) Zu Paris ist vom 1. bis 5. Dec. verwichenen Jahrs der Septir Waitzen (so im körperlichen Innhalt 7736. Cubic-Zoll hält: und wornach es in die baierische Mässerey leicht zu reduciren ist) bis 31. Livres verkauft worden, so in Conventions-Münze Sächsischer Valuta 8. Thaler 2. Groschen: Der Septir Rocken 18. Livres 10. Sous. Gersten 15. Liv. Haber 19. Liv.

In Augspurg war der höchste Schrannenpreis des besten Getreides den 11ten. Jänner Waitzen Augspurger Mässerey 37. fl. Kern 36 fl. Roggen oder Korn 28. fl. 30. kr. Gersten 29. fl. Haber 9. fl. 4. kr. *

* Gegen der Augspurger Mässerey ist das Münchner Schäffel um einen halben Vierling oder 2. Dreyßger grösser oder stärker; oder, welches einerley ist, das Augspurger Schäffel ist gegen den baierischen Schäffel um einen halben Vierling geringer.

Ein Münchner Schäffel hält im harten Getreide 6. Metzen, jeder Metzen hat 4. Vierling: jeder Vierling 4. Sechzehentheile jeder Sechzehentheil 2. Dreyßger: beym Haber hat das Schäffel 7. Metzen. Der baierische Schuhe hält auf dem Französischen oder sogenannten Pied du Roy 10. Zoll 9. Linien $7\frac{1}{5}\frac{1}{7}$. Scrupeln, nach der Decimal-Theilung genommen. Also auch hat ein Schäffel baierischen Getreidmaaßes $6\frac{1}{2}$. Decimal-Cubic-Schuh $2\frac{9}{10}$. Cubic-Zoll.

Ein Baierischer Schäffel Waitzen wiegt nach Maaß der Qualität, und des guten oder schlechten Jahrs, Ackers ꝛc.

	vom besten,	mittern,	schlechtern.
Waitzen .	336. tt.	315. tt.	295. tt.
Korn . .	300. =	275. =	250. =
Gerste . .	290. =	260. =	230. =
Haaber . .	205. =	180. =	150. =

Fertigen Jahrs ist das Mittelkorn auf 260. bis 272. tt. im Gwicht ausgefallen. Verständige Landwürthe untersuchen beym Einkauf des Getreides desselben Qualität (von der die Quantität des Mehls abhanget) durch das Gewicht, um den Preis desselben genauer zu berechnen: als wornach weder dem Verkäufer noch dem Einkäufer zu hart geschicht. Auch bey Verfassung der Schrannenzetteln sollte von Rechtswegen, neben Aussetzung dreyer Preise vom besten, dreyer Preise von mitterer Sorte, und dreyerley Preise von schlechter Sorte Korn oder Waitzen; bey jedem dieser Preise das Gewicht notirt werden. Es dürfte nur auf den Schrannen von jeder Getreidsorte, von der, der wirkliche Einkaufs = Preis notirt worden, ein Dreysiger, besser 1. Metzen gewogen werden: so ist das Schäffel bald berechnet; dieses ist der rechte Weeg, um auf das wahre innere Verhältniß der Qualität, des wahren Werths, und der Schrannenpreise zu gelangen, nach welcher auch in Absicht auf die Müller und Becken das Regulativ oder Norma festgesetzt werden kann. Denn einmal liegt dem gemeinen Wesen zuviel daran, als daß es bey jetzigen Zeiten bey der alten Ungewißheit an manchen Orten immer belassen werden sollte, bloß weil es (nach dem alten Sprichwort) allweil so gewesen ist. Ey! wenn dieses die wahre Regel zum Vortheil des Volkes wäre; so müste es unsers Erachtens auch bey der alten Ehrlichkeit, und bey den alten Zeiten, wo der Eigennutz und der Wucher ein Laster war, sein Verbleiben haben; allein! wo sind itzo die langen Bärte? — — Die erbaulichen Gesichter — von der alten ehrlichen Welt? —

Wenn man jetzo diesen oder jenen aus seinen Werken beurtheilen, oder den Eigennutz, Betrug und Gewinnsucht von seiner ehrlichen Handlung defalciren sollte; dürfte manchem keine große Summa Redlichkeit übrig bleiben. Wir sagen: manchem, denn es gibt hier und da noch einen von der Familie des Erzschelms, des schwarzbartigten Judas. —

* P. Abraham à St. Clara, will uns zwar weis machen, Judas hätte einen rothen Bart gehabt. Allein, wir wissen zuverläßig aus der Erfahrung, daß seine Kindskinder nach der Hand, um weniger erkannt zu werden, zum Vortheil der frommen Gesinnungen, einen zwofärbigen, weisgrauen, schwarzblauen, oder goldfarben Bart angenommen haben. Mit einem Wort! Bärte von einer solchen Mischung, denen die Patrioten die Chagrinfarbe beygelegt haben: und woraus hernach die schielenden Farben entstanden sind.

c) Dünnkirchen: den 2. Jänner. Mit Briefen von St. Domingo will man Nachricht haben, als ob eine ansehnliche spanische Escadre vor Jamajca geankert habe; und man ist hier in Sorgen, daß die Schiffart in dasigen Gewässern dadurch leicht unterbrochen werden dürfte. *

* Der Hafen zu Dünkirchen ist eines von den 7. Weltwundern der jetzigen kostspieligen, projectreichen, und goldenen Zeiten, welches die Staatsklüger aufgebauet, zum Spiegel der jungen Finanzer, welche gern Maulwurfsarbeit machen, die ein anderer ehrlicher Mann wieder rasiren muß.

d) Stockholm den 8. Jänner. Die Preise der Lebensmittel steigen hieselbst annoch mehr, als daß sie fallen sollten. Bey der Veränderung des Wetters, und da der eingefallene Frost nur eine kurze Zeit gestanden, kömmt keine Zufuhre vom Lande zur Stadt: auch ist bey der verstrichenen Jahrszeit die Schiffart zu Ende, so, daß vor dem Fruhjahr auch darinn keine Erleichterung zu hoffen stehet.

e) Cairo den 30. Oct. der bekannte Souverain von Egypten Ali = Bey, hat alle diejenigen aus diesem Reiche entfernet, welche ihm Unruhe machen könnten. Er hat auch allen Franken (Christen werden dort also genannt) welche sich in Egypten etabliren, Protection versprochen, um Handel Gewerbe und Schiffart empor zu bringen.

f) Neapel vom 1ten Jänner. In dem Hafen von Sicilien sind verschiedene Rußische

Kriegs-

Kriegsschiffe aus dem Archipelagus eingekauffen. * Im übrigen hat die Stadt Palermo in Sicilien auf jedes Fenster der Eigenthümer der Palläste und ansehnlichen Häuser eine Carolin gelegt; mit diesem Geld zum Dienst des Publikums Magazine anzulegen.

* Die dritte Equipage der itzo zu Porto-Machon (auf der Insul Minorca) befindlichen Escadre kündet eine vierte nachkommende rusische Escadre an, welche sowol an der Anzahl der Schiffe, als der aufhabenden Truppen sehr ansehnlich seyn solle. Wodurch sowol, als wegen den kriegerischen Aussichten die Schiffahrt und Handlung auf dem mittelländischen Meere und auf America, wie alle offentliche Blätter erkündigen vielen Gefahren, Unterbruch und Veränderung ausgesetzt seyn dörfte. Wenigst wird der anrückende krittische Zeitpunkt viele Kaufleute spekulieren lehren, viele reich, viele zu Banquerottirs, und viele zu armen Leuten machen.

Artic. VI.

Nachrichten für die Policey.

a) Da die Anzahl der Gebohrenen und Verstorbenen zur politischen Rechenkunst gehö und eigentlich ein wichtiger Gegenstand der Policey ist: woraus sich auf den Anwachs und Flor eines wohlbevölkerten Staats und dessen glücklichen Zustand schliessen läßt; So wird es vielen Gönnern einer guten Policey nicht unangenehm seyn, wenn wir die Gebohrnen und Verstorbenen aus verschiedenen Staaten pro 1770. hieher setzen: Koppenhagen die Hauptstadt in Dännenmarkt, gestorben 3770. nämlich, 1212. Männer, 1014. Weiber. 777. Knaben, und 767. Mädgen: getraut. 847. Paar. Gebohren 2970. darunter 316. uneheliche Kinder, * welche sämmtlich im Accouchementhause zur Welt gekommen sind. **

* Wenn man mit den unehelichen die Zahl der ehelichgebohrnen dividirt: so ist es da wie 1. zu 8. und ein bisgen darüber. — weil sich das, was in dem Bruch kommt, hier nicht anzeigen läßt. Maximilian der Erste, Churfürst in Baiern, ließ sich alle Jahr im ganzen Lande die Zahl der unehelichen Kinder aufzeichnen; um zu sehen, ob das Laster der Leichtfertigkeit auf so strenge Verordnung geistlicher und obrigkeitlicher Ermahnungen nicht abnehme? — — ob sich die Sitten bessern oder verschlimmern?

** Ein Accouchementhause ist eine vortreffliche Anstalt, um den Kindermord zu verhüten: eine Stiftung vom weit höhern Werth als ein Tanzsaal, weil jenes die Unglücklichen aufnimmt, die dieser verführet hat. Es ist immer eine große Tugend, und eine Pflicht der Menschenliebe, unglückliche Mädgens, so zu versorgen, daß sie dem Staat wieder nutzlich seyn können. Anstatt sie einem Schicksal zu überlassen, welches Mutter und Kind vor Schande, Armuth und Elend in den Stromm des Verderbens hinreißet.

Zwar es dürften einige Titular-Theologen der Meynung seyn, daß sich viele Mädgens auf guten Conto dieser landesnützlichen Anstalt würden verführen lassen: welches, wenn keine solche Anstalt vorhanden, sie in der Unschuld zu bleiben nöthigen wird. Gut! wir sind verstanden: nur Pfeffer und Salz her, und alle Schlupfwinkel abgeschafft. —

In London (der Hauptstadt in Engeland sind vom 10. Dec. 1769. bis 11. Dec. 1770. gebohren worden, 17109. Menschen: gestorben sind 22434. worunter 56. zwischen 90-100. Jahren 1. von 101. 1. von 103. und 1. von 107. Jahren: An. 1770. sind um 587. mehr, als 1769. gestorben.

Zu Paris sind voriges Jahr 19549. Kinder gebohren, worunter 10000. Söhne und 9549. Töchter; gestorben sind daselbst 18719. als 9922. männlichen und 8797. weiblichen Geschlechts; getraut sind 4775. Paar. Die Anzahl der Findelkinder beträgt 6918. Im Jahr 1769. waren daselbst 19445. gebohren, 18427. gestorben, 4860. getraut, und 6429. Findelkinder.

Zu Wittenberg sind 250, als 120. Söhne und 130. Töchter, gebohren; 172, worunter 86. Kinder, gestorben. (Das Wittenbergische Wochenblatt macht dabey die Anmerkung, daß

die

die Todtenlisten so wie auch die Verzeichnisse der Gebohrnen, vom Jahre 1770. an sehr vielen Orten weit geringer ausfallen, als in den vorhergehenden Jahren.)

Zu Thorn und im Thornischen Gebiete sind 485. gebohren, 503. gestorben und 103 Paar getraut.

Zu Zu Utrecht und dasigem Distriet sind 1078. gestorben, worunter 563. Kinder, also 56 mehr als im Jahr 1769.

Zu Gröningen sind 631. gebohren, 820. gestorben und 218. Paar getraut.

Im Jütländischen Stifte Rypen sind 3667. Kinder gebohren, 3379 Personen verstorben, und 873 Paar copulirt worden.

Auf den Inseln Island im Stift Skalholt sind 1250. Kinder, als 623. Knaben und 627. Mädchen getauft, und 841. Personen, 403 männlichen und 438. weiblichen Geschlechts gestorben; getraut wurden 265. Paar. (Die ganze Zahl der Einwohner dieses Stifts belief sich am 15. Aug. 1770. auf 35216. Personen, davon 15666 männlichen und 18550. weiblichen Geschlechts waren, und hat sich die Anzahl der Einwohner seit 1761. um 1371. Personen vermehrt.)

Im Stifte Holum sind 430. Kinder, 206 Knaben und 230. Mädchen gebohren; 266. Personen verstorben, und 108 Paar getraut. (Am 15. August 1770. waren in diesem Stifte 11985. Einwohner, als 5463 männlichen und 6522 weiblichen Geschlechts.)

Im Königreich Preußen sind im vorigen Jahre gebohren 32765. nämlich 16608. Söhne, und 16157. Töchter: gestorben sind 21884. als 11207. männlichen, und 10677. weiblichen Geschlechts. Sind also 10881. mehr gebohren, als gestorben. *

* Man beobachtet insgemein die Regel, daß sich die Knaben zu denen Mädchens, wie 22. zu 21. verhalten: das ist, wenn 110. Knaben gebohren werden, so werden zu gleicher Zeit 105. Mädchens gebohren. So, wie auf 66. Familien jährlich nur 10. neugebohren oder getaufte Kinder gerechnet werden. Denn, die Anzahl der Ehen, ist zu der Anzahl der Einwohner eines Landes im Nördlichen Deutschlande oder reformirten Staaten, wie 175. zu 1000. Im südlichen Deutschlande sind die Ehen ungleich weniger. —

Zu Amsterdam (in Holand) sind gebohren, 4932. und gestorben 7402. auf dem Rathhaus eingesegnet 647. Paar und in den reformirten Kirchen 1460 Paar.

Im Herzogthum Hollstein K. Dän. Antheils gebohren 4932. gestorben 4088. Herzogthum Schleswig gebohren 6959. gestorben 6155.

Zu Dreßden (Haupstadt in Sachsen) getauft 1751. Kinder, begraben 1660. Menschen.

Leipzig (Handelsstadt in Sachsen wo eine berühmte Universität ist) getauft 975. gestorben 1042. getraut 273. Paar. Unter den gebohrnen sind 58. todt zur Welt gekommene nicht mitgezählt. *

* Daraus erhellt, daß die glücklich zu den unglücklichen Geburthen sich verhalten wie 1 zu 17. man beobachtet, daß auf dem Lande aus 100. eine und in Städten wegen der Weichlichkeit, der Wollust, der müßigen, sitzenden Lebensart aus 24. eine in Kindbethen stirbt. Eine Probe, daß die verdorbenen Sitten einen verderblichen Einfluß auf die Bevölkerung haben.

Hamburg (Reichsstadt) gebohren 2764. begraben 2259. Copulirt 923. Paar.

Rotterdam (Handelsstadt in Holland) gestorben 1687. Personen darunter 827. Kinder.

Zu Altona: gebohren 668. gestorben 651.

Zu Frankfurt am Mayn (Reichsstadt) gebohren 911. gestorben 1043.

Zu Hanau getauft 499. begraben 516. Copulirt 86. Paar.

Zu Mannheim (der Churfl. Haupt- und Residenzstadt) gebohren 827. gestorben 806. getrauet 182. Paar.

Extract: aus der wochentlichen Münchner Anzeige dd. 2. Jänner 1771. „Uebrigens sind in der churfl. Residenzstadt in dem abgewichenen 1770. Jahre in beeden Pfarren 730. Kinder getauft worden; hingegen uneingerechnet der Religiosen und Miliz 1019. Personen verstorben, worunter 94. von 50. 82. von 60. dann 124. von 70. 42. von 80. zugleich re. von 90. 4. endlich von 100. jährigen Alters sich befunden. *

* Gehört dann das Uneingerechnete nicht hieher? — nicht zum Ganzen. —

Artic. IX.

Merkwürdigkeiten.

a) Die im vorigen Monath entstandene Witterung ist sehr merkwürdig. Zu Laucha in Thüringen hat es Linsen geregnet. Der gemeine Mann glaubt es leicht; aber der Wind und Sturm hat ihn wohl anderswo entführt; wie den Stein, der vor 2. Jahren bey Mauerkirchen durch die Luft auf die Erde gefallen, wo alles sehr natürlich zugegangen ist. Warum regnet es dann im Sommer zuweilen Käfer, und Würmen? — Bey eben diesem Laucha ist zu Ende Sept. 1770. ein Stück von dem langen Berge 28. Schuhe breit und 105. Schuhe in der Länge auf 24. Schuhe tief versunken. Eine Erscheinung, die ganz natürlich ist: und sich aus dem Kalchstein, woraus dieser Berg bestehet, leicht erklären läßt. Zwischen den 25. und 31. Dec. 1770. hatte es zu Trient gegen Bozen einen haushohen Schnee: und grausame Kälte, dagegen fiel zu Donaustauf in Baiern, wie uns ein gelehrter von dorther berichtet, eine solche Wärme ein, daß man aldort zollange braune Stachel- oder Bürstenraupen sahe: welche sich von dem Kraut auricula muris (Mausöhrlein) nährte.

b) Nach der Angabe eines gelehrten Engländers hat der letztere Krieg, Großbritannien 280000. Mann gekostet: und die National-Schulden von 80. Millionen auf 130. Millionen vermehrt. Die jährlichen Ausfuhren von Englischen und auswärtigen Gütern oder die Exportation berechnet derselbe auf 6. bis 7. Millionen; hingegen steigt die Einfuhr nicht über 5. Millionen. * Im Jahr 1758. belief sich die Anzahl der Einwohner in Engeland allein auf 8. Millionen.

* Wenn weniger Geld in ein Land ein- dagegen aber mehr hinausgehet; so ist es ein Zeichen, daß die Handlung leidet: oder die Landes-Industrie auf schwachen Füssen stehet: und anbey der Luxus herrscht.

Beantwortungs-Frage in dem Intelligenzblatt Nro. 27. pag. wegen 2. Hirschen.

c) Die Naturs-Begebenheit, mit zweyer Hirschen, die A. 1768. als zarte Kälber, in einen Garthen nahe bey Hannover, mit Milch erzogen, A. 1769. als Spissert erkennet worden, in diesem Jahr aber der eine Hirsch von 12. der andere aber von 8. Enden wäre, ist in der That eine solche Begebenheit, welche meines Darvorhaltens, unter die noch ungeschehene zu zählen seyn mag: und wie es das Churfürstl. Baierische Intelligenz-Comtoir zu München, welches in dem Intelligenzblatt von 29. Decembris laufenden Jahrs S. 347. Col. 1. d) von diesen 2. Hirschen Meldung gethan, in diesem Fall wenig Erfahrungen einholen können.

Daß die Hirsche auf- und zurücksetzen, das ist; ein Jahr mehrer, ein Jahr weniger Ende machen, ist bey der Edlen Hirschgerechten Jägerey eine allgemeine bekannte Sache. Aber dieses, daß ein angehender Gabler, anstatt, der Gablen 8. so gar auch 12. Ende aufsetzen solle, ist ein unerhörter Natursprung. Ich meines Theils, der ich doch über 40. Jahr, von der Edlen Hirsch- und Holzgerechten Jägerey Profession gemacht, und verschiedene Staaten derentwegen durchreiset bin, worunter Hannover auch mitbegriffen, bewunderungswürdige Jagdbegebenheiten gesehen und erfahren, so ist unter vielen, von einem solchen Trieb der Natur, als bey obigen Hirschen sich anbegeben, mir nichts bekannt geworden, als, was ich in Hrn. Döbels Jäger Practica gelesen: S. 9. Col. 1. das nähmlich in dem Anhalt Dessauischen ein Hirsch in dem Reitstall erzogen worden, der A. 1721. in einen Jahr 3. mal abgeworffen, wiederum aufgesetzt und geschlagen habe.

Daß ein Hirsch von 3. Jahren an statt der Gablen 6. und ein Sechser 10. aufgesetzt, ist mir bewust: wie auch dieses, daß er A. 1769. in dem Baron Spieringischen Thiergarten, bey dem Schloß Frohnberg im Nordgau an der Naab, in der Neujahrs-Nacht, so auch noch 2. Nächte hinnach, so vollkommen geschrien, als wenn es in der besten Brunft

 wäre

wäre. Und wie man mir in Frohnberg damals selbsten gesaget, hat dieser Hirsch von 10. Enden, und mit 2. Stück Wildpret versehen, von der vorjährigen Prunst an, biß anhero zu schreyen, fast gar nicht ausgesetzet: und wie ich hier vernommen, hiemit den ganzen Jenner angehalten.

Dieses; als welches ebenfals merkwürdig, hat A. 1766. auf der Heid Forstmeister-Amtes Freyhils in der obern Pfalz, und mir als Forstmeister damalen daselbst angezeigt wurde das ein NB. alter Hahn kurz vor Weynachten 3. Täg hinter einander so gut als in der besten Falzzeit, gefalzet. Anderer Begebenheiten zu geschweigen. Aber wie gesagt, daß ein Hirsch in dem 3ten Jahr seines Alters 8. und 12. auf den Kopf gemacht haben solle, wird als damalen nie erhört worden seyn, noch jemals auch wiederum erhört werden.

Den Hirschen ist eigen; daß sie das 1te Jahr ein Kalb, das 2te Jahr ein Spissert, in 3ten Jahr ein Gabler, in 4ten Jahr ein Sechser auch 8ter werden: in 5ten Jahr 8. auch 10. und in 6ten Jahr erst jagdbar sind, und 10. auch 12. machen. In und nach gegen lezteren Jahren, wenn der Hirsch auch nur Spiese (ich habe deren gesehen) aufsetzte, wird er jedennoch vor jagdbar erkennet. Denn der Jäger spricht den Hirsch nicht nach dem Kopfe, sondern nach der Ferte (oder den Fusse) an, und wäre ersteres ein Fehler. Doch grosse Herren, wenn sie nicht selbsten Kenner sind, wird zu Zeiten, ein dem Leibe nach geringer für einen guten Hirsch vorgesagt, daß ist, wenn er nur jagdbar, nähmlich 10. Ende auf hat. Es sind nicht alle Jäger wie jene alte Forstmeister, welche einen Hirsch von 14. Enden angegeben, und nach dem Kopf, dennoch keiner in dem jagen ware. Der Fürst erzürnt fragte, wo dann der 14ner geblieben? Der Forstmeister gienge hierauf zum Hirsch hin, faßte diesen bey dem Lauf an, und sagte; gnädigster Herr (indeme er die Schalen dem Herrn zeigte, und mit der Hand darauf schluge) hier liegt er gestreckt, und hiernach, ob der Hirsch gleichwohlen ungerade 10. auf hat, habe ich diesen als ein 14ner anerkennen müssen; wo er füglich doch 16. aufhaben können.

Fast nähmliche Bewandsame wird es auch mit denen 2. Hannoverischen Hirschen haben, dem Kopf nach, macht der eine 8. der andere 12. Ende; dem Leibe nach aber, so auch, wie ich vermuthe, nach denen Stangen, welche ziemlich schwach seyn mögen, sind beyde, jägerrechtlich zu sprechen, Schneider, das ist junge Hirsche. Sind sie dieses aber nicht, und zeigten nach dem Fuß, was sie aufhaben, es seye nun gerad oder ungerade, wäre es sodann eine erstaunende Naturs-Begebenheit. Aber dieses kann und wird nicht seyn.

Nichts destoweniger verdienen beyde diese Hirsche nach meiner Meynung, abgezeichnet, in Kupfer gestochen und bekannt gemacht zu werden. Auch annoch dieses, daß man wohl bemerke, ob nicht, und wie diese in künftigen Jahre, auf das Zurucksetzen, und ob der 8ter A. 1771. den 12ser im Aufsetzen nicht übergehe. Imgleichen, wenn diese Hirsche abgeworfen, ihre Stangen zu suchen und abzuwegen, was selbige dem Pfund nach halten. Donaustauf den 31. Dec. 1770.

d) Es ist unlängst eine Weibsperson Namens Margaretha Lutherin zu Gailohe ohnweit Amberg in den 105. Jahre verstorben: sie lebte als arme Viehe-Hütterin bis an ihr Ende meistens von Erdäpflen, und Wasser, sie war bis auf ein paar Täge vor ihren ableiben noch munter und bey guten Kräften, und konnte mit freyen Augen noch den klaresten Druck lesen.

e) Koppenhagen: unterm 27ten vorigen Monats ist eine Königl. Verordnung herausgekommen, kraft welcher künftig die Stiefbrüder und Stiefschwestern einander heurathen können, ohne eine besondere Bewilligung dazu nöthig zu haben. Gleichergestalt soll künftig auch ein Wittwer seiner verstorbnen Frau Schwester, oder Schwestertochter, ohne Anfrage und Bewilligung heurathen können.

f) London den 1. Jänner. Die National-Schulden, so wie sie den 5. Jänner im verwichenen Jahre waren, belaufen sich auf 128. Millionen 999036. tt. Sterling. Die Interessen betragen davon 4. Millionen 593940. tt. Sterling. Man gedenkt darauf, diese Schulden zu mindern.

ProNota. Dieses gegenwärtigen und nachfolgenden Artikels halber wird hiemit angemerkt, daß die hierinn ausgesetzten Venalienpreise keineswegs als obrigkeitliche Sätze und Taxen der Feilschaften angesehen werden müssen; indeme die Käufe und Verkäufe nur, wie sie sich an den Markttagen von selbst anbegeben, zusammengetragen und bekannt gemacht werden. (39)

Preise von allerley Victualien und Getreide, wie sie in nachstehenden Tagen waren.

Namen der Städt u. Märkt.	Jäner	Ochsenfleisch		Rindfleisch		Kalbfleisch		Schaffleisch		1 Zt. Spec	Weizenbier		Braunbier		Schmalz	1 kr. Semmel wiegt		ein Laib gut Roggen-Brod um	wiegt			Mittlere Getreid-Preis. Weiz Schäf		Korn Schäf		Gerst Schäf		Hab. Schä.	
	T.	kr	pf	kr	pf	kr	pf	kr	pf	fl.	kr	pf	kr	pf	kr	lo	qu	kr.	tt.	lo	qu	fl.	kr	fl.	kr	fl.	kr	fl.	kr
Abbach	3	6	2	6	—	8	2	—	—	15	4	—	3	1	22	5	—	6	1	20	—	17	24	18	—	16	—	7	—
Aichach	12	7	—	5	2	7	—	—	—	12	4	1	3	2	21	3	3	4	1	—	—	22	50	19	35	17	30	6	50
Aibling	15	—	—	6	—	6	—	—	—	15	5	—	3	3	20	4	—	4	1	12	—	25	—	20	—	18	—	8	—
Abensperg	5	7	—	6	—	8	—	5	—	15	4	—	3	1	18	5	—	32	8	16	—	18	—	18	30	14	30	6	30
Braunau																													
Voburg	4	—	—	6	—	8	—	5	—	21	4	2	3	1	17	6	—	4	1	—	—	18	—	16	—	14	—	6	30
Cham	4	—	—	6	—	—	—	5	—	18	3	1	3	2	24	8	2	12	2	24	—	19	—	16	—	14	—	12	—
Craiburg	17	6	—	5	2	5	2	—	—	18	4	2	3	1	16	4	2	5	2	8	1	19	30	16	50	14	40	5	45
Dachau																													
Deggendorf	8	6	—	6	—	7	—	5	—	21	4	—	3	2	19	—	2	5	—	3	3	17	30	17	30	14	30	5	50
Dietfurth	10	7	—	6	2	7	—	5	—	18	4	1	3	—	22	5	—	6	1	16	—	22	—	19	—	16	—	6	30
Dingelfing																													
Dorfen																													
Erding																													
Frosting																													
Friedberg	11	6	2	5	2	7	—	—	—	12	4	2	3	2	24	3	2	4	—	29	—	24	45	21	—	17	—	7	30
Fridburg	5	5	2	5	—	5	—	—	—	30	4	—	3	3	16	4	—	5	2	—	—	17	30	15	—	10	—	6	—
Geiselhöring	5	6	2	5	2	—	—	5	1	18	4	1	3	1	19	4	1	—	—	—	—	15	—	18	—	14	—	7	—
Kelheim	12	6	2	6	—	8	—	—	—	15	3	3	2	3	20	2	—	—	—	—	—	18	—	—	—	15	—	7	—
Köting																													
Landau	3	6	—	5	2	—	—	5	—	20	4	2	3	1	21	4	3	6	1	16	—	18	—	16	—	14	—	5	50
Landsperg																													
Marquartstein																													
Mühldorf																													
Mainburg																													
Mosburg																													
Neuenötting																													
Neumarkt	9	—	—	5	2	7	—	—	—	21	4	2	3	1	16	4	5	3	1	1	—	19	—	17	—	13	—	5	50
Neustadt																													
Passau	18	6	—	5	—	6	—	—	—	12	4	—	4	—	20	3	—	12	3	—	—	21	—	18	—	15	—	8	—
Pfaffenhofen																													
Pfarrkirchen																													
Plätling	3	6	—	—	—	7	—	5	—	18	4	—	3	1	19	3	2	—	—	—	—	18	—	18	—	14	—	7	—
Reichenhall	15	5	—	5	—	5	—	5	—	12	5	—	3	3	20	4	—	31	—	8	—	22	—	19	—	16	—	7	30
Regenspurg																													
Rhain																													
Ried	8	5	2	5	3	5	2	4	—	24	4	2	3	2	20	6	—	4	1	3	—	17	30	16	30	12	30	7	—
Rosenheim																													
Rottenburg	1	7	—	6	—	9	—	5	—	15	4	1	3	1	17	5	—	4	1	—	—	18	—	19	—	15	—	6	—
Schärding	12	5	2	5	2	5	—	4	—	18	4	—	3	2	20	6	3	4	1	12	—	17	—	14	—	12	30	5	12
Schongau	13	7	—	6	—	5	2	—	—	15	3	—	3	2	22	2	3	8	1	7	—	24	—	23	—	18	—	7	—
Schrobenhausen																													
Stadt am Hof																													
Tölz	2	6	2	5	2	5	—	4	—	15	5	—	3	2	18	—	—	—	—	—	—	24	—	22	—	20	—	6	30
Traunstein	6	5	3	5	—	5	—	—	—	12	4	—	3	2	19	4	2	4	1	4	—	20	48	17	—	15	—	6	—
Trosperg																													
Vilshofen	2	6	—	5	2	6	—	4	—	21	3	3	3	2	20	6	2	6	1	8	2	16	30	16	12	12	—	6	30
Wasserburg	9	7	—	6	—	5	—	4	—	18	4	1	3	3	16	5	—	8	2	8	—	21	—	17	—	13	—	6	—
Weilheim																													
Zwiesl																													

 Preise von allerley Venalien und Victualien, wie sie im Monath Jänner gestanden.

Venalien und Victualien.	Zahl Maß u. Gewicht.	München d. 26. J...			Landshut d. 19. Jen.			Straubing d. 12. Jen.			Burghaus. d. 19. Jen.			Ingolstadt d. 12. Jen.			Amberg d. d. 5. Jen.		
		fl.	kr.	d.	fl.	kr.	d.	fl.	kr.	d.	fl.	kr.	d.	fl.	kr.	d.	fl.	kr.	d.
Waizen mittler Preis.	1. Schäf.	23	—	—	19	—	—	17	—	—	16	30	—	12	30	—	16	20	—
Korn mittlere Preis.	1. Schäf.	21	—	—	20	—	—	17	—	—	14	—	—	20	—	—	16	20	—
Gersten mittlere Pr.	1. Schäf.	17	30	—	18	—	—	14	—	—	11	30	—	16	—	—	14	—	—
Haber. 7. Metzen.	1. Schäf.	7	—	—	5	—	—	6	45	—	5	36	—	7	—	—	6	45	—
Semmelmehl.	1. Metz.	3	36	—	3	12	—	—	—	—	3	16	—	3	30	2	—	—	—
Ordin. Waitzenmehl.	1. Metz.	3	6	—	2	40	—	—	—	—	2	50	—	2	15	2	—	44	—
Roggenausschlag.	1. Metz.	3	6	—	2	56	—	—	—	—	2	30	—	3	45	—	—	40	—
Ordin. Roggenmehl.	1. Metz.	3	—	—	2	8	—	—	—	—	2	—	—	2	45	—	—	38	—
Ochsenfleisch.	1. Pfund.	—	7	2	—	7	—	—	6	2	—	6	—	—	7	—	—	—	—
Rindfleisch.	1. Pfund.	—	6	2	—	6	2	—	6	1	—	5	2	—	6	—	—	6	—
Kalbfleisch.	1. Pfund.	—	6	—	—	8	—	—	7	—	—	5	2	—	8	—	—	6	—
Schaffleisch.	1. Pfund.	—	—	—	—	6	—	—	6	—	—	4	—	—	6	—	—	5	—
Schweinfleisch.	1. Pfund.	—	8	—	—	9	—	—	8	—	—	7	—	—	9	—	—	6	2
Gänse.	1. Stuck.	1	—	—	1	—	—	—	50	—	—	—	—	—	56	—	—	40	—
Enten.	1. Stuck.	—	36	—	—	24	—	—	26	—	—	—	—	—	28	—	—	—	—
Kapaun oder Koppen.	1. Stuck.	—	45	—	—	42	—	—	40	—	—	28	—	—	50	—	—	28	—
Hennen.	1. Stuck.	—	12	—	—	20	—	—	18	—	—	12	—	—	14	—	—	14	—
Junge Hünner.	1. Paar.	—	—	—	—	30	—	—	—	—	—	—	—	—	—	—	—	—	—
Hechten.	1. Pfund.	—	36	—	—	24	—	—	20	—	—	20	—	—	20	—	—	16	—
Karpfen.	1. Pfund.	—	17	—	—	16	—	—	12	—	—	17	—	—	13	—	—	8	—
Schmalz.	1. Pfund.	—	17	—	—	18	—	—	18	—	—	17	—	—	21	—	—	22	—
Butter.	1. Pfund.	—	18	—	—	22	—	—	20	—	—	14	—	—	10	—	—	18	—
Eyer.	50. St.	—	50	—	—	40	—	—	33	—	—	33	2	1	50	—	—	50	—
Weiß-Weitzenbier.	1. Maaß.	—	4	2	—	4	—	—	4	2	—	4	—	—	4	1	—	3	2
Braunbier.	1. Maaß.	—	3	3	—	3	3	—	3	2	—	4	2	—	3	2	—	3	2
Bierbrandwein.	1. Maaß.	—	15	—	—	20	—	—	16	—	—	16	—	—	20	—	—	22	—
Baumöl.	1. Pfund.	—	22	—	—	24	—	—	22	—	—	20	—	—	24	—	—	24	—
Leinöl.	1. Pfund.	—	14	—	—	16	—	—	16	—	—	11	—	—	16	—	—	16	—
Unschlittausgeschmolz.	1. Centn.	24	—	—	20	—	—	28	—	—	16	—	—	36	—	—	16	—	—
Unschlittkerzen.	1. Pfund.	—	16	—	—	18	—	—	19	—	—	13	—	—	20	—	—	18	—
Der. Baumwolltocht.	1. Pfund.	—	18	—	—	17	—	—	—	—	—	14	—	—	20	—	—	—	—
Seife.	1. Pfund.	—	14	—	—	18	—	—	18	—	—	13	—	—	18	—	—	16	—
Salz.	1. Metz.	1	36	—	1	30	—	1	30	—	1	2	—	1	30	—	—	30	—
Jede Kl. zu 36. sch. im □ Scheidl. 3½. sch. – Buchenholz.	1. Klaft.	5	—	—	5	30	—	7	—	—	3	30	—	5	20	—	—	—	—
Eichenholz.	1. Klaft.	4	—	—	6	—	—	—	—	—	—	—	—	—	—	—	—	—	—
Birkenholz.	1. Klaft.	4	30	—	4	50	—	6	—	—	—	—	—	—	—	—	—	—	—
Feichtenholz.	1. Klaft.	3	30	—	3	30	—	4	30	—	2	24	—	4	10	—	4	30	—
		lt.	lo.	qu.	lt.	lo.	qu.	lt.	lo.	qu.	lt.	lo.	qu.	lt.	lo.	qu.	lt.	lo.	qu.
Ein Kreutzer Semmelbrod wiegt.		—	3	3	—	4	3	—	—	—	—	4	1	—	4	—	—	5	—
Ein 4. Kreutzerleib. Weißrogg.		—	29	2	2	—	—	—	—	—	1	—	—	—	—	—	—	—	—
Ein 5. Kreutzerleib.		—	—	—	—	—	—	—	—	—	—	—	—	—	—	—	1	16	—
Ein 6. Kreutzerleib.		—	—	—	—	—	—	—	—	—	1	16	—	—	—	—	—	—	—
Ein 8. Kreutzerleib.		1	27	—	3	23	—	—	—	—	—	—	—	—	—	—	—	—	—
Ein 12. Kreutzerleib, Hausbrod.		—	—	—	6	2	—	—	—	—	—	—	—	—	—	—	3	28	—

Nota. Indem, wie wir gewiß wissen, hierunverzeichnete lobwürdige Aemter diese Blätter allzeit gratis erhalten: so wird es erlaubt seyn, Sie zu ersuchen, statt der nicht eingelaufenen Preis-Nachrichten die Lücken in der Preistabelle etwa durch ihren Hausknecht beliebig ersetzen zu lassen. Die Nachwelt wird ihnen den Dank schuldig bleiben. — — — und unser schon gedenken.

Die Verläumdung hat Augen wie ein Sternseher sie entdecket Flecken an der Sonne; — Aber,
hat die Unschuld keinen Vortheil? —
Warum nicht? Denn die Sonne scheinet doch? —
H. Magaz.

Churbaierisches Intelligenzblatt

Num. IV.

München den 15. März. 1771.

Artic. A

a) Mandat: das Schulwesen, und die Schulbücher betreffend. Dat. 5. Febr. 1771.

Maximilian Joseph, Churfürst rc.

Entbiethen männiglich Unsern Gruß und Unsere Gnade zuvor. Wir haben unter dem dritten September verflossenen Jahres Unsere ernst- und gnädigste Willensmeynung, in Betreff einer neuen, und allerdings nöthigen Einrichtung der deutschen Schulen in Unsern Churlanden, nachdrucklich genug an den Tag gelegt.

Gleichwie Wir aber missfälligst vernehmen müssen, daß dieser gnädigste Befehl allenthalben noch nicht vollzogen, ja in einigen Orten nicht einmal der Anfang zu dieser so nöthig- als nützlichen Einrichtung gemacht worden ist; so finden Wir für nöthig, Unsern vorigen gnädigsten Befehl, bey dem es sein unabänderliches Verbleiben hat, neuerdings zu bestättigen, und hiemit zu Jedermanns Wissenschaft aufs neue zu wiederholen: wie Wir dann alle Saumseligkeit in diesem Stücke in höchsten Ungnaden aufnehmen, und einen so sträflichen Ungehorsam gegen wiederholte landesherrliche Verordnungen, mit Nachdrucke werden zu straffen wissen.

Damit aber alles nach Unserer gnädigst- und landesväterlichen Gesinnung desto gewisser vollzogen werde, und hauptsächlich der erste Satz, nämlich: daß der nöthige Unterricht in Unserer geheiligten christkatholischen Religion, den Kindern gleich von Jugend auf, beygebracht werde; so gebiethen Wir bey willkührlicher Straffe der Aeltern,

I. Daß selbe zu gewöhnlichen Christenlehrzeiten ihre Kinder in die Christenlehre schicken. Wobey die Pfarrer und Christenlehrer fleißige Obsicht zu halten haben, was für Kinder in der Kinderlehre abgängig sind, damit man nicht nur die liederlichen Kinder, sondern auch ihre saumseligen Aeltern gleich nach geschehener Anzeige, durch ihre gehörige Obrigkeit, andern zum Exempel, zur gebührenden Straffe ziehen könne. Da aber selbst das göttliche Gesetz sowohl, als das natürliche die Aeltern zur christlichen Erziehung ihrer Kinder verbindet, so werden sie in Kraft dieß ermahnt, ihren Kindern mit gutem Beyspiele vorzugehen, und dieselbe zur Gottesfurcht anzuhalten, damit die Frömmigkeit, das Christenthum, und der Religionseifer mit den Kindern aufwachse, und immer vollkommner werde, wie Wir dann den Obrigkeiten jedes Ortes hiemit auch ernstgemessenst auftragen, daß sie auf die Kinderzucht strenge halten, und die in diesem Stücke nachlässigen Aeltern auf jedem Falle zur scharfen Strafe ziehen. Da nun die leidige Erfahrung zeiget, daß

II. Manche Aeltern eine sehr geringe Sorge tragen, und sich wenig bekümmern, wie ihre Kinder aufwachsen, ob sie im katholischen Christenthume, im Lesen, Schreiben, Rechnen, und andern Stücken genugsam unterrichtet sind, wodurch sie mit der Zeit nützliche Staatsglieder werden, und ihr Brod gewinnen können, woraus dann Unwissenheit, Müßiggang, und aller böser Lebenswandel entspringt, so gebiethen Wir hiemit mit aller Schärfe, daß alle Aeltern, wer sie immer sind, (Standespersonen allein ausgenommen, die sich von Amts und Charakters wegen eigene Haushofmeister halten können) ihre Kinder ohne Ausnahm in die öffentlichen Schulen schicken. Die bemittelten Aeltern bezahlen das ohnehin sehr geringe Schulgeld. Die unbemittelten aber haben sich bey jedes Orts Obrigkeit und Schulcommission zu melden, welche dann die Verfügung treffen wird, daß ihre Kinder in die Schulen jedes Orts ausgetheilt, und unentgeltlich unterrichtet werden. Da dieser Punkt einer der wichtigsten ist, den Wir vor allen aufs schärfeste vollzogen wissen wollen, so hat jedes Orts Obrigkeit die Aeltern bey willkührlicher und scharfer Strafe, sonderheitlich hierzu anzuhalten.

III. Da sich die Aeltern und Handwerksmeister oft mehr um ihre Gewinnsucht, als um den Unterricht ihrer Kinder bekümmern, die Kinder gleich von ihrer ersten Jugend zu den Handthierungen geben, ohne sich zu besorgen, ob sie im Christenthume genugsam unterrichtet, des Lesens, Schreibens, und der gemeinen Rechnung kündig sind oder nicht; so gebiethen Wir hierinnfalls gnädigst, daß ohne obrigkeitliche Erlaubniß kein Kind zur Handthierung gegeben, oder angenommen werde, bevor es nicht in der christkatholischen Religion sowohl, als in den übrigen 6. Classen genugsam unterrichtet ist. Da aber oft ein gut unterrichtetes Kind bey seinen Lehrjahren in der Handthierung das Erlernte leicht wieder vergißt; so gebiethen Wir gnädigst, daß bey willkührlicher Straffe ihrer Meister sich die Lehrbuben in ihren Pfarren nach der geschehenen Eintheilung mit ihren vorigen Schullehrern in den Kirchen bey den Christenlehren nicht nur allein stellen, sondern auch wochentlich einmal auf eine von des Orts Obrigkeit bestimmte kurze Zeit, sich in den Schulen einfinden, damit sie im Lesen, Schreiben, und Rechnen vollkommen hergestellt werden.

IV. Wir wollen zwar den bemittelten Aeltern zu Erwählung eines Schullehrers den Willen nicht sperren, doch, wenn sie einmal einen erwählt, so haben sie bey willkührlicher Straffe das Kind ohne erhebliche, und der Schulcommission anzuzeigende Ursache nicht abzunehmen. Unbemittelte hingegen haben ihre Kinder bey dem ihnen angezeigten Schullehrer zu lassen, und sich, wenn wider Verhoffen ein Schullehrer ihre Kinder schlechter, als bemittelte halten soll, gleich bey der Schulcommission zu beschweren, wo man sodann die gründliche Einsicht nehmen, und die gehörige Ab[illegible]ellung zu machen wissen wird.

V. Da a[illegible]er auch oft ein Schullehrer dem andern die Sch[illegible]lkinder abspannet, so wird ihnen di[illegible]ß hiemit alles Ernstes verbothen, und sie gewarnet, daß sie sich mittelst dieß keiner willkührlichen Straffe, oder allenfallsigen Dienstverlurst unterwürfig machen.

VI. Wie nun Unsere gnädigsten Absichten auf eine allgemeine christliche Kinderzucht, und gleich-

gleichförmige Lehrart abziehlen; so verbiethen Wir alle Winkelschulen wiederholtermassen aufs strengste.

Hauslehrer, oder sogenannte Hauspräceptores wollen Wir zwar noch, aber unter keiner andern Art gestatten, als daß sie nämlich jedesmal außer der Schulzeit Unterricht geben, und keine andere Kinder unterrichten, als die wirklich in eine öffentliche Schule gehen.

VII. Verweisen Wir hiemit sämmtliche Schullehrer Unserer Churlanden, nicht nur auf den von Uns gnädigst verordneten Schulplan, und die darinn befohlene Unterrichtungsart, sondern auch zu dem hierzu nöthigen Fleiße und Bescheidenheit, daß keine Aeltern Anlaß finden, oder gründlich Klagen führen können, daß ihre Kinder nicht bestens versorgt und unterrichtet sind, wo ihnen hingegen ein für allemal der Weg offen bleibt, sich an die Schulcommißion jedes Orts, und im Weigerungsfalle an Unsern geistlichen Rath zu wenden, wenn sie in Vollziehung des Plans und der neuen Schuleinrichtung von jedes Ortes Obrigkeiten nicht genugsam unterstützet werden, oder andere Hinderniße finden sollen, die man anfänglich nicht vorsehen konnte.

VIII. Zu diesem Ziele ermahnen Wir dann sämmtliche Schullehrer und Aeltern nochmal, daß sie ihnen die neuen Schulbücher für die VI. Classen beyschaffen, indem keine andere mehr geduldet werden. Was das Evangelium und den Katechismum betrifft, so ist zwar die neue Uebersetzung von Unserer theologischen Facultät in Ingolstadt approbirt, und von darum eingeführt worden, weil sie den Regeln der guten deutschen Sprache und Schreibart besser angemessen ist; gleichwie aber der gemeine Mann noch an die alte Uebersetzung zu sehr gewohnt ist; also wollen Wir gnädigst gestatten, daß neben der neuen Uebersetzung auch die alte in Schulen ferner noch geduldet werde: versehen Uns aber doch gnädigst, daß bey den künftigen Auflagen, auch ohne Aenderung eines Worts, wenigst die vielen Buchstabenfehler, die sich eingeschlichen haben, verbessert werden.

IX. Damit aber alles dieß genau beobachtet und vollzogen werde; so befehlen Wir nicht nur allen Pfarrern und Seelsorgern, daß sie nach Möglichkeit den Plan vollziehen helfen, im Anfange sich öfter in den Schulen einfinden, und den Schullehrern, wenn sich hier und da einer nicht helfen könnte, den Plan und die Lehrart so lange erklären, bis sich die Schullehrer selbst im Stande befinden zu lehren, wie es im Plan vorgeschrieben ist. Ueberdieß befehlen Wir

X. Daß jedes Kloster, jeder Magistrat, und jedes Gericht einen tüchtigen geistlichen oder weltlichen Mann ernenne, dem die Oberaufsicht und Direction über die bey Klöstern, Städten, Märkten, und in den Gerichtern jedes Orts befindliche Schulen (blos was die Lehrart betrifft, ohne daß er sich in die Jurisdictionalien einzumischen hat) in Unsern höchsten Namen aufgetragen werden soll.

Wie dieß geschehen, und namentlich, was für ein dergleichen Schuldirector allenthalben aufgestellt worden ist, gewärtigen Wir einen fördersamsten Bericht. Wo Wir dann auch seinen Fleiß, und die gehabte Mühe mit der Zeit in Gnaden ansehen, und bey vorfallenden Beförderungen vorzüglich desselben gedenken werden. Eben dieser Schuldirector hat bey den Quartal und andern Schulvisitationen persönlich zu erscheinen, der Schulcommißion die allenfalls sich ereignenden Beschwerden zu eröffnen, und über den Zustand und Fortgang der neuen Schuleinrichtung jährlich wenigst einmal, nämlich am Ende des Schuljahres an die Kirchendeputationen jedes Rentamtes, und durch diese an Unsern geistlichen Rath Bericht, oder auch Verbesserungsvorschläge einzuberichten.

XI. Endlich befehlen Wir auch Unsern Rentmeistern gnädigst, daß sie bey ihrem Umritte die Schulen jederzeit untersuchen, auf den Vollzug aller dieser Punkten scharf dringen, und hauptsächlich darauf sehen.

I. Ob der Plan, oder die Schuleinrichtung vollzogen, die Schulbücher eingeführt, und

II. Die Kinder in die 6. Classen getheilet sind.

III. Ob die Aeltern ihre Kinder fleißig in die Schule schicken, was für eine sie nicht darein schicken, und aus was Ursachen.

IV. Ob die Schullehrer sowohl, als die Directoren ihren Pflichten genug thun.

V. Was sich sonst für Hindernisse hervorthun.

Ueber diese und all andere Punkten Unserer gnädigsten Verordnungen haben sie nach ihrer Zuruckkunft ihren Bericht zu erstatten, und die fernere gnädigste Verordnungen abzuwarten, wie dann

XII. Jedem Unserer Kirchendeputationsund geistlichen Räthen bey sich ereignender Gelegenheit (doch ohnentgeltlich der Kirchen und der Aeltern) frey stehen soll, mit Beyziehung jedes Orts Obrigkeit und Beobachtung der Cumulativ, die Schulen unversehens zu visitiren, und den Vollzug Unserer gnädigsten Verfügungen zu befördern.

Gleichwie alle diese landesväterliche Verordnungen bloß auf das Wohl Unserer Churlanden, und auf die Wohlfahrt aller sämmtlichen sowohl, als einzelnen Unterthanen abzielet, wo jedem an einer guten Erziehung daran liegt; so hoffen Wir auch von allen Unsern Regierungen, Magistraten, Landgerichtern, Klöstern, Stadt- Markts- Hofmarchs- und überhaupt allen Schulobrigkeiten eine genaue Beobachtung aller dieser Punkten, und wo wider alle Vermuthung mit der neuen Schuleinrichtung der Anfang noch nicht gemacht seyn soll, in Zeit eines monatlichen Termins einen ungesäumten Vollzug dieses sowohl, als des vorigen gnädigsten Schulgenerals; im widrigen Falle Wir auf Kösten desjenigen Magistrats, Gerichts, Klosters, oder anderer Schulobrigkeit eine Localcommission abordnen, und durch dieselbe Unsere so gnädigst- als ernstgemessene Befehle vollziehen lassen werden.

XIII. Da Wir endlich auch missfälligst vernehmen müssen, daß es Leute gegeben, welche wider diese gnädigste Verordnung und nöthigste Einrichtung des deutschen Schulwesens losgezogen, sogar Unwahrheiten wider dasselbe boshafterweise ausgedacht, und zur nicht geringer Hinderniß des Fortgangs gewissenlos ausgesprengt und verbreitet haben; so befehlen Wir hiemit jedes Orts Obrigkeiten, daß sie hierauf ein wachsames Aug haben, und, wo sich Jemand hinfür noch in dergleichen Fällen betreten läßt, denselben auf der Stelle, andern zur Warnung, exemplarisch bestrafen sollen.

Gegeben in Unserer Haupt- und Residenzstadt München, den 5. Febr. 1771.

Ex Commissione Ser. Dni.
D. Ducis & Elect.
speciali. **(L.S.)**

Karl Anton Müller, Churfürstl. Hofraths-Secret.

b) Patent: den Getreidtransit durch die Churbaierische und Oberpfälzischen Lande betreffend. Dat. 7. Febr. 1771.

Indem die Churfürstl. mehrfältig geschärfeste Anbefehlungen bereits erlassen worden, daß die Gränzen bey der jetzig fürdaurenden Getreidsperr äußerst verhüttet, und somit alle Mittel ergriffen werden sollen, die Ausschwärzungen des Getreides, unter was Deckmantel es immer geschehen möge, zu verhüten; So will sich jedennoch laut der eingelauffenen Berichten entdecken, daß unter dem Prätext des Transito führenden Getreides allerley Gefährde gespielet werden, womit die Ausfuhr und Vermischung des innländischen Getreids mit dem fremden unternommen: oder jenes für dieses fälschlich angegeben, und dem Lande freventlich entzogen wird.

Dieser Vorgang bewog Sr. Churfürstl. Durchläucht rc. unsern gnädigsten Churfürsten und Herrn, gnädigst anzubefehlen, daß dergleichen angebliche transitirende Getreider, wenn sie gleich von auswärtigen mit attestatis belegt erscheinen, weder bey den baierischen noch oberpfälzischen Gränzmauthämtern, und deren Beymauthstationen noch zu Lande noch zu Wasser pasirt, sondern dahin angewiesen werden sollen, solche alsogleich im Lande abzusetzen, und zu verkaufen, als womit niemand verschonet werden darf, als diejenige,

jenige, welche sich auf einen Getreidtransit mit einem von Sr. Churfürstl. Durchläucht rc. höchst eigenhändig unterzeichneten, gefertigt und ingrossirten Getreidtransitopaß legitimiren können, oder die etwan in die Pfalz Sulzbachische oder Nordgauische Landen transitiren möchten, als welche keine dießfällige Churfürstl. Päße erforderlich haben. Die hinnach benannte Churfürstl. Gränzmauthämter werden diesemnach hiemit alles Ernstes dahin angewiesen, sich nach dieser gefaßt Churfürstl. gnädigsten Entschliessung gehorsamst zu achten, folglich einiges Getreid, es seye wenig, oder viel, weder Metzen- noch Schäffelweis, noch einiges Mehl oder Brod per Transito pasiren zu lassen, sondern zum Verkauf inner Lands anzuhalten, und auf den Weigerungsfall die behörigen Zwangsmittel zu ergreifen, wie ein so anders schon in den vorigen Mandaten mit mehrern exprimirt ist.

Wurde aber jemand auf ein benanntes Quantum transitirenden wahrhaft ausländischen Getreids einen höchst-eigenhändig unterzeichneten ingrossirten Paß vorzuweisen haben; so lieget den Churfürstl. Mauthämtern ob, die Ladung jedesmal zu recognosciren, und das quantum & quale sowohl in das Manual einzutragen, als den Paß das erstemal abschriftlich beyzulegen, und das von Zeit zu Zeit durchführende Quantum auf den Originalpaß zu notiren, folglich denselben nach völliger Abfuhr einzuziehen, und dem Manual zu adnumeriren, sohin durchaus Instructionsmäßig zu verfahren.

Wo im übrigen den sämmtl. Churfürstl. Mauthbeamten hiemit unverhalten bleibt, daß, wenn sie in ein so andern in Bezeigung ihrer Dienstschuldigkeit sich nachläßig, oder connivirend würden erfinden lassen, oder, wenn sie zur behörigen Aufsicht an den Gränzen und Schleichwegen mittels behöriger Anweisung der Confinwache, der Mauthdiener, oder benachbarten Amtleuten die erforderlichen ernstlichen Anstalten nicht treffen würden, der Fehler, und der dem Lande hierdurch zufügende Schaden ihnen zugemessen, und jeder nach Verdiensten nach Vorschrift des Pönalmandats exemplarisch darum bestraft werden solle. Von dieser gnädigsten Verordnung ist denen incorporirten Beymauthämtern eine gefertigte Copie unter Anweisung der genauesten Befolgung fördersamst, und zwar gegen bescheinigten Empfang, zu ertheilen. München, den 7. Febr. 1771.

Vom Churfürstl. Kammeralmauth-Directorio. An die auch Churfürstl. sämmtl. Mauthämter in Baiern, und der obern Pfalz also abgangen.

Franz Kohlbrenner, Secret.

c) Verordnung, daß von den in beyde Churbaierische Herrschaften Sulzbürg und Bierbaum einführenden Weinen kein mehrers, als die ordinari Zoll- und Mauthgebühren sollen erholet werden sollen, betreff. Dat. 23. Jänner 1771.

Es sind seit der in der obern Pfalz introducirten neuen Mauth- und Accisverordnung von all jenen Weinen, so in die beyde Churfürstl. Herrschaften Sulzbürg und Bierbaum durch Christen oder Juden zu daselbstigen Consumption, auch Handel und Wandel eingeführt worden, bey denen angränzenden oberpfälzischen Mauth- und Zollämtern nicht nur alleinig die betreffende Mauthen, sondern auch der Aufschlag oder Accis eingeheischet worden.

Nachdem aber diese beyde Herrschaften Sulzbürg und Bierbaum, als ganz besondere in der obern Pfalz independente corpora angesehen werden sollen, und Sr. Churfürstl. Durchläucht von höchster Stelle unterm 7. dieß gnädigst verordnet haben, daß von denen in besagten Herrschaften durch Christen oder Juden einführenden Weinen kein mehrers, als die ordinari Zoll- und Mauthgebühren erholet werden sollen, massen das gebührende Ungeld oder Accis bey denen Reichs lechenbaren, als Allodial-Herr- und Ortschaften behörig eingeholet, und verrechnet werden müssen. Als wird diese höchste Anbefehlung denen sämmtl. oberpfälzischen Mauth- und Accisämtern, welche die Vorweisung dieß mit Unterschriften zu bescheinen haben, der gehorsamsten Nachgelebungswillen mit gegenwärtig

 offent-

offentlichen Patent kund gemacht. München, den 23. Jänner 1771.

Vom Churfürstl. Kammeralmauth-Departement. An sämmtl. Churfürstl. oberpfälzische Mauth- und Accisämter also abgangen.

Franz Xaveri Krauß, Churfl. Hofkammer und Mauthdirect. Sec.

d) Patent, die verbothene Ausfuhr des grünen und gedörten Obsts. Dat. 6. Febr. 1771.

Se. Churfürstl. Durchläucht unser gnädigster Herr haben aus landesväterlicher Vorsorge gnädigst zu verordnen geruhet, daß zum allgemeinen Besten des Landmanns und Unterthans bey dermaligen Getreidmangel weder ein grünes, noch gedörtes Obst, weil dieses zu merklicher Erleichterung des Unterhalts dienen kann, und an mehrern Orten wirklich dienet, in Zukunft und bis auf weitere gnädigste Verfügung mehr außer Landes gebracht, sondern derienige, welcher mit derley Obst des Hinausbringungswillen bey irgend einem Gränzmauthamt erscheinen dürfte, unmittelbar zuruckgeschafft, und zu dessen Verkauf an die innländische Orte angewiesen werden solle. Wornach sich sämmtl. Churfürstl. Mauth- und Beymauthämter gehorsamst zu achten, gegenwärtiges Patent gewöhnlich zu unterschreiben, und dieses denen jeden Orts incorporirten Beymauthämtern der ebenmäßigen Befolgungswillen in Abschrift förderlich mitzutheilen haben. München, den 6. Febr. 1771.

Vom Churfürstl. Kammeralmauth-Directorio. An sämmtl. Mauthämter in Baiern und der obern Pfalz also abgangen.

Secret. Dorner.

e) Verordnung, die Heu- und Grummetsperr zum Vortheil der innländischen Viehzucht, und deren mehrern Emporbringung in Churbaierischen Landen betreffend. Dat. 15. Febr. 1771.

Nachdem Se. Churfürstl. Durchläucht rc. unser allerseits gnädigster Churfürst u. Herr, vermög einer von dero Policeyrath anhero gegebenen Notification vom 23. Jänner abhin bey dero höchsten Stelle für dermalen in dero sämmtl. Churlanden eine universal Heu- und Grummetsperr, jedoch mit Ausnahm deren Orten, welche das jus indegenatus gaudiren, gnädigst decretirt haben, und von Eingangs besagten Ort unter eben hieob vermeldten Dato an die sämmtl. Regierungen und Gerichter Rentamts Oberlands, der genauen Darobhaltungswillen die diessfalls behörige Ausschreibung beschehen ist. Als will man diese gnädigste Entschliessung nichtminder auch denen sämmtl. Churfürstl. Mauthämtern sowohl in Baiern als in der obern Pfalz der gleichmäßig genauesten Befolg- und gehorsamsten Darobhaltungswillen, kund zu thun hiemit unermangeln. Damit sich aber kein Amt einer Unwissenheit dieses gnädigsten Geschäfts entschuldigen könne. So wird beynebens gegenwärtiges Circularpatent von sämmtl. Mauthstationen behörig unterschriebner wieder zurückgewärtiget. München, den 15. Febr. 1771.

Vom Churfürstl. Kammeralmauth-Directorio. An die auch Churfürstl. Mauthämter in Baiern und der obern Pfalz also abgangen.

Secret. Plendl.

Artic. II.

Feilschaften.

a) Johann Michael König burgerl. Metzger zu Stadt am Hof biethet dem innländischen Publikum feil: 100. Stück Schaaffelle zu 50. kr. 100. St. rohe Kalbfelle, jedes pr. 32. kr. 60. St. Ochsenhäute, das Paar zu 14. fl. — 10. Cent. Unschlitt zu 25. fl. den Centen.

b) Martin Schwankel und Joh. Strasser & Conf. Bürger zu Schönnuberg, haben 30. Cent. fein gehächelten Flachs zum Verkauf parat: nämlich 10. Cent. zu 30. fl. 10. Cent. zu 27. fl. und 10. Cent. zu 24. fl.

c) Joseph Thomas Kößler, Innhaber der Churfürstl. Lehenbaren Papiermühl Obltried Gerichts Treswitz in der obern Pfalz hat 6. Ballen Kanzley- dann 20. Ballen Con-

Conceptautschuß, und 10. Ballen Lösch- oder Fließpapier um den leidentlichsten Preise zu verkaufen, wer dergleichen bedürftig, schöne Waare um billige Preise: beliebe an ihn selbst, oder an besagtes Gericht zu correspondiren.

d) Zu Rosenheim ist auf dem schönen Platz eine Bräustadt sammt Keller und Grundstücker zu verkaufen; wer diese zu kaufen verlangt, beliebe sich bey dem Magistrat daselbst zu melden.

e) Die bürgerl. Metzger auf dem jungen Fleisch biethen dem innländischen Publiko feil 3000. Lampelfell jedes Paar zu 32. kr.

Artic. III.
Avertissement.

a) Es wird an einem gar sichern Ort gegen genugsames Hypotheck ein Capital von 3. 4. bis 6000. fl. zu 4. pro Cento gesucht: wer nun solche Gelder anzulegen gesinnet, hat im Intelligenzcomtoir weitere beliebige Auskunft zu erhollen.

b) Man wünschet, daß in der Hauptstadt Amberg baierische wohlerfahrne Bräuknechte Dienste nehmen möchten: und welcher Mittel hat, kann alldort gegen billige Bedingnisse auch eine Bräustadt an sich bringen.

c) Fridrich Eigoni Gewehrfabrikant in Kemnath verfertiget die schönsten und räresten Windbüchsen, woraus man von einer Ladung 50. bis 100mal in eine ziemliche Entfernung schiessen kann; er macht das Stuck zu 20. 30. 40. auch 50. und mehr Gulden mit künstlich gestochen- und eingelegter Arbeit von Meßing, Tomback, Silber und Gold eingelegt, wie sie verlangt, oder auch um welchen Preis sie verlangt werden.

d) In dem schönen Markt Ried in Baiern befinden sich 2. stattliche Bortenwirker oder Posamentirer, welche vortrefliche Arbeit machen. Item 1. Kleinuhrmacher, welcher Arbeiten von besonderer Kunst und Seltenheit verfertiget: desgleichen 2. kunsterfahrne Bildhauer, deren Kunstarbeiten berühmt sind: wer also dergleichen Arbeiten von ihnen verlangt, beliebe dahin, oder zum Bräumanthamt daselbst zu correspondiren.

e) Nachdem die Brodstmühl zu Mermosen, welche mit 3. Mahlgängen, einem Oelstampf und Saagmühl, dann einigen Grundstücken, Wießmähdern, ferner mit Behausung, Stadel und Stallung, dann mit guten Mahlbauern versehen, auch einer Wassergfahr nicht unterworfen, plus licitanti zu verkaufen stehet: Als werden die Liebhaber hierzu auf den 21. 22. & 23. dieß Monaths Märzen eingeladen, deßwillen mit ihrer Erklärung beym Churfürstl. Pfleggericht Krayburg zu erscheinen.

f) Wer Belieben trägt, die Hofmarch Inzing Churfürstl. Pfleggerichts Grießbach in dem Rentamt Landshut zwischen dem Markt Hartkirchen, und dem Innstrom entlegen, dann eine wohlgebaute mit Stadel und Stallung wohl versehene Behausung in der Stadt Schärding: ferners eine weitere Hofmarch (Ottmaring genannt) auch in dem Rentamt Landshut des Pfleggerichts Osterhoven, wobey ein wohlgebautes Schloß- und Garten, auch ein neu-hergestelltes mit Schef- und Gschirr durchaus best eingerichtetes Bräuhaus, dann 11. aus dem Amtsheimischen Gut gebrochene Unterthanen, nichtminder ein Seidl-Gut zu Panthoven, um billigen Preise zu erkaufen, der beliebe sich bey Endesgesetztem zu melden, und daselbst aller zum Kauf erforderlichen Umständen als des Ertrages, und Beschwerden, Grund- und Feldstücken, auch des billigen Ansatzes der Kaufgelder wahrhaft und sichere Auskunft zu erhollen. München, den 8. Febr. 1771.

Lic. Michael Benno Surauer, Churf. Hofgerichts Advocat.

Artic. IV.
Innländische Venalien- und Waarenpreise.

	Kemnath.			Neumarkt.			Walterhof.		
	fl.	kr.	dn	fl.	kr.	dn	fl.	kr.	dn.
Ochsenfleisch das ℔.	—	6	—	—	6	—	—	—	—
Rindfleisch.	—	5	—	—	5	2	—	4	2
Kalbfleisch.	—	3	2	—	5	2	—	3	2
24. Eyer um	—	12	—	15Ey	12	—	24)	12	—
Weitzenbier die Maaß.	—	—	—	—	3	2	—	—	—

Braun-

	Kemnath.			Neumarkt.			Waltershof.		
	fl.	kr.	dn.	fl.	kr.	dn.	fl.	kr.	dn.
Brannd. die baier. Maß.	—	2	1	—	3	—	—	2	—
Schmalz. 1. tt.	—	15	—	—	17	—	—	32	—
vor 1. kr. Semel wiegt 6. Loth.	—	1	—	(2. Lot. 2 Q.			5. L. 2. Q.		
Roggenbrod 4. tt.	—	13	—	(2. tt. 25. L. —	12 kr.		4 tt. à 10 kr.		

Mittler Schranenpreis.

Das Schäffl baier. Maß.	Kemnath. fl.	kr.	Neuma. fl.	kr.	Waltershof. fl.	kr.
Waitz. . . .	14	—	19	30	18	—
Korn. . . .	12	45	19	—	16	—
Gersten. . . .	12	—	16	—	14	—
Haaber. . . .	6	—	6	15	5	50

Im Markt Waltershof sind folgende Venalien im Monath Jänner 1771. um folgende Preise verkauft worden.

Die Maaß Waitzenmehl 5. kr. gerollte Gerste vom besten, die Maaß 10. kr. mittere 9. kr. schlechte 7. kr. Haabergritze, die Maaß 5. kr. Hiersen die Maaß 11. kr. Erdäpfel der Metzen vor 8. kr. Köhlbortzen, Arbes die Maß. 6. kr. Erdkalrabi oder Stacken der Metzen 8. kr. *

* Den Freund, der uns diese Preise gütigst angezeigt, ersuchen wir, die Preise künftig uns nach dem körperl. Maaß oder cubischen Innhalts, oder noch besser in der baierischen Mäßerey anzuzeigen, massen die durchgängige Einführung der baierischen Mäßerey in der obern Pfalz schon längst gnädigst anbefohlen, und vom löbl. Kloster Waldsassen ganz gewiß zur Execution gebracht worden ist.

Ferner 1. Gans in Federn, 1. Ente 15. kr. ein alte Henne 8. kr. ein paar junge Dauben 5. kr. 1. tt. Karpfen 8. kr. 1. tt. Hechten 12. kr. 1. tt. Pirschling 6. kr. unausgeschmolzen Unschlütt der Cent. 18. fl. 20. kr. Unschlüttkerzen das tt. 13. kr. Seifen 1. tt. 12. kr. Schaafwolle der Centen 51. fl. Flachs der schönste der Cent. 15. fl. mittere 13. fl. schlechte 10. fl. das Pfund Sollrder 26. kr. das tt. Demschleder 30. kr. das Stuck Kalbleder 1. fl. ein paar gegärbte Schaaffelle 36. kr. Hart-Birken- und Buchenholz die Klafter 3. fl. 50. kr. Fichtenholz 3. fl. Waitzen- und Rockenstroh der Schock 8. fl. Gerstenstroh der Schock 6. fl. und Haaberstroh 5. fl. 45. kr. der Centner Heu 45. kr. der Centen Grummet 22 ein halben kr.

Artic. VI.

Zur geistlichen Policey.

a) Rom den 14. Jänner 1771. Se. Päbstl. Heiligkeit haben so eben einen Machtspruch gethan, und das Testament des verstorbenen Belisario Amidei, welcher seines Bruders Kinder, zum Besten der Armen enterbet, cassiret. *) Den letztern ist eine gewisse Summe ein für allemal und sogleich zahlbar angewiesen; den erstern aber, die von allen Mitteln entblößet waren, der Rest von den Gütern ihres Oncles zu Theil geworden. Diese kluge Entscheidung dienet nun zur Regel auf alle derley künftige Fälle.

*) Diese nach dem Römischen Rechte sonst gültige Erbeinsetzung wurde in den Gerichtshöfen von Deutschland, auch anderswo, ihre Kraft behauptet, und die übergangenen Bruders Kinder, ob sie gleichwohl arm, dennoch das leere Nachsehen gehabt haben, und das V. R. W. Wenn jemal ein Machtspruch sich auf Billigkeit gründet, und zugleich zur Verbesserung der gemeinen Rechte, die doch hauptsächlich ex æquitate rationali & non cerebrina erwachsen, abzielet; So gebühret Sr. Päbstl. Heiligkeit bey der Nachwelt ewig Ruhm, daß sie den größten mit Weisheit vermischten Scharfsinn, und ihren durchdringenden Verstand in der juris-prudentia legislatoria bey dieser Entscheidung, die nunmehr tanquam lex in omne ævum valitura in diesen und ähnlichen Fällen anzusehen, bewiesen, anbey mit einem Fingerzeig den Großen der Erden zu erkennen gegeben haben, wie leicht es ihrer Macht sey, der Billigkeit in bürgerl. Dingen für dem strengen Rechte den Vorzug einzuräumen.

b) Den 30. Jänner 1771. ist wegen des Kirchengebeths der 40. tägigen Fasten folgende Dispensation geschehen. Von GOttes Gnaden Wir Ludwig Joseph, Bischof

zu

zu Freysing des Heil. Röm. Reichs Fürst 1c. 1c. Entbiethen all und jeden Aebten, Pröbsten, Dechanten, Prioren, Guardianen, Cammerern, Pfarrern, Vicarien, Cooperatoren und gesammten Seelsorgern unsers Bisthums Freysing, unsern Gruß und Gnade zuvor; und geben denenselben hiemit gnädigst zu vernehmen, wasmassen Wir die aus Abgang, und übergroßer Theuerung des lieben Getreid, dann sämmtlich anderer Victualien, täglich anwachsend allgemeine und landkündige Noth, hieraus zubesorgen stehende gefährliche Krankheiten, so der barmherzigste GOtt gnädiglich verhüten wolle, und mehrere derley triftigste Umstände in selbstig-reife Ueberleg- und Beherzigung genommen, und allerdings nothdringend erfunden haben, für anheuer in dem so heilsam angeordneten Kirchengeboth der 40tägigen Fasten zu dispensiren.

Wir wollen solchemnach zur Steuerung der so großen Bedürftigkeit eine Universal-Dispensation hiemit dahin gnädigst ertheilen, daß jedermänniglich in nächstbevorstehender Fastenzeit, vom Donnerstag nach dem Aschermittwoch anfangend, auch an denen Mittwochen (den Ascher- und Quatembermittwoch allein, dann Frey- und Samstägen ausgenommen) bis auf den Palmsonntag exclusive sowohl Mittags als Nachts die Fleischspeisen ohne Gewissensbeängstigung geniessen möge, diejenige aber, so ansonst zu fasten schuldig sind, deren Speisen unter Tags sich gänzlich zu enthalten, und auf die Nacht, ausser denen Sonntägen, an welchen ein zweymalige Sattspeisung Jedermann unverwehrt ist, die bewilligte Fleischspeisen nach Art einer mäßigen Collation zu nehmen verbunden seyn sollen.

Auf daß aber diese von uns in dem sonderheitlich zur Buß und Abtödtung des Fleisches eingesetzten heiligen Kirchengeboth beschehene Milderung durch andere GOtt gefällige Werke ersetzet werde; So wollen Wir all und jede hiemit mildväterlich dahin ermahnet haben, daß sie diese Fastenzeit hindurch ausser der österlichen Zeit wenigst einmal eine reumüthige Beicht ablegen, und communiciren, würdige Früchte der Buß wirken, dem Wort GOttes, und offentlichen Andachten öfters, als es sonsten geschehen, auferbäulichst beywohnen, ihr Gebeth GOtt dem Allmächtigen um Aufnahm der christkatholischen Kirchen, Ausreuttung deren Ketzereyen, und Vereinigung christlicher Fürsten und Potentaten, dann Abwendung der wegen Uebermaaß unserer Sünden aus gerechtesten Zorn GOttes verhängt wohl verdienten Straffe eifrigst aufopfern, und dem armbedürftigen Nebenmenschen, soviel es immer möglich ist, aus christlicher Liebe mit Allmosen zu Hilf kommen sollen.

Dieses Unser ausgefertigte Patent haben jeden Orts Pfarrer und Seelsorger nach beschehen-offentlicher Verkündung und deutlicher Auslegung zur jedermänniglichen Wissenschaft an die Kirchenthüren anheften zu lassen. Geben in Unser Bischöflichen Residenzstadt Freysing, den 30. Jänner 1771.

Ex Commissione Reverendissimi ac Celsiss. DD. &c. specialı. (L.S.)

Joan. Carolus Neumayr, J. U. Doctor Conc. Eccl. Secret. & Notarius.

c) Manheim, den 17. Febr. 1771. Vermöge einer Churfürstl. unterm 1. dieses ergangenen Verordnung, welche sowohl allhier, als im ganzen Lande verkündiget werden, wird die bisherige Fruchtspert auch auf Haaber, Heidenkorn, Welschkorn und Grundbiern erweitert. Sodann sollen nach dem Churbaierischen Vorgange diejenigen, welche Früchte ausser Land verkaufen, mit dem Galgen, die Fuhrleute und andere Helfer mit 3. jähriger Zuchthausstraffe, die darunterstekende oder auch nur durch die Finger sehende Beamten mit wirkl. Entsetzung, und bewandten Umständen nach mit schwerer Leibsstraffe belegt, die landsitzige Standespersonen aber mit Entsetzung aller Ehren, Würden und Freyheiten bestrafft; ferner das Getreide, welches, um Wucher damit zu treiben, oder seine Bedürfniß auf länger als ein Jahr zu haben, gekauft, deßgleichen, welches bey vorzunehmender Nachsuchung verschwiegen wird, sämmtlich confiscirt, und die Helfte davon dem Angeber zugewendet werden. Auch wird die Fruchtmäcklerey *) bis nach eingethanner künftiger Aerndte der Straffe des Brandmarkes und Ausstreichens mit Ruthen jedem sowohl inn= als ausländischen Juden andern zum Exempel, ohne von Churfürstl. Regierung ausdrücklich dazu habenden Erlaubniß, untersagt. Die Beamten haben Leute sowohl bey Tag, als bey Nacht auszusenden, um dergleichen Händel zu entdecken, deren Fleiß sodann, außer einer billigen Belohnung, noch mit der Hälfte von den eingehenden Straffgeldern und etwa confiscirt werdenden Früchten belohnt werden wird. Ferner soll der Vorbeygang derienigen Früchte, welche aus den angränzenden Herrschaften angedlichermassen kommen, wegen des vielen Unterschleifs ohne Ausnahm bis auf anderweitige Verordnung gänzlich verbothen seyn; Die vorhin in den unter der Sperr nicht mitbegriffenen Ortschaften erkaufte Früchte aber nur alsdann paßiren dürfen, wenn die Käufer oder Verkäufer die Richtigkeit des Handels vermittels obrigkeitl. Zeugnisse, und Ablegung eines Eides, bestärken können.

*) Fruchtmäcklerey wird in unsern Gegenden auch Kauderey, Fürkäuferey, Getreidsöglerey und Wucher genannt; — Kornkäufler ist ganz was anders. —

Artic. VII.

Mit künftigen Blatt.

Artic. VIII.

Von gelehrten Sachen.

Bey Sebastian Mößner, Buchhändler zu Freysing ist zu haben: R. P. Leo Strobels Geist der Wahrheit, oder gesammelte Glaubenslehren, mit untermengten Lob = Ehr= und Geheimnißreden, 2ten Bandes 1. Theil Fol. 2. fl.

Festa propria B[r]eviarii & Missalis Romani Diœceseos Frisingensis, fol. & 8vo.

Oberndorfer (P. [illegible]) Theologiæ dogmatic'o scholasticæ Tom. VIII. de Sacramentis in 8vo. sub prelo, wird nächstens fertig.

Artic. X.

Moralische Gedanken über die — — — Striche.

Difficile est Satyram non scribere.

Juvenalis

Gut! so sprach Juvenal in einem rohen Jahrhunderte: Was würde er wohl itzo sagen, wenn er in den aufgeklärten, verfeinerten, und heitern Zeiten lebte? — Vielleicht, seine Antwort dürfte diese seyn, weil die Adamskinder, die Söhne Cains, die Töchter Japhet, die Familie der Hebräer, und die Plasmacher nunmehr schon auf dem rechten Weg, — — — oder in der Buße sind; So seye das Schweigen die beste Moral. — Das Thema der Bußpredigt könnte ungefehr also lauten:

Ex Nihilo vobis locutus sum. — —

Manillius hätte Lust zu schreiben; denn er fragt:

Quid scribam vobis? — aut quomodo scribam? — aut quid omnino non scribam? —

Nihil.

Bene respondit! —

Und was sollen dann wir schreiben? — Aus Büchern? — ist verbothen. — —

Satyren? — was ist das? — —

Moralisiren oder Dichten? — Besser — Denken? — oder Kunstrichten? —

Da giebts andere! — —

Abschreiben? — elendig! — —

Ueber Meer.? — von Malabaren, Türken, Heiden, von Cap = Horn, von Realschulen? — — oder Californien? —

Nein! — möchte passen. — —

Was dann? —

Eine Schlanzeige mit ains, zwan, drey, viery. — — — Wär es, (doch ohne Maßgab) nicht besser: ohne Ziffern: — — mit der schweigenden Unterschrift:

N — h — l.

*) Wegen den schmalen Raum haben wir dießmal alle — — — nicht anbringen können; aber künftig hievon ein Mehrers.

ProNota. Dieses gegenwärtigen und nachfolgenden Artikels halber wird hiemit angemerkt, daß die hierinn ausgesetzten Venalienpreise keineswegs als obrigkeitliche Sätze und Taxen der Feilschaften angesehen werden müssen; indeme die Käufe und Verkäufe nur, wie sie sich an den Markttagen von selbst anbegeben, zusammengetragen und bekannt gemacht werden. (51)

Preise von allerley Victualien und Getreide, wie sie in nachstehenden Tagen waren.

Namen der Städt u. Märkt.	Tag.	Ochsen-Fleisch.		Rind-Fleisch.		Kalb-Fleisch.		Schaaf-Fleisch.		12. Eyer	Weizen-Bier.		Braun-Bier.		Schmalz	1. kr. Semmel wiegt.		ein Laib aus Roggen-Brod um	wiegt.			Mittlere Getreid-Preis. Weiz Schäf		Korn Schäf		Gerst Schäf		Hab. Schä.	
	T.	kr	pf	kr	pf	kr	pf	kr	pf	kr	kr	pf	kr	pf	kr	lo	qu	kr.	℔	lo	qu	fl.	kr	fl.	kr	fl.	kr	fl.	kr
Abbach	7	6	2	6	—	7	—	8	—	15	4	—	3	1	22	4	3	6	1	20	—	18	—	18	—	17	30	8	—
Aichach	15	7	—	5	2	6	—	—	—	12	4	3	3	2	22	3	3	4	—	31	—	22	30	21	—	16	10	6	40
Aibling	9	7	—	6	—	6	—	3	—	15	5	2	3	3	17	4	—	4	1	12	—	22	—	18	—	14	—	5	—
Ebersberg	5	7	—	6	—	8	—	5	—	18	4	1	3	1	17	6	1	18	4	3	—	18	—	18	—	15	—	6	40
Braunau																													
Voburg																													
Camm	1	—	—	6	—	—	—	—	—	16	—	—	3	1	20	4	3	10	2	21	—	18	—	17	—	14	—	8	—
Craiburg																													
Dachau																													
Deggendorf	11	4	—	6	—	6	—	5	—	24	4	1	3	1	20	1	2	5	—	4	2	17	—	17	—	13	30	6	20
Dietfurth	10	7	—	6	—	7	—	—	—	18	4	2	3	1	24	5	—	6	1	15	—	21	—	19	—	16	—	6	30
Dinglfing																													
Dorfen																													
Erding																													
Freysing																													
Friedberg	8	7	—	5	2	7	—	—	—	12	5	—	3	2	22	4	—	4	1	—	—	22	45	19	—	17	10		15
Fridburg																													
Geißlhöring	4	6	2	5	2	8	—	—	—	21	4	2	3	1	19	5	3	—	—	—	—	16	—	—	—	—	—	—	—
Kellheim																													
Kötzting	12	5	—	4	2	6	—	—	—	24	4	1	3	2	20	5	—	10	5	—	—	20	—	18	—	14	—	6	30
Landau	4	6	—	5	2	7	—	—	—	24	5	—	5	1	22	4	3	6	1	16	—	17	30	[illegible]	—	13	—	5	50
Landsberg	9	6	3	6	—	5	2	—	—	9	5	—	3	2	22	3	3	4	—	22	2	22	—	21	30	18	15	6	50
Marquartstein																													
Mülldorf																													
Mainburg																													
Mosburg																													
Neuenötting																													
Neumarkt																													
Neustadt																													
Passau	22	5	—	4	2	5	—	—	—	15	4	—	4	—	19	3	—	12	3	—	—	—	—	—	—	—	—	—	—
Pfaffenhofen																													
Pfarrkirchen																													
Plätling	4	6	—	—	—	7	—	—	—	[illegible]	4	2	3	1	19	4	—	—	—	—	—	17	—	16	—	14	—	7	—
Reichenhall	14	5	—	5	—	5	—	4	—	12	5	—	3	3	20	4	—	32	6	—	—	23	—	20	—	16	—	7	30
Regenspurg																													
Rhain																													
Ried	5	6	—	5	2	5	—	4	—	21	4	2	3	2	24	5	—	12	3	—	—	17	—	15	—	12	—	6	—
Rosenheim	7	6	2	5	2	5	—	—	—	15	5	1	3	3	15	3	2	4	—	24	—	23	30	18	—	15	—	7	—
Rottenburg						9																							
Schärding	16	5	2	5	2	5	2	4	2	18	4	1	3	2	20	6	4	4	1	—	—	15	30	14	—	12	—	5	24
Schongau	13	7	—	6	—	5	2	—	—	15	—	—	5	2	22	2	3	8	1	7	—	25	30	23	—	18	45	7	20
Schrobenhausen																													
Stadt am Hof																													
Tölz																													
Traunstein	5	5	2	5	—	5	—	4	—	12	4	2	3	2	18	4	2	4	1	4	—	22	30	17	—	—	—	6	4
Trosberg	5	—	—	5	2	6	—	—	—	21	5	—	3	2	15	—	—	—	—	—	—	20	—	17	30	1	—	4	—
Vilshofen	6	6	—	5	2	6	—	—	—	21	4	—	3	2	20	6	2	6	1	8	2	17	—	16	12	12	30	6	30
Wasserburg																													
Weilheim	7	6	2	6	—	5	—	4	—	18	4	2	3	2	20	3	—	15	2	14	—	25	—	24	—	—	—	—	—
Zwiesl																													

 Preise von allerley Venalien und Victualien, wie sie in Monath Febr. gestanden.

Venalien und Victualien.	Zahl Maß u. Gewicht.	München d. 26 Feb.			Landshut d. 19. Feb.			Straubing d. 23. Feb.			Burghaus. d. 18. Feb.			Ingolstadt. d. 9. Feb.			Amberg d. 9. Feb.		
		fl.	kr.	d.	fl.	kr.	d.	fl.	kr.	d.	fl.	kr.	d.	fl.	kr.	d.	fl.	kr.	d.
Waizen mittler Preis.	1. Schäf.	23	15	—	20	—	—	20	—	—	20	—	—	18	—	—	15	—	—
Korn mittlere Preis.	1. Schäf.	22	—	—	20	—	—	20	—	—	17	—	—	18	48	—	15	—	—
Gersten mittlere Pr.	1. Schäf.	17	30	—	16	30	—	17	30	—	12	30	—	16	—	—	16	30	—
Haber. 7. Metzen.	1. Schäf.	7	—	—	6	30	—	8	—	—	5	50	—	6	30	—	6	40	—
Semmelmehl.	1. Metz.	4	48	—	3	14	—	—	—	—	4	6	—	3	—	—	—	48	—
Ordin. Waitzenmehl.	1. Metz.	3	12	—	2	40	—	—	—	—	3	40	—	2	15	—	—	36	—
Roggenausschlag.	1. Metz.	3	20	—	2	58	—	—	—	—	3	10	—	3	—	—	—	37	2
Ordin. Roggenmehl.	1. Metz.	2	56	—	2	7	—	—	—	—	2	40	—	2	4[illegible]	—	—	33	3
Ochsenfleisch.	1. Pfund.	—	7	2	—	6	2	—	6	2	—	6	—	—	7	—	—	—	—
Rindfleisch.	1. Pfund.	—	6	—	—	5	2	—	6	1	—	5	2	—	6	—	—	6	—
Kalbfleisch.	1. Pfund.	—	5	3	—	6	2	—	6	—	—	5	2	—	8	—	—	7	—
Schaffleisch.	1. Pfund.	—	—	—	—	5	—	—	—	—	—	4	—	—	—	—	—	5	—
Schweinfleisch.	1. Pfund.	—	8	—	—	8	—	—	8	—	—	7	—	—	10	—	—	7	—
Gänse.	1. Stuck.	—	45	—	1	—	—	—	—	—	—	—	—	—	48	—	—	48	—
Enten.	1. Stuck.	—	36	—	—	25	—	—	—	—	—	—	—	—	30	—	—	—	—
Kapaun oder Koppen.	1. Stuck.	—	45	—	—	30	—	—	36	—	—	40	—	1	—	—	—	—	—
Hennen.	1. Stuck.	—	18	—	—	18	—	—	18	—	—	12	—	—	18	—	—	—	—
Junge Hünner.	1. Paar.	—	24	—	—	—	—	—	—	—	—	—	—	—	—	—	—	—	—
Hechten.	1. Pfund.	—	36	—	—	20	—	—	20	—	—	24	—	—	18	—	—	16	—
Karpfen.	1. Pfund.	—	16	—	—	14	—	—	12	—	—	16	—	—	12	—	—	8	—
Schmalz.	1. Pfund.	—	17	—	—	17	—	—	17	—	—	17	—	—	19	—	—	22	—
Butter.	1. Pfund.	—	18	—	—	20	—	—	20	—	—	14	—	—	16	—	—	20	—
Eyer.	50. St.	—	40	—	—	40	—	—	28	2	—	33	2	—	50	—	—	50	—
Weiß-Weitzenbier.	1. Maaß.	—	4	2	—	5	—	—	4	2	—	4	1	—	4	2	—	3	2
Braunbier.	1. Maaß.	—	3	3	—	3	3	—	3	2	—	3	2	—	3	2	—	3	—
Bierbrandwein.	1. Maaß.	—	15	—	—	20	—	—	18	—	—	16	—	—	20	—	—	24	—
Baumöl.	1. Pfund.	—	22	—	—	24	—	—	24	—	—	22	—	—	24	—	—	24	—
Leinöl.	1. Pfund.	—	17	—	—	16	—	—	18	—	—	12	—	—	16	—	—	16	—
Unschlitt ausgeschmolz.	1. Centn.	24	—	—	20	—	—	28	—	—	16	30	—	30	—	—	15	—	—
Unschlittkerzen.	1. Pfund.	—	17	—	—	18	—	—	18	—	—	14	—	—	20	—	—	17	—
Det. Baumwolltacht.	1. Pfund.	—	18	—	—	24	—	—	—	—	—	15	—	—	—	—	—	—	—
Seife.	1. Pfund.	—	14	—	—	17	—	—	17	—	—	13	—	—	18	—	—	18	—
Salz.	1. Metz.	1	36	—	1	30	—	1	30	—	1	2	—	1	30	—	—	30	—
Jede Kl. zu 36. sch. im □ Scheidl. 3½. sch. — Buchenholz.	1. Klaft.	4	30	—	5	25	—	7	—	—	3	36	—	4	15	—	—	—	—
Eichenholz.	1. Klaft.	—	—	—	6	—	—	—	—	—	—	—	—	—	—	—	—	—	—
Birkenholz.	1. Klaft.	4	—	—	5	—	—	6	15	—	—	—	—	—	—	—	—	—	—
Feichtenholz.	1. Klaft.	3	15	—	3	25	—	4	20	—	2	24	—	3	30	—	4	30	—
		tt.	lo.	qu.	tt.	lo.	qu.	tt.	lo.	qu.	tt.	lo.	qu.	tt.	lo.	qu.	tt.	r.	qu.
Ein Kreutzer Semmelbrod wiegt.		—	3	1	—	4	—	—	4	1	—	4	—	—	4	—	—	6	—
Ein 4. Kreutzerleib. Weißrogg.		—	20	—	2	—	—	—	—	—	—	30	1	—	—	—	—	—	—
Ein 5. Kreutzerleib.		—	—	—	—	—	—	—	—	—	—	—	—	—	—	—	—	—	—
Ein 6. Kreutzerleib.		—	—	—	—	—	—	1	12	—	1	13	2	—	—	—	—	—	—
Ein 8. Kreutzerleib.		1	24	—	3	24	—	—	—	—	—	—	—	—	—	—	—	—	—
Ein 12. Kreutzerleib, Hausbrod.		—	—	—	6	3	—	—	—	—	—	—	—	—	—	—	3	20	1

Nota. Indem, wie wir wissen, — — hierentverzeichnete Lücken — allzeit gratis erhalten: so wird es — erlaubt seyn, — — den Hausknecht zu fragen: — was er dann thut. — — — — — [illegible] — —

Petrus, der Verläugner des HErrn, ward durch das Hahnengeschrey zur Bereuung geführt.
Hat der Hahn schon feyerabend? —
Darf er nicht mehr krähen? — —
Le chant du coq. v. 3.

Churbaierisches Intelligenzblatt

Num. V.

München den 30. März. 1771.

Artic. I.

a) Churfürstl. gnädigste Specialverordnung: die geziemende Respectirung der hohen Commitialgesandtschaftlichen Urkunden, so anders betreffend. Dat. 16. Jänner 1771.

Nachdem Se. Churfürstl. Durchlaucht Unser allerseits gnädigster Herr, diejenige Beschwerden und Anstände gnädigst gehoben wissen wollen, welche die hohe Comitialgesandtschaften in Regensburg wider einige dero Mauth- und Beymauthämter, wegen nicht beobacht haben sollenden gesandtschaftlichen Mauth- und Accisbefreyungen von Zeit zu Zeit geführet haben. So lassen Höchstdieselben all und jeden Mauthämtern die Art und Weise, wie sich dieselben mit Respectirung der Comitialgesandtschaftlichen Urkunden sowohl, als Erfoderung der Gebühr ab denen in Minuto dahin gehenden Victualien in das Künftige verhalten sollen, mittels der von höchster Stelle anhero ausgefertigten hiebey abschriftlich anliegenden Ordonnanz instructionis loco bekannt machen, mit dem gnädigsten Befehl, daß hierauf aller Orten so genau, als gehorsamst gehalten, mithin zu fernern Beschwerden durch allenfalls widriges Verfahren der Aemter bey Vermeidung exemplarischer Straffung, der geringste Anlaß gegeben werden solle. Welchemnach dann und damit man des richtigen Empfang dieserhalber, gnädigst vergwisset seyn möge, all und jede hernach benannte Churfürstl. Mauthämter sowohl in Baiern, als der obern Pfalz gegenwärtiges Patent gewöhnlich zu unterschreiben, und von oben allegirter gnädigster Verordnung respec. Ordonnanz den jeden Orts incorporirten Beymauthämtern der gleichmäßigen Beobachtungswillen in Abschrift förderliche Nachricht zu geben haben. München den 16. Jänner 1771.

Von Churf. Mauthdepartement An die auch Churf. Mauthämter in Baiern und der obern Pfalz also abgangen.

Secret. Domer.

Se. Churfürstl. Durchläucht in Baiern Unser gnädigster Herr, Herr, haben zu Behebung derjenigen Anstände, welche sich bey dero Mauthämtern wegen Respectirung der von den Comitialgesandschaften zu Regenspurg auf die Mauthbefreyung ausstellenden Urkunden, und derselben unterlaufenen vielfältigen Mißbrauchs, lange Zeit her mehrfältig ergeben haben, nachfolgende Puncten beobachten zu lassen gnädigst resolvirt: als nämlich und

Erstens, haben höchstgedacht Se. Churfürstl. Durchläucht dero Hauptmauthamt auf dem Kornmarkt zu Regenspurg die Oberinspection in Sachen, nach einer demselben zugefertigten besondern Vorschrift, zu dem Ende gnädigst übertragen, damit eines Theils denen Comitialgesandtschaften zu einer gegründeten Beschwerde kein Anlaß gegeben, und andern Theils die sich etwa einschleichende Mißbräuche desto schleuniger entdeckt, und bey der stäten Amtsanwesenheit in loco desto wirksamer abgelehnt werden mögen. Welchemnach also das Churfürstl. Gränzmauthamt N. hiemit angewiesen wird, in allen Vorfallenheiten die Comitialgesandtschaftliche Freypaßirungen betreffend, mit besagten Hauptmauthamte auf dem Kornmarkt zu Regensburg zu correspondiren, und demselben die Behebung der sich ergebenden Anstände zu überlassen.

Zweytens, gehet die Churfürstl. gnädigste Willensmeynung dahin, daß die von den Comitialgesandtschaften für sich, und ihre Domestiquen, dann unterhabende Kanzleyverwandten auf die Mauth- und Accisbefreyung ausstellende Urkunden bey gedacht dero Gränzmauthamt N. dergestalten respectirt werden sollen, daß, wenn unter Begleitung einer solchen Urkund dortselbsten etwas in die Churfürstl. Lande herein, und nacher Regenspurg gebracht wird, in solchem Fall die Freypaßirung zugestanden, und nach vorheriger Eintragung der Sache in das Manual, dieselbe nach Nothdurft obsignirter oder verschnürter mit einer Paßierpolleten begleitet werde; welche Paßierpolleten jedoch ausdrücklich dahin lauten, und den Ueberbringer anweisen solle, dieselbe sowohl, als die gesandtschaftliche Urkund selbst beym Churfürstl. Hauptmauthamte auf dem Kornmarkt zu Regenspurg bey schwerer Contrebandestrafe richtig abzulegen. Wenn aber

Drittens, eine Comitialgesandtschaft etwas von Regenspurg abweg, und durch die Churfürstl. Landen an ein fremdes auswärtiges Ort versendet; so wird das um Regenspurg gelegene zuerst betrettene Mauthamt, der allschon erhaltenen Instruction zu folge, die Freypaßirung mitseyn, hierüber aber nach abgestreifter oder copierter Urkund, womit eine solche Sache begleitet seyn muß, ein Paßier- und respective Anweispollete an das lezt betrettende Churfürstl. Gränzmauthamt ertheilen, welche Anweispollete dann auch neben der Originalurkund, und der obsignirt oder verschnürten Sachen selbst bey erwehnten Austrittsorte richtig erscheinen, und sohin gleichwohl die Urkund auch allda abgestreift, und diese Copia sammt der eingezogenen Paßierpollete dem Manual, in welches alle diese Posten bey schwerem Einsehen unausbleiblich einzutragen sind, adnumerirt werden solle.

Viertens, sind die Comitialgesandten auf ihren hin und her machenden Reisen des Weg- oder Chaussée-Gelds im jenen Fall, wenn sie in Person selbst zugegen, frey zu lassen, und hierauf gleichfalls allwegen ein Paßierpollete zu ertheilen, auch der Wagen, und die auf demselben befindliche Pagage eines in Person gegenwärtigen Gesandtens mit aller Verschnür- und Obsignirung zu verschonen, mithin um soviel weniger einer Visitation zu unterwerffen. Soviel aber andere Gefährde anbelangt, welche für gesandtschaftlich declarirt, und etwa von angeblichen Gesandtschaftsdomestiquen, oder sonst zugehörigen Personen begleitet sind, hat man selbe des Weggelds nicht frey zu paßieren, auch mit der Verschnürung und Obsignation, allenfalls auch nach Umständen mit der Visitation selbst zu verfahren.

Fünftens, ist hiemit der ausdrücklich Churfürstl. gnädigste Will und Befehl, daß dero Mauth- und Beymauthämter alles dasjenige, was den Comitialgesandten verstandenermassen frey paßirt wird, nicht mehr in

die

die täglich abhaltende Manualien unter andere Posten eintragen, sondern hierüber mit Auswerfung des betreffenden Mauth- und Weggeld-Nachlasses, und, wenn es um einen Accis zu thun, auch solchen Nachlasses besondere Manualien abhalten sollen. Welche Manualien

Sechstens, mit Schluß jeden Monaths längstens nach Umlauf 10. Tagen zu dem Churfürstl. Hauptmauthamte auf dem Kornmarkt zu Regenspurg sammt ihren Beylagen bey Vermeydung eines eigenen auf Kosten des saumigen Amts zu gewärtigen kommenden Bothens, und nach Befund noch schärferer Ahndung, unausbleiblich eingesendet werden müssen.

Siebendens, wenn ein mit einer gesandtschaftlichen Urkund versehener sich anmassen sollte, dieselbe zu Bemäntlung einer Contrebande zu mißbrauchen, es geschähe sodann mit Verfälschung derselben, oder in anderwege so hat sich das Mauth- oder Beymauthamt so einen dergleichen Frevler entdeckt, zwar an dessen Person, und sein eigen Gut, womit er Contrebande getrieben, zu halten, folglich mauthordnungsmäßig damit zu verfahren. Es ist aber ein dergleichen Vorfall allwegs auch dem erst besagten Churfürstl. Hauptmauthamt in Regenspurg per Protocolli communicationem, und sonst sogleich umständig anzuzeigen, und, wenn der Defraudant mit einer Sache, so allschon einer hohen Gesandtschaft eigenthümlich zugehört, betretten worden; so muß eine solche Sache nicht an- und aufgehalten, sondern fortpaßiert, wohl aber der Frevler seines Verbrechen halber von Amtswegen gehörig bestrafft werden.

Achtens, weil die Churfürstl. Mauthbeamte nicht alle hohe Gesandtschaften in der Erkänntniß haben können, und fürnehmlich, wenn mit einem solchen Posten eine Abänderung erfolget, oder in eines Herrn Gesandtens Abwesenheit ein Subaltern die Urkunden ausstellet, gar leicht einige Anstände genommen werden möchten; so wird das Hauptmauthamt zu Regenspurg nicht nur gleich dermal eine Anzeige von den wirklich verhandenen hochansehnlichen Comitialgesandtschaften an die Mauth- und Beymauthämter mittheilen, sondern denenselben auch die von Zeit zu Zeit sich ergebende mutationes personarum vernachrichten; als wornach sich das Churfürstl. Gränzmauthamt N. gleichwohl zu achten haben solle. Sig. München, den 7. Jänner 1771.

Von der Churfürstl. höchsten Stelle. An die auch sämmtl Churfürstl. Gränzmauthämter in Baiern und der obern Pfalz also abgangen.

c) **Verordnung: die Verpflegung der Malificanten: und was zur Aezung paßierlich ist. Dat. 28. Jänner 1771.**

Maximilian Joseph, Churfürst rc.

Unsern Gruß zuvor! Liebe, Getreue! Wir wollen auf die Uns unterthänigst gemachte Vorstellungen, bey der jetzig obwaltenden Theurung Unsern Land- und Pfleggerichts Amtleuten statt der bishero für jeden einkommenden Maleficanten täglich zu zweymalen verreichende Aezung paßierlich gewesten Betrag fürwerts zehen Kreutzer 4. Heller ingroßirtermassen in so lang in Aufrechnung zu bringen, gnädigst verwilliget haben, biß das Schäfel Korn Münchnermässerey auf funfzehen Gulden herab kommen wird. Hiernach habt ihr euch mit Verrechnung zu achten, und damit die verhaft Maleficanten Ratione wiederholter Theurung mit zu leiden haben, den Bedacht zu nehmen, daß selben diese Unsere Gnade sicher zu guten komme. Sind rc. München, den 28. Jenner 1771.

Von der churfürstl. Hofkammer an alle Land- und Pfleggerichter Rentamts Oberlands also abgangen.

Sec. Pfreimter.

d) **Patent: Die Erleuterung, daß die Getreidsperr sich auf die Churfürstl. Sulzbachische Landen und das Nordgau nicht verstehe, betreffend. Dat. 6. März 1771.**

Nachdem Se. Churfürstl. Durchlaucht in Baiern rc. Unser allerseits gnädigster Herr, Herr, vermög eines mit Pfalz-Sulzbach, und Pfalz-Neuburg bereits abgeschlossen wordenen Unionstractats niemalen intentioniert gewesen, unter die bisherige Universalgetreidsperr die

Sulzbachisch- und Nordgauische Länder zu ziehen, als Höchstdieselben ein gleichfreyes und mutuelles Commercium von dorther gegen Churbaiern, und der obern Pfalz beobachtet zu werden sich nicht minder gnädigst versehen. Auch will man solch Churfürstl. festgesetzt gnädigste Entschlüssung denen sämmtlichen sowohl Churbaierischen als Oberpfälzischen Mauthämtern auf das förderfamste mit dem erforderlichen Auftrag hiemit kund thun, damit selbe obgedacht Sulzbachisch- und Nordgauischen Länder observatis observandis die Ausfuhr der in Churbaierisch oder Oberpfälzischen Landen fängenden oder beziehenden Getreidern keinesweegs difficultieren sollen. In Versehung, der allseitig genauesten Darobhaltung, dieser gnädigsten Special Intention, wird gegenwärtiges Circularpatent von jedem Ort unterschreibener wiederum zurück gewärtiget. München den 6. März 1771.

Von dem churfürstlichen Kameral- Mauth- Directorio an die sammentliche auch Churfürstl. Mauthämter in Baiern und der obern Pfalz also abgangen.

Joseph Piendl, Churfürstl. Hofkammer Sec.

e) Verruf, die Mauth, und accisfreye Einfuhr der Victualien in Baiern und in die obere Pfalz betreffend. Dat. 15. März 1771.

Se. Churfürstl. Durchl. unser gnädigster Churfürst und Herr, ic. ic. haben in mildester Beherzigung der allenthalben fürwaltenden Theurung, und überhandnehmenden Abgang bedürftiger Victualien gnädigst anbefohlen, nicht nur Dero im Land angesessene, sondern auch fremde Handelsleute und Käufler zur Einschaffung aller Arten von Lebensmitteln, mittels offentlichen Verrufs zu vermahnen, und allen denenselben in churfürstl. Gnaden anzudeuten, daß sie dergleichen Bedürfnisse, welche hinnach ausführlich specificirt sind, nicht nur frey von allen Abgaben in die Churlanden zu Baiern und der oberen Pfalz einführen, sondern auch aller Orten auf den Wochenmärkten, und außer denselben, ohne jemandes Hinderung verkaufen mögen. Wie dann die churfürstl. Land- und Pfleggerichte, dann die Herrschafts- und Hofmarkts- wie auch Stadt- und Marktsobrigkeiten auf die Handhabung besagter Victualienhandels- und Verkaufsfreyheit angewiesen werden: und die churfürstliche Mauth- und Beymauthämter in Kraft dieß den Auftrag erhalten, alle hiernachstehenden Lebensbehelfe mauth- und accisfrey in die churfürstl. Lande pasiren zu lassen, und deme zufolge die treffenden Gebührnisse in Nachlaß zuschreiben. Signatum in Intimo. München, den 15ten März 1771.

Anzeige

Der Lebensmittel, welche in die Churlande zu Baiern von auswärtigen Orten frey einzuführen, und allenthalben zu verhandeln, nicht nur den Innländern, sondern auch ausländischen Händlern verwilliget ist.

Brod.
Butter und Schmalz.
Getreide von allen Sorten, worunter auch Erbsen, Linsen, Brenn, Hirsch, Bohnen, Erdäpfeln, und dergleichen verstanden.
Kastanien.
Käs von allen Sorten.
Alle Gartengewächse, und Kräutelwerk, benebst den Feldrüben.
Mehl, und Gritz, auch gerollte Gersten.
Fische, frisch- und gedörrte, mit einverstandenen Stockfische, Heringe, Platteiße, ic.
Reiß.
Geflügelwerk und Eyer.
Obst, frisches und gedörrtes.
Wildpret.
Als welch- alles nicht nur die Landleute, sondern auch Fremde von außen herbeykaufen, frey in die churfürstliche Landen einführen, und aller Orten ungehindert verkaufen mögen.

Ex Commissione Ser. Dni. D. Ducis & Elect. speciali. (L.S.)

Mathias Prändl, churf. wirkl. Rath, und geheimer Secretär.

f) Verruf, die Sicherheit dererjenigen, welche den Unterthanen im Lande mit Speise- und Saamen- Getreid vorleileihen beyhelfen; es seye in Natura, oder in Geld: und die auf solchem Fall dem Darleiher gnädigst zugestandene Privilegien, betreffend. Dat. 20. Märzen 1771.

Se. churfürstl. Durchläucht in Baiern Unser gnädigster Churfürst und Herr ꝛc. ꝛc. erinneren sich gnädigst, was durch einen in Druck gelegten Verruf den 6. abgewichenen Monats Febr., wegen Sicherheit derenjenigen, welche bey dermaligen Zeitumständen denen bedürftigen Unterthanen mit Getreidvorlehen zur Speis- und Besaamung der Felder eine Aushülfe verschaffen, dem gesammten Publico kund und zu wissen gemacht worden ist.

Da nun die nämliche Beweggründe auch für die Gottshäuser, Stiftungen, und Communitäten sowohl, als Privatpersonen vorwalten, welche einem nothleidenden Unterthan zu dem Ende mit Geldvorlehen beystehen, damit selber die Nothdurft Speis- und Saamgetreids anderwärtig erkaufen könne; als extendiren und erklären Höchstdieselben schon ermeldterlassenen Verruf von 6. Febr. abhin in seinem vollen Innhalt gleichermassen auf all jene, welche bey dermaligen calamitosen Zeiten mit einigen Geldvorlehen zu besagten Ziel und Ende den Unterthanen, oder ihren Mitbürgern succurriren werden, und zwar so und dergestalten, daß insonderheit, Respectu der Vorlehen von Gottshäusern, Bruderschaften, und Mildenstiftungen, der Geldempfanger von Erholung des grundherrlichen Consens oder Beybringung der ansonst erforderlichen Personalcaventen und Entrichtung der taxordnungsmäßigen Gebühr dispensiret, auch das Cumulativgutachten der Geistlichkeit, eben so wie die Renunciatio der heurathlichen Sprüchen bey dermaligen Emergenti als ein Ausnahm von der Regel nicht so fast nachgesehen, als vielmehr ipso facto für prästiret und existirend solle gehalten werden.

Sammentliche Jurisdictionsobrigkeiten werden demnach dahin angewiesen, bey dergleichen Geldvorlehen mit Anfragen- Ratificatious- Erholungen und Berichtserstattungen an den churfürstl. geistlichen Rath, oder an die churfürstl. Kirchendeputationen und Rentämter für dießmal sich nicht aufzuhalten, sondern pur auf die essential Requisiten des Leihcontracts zu sehen, folglich mit der Protocollir- und Extractertheilung, so anderen auf die nämliche Art und Weise zu procediren, wie es gegen die Getreidvorleiher zu observiren in dem Verruf vom 6. Febr. abhin §. 6. vorgeschrieben, und angeordnet sich findet. All dieses solle nun lediglich bey gegenwärtigen Zeitläufen seinen Angang haben, und nach der von GOtt anhoffend gesegnet, und glücklichen Ernde dergestalten wiederum abgethan seyn, daß sodann, wie vorhin mit Ausleihung der Kirchen- und Stiftungsgelder, der cumulativ- und übrigen generalmäßigen Observanden halber, nicht in mindesten entgegen gehandlet werde, allermaßen diese lediglich, ob periculum in mora, und bey so außerordentlicher allgemeiner Landsnoth, aus höchstlandesherrlicher Vollmacht und zugleich Obristkirchenschutzes wegen, vorgekehrte Veranstaltung weder den Concordaten, weder anderen dem Clero zustehenden Rechten präjudicirlich seyn, oder pro tempore ordinario zu einer Folge von jemanden genommen werden solle. Wessentwillen die Ausschreibung an dem churfürstl. geistlichen Rath sowohl, als auch an alle Jurisdictionsobrigkeiten bereits erlassen worden ist. Signat. München, den 20. März, 1771.

Ad Mandatum Serenissimi Dni. Dni. Ducis Electoris speciale. (L.S.)

Sebastian Ludwig Krempelhuber, churfl. geheimer Raths-Secretär.

Artic. II.

Feilschaften.

a) In der Stadt Deggendorf sind zwo Metzgersgerechtigkeiten mit darbey befindlichen Häusern um billigen Preis an den meistbiethenden zu verkaufen. Liebhaber können sich bey doriger Magistratsobrigkeit melden.

b) Simon Mittelstrasser Papierer zu Ober-Oelspach (bey Neumarkt in der obern Pfalz) biethet dem innländischen Publico seil 60. Centner Schrenzmist, oder Dunget: zu

Bemay-

Bemayerung der Aecker und Gärten, jeden zu 40. kr.

c) In der Stadt Aichach biethen nachstehende Handwerker dem Publico feil nämlichen Mathias Schilt Weisgerber zu Aichach hat 6. Decher Bockheut jeder Decher à 10. Stuck, zuverkaufen, der Decher zu 50. fl. Geringere deto 40. fl. Item 10. Decher Stisel Fell, der Decher pr. 7½. tl. ad 13. fl. Dann 100. Stuck große Sämisch gearbeitete Kalbfell, das Paar zu 4. fl. Franz Böggtel Rothgerber der Orten hat 60. St. schwäre Loheroth gearbeitete Schmalhäute zum Verkauf vorräthig, das St. vor 6. fl. Xaveri Reiser Rothgerber dieß Orts hat auch 80. Centner Leimleder zuverkaufen, der Centner zu 4. fl. Item hat entstehender Rothgerber Reiser 1700. Stuck Ochsen- und Kühehörner zum verkaufen vorräthig, und zwar Erstere das hundert vor 7. fl. und leztere das 100. vor 2. fl. Und so bietet auch er Reiser dem inländischen Publico feil 100. Stück Loheroth gearbeitete Schmalhäute, das Paar ad 9. fl. Caspar König burgerlicher Sailer der Orten bietet gleichfalls 20. Centner ungesottene Roßhaar dem Publico feil, der Centner ad 22. fl.

Anmerkung hierauf. Obige burgerliche Handwerksleute lassen dem inländischen Publico hiemit ohnverhalten, daß sie diese obbeschriebene, bereits im verflossenen 1770. Jahre schon feil gebothene Venalien nicht mehr ferners feilbieten: und den Nutzen des Landmannes befördern werden, wann selber oder ein und anderer sich hierum nicht melden, und die zum großen Vorrath immer anwachsende Venalien um den leidentlichen Preiß zu ihrem wahren Nutzen an sich bringen werden, sondern sie Handwerksleute werden beeifert seyn, von hohen Orten aus einen Paß zuerwirken, auf das ihnen mittelst solch ihrer im Vorrathe habende Lands-Producte außer Landes zu führen gnädigst gestattet werden möchte.

d) Zu Rhain in der Stadt stehet ein gemauerte Behausung nebst der Beckengerechtigkeit gegen billigen Preiß zu verkaufen: Liebhaber können sich beym Magistrat in Rhain melden.

Artic. III.

Avertissement.

a) Zu Achdorf nebst Landshut, der Baron von Hagischen Hofmarkt, ist eine Beckenstatt eintweders auf Erbrecht zu verkaufen, oder auf einige Jahre zu verstiften: bey dieser Beckenstatt befindet sich ein dauerhaft gebanetes Haus mit 2. Stockwerken auch ein vortreffliche Obstdörr, Keller, Brunnen, Getreidboden und Obstgarten: Liebhaber melden sich bey dem Hofmarktsherrn (Titl.) Herrn Baron von Hagen in Landshut Regierungskanzlern.

Citatio.

b) Im December fertigen Jahrs ist H. Christoph Seiler Beneficiat der St. Leonhards- und St. Georgs-Stiftung, im Markt Tölz verstorben: weswegen alldiejenigen, die sich als Freunde zum Erblasser legitimiren können, in einem präfigirten Termin à dato an bis 24. April 1771. zum Churfürstl. Landgericht Tölz sub pœna præclusi citirt werden: massen nach Verstreichung dieses Termins die versiegelte Erbschaft Inhalt der Landesgesetzen ausgetheilt und damit verfahren wird, was Rechtens ist. Tölz den 24. Märzen 1771.

J. Michael Stöber Churfl. Landrichter.

c) Nachdem Se. Churfürstl. Durchl. unser gnädigster Churfürst und Herr den Markt Cassel in der obern Pfalz Churfürstl. Pfleggerichts Pfaffenhofen unterm 4. Märzen, 1771. einen Wochen- oder Victualien-Markt gnädigst verwilliget, solchen alle Freytag in der Maaß zu halten, wie es die unterm 11. Julii 1770. ausgefertigte Marktsordnung erfordert: wobey das Collegium und Gymnasium Soc. J. in Amberg ein altberechtigtes Vorkaufsrecht gaudiret, wie solches unterm 18. Febr. a. curr. auch gnädigst bestättiget worden ist. Als wird solches jedermann zur Nachricht angeführt, die Feilschaften auf jeden Freytags-Wochenmarkt dahin zum Verkauf zu bringen.

d) Da das Basedowische Elementarwerk in hiesigen Gegenden noch nicht so sehr, als es verdienet, ausgebreites und bekannt zu seyn scheinet; so glaubet man, dem Publico einen Dienst zu erweisen, wann man aus

Fol-

Folgen, der im September vorigen Jahrs zu Altona und Bremen auf 5. octav Bogen im Druck erschienenen Schrift des Herrn Professor Basedows, einige nähere Nachricht von diesem gemeinnützlichen für alle Menschen in allen Religions-Partheyen brauchbaren und wichtigen Werke, Auszugsweise hier mittheilet.

Die gedachte Schrift führet den Titel: **Vorschlag und Nachricht von bevorstehender Verbesserung des Schulwesens durch das Elementarwerk, durch Schulcabinete, Educatweishandlung, und ein elementarisches Institut, von Joh. Bernh. Basedow, P. P. in Altona** rc.

Nach derselben bestehet das ganze Basedowische Elementarwerk aus dreyen Haupttheilen, 1.) aus einem **Methodenbuche** für Eltern, Lehrer und Schulaufseher, theils die allgemeinen Einsichten von der nöthigen Verbesserung des Unterrichts zu erleichtern, theils den besondern Gebrauch der folgenden für die Jugend selbst bestimmten Theile zu zeigen; 2.) aus einem **Elementarbuche** für die Jugend; 3.) aus einer dazu gehörigen Sammlung von Kupfertafeln.

Von dem Methodenbuche werden 50, von dem Elementarbuche 100. Bogen, und 100. Kupfertafeln; ferner dieses versprochen, daß der Sprach erkänntniß halber die übersetzbare Stellen des Werks in die französische und lateinische Sprache übersetzet werden sollen, wodurch nebst dem Originaltexte ungefehr 450. gedruckte Bogen entstehen werden.

Aufs ganze Werk wird pränumeration zu 3. Louisdor angenommen, wogegen die Pränumeranten 450. Bogen Text und 100. Kupfertafeln, und zwar die ersten und schärfsten Abdrücke zu gewärtigen haben.

Fertig sind bereits 1.) der erste Theil des Methodenbuchs, im Originaltext 36. Bogen; 2.) drey Stücke des Elementarbuchs, im Originaltext an 65. Bogen; 3.) drey und funfzig Kupfertafeln; 4) vom zweiten Theile des Methodenbuchs, im Originaltexte etwa 10. Bogen.

Von Messe zu Messe soll die Fortsetzung folgen, so daß mit Gotteshülfe in der Ostermesse 1772. der ganze Originaltext, und ein halb Jahr später die ganzen Uebersetzungen in den Händen des Publicums seyn werden.

Dieses Elementarwerk nun soll, um die eigene Worte des Verfassers anzuführen, fürs „erste das vorzüglichste Mittel werden, den „weltlichen Unterricht der Jugend in den „Häusern und Schulen der gesitteten Stände, „nach dem Bedürfnisse und den Einsichten „unserer Zeiten gründlich zu verbessern; den „Eckel der Lehrer und den Verdruß der Schüler zu vermindern; und mit den wichtigern „Uebungen in der Sach-Erkänntniß die unrichtigern Uebungen in dem Landüblichen „der französischen und lateinischen Sprache, „auf eine vernünftige Weise zu verbinden. Es „soll ferner der einzige mit sich selbst übereinstimmende Büchervorrath seyn, dessen „der Unterricht einer solchen Jugend „bis nach dem Ende des funfzehnten Jahres, bedarf.

„Der Verfasser verspricht darinne in „einem für das funfzehnte Jahr wohl unterrichteten Kinder zureichendem Maaße, und „zuletzt auch in einer Ordnung, die dem „Gedächtnisse hilft, 1.) Menschenkenntniß „und Sittenlehren, 2.) natürliche Mittel des „Glaubens an GOtt und seine Fürsehung, „3.) Geschichtskunde und Erdbeschreibung, „4.) Rechenkunst und Größenlehre, 5.) Naturkunde und Kunsterkenntniß, 6.) Sprachübung und Sprachlehre, 7.) Uebungen der „Wohlredenheit, 8.) Uebungen, Wahrheit „zu untersuchen, 9.) Uebungen des Gedächtnisses, 10.) Anweisung zum nutzlichen Bücherlesen.

In denen fertigen drey Stücken des Elementarbuchs ist mit Hülfe der Kupfersammlung „schon gesorgt, a) für einen vielfältigen elementarischen Unterricht in Sacherkenntniß „welche auch vor aller Uebung im Buchstabiren und lesen voran gehn kann; b) für „eine unvergleichbare und durch die Erfahrung bestättigte Methode, die Kinder ohne „Verdruß und Zeitverlust lesen zu lehren;

„c) für

„c) für zureichende Kenntniß der Natur, so weit sie vor der Einsicht in die Mathematik möglich ist; d) für eine so umständliche Sittenlehre, Seelenerkenntniß und Vernunftlehre, als sogar ein Erwachsener bedarf, wenn er kein Lehrer sein will; e) für Staatskunde und Comerzkenntniß in einem für diejenigen zureichenden Grade, welche nicht selbst regieren und nicht selbst Handlung treiben wollen; f) für einen sowohl gründlichen als in das Herz dringenden Unterricht in der natürlichen Religion, und für eine solche unpartheyische Beschreibung der übrigen Religionen, daß sie schlechterdings nicht anzeigt, von welcher Religion der Verfasser selbst sey; g) für eine nützliche und angenehme Uebung im lesen, denken und nachahmen, daß man bis ins zehnte oder zwölfte Jahr der Kinder daran genug hat.

Die übrige nützliche und ruhmwürdige Anstalten und Absichten des Herrn Professor Basedows, wird der Leser ohne Zweifel aus der angezeigten Schrift selbst näher kennen zu lernen begierig seyn.

Artic. IV.

In diesem Monat Märzen stunden die Venalien-Preise in der Obern Pfalz: wiefolgte,

	1 tt. Schmalz	1 tt. Rindfl.	1 tt. Kalbfl.	Um 12. kr. Eyer.	1 Maaß Weitzenb.	1 Maaß Braunb.
Stadt Waldmünch. . . .	— vor — dt.	5 kr. — dt.	3 kr. — dt.	— —	3 kr. —	— —
Markt Waidhaus.	18 kr. — „	4 „ 2 „	3 „ 2 „	27 Ey.	— —	2 2
Stadt Türschenreuth	16 „ — „	5 „ — „	3 „ 2 „	21 —	— —	2 2
Stadt Nabburg „ „	20 „ — „	5 „ 2 „	4 „ — „	24 —	3 —	2 2

Folget die Brod Tarif und mittere Schrannenpreis.

	1 kr. Seml wiegt		Roggenbrod vor wiegt				Waiz Schäfl.		Korn Schäfl.		Gerste Schäfl.		Haber Schäfl.	
	Loth.	qu.	kr.	tt.	Lo	qu	fl.	kr.	fl.	kr.	fl.	kr.	fl.	kr.
den 13. Märzen Waldmünchen ohne Tarifanzeig	—	—	—	—	—	—	22	—	—	—	13	—	—	—
den 13. dito Waidhaus „ „ „	5	„	—	—	—	—	15	—	15	—	11	—	5	—
den 13. hujus Türschenreuth „ „	5	—	8	2	16	3	21	—	16	—	14	30	6	—
den 15. Märzen Nabburg „ „ „	4	—	3	—	20	—	16	—	16	—	14	—	6	30

Im Markt hals in Baiern bey Passau kostete den 1. Märzen 1771. die Klafter hart Holz 3. fl. 15. kr. Weiches detto 2. fl. 15. kr. Das tt. Rindfleisch 5. kr. Kalbfleisch 6. kr. Schweinfleisch 7. kr. 2. dt. Schaaffleisch 4. kr. Bier die Maas W. 15. dt. Braunes 14. dt.

Im Markt Ried kostet das Pfund Leinöl 16. kr. Das Pfund Baumöl 22. kr. Unschlitkerzen 16. kr. Das tt. frische Karpfen 15. kr. Höchten und Forellen 30.

	München d. 27. März		Landshut. d. 19. März		Strauking d. 20. März		Burghaus. d. 18. März		Ingolstadt d. 16. März		Amberg d. 9. März	
Zuckercandisbrod ffff.	fl.	kr.	—	kr.	fl.	kr.	fl.	kr.	fl.	kr.	fl.	kr.
Baierisch 1. tt.	—	36	—	36	—	34	—	—	—	40	—	—
fff. fein Raffinat 1. tt.	—	33	—	30	—	33	—	36	—	36	—	—
ff. Melis 1. tt.	—	—	—	27	—	32	—	34	—	34	—	38
Mittelfein 1. tt.	—	32	—	26	—	30	—	32	—	30	—	34
Schlechten 1. tt.	—	—	—	24	—	29	—	30	—	28	—	30
Braun Zuckercandis 1. tt.	—	32	—	27	—	28	—	38	—	—	—	28
Weißen detto „ 1. tt.					—	—	—	48	—	46	—	—
Caffée Levant 1. tt.	—	—	—	50	—	—	—	—	—	54	—	—
Martin. & Dominig. 1. tt.	—		-	52	—	48	—	52	—	50	—	52
Heu 1. Baierif. Centner		56	1	15	—	55	—	48	—	48	1	—
Stroh 1. Mittelschaub		6	—	8	—	8	—	7	—	8	—	20

Art.

Artic. V.

Handlungs = Nachrichten.

a) Süd-Carolina den 11. Jänner 1771. der Reis ist hier so theuer, als er Zeit 7. Jahren nicht gewesen ist. Auf Dominique, St. Vicent Tabaggo und Antigoa ist die Zuckererendte ausserordentlich gut ausgefallen.

b) Hamburg den 13. März. Da zwischen dem Londner Hof und dem zu Madrit die Ratification des Vergleichs wegen der Insul Falkland bereits ausgewechselt: der Friede zwischen beyden Potenzen aufs neue hergestellt, und Handlung und Schiffart wider in Gang gebracht worden ist: So hoffet man in der Folge daß die Zuckerpreise, wie die Preise des Caffee und anderer Spezereyen bald wider herunter kommen, und erleichtert werden.

c) Coppenhagen: durch eine Königl. Verordnung vom 21. Jänner ist der Zoll auf den Flachs und Hanf, der gehechelt von fremden Orten nach Dännemarkt oder Norwegen gebracht wird, erhöhet, und für das Schifpfund Flachs auf 2. Rthl. 32. ß. für das Schifpfund Hanf aber auf 1. Rthl. 18. ß. gesetzt worden; für ungehechelten Flachs und Hanf aber wird bey der Einfuhr nach der Zeitherigen Zolltaxe bezahlt. Im übrigen sind die Interessen oder Renuten, durch eine anderweite Königl. Verordnung wider von 4. auf 5. von hundert gesetzt worden; weil die Erfahrung bewiesen, daß die zum Nutzen der Unterthanen dabey gehabte Absicht fehlgeschlagen, und zu letzt schwer geworden ist, Gelder zur Anleihe zu bekommen. —

d) Königl. Preußisches Mandat, die Frankfurtermesse betreffend: de dato Berlin 28. Jänner 1771. Demnach Se. Königl. Majestäten in Preussen, Unser Allergnädigster König und Herr, nöthig befunden, um von richtigen Ausfuhre der verbothenen Waaren, welche uns allein um auswärtigen Handel auf der Frankfurter Messe einzubringen, erlaubt sind, vollkommen überzeuget zu werden, dieserhalb die Vorschrift des Maßreglement de Anno 1744. zu erneuern, und dabey zugleich allergnädigst verordnet haben, darauf mit Nachdruck in allen Messen zu halten, auch damit sofort in der nächstkommenden Februarmesse des jetztlaufenden Jahres den Anfang zu machen. Als wird dieser allerhöchste Befehl in nachstehenden Artikeln denen sämtlichen Verkäufern zur Wissenschaft und allerunterthänigsten Achtung hiedurch bekannt gemacht. Nämlich: 1) Soll durch Königl. Oberaccisebediente, in Gegenwart des Magistrats und der Eigenthümer, oder deren bevollmächtigten Commißionairs, ein genaues Inventarium sowohl in Quantitate als Qualitate von allen jetzt zu Frankfurt niedergelegten Waaren, und andern zum Verkauf bestimmten Objectis aufgenommen werden, weshalb den Eigenthümern bekannt gemacht wird; sich in den zehen ersten Tagen des folgenden Februar. Monats zum spätesten zu Frankfurt persönlich einzufinden, oder ihre bevollmächtigten Commißionairs sich in dieser Zeit einfinden zu lassen, damit solche in ihrem Namen bey Aufnahme des Inventarii gegenwärtig seyn können; wie dann auch nöthig, daß sie Schlüssel von ihren Magazinen zu rechter Zeit einsenden, ansonst sie sich die Schuld selbst beyzumessen haben werden, wenn sie in ihren Verkauf aufgehalten werden dürften. 2) Diejenigen Meßcommercianten, welche Waaren zum Verkauf dahin senden, sind verbunden, sogleich bey Ankunft derselben bey dem Buchhalter ihre Declaration zu machen; und ihm eine Specification von den Kasten, oder Ballen, mit dem, was sie enthalten, einzureichen. Wobey ihnen zwar nachgegeben wird, solche nach ihren Niederlagen transportiren, nicht aber eher als in Gegenwart eines Königl. Oberaccisebedienten, eröfnen zu lassen, welcher die Richtigkeit besagter Kasten und Ballen, so wie solche nach und nach eröfnet, und die Waaren zum Verkauf ausgeleget werden, untersuchen soll. 3) Müssen die Verkäufer denen Käufern eine detaillirtes Attest von denen ihnen verkauften Waaren ertheilen, worinnen die Art der Waaren, Anzahl und Preise derselben erhalten sind, womit sie darnach die [illegible], wenn dergleichen davon zu bezahlen sind, entrichten, auch die verbothene Waaren, nach den gemachten Declarationen in der Ausfuhre, gehörig gefolget werden können. Dergleichen Atteste, mit der Anweisung von dem Gebrauch derselben, sind in derjenigen Quantität wie solche ein jeder verlangen dürfte, bey dem Buchhalter, zu erhalten. 4) Soll mit den Verkäufern ein Accord wegen des Verkaufs getroffen werden, welcher nach und nach dem Verhältnisse des Verkaufs gemäß, proportionirt werden soll, weil Se. Königl. Majest. nicht gemeinet sind, dergleichen vorläufig genehmte Accords, als ein beständig nachtheiliges Gesetz für die Folge seyn zu lassen. Diejenigen, welche dahero bereits auf Accord stehen, können sich bey dem von der Königl. General-Administration zu ernennenden Oberaccisebedienten melden, welcher authorisiret werden wird, mit ihnen Unterhandlung zu pflegen, und wobey sie sich alle mögliche Nachsicht und Billigkeit versichert halten können, wann sie nur das ihrige mit beytragen, daß die Käufer in Ermangelung der nöthigen Kenntniß keine contrebande Waaren im Lande, verbreiten. 5) Haben die Verkäuffer von den Waaren so sie mit zurücknehmen, oder weiter senden, auch in ihren Magazinen zurück lassen, einen detaillirten Etat einzurichten, und soll ihnen alle Erleichterung bey der Ausfuhre verschafft werden, wann nur die Formalitäten, wodurch die Königl. Gefälle gesichert sind, beobachtet, und die würkliche Ausfuhre der verbothenen Waaren in Erfüllung gebracht werde. Sig. Berlin, den 28. Jän. 1771. Königl. Preuß. Generalaccise und Zoll-Administration.

e) In Schweden ist das Project einer neuen Handlungsgesellschaft nach der Levante dem König vorgelegt worden: vermög derselben werden die Fonds fest gesetzt: jede Actie ist 500. Rthl. Silbermünze: je Actie hat eine Stimme: und diese wählen die Directeurs. Niemand kann ein Director werden, der nicht wenigst 10000. Thaler Silbermünze in der Societät hat. Die Directeurs geniessen keinen Gehalt oder Pension, sondern beziehen bis 3. Procento von dem, was sie einnehmen oder angeben. — Ferner daß die Compagnie auf 20. Jahr jedes jährlich 2000 Schifpfund Eisen ausführen, und dagegen 80. tausend u. Producte aus der Levante frey einführen.

Artic. VI.

Nachrichten für die Policey.

a) Wien vom 16. Febr. vor einigen Tagen ist wegen der schon längst anbefohlnen genauen Feyer der Sonn- und Festtage, und völligen Unterlassung aller offentlichen Arbeiten, noch ein neues Verboth an die Bräumeister sowol in- als vor der Stadt, als auf dem Lande, ergangen, daß sich solche an diesem Tage des Bierführens und anderer Arbeit enthalten sollen; widrigenfalls solche Ungehorsame mit Geld, oder nach Befinden der Umstände mit schwerer Leibsstrafe belegt werden würden.

b) Was große Sorgfalt Se. Kaiserl. Majestät über die Erziehung der armen Kinder in neuen Real-Normal und Handlungsschulen tragen: darüber mag jenes, was wir in einem offenen Blatt lesen, zur Probe dienen, welches als das erhabenste Werk der Menschenliebe und Wohlthätigkeit, von einem so grossen Monarchen zur würdigsten Nachahmung für alle Grosse, für alle Begüterte, Reiche, hohe Ministers ꝛc. zur christlichen Nachfolge bekannt gemacht zu werden verdienet. Es heißt so: Ungeachtet der neulich ergangenen kaiserlichen Verordnung, die Erziehung der Soldatenkinder von den Bürgern und Einwohnern, gegen ein gewisses ausgeworfenes tägliches Geld, betreffend, haben sich doch nur sehr wenige gefunden, welche sich dieses Geschäffts unterziehen wollen: nachdem nun also nur der allerkleinste Theil dieser Kinder unterbracht werden können, so sind Se. Majestät der Kaiser bewogen worden, vor einigen Tagen eine durch den kaiserlichen Reichshoffiscal als Strafgelder von einer ge-

wissen

wissen-Reichsstadt eingetriebene Summe an teilich 30000. fl. dem P. Pachamer, der sich durch die Erziehung der Kinder so berühmt gemacht, einhändigen zu lassen, damit er von den davon abfallenden Interessen eine gehörige Anzahl dieser Soldatenkinder in das unter seiner Aufsicht stehende Waisenhaus übernehmen möge. —

c) Ferner ist in der Wiener-Realzeitung von einem höchstnüzlichen und nachahmungswürdigen Institut zur Verbesserung und Aufnahm der Handelschaft, hinlängliche Nachricht gegeben worden; vermittels desselben eine neue Real-Handlungsschule zu Wien, errichtet, und von Ihro Majestät der Kaiserinn Königinn mildreichst favorisirt, und bestättiget worden; worinn diejenige, welche sich der Handelschaft wiedmen wollen, einen systematischen Unterricht erhalten. Jährlich um Ostern werden 30. Schüler darinn aufgenommen, so daß innerhalb 2. Jahren in dieser Real-Handlungsschule, 60. Schüler alles dasjenige lernen können, was einem geschickten Handelsmann zu wissen nöthig ist, und solchen glücklich macht.

Artic. VII.

Landwirthschafts-Sachen.

Ein fleißiges Mitglied der Churbaierischen Landwirthschafts-Gesellschaft hat durch gemachte Versuche wirklich erfunden: aus Dorsen, und wilden Kastanien eben so, ja noch schöners Mehl, als aus Erdäpfel zu machen. Wir wollen die Beschreibung mit Einwilligung Hochgedachter Societät hier einrücken.

Abhandlung.

Von den wilden Kastanien, und wie man aus solchen einen dienlichen Haarpuder, item Leinen-Stärke, ja eine unschädliche Mehlspeis zubereithen, und mit dem Ueberrest das Vieh Füttern kann, so daß solches Vieh dieses also bereitete Futter so lieb, als ein anderes von Getreide oder Eicheln bereitetes Brod aufzehret. — —

Ich habe die frischen Kastanien genommen, und, weil ich keine andere Machine bey der Hand hatte, solche, wie ein Muß zertrucken zu können, so habe dieselbe auf ein Rubeisen, wie man den Merrettig zu reiben pfleget, gerieben, und solche über Nacht in einem Schäffel reines Wasser stehen lassen. —

Den folgenden Tag war das Wasser ganz gelbgrün, und so unleidentlich im Munde; daß man es fast nicht glauben kann. — Ich goß daher das erste Wasser ab, und das zu unterst auf dem Boden wurde eine weiße Materie dem Haarpuder, vielmehr dem Mehl ähnlich. — —

Ich nahm die ganze Massa, und druckte die Feuchtigkeit durch eine starke Leinwad aus, und begoß selbe mit dem zweyten Wasser. — Dieses färbte sich schon in der ersten Stunde, aber weit schwächer, und im Munde nicht so unleydenlich; dahero ließ ich es also 6. Stund stehen, goß es wieder ab, und druckte auch das übrige Wasser durch die Leinwand: es ist von der feinen weißen Massa schon etwas mehreres geworden, auch das Wasser nicht mehr unleidentlich im Munde. — —

Diese Arbeit habe ich zum sechstenmal wiederhollet, und da ich nachmals alles untereinander rührete, wurde das Wasser weiß, als wenn man ein feines Mehl eingerühret hätte. — Dieses Wasser goße ich (nachdem ich merkte, daß sich die schwereren Theile gesezet) in ein anderes Gefäß und repetirte mit frischem Wasser, und umrühren so lang, bis das Wasser nicht mehr mehlweis geworden, sondern klar und hell bliebe. — Darauf ließ ich alle diese Wässer über Nacht still stehen, goß hernach solche neigungsweis ab, und ich fand eine schneeweiße Materie auf dem Boden, welche ich auf einer ausgespannten Leinwad trücknete: und es gab dieses, wie gegenwärtige Probe No. 1. zeiget. — —

(Die Fortsetzung folgt künftig.)

Artic. X.

Etwas zum guten Geschmack.

Da den Hauptianhalt und Predigsherren in der hiesigen St. Petruspfarrkirche beym jetzig 3. Tägigen Gebethe gehaltenen 24. Sermonen verschiedene Entserpte zu lesen verlangen: so wird es auf jetzige Charwoche nicht unschicklich seyn, solchen hier wörtlich einzurücken: wie er in einer gedruckten Anzeige öffentlich erschienen ist.

HErr! gedenke meiner, wenn du in dein Reich kömmst. Luc. 23. v. 42.

Innhalt.

Die Heucheley ist ein allgemeines Verderbniß der Religion, und des Staates. Viele begnügen sich Katholicken zu heissen, um mit diesem Ehrwürdigen Name den Unglaube ihres Herzens zu decken: so, wie andere unter dem Schein der Ehrlichkeit dem gemeinen Wesen die empfindlichsten Streiche versetzen. Verkleisterte Christen sind gefährliche Leute. Christus der HErr warnet von diesen sich zu hüten. a) Die in Erfüllung gewisser äußerlicher Pflichten, welche ihren Leidenschaften nicht beschwerlich fallen, die ganze Stärke ihres Glaubens setzen; aber ihr Herz und Denkungsart ist nichts weniger als Katholisch. Sie scheuen sich nicht den Glauben für ihren Richterstuhl zu ziehen. Sie haben unmäßige Lust von den höchsten Materien der Religion zu streiten, und im Ermanglung des Lichts gebrauchen sie sich einer Art der Keckheit, und eines entscheidenten Klangs. Die Unterwürfigkeit des Verstandes gegen die anbethenswürdigste Geheimniße lästeren sie als eine Schwachheit. Der Augenscheinlichkeit bestens bestättigter Lehren stellen sie einbilderische Begriffe entgegen. Anstatt, daß sie den Maiestätischen GOtt Dienste der Ehrfurcht erweisen, fragen sie, ob sich GOtt um unsere Verehrung bekümmere. Anstatt, daß sie sich bemühen dem höllischen Feuer zu entgehen, werfen sie als eine Streitfrage auf, ob es eine Zukunft gebe, in welcher die Bösen gestraffet werden. Sie reden vom Geheimniße der Gnade, da es ihnen viel besser wäre, um ihren Beystand zu bitten. Die Glaubenswahrheiten sind ihnen ein Zeitvertreib. Wenn sie Witz zeigen, so geschicht es blos um den heiligsten Dingen ein lächerliches Ansehen zu geben. Sie erkennen niemals eine Vorsehung GOttes, als bis sie in ihren Widerwärtigkeiten wider sie murren. Sagt man ihnen, man glaube, was die Kirche glaubt, so meynen sie, es geschehe solches entweder aus Einfalt, oder zum Wohlstande. Beweiset man ihnen die Religion, so messen sie das, was sie für stark erkennen müssen, der Vernunft bey, und was schwach ist, schieben sie auf die Sache selbst, die man behauptet. Bemerken sie Sträflichkeiten in den Uebungen der Glaubigen, so machen sie aus der Nachläßigkeit, die sie in der christlichen Zucht sehen, eine Ursache, an der Lehre selbst zu zweifeln. Sie reden von göttlichen Dingen ohne Ehrerbiethigkeit, ohne Behutsamkeit, ohne etwas anderes, als eine erhitzte Einbildung, oder ein verdorbenes Herz zu Rath zu ziehen. Und dieß heißt nach ihren verkehrten Sinn Katholisch glauben.

Sehe man die lebhafte Schilderung so vieler Heuchler, die heut zu Tage mit dem Name des katholischen Christenthums prangen, der ihnen aber zukömmt, wie vormal einem Scipio der Beyname des Afrikaners, weil er diesen Welttheil fast verheeret. . . . Sterbliche! nur sagen, man glaube, und nicht nach dem Glaube leben, ist, den Glaube verläugnen. b) Dieß setzt den Glaube in Gefahr, daß er ganze Völkerschaften verlasse, und so, wie es vielmal geschehen, in fremde Länder zu den Heyden überschiffe. . . . Die gewöhnlichen Anreden ziehen der verderblichen Heucheley die Larve ab, und stellen den wirkenden Glauben des büßenden Schächers heutigen Christenthum zum Beyspiel vor. 1. Den Lauen zur Beschämung. 2. Den Eifrigen zur Erbauung. (Gehalten von den R. PP. Capucinern.)

a) Math. 7. 25. b) Jacob. 2. 14.

Supplement ad Artic. IV.

Preise von allerley Victualien und Getreide, von der Churfürstl. Stadt Neumarkt in der obern Pfalz, de dato 18. Märzen 1771. Als Ochsenfleisch das Pfund 7. kr. Rindfleisch 6. kr. Kalbfleisch 4. kr. 2. dl. 18. Eyer um 12. kr. Weitzenbier 3. kr. 2. dl. Braunbier 3. kr. Schmalz das ll. 21. kr. Die Kreutzer Semmel wiegt 2. Loth 1. qu. Ein Laib Roggenbrod um 15. kr. wiegt 2. ll. 29. L. 3. qu. Mittere Getreidpreis: 1. Schäffl Waitz kost 25. fl. Korn 25. fl. Gersten 24. fl. Haaber 7. fl. 45. kr.

Mensch! mache dich verdient um andrer Wohlergehen,
Denn was ist göttlicher, als wenn du liebreich bist!
Und mit Vergnügen eilst, dem Nächsten beyzustehen,
Der, wenn er Großmuth sieht, großmüthig dankbar ist.
Gellert.

Churbaierisches Intelligenzblatt

Num. VI.

München den 6. April 1771.

Artic. I.

a) Höchstlandesherrliche Verordnung: dem zu Abhelfung der Getreidtheurung auf die folgenden 5. Monathe gesetzten Getreidpreis nach Proportion der Lage und Entfernung eines Schrannenorts zum andern, betreffend. Dat. 26. Märzen 1771.

Se. churfürstl. Durchlaucht in Baiern, Unser gnädigster Churfürst und Herr ꝛc. ꝛc. haben in Anbetracht des immer höher anwachsenden Getreidpreises, in Dero Landen zu Baiern einen Universalgetreidsatz für die 5. Monathe April, May, Juny, July und August, zu verordnen sich gnädigst entschlossen. Gleichwie nun dieser Universalgetreidsatz dergestalten eingerichtet ist, daß einerseits dem sündhaften Wucher Einhalt gethan, andersetts aber sowohl der Verkäufer das Getreid ohne zu befahren habenden Schaden zur offenen Schranne bringen, als der Käufer in Anbetracht des ehevor eigennützig übertriebenen Preises, solches Getreid ebenfalls erkaufen kann.

So ist mehrhöchstgedacht Sr. churfürstl. Durchlaucht gnädigst und ernstgemessenster Befehl, daß

1mo. Kein Getreid über obgedachten Universalsatz, als welcher für die beste Gattung des Getreids verordnet ist, unter hienach gesetzter Strafe verkauft werden dürfe: wohl aber ist jedermann freygestellt, sowohl diese erstere, als die mittere und schlechtere Gattung des Getreids unter dem Satz willkürlich zu behandlen. Damit aber die Zufuhr auf die Schrannen und Getreidmärkte desto mehrers befördert, auch jedweder Dero gesammten Unterthanen bey gegenwärtigen Zeitumständen desto füglicher zu seinem benöthigten Speis- und Saamgetreide gelangen möge: so wird

2do. Der Hauskauf, ohne Unterschied des gefreyt- und ungefreyten Stands, allen denenjenigen hiemit gnädigst gestattet, welche in nachfolgenden Puncten davon nicht besonders ausgenommen sind. Sollte sich nun anbegeben, daß ein Unterthan zu Erkaufung eines Saamen- oder Speisgetreids mit einem solchen, welcher zum Wiederverkauf das Getreid einhandlet, bey einem gefreyt- oder ungefreyten Hause zusammen treffen würden: so solle dem Ersteren das Einstandrecht allerdings gebühren, und selbem im Weigerungsfalle von der Obrigkeit des Orts, ohne Gestattung eines Prozeßes, verholfen werden. Und hat sich jener Käufer, welcher zur Speise, Saamen oder weiteren Verkauf ein Getreid bey gefreyt- oder ungefreyten Orten kaufen will, nebst dem Verkäufer wegen dem Werth, nach dem Satz der von diesem Orte nächst entlegenen 2. Schrannen zu achten, und nach solchen den Kauf einzurichten.

3tio. Von dem Hauskauf sind ausgeschlossen, alle traunstein- und reichenhallische Salzkarner, als welchen für dermal nur allein gestattet wird, das Getreid auf offenen Schrannen zu erkaufen.

4to. Jene, welche das Getreid bey gefreyt- oder ungefreyten Häusern, oder auch auf den Schrannen erkaufen, und zum Wiederverkauf auf andere Schrannen führen, haben mit ordentlichen Ladscheinen von der Obrigkeit des Kauforts sich gehörig zu legitimiren. Der Innhalt dieses Ladscheins bestehet in der Quantität und Qualität des Getreids, dann dem Werth, wie hoch jedes Schäffel erkaufet worden; dahingegen sind diese Ladscheine jedesmal gratis zu ertheilen.

5to. Würde jemand sich weigeren, sein über die benöthigte Speis- und Saamennothdurft vorräthig habendes Getreid zum Verkauf herzugeben; so solle auf Anrufung des Käufers die Ortsobrigkeit deme hierzu executivè verhelfen, der Widerspenstige auch willkürlich abgestraft werden. Dafern aber

6to. Jemand sich unterfangen würde, seinen Getreidvorrath aus gewinnsüchtig- und betrüglichen Absichten zu verstecken, zu vergraben, oder zu vermauren: solle derselbe ohne Ausnahme, weß Stands und Würden derselbe auch immer seyn möge, am Leben, Leib, Ehren und Würden, bestrafet; das vorgefundene Getreid aber zur Helfte denen Armen, und die übrige Helfte dem Aufbringer, wenn auch gleich derselbe an der Versteckung Theil genommen, oder hierzu geholfen, vertheilet, und der Aufbringer verschwiegen gehalten werden.

7mo. Ist gegenwärtiger Universalgetreidsatz vorzüglich zu Hülfe des Publicums verordnet. Wer sich demnach unterfanget, über den bestimmten Satz zu verkaufen, oder einzukaufen, (wobey besonders das sogenannte Daraufgab- oder Darangeld, dann andere besondere Vortheile, wessen Gattung sie sind, keinesweegs zu gestatten) solle unnachläßig, und zwar der Verkäufer, mit Abnahm des Kaufs-Pretii, der Käufer aber mit Hinwegnehmung des Getreids, vor das erstemal bestrafet; das zweytemal aber dem Malefizproceß unterworfen werden: das abgenommene Getreid dahingegen solle abermal denen Armen zur Helfte, die übrige Helfte dem Aufbringer, wenn gleich derselbe in Complicität gestanden seyn mag, zugetheilt, und der Namen des Aufbringers geheim gehalten werden.

8vo. Die Cognition der Uebertrettungen dieser höchsten Verordnung gebühret zwar den Gemeinen der ersten Instanz: bey dem Adel und Ständen hingegen dem churfürstl. Hofrath, oder jenen Regierungen, worunter die Stände inclaviert sind. Eine weitere Appellation wird aber in dergleichen keinen Verschub leidenden Sachen, außer des einzigen Recursus ad Serenissimum, nicht gestattet: und auch dieser Recursus ad Serenissimum solle nur alsdenn statt haben, wenn die Beschwerden gegründet sind; indem Se. churf. Durchläucht außer dessen derley Recursgesuche nach Umständen noch überdies besonders bestrafen lassen würden. Uebrigens sind derley Vorfälle jedesmalen von erster Instanz wegen summarissimè zu behandlen, und jene Getreideigenthümer alsogleich mit Zuziehung des in Bereitschaft stehenden Militairs von der nächsten Militairsstation zu exequiren, welche bey geschehen summarischer Untersuchung als fehlig befunden worden: wovon zur geheimen Hofcommission jedesmal Nachricht erstattet werden solle. Würde sich aber ergeben, daß

9no. Ein so anderer Schranne nicht befahren, auch zugleich Brod und Mehl mangeln wurde: alsdenn solle an jenen Orten der Nachbarschaft, wo ein Verdacht eines vorräthigen Getreids obwaltet, mit Zuziehung des Militairs von der nächstentlegenen Station visitiert, und nach abgegebener Speis- oder Saam-Nothdurft, der Rest dem Eigenthümer abgenommen werden: welcher selbigen auf die mangelleidende Schrannen eintweders selbst abführen kann, oder aber im Weigerungsfall durch obrigkeitliche Veranstaltungen die Abführung ex Officio zu gewarten hat; das erlöste Geld wird dem Eigenthümer zugestellet, die Unkösten aber wegen dieser obrigkeitlichen Verfügung werden ihm hievon abgezogen. Damit aber

10mo. Wegen Regulierung der Hausnothdurft ohnnöthige Stritt- und Irrungen vermieden werden mögen, so wird zur Nothdurft bis über künftige Aerndezeit für jeden Kopf an harten Getreide als Weitzen und Korn $1\frac{1}{2}$. Schäffel; an weichen, nehmlich an Gersten und Haaber 2. Schäffel, und zugleich für jedes Pferd auch einen Schäffel Haaber angerechnet, und zurückzubehalten gestattet.

Schließlichen, versehen sich Se. churfl. Durchleucht rc. rc. gegen Dero Dicasterien, sämmtlichen Beamten und andern Obrigkeiten allerdings, dieselbe werden in genauester Vollziehung dieser zum allgemeinen Besten abzielenden Verordnung, an ihrem Fleiße und Diensteifer um so weniger etwas erwinden lassen, als widrigenfalls ein saumig- oder connivirender Beamter mit Cassation, und andern sehr schweren Bestrafungen unnachläßlich würde angesehen werden, und keine Gnad im geringsten sich zu vertrösten haben. Gegeben in der churfürstl. Haupt- und Residenzstadt München, den 26. Märzen, 1771.

Ad Mandatum Serenissimi Dni. Dni. Ducis Electoris speciale. (L.S.)

Mathias Prändl, churfl. wirkl. Rath, und geheimer Secretär.

Universalgetreidsatz, welcher auf gnädigste Specialanbefehlung Sr. Churfürstl. Durchläucht rc. Unsers gnädigsten Churfürsten und Herrn, für hinnach benannte fünf Monathe des jetztlaufend 1771sten Jahrs in den folgenden vier Rentämtern, und hierinn enthaltenen Ortschaften verordnet worden.

Rentamt München.

	Mon.	Schf. Weiz.	Schf. Korn	Schf. Gerst	Schf. Haabr.	
		fl.	fl.	fl.	fl.	kr.
Abensperg.	April.	20	18	12	6	—
	May.	18	16	10	5	45
	Juni.	17	15	9	5	30
	Juli.	16	14	8	5	15
	Aug.	15	13	7	5	—
Aichach.	April.	21	19	13	6	—
	May.	19	17	11	5	45
	Juni.	18	16	10	5	30
	Juli.	17	15	9	5	15
	Aug.	16	14	8	5	—
Fridberg.	April.	21	19	13	6	—
	May.	19	17	11	5	45
	Juni.	18	16	10	5	30
	Juli.	17	15	9	5	15
	Aug.	16	14	8	5	—
Ingolstadt.	April.	21	19	13	6	—
	May.	19	17	11	5	45
	Juni.	18	16	10	5	30
	Juli.	17	15	9	5	15
	Aug.	16	14	8	5	—
Landsperg.	April.	23	21	15	7	—
	May.	21	19	13	6	45
	Juni.	20	18	12	6	30
	Juli.	19	17	11	6	15
	Aug.	18	16	10	6	—
München.	April.	22	20	14	7	—
	May.	20	18	12	6	45
	Juni.	19	17	11	6	30
	Juli.	18	16	10	6	15
	Aug.	17	15	9	6	—

 Pfaffen-

Rentamt München.

	Mon.	Schf. Weiz.	Schf. Korn	Schf. Gerst	Schf. Haabr.	
		fl.	fl.	fl.	fl.	kr.
Pfaffenhofen.	April.	21	19	13	6	—
	May.	19	17	11	5	45
	Juni.	18	16	10	5	30
	Juli.	17	15	9	5	15
	Aug.	16	14	8	5	—
Rhain.	April.	21	19	13	6	—
	May.	19	17	11	5	45
	Juni.	18	16	10	5	30
	Juli.	17	15	9	5	15
	Aug.	10	14	8	5	—
Reichenhall.	April.	22	20	14	7	—
	May.	20	18	12	6	45
	Juni.	19	17	11	6	30
	Juli.	18	16	10	6	15
	Aug.	17	15	9	6	—
Rosenheim.	April.	21	19	13	5	—
	May.	19	17	11	4	45
	Juni.	18	16	10	4	30
	Juli.	17	15	9	4	15
	Aug.	16	14	8	4	—
Schrobenhausen.	April.	21	19	13	6	—
	May.	19	17	11	5	45
	Juni.	18	16	10	5	30
	Juli.	17	15	9	5	15
	Aug.	16	14	8	5	—
Traunstain.	April.	21	19	13	6	—
	May.	19	17	11	5	45
	Juni.	18	16	10	5	30
	Juli.	17	15	9	5	15
	Aug.	16	14	8	5	—
Tölz.	April.	23	21	15	7	—
	May.	21	19	13	6	45
	Juni.	20	18	12	6	30
	Juli.	19	17	11	6	15
	Aug.	18	16	10	6	—
Wasserburg.	April	20	18	12	6	—
	May.	18	16	10	5	45
	Juni.	17	15	9	5	30
	Juli.	16	14	8	5	15
	Aug.	15	13	7	5	—
Weilheim.	April.	23	21	15	7	—
	May.	21	19	13	6	45
	Juni.	20	18	12	6	30
	Juli.	19	17	11	6	15
	Aug.	18	16	10	6	—

Rentamt Landshut.

	Mon.	Schf. Weiz.	Schf. Korn	Schf. Gerst	Schf. Haabr.	
		fl.	fl.	fl.	fl.	kr.
Dingolfing.	April.	19	17	12	6	15
	May.	17	15	10	6	—
	Juni.	16	14	9	5	45
	Juli.	15	13	8	5	30
	Aug.	14	12	7	5	15
Eggenfelden.	April.	19	17	12	6	15
	May.	17	15	10	6	—
	Juni.	16	14	9	5	45
	Juli.	15	13	8	5	30
	Aug.	14	12	7	5	15
Erding.	April.	21	19	13	6	30
	May.	19	17	11	6	15
	Juni.	18	16	10	6	—
	Juli.	17	15	9	5	45
	Aug.	16	14	8	5	30
Kelhaim.	April.	20	18	12	6	—
	May.	18	16	10	5	45
	Juni.	17	15	9	5	30
	Juli.	16	14	8	5	15
	Aug.	15	13	7	5	—
Landau.	April.	19	17	12	6	15
	May.	17	15	10	6	—
	Juni.	16	14	9	5	45
	Juli.	15	13	8	5	30
	Aug.	14	12	7	5	15
Landshut.	April.	20	18	13	6	30
	May.	18	16	11	6	15
	Juni.	17	15	10	6	—
	Juli.	16	14	9	5	45
	Aug.	15	13	8	5	30

Rentamt Landshut.

	Mon.	Schf. Weiz.	Schf. Korn	Schf. Gerst	Schf. Haabr.	
		fl.	fl.	fl.	fl.	kr.
Neumarkt.	April.	19	17	12	6	15
	May.	17	15	10	6	—
	Juni.	16	14	9	5	45
	Juli.	15	13	8	5	30
	Aug.	14	12	7	5	15
Vilshofen.	April.	18	16	11	6	—
	May.	16	14	9	5	45
	Juni.	15	13	8	5	30
	Juli.	14	12	7	5	15
	Aug.	13	11	6	5	—

Rentamt Straubing.

	Mon.	Schf. Weiz.	Schf. Korn	Schf. Gerst	Schf. Haabr.	
		fl.	fl.	fl.	fl.	kr.
Cham.	April.	18	16	11	6	—
	May.	16	14	9	5	45
	Juni.	15	13	8	5	30
	Juli.	14	12	7	5	15
	Aug.	13	11	6	5	—
Deggendorf.	April.	19	17	12	6	—
	May.	17	15	10	5	45
	Juni.	16	14	9	5	30
	Juli.	15	13	8	5	15
	Aug.	14	12	7	5	—
Furth.	April.	19	17	13	6	15
	May.	17	15	11	6	—
	Juni.	16	14	10	5	45
	Juli.	15	13	9	5	30
	Aug.	14	12	8	5	15
Regen.	April.	18	16	11	6	—
	May.	16	14	9	5	45
	Juni.	15	13	8	5	30
	Juli.	14	12	7	5	15
	Aug.	13	11	6	5	—
Stadt am Hof.	April.	20	18	13	6	30
	May.	18	16	11	6	15
	Juni.	17	15	10	6	—
	Juli.	16	14	9	5	45
	Aug.	15	13	8	5	30

Rentamt Straubing.

	Mon.	Schf. Weiz.	Schf. Korn	Schf. Gerst	Schf. Haabr.	
		fl.	fl.	fl.	fl.	kr.
Straubing.	April.	19	17	12	6	—
	May.	17	15	10	5	45
	Juni.	16	14	9	5	30
	Juli.	15	13	8	5	15
	Aug.	14	12	7	5	—
Viechtach.	April.	18	16	11	6	—
	May.	16	14	9	5	45
	Juni.	15	13	8	5	30
	Juli.	14	12	7	5	15
	Aug.	13	11	6	5	—

Rentamt Burghausen.

	Mon.	Schf. Weiz.	Schf. Korn	Schf. Gerst	Schf. Haabr.	
		fl.	fl.	fl.	fl.	kr.
Braunau.	April.	19	17	12	6	15
	May.	17	15	10	6	—
	Juni.	16	14	9	5	45
	Juli.	15	13	8	5	30
	Aug.	14	12	7	5	15
Burghausen.	April	19	17	12	6	15
	May.	17	15	10	6	—
	Juni.	16	14	9	5	45
	Juli.	15	13	8	5	30
	Aug.	14	12	7	5	15
Crayburg.	April.	19	17	12	6	15
	May.	17	15	10	6	—
	Juni.	16	14	9	5	45
	Juli.	15	13	8	5	30
	Aug.	14	12	7	5	15
Neuötting.	April.	19	17	12	6	15
	May.	17	15	10	6	—
	Juni	16	14	9	5	45
	Juli.	15	13	8	5	30
	Aug.	14	12	7	5	15
Ried.	April.	18	16	11	6	—
	May.	16	14	9	5	45
	Juni.	15	13	8	5	30
	Juli.	14	12	7	5	15
	Aug.	13	11	6	5	—

	Mon.	Schf. Weitz	Schf. Korn	Schf. Gerst	Schf. Haaber	
		fl.	fl.	fl.	fl.	kr.
Schärding.	April.	18	16	11	6	—
	May.	16	14	9	5	45
	Juni.	15	13	8	5	30
	Juli.	14	12	7	5	15
	Aug.	13	11	6	5	—

Ad Mandatum Seren. DD. Ducis Electoris speciale.

Gegeben München, den 26. März 1771.

Mathias Prändl, Churfl. Rath, und geheimer Secret.

b) Patent: die freye Gegenfuhr der Lebensmittel zwischen Baiern und der obern Pfalz, betreffend. Dat. 16. Märzen 1771.

Es hat bey der höchsten Stelle Johann Georg Hofmann, und Johann Georg Winkler, beyde Unterthanen zu Eberstätten Churfürstl. Pfleggerichts Pfaffenhofen in Baiern, um Ertheilung eines Frey-Passes unterthänigst gebethen; damit selbige die in der obern Pfalz zu ihrer Speise und Pflanzung erkaufenden Erdäpfel Mauth- und Accisfrey an sich bringen möchten.

Nachdem aber sogar in genere schon ansdenjenigen die Consumo-Mauth und Accis-Befreyung, bey jetzigen Zeitumständen zugestanden worden, welche von ausser Lands ein Getreid, Mehl, und dergleichen Lebensmittel in Baiern hereinführen, als wird dem churfl. Gränzbeymauthamte Pollanten hiemit gnädigst anbefohlen, wenn von der obern Pfalz dergleichen Lebensbedürfnisse als da sind: Erdäpfel, Getreidsorten, Mehl, frisch, oder gedörrtes Obst, herein in Baiern geführt wird, beym Austritt aus der obern Pfalz, Exito Mauth- und Accisfrey, und beym Eintritt in Baiern Consumo Mauth- und Accisfrey anzusehen, und folglich mit einer förmlichen Freypaßierpoleten jedesmal unter der Präcaution und Warnung zu begleiten, daß die solchermassen freypaßirte Unterthanen nicht nur mit einer Commercialpollete oder Certificat von ihrer Obrigkeit sich versehen, sondern auch bey Strafe der Confiscation unter dem Prätext der eigenen Nothdurft, hievon unterwegs nichts ausser Lands zurücke lassen, oder ausführen. Weswegen, da man den oberpfälzischen und baierischen Unterthanen den Gegenhandel solchermassen erleichtert, dieselben auch sich in ihrem Negotio der Ordnung gemeß verhalten sollen. München, den 16. März 1771.

Vom churfl. Cammeral-Mauth-Directorio, an die auch churfl. nachstehenden Mauthämter als Pollanten, Neumarkt in der Pfalz, dann Stamham, und Schambaupten; item Pfaffenhofen in Baiern, Vilsecken, Rodnig, Waldmünchen, Kam, und Furth also abgangen.

Franz Kohlbrenner, Secret.

c) Patent: die erneuerte Sperr der Bierausfuhr, betreffend. Dat. 8. März 1771.

Es ist von höchster Stelle sammentlichen Jurisdictions, und Polizeyobrigkeiten, auf beschehene berichtliche Anzeigen, das einig auswärtige, besonders Salzburgische Würthe, wegen Mangel, und gestiegenen Preis der Gersten, in diesseitigen Landen vieles Bier erkaufen, und zu ihrem Verschleiß, und Consumption in beträchtlicher Menge ausser Land verführen: die schärfeste Spürhaltung aller Bierausfuhr bereits gemessenst aufgetragen worden. Man will dahero ebenfalls aus Fürsorge des innländischen Publici die sammentlich churfl. Mauthämter zur genauesten Darobhaltung der gnädigst verordneten Biersperr hiermit ernstlichst angewiesen haben. München den 8. Merz 1771.

Vom churfl. Cammeral-Mauth-Directorio, an die sammentliche auch churfl. Mauthämter in Baiern, und der obern Pfalz also abgangen.

Franz Xaveri Krauß, churfl. Hofcammer, und Mauthdirectorial-Secret.

d) Commißionspatent: Wie die den hochansehnlichen Comitialgesandtschaften in Regensburg zugehörigen Güter und Victualien bey den Churbaierischen Mauthämtern behandelt werden sollen, so andere, betreffend. Dat. Neustadt den 14. November 1770.

Es.

Se. Churfürstl. Durchl. in Baiern, unser allerseits gnädigster Herr, haben ungern vernommen, daß Dero hinnachstehende Mauth- und Beymauthämter in der Behandlung des für die hochansehnliche Comitialgesandten hieher nach Regensburg von- und zu der Stadt gehenden verschiedenen Guts, und gemeiner Feilschaften nicht allerdings nach der gnädigsten Intention zu Werke gehen: und so auch in anderweg die von Generalmauthdirectorii wegen ergangene unterschiedliche Weisungen nicht einförmig auf- und zur Richtschnur nehmen: eben dadurch aber von Zeit zu Zeit allerley Beschwerden erwecken, welche sodann denen Beamten selb ien nur zur Verantwortung gereichen, und mehrfältig verdrießliche Ahndungen nach sich ziehen müssen.

Damit nun führohin diesem Mißverstande, und den daraus erwachsenden Weitläufigkeiten abgeholfen werde. So haben höchstgedacht Se. Churfürstl. Durchl. dem Endesgesetzten gnädigst aufgetragen, den Sachen in Loco auf den Grund zu sehen, und ein angemessenes Normale zu entwerfen, wornach sich fürohin mit gebührender Einförmigkeit verhalten, mithin den unnöthigen, und wider die Churfürstl. höchste Willensmeynung streitenden Anständen von Amtswegen, bey jedem Anlasse, schon selbst ausgewichen werden möge.

Welchem gnädigsten Commissorio zu Folge demnach, den nachgesetzten churf. Mauth- und Beymauthämtern folgende Verhaltspuncta zu befolgen aufgegeben werden. Nämlich und

1mo. Sind die von den hochansehnlichen Comitialgesandten für sich, und ihre Domestiquen, dann unterhabende Kanzleyverwandten, auf die Mauth- und Accisbefreyung auszustellenden Urkunden bey allen Aemtern zu respectiren, und dasjenige, auf was dieselbe lauten, überall ohne machende geringste Einwendung frey zu paßiren, folglich darüber jedesmal die gewöhnliche Freypaßierpollete denjenigen ohne allen Aufenthalt zu behändigen, welcher die Urkund beygebracht, und die Sache für eine Gesandtschaft zu verführen hat. Welches sich dann auch auf die sonst gesperrten, oder noch zu sperren kommenden Landesproducten verstehet, jedem denen Mauthbeamten aufgetragen wird, sich, soviel die Comitialgesandten anbetrift, lediglich, und für allezeit nach dem gegenwärtigen Auftrage zu achten.

2do. Hat man jene Urkunden, deren der Producent zu seiner weitern Paßierung nicht mehr benöthigt ist, allwegen einzuziehen. Wenn aber eine gesandtschaftliche Urkund auf ein Quantum lautet, welches nicht auf einmal abgeführet wird: wie auch, wenn dergleichen Urkund auch noch etwa bey andern auswärtigen Aemtern producirer werden soll: So haben die churfürstlichen Mauthämter dieselbe dem Producenten nicht abzunehmen, sondern zu seinem fernern Gebrauche in Handen zu belassen, doch, daß allwegen dasjenige, so amtshalber frey paßiret worden, in quanto & quali auf der Urkund selbst notiret und abgeschrieben, und das Residuum, so noch abzuführen, entworfen werde.

3tio. Ist hiemit der ausdrückliche churfürstl. gnädigste Willen und Befehl, daß die Mauth- und Beymauthämter alles dasjenige, was den hochansehnlichen Comitialgesandtschaften verstandenermaßen frey paßiret wird, nicht mehr in die täglich abhaltenden Manualien, unter andere Posten eintragen: sondern hierüber mit Auswerfung des betreffenden Mauth- Accise- und Weggeld Nachlasses besondere Transito- und Esito- Manualien abhalten sollen, und diese zwar dergestalt, daß sie die ausgestellten Urkunden, welche sie einziehen, fleißig adnumeriren und beylegen; diejenigen Urkunden aber, so sie nicht einziehen, sondern weiters etwa ausser Lands fortlaufen lassen müssen, abschreiben, sohin copialiter zulegen; und wenn etwas auf eine Urkund nach und nach abgeführet wird, diese Urkund gleichwohl allzeit cum dato, und von wem sie unterzeichnet, allegiren sollen: bis selbe, nach völlig vollbrachter Abfuhr eingezogen werden kann, und wird auch in solchem letzteren Falle verordnet, auch in dem Manuale anzumerken, was auf eine solche Urkund annoch abzuführen übrig sey.

4to. Müßen solche abhaltende Manualien von Seite eines jeden Mauth- und Beymauthamtes mit Schluß jeden Monats längstens nach Umlauf 10. Tagen zu dem churf. Hauptmauthamt auf dem Kornmarkt in Regensburg eingesendet werden: und zwar mit ihren Beylagen, respée. den eingezogenen gesandtschaftlichen Urkunden; indem Se. Churfl. Durchläucht gedachtem Dero Hauptmauthamte, aus besonderen gnädigsten Vertrauen übertragen haben, diese Manualien zu revidiren, und monatliche Summaria hierüber, nach einer besondern Vorschrift, zu dem Cameralmauthdirectorio einzusenden, folglich überhaupts sein Aufmerken pflichtmäßig dahin zu tragen, damit eines Theils den hochansehnlichen Gesandtschaften zu einer gegründeten Beschwerde kein Anlaß gegeben, und andern Theils die allenfalls einschleichende Mißbräuche bey Zeiten angezeigt und abgeleinet werden mögen.

5to. Wenn ein mit einer gesandtschaftlichen Urkund Versehener sich anmassen sollte, dieselbe zur Bemäntlung einer Contrebande zu mißbrauchen; es geschähe sodann mit Verfälschung derselben, oder in anderweg: So hat sich das Mauth- oder Beymauthamt, so einen dergleichen Frevler entdeckt, zwar an dessen Person und sein eigen Gut, womit er Contrebande getrieben, zu halten, folglich mauthordnungsmäßig damit zu verfahren. Es ist aber ein dergleichen Vorfall allwegen auch dem erstbesagten Churfürstl. Hauptmauthamt in Regensburg per Protocolli communicationem, und sonst sogleich umständig anzuzeigen; und, wenn der Defraudant mit einer Sache, so allschon einer hohen Gesandtschaft eigenthümlich zugehöret, betretten worden: so muß eine solche Sache nicht an- und aufgehalten, sondern fortpaßieret; wohl aber der Frevler seines Verbrechens halber von Amtswegen behörig bestrafet werden.

6to. Weil die churfl. Mauthbeamten nicht alle hohe Gesandtschaften in der Erkänntniß haben können, und fürnehmlich, wenn mit einem solchen Posten eine Abänderung erfolget, oder in eines Herrn Gesandtens Abwesenheit ein Subaltern die Urkunden ausstellet, dar leicht einige Anstände genommen werden möchten; so wird das Hauptmauthamt zu Regensburg nicht nur gleich dermal eine Anzeige von den wirklich verhandenen hochansehnlichen Comitialgesandtschaften an die Mauth- und Beymauthämter mittheilen, sondern denenselben auch die von Zeit zu Zeit vor sich gehende Mutationes Personarum vernachrichten; als wornach sich diese sodann gleichwohl zu achten haben sollen.

7mo. Haben sich die churfürstl. Mauth- und Beymauthämter bis daher in Exaction der Gebühr von denen nach Regensburg in Minuto eingehenden Victualien gar nicht gleichförmig, und zumalen, wie vorgekommen, wider die gnädigste Willensmeynung im vielwege allzu rigoros erzeigt. Damit sich also hierinnfalls Niemand mehr einiger Uebernehmung zu beschweren haben möge. So wird hiemit erklärt, daß es mit der Belegung: Victualien, so per Transito, oder auch per Esito nach Regensburg gehen, die Meynung dahin habe, daß von dem, was nicht über einen ganzen Gulden werth an Victualien dahin gebracht wird, lediglich nichts gefodert, sondern dergleichen Minutien gleichwohl frey gelassen werden sollen, mit der Weisung, den Beschauern bey ihren Pflichten zu bedeuten, daß sie in der Taxation solcher Kleinigkeiten die rechte Bescheidenheit gebrauchen, und zu Beschwerden keinen Anlaß geben. Doch ist dabey auch dahin zu sehen, damit diese Churfürstliche gnädigste Intention nicht etwa betrüglicher Weise mißbraucht, oder der einen Parthey, vor einer andern, wider Pflicht und Billichkeit zu viel connivirer werde. Benanntlich sind

8vo. Diejenigen Bäcken und Mühler, so vor der gegenwärtigen Getreidsperr Brod und Mehl nach Regensburg zu bringen befreyet gewesen, bey dieser ihrer Gerechtsame, mit Beobachtung des ehemaligen Quanti, und gegen Entrichtung der Gebühr, wie vorhin zu belassen, und, wenn auch ein- so andere Privatperson sich mit Brod und Mehl in Minuto: nämlich vom Brode mit ein- so andern Laib, und vom Mehl mit ein- so andern Dreyßiger, mithin respée: zu dem täglichen Gebrauche aus Stadt am Hof versehen will: ist solches nicht anzuhalten, sondern mit Beobachtung dessen, was der vorstehende Punct besaget, zu paßieren, doch auch dabey aller Exceß mit Sorgfalt möglichst zu verhüten, und, damit diessfalls keine Ungebühr einschleichen möge,

möge, wird das Hauptmauthamt in Regensburg von Zeit zu Zeit die Anzeige erfodern, was solchergestalten in Minuto paßiert worden sey.

9no. Läßt sich anderst nicht vermuthen, als daß bey derjenigen Ausfuhr der Gilt- und Zehend-so andern Diensten, welche einigen Stiftern und Klöstern theils ganz, theils nur mit etwelchen Nachlasse der Mauth- und Accise-Gebühr nach Regensburg verwilliget ist, oder noch verwilliget werden dörfte, von darum viele Excessen und Unterschleise einschleichen können, weil derley Sachen bey verschiedenen Aemtern zu eßitiren pflegen, und bis daher unter anderen Posten in den Manualien eingetragen worden sind, ohne daß man ratione Quanti das Uebermaaß einzusehen vermögend gewesen. Damit nun auch diesfalls aller Gefährde, oder auch zufälligen Uebersehen vorgebogen werden möge: So sollen die Mauth- und Beymauthämter, welchen dergleichen Ausfuhr zu paßieren befohlen ist, auch über diese ein besonderes Eßito-Manual abhalten, und solches mit dem einzuziehen habenden Attestaten, wie oben der gesandschaftlichen Freypaßierungen halber verordnet ist, in Zeit 10. Tagen nach Auslauf jeden Monats, zu dem nämlichen Endzwecke einsenden, damit dieses letztere hierüber die ihm committirte Revision vornehmen, ein Summarium darüber herstellen, sohin ein so anders gleichmäßig zu dem churfl. Cameral-Mauth-Directorio einschicken möge; gestalten sich hieraus sofort alles Uebermaaß wahrnehmen, und auf Befund noch in der rechten Zeit abstellig machen lassen wird. Uebrigens, und

10mo. Wird den Mauth- und Beymauthämtern hiemit aufgegeben, daß, wenn sie ab Seite derjenigen, welche eine Mauthbefreyung gaudiren; es seye sodann eine Gesandschaft, ein Stift, oder Jemand von der Stadt, und Bürgerschaft zu Regensburg, eine Neuerung, und sonst nie gewesene Extension der Befreyung, oder andere Anmassung, so dem churfürstlichen Interesse nachtheilig und bedenklich wäre, wahrnehmen, die Anzeige davon allzeit brevi Manu bey dem churfürstlichen Hauptmauthamte zu Regensburg gemacht werden solle; als welches darüberhin entweder mittels seiner Erinnerungen die Remedur ohne Weitläufigkeit bewirken, oder aber nach Befund die Sache höchster Orten vorstellig zu machen wissen wird. Welchemnach also die Mauth- und Beymauthämter ihres Orts sich in einigen Dispur, oder Wortwechsel mit den gesandtschaftlichen Partheyen niemal einzulassen, sondern die allenfalls erforderliche Movirung bey dem Hauptmauthamte Regensburg anzubringen, auch überhaupts sich gegen Mäniglich einer bescheidenen und höflichen Begegnung zu befleissen; den Empfang gegenwärtigen Patents aber, nach davon genommener Abschrift, mit ihrer Unterschrift zu bescheinigen haben. Signatum Neustadt den 14. Novembris 1770.

An die churfürstlichen Mauth- und Beymauthämter, Stadt am Hof, Abbach, Donaustauf, Irl, Burgweinting, Kumpfmühl, Prisening, Winzer, Steinweeg, und Zeitlarn, dann Holzgarten-Inspections-Amt Rheinhausen also abgangen.

Ex Commissione Ser. Dni.
D. Ducis & Elect.
speciali.

(L.S.)

Fr. Xav. Ant. Edler von Stubenrauch,
bevollmächtigter Commissarius.

e) Patent, daß über die von der Bürgerschaft der Reichsstadt Regensburg genießende Mauth- und Accis-Nachlässe besondere Transito- und Exitomannalien abgehalten werden sollen, so anders betreffend. Dat. den 23. März 1771.

Se. churfürstl. Durchlaucht unser gnädigster Herr Herr rc. rc. erinneren sich derjenigen gefaßten Entschliessung annoch allerdings gnädigst, welche in Betref der gesandtschaftlichen- dann stift- und klösterlichen Nachlässen von Regensburg, denn sämmtl. um diese Reichsstadt entlegenen Mauth- und Beymauthämtern, mittels Commißionspatents dd. Neustadt den 14. Nov. 1770. der unterthänigsten Erfüllung halber auf das nachdrücklichste eingebunden worden.

Und da nun Höchstdieselben nicht nur den vollen Innhalt dessen noch ferners auf

 das

das pünktlichste befolgt wissen, und über obverlaubte Nachläße 2. separierte Mannalien, deren eines die gesandtschaftlichen, das andere aber die Stift- und klösterlichen Befreyungen enthalten muß, abzuhalten anbefohlen, sondern auch, was gedachte Reichsstadt Regensburg selbst betrift, noch weiters gnädigst verordnet haben wollen, daß auch über die von derselben entweders auf churfürstl. Päße: oder aber auf deren ausstellende Bürgerpolleten geniessende Nachläße, sonderbare Transito- und Esito-Mannalien fürohin abgehalten werden sollen; Als hat man solch ferner Churfürstl. gnädigste Anbefehlung den hiernachstehenden Mauth- und Beymauthämtern, vermittels dieß, schleunigst eröffnen, dabey aber denenselben die nöthige Weisung dahin hiemit ertheilen wollen, daß erwehnte Mannalien vom Ersten des nächst eintrettenden Aprilmonats anfangend nach Maaßgab vorangezogenen Commißionspatents sonderheitlich abgefasset: in selbige nicht nur die bishero paßierliche Mauth- und Accise-Nachläße ab denen der Burgerschaft zu Regensburg zukommenden Artickeln, sondern auch jene Behandlungsposten, wo es nur um den Accisenachlaß alleinig zu thun ist, mit Entwerfung der bezahlten Mauthgebührnissen eingestellet: die Mannalien selbsten aber mit Ende jeden Monats geschlossen, und nach Umlauf 10. Tagen darauf, dem churfürstlichen Hauptmauthamte auf dem Kornmarkt in Regensburg eingesendet werden sollen. Wo anbey den Aemtern auch diese denenselben ehehin schon bewußt seyn sollende Instruction Kraft dieß eingepräget wird: daß in jenem Falle, wenn nicht gleich bey der Behandlung der ihnen regensburgischen Burgern angehörigen Artickeln der churfürstl. Freypaß, oder die Bürgerpollete zum Mauth- oder Accisenachlaß ausgeliefert wird, die Gebühr hievon sowohl einals anderwegs allemal erholet, sohin eine dergleichen Urkund, welche erst nach der Hand beygebracht werden wollte, nicht regardirt: das ist, keine Mauth- oder Accisebefreyung hierauf zugestanden werden solle. Wo es sich übrigens von selbsten schon verstehet, daß sowohl die in sammtlichen diesen vorangeführten Extramannalien enthaltenen Nachläße, als auch die in selbigen vorkommende bezahlte Gebührnisse mit Ende jeden Monaths in die ordentlichen, über die übrigen Behandlungen abhaltende ordinare Mauth- und Accis-Einnams-Mannalien mit Allegierung der erstern summarisch hinübergetragen, und auf diese Art in dem Hauptbuche entweders abgeschrieben oder verrechnet werden müßen.

Schließlich ist mehrangezogenes Commißionspatent zur unabweichlichen Richtschnur zu nehmen, und dieses sowohl, als gegenwärtiges, welches sämmtliche Aemter, nach genommener Abschrift behörig zu unterschreiben haben, so genau allerseits unterthänigst zu erfüllen, als lieb einem jeden Amte seyn wird, von denen aus dem Ungehorsam entspringenden Strafen sich befreyet zu sehen. München den 23. März 1771.

Ex Commissione Seren. Dom.
D. Ducis Electoris Speciali &c.

An die Mauth- und Beymauthämter, als Stadt am Hof, Steinweeg, Donaustauf, Abbach, Kumpfmühl, Prifening, Winzer, Irl, Burgweinting, Zeitlarn, Holzgarten-Inspectionsamt Rheinhausen, und Sonnersdorf allso abgangen.

Secret. Piendl.

Artic. II.

Feilschaften.

Johann Michael König, Mezger zu Stadt am Hof, hat zu verkaufen 100. St. rohe Schaaffelle, à 50. kr. 100. St. Kalbfelle à 52. kr. dann 60. Ochsenhäute das Paar zu 14. fl. und 10. Centen Unschlitt à 25. fl.

Es ist in hiesigen churfürstlich gnädigst privilegirten Intelligenz-Comtoir ein frischer und von fränkischen Ursprung guter Spargel-Saamen um den billigsten Preise zu verkaufen angesagt worden: Liebhaber können sich im Intelligenz-Comtoir anmelden, wo sie den Verkäufer erfahren können. —

Nota. Die übrigen Artikel folgen in einem Extrablatt.

Pro

ProNota. Dieses gegenwärtigen und nachfolgenden Artikels halber wird hiemit angemerkt, daß die hierinn ausgesetzten Victualienpreise keineswegs als obrigkeitliche Sätze und Taxen der Feilschaften angesehen werden müssen; indeme die Käufe und Verkäufe nur, wie sie sich an den Markttägen von selbst anbegeben, zusammengetragen und bekannt gemacht werden. (75)

Preise von allerley Victualien und Getreide, wie sie in nachstehenden Tagen waren.

Namen der Städt u. Märkt.	Märkt.	Ochsen Fleisch		Kühe Fleisch		Kalb Fleisch		Schaaf Fleisch		12 Eyer	Weißen Bier		Braune Bier		Schmalz	1 kr. semel wiegt.		ein Leib gut Roggen-Brod um	wiegt.			Mittlere Getreid-Preis. Weiz. Schäf		Korn Schäf		Gerst. Schäf		Hab. Schäf	
	T.	kr	pf	kr	pf	kr	pf	kr	pf	fl.	kr	pf	kr	pf	kr	lo	qu	kr.	tt.	lo	qu	fl.	kr	fl.	kr	fl.	kr	fl.	kr
Abbach																													
Aichach	16	7	—	5	2	5	—	—	—	21	4	2	3	2	20	3	1	4	—	25	—	30	—	30	—	22	40	9	—
Aybling	11	6	2	6	—	5	—	5	—	24	5	2	3	3	17	4	—	4	1	12	—	28	—	24	—	19	—	7	40
Abensperg	4	7	—	5	—	5	—	—	—	18	4	1	3	1	16	5	—	11	2	8	—	23	—	21	30	19	—	7	—
Braunau																													
Vohburg	1	—	—	6	—	8	—	—	—	24	5	—	3	1	17	6	—	4	1	—	—	22	—	20	—	16	—	6	15
Camm	27	—	—	5	2	4	2	—	—	18	—	—	3	2	20	4	—	11	2	8	—	21	30	20	—	1	—	7	30
Craiburg																													
Dachau																													
Deggendorf	5	6	—	6	—	5	—	—	—	30	4	1	3	2	20	2	1	—	—	—	—	20	—	19	—	17	—	7	—
Dietfurth	10	7	—	6	—	6	—	—	—	18	4	2	3	1	22	5	—	6	1	16	—	21	—	19	—	16	—	7	—
Dingolfing	5	6	2	5	3	7	—	—	—	24	4	2	3	1	17	4	—	12	3	—	—	24	—	22	—	20	—	7	30
Dorfen																													
Erding																													
Freysing																													
Friedberg	8	7	—	6	—	5	—	—	—	10	5	—	3	2	24	3	2	4	—	25	2	25	50	23	37	19	45	7	30
Fridburg																													
Geiselhöring	1	6	2	5	2	6	—	—	—	24	4	2	3	1	19	4	2	3	—	21	—	18	—	20	—	15	—	-	—
Kelheim	10	6	2	6	—	5	—	—	—	15	4	—	—	—	20	—	—	—	—	—	—	—	—	—	—	—	—	—	—
Kötzting	11	5	—	4	—	4	—	—	—	24	4	1	3	2	17	4	—	16	2	16	—	23	—	22	—	18	—	7	—
Landau	4	6	—	5	2	6	2	—	—	24	5	—	3	1	22	4	1	6	1	12	—	20	—	18	30	14	30	7	30
Landsberg	27	8	—	6	2	6	—	—	—	18	5	—	3	2	22	—	—	—	—	—	—	32	—	29	—	24	—	9	—
Marquartstein																													
Mühldorf																													
Mainburg																													
Mosburg																													
Neuenötting																													
Neumarkt	5	—	—	5	2	6	—	—	—	27	5	—	3	1	16	4	—	3	1	5	—	20	—	17	—	14	—	7	—
Neustadt																													
Passau	15	5	—	4	2	4	2	—	—	18	4	—	4	—	19	3	2	12	3	—	—	—	—	—	—	—	—	—	—
Pfaffenhofen																													
Pfarrkirchen																													
Plätling																													
Reichenhall	16	5	—	5	—	5	—	4	—	15	5	—	3	3	20	3	—	3	6	—	—	26	—	23	—	17	—	8	45
Regenspurg																													
Rhain	5	7	2	6	—	4	2	—	—	15	6	—	3	2	22	3	2	8	1	26	—	25	—	22	—	17	—	[illegible]	50
Ried	4	5	2	5	—	5	—	—	—	18	5	—	3	2	20	5	—	12	3	—	—	19	30	17	—	13	—	6	50
Rosenheim																													
Rottenburg	1	7	—	6	—	6	—	—	—	21	4	2	3	1	17	4	—	4	—	18	2	25	—	20	—	17	—	7	—
Schärding	12	5	2	5	2	5	—	4	—	27	4	1	3	2	20	7	—	4	1	—	—	22	—	15	—	1	—	7	—
Schongau	15	7	—	5	—	4	2	—	—	15	3	—	3	2	22	2	1	8	1	6	1	27	15	24	—	21	—	8	15
Schrobenhausen																													
Stadt am Hof																													
Tölz	4	5	—	5	2	5	—	4	2	15	5	2	3	2	18	—	—	—	—	—	—	26	—	21	—	19	3[illegible]	[illegible]	30
Traunstein	11	5	3	5	—	5	—	—	—	12	4	2	3	2	19	4	2	4	—	30	—	25		21	[illegible]	17	—	7	—
Trosperg	6	—	—	5	2	6	—	—	—	21	5	—	3	2	17	—	—	—	—	—	—	24	—	19	3	17	—	7	—
Vilshofen	6	6	—	5	2	4	—	—	—	21	4	—	3	2	21	[illegible]	2	6	1	9	—	22	—	18	—	14	—	5	30
Wasserburg	13	6	—	5	2	4	2	—	—	21	4	—	3	3	14	3	—	8	1	20	—	27	—	23	45	16	—	[illegible]	30
Weilheim	7	6	2	6	—	4	2	—	—	18	4	2	3	2	23	3	2	12	2	2	—	27	30	[illegible]	—	18	—	7	30
Zwisel	15	6	—	5	1	4	2	—	—	24	4	—	3	2	20	4	—	12	2	—	—	29	—	25	30	19	—	6	30

Venalien und Victualien.	Zahl Maß u. Gewicht.	München d. 20. März			Landshut d. 19. März			Straubing d. 22. März			Burghausen d. 18. März			Ingolstadt d. 16. März			Amberg d. 9. März		
		fl.	kr.	d.	fl.	kr.	d.	fl.	kr.	d.	fl.	kr.	d.	fl.	kr.	d.	fl.	kr.	d.
Waizen mittler Preis.	1. Schäf.	27	30	—	27	—	—	22	—	—	24	—	—	26	—	—	—	—	—
Kern mittlere Preis.	1. Schäf.	25	30	—	24	—	—	20	—	—	20	—	—	25	-	—	—	—	—
Gersten mittlere Pr.	1. Schäf.	17	—	—	20	—	—	19	—	—	14	—	—	19	30	—	—	—	—
Haber. 7. Metzen.	1. Schäf.	7	30	—	7	—	—	8	30	—	8	24	—	8	20	—	—	—	—
Semmelmehl.	1. Metz.	4	48	—	4	—	—	—	—	—	4	40	—	4	15	—	—	52	—
Ordin. Waitzenmehl.	1. Metz.	4	16	—	3	12	—	—	—	—	4	—	—	3	15	—	—	48	—
Roggenausschlag.	1. Metz.	4	32	—	3	12	—	—	—	—	3	30	—	4	3[illegible]	—	—	—	—
Ordin. Roggenmehl.	1. Metz.	4	8	—	2	12	—	—	—	—	3	—	—	3	4[illegible]	—	—	36	—
Ochsenfleisch.	1. Pfund.	—	7	2	—	7	—	—	6	2	—	6	—	—	[illegible]	—	—	6	—
Rindfleisch.	1. Pfund.	—	6	—	—	6	1	—	6	1	—	5	2	—	6	—	—	6	—
Kalbfleisch.	1. Pfund.	—	5	3	—	6	—	—	5	—	—	5	2	—	5	2	—	5	2
Schaffleisch.	1. Pfund.	—	—	—	—	—	—	—	—	—	—	4	—	—	—	—	—	—	—
Schweinfleisch.	1. Pfund.	—	8	—	—	9	—	—	8	—	—	7	—	—	9	—	—	6	2
Gänse.	1. Stuck.	—	30	—	—	—	—	—	—	—	—	—	—	—	—	—	—	—	—
Enten.	1. Stuck.	—	36	—	—	—	—	—	—	—	—	—	—	—	24	—	—	—	—
Kapaun oder Koppen.	1. Stuck.	—	45	—	—	30	—	—	—	—	—	30	—	—	—	—	—	—	—
Hennen.	1. Stuck.	—	18	—	—	15	—	—	20	—	—	15	—	—	18	—	—	15	—
Junge Hünner.	1. Paar.	—	30	—	—	—	—	—	—	—	—	—	—	—	—	—	—	—	—
Hechten.	1. Pfund.	—	20	—	—	36	—	—	20	—	—	20	—	—	15	—	—	16	—
Karpfen.	1. Pfund.	—	16	—	—	18	—	—	12	—	—	15	—	—	13	—	—	8	—
Schmalz.	1. Pfund.	—	17	—	—	18	—	—	17	—	—	16	—	—	19	—	—	20	—
Butter.	1. Pfund.	—	18	—	—	20	—	—	20	—	—	14	—	—	18	—	—	14	—
Eyer.	30. St.	—	40	—	—	22	—	—	24	—	—	22	1	—	28	—	—	33	—
Weiß- Weitzenbier.	1. Maaß.	—	4	2	—	4	2	—	4	2	—	4	1	—	4	1	—	3	2
Braunbier.	1. Maaß.	—	3	3	—	3	3	—	3	2	—	3	2	—	3	2	—	3	—
Bierbrandwein.	1. Maaß.	—	15	—	—	20	—	—	18	—	—	16	—	—	20	—	—	24	—
Baumöl.	1. Pfund.	—	22	—	—	22	—	—	24	—	—	22	—	—	24	—	—	24	—
Leinöl.	1. Pfund.	—	18	—	—	14	—	—	18	—	—	13	—	—	14	—	—	16	—
Unschlitt ausgeschmalz.	1. Centn.	24	—	—	27	—	—	28	—	—	17	—	—	30	—	—	15	—	—
Unschlittkerzen.	1. Pfund.	—	17	—	—	18	—	—	18	—	—	14	—	—	18	—	—	14	—
Der. Baumwolltacht.	1. Pfund.	—	20	—	—	20	—	—	—	—	—	15	—	—	18	—	—	—	—
Seife.	1. Pfund.	—	14	—	—	16	—	—	17	—	—	13	—	—	17	—	—	18	—
Salz.	1. Metz.	1	36	—	1	30	—	1	30	—	1	2	—	1	30	—	—	30	—
Jede Kl. zu 36. sch. im □ Scheibl. 3½. sch. — Buchenholz.	1. Klafter.	4	30	—	5	45	—	7	15	—	3	36	—	4	15	—	—	—	—
Eichenholz.	1. Klaft.	—	—	—	—	—	—	—	—	—	—	—	—	—	—	—	—	—	—
Birkenholz.	1. Klaft.	4	—	—	4	30	—	6	—	—	—	—	—	—	—	—	—	—	—
Feichtenholz.	1. Klaft.	3	20	—	3	30	—	4	20	—	2	24	—	3	36	—	4	38	—

	tt.	lo.	qu.	tt.	lo.	qu.	tt.	lo.	qu.	tt.	lo.	qu.	tt.	lo.	qu.	tt.	lo.	qu.
Ein Kreutzer Semmelbrod wiegt.	—	2	3	—	2	2	—	3	1	—	4	—	—	3	—	—	6	—
Ein 4-Kreutzerleib. Weißrogg.	—	25	—	—	17	—	—	—	—	—	30	1	—	—	—	—	—	—
Ein 5- Kreutzerleib.	—	—	—	—	—	—	—	—	—	—	—	—	—	—	—	—	—	—
Ein 6- Kreutzerleib.	—	—	—	—	—	—	1	8	—	1	13	2	—	—	—	—	—	—
Ein 8- Kreutzerleib.	1	18	—	1	2	—	—	—	—	—	—	—	—	—	—	—	—	—
Ein 12-Kreutzerleib, Hausbrod.	—	—	—	2	2	—	—	—	—	—	—	—	—	—	—	3	16	—

· Nota. Indem, wie wir wissen, — — hierverzeichnete Lücken — allzeit gratis erhalten: so wird es — erlaubt seyn, — — den Hausknecht zu fragen: — was er dann thut. — — —. Die Nachwelt? — — — wird unser schon gedenken. — —

Die Armuth ist in der Waagschaale der Dinge ein sehr nöthiger Stand: Sie fodert unser Mitleiden auf, und reizet unsere Pflicht, dem Nächsten Liebesdienste zu erweisen.
Gehört der faule Bettler auch unter die Armen? — Nein! Außer es wollte es die Policey gütigst erlauben. —

Churbaierisches Intelligenzblatt

Num. VII.

München den 16. April 1771.

Artic. III.

Standeserhebungen.

a) Laut der Nürnb. Zeitung Nro. 24. haben Se. Röm. Kaiserl. Majestät den Hrn. Reichshofrath von Gärtner, wegen seiner großen Verdienste aus allerhöchster Bewegung in dem Reichsfreyherrnstand erhoben.

b) Hanover den 8. März. Se. Königl. Majestät haben dero Hofrath Herrn Grafen von Kielmannsegge zum Landdroß des Herzogthums Lauenburg, und den Landdrosten Hrn. Baron von Behr zum Oberaufseher der Grafschaft Bentheim; desgleichen den bisherigen Herrn Landdrosten von Alvensleben zu Ratzeburg zu dero Minister nach London ernannt: und den berühmten Gelehrten den Abt Jerusalem zum Kanzler nach Göttingen bestimmt: welch letzterer seines hohen Altertswegen diese Würde ausgeschlagen. Nichtminder ist der Herr Baron von Hake (L. d. Basler Z. N. 103. 1770.) an die Stelle des letztverstorbenen Herrn Baron von Münchhausen, * zum ersten Minister und Grosvogt des Churfürstenthums Hannover, und der Herr Baron von Behr zum Präsidenten der Schatzkammer ernennt worden, wie auch zum Protektor der hohen Schulen in Göttingen.

* Der hochseel. Herr Baron von Münchhausen, ist der berühmte Verfasser des öconomischen Buchs: genannt der Hausvater: das einzige in seiner Art, welches aller Orten Deutschlandes vorzüglich empfohlen, und von allen Recensenten nach Billigkeit belobt wird. Er versprach kurz vor seinem seel. Ableben dem Verfasser dieser Blätter in gnädigen Handschreiben, daß die Theorie der Fruchtbarkeit, zum Behuf des Ackerbaues, als eine Zugabe zu dem nutzbaren Werk des Hausvaters noch erscheinen wird. Und wir schmeicheln uns der Hoffnung, dieses Werk so sicher zu sehen, als

die moralische Nachwelt die schönen Vorlesungen eines grossen Gellerts noch glücklich erhalten hat.

c) Se. Churfürstl. Durchlaucht in Baiern ꝛc. ꝛc.. unser gnädigster Churfürst und Herr, haben aus höchsteigener Bewegung den um die Verbreitung der Landwirthschaftl. und sittlichen Wissenschaften hochverdienten Herrn Joseph Franz Xaveri von Hoppenbichl, der Zeit Director der churbaierischen oeconomischen Societæt zu Altenötting, zu höchstdero wirklichen geistlichen Rath erhoben.

d) Privilegium, auf die ächte Verfertigung der Lebenstinctur Herbæ hominis. Dat. 8. März 1771.

Von G. G. Wir Maximilian Joseph, Churfürst ꝛc. ꝛc. Bekennen öffentlich mit diesem Brief, und thun kund jedermänniglich, wasmassen uns unser Hofkammer = Secretarius Franz Sigmund Schneid unterthänigst gehorsamst gebetten, um wir ihm auf die zu verfertigen vorhabende tincturam herbæ hominis ein ordentliches Privilegium zu ertheilen gnädigst geruhen wollen; da wir nun vor Nehmung unsers gnädigsten Entschlusses für gut befunden, unsern Collegio Medico aufzutragen, daß selbes die Bestandestheile dieser Tinctur untersuchen solle, selbes auch befunden, daß Supplicant selbe wohl aufzulösen, und zu vereinigen wisse, folglich ein vortreflich eindringend = der Fäulniß widerstehend = herzstärkendes Mittel zu verfertigen, das arcanum besitze, dessen Wirkung selbst in unterschiedlichen Fällen mit der erwünschlichen Folge erfahren worden, und also desto füglicher approbirt werden können; also haben wir keinen fernern Anstand genommen, ihm unsern Hofkammer = Secretario Schneid auf Eingangs verstandene tincturam herbæ hominis das erbettene Privilegium dergestalten in Churfürstl. Gnaden zu ertheilen, daß er solche nach der ihm hierunten beywohnenden und a consilio medico gutgeheissenen Einsicht und Erfahrenheit ohne männigliche Hinderniß verfertigen, inn = und ausser Lands, jedoch das Gläsel von einem Loth niemal, und zwar bey Verlurst des Privilegii, über 36. kr. verkaufen möge.

Gebiethen hierauf all und jeden unsern Obrigkeiten und Beamten hiemit ernstlich, niemand, wer der immer sey, in unsern Churlanden, dann der obern Pfalz zu gestatten, solche tincturam herbæ hominis nachzumachen, oder nachgemachter zu distrahiren, und zu verkaufen, weniger die Ausländer mit einer derley nachgemachten Tinctur in unsere Churlande, und die obere Pfalz herein handeln zu lassen, alles bey Vermeidung unserer höchsten Ungnade, nebst Verwürchung einer Geldstrafe von ein hundert Ducaten, wovon die Hälfte unserer Hofkammer, die andere Hälfte aber dem Impetranten zufallen solle, auch bey Verlierung derley nachgemachten Tincturen, welche offtermeldter Hofkamer Secretarius Schneid, oder dessen Erben mit Hilfe und Zuthun eines jeden Orts Obrigkeit, gegen Vorweisung dieser unsrer gnädigsten Verordnung, und ertheilt gnädigsten Privilegii, wo man dergleichen finden wird, alsogleich aus eigener Gewalt ohne Verhinderung männiglich zu sich nehmen, und damit nach Gefallen handeln, und thun mögen. Geben in unserer Haupt = und Residenzstadt München den 8. März 1771.

Maximilian Joseph, Churfürst ꝛc.

(L.S.)

Joseph Dominic. Scherzbaur, churfl. wirkl. Rath und geheimer Secret.

*) Der Erfinder und Entrepreneur dieser vortreflichen Gesundsheitstinctur: Titl Hofkamer Secret. Schneid hat sie bis auf Anzeige mehrer Verleger, dermal in seinem eigenen Verlage, hier in der Burggassen im Doct. kosterischen Haus über 2. Stiegen. Es wird auch alldort die Beschreibung des Gebrauchs dieser Tinctur (welche vorzüglich eine Blutreinigung, und ein probates Curativmittel der Hypochondrie, Melancholiæ, Schwermuth, Bangigkeit des Herzens, Verstopfung der Leber und Milz, Scorbut, u. s. w. ist) gratis ausgegeben, das Glas 36. kr.

Artic.

Artic. IV.

a) Das Publicum wird in den Mannheimer-Blättern vor falschen Schild-Luisd'or gewarnet, deren innerer Werth nicht über 18. kr. beträgt, die sich aber von den Aechten dadurch entscheiden, daß sie keine Randirung, sondern nur einige eingeschnittene Zeilenstriche haben. Man kann sie auch noch sonst an dem Brustbilde, Wappen und Buchstaben leicht erkennen.

Artic. V.

Nachrichten für das Commercium.

a) Neapel. Der König hat endlich die Ausfuhr des Getreides aus Sicilien mit Ruckbehalt von 50. tausend Salmen * Früchte in den königlichen Magazinen, weiters verstattet. Es sind aber immer noch 67000. Salmen zum Verkauf vorräthig; über dieses sind auch neuerlich wieder 80000. Tonalen Getreide nach Frankreich auszuführen erlaubt worden, außer den im leztabgewichenen Januar verwilligten 100000. Tomolen. Ferner sind 400000. Tomolen Getreide in die verschiedenen Provinzen dieses Reichs versendet worden, welche über die ihnen bereits zugestandenen 247000. Tomolen unter die Einwohner zur Speise und Saamen vertheilt werden.

* 1. Salma hat 16. Tomoli, und beträgt ungefehr 6¼ Faß in Hamburg. 1. Tomoli hat 4. Mondili: und 190. Tomoli machen eine Last in Hamburg. Eine Last in Hamburg hält 36. Centner: 90. Schäfl hamburger machen 1. Last in Amsterdam oder 19. Sextiers pariser Maaß, oder 38. Boisseaux, in Bourdeaux, — 1. Schifpfund ist 20. Liespfund oder 2½ Centner; zur Fuhr aber 300. Pfund. 1. Centner hat 8. Lies- oder 112. Pfund. 1. Lies-Pfund hat 14. Pfund Hamburger: und 116⅔ tt. in Hamburg machen in Baiern eben einen Centner:

b) Copenhagen. Durch eine königliche Verordnung vom 4ten Februar, wird wegen der hohen Getreidpreise in dem Königreiche Dännemark biß auf weiters, das Brandweinbrennen aus Roggen-bey Confiscation nebst 10. Rthaler Geldstrafe, untersagt. Zugleich ist allen Collegien durch eine Cabinetsordre Tags darauf bekannt gemacht worden, daß kein Bedienter, der sich mit persönlicher Aufwartung seines Herrns beschäftiget hat, zu einem offentlichen Amte vorgeschlagen, oder empfohlen, noch gebraucht werden soll.

D — — —

Weiters solle der jedesmalige Stadtphysicus, einem königlichen Befehle zu folge, ins künftige, wie solches schon ehemals gebräuchlich gewesen, in dem Stadtmagistrate seinen Sitz haben. *

* Für die Gesundheit der Bürger zu sorgen, auf ihre Handlungswaaren bey Contagionen, auf den Genuß schädlicher Speisen acht zu haben: gehört vielleicht auch zur Policeyaufsicht der Rathsherren.

d) Vom löblichen Postamte Basel ist folgendes bekannt gemacht worden: E. E. hiesigen Kaufmannschaft wird hierdurch bekannt gemacht, daß in Zukunft alle nach Italien destinierte Briefe, die weiter als unsere dortige Landvogteyen und den mayländischen Staat zu laufen haben, bis Milano frankirt werden müßen, die nach der Stadt Bergamo allein ausgenommen, als wohin hiergeschriebene kaufmännische Briefe wie bisher ohne Francatur ferner laufen können. Sollten aber fremde Briefe nach ermeldter Stadt an jemand allhier zur Spedition eingesandt werden, so sind solche ebenfalls bis Milano zu frankiren; sonsten dieselben wie auch alle andere der Francatur unterworfene Briefe auf dem Bureau liegen bleiben würden. Welches hiermit zu männiglicher Nachricht, um sich vor Schaden zu hüten, publicirt wird. Sig. den 25. Februarij 1771.

Postamt Basel.

Artic. VI.

Vermischte Policeysachen.

a) Haag. Bey der am lezten Fast- und Bethtage in den holländischen und deutschen Kirchen, dem Haus- und wahrhaft Armen zum Besten, hier angestellten Collecte sind 4121.

Gulden eingekommen. Zu Rotterdam hat diese Collecte 5858. zu Utrecht 5424. zu Dordrecht 4183. und zu Amsterdam 15000 fl. ertragen.

b) Dem Churf. Markt Frontenhausen, hat eine Magistratsperson der churf. Stadt Rhain, als einen freywilligen Brandschadens-Beytrag, mittels des Intelligenz-Comtoirs 12. fl. und eine unbenannte Person weiters 12. baierische Gulden für die Hausarmen dahin übersendet; wozu wir uns verbunden haben, dieses hiemit öffentlich anzuzeigen, da wir hoffen können, daß sich mehrere Menschenfreunde auf eine großmüthige Art finden werden: und dieses Verdienst soll nie unangezeigt bleiben. — Ja wir wünschen nur viele warme Herzen.

c) Petersburg. Die Frau von Schewskoy, die in ihrem Leben eine Liebhaberinn der Künste war, hat bey ihrem Absterben der Akademie der Künste 1000. Rubel als ein Vermächtniß hinterlassen, um von den Interessen dieser Summe jährlich 2. Preismedaillen jede zu 30. Rubel an 2. Eleven auszutheilen, von denen sich der eine in der Mahlerey; der andere in der Bildhauerey vorzüglich hervorthun wird.

* Verehrer und Verehrerinnen — — nicht der Mode — nein! — der Künste, und der guten Erziehung verdienen öffentlich angerühmt zu werden. Die Herren — Damen — können — sollen — därfen sich sp— geln.

d) Rom, Se. päbstl. Heiligkeit haben durch ein scharfes Edict alle Glücksspiele, und Pharao verbothen; um den Enthusiasmus der Gewinnsucht Einhalt zu thun, und den Geist der Nation zu bessern.

e) Das Hamb. A. Blatt pag. 23. berichtet uns, daß letzthin in Londen 5. Bäcken, jeder in eine Geldbusse von 6. Pfund Sterling 17. Schilling verurtheilt worde, weil sie ihr Brod zu klein gebacken hatten. Sie schoben die Schuld auf ihre Arbeiter; es wurde ihnen aber ihr Gewissen, und die Bedruckung der Armen vorgehalten. Die Strafe wurde an die Armen des Kirchspiels, worinn die Bäcken wohnten, ausgetheilt. Der Lord Major lebt nicht von Sporteln.

f) Die Erlängerzeitung führet pag 218. folgende Stelle an, „der Verkauf der Pariser-Parlamentsstellen stehet dermal auf dem „Sprung, aufgehoben zu werden, und man „siehet einem Edict des Nächsten entgegen, „das dieß Schachern verbiethet, und die Anzahl der Glieder verringert ꝛc." — „Diejenigen aber, welche sich nicht bequemen „wollen, sollen, ob sie zwar verdient hätten, „daß ihre Ankaufsgelder eingezogen würden, „gleichwohl die jährlichen Interessen ihres „Capitals beziehen." wozu auch eine Lotto „rie errichtet werden soll." *

* O ihr armen Lotterien! so müßt ihr überall daran! hätte man doch vor 1737. Jahren von euren guten Diensten eine Wissenschaft gehabt: so würde der Hafner von Jerusalem auch noch Besitzer seines Ackers seyn. —

g) Parma den 25. März, letzthin ist allda eine heilsame Verordnung publicirt worden, vermöge welcher allen unter dem christlichen Kunstnamen der Spieler, Seiltänzer, Riemschneider und Stecher, Luftspringer, Taschenspieler, ꝛc. herumziehenden Gesindel verbothen wird, ihre Künste auf den öffentlichen Plätzen zu zeigen, und sich in den herzoglichen Staaten nicht weiter, als zum Durchreisen nöthig ist, aufzuhalten. Wobey auch den Gastwirthen anbefohlen ist, sie bloß so lange, und länger nicht zu gedulden, oder zu beherbergen.

(o) Bis auf Jacobi ohne Noten. —

Artic. VII.
Landwirthschafts-Sachen.

a) Etwas für die Dorfärzte. Die Wiener-Realzeitung machet folgendes Mittel wider das Verbrennen bekannt, so das bewährteste seyn soll. „Lösche ein Stück lebendigen Kalch in Größe eines Eyes in gehöriger Menge Wassers ab. Wenn er genug gelöscht ist: so nimm gleichviel von diesem Wasser und von gutem Nußöll, rühre solches mit einem Holz wohl um, bis es einigermassen sich zu stecken anfängt. Mit diesem Vermischten bestreiche mittels einer Feder den verbrannten Ort, und bedecke ihn mit einem Stück Papier.

b)

b) Da wir dem Institut gemäß aus patriotischer Bemühung alle Mittel hervor suchen, den Hof- Stadt- und Landmann zum Besten, zu Besserung seines moralischen, oder ökonomischen Zustandes, in diesen Blättern solchen Beytrag und Nachrichten zu verschaffen, woraus derselbe einen wesentlichen Nutzen, wenn er will, ziehen möge: so wird es nicht unschicklich seyn, wenn wir gegenwärtig von den grossen Vortheilen der Baumzucht Meldung thun. Alldieweil in den Jahren der Mißräthigkeit jeder seine Gedanken herleyhet, der Theuerung zu wehren; jeder seinen Witz schärfet, Brod zu verschaffen; und jeder Patriot wohl nicht soviel Erlaubniß, als Schuldigkeit vor sich hat, zu der gemeinsamen Wohlfahrt ein nützlich Instrument abzugeben: so schmeicheln wir uns der Zuversicht, daß man uns hierinnfalls werde Gerechtigkeit widerfahren lassen.

Wir denken so, und uns dünket, es seye möglich, daß jeder von den Herrn Pfärrern die vornehmsten Landwirthschafter in seiner Pfarrgemeinde in eine Gesellschaft verbinden könnte, deren jeder aus christlicher Verbrüderung zur Ehre des Schöpfers der Natur, und aus wahrer Liebe des Nächsten, die Schuldigkeit auf sich nähme, in seinem Hofe, um sein Haus und Anger, an den Zäunen, Rhainen, Wegen, Strassen, und sonst an schicklichen Orten, oder dienlichen Plätzen jährlich 10. zahme, und 15. wilde Obstbäume zu pflanzen, ihnen fleißig zu warten, und damit 20. Jahre zu continuiren. Wird ein Knäblein gebohren, so pflanzet jeder Vater ihm so viel Bäume, als der Taufname des Sohns Buchstaben in sich enthält: da sollen es lauter Apfel- und Birnbäume seyn. Ein gleiches thut man, wenn eine Tochter gebohren wird, welcher so viele Kirsch- Nuß- und Zwetschgenbäume gepflanzet werden. Ein jedes Hochzeitpaar pflanzet sich ebenfalls drey Obstbäume, 3. Kastanien, und 3. Buchen, zum Andenken des Jahrs ihrer Verehelichung. Warum aber zerley Sorten, durften einige fragen? Ich halte dafür, die erste Sorte der Fruchtbäume zeiget die Fruchtbarkeit des Ehestandes und des Ehesegens an: die zweyte, die Bitterkeiten dieses Standes, welche unter dem ruhigen Schatten von Uebertragung, Liebe und Frieden wieder versüßet werden; die Buche aber ist von den ältesten Völkern schon für einen heiligen Baum gehalten worden: worunter sie ihre gemeinschaftlichen Pflichten und Eydschwüre abgelegt haben, das Vaterland zu beschützen, und ihm nützlich zu werden. Was meynt ihr, ihr lieben Eheleute, welch ein himmlisches Vergnügen, wenn ihr euch in einem kühlen Sommerabend unter diesen schattenvollen Fruchtbäumen befindet, wenn euch die Erinnerung in euer Herz bringet, in welchem Jahre ihr euch christlich verbunden, diesen reichbelaubten Bäumen das Leben ertheilt, und die euch dagegen, und eueren Kindern durch ihre jährlichen Früchte den Zinns der Dankbarkeit abstatten? Welch eine Freude für die Jugend, wenn sie an einer Anzahl Bäume ihre Namen lesen, und jeden seines gleichen Alters erinnern können? — Wie groß das erhabene Verdienst von einem solchen hochwürdigen, erleuchteten Herrn Pfarrer, wenn er im sittlichen Verstande die Anzahl seiner fruchtbaren Gemeinde immer vervielfältigen siehet? Dieses möchte so den ungeheuchelten Ehrennamen eines brauchbaren, eines wohldenkenden, eines Mannes verdienen, der dem Vaterlande einen reélen Nutzen verschafft, und der ganzen Nachkommenschaft ein unvergeßliches Denkmaal stiftet.

Von dem ökonomischen Nutzen zu reden, wird es wohl keiner fernern Erläuterung bedürfen: da von selbst begreiflich ist, wenn nur anfänglich in einer Pfarr z. E. nur 100. zu der Gesellschaft sich einverleiben, oder verbrüdern; folglich nach dem Institut 20. Jahre wie obgedacht, mit der Baumpflanzung fortfahren: die Pfarrgemeinde im ersten Jahre erhält 1000. zahme Obst- und 1500. wilde Fruchtbäume: so im 5ten Jahre bey sicherer Warth- und Erhaltung dergleichen jedem obliegenden Anzahl der Bäume schon eine Summe beträgt: von 12500. Stämmen, in 10. Jahren aber 10. tausend zahme und 15000. wilde Obstbäume: welches nach erreichten vollen 20. Jahren um 30. tausend nutzbare Bäume die Pfarr bereichern wird. Setze man, daß jeder Baum nur einer in den andern im 10. Jahr nur 12. kr. Frucht bringet: so ist es eine Eroberung für seine Pfarrkinder von 3000. fl. welcher Gewinn, wenn gute Jahre Fleiß, Segen, Fried und vereinigte Bemühung in christlicher Eintracht erhalten werden, alle Jahre zu erobern stünde, und von Jahr zu Jahr sich vermehren würde. Gesetzt, es geräth in einem- oder in 2. Jahren das Obst nicht, so geräth es doch (wie die Erfahrung lehret) gewiß im dritten Jahre: da kommen die leeren 2. Jahre schon doppelt herein. Schlägt es beym zahmen Obst, bey dieser, oder jener Sorte um: so wird es an der zweyten, dritten Sorte, von Fruchtbäumen, oder an wilden Stämmen wieder ersetzt. Die Erfahrung lehret, daß, wenn im obern Theil des Vaterlands das Obst nicht anschlägt, gewiß das Unterland, die Wald- oder Gebürgrevier, oder das flache Land damit gesegnet wird. Und was könnten 1000. Herren Pfarrer bey dieser Landhaushaltungs-Bruderschaft in einem ganzen Lande nicht ausrichten; wenn sie mit vereinigten Kräften in gleicheyfriger Gesinnung bemühet seyn werden! Das zahme Obst erfrischet das Leben, kühlet das Geblüt ab, und reiniget den Leib von denen durch schwarzes grobes Brod oder schlechtes Bier versäuerten Säften, nähret und erhaltet den Unterthan gesund. Man ersparet sogar bey Kindern und alten Leuten dadurch viel Brod, und erhält sie bey dem mäßigen Genuß des frischen und gedörrten Obsts bey der Gesundheit. Das schlechte, oder wilde Obst tauget zur Schwein- und Viehmastung, und das Laub vermehret bey dieser Anzahl von Bäumen in einem Jahre den Dünger um etlich Fuder. — Ein Genuß von dem Pflanzenreich, der eben so viele Arbeit nicht kostet, und doch so manchfaltigen Nutzen bringet; alldieweil, zuletzt, wenn der Stamm alt und untragbar wird, derselbe sogar dem Küstler, Drechsler, Wagner und andern Professionisten grosen Vortheil bringet.

Da die Art und Weise der Anpflanzung jeder Sorte von Bäumen gleichwohl eine geschickte fleißige Hand erfodert: und hier der Raum zu schmal ist, deswegen eine umständige Erwehnung zu thun: so verlassen wir uns deswegen, weil die Liebe spitzfindig ist, auf die guten Anstalten auf die fruchtbaren Bemühungen eines jeden gesellschaftlichen Präsidenten, oder des Präfecten der Baumpflanzungsbruderschaft; indeme sich wohl in jeder Pfarr ein Eremit, und bey jeder Kirche ein Meßner — hätten bald gesagt, ein Schullehrer sich befindet, die, der ganzen Dorfs- und Pfarrgemeinde ein so heilsames Werk gegen eine kleine Abgabe aus dem Bruderschaftsäckel unternehmen können: und deren Geschäfte es eigentlich seyn soll, dem nährenden Stande sich thätig zu erzeigen, wenn sie einen Glauben haben.

Durch die brüderliche Bestrafung über die Unterlassung oder Versaumniß, wenn nämlich weder die behörige Anzahl Bäume nicht gesetzet, noch die Anpflanzung besorget, oder eine schlechte Pflege der Bäume beobachtet wird, kann ebenfalls ein kleiner Beytrag in eben erwehnten gesellschaftlichen Säckel verschaft: dieser aber in jährlichen Prämien verwandelt werden, um die fleißigeren Baumwarther damit zu ermuntern. Wozu, wenn dieses noch nicht erklecklich seyn sollte, aber mit guter Frucht angewendet ist, auf Anrufung jeder gnädigster Landesregierung von der Almosengemeinde- oder anderen frommen Bruderschaftsbüchse gewiß ein ergiebiges Mittel verschaffet werden wird, einen so heilsamen Endzweck, der die Wohlfahrt der Unterthanen zum wichtigen Gegenstand hat, in die Erfüllung kommen zu lassen.

Aber wie? in welche Ausschweifung von Beysteuer sind wir schon wieder ausgeartet, da, wo dieses mit vergesellschaftet ist, die Ausführung einer guten Sache gemeiniglich eben desto schwerer gemacht wird: wo gerathen wir hin? —

Zurücke! wir schreiben dieses an dem trauervollen Gedächtnißtag desjenigen, der an dem Baum des Kreutzes für die Wohlfahrt aller Menschen gestorben ist. Möchte doch dieser fruchtbare Baum des Lebens in den Herzen aller deren, heilige, und gute Gesinnungen für das gemeine Wesen erwirken, denen die Macht

oder

oder die Gelegenheit die Hände biethet, einen so grossen Vortheil den vaterländischen Unterthanen zu verschaffen: und den Nebel zu zertheilen, welcher unrichtige seicht- und schwachdenkende Köpfe umgiebt, die da glauben, die Anpflanzung mehrer Obstbäume schade dem Bierverschleiß.

Da sie vielmehr, wenn sie ihren eigenen Vortheil verstünden, selbst darauf bedacht seyn sollten, daß der Unterthan durch einen ergiebigen Obstzügel ein Surrogatum erlange, Brod zu sparen, und mehr Getreide zu verkaufen, wodurch derselbe nicht nur mehr Geld einnimmt: sondern auch durch die Folge in den Stand gesetzt wird, um ein so andre Maaß Bier mehrer zu trinken.

Werden sie aber, bey dieser richtigen Schlußfolge wohl noch die Köpfe schütteln? — Christen! wohldenkende, patriotische Herzen! habet ein Mittleiden mit ihnen: und denket: non enim sciunt, quid faciunt. —

Wir hoffen unterdessen, die Prüfung dieses Vorschlags: und, da derselbe über die Möglichkeit nicht hinaus gehet, auch die Erfüllung desselben; wenigst von Seite der Wohldenkenden, und der klugen Landwirthschafter des Vaterlandes.

Fortsetzung der Abhandlung von den wilden Kastanien 2c.

Von dieser Sorte N. 1. habe ich sogleich eine Leinwand stark bereiten lassen, und sie hat hinlängliche Dienste geleistet. — Ich versuchte ferner, und ließ mit süsser Milch ein Mus davon kochen, und ich genosse solches mit meinen Kindern ohne Eckel, und Gefahr der Gesundheit. — Und zum Gebrauch eines Haarpuder ist es ohnehin unstrittig. —

Ueber diesen Versuch war mein Herz froh: weil ich abermal ein Licht bekommen, wodurch diese Frucht kann genossen, und den rohen Spöttern der Gesellschaft vor die Augen, und Nasen gelegt werden. —

Ich nahm hernach die gröberen Körper, trocknete solche, zerrieb sie im Mörser, und es wurde eine Massa wie N. 2. zeigt.

Dieses Numero ist nun an der Weisse sehr ungleich, konnte auch wegen annoch anklebender Härbe nichts davon genüssen: ich legte aber solches den Schweinen, und Rindvieh vor; und diese genossen es ganz gern. —

Ich schliesse aus diesen Hergang, daß, wenn man dergleichen Kastanien auf einer dienlichen Machine zu einen Mus trucket, oder durch ein hiezu gerichtetes buchenes Brett zerquetschet: so wurden dessen Theile besser zerleget, und könnte mehrere Speisemassa erhalten, auch vermög der kleinen Körperlein besser edulcerirt, oder abgesäuert werden. — Denn als ich die letztere, und gröbste Theile untersuchte; da fand sich, daß diese abermal um einen Grad härber, als die vorige (wie gegenwärtig N. 3. zeigt) jedoch von dem Viehe auch noch gern genossen wurden, welches dann das vorige bekräftiget.

Ich wollte mich aber mit diesen Versuchen noch nicht begnügen, und weil mir im Sinne gelegen, diese wilde Kastanien in feine dem Mehle ähnliche Körperlein zu haben, um solche besser auswässern zu können, so verfiel ich auf die Gedanken, solche zu erst dürren, und auf der Mühl zu einen Mehl mahlen zu lassen, nachgehends dieses Mehl zu edulceriren.

Hier wurde ich aber gewahr, daß das Corrosiv der Kastanien unter der Dürrwerdung sich also sehr mit der ganzen Massa verbinde, daß hiedurch die Weisse nicht (wie No. 1.) erhalten, wohl aber eine solche Massa (wie No. 4.) und welche zur Fütterung vortreflich, auch zur Noth unter ein anderes Mehl vermischet genossen werden kann. — —

Um aber den bessern Vortheil zu erhalten, so muß diese Handlung an den frischen Kastanien vorgenommen werden, und beliebet es GOtt, so werde ich bisdahin, ehe die Kastanien künftiges Jahr zur Reife kommen, auch mit einer bequemen Maschine fertig seyn, denn an dergleichen Erfindungen fehlet es mir auch nicht.

Die Anpflanzung der Kastanienbäume wäre nun nicht allein eine der leichtesten, weil sie schnell wachsen. — Sie machen über

die-

dieses eine Zierde in Gärten, auch in den breiten Strassen grosser Städte, Dörfer, ja bey den Bauernhütten, und auf allen Wegen und Strassen. — Und das Beste ist hiebey auch dieses, daß diese Früchte, so fast alle Jahre gerathen, von dem liederlichen Obststand, und von der auf der Gassen schwermenden, übel erzogenen Jugend verschont bleibet, weil solche ohne vorherige Bereitung nicht genossen werden kann.

Es kann also das ganze Wesen dieser wilden Kastanien benutzet werden, und auf obige Art giebt der Centner schon 12. tt. Haarpuder, und ins Künftige bey der rechten noch mehr geübten Benutzung derselben gewiß über 20. tt. und eine Person von 7. oder 8. Jahren kann die ganze Arbeit verrichten, weil es auf nichts ankommet, als auf das Auswässern, Edulcoriren, so es auch zur Speise nicht könnte verwendet werden, so ist schon hinlänglich, daß ein Haarpuder, und die Leinwandstärke, (welch beyde das Jahr hindurch viele tausend Pfund an Weitzen consumiren) davon bereitet werden kann, und der Rest davon ein so gutes, und den Eicheln ähnliches Futter darstellet. Geschrieben Amberg, den 3. März 1771.

Joh. Georg Wisger &c. Mitglied der ökonomis. Gesellschaft zu Altenöting.

*) Die Muster von diesen aus wilden Kastanien bereiteten Mehlsorten sind im Intelligenzcomtoir allhier einzusehen. Und da dieser Baum in unserm Vaterlande wegen dieses obbeschriebenen Nutzens, besonders zu einem ergiebigen Beyhilfsmittel zur Viehmast, jeder Dorfs- und Stadtgemeinde mit Grunde zu empfehlen ist: So bitten wir alle Landwirthe, diesen so einleichtenden Nutzen in Erwögung zu ziehen, und darnach auf allen Wegen und Strassen zu beyden Seiten jedoch weit auseinander diese wilden Kastanien zu pflanzen. Die Obrigkeiten werden nicht entstehen, einige mit diesem Geschäfte der Baumpflanzung bekannte Personen eigends dazu instruiren, und von der Gemeinden- oder mit gnädigster Bewilligung von der Armen- oder Bruderschaftscassa, die Kösten bestreiten zu lassen; gestalten das gesellschaftliche Leben der Einwohner, in dem Gesetze der Natur, eine wahre Verbrüderung oder Bruderschaft ausmachet: dessen Vermögen, Schankung, Einlage, Formeln und Vermächtnisse weil es aus dem gemeinen Säckel frommer Christen in eines zusammenfliesset, auch wieder zu keinem andern Zweck, als nur allein für das gemeine Beste wieder hergeschossen, folglich mit Occupirung der arbeitsamen Armen und starken Bethler, damit auch in einer nutzlichen Baumpflanzung für die Nachkommenschaft, zum Ruhm des vaterländis. Fleisses, gewißlich ohne Gewissensscrupel, verwendet werden könnte. Denn, da uns Christus die Arbeit, und den geschäftigten Fleiß sonderheitlich empfiehlet; ja durch das Bild der fürsorgenden Ameise uns den Nutzen begreiflich macht: so ist es eine wahre christliche Tugend, eine schriftmäßige Schuldigkeit, das Erdreich zu bauen, und Bäume zu pflanzen, damit wir in der Zeit der Zukunft des dürren Winters mißräthiger Jahre ein ergiebiches Beyhilfsmittel zur Speise für Menschen und Vieh aus den Baumfrüchten erhalten. Der für das gemeine Wesen vergossene Schweiß ämsiger Arbeiter wird uns eine kostbare Perle der Buß, und der Nachlassung zeitlicher Strafen seyn; denn wird GOtt mit seinem Seegen unsern Fleiß krönen, und die Strafe der Noth mildern oder abwenden, mit welchen er im alten Testament die Faulheit schlechtdenkender Köpfe, und ihre bösen Principia nachdrücklich geahndet hat. —

d) Abhandlung von eben diesem Verfasser, aus Dorschen Mehl zur Speis und zum Futter fürs Vieh zu erzeugen.

Weil alle Getreider ober der Erdfläche zur Reife gelangen müssen, solche aber der Frühfröste, als dem Schauerschlag und Ueberschwemmung unterworfen, auf deren Mißgerathung dergleichen üble Folgen (wie die gegenwärtige) eintreffen, die meiste Menschen aber eher alle andere Speisen, als das Brod zu entrathen angewöhnt sind. — Welche Umstände mich bewogen, bisher, und auch noch in Zukunft zu trachten, wie, und welchergestalten

... andere, und welche Gewächse dahin zu bereiten tauglich sind, Brod davon zu erzeugen, und den Nährstand durchgehends leichter machen.

Unter dergleichen Versuche habe ich nebst den Erdäpfeln und wilden Kastanien, auch die Dorsen oder Erdkohlraben sehr dienlich gefunden, und welches ein solch Gewächse, so in der Erden ohne zu erfrühren, oder von dem Schauer erschlagen zu werden, alle Jahr zweymal gut gerathen, derer vier in einem schuhgrosen Erdreich können gepflanzet werden.

Diese Dorsen sind unter den Gewächsen der Kuchelwurzeln am trockensten, und geben im Sieden wenig Feuchtigkeit von sich, weswegen sie sich auch vor der Fäulniß am längsten aufbehalten lassen. — Ich habe solches genommen, und auf Riebeisen reiben, sodenn über Nacht im Wasser liegen lassen, hernach durch eine starke Leinwand das Wasser ausgedruckt, und auf einem gefächl hinter den Ofen dürr werden lassen. — Unter dieser Dürrwerdung habe ich beobachtet, daß die erste Lage (welche doch 2. Zoll von dem Ofen erhaben war) ganz bräunlicht geworden, die zweyte und dritte Lage, welch jede um einen halben Schuh höher gestanden: diese sind in ihrer weisgelben Farbe geblieben, welche ich (nachdem solche gehörlich dürr geworden) auf einer Handmühl nur einmal heruntergemahlen, und es ist eine solche Massa geworden, wie hier gegenwärtig No. 1. zeiget. — Das, was aber zu nahe bey der Hitze gestanden, ist geworden wie No. 2.

Ich nahme von diesen, und von dem Erdäpfelmehl gleiche Theile, und liesse ein Brod davon bereiten, und es wurde schön, auch angenehm im Genuß. — Es trägt auch vieles mit bey, daß das Mehl von den Dorsen ungleich leichter, als das Erdäpfelmehl, mithin was jenes noch an übriger Schwere besitzet, so hat die Leichte und Trockne des letztern das *Medium*, und giebt wegen der Süsse, und häufigen Oels dem Erdäpfelmehl einen Weitzengeschmack, und man kann sich also der Vermischung beyder auf gleichen Theilen bedienen.

Aus dem Wasser, welches über den Dorsen über Nacht gestanden, kann man entweder Braun- oder ein dem Weitzen ähnliches Bier bereiten, und kömmt nur auf dessen Zurichten an. — Deßgleichen einen annehmlichen Brandwein, ja einen unschädlich und trankbaren Sortwein davon darstellen, welche drey Sorten, sobald als thunlich ist, einsenden werde. — Zur Abwartung und Maturation des Weins aber gebrauche noch 4. Monathzeit, erstere aber können in 4. Wochen folgen.

Daß nun unter der Dürrwerdung dieser Dorsen zweyerley Farben, nämlich diejenige sind, welche näher bey der Hitze gestanden, fast braungelb geworden, dieses hat mir abermal zu frischen Geschäften Muth gemachet, und ich erkannte zugleich, (wie oben gesagt) daß gedachte Dorsen vieles Oel führen müßten.

Derowegen nahme ich einen Theil derselben, und röstete solchen über einen Gluthfeuer, wie man pfleget den Caffee zu rösten, und die Maße wurde wegen ihren kleinen Körperlein in einer kurzen Zeit in Gestalt eines Caffée geröstet, und ich liesse solche durch eine Caffeemühle laufen, und es wurde eine Massa, wie hier gegenwärtig No. 3. zeiget.

Von dieser Sorte habe ich gleich einen Theil genommen: und so schwer er gewogen, also schwer habe ich einen andern gebrannt, und gemahlenen Caffée dazu genommen, und einen Caffée davon sieden lassen, und diese neue Art hat bey denen, so ich es bekannt gemacht, die Bestättigung gefunden, und ich pflege von nun an, in meiner Haushaltung statt des Biers einen solchen Caffée von 3. Theil Dorsen, und einen Theil Caffée vermischter zu trinken, bis ich endlich noch ein anders Product ausfindig mache, welches die Stelle des Caffée vertretten, und derselbe gar ausgelassen werden kann.

Dann viele Unmenschen pflegen um theuern gesetzten Preis ein solches Bier über die Strassen zu geben, daß man nicht weis, von was es gesotten, und nur diejenige, welche zu ihnen in die Häuser gehen, darinn allerley Naschwahren genüssen, Spielen, ic. diese bekommen um zwey Pfenning über den Satz gleichwohlen ein Seidelkrügel, welches gleichwohl noch ziemlich leer genug, statt einer Maaß. Hierdurch will man alles liederlich machen, die edle Zeit verschwenden, das Geld verspielen, alle Ausgelassenheiten unterstützen, alle Handthierungen, und Pflichtgeschäften an Nagel hängen; die zu solchen tadelhaften Leben benöthigte Mittel auf unanständige Weege zu suchen. — Um aber von diesem abzuweichen, so sage schlüßlichen, wie erfreulich wird es jenen Unterthanen seyn, welche in solchen Gegenden wohnen, allwo selten ein Korn, vielweniger Waitzen kann gebauet werden; die Erdäpfel und Dorsen hingegen aller Orten gern fortkommen, wenn diese sage ich, belehret werden, daß sie von diesen zwey Gattungen nicht allein ihr dienliches Brod, auch andere Mehlspeisen, Bier, Brandwein, eine Sorte Weingetrank, Caffe, und der Rest sowohl von Kraut, als Schaalen, von Bier, und von dem Brandwein annoch für das Vieh eine gute Nahrung giebet.

J. W. Mitglied der öconomischen
Societät in Altenöting.

Ein forschender Landwirth in Baiern hat den Versuch gemacht, in der Absicht, das Mehl mehrers zu ersparen, mit geröstleten und hernach zu Mehl gemahlenen Rockenstroh mit $\frac{2}{3}$ Rockenmehl vermischt, Brod zu backen; welche Methode er hernach mit einem Kostens-Anschlag zu Papier gesetzt, die wir zur Ehre des menschlichen Witzes in der Erfindungskunst, der Nachwelt bekannt zu machen, keinen Anstand nehmen.

In die Mühle hat man gegeben 3. Metzen klein geschnittenes Gesott aus Rockenstroh, welches ehevor in einem Backofen, nach herausgenommenen Brod, in etwas gedörret worden, diese 3. Metzen haben im Gewicht gehalten 24. Pfund.

Kosten: Das Stroh wird angeschlagen auf
— fl. 7. kr. —

Aus der Mühl hat man erhalten, nachdem es zu 3 malen aufgeschüttet, und recht fein herabgemahlen worden; bey einem starken Metzen Mehl, ohne der Kleyen, dieses Mehl hat gewogen. 12. Pfund.

Mahlgeld — 1. kr. —

Von diesem Mehl wurde auf zweyerley Art zu einer Probe Brod gebacken.

Als erstlich hat man von obigen Strohmehl 1. Pfund mit 2. Pfund rockenen Backmehl abgemischet, dieses mit $\frac{1}{4}$tel Pfund Säuer angehöfelt, und hieraus 4. Laibel Brod gebacken, so im Gewicht gehalten, weil man mehrers Wasser, als bey einem andern Mehl, nehmen müssen. $5\frac{1}{2}$ tt.

Das Pfund rockenes Mehl kömmt nach dem dermaligen hohen Preis zu stehen auf $4\frac{1}{2}$ kr. treffen also nebenstehende 2. Pfund
— 9. kr. —

Der Sauerteig wird angeschlagen auf 3 d.

Zweytens wurde $1\frac{1}{2}$ Pfund Stroh- und $1\frac{1}{2}$ tt. rockenes Backmehl genommen, folgends gleichfalls abgemischet, mit $\frac{1}{4}$ tt. Säuer angehöfelt, und eben 4. Laibel hieraus gebacken; welche gewogen. 6. Pfund.

Für diese $1\frac{1}{2}$ Pfund Rockenmehl kommen anzusetzen — 6. kr. 3. d.

Und für die Säuer 3. d.

Nota. Diese Laibel sind mit einer dünn ausgewalkten Haut von einem andern Brodtaig überzogen worden, damit es besser gehalten, und eine schönere Farbe von aussen bekommen hat.

Ueber obig verbrauchte $2\frac{1}{2}$ Pfund sind noch an Strohmehl übrig.
$9\frac{1}{2}$ Pfund.

Wenn also dieses auch auf obige Art verbacken, sohin zu 5. Pfund Stroh, 10. Pfund Rockenmehl genommen, und mit $1\frac{1}{4}$ Pfund Säuer vermenget wurde; so könnten an Brod auf obige Art erzeuget werden wenigst
27. Pfund.

Das Rockenmehl kömmt à $4\frac{1}{2}$ kr. auf
— 45. kr. —

Für die Säuer — 4. kr. —

End=

Endlich gebeten die noch übrigen $4\frac{1}{2}$ tt. Stroh, mit $4\frac{1}{2}$ tt. Rockenmehl, und 1. tt. Säuer vermischt, wenigst 17. Pfund Brod.

Der Anschlag des Rockenmehls ist — 20. kr. 1. d.

Säuer — — — — — — 3. d.

Summa des zum Theil erzeigten auch noch zu erzeigenden Brods

$55\frac{1}{2}$ Pfund.

Summa des Kostens 1. fl. 35. kr. 1. d. Kommt also das Pfund von sothanem Brod zustehen auf — 1 kr. 3. d.

Artic. VIII.

Von gelehrten Sachen.

a) Bey dem akamischen burgerlichen Buchhändler Johann Nepomuck Fritz, am schönen Thurm allhier, ist im Verlag: Sammlung der neuest und merkwürdigsten Churbaierischen Generalien und Landesverordnungen: mit churfürstl. gnädigster Freyheit. München 1771. in Folio $6\frac{1}{2}$ Alphabeth à 5. fl. *

* Der um die Rechte und Gesetze des Waterland Baierns so sehr verdiente grosse Menschenfreund, der in dem Reich der Gelehrsamkeit schon berühmte Verfasser desselben Staatsrechts, unter dessen Aufsicht dieses höchstbrauchbare Werk zusammen getragen worden, fodert mit Recht unsern Dank; und wir wünschen ihm im Namen aller Patrioten, Muse, Gesundheit, und Belohnung.

Bey eben diesem Buchhändler ist zu haben: chronologische Einleitung in die Kirchengeschichte, 2ter Theil 1771. gros 8vo. Der erste Theil davon tratt schon im Jahre 1767. ans Taglicht. Er ist bey eben diesem Buchhändler zu finden. Der Innhalt dieses Werkes ist schon in sich selbst so wichtig, daß es keines Anrühmens bedarf. Zum Anfange eines jeden Jahrhundertes stehen chronologische Tabellen der Päpste desselben, der Gegenpäpste, der Ketzer, der Patriarchen, der baierischen Bischöfe, der zeitverwandten Fürsten, als nämlich der morgen- und abendländischen Kaiser, der Könige in Spanien, Frankreich, England, Schottland, Schweden, Dänemark, Polen, Jerusalem, der Herzoge in Baiern, der gelehrten und berühmten Personen: welches die historische Lehrübung ungemein erleichtert. Bey den Gelehrten geschieht Meldung ihrer Werke: eine Sache, die eine große Kenntniß der Bücher mittheilet. Der innerliche Vortrag ist kurz, deutlich und schmackhaft. Es werden darinn nur die merkwürdigsten Vorfallenheiten in der Kirche, sonderheitlich die Zuchtveränderungen der geistlichen Orden nach der Wahrheit erzählet. Alle sowohl allgemeine, als besondere Kirchenversammlungen werden sammt den vornehmsten Satzungen, die darinn angesetzet worden, angeführet. Urquellen, aus welchen die ächten Gründe des Kirchenrechtes geschöpfet werden müssen!

Zu End eines jeden Jahrhundertes folgen besondere Anmerkungen über selbes. Diese sind, gründlich, und bringen Schlüsse des Staatsrechtes mit sich, welche kräftig genug sind auch jene zu heilen, die an der Ketzerey der Vorurtheile schon lange krank liegen.

Bey diesen ist auch zu haben ein von einem Mitglied der Churbaierischen Landwirthschaftsgesellschaft kurz gefaßter Unterricht, wie lebendige Zäune ohne große Kösten zum Nutzen der Landwirthe gepflanzet, und unterhalten werden können. 1771. in 8vo. 7. kr.

*) Der Verfasser verspricht alle Quartal von dergleichen nützlichen Anstalten dergleichen Unterricht heraus zu geben, wobey aber zu wünschen, daß solche nützliche Bücher in die Hände aller Dorfs-Inspectoren, Führer, Sprecher, oder Gemeindenvorsteher gratis übergeben, oder solche zu kaufen verordnet würden.

b) Der Herr Rinaldo Angelini von Cortona hat ein Sortiment microscopische, oder Vergrößerungsgläser verfertiget, deren kleinstes nicht gröser als den zwölften Theil einer Linie ausmacht: man hoft durch dieses Mittel neue nützliche Entdeckungen zu machen, welche diesem Cavalier ewig ehre machen werden.

* Sol-

*) Sollten nicht alle Professanten von Rechts wegen sich um solche Gläser umsehn? —

c) Stockholm. Vorigen Monaths beehrten beyde Königl. Majestäten die neue Einrichtung der hiesigen Schule mit dero Gegenwart. Bey der Ankunft wurden sie durch den Reichsrath Graf Eckebald, den Hofkanzler Baron Bunge, und den Vorsteher dieses Instituts, den Hofprediger Thenstädt, empfangen. Gleich nach dem Eintritt befragten Ihre Majestäten einen Schüler nach seinen mathematischen Kenntnißen; erkundigten sich um alle Theile des Unterrichts, wie auch nach dem Namen der geschicktesten Schüler. — Hierauf giengen sie nach der allgemeinen Schule, wo ein kurzes Examen aus der Botanick, Historie, Zeichnung, französischen Sprache ꝛc. angestellt ward. Nachdem die zweyte, und hernach sogar die niedrigste Classe eben diese Gnade gehabt, verfiegten sie sich zur Realschule, nahmen die Handlungsabtheilungen, die Werkstädte, und die kleinen muntern Arbeiter, und ihren Unterricht in Augenschein, deßgleichen die hierzu bestimmten Prämien. Endlich erkundigten sich Ihre Majestäten nach dem Verfolg der ganzen Einrichtung; den Beförderungsmitteln, den Hindernißen, zum weitern Anwachs ꝛc. Dieser hohe Besuch hat bey Lehrern und Schülern den tiefesten Eindruck zurücke gelassen, und kann nicht anderst, als die besten Folgen des Eifers und Fleißes hervor bringen.

— * * * —

d) Herr Arduini, Professor des Akerbaues auf der Universität zu Padua, hat die Erfahrung gemacht, daß man aus dem gewöhnlichen Schifrohr einen Syrup verfertigen kann, der dem vollkommen gleich ist, den man aus dem Zuckerrohr macht.

Es haben viele Personen diesen Syrup probirt und gut befunden. Der Saft dieser Rohren hat dieselbige Beschaffenheit, den die americanischen Zuckerrohre haben; ob er gleich in dem Gehalt geringer ist.

Eine Nachricht für die Naturforscher, deren wir immer noch zu wenig haben. Schifröhre wachsen auch in den Wäsern: man versuche es: vielleicht konnten diese letztern auch noch zu einem Handel en gros nützlich werden. —

Artic. IX.

Merkwürdigkeiten.

Todesfälle und — —

a) London vom 21. März. Der grose Staatsmann, der ehemals unter dem Namen John Pitt, berühmte Staats-Secretarius, und nachherige Graf Chatam, ein Zelote für die Englische Nation, ist am 12. März a. c. auf seinem Landgut Keunt am Podagra gestorben.

b) Im Lütticher Land zu Insau starb den 8. März a. c. Joh. Joseph-Desty ein Mann von 121. Jahren, welcher unter Ludwig XIV. alle Feldzüge mitgemacht. 2. Jahr vor seinem Tode wollte er sich noch von seiner 78jährigen Frau scheiden lassen: sein Appetit zum Essen war bis an sein Ende gros, und destomehr ist es zu verwundern, daß er zum Trost der berühmten Fresser so alt geworden ist.

c) Den 23. März a. c. ist der durch seine vortrefliche Satyren berühmt gewordene strenge Sittenrichter, der Chursächsische Steuerrath von Rabner zu Dreßden durch einen Schlagfluß aus dieser verkehrten, in eine bessere Welt hinüber gegangen, und, welches erst zu bedauern, so hat er auch seine Geisel mitgenommen. *)

Ein gute Zeitung für die Ohren
Der alten Kinder neuer Thoren:
Kommt, trinkt Burgunder, scherzt und lacht. —
Erbau't vom Schweise armer Sclaven,
Der Ueppigkeit den freyen Haven,
Bleibt ungestrafft, hält Fasenacht:

* * *

Der Satyr ist zu Grab gebracht. —

*) Jetzt kann man von den beliebten Schlanzeigen einschicken, so viel, als beliebt. — —

Der Erzpoet, der unaufhörlich dichtet, der Kriticus, der unablässlich richtet,
Sind nicht ein Paar, das mir gefällt.
Doch was ist der, den kein Geschmack beglücket,
Kein Opitz rührt, und Haller nicht entzücket? —
Ein ungleich schlechtrer Held. Hagedorn.

Churbaierisches Intelligenzblatt

Num. VIII.

München den 20. April 1771.

Artic. I.

Patent: die verbothene Ausfuhr der Stärke und des Haarbuders betreffend. Dat. 3ten April 1771.

Nachdem Sr. Churfürstl. Durchläucht in Baiern, unsern gnädigsten Herrn, Herrn, von der burgerlichen Leinweberschaft allhier, unterthänigst beschwärend angebracht worden, wasmaßen die zu ihrem Handwerke ohnentbehrlich benöthigte Stärke immerzu klemmer und theurer zu werden beginne, in Anbetracht der Zentner allschon in der vorgewesenen heurigen heiligen 3. König Duld, unter der Hand aus der eigentlichen Ursache über 6. fl. aufgeschlagen habe, dieweil die Stärk- und Haarbudermacher hier zu Lande denenselben gleichsam unter dem Vorwand den Troz biethen sollen, daß selbe ihre Waare ausser Lands noch weit höher anzubringen vermögen, dadurch dieser Weberschaft der Kauf dieses ihres ohnentbehrlich dürftigen Landprodukts fast unerträglich gemacht: und anbey ein überaus grosser Schaden verursachet werde.

Als will man, vermög einer von Höchst-Dero gnädigst angeordneten Hofcommission untern 4. hujus anhero erfolgten Signatur, zur gänzlichen Abstellung dieses von den Stärkmachern höchst sträflichen unternehmenden, und mehr berührter Weberschaft, wie auch den hiesigen Kartenmachern zu einem empfindlichen Nahrungsabbruche gereichenden Unterhandels respée Kauderey, und zwar bey denen gegenwärtig ohnehin obwaltenden Umständen der empfindlichsten Getreidtheurung, dann der andurch erheischenden Nothwendigkeit nach, die Ausfuhr der erörterten Stärke sowohl, als des Haarbuders, unter was für einen Prätext es immer seyn möge, auf 6. Monathe lang allerdings hiemit verbothen haben. Wornach sich also die sammentlichen Churfürstlich Baierischen und Oberpfälzischen Mauthämter gehorsamst zu achten wissen werden, und wird anbey gegenwärtiges Circularpatent von jedem Orte unterschriebener wiederum zurückgewärtiget. München den 3ten April 1771.

Vom Churfürstlichen Cammeral-Mauth-Directorio.

An die auch Churfürstlich sämmtlichen Mauthämter also abdangen.

Secret. Piendl.

Artic. II.

Feilschaften.

a) Simon Schmiedbauer, bürgerlicher Metzger zu Abbach hat 160. rauhe Schaffelle das Stück zu 36. kr. und 80. Kalbfelle das Stück für 1. fl. — zu verkaufen: welche dem Publico feil gebothen werden.

b) Joseph Kunzmann, gnädigst privilegierter Berlinerblau-Fabricant, hat 40. Centner Abgang von Berlinerblau für die Bleicher, den Centner für 8. fl. Berlinerblau das baierische Pfund 2. fl. 30. kr. Winterlack das tt. 4. fl. — logirt zu Olching bey Fürstenfeldbruck.

Artic. III.

AVERTISSEMENT.

a) Die Beherzigung des unglücklichen Zustandes der Armen, und das gutthätige Bezeigen wahrer Menschenfreunde, verdienet zur Ehre wahrer Christen, jedesmal angerühmt zu werden. Die mit einer eigenen Münze zum Allmosengeben eingekaufte, und von armen Leuten, gegen erhaltene Speise, eingelieferte Zeichen geben doch einen starken Beweis der wahren Nächstenliebe: wir wollen zur Ermunterung für andere die erste Quartalsberechnung hier ganz einrucken.

Von der Speise der Armen in München vom 13ten Jänner bis 6ten April, inclusive 1771.

Geldeinnahme.

	fl.	kr.
Pro Nota. Die erste, dem Publico bis 9. Febr. in Druck schon vorgelegte Monathsrechnung wird, weil man zu Vermeidung der Druckkösten, und öfteren Mühe solche Quartaliter zu affigiren vor hinlänglich erachtet, gegenwärtig mit aufgenommen, also		
Das zum Anfang von einigen Gutthätern frey ohne verlangten Zeichen Vorgeschossene, war — — —	43	51
Von den Gutthätern, und theils auch von Armen selbst sind abgelöset worden.		

	Tagszeichen à 4. kr.	Monatlich à 1. fl. 30. kr
Im ersten Monat —	4246.	107
Im zweyten Monat	3401.	53
Im dritten Monat	5464.	89
	13111.	199

	fl.	kr.
Ausmachend in Portionen 19081. Zu Geld aber à 4. kr. & 1. fl. 30. kr.	1172	34
Summa der Einnahme.	1216	26

Geldausgabe.

	fl.	kr.
Auf die erste Anrichtung der eignen Kuchel, Beyschaffung der Geschirre, Kästen, Tisch und Bänken, ist vermög verificierter Rechnung in allen 195. fl. 2. kr. erlaufe in dem ersten Mon. 117. fl. 2. kr. und in dem zweyten und dritten Monat 10. fl. zusammen Beweis Conti bezahlet worden — — — —	127	2
Von hintstehendẽ abgelöseten 19081. Portionen sind über die, noch in der Gutthäter, oder der Armen Handen stehende 391. abgeholt worden — —		
Das erste Monath — — 5080 —		
Das zweyte Monath — — 5958 —		
Das dritte Monath — — 7652 —		
18690. Port.		
Auf die Speise-Portionen sind abgegeben worden — — —		

Reis

Geldausgabe.

	fl.	kr.
Reis 2682. tt. à 8. kr. — — —	357	36
Arbes 15. Schäffel 4. Metzen à 19½. 20. 21. & 25. fl.	335	57
Fleisch 2876. tt. à 5⅓ kr. —	263	38
Holz inclusivè der geheitzten zwey Speiszimmer — — — — —	33	20
Salz 3½ Väßl. — — —	15	24
Schmalz vor die Fasttäg 25. tt. à 17 kr.	7	5
Zwiefel. — — — — — —	—	18
Kochlohn à monatlich 5. — —	15	—
Summa der Auslagen.	1155	20

Rest hinein über Abzug der Auslagen 71. fl. 6. kr.

Und zwar in Baaren 2. fl. 58. kr.

In Naturalien Reis, Arbes und Salz, wovon auch obige noch unabgelangte 391. Portionen zu verstehen 68. fl. 8. kr. id est 71. fl. 6. kr.

Joan. Mich. Miller, Congreg. Orat.
beyder Churfl. Hospitäller Capellan.

b) Nachdem Gallus- und Balthasar Hölzel, als des Hölzls zu Oberpfrämern seel. hiesigen Pfleggerichts hinterblieben beyde eheleibliche Söhne, und zwar ersterer bereits weit über 40. dann letzterer ebenfalls über 30. Jahre lang sich Landesabwesend befinden, ohne daß insider ungeachtet der beschehen vielfältigen Nachforsche deren Aufenthaltsort, oder sonsten zuerfragen gewesen wäre, ob sie noch unter denen Lebenden begriffen, oder sonsten rechtmäßige Erben verhanden, diese aber Inhalt Vertragsbriefs de dato 14ten Junii Anno 1713. auf den ernannt Hölzlischen Gut zu ermeldten Oberpfrämern an vätter- und mütterlichen Erbgut wirklich 340. fl. liquidè zu suchen, und einzunehmen haben, um deren Ausfolglassung, dann damit eingangs berührte 2. Brüder pro mortuis declarirt werden möchten, von der Intestats-Erbinn Namens Maria Oelkoferinn von Esterndorf demüthig gebetten worden; Als werden reiterirte zwey Hölzlische Gebrüder, und deren etwan verhandene Leibs- oder allenfalls durch erfolgte disposition eingesetzte Erben Kraft dieses deren... peremtorie citirt, und vorgeladen, daß sie, oder deren rechtmäßige Erben in Zeit eines halben Jahres, so für den erst- zwenyt- und dritten, sohin letzten Termin bestimmt seyn solle, bey allhiesigen Pfleg- und Landgericht entweders in Person, oder mittels Abordnung eines hinlänglichen Gewalthabers, und zwar sub pœna præclus., & non amplius audiendi zuerscheinen, dann sich auf solche Weise rechtlich zu legitimiren, mit dem Unverhalt schuldig- und gehalten seyn sollen, daß nach dessen fruchtlosen Umflug dieselben pro mortuis geachtet, und sothanes Erbgut gegen hinlängliche Caution ohne weiters der Intestats-Erbinn zu Esterndorf adjudiciret, und verabfolget werden wurde. Signatum den 18ten März 1771.

Churfürstl. Pfleg- und Landgericht Schwaben.

c) Es befindet sich allhier ein kundsberühmter Engländer, (logirt beym Sendlingerthor in dem neuen Weberhaus) welcher zu Augspurg 1759. in dem 15. und 16. Wochenstück wegen seinen künstlichen Proben über die massen angerühmt worden: Er färbet Leinwand und Baumwolle ohne ein Quintl Indigo zu nehmen, kalt, ohne alle Mühe: das schönste Blau. Er offerirt seine Kunst zu lernen: und das Arcanum aus Menschenliebe Catton- und andern Färbern gegen billige Bedingnisse zu ertheilen. Er macht die Proben vor sein Geld. Er verstehet auch die Kunst zu lackiren; da er von Dosen, Schalen, Chatulen ꝛc. alten Lack herab nimmt, und frischen künstlich darauf bringet: nebst andern verschiedenen curiosen Künsten, die sehr amusant sind. Wer sich seine Anwesenheit zu Nutzen machen will: beliebe mit ihm selbst zu sprechen: er ist hier. —

Artic. VI.

Koppenhagen den 26ten Märzen. Das Publicum allhier, welches sich niemals saumselig finden läßt, wenn von der Unterstützung einer löblichen Anstalt die Rede ist, hat sich entschlossen, dortiges Addres-Comtoir aus allen Kräften bey der vorhabend neuen Einrichtung einiger dänischen und deutschen Realschulen zu unterstützen, welche für 200. und nach der Hand für mehr arme Kinder beyderley Geschlechts abgesehen sind: und die darinn des Vormittags freyen Unterricht im Lesen, Schreiben und Rechnen nebst freyen Büchern und Schreibmaterialien geniessen; des Nachmittags aber im Spinnen, Nähen, Kleppeln (oder Kleggeln) und dergleichen bürgerlichen leichten Arbeiten für Kinder, unterwiesen, folglich zu brauchbaren Bürgern erzogen werden. Hierzu wird ihnen die Regierung Arbeitsgeräthe und Materialien liefern. Die fleißigern Kinder sollen noch über dieß Speisezettel erhalten, und, wenn sie arm, gekleidet werden. Auch diejenigen, welche sich gut zur Arbeit anlassen, jeden Abend einiges Geld zur Ermunterung und Belohnung nach Hause nehmen können. *

* Da diese landesnützliche Anstalt klar und deutsch: — so braucht sie weder Erläuterung, weder Noten. Eine gute Sache muß sich selbst empfehlen. —

b) So haben auch dieser Tagen der Etatsrath Nyberg, der Pastor Neßwiz bey der deutschen Gemeinde, und der Rathsherr Lunding durch ein königliches Cabinetschreiben den Auftrag erhalten, das allhiesige Armen-Wesen auf einen solchen Fuß zu setzen, daß in den öffentlichen Stiftungen die höchstmögliche Anzahl der wahrhaft Armen unterhalten werden könne: wobey expresse befohlen ist, Leute, die noch arbeiten können, mit aller Strenge dazu anzuhalten, damit die faulen Bettler von den Armen wesentlich unterschieden werden mögen.

London den 24ten Märzen. Dem Lord Maire, als er sich neulich vom Unterhause (wo er 3. bürgerliche Buchdrucker gegen die Hofparthey vertheidigte) heimbegab, spannte das gemeine Volk die Pferde von seinem Wagen, und zoh die Kutsche auf seinen Schultern bis in dessen Pallast. Denn, weil er eine menschenfreundliche Handlung mit Schutz und Tapferkeit besorgte; so verdienet er, sprach das Volk, nicht von Thieren, sondern von Menschen geführt und getragen zu werden. *

* Ey! soll nicht jetzt die ganze Hofparthey zu lauter Menschenfreunden werden? wir vergönnen allen diese Ehre. Und wieviel Kutschen-Thiere würden unsere öconomischen Zeiten nicht ersparen können? —

c) Wien den 25ten März. Dieser Tagen ist hier eine kaiserlich königliche Verordnung, wegen Emigration der Unterthanen in fremde Länder, wie auch gegen diejenigen, welche selbe mit sich nehmen, entführen, oder gar heimlich oder öffentlich zu auswärtigen Kriegsdiensten anwerben, angeschlagen worden.

d) Ein anders von Coppenhagen. Unter denen im vorigen Jahre hier gebohrnen 2970. Kindern befinden sich 316. uneheliche, welche sämmtlich im Accouchementhause zur Welt gekommen sind. So hat der König auch neulich befohlen, am Thor des Accouchementhaus einen gefütterten Kasten auszuhängen, wo arme Mütter ihre Kinder einlegen: wo sie alsdenn gesäugt, und verpflegt werden. Ueber diesen Kasten ist in der Mauer auf weissen Marmor mit vergüldeten Buchstaben geschrieben: **zur Rettung unglücklicher Kinder** rc.

*) Accouchementhaus, was ist das? — Es ist eine Art groser Wohnung mit Zimern, Bethstädten, und Cellen, mit allen Nothwendigkeiten versehen; worinn keine Nonnen, sondern, aus Befehl kluger Staatsleute lauter solche Mädgen aufgenommen werden, welche die Pflicht der Bevölkerung zu fruhzeitig in Erfüllung gebracht, oder die in der Liebe gar zu fleißig waren. Deßgleichen arme Bürgersfrauen, welche zu Hause nicht Mittel haben, ihre Kindbetten auszuhalten, ohne daß das Kind oder die Mutter auf eine oder die andere Weise Schaden leiden dürfte. Weil nun diese Mädgen gleichwohl noch vor Landeskinder, oder, wie einige wollen, vor Menschen angesehen werden; so geschieht es auch, daß dafür obrigkeitlich gesorgt werde, und mit den gebohrnen Kindern, weil sie eine Seele haben, keine Dalterey oder Kindermord begangen, sondern Mutter und Kind dem Staat zum Nutzen in christlicher Gesinnung sorgfältig aufbewahret werden möge. Dieses ist unsere mögliche Vorstellung

über

über die Nutzbarkeit einer so heilsamen Stiftung. Menschenfreunde werden uns schon verziehen, — — und Staatsmänner können uns den Beyfall nicht entsagen, weil sie eben durch die Vortreflichkeit solch öffentlicher Anstalten zu wahren Staatsmännern eingeweyht werden. / Dixi! —

e) Wien den 27. März. Es verlautet, daß nachdem die nach Böhmen gesandte Commißion die Ursachen des Getreidmangels, und der daher entstandenen großen Erhöhung des Preises genau untersucht, dieselbe gefunden hat, daß sich für 2. Jahre Getreid genug da befinde. Allein aus Gewinnsucht der hochansehnlichen Kornböcke dasselbe verschlossen gehalten worden. Die Commißion hat hernach auf ihren Bericht den allergnädigsten Befehl erhalten, daß jeder Landedelmann, oder andere Güterbesitzer dahin angehalten werden sollen, seinen Unterthanen das nöthige Saamengetreid ohnentgeltlich abfolgen zu lassen, um dasselbe nach der Erndte wieder zu empfangen. Ferner: ihme selbst nur so viel zu lassen, als er, sich und die Seinige ein Jahr zu ernähren zur eignen Haushaltung nöthig haben werde; all übriges aber soll ihm auf einen billigen Fuß bezahlt, und sogleich nach dem nächstgelegenen Kaiserl. Königl. Magazin geführt, und allda unter die Unterthanen verkauft werden. Wer sich darwider setzen würde, solle sogleich durch ein Commando Soldaten, mit welchem die Commissarii allzeit begleitet sind, gefänglich nach Prag geführt werden, und allda sein Urtheil erwarten. — Einige Wucherer in andern gesegneten Ländern würde diese Anstalt (sagt die Baslerzeitung) freylich verdrüssen; wäre aber dieser Verdruß mit den Seufzern einer Million Einwohner wohl in eine Paralelle zu setzen? —

f) Florenz vom 3ten April. Des Großherzogs von Toscana Königliche Hoheit, haben 300. Weberstühle für die Weibspersonen verfertigen lassen, welche seit 3. Jahren im Gewebe von Mousselins, und Spitzen sind geübt worden. Es wird ihnen erlaubt, diese Stühle in ihre Häuser zu setzen, und als Eigenthum zu behalten. * * * Hier sollte uns eine Million * * * nicht erklecken, diese preiswürdige Anstalten billig, vor der ganzen arbeitsamen, und wohldenkenden Welt anzurühmen. Aber! nur nicht so böse über uns, da wir von diesen Unkosten Meldung thun. — Wir Politisiren ja nicht: wir rühmen nur schöne Anstalten für die Hände arbeitsamer Schönen, gegen welche wir immer noch eine alte Verehrung in uns herum tragen. —

g) Wir entlehnen aus der Nürnberger Zeitung pag. 245. ein königlich dänisches Mandat, wegen Einschränkung der leeren Titeln, und Charaktere, und wie letztere in Zukunft zu besserer Beförderung wahrer Verdienste, nur jene beglücken sollten, welche da wesentliche und persönliche Verdienste vor den Augen ganzer Collegien erworben, und nicht blos — oder per traditionem ererbt haben. Es heißt in Specie: man solle nicht auf die Jahre und Anciennität sehen ꝛc. weil junge Provisoner und dürre Köpfe auch lange Jahre auf dem Sessel sitzen können. Damit wir uns aber keiner Partheylichkeit schuldig machen: so liefern wir lieber das Mandat ganz.

„ Wir Christian ꝛc. Da die Zahl derjenigen, welche theils bey den in einiger Jahrszeit vorgefallenen Feyerlichkeiten, theils auch sonst auf verschiedene Vorstellungen mit Rang und Titeln begnadiget worden sind, dergestalt angewachsen ist, daß die Charaktere aufhören, eine Belohnung für Verdienste, oder ein Kennzeichen Unserer Königl. Gnade und besondern Wohlgefallens zu seyn: So haben Wir den Vorsatz gefaßt, selbige hinführo so sparsamer, als nach der wahren Absicht mitzutheilen; dahero dabey lediglich auf Treue, Fleiß und Diensteifer, desgleichen auf besondere Einsichten, Tüchtigkeit und persönliche Verdienste, nicht aber auf die Jahre und Anciennität in Diensten zu sehen, und nur diejenigen mit Ehrenvorzügen zu belohnen, welche sich zu denselben auf eine würdige Weise verdient gemacht haben. Wir wollen dahero, daß von nun an, für Niemanden ein Charakter und höherer Rang gesuchet werden soll, der nicht bey dem Collegio oder Departement, unter welchem er stehet, wegen einer ruhmwürdigen Diensteiferung, guten Aufführung, und besondern Verdienste sattsam bekannt ist, so, daß das Collegium sich zutrauen könne, denselben mit vollkommener Ueberzeugung und Zuverläßigkeit zu einer besondern Gnade zu empfehlen, und Uns deswegen allezeit zur Rede und Antwort zu stehen. Und gleichwie wir unter dem heutigen Dato diese Unsere Entschliessung allen unsern Collegien zu erkennen gegeben haben, so machen wir auch solche hiermit in Gnaden euch zu eurer Nachachtung bekannt. 2c.

h) Ein Zimentamt schicket sich vortreflich für das Policey-Departement eines Landes: und der Einfluß davon könnte eine würdige Belohnung derer werden, die sich um landesnützliche Anstalten wesentlich verdient machen. Hier wollen wir zur Rechtfertigung unsers Satzes ein K. K. Mandat anführen, worinne eben von den Zimentämtern Meldung geschieht: und womit wegen der Geldsorten verschiedenes bestimmt worden ist.

Ihro K. K. A. Majestät haben unterm 23. März folgende Verordnung wegen der Gold-Münzen, damit durch Erhöhung des Goldwerths in denen benachbarten Landen, das gehörige Verhältniß der Gold- und Silbermünzen nicht gehoben, somit durch heimliche Ausfuhr des erstern, und durch übermäßige Einfuhr des letztern, dem Handel und Wandel nicht mehr Beschwerlichkeit zugezogen werde, publiciren lassen; nämlich, daß vom 1. May vorigen Jahrs nachfolgende Goldmünzen gegen die in ihrem unabänderlichen Werth verbleibende Kaiserliche und Reichs-Conventionsmäßige Silbermünzen, der Zeit in den Königl. Erzherzoglichen Erblanden den nachstehenden Cours erhalten, und in solchen sowohl von den Landesfürstlichen und anderen öffentlichen Cassen, als sonst von Jedermann, in Handel und Wandel, auch Wechselzahlungen unverweigerlich an und eingenommen und wieder ausgegeben werden sollen; nämlich die Cremnitzer Ducaten, denen die Florentinische Gigliaten, und die Venetianische Zechinen gleichzuhalten, zu 4. fl. 18. kr. die Kaiserl. Königl. Ducaten sowohl, als die mit selbigen übereinstimmende, und also gehörig ausgemünzte Chur-Baierische und Fürstl. Salzburgische Ducaten zu 4. fl. 16. kr. Die Souverains d'Or, die ganze zu 12. fl. 40. kr. die halbe zu 6. fl. 20. kr. die Holländer und übrige Constitutionsmäßige ordinaire Ducaten zu 4. fl. 14. kr. In Ansehung der andern fremden Goldmünzen, und deren Coursmäßigen Werths habe es bey dem Patente von 17. Aug. 1763. wegen des Gewichts aber, bey den vorigen Verordnungen allerdings zu verbleiben, daß jeder Ducaten die Schwere von 60. Grän, nach dem von den Zimentirungs-Aemtern bezeichneten Ducaten-Gewicht, und also ein doppelter Ducate, jene von 120. Grän, die Souverains d'Or, und zwar die ganze, die Schwere von 3. Ducaten und 11. Grän, folglich die halbe jene von 1. Ducaten und 35. ein halb Grän stückweise halten, auch dergestalt, und nicht al marco gewogen werden sollen. So lange aber einer goldenen Münze mit einem angehangenen ganzen Ducaten-Grän das Gewicht nichts vorschläget, soll dieselbe für vollwichtig angesehen, im widrigen aber, und wenn ohnerachtet des angehangenen Gräns das Gewicht vorschlüge, solche gar nicht gangbar gehalten, von Niemand an Zahlungsstatt weder ausgegeben noch angenommen, sondern in eines der Kaiserl. Königl. Münzämter gebracht, und von selben mit Abzug eines Kreutzers von jedem Gulden, den die Münze im Werth hält, denn 4. kr. für jeden am Gewicht abhängigen Grän zur Einschmelzung eingelöset werden.

i) Koppenhagen vom 26. März. Heute ist der Königl. Befehl ergangen, daß künftig die geringern Unterthanen, wenn sie Geldfoderungen an Vornehmere zu machen haben, von diesen ohne Schwierigkeiten und nach der Strenge der Gesetze das Ihrige erhalten mögen. Und selbst weder die Grafen- und Freyherrnwürde, noch einige Privilegien sollen jemanden gegen die Belangung wegen Schulden schützen. *)

*) — — — Ja, ja! in Koppenhagen! —

k) Der Senat der hohen Republick zu Venedig hat wieder eine sehr löbl. Verordnung in Kirchen- und Schulsachen heraus gegeben, die eine betrift die Verminderung der allzuvielen Fest- und Feyertage; (davon wir

dem

den Schäden für den bürgerl. Handwerksmann, und für den Bauern wegen versaumender Arbeit schon oft und gründlich erwiesen, auch die feyertäglichen Räusche in den Geldanschlag gebracht haben) die andere, daß die Ordensgeistlichen allzeit Paarweis gehen, und die Obern über die Aufführung der Religiosen genau hafften sollen.

l) Petersburg den 22. März. Im abgewichenen Jahre hat in hiesiger Residenz die Anzahl der Gebohrnen betragen 2511. männlichen und 2408. weiblichen Geschlechts, überhaupt also 4919. Kinder: gestorben dagegen sind 2773. männlichen und 1538. weiblichen Geschlechts, zusammen 4311. Personen, so daß 608. mehr gebohren worden, als gestorben sind. Copuliert sind in allem 1187. Paar.

m) Ein Mittel zum Feuerlöschen.

Es ist eine bekannte Wirkung der Alaune, daß wenn man sie auflößt, und in Holz einziehen läßt, solches im Feuer unversehrt erhalten werde. Wenn die Feuersbrunst weiter um sich greift, als daß man Handsprützen mit Vortheil gebrauchen könnte, so werfe man gläserne oder auch aus Leimen, so groß als Canonenkugeln gedrehte Kugeln ins Feuer. Sie werden mit fein gestoßnem Alaune gefüllt, und in die Mitte wird ein Schuß Pulver gethan, der sich durch einen Schwefelfaden entzündet, der zur Mündung, die mit Harz oder Pech dick vermacht seyn muß, heraus geht. Wenn die Umstände es verstatten, so können größre solchergestalt gefüllte Behältnisse mit den glücklichsten Erfolge gebraucht werden. Das Feuer soll auf dies: Weise nicht nur schleunig gedämpft werden, sondern auch an den Orten, die auf vorbemeldte Art gelöscht worden, nicht wieder zünden. Wenn man noch überdieß feinen angefeuchteten Sand ins Feuer hinzuwirft, so soll dieser die Wirkung des Alaunpulvers beschleunigen. Hanöv. Mag.

n) Das aus Bengalen (in Ostindien) eingelaufene Paquetboth hat die traurige Nachricht mitgebracht, daß eine fürchterliche Hungersnoth unter den Einwohnern wüthe, welche schon über 2. Millionen Menschen weggeraft habe, so, daß kaum Leute genug übrig wären, die Verstorbenen zu begraben.

o) Jüngsthin kam eine Bestimmung oder gründliche Nachricht von den Mühlern, Bäcken und Melbern mit sehr bestimmten und wohlgefaßten Tabellen zum Vorschein: was nämlich der Mühler am gerechten Mehl und Kleyen von einer gewissen Quantität Getreids zu liefern; was vor ein Gewicht der Beck nach Proportion des fallenden oder steigenden Preises bey dem weiß- oder schwarzen Brod zu beobachten; dann nichtminder an was vor einen Preise bey jeder Sorte des in Minuto verschleißenden Mehls in Rucksicht des Getreidankaufs und Kosten sich der Melber zu halten habe; hauptsächlich zu Begreifung eines policeymäßigen Brod- und Mehlsatzes nach dem baierischen Maaß- und Wienergewicht dem Publico zum Nutzen verfertiget. von A. K. C. B. W. *)

*) Es ist eine unumstößliche Wahrheit, daß an einer nach jetzigen Zeitumständen abgemessenen neuen, auf unübervortheilte Proben sich fußenden Brod- und Mehltarif dem ganzen Landespublicum ungemein viel gelegen seye; denn, ausser dessen werden viele hundert Menschen der Gewinnsucht einzelner Personen zu Sclaven gemacht, so, wie wenn alles bey der alten Willkühr bleiben dürfte, das allgemeine Interesse der alten Leyer zum Opfer überlassen bliebe. Doch, getrost! ihr wahren Patrioten: die Zeiten heitern sich auf: und wir hoffen bald etwas Gesetzmäßiges deßwillen zu vernehmen. Nur müssen sich die guten Gesinnungen vorher ein wenig aneinander abreiben, und abstauben, bis wir ein reiners Mehl, und ein schwerers wohlausgebacknes Brod bekommen. Wir wollen daher auch nicht unangezeigt lassen, daß eine neue Schrift von 13. Bogen deßwillen die Presse bald verlassen wird, welche obbesagte Bestimmung in die Prüfung nimmt: wornach wir sagen dürfen, medium tenuere beati. —

Es schadet nicht, wenn mehrere gute Gedanken zusammen kommen: und jeder seinen wohlmeynenden Beytrag liefert. —

c) Auszug einer dreyjährigen Tabelle über das Gewicht des Korns, des daraus gemahlenen Mehles, und des aus diesem gebackenen Brodes, nebst dem Gewicht der Kleye, wie auch des Abganges in der Mühle, von jedem Monat, da gemahlen worden, eine Probe. *)

Monatstag, da das Korn in die Mühle gekommen.	Ein dresdner Schäffl Korn hat im Mittel gewogen an Pfunden.	Daraus sind Pfunde Mehl geworden.	Kleyen an Pfunden.	Abgang in der Mühle an Pfunden.	Betrag des Brodes an Pfunden.
den 1 März 1768.	$159\frac{3}{8}$	130	$20\frac{25}{32}$	$8\frac{19}{32}$	166
— 23 April —	$158\frac{1}{4}$	$125\frac{3}{16}$	$19\frac{1}{4}$	$13\frac{1}{16}$	$165\frac{1}{2}$
— 17 May —	$165\frac{1}{2}$	$137\frac{5}{16}$	$19\frac{7}{32}$	$8\frac{29}{32}$	$181\frac{1}{2}$
— 8 Juny —	$167\frac{3}{8}$	$139\frac{5}{32}$	$22\frac{15}{64}$	$5\frac{23}{64}$	$184\frac{1}{2}$
— 6 July —	$164\frac{7}{16}$	$138\frac{25}{32}$	$15\frac{1}{8}$	$10\frac{17}{32}$	$187\frac{5}{16}$
— 1 Septbr. —	$158\frac{5}{16}$	$138\frac{5}{16}$	$14\frac{15}{16}$	$5\frac{1}{8}$	$187\frac{11}{16}$
— 7 Octbr. —	163	$140\frac{29}{32}$	15	$7\frac{3}{32}$	$190\frac{1}{2}$
— 1 Nov. —	$162\frac{15}{16}$	$142\frac{3}{16}$	$15\frac{13}{16}$	$4\frac{15}{16}$	$193\frac{3}{4}$
— 4 Jan. 1769.	$163\frac{11}{16}$	$143\frac{3}{32}$	$15\frac{7}{16}$	$5\frac{1}{32}$	195
— 13 Febr. —	$163\frac{1}{2}$	$138\frac{15}{16}$	$15\frac{5}{32}$	$9\frac{13}{32}$	$189\frac{3}{4}$
— 18 März —	$163\frac{1}{4}$	$139\frac{1}{2}$	15	$8\frac{1}{4}$	$189\frac{7}{16}$
— 5 April —	$165\frac{3}{4}$	$146\frac{3}{8}$	15	$4\frac{3}{8}$	$199\frac{1}{2}$
— 8 May —	$164\frac{3}{32}$	$144\frac{1}{32}$	$15\frac{1}{16}$	5	$196\frac{7}{16}$
— 3 Juny —	$164\frac{19}{32}$	$144\frac{31}{32}$	$15\frac{1}{4}$	$4\frac{5}{8}$	$195\frac{10}{11}$
— 10 July —	162	$141\frac{1}{32}$	15	$5\frac{29}{32}$	$191\frac{1}{32}$
— 7 August —	$165\frac{3}{8}$	$144\frac{11}{32}$	$15\frac{13}{32}$	5	$195\frac{4}{32}$
— 12 Septbr. —	$160\frac{1}{2}$	$139\frac{1}{32}$	15	$6\frac{3}{32}$	$187\frac{1}{2}$
— 13 Octbr. —	$161\frac{1}{2}$	$141\frac{3}{8}$	15	$4\frac{7}{8}$	$191\frac{3}{4}$
— 8 Nov. —	$157\frac{15}{16}$	$137\frac{15}{16}$	15	5	$186\frac{13}{16}$
— 2 Dec. —	$158\frac{19}{32}$	$138\frac{7}{32}$	$15\frac{1}{8}$	$4\frac{3}{4}$	$186\frac{10}{11}$
— 10 April 1770.	$153\frac{3}{4}$	127	$20\frac{3}{4}$	5	$172\frac{2}{7}$
— 1 May —	$151\frac{1}{16}$	$123\frac{1}{16}$	$20\frac{25}{32}$	$7\frac{5}{32}$	$165\frac{1}{2}$
— 7 July —	$156\frac{7}{8}$	$134\frac{9}{16}$	16	$6\frac{1}{16}$	$180\frac{1}{2}$
— 9 August —	$155\frac{17}{32}$	$134\frac{31}{32}$	15	$5\frac{9}{16}$	$183\frac{1}{2}$
— 10 Septbr. —	$151\frac{15}{16}$	$131\frac{1}{4}$	$14\frac{11}{16}$	$5\frac{1}{8}$	$179\frac{5}{16}$
— 20 Octbr. —	$143\frac{15}{32}$	$122\frac{21}{32}$	$16\frac{13}{32}$	$4\frac{13}{32}$	$165\frac{7}{8}$
— 7 Nov. —	$149\frac{17}{32}$	129	$15\frac{9}{32}$	$5\frac{1}{16}$	$176\frac{1}{2}$
— 5 Jan. 1771.	$146\frac{11}{16}$	$126\frac{25}{32}$	$14\frac{19}{32}$	5	$172\frac{27}{32}$
Betragen im Mittel	$153\frac{1}{4}$	$136\frac{5}{32}$	$16\frac{5}{7}$	$6\frac{3}{7}$	$184\frac{1}{32}$

* Das Münchner-Schäffl ist in dem Leipziger-Intelligenz-Blatt auf $3\frac{1}{3}$ Schäffl Dreßdner Maaß berechnet. Da nun in obige Tabelle alles nach Dreßdner Maaß und Gewicht berechnet ist: so kommt es in Absicht auf das baierisch. Maaß und Gewicht immer auf das Verhältniß oder Proportion an. — Es ist gewiß, daß im baierisch. Gewicht 1. Centner Mehl 135. tt. wohl ausgebacken Brod giebt; also nach Dreßdnergewicht $136\frac{5}{32}$ tt. Mehl $184\frac{1}{32}$ tt. Brod geben: mithin nach dieser Dreßdnerproportion auf 100. tt. Mehl $135\frac{2}{7}$ tt. Brod kommen: also auf jeden Centner Differenz nur $\frac{2}{7}$ tt.

* Diese

*) Diese Tabelle, die aus den Rechnungen einer grosen Wirthschaft in Thüringen, wo bey jedesmaligem Mahlen 32 Dreßdner-Schäffel Korn in die Mühle gekommen, gezogen, und auf $\frac{1}{32}$, also auf einen Dreßdner Schäffel in Mittel gerechnet, reduciret worden, dienet zum Beweis, daß die Mühlwaage das sicherste, leichteste und beste Mittel sey, den übeln Behandlungen der Mühler und Bäcker zu begegnen, da diese Einrichtung ohne die mindeste Beschwerung noch Aufwand gemacht worden, und seit dieser eingeführten Ordnung jährlich gegen 200. Dreßdner Schäffel Korn bey gleicher Ausgabe von Pfunden Brod gegen sonst; und ob gleich der Schäffel Zinskorn im letzten Jahre meistens um 6. Pfund weniger als sonst gewogen, auch die Mühler wegen des betrüglichen Mahlens haben bestraft werden müssen, ingleichen sonst mancherley Fehler vorgefallen sind, dennoch ersparet worden.

Artic. VII.

Landwirthschafts-Sachen.

a) Vorschlag einer wohlfeilen, gesunden Speis in den Frühlingstagen für den gemeinen Mann. Man nimmt 2. tt. gebrochenen Haaber, Haaberkern, Haabergrütze oder Brey $1\frac{1}{2}$ tt. Gerste, oder statt dessen soviel Reis: läßt sie mit einem geselchten Stücke Fleisch, oder, besser grünen Rind- oder Ochsenfleisch von Beinern oder Knochen 3. Stunden sieden: man giest gleich Anfangs so viel frisches Wasser daran, NB. daß man nicht weiter nachgiessen darf. Der Topf oder der Hafen muß aber wohl zugedeckt seyn: eine halbe Stunde vor der vollendenden Kochung schüttet man folgende Fruhekräuter darein: als wilden Ciehorien rein gewaschen: Spinnath, oder Kerbelkraut: Sauramvsen, Millefolium, so das erste und beste auf den Wiesen ist: item blauen Brun- und Gartenkreß: von jeder Sorte eine grose Handvoll klein geschnitten; man kann etwas weniges von Kreen dazu thun. — Dann wird Hausbrod klein geschnitten, und gedörret, hinein geworfen, und sodann eine halbe Stunde wohl zugedeckt aufgeloscht, daß es, wie ein Muß, oder Brey wird. Alsdann giest man es in die Töpfe, Häfen, oder Schüsseln der Arbeitsleute, oder Armen, so wird man die beste, schmackhafteste, gesündeste Speise haben, welche nicht allein der Nahrung, und besondern Leibsstärke, sondern auch vorzüglich der Gesundheit fürträglich ist, weil die Kerntheile des Haabers, der Gerste, oder Reiß nicht blos den Nervensaft reinigen und stärken, sondern auch mittels des Zusatzes dieser blutreinigenden Fruhkräuter das Geblüt versüßen, und die scharfen Säfte zertheilen, die durch ein grobes, stark gehöfelt, oder gesäuert schwarzes Hausbrod sonst in dem Magen gemeiniglich zurücke bleiben; und woraus in Ermanglung eines abführenden Mittels allerley böse Folgen, Fieber, Colick, Scorbut rc. entstehen.

b) Das Geflügelwerk, sagt ein erfahrner Landwirth, wird heuer häufig und wohlgerathen. Die Mittel, zeitlich Bruthennen zu bekommen, sind folgende: man giebt den Hennen alt Hausbrod gesotten, item Brod zerrieben mit Brandwein besprengt: ferner rauhe Gersten- so anders Aftergetreide. Brennößlein, Heublumen und Monathblümel klein geschnitten und gebrühet: man muß aber zum Anbrühen eine Fleischbrühe, Mehl- oder Knödlkraut nehmen, und wehrender Brutzeit die Henne still halten, und alles Getümmel abwenden. Man muß die Henne wo nicht 2. doch wenigst einmal vom Nest herab lassen, und ihr das Essen und Trinken reichen. Hennen, die nicht gern sitzen, und ihren Stützkopf zeigen, muß man mit einem grünen oder schwarzen Tuch über den Brutkasten oder Steige behängen. Die Fruhehündel sind die geschicktesten, zu Bruthennen aufs zweyte Fruhejahr aufzubehalten: die schwarzen, rothen und braunfederigen sind ungleich besser, als die mit weissen Federn. Der Rusch oder Trog zum Wasser oder Fraß muß täglich gereiniget, stets sauber gehalten, das Essen nicht zu lehn- oder wässerigt angemacht, und stets goldfrisches Wasser bey Handen gelassen werden. Fleißige Herren Pfarrer pflegen in verschiedenen Orten Prämien von Manufacturswaaren, von Bändern, Strümpfen, Hausleinwand, so andern Zierde der Bäuerinnen oder Mädgen alle Jahr auszusetzen, und an jene zu vertheilen: a) welche da die ersten 3. Bruthennen angesetzt: b) welche die meherersten Anzahl Hündel im Monath July zum Verkauf gebracht: und c) welche die grösten, schönsten, und mehresten alte Hünner auf Michaelis vorzeigen können. Sollte diese vortrefliche Gewohnheit nicht alle andere Gebräuche übertreffen? sollte sie nicht in jeder Pfarrgemeinde, in jedem Dorfe herrschen. — Woher aber die Prämien, sagt Lucas! — Ey, da wird sich auch Rath schaffen lassen. — Davor werden die Herrn Cammeralisten und Beamten sorgen, die sich kraft ihrer Standespflicht eyferigst verwenden, dem Unterthan alle Mittel zu verschaffen, womit er aus allen Theilen der Landwirthschaft sich bereichern, und die Landesindustrie, den geschäftigten Fleiß immer mehr verbreiten möge.

c) Fichtelberg den 28. März. Es ist aus der Erdbeschreibung bekannt, daß die Gegend am Fichtelberg die vornehmste Höhe von ganz Deutschland repräsentirt, und gleichsam über alle andere Berge hervorraget, da über 4. grose Flüße und Strömme allda ihren Ursprung aufsuchen. Die Wetterbeobachtungen dürften also derorten von besonderer Betrachtung seyn. Den 20. März war eine liebliche Witterung, daß es fast den völligen alten Schnee auf den Feldern wegleckte, und der Weingeist des Branderischen Thermomeме stund fast gänzlich an dem Punct der temperirten Luft. Den 21. wurde es sehr kalt, also zwar, daß der Weingeist 5. Grad unter dem Gefrührpunct stunde. Den 22. mehrte sich diese Kälte, und fiel unter den 6ten Grad unter den Gefrührpunct. Den 23. wurde diese Kälte noch häftiger, und erreichte fast den 8ten Grad unter den Gefrührpunct, wollte gerne schneyen, konnte aber wegen der Kälte nicht recht dazu kommen. Den 24. war es fast das Nämliche, wie Tags vorher. Den 25. eben die nämliche Kälte, aber um die Mittagsstunde schien es sich aufzuheitern, und weich zu werden, aber gegen der Nacht zwischen 9. und 10. Uhr erhob sich ein scharfer stossender Wind aus Nordwest mit vielem Schneegestöber. Den 26. continuirte es nicht nur, sondern es wurde ärger, und eben des Windes wegen schien es kälter zu seyn, als die vorigen Tage, so aber in der That nicht war. Den 27. war es am ärgsten sowohl mit dem Schneegestöber, als Schneyen selbst, welches bis Mitternacht andauerte. Den 28. frühe vor Tags ware es ruhig, aber kalt, solchergestalten, daß der Weingeist bis auf den 10ten Grad unter den Gefrührpunct fiel, und so, wie der Tag zunahm, immer tiefer sinkte, also zwar, daß solcher bis um halb acht Uhr Morgens den 13ten Grad unter den Gefrührpunct; folglich bey nahe den Punct der Kälte erreichete, als Ao. 1742. die Kälte in Paris bemerkt wurde. Der Schnee lag an denen Orten, wo der Wind keinen nehmen, noch zuführen konnte, mehr denn eine baierische Elle tief, und die ältesten Leute in Fichtelberg sagen, sich nicht entsinnen zu können, daß auf einmal all ihr Leben lang so viel Schnee gefallen sey, und Leute, welche die weite Welt durchreiset sind, behaupten in keinem Orte gewesen zu seyn, wo sie so vieles Schnee, wie hier, gesehen hätten. Die 3. Tage, als das Gestöber dauerte, konnte man von einem Dorfe zum andern nicht kommen, massen bey den Ein= und Ausgängen der Dörfer Windwähen waren, welche wenigstens 2. Klafter, wo nicht tiefer waren.

*) Wir ersuchen den fleisigen Beobachter, der uns diese Nachricht gütigst übersendet, damit alle Monath zu continuiren, und den Stand des Reaumir. und Fahrnheit. Parometers und Thermometers in einem Tagregister verzeichnen zu lassen.

d) Anweisung, wie der Landmann in diesem Jahre zu besonderer Aushilf für seine Wirthschaft den Früh-Schnittköhl, und die Früh=Mayrüben mit geringer Mühe und Kösten anbauen möge.

Der Früh=Schnittköhl ist nebst den Früh-Mayrüben bey gegenwärtigen Umständen am räthlichsten anzubauen. Dieser Köhl kann zuvor auf eben dem Grunde gesäet werden, auf welchem man hinnach im Brachmonath die Krautpflanzen zu stecken pfleget, und der ohnehin meistens von etwas besserer Art, und

gut

gut zugerichtet seyn muß: oder kann auch in grösserer Menge auf jene Aecker gesäet werden, die der Landmann aus Abgang des hinlänglichen Saamgetreides für dießmal nicht vermag anzubauen. Der Saamen wird bald im Frühjahr als im Märzen, oder wenigst zu Anfang des April, je nachdem die Witterung einschlägt, etwas weit auseinander geworfen, so daß auf ein halb Juchert Acker dessen 2. bis 2½. Pfund hinreichen werden, und verfähret man wie mit dem Rubensaamen, doch daß selber etwas dicker, als letzterer genommen werde. Zu Ende des Aprils, oder Anfang des May werden die überflüßig, und zu enge stehenden jungen Pflanzen nach und nach ausgezogen, welche dann schon zum erstenmal zu einer frühzeitigen guten, gesunden und ergiebigen Speise dienen. Die übrigen, welche mit gehörigem Zwischenraume, gleich dem gemeinen Kraute, auf dem Acker stehen bleiben, werden hinnach wie selbes gerühret, gehäufelt, und der Boden von Unkraut gereiniget, worauf sie schnell in die Höhe wachsen, und man solche hinnach öfters bis auf die Herzblätter abschneidet, da sie bald wiederum wie zuvor in ihrer Vollkommenheit erscheinen werden. Auf diese Weise schreitet man mit dem Abschneiden von Tag zu Tag immer weiter, und wird hiemit dieses Gemüse bis gegen Johannis in gewaltiger Menge erlangt, wohinnach die Pflanzen in den Saamen schiessen, sofort solche auf einmal für ein stattliches Viehfutter aus dem Lande gehoben, und der Grund hierauf mit den gewöhnlichen Krautpflanzen besetzet wird. Der Centner von diesem Saamen wird bis München pr. 20. fl. geliefert.

Die Früh-Mayrüben werden mit der Saat eben so, wie die gemeine, oder späte Rüben behandelt, und es dem Landmann alschon bekannt ist: nur daß solche frühe im Merzen, so bald man in den Boden kann, gesäet werden sollen, und wird auf ein Juchert Acker wohl 1. Pfund Saamen pr. 1. fl. — erfordert. Das Land kann hinnach im Brachmonat ebenfalls zum Krautpflanzen oder andern Früchten ohne allen Abbruch angewendet werden.

Nota: Die Saamen, welche im Zerknirschen nicht etwas fett und öhlicht sind, taugen wenig zur Saat, und sind nicht mehr frisch. Wer zu solchen Belieben trägt, kann sich zum Intelligenz-Comtoir wenden, wo die weitere Nachricht hievon, und woher selber zu haben, ohnverweilt ertheilt werden solle. München, den 21. Jänner 1771.

Artic. VIII.

a) Wien vom 8. April. Dieser Tagen haben Ihre Kaiserl. Königl. Majestäten neulich wieder allergnädigst verordnet, daß alle Aeltern, welche ihre Kinder zu Hause unterrichten lassen, ihre Lehrmeister zuvor in der Realschule examiniren lassen müssen; im widrigen Falle sie die besagter Verordnung beygefügte Ahndung und Straffe zu gewärtigen haben sollten.

* Wir erinnern uns noch gar wohl, von der Nothwendigkeit einer Realschule, und einem Schulmeister-Seminario geredet, und unsern Wunsch dahin geäußert zu haben, daß die jungen Herrn Geistlichen, ehe sie um ein Beneficium oder Pfarr anhalten, vorher ein paar Jahre in diesem Schulmeister-Seminario serviren, und sowohl theoretischen, als practischen Unterricht nehmen könnten. Der Nutzen davon, meynen wir, wäre dieser, a) daß sie in ihren ersten Priesterjahren, wo der Unterricht die beste Wurzel schlägt, die Zeit nützlich zubringen: sich nebenbey b) in der deutschen gereinigten Sprach- und Redekunst, item in Predigten und im Unterricht der Jugend besser üben: c) auf dem Lande hernach die Trivial-Schulen besser einrichten, öfters und nützlich visitiren, die matten Dorfschulmeisters ermuntern, und bessern, und somit dem gemeinen Wesen den allergrößten Dienst thun könnten. Wir mögen es läugnen oder eingestehen, die Erfahrung liegt jedermann vor Augen. Gesetze allein thun es nicht: wenn nicht der practische Unterricht wohl exercirter Schullehrer und ein ausgezeigter Fond zu deren Salarirung, der guten Anstalt zu Hülfe kommet.

— * — Künftig hievon ein mehrers: wenn gut Wetter ist. —

b)

b) Bey Johann Nepomuck Fritz, Buchhändler beym schönen Thurme allhier ist zu haben: Briefe zum Gebrauch junger Leute herausgegeben von Johann Baptist Strobl, Stud. Jur. bey der hohen Schule zu Ingolstadt in 8vo. 18. kr. *)

*) Dieser in der deutschen Litteratur schon ziemlich bewanderte junge Gelehrte ist von Aichach in Baiern gebürtig, und verdienet dessen Unternehmung, seinen Landesleuten in wohlgerathenen Briefen, die nach dem gellertischen Styl so glücklich abgefaßt sind, nützlich zu werden, allerdings angerühmt, so, wie diese Liege allen Hofmeistern und Instructorn, besonders denen empfohlen zu werden, welche zwar ausgelernte Lateiner aber noch keine Deutsche sind: und doch Lust hätten, ein deutsches Bürgerbrod zu essen, weil es ihnen oft zu weitt ist, sich eines aus Griechenland, zu holen. Item dienet der deutsche Sprachgebrauch der lateinisch studirenden Jugend (man mag dagegen einwenden, was man will) auch in der Absicht, alle Leibsnothwendigkeiten begehren, und, da viele hinnach erst ein Handwerk lernen, seiner Zeit einen wohlgefaßten Aviso-Brief oder wenigst einen Conto oder Auszügl zu Papier bringen zu können.

c) Die General-Landwesens-Commission in Koppenhagen hat zu verfänglicher Aufhebung der Gemeinde-Gründe von dem zum Landbau bestimmten Fond 30. Prämien nämlich 5. jedes zu 200. Rthaler und 25. jedes zu 100. Rthaler unter diejenigen Bauern auf mehrere Köpfe zu vertheilen bestimt, welche aus den Dörfern auf ihre Arbeit ziehen, sich neue Wohnungen an taugliche Plätze bauen, und dadurch die Aufhebung besagter Gemeinschaft denjenigen Bauren erleichtern, die im Dorfe wohnen bleiben. *

* — Prämien, ist eine Art Belohnung für die Werke der Vorzüglichkeit in der Kunst, und im Fleise: so, wie ein Vater sein braves Kind beschenket, wenn es im Lernen glücklich fortfährt: womit nichts aus der Freundschaft kommt, noch der Vater jemal ärmer wird, wenn er ihm von seinen Schätzen theilet, die er auf verschiedene Weise wiederum in Verwahrung nimmt. — Und es darf just nicht allemal Geld seyn: Man kann auch gute ältere oder geringere Mannufacturwaaren (in sofern etwas noch unverschliffen vorräthig wäre) zu Prämien für das gemeine Volk aussetzen, um die Feldarbeiter zu ermuntern. Bey einem geschenkten Roß sieht der Bauer nicht nach dem Zaum.

d) Die Königl. Landhaushaltungsgesellschaft in Coppenhagen, hat sich zu Ehren Sr. Königlichen Majestät Geburtstag versammelt, um die verschiedenen Prämien für eingekommene Preisschriften und ausgesetzte Preismaterien (nebst einigen Extra-Prämien für fleißige Hauswirthe) zuzuerkennen. Der Vice-Präsident, und Etatsrath Hübner, hielte zu förderst eine auf die Feyerlichkeit passende Rede. Für den Versuch über die wichtigsten Naturproducten für das Norwegische Stift Aggerthums wurde in dem theoretischen Preismaterien der Gesellschaft, dem Herrn Christian Sommerfeld auf Suchestad in Norwegen, der Gesellschaft correspondirenden Mitgliede, zuerkannt, die grosse Medaille in Silber. 2.) Für eine oeconomisch politische Abhandlung über die Viehseuche, und das Salzen: und die Behandlung der zur Ausfuhr bestimmten Fettwaren in Irrland rc. Den Secretair von der Gesellschaft, Herrn Canzleyrath Markfeldt, die grosse Medaille in Gold. 3.) Für die Erfindung einer Karre zu Schonung des Gassenpflasters bey desselben Legung: Dem Mechanico Bardwich für das eingesandte Model eine grosse Medaille in Silber.

e) Aus der vortreflichen Sammlung heiliger Alterthümer des verstorbenen Commendators Vettori, haben Sr. Heiligkeit die schönsten Stücke gekauft, um das Museum auf dem Vatican damit zu schmücken. Das berühmte Werk von der Kirchengeschichte, welches der verstorbene Cardinal Orsin herausgegeben, wird von dem Pater Bechetti fortgesetzt, und ist bereits ein Theil von ihm heraus.

Die Staatskünstler sagen: man müsse um ein Volk gesittet zu machen, mit wohlgebauten Schulen den Anfang machen.
Ist der Satz richtig? — Sollten wir uns was kosten lassen? — Woher das Bauholz? —
von Loen.

Churbaierisches Intelligenzblatt

Num. IX.

München den 10. May 1771.

Artic. I.

a) Generale: Den in dem Herzogthum der obern Pfalz allgemein verfügten Getreidsatz, und die gegen die Getreidverhaltung gemachte Fürsorge betreffend. Dat. 8ten April 1771.

Maximilian Joseph ꝛc.

Das allgemeine Anliegen unsers Herzogthums der obern Pfalz, die in solchem aus blosser Eigennutzigkeit und sündhaftem Wucher immer mehr und mehr einreissende Getreidtheuerung erfodert unumgänglich, daß nach dem preiswürdigsten Beyspiele der in unseren Churlanden zu Bayern unterm 26ten abgewichenen Monats Märzen in den Druck gelegten gnädigsten Generalverordnungen diesem höchstschädlichen Uebel, welches den wenig vermöglichen Burger und Landmann bis zur Erarmung aufzehret, auch im besagten unseren Herzogthum der obern Pfalz die behörige Schranken gesetzet, und solche übertriebene Gewinnsucht der mit einem Getreidvorrath annoch gesegneten, anbey aber auf eine noch grössere Theuerung begierig wartenden Unterthanen, so anderen ungefreyten, und allenfalls gefreyten Personen, alle Hoffnung eines künftig höhern Preises gänzlich benommen, so fort selbe entweders zu freywilliger Abgab ihres Vorraths veranlasset, oder mit Ernst und verfänglichen Strafen darzu bezwungen, in der Nachfolge also an der ansonsten mancher Orten unfehlbar bevorstehenden äussersten Hungersnoth, so anderen traurigen Ereignissen nach Möglichkeit vorgebogen werde.

Aus jetzt angezogenen landesnützlichen Absichten haben Wir nach vorläufig zu unserer geheimen Hofcommission in München, vom auch Unserer Regierung zu Amberg gehorsamst erstattet wordenen Bericht, und hierinnen deswegen beschehener Erwähnung, dann unterm 4ten dieß von höchstgedachter geheimen Hofcommißion hiebevor communicirten Exemplar von obermähnter höchstlandesherrlicher Getreidsatzesverordnung vom 26ten Märzen abhin gnädigst resolviret, in wiederholt unserm Herzogthum der obern Pfalz einen solch gestaltigen Universalgetreidsatz für die 5 Monate April, May, Juni, Juli, und August zu machen, welcher nach dem heurigen theuren Jahrgang in Dargegenhaltung anderer beträchtlicher Umstände allerdings proportioniret ist.

Solchemnach verordnen wir gnädigst, daß 1mo in dem Monat April das Münchner Schäffel

		fl.	kr.
Waitzen	um	15	:
Korn	:	15	:
Gersten	:	12	:
Haber	:	6	:

und zwar nur in unserer oberpfälzischen Hauptstadt Amberg, dann zu Neumarkt, verkauft und erkauft, an allen anderen Orten im ganzen Lande aber jedes Schäffel der ersten 3 Getreidgattungen als Waitzen, Korn und Gersten um 1 fl. wohlfeiler gegeben werden solle, welches jedoch nur von der besten und kastenmäßigen Getreidqualität zu verstehen ist; angesehen die schlechtere Gattungen auch geringer zu behandeln jedermänniglich freygelassen wird.

2) Solle in jedem der folgenden 4 Monaten May, Juni, Juli und August, das Schäffel sowohl Waitzen, als Korn und Gersten, allezeit um 1 fl., der Haber aber um 15 kr. herabfallen.

3) Ist kein Getreid über jetzt bestimmten Universalsatz unter hinnach gesetzter Strafe zu verkaufen. Damit aber die Zufuhr auf die Schranen- und Getreidmärkte desto mehrers befördert, auch jeder unserer Unterthanen bey gegenwärtigen Zeitumständen desto füglicher zu seinen benöthigten Speis- und Saamgetreide gelangen möge; so wird

4) Vermög eines von mehr höchstgedachter unserer geheimen Hofcommißion an die allhiesige Regierung sub prædicto dato 4 dieß laufenden Monats erfolgten gnädigsten Befehl der Hauskauf ohne Unterschied des gefreyten oder ungefreyten Standes dergestalten gestattet, daß jedoch bey allem dem, mit und nebst dem dermalen dispensando wiederumen erlaubten Getreidkauf bey den Häusern auf die angeordneten Wochen- und Getreidmärkte ebenfalls genauest gehalten werde. Sollte sich nun anbegeben, daß ein Unterthan zu Erkaufung eines Saam- oder Speisgetreides mit einem solchen, welcher zum Wiederverkauf das Getreid einhändelt, bey einem gefreyten oder ungefreyten Hause zusammen treffen würde; so solle dem ersten das Einstandrecht allerdings gebühren, und selben im Weigerungsfall von der Obrigkeit des Orts, ohne Gestattung eines Processes, verholfen werden. Und hat sich jeder Kaufer, welcher zur Speise, Saamen, oder weiteren Verkauf ein Getreid bey gefreyten oder ungefreyten Orten kaufen will, nebst dem Verkaufer wegen dem Werth nach dem Satz der von diesem Ort nächst entlegenen 2. Schranen zu achten, und nach solchen den Kauf einzurichten.

5) Jene, welche das Getreid bey gefreyten oder ungefreyten Häusern, oder auch auf den Schranen erkaufen, und zum Wiederverkauf auf andere Schranen führen, haben mit ordentlichen Ladscheinen von der Obrigkeit des Kauforts sich behörig zu legitimiren. Der Innhalt dieses Ladscheines bestehet in der Quantität und Qualität des Getreides, dann dem Werth, wie hoch jedes Schäffel erkaufet worden, dahingegen sind die Ladscheine jedesmal gratis zu ertheilen.

6) Würde jemand sich weigern, sein über die benöthigte Speis- und Saamnothdurft vorräthig habendes Getreid zum Verkauf herzugeben; so solle auf Anrufen des Käufers die Ortsobrigkeit deme hierzu executivè verhelfen: der Widerspenstige auch willkürlich abgestrafet werden. Daferne aber

7) Jemand sich unterfangen würde, seinen Getreidvorrath aus gewinnsüchtigen und betrüglichen Absichten zu verstecken, zu vergraben, oder zu vermauern, solle derselbe ohne Ausnahme (wessen Standes und Würden derselbe auch immer seyn möge) am Leben, Leib, Ehren und Würden bestraft, das gefundene Getreid aber zur Helfte denen Armen, und

die

die übrige Helfte dem Ausbringer, wann auch gleich derselbe an der Versteckung Theil genommen, oder hierzu geholfen, vertheilet, und der Ausbringer verschwiegen gehalten werden.

8) Ist gegenwärtiger Universalgetreidsatz vorzüglich zur Hülfe des Publicums verordnet. Wer sich demnach unterfanget, über den bestimmten Satz zu verkaufen oder einzukaufen, (wobey besonders das sogenannte Daraufgab- oder Darangeld, dann andere besondere Vortheile, wessen Gattung sie sind, keinesweg zu gestatten) solle unnachläßig und zwar der Verkaufer mit Abnahm des Kaufs-Pretii, der Kaufer aber mit Hinwegnehmung des Getreides für das erstemal bestrafet, das zweytemal aber dem Malefizproceß unterworfen werden, das abgenommene Getreid hingegen solle abermal den Armen zur Helfte, die übrige Helfte dem Ausbringer, wenn gleich derselbe in Complicitate gestanden seyn mag, zugetheilet, und der Namen des Ausbringers geheim gehalten werden.

9) Die Cognition der Uebertretung dieser höchsten Verordnung gebühret zwar bey Gemeinen der ersten Instanz: bey dem Adel, und gefreyten Stande hingegen Unserer Regierung Amberg, worunter sie inclaviret sind. Eine weitere Appellation wird aber in dergleichen keinen Verschub leidenden Sachen, ausser des einzigen Recursus zu Unsrer höchsten Person, nicht gestattet: und auch dieser Recursus solle nur alsdann Statt haben, wenn die Beschwerden gegründet sind, indem wir dergleichen Recursgesuch nach Ungnaden, noch über dieß besonders bestrafen lassen würden. Uebrigens sind derley Vorfälle jedesmalen von erster Instanz wegen summarissime zu behandeln, und jene Getreideigenthümer alsogleich mit Zuziehung des in Bereitschaft stehenden Militairs von der nächsten Militairstation, oder in Ermanglung dessen auf andere thunliche Art zu exequiren, welche bey geschehener summarischer Untersuchung als fehlig befunden werden, wovon zu unsrer geheimen Hofcommißion jedesmal Nachricht erstattet werden solle. Würde aber

10) Ein und andere Schrane nicht befahren, auch zugleich Brod und Mehl mangeln, alsdann solle an jenen Orten der Nachbarschaft, wo ein Verdacht eines verrätherischen Getreids obwaltet, mit Zuziehung des Militairs von der nächst entlegenen Station, oder mittelst Anhandnehmung anderer brauchbaren Leute visitiret, und nach abgegebener Speis- und Saamnothdurft der Rest dem Eigenthümer abgenommen werden, welcher selbigen auf die Mangel leidende Schrane entweders selbst abführen kann, oder aber im Weigerungsfall durch obrigkeitliche Veranstaltungen die Abführung ex officio zu gewarten hat. Das erlöste Geld wird dem Eigenthümer zugestellet, die Unkösten aber wegen dieser obrigkeitlichen Verfügung werden ihm hievon abgezogen. Damit aber

11) Wegen Regulierung der Hausnothdurft unnöthige Streite und Irrungen vermieden werden mögen; so wird zur Nothdurft bis über künftige Aerntezeit für jeden Kopf an harten Getreid als Waitzen und Korn ein und ein halbes Schäffel: am weichen nämlich Gerste und Haber zwey Schäffel, und zugleich für jedes Pferd auch ein Schäffel Haber angerechnet, und zurück zu behalten gestattet.

Schließlichen versehen wir uns gegen sämmtliche Beamte und andere Obrigkeiten allerdings, diese werden in genauester Vollziehung dieser zum allgemeinen Besten abzielenden Verordnung an ihren Fleiß und Diensteifer um so weniger etwas erwinden lassen, als widrigenfalls nach der nämlich hieher communicirten gnädigsten Verordnung de repetito 26. Martii ein saumiger oder connivirender Beamter mit Cassation und anderer sehr schweren Bestrafung unnachläßig würde angesehen werden, und keine Gnade im geringsten sich zu vertrösten haben.

Gegenwärtige Unsere gnädigste Verordnung ist anbey nicht nur auf den Schranen und Getreidmärkten, sondern auch vor den Gotteshäusern nach geendigten Gottesdiensten, und sonst gewöhnlicher massen zu publiciren, und zu jedermänniglicher Wissenschaft behörig affigiren zu lassen. Amberg den 8. April 1771.

(L.S.) Churfürstl. Regierung alda.

Bartolomäus Hötzendorf J. U. L. Churfl. wirkl. Regierungs Secret.

b) Chur-

b) Churfürstlich gnädigste Resolution: den moderirten Getreidsatz für die Schranenorte München, Landsperg, Tölz und Weilheim, zu Erleichterung der Zufuhr, betreffend. Dat. 27ten April 1771.

Se. churfürstl. Durchläucht ꝛc. ꝛc. haben gnädigst geruhet, zur Erleichterung der Getreidszufuhr auf hiesig- und übrig- hinnachbenannte Schranen den vermög Generaltabells vom 26sten Merzen abhin vorgeschriebenen Getreidsatz in soweit abzuändern, daß von nächstkünftigem Monat May an, der gesetzte Preis anstatt 2 um 1 fl. jedoch nur allein von dem harten Getreide: als Waitz und Korn, sich vermindern; wegen der übrigen Gattung aber sowohl als denen gegenwärtig nicht benamsten Orten es bey dem vermög gedachten Generaltabells statuirten Satz sein ungeändertes Verbleiben haben solle. Nach welchem sich also jedermänniglich zu achten, und im widrigen vor der in der Generalverordnung von obigem dato anbedroheter Bestrafung zu hüten weis. Signatum München, den 27. April 1771.

Ex Commissione Ser. Dni. D. Ducis & Elect. speciali. (L.S.)

Sebastian Ludwig Krempelhuber, churfl. geheimer Raths-Secretär.

Getreidsatznormale für hinnachbenannte Ortschaften.

	Monat	Schf. Waiz.	Schf. Korn.
München.	May.	21	19
	Junii.	20	18
	Julii.	19	17
	August.	18	16
Landsperg.	May.	22	20
	Junii.	21	19
	Julii.	20	18
	August.	19	17
Tölz.	May.	22	20
	Junii.	21	19
	Julii.	20	18
	August.	19	17
Weilheim.	May.	22	20
	Junii.	21	19
	Julii.	20	18
	August.	19	17

Artic. II.

Feilschaften.

a) Zu Stadt am Hof ist bey dortiger Metzgerschaft immer eine Parthie Unschlütt, und rohe Häute zu haben: wie dann Johann Michael König Metzger daselbst dem Publicum 10. Centner Unschlütt à 25. fl. 70. Stück Ochsenhäute, das Paar zu 14. fl. 100. Stück Kalbfelle das Stück à 56. kr. und 100. Stück Schaaffelle à 45. kr. feilbiethet.

b) Gottlieb Reutenberger Müller zu Haimhof bey Thannhausen in der obern Pfalz sucht einen Käufer für seine vorräthige 15. Centner Leinöl jeden à 25. fl.

c) In Neuöting in Baiern, stehet auf dem schönsten Platz ein 2. gädiges Haus mit einer Strumpfstrickergerechtigkeit versehen, um billigen Preise zu verkaufen. Liebhaber können sich deswegen bey Herrn Claudi Baßa, Handelsmann melden.

d) Zu Auerbach sind bey den bürgerlichen Zeugmachern die schönsten Zeugwaaren zu Sommerkleidern, Futter ꝛc. ¾ baierische Ellenbreit die Ellen à 20. kr. in Loco, bis Landshut, München, oder Straubing aber pr. 21. kr. zu haben. Handelsleute können in ganzen Stücken es noch billiger haben.

e) Dergleichen sind auch zu Tirschenreuth, Waltershof und Nabburg in der obern Pfalz zu haben: wovon die Preise und Sorten mit nächsten bekannt gemacht werden.

f) Das Handwerk der bürgerlichen Strumpfstricker zu Landshut in Baiern, dann der incorporirten Mitmeisterschaften zu Geisenhausen, Wasserburg ꝛc. verfertigt nunmehr ganz besonders feine Sorten von Wollen- oder Winterwaare, mit den allerschönsten feinsten Farben, so, daß die löbl. inn- und auswärtige Handelschaft und Landkrämer sowohl untern Jahr hindurch mit vorläufiger Beschreibung des verlangenden Sortiments vergnügte Bestellung machen, als auch in der künftigen Bartholomei-Marktzeit in den offenen Läden und Boutiquen die Waarensorten selbst auslesen kann.

Artic. III.

AVERTISSEMENT.

a) Ein gewisser braver Hauswirth sucht eine gute Mühl oder Wirthshaus zu stiften: wer also dergleichen Gerechtigkeiten im Lande benebst dem Feldbau und Wißgründen zu verstiften gedenket: beliebe sich bey dem churfürstlichen Manthamt Kötzting zu melden.

b) Die mit mehrern Proben gesicherte Kräutertinctur: genannt Herba homicis oder wunderbares Menschenkraut, ist von darum dem Publikum sicher zu empfehlen, als solche seine gute Wirkung machet, und nur zu wünschen wäre, daß sie mehrere Menschen applicieren möchten, besonders jene, die ein sitzendes, oder eingeschlossenes Leben führen, oder in Klöstern wohnen, und daher wenig Bewegung machen können. Es erfrischet den Leib, kühlet das Geblüt ab: reiniget selbes, besonders leistet es gute Dienste wider die golden Ader, Verstopfungen, und Hypochondrie, Bangigkeiten, und alle damit Blutsverwandten Uebel. Das Glaß kostet 36. kr. mit churfürstlichen Privilegio versehen, von dem Collegio Medico approbirt, und bey Herrn Hofkammer-Secretär Schneid in München in der Burggassen des Kosterischen Hauses in Verlag.

Citatio Edictalis.

c) Nachdem der von seinem Eheweib quo ad Thorum & mensam geschiedene Hanns Georg Hierstetter Burger allhier zu Furth vor einiger Zeit, unwissend wohin sich absentirt, und sein burgerliches Anwesen nicht nur allein in grosen Verfall, sondern auch in einem solchen Stande verlassen hat, daß nach einem bereits vorgenommenen obrigkeitlichen Inventario die Schulden das Vermögen wirklich übergehen, mithin die Justitz in allweg erheischen thue, daß bey solch vorliegender Beschaffenheit nach Verordnung der Gandrechten verfahren, und denen nicht mehr ruhenden Gläubigern auf solche Weise das Ihrige prioritätmäßig verschaft werde. Als wird obgedachter Hanns Georg Hierstetter vor allem hiemit und in kraft dieß dergestalten citirt, daß er sich in Zeit von 6. Wochen peremptorie bey allhiesigen Stadtgericht in eigener Person einfinden, und seine Sache selbst zum Verkauf bringen, folgends mit dessen Schuldnern abkommen, widrigens dessen aber nicht verursachen solle, daß nach Verlauf solch) anberaumten Termins von Obrigkeits wegen wirklich vorgegrifen, mithin die Sach plus licitanti hingegeben, und denen Debitoren nach eines jeden habenden Recht, und Prärogativ zu dem Ihrigen verholfen werden müßte, und wurde. Actum den 30. April 1771.

Churfürstl. Gränz-Stadt Furth.

Adelstands-Erhebung.

d) Se. Churfl. Durchläucht in Baiern rc. unser gnädigster Churfürst und Herr haben aus einer producirt vidimirten Copia Diplomatis von dero Churfürstl. geheimen Rath und Kammerern Franz Anton des H. R. R. Erbtruchseß und Grafen von Zeil den Beweis des alt adelichen Geschlechts derer von Beyer von Schafhausen aus der Schweitz herstammend erneuert gesehen: und daher auch auf unterthänigstes Belangen den Herrn Jacob Joseph Edeln von Beyer Consulent des Stift und Klosters Michlfeld und die ganze beyerische Familie mit dem Prädicat: der Edeln von Baier und des H. R. R. Ritter begnadet, hierüber das Gehörige ausfertigen, und ausschreiben lassen. Welches bey der Churfürstl. Regierung Amberg den 16. Jänner 1771. in solcher Maaße publicirt worden.

e) Nachdem die manchfaltigen Kräfte der Natur, welche alle die Erhaltung und Vermehrung der lebenden Geschöpfe zum Endzweck haben, durch fleißiges Nachdenken der Naturforscher ganz besonders erwecket werden

ten-

können; so ist es auch mit dem Nutzen und Gebrauch des Kreutzberger Dungsalzes beschaffen. Dieses Salz vermehret die Gewächse, bringet sie zum schleunigen Wachsthum, bringet den leimichten, thonigten, allzumatten Boden ein neues Leben bey; dienet sowohl den Ackersleuten als Gärtnern, und allen, die sich aus dem Pflanzenreich ernähren. Dieses Salz ist gerecht zu haben bey dem hiesigen Hof - Saamenhändler Johann Leonhard Dietz, in seinem Laden auf dem Rindermarkt: der Centner zu 28. fl. 20. kr. das Pfund 20. kr. Auch ist solches in Eisenach zu bekommen, bey dem Königl. Dänischen Consulenten rc.

f) Kund und zu wissen seye, daß beym Churfürstl. Hochlöbl. Hofrath zu gänzlicher Tilgung des Baron Schenkischen Creditwesens die Hofmarch Ober - und Unterpaar den 3. 4. und 5ten kommenden Monaths Juny an dem Meistbiethenden öffentlich verkauft werde. Dahero wissen die hierzu Lust tragende an obgehörten Tägen dieß Orts vel in persona, vel per Mandatarium zu erscheinen, und nebst Schlagung eines Anbothes dieser Licitation gebührends abzuwarten. Im übrigen wird angefügt, daß der Gutsanschlag dann Plan über die Waldung, und die acta in præsentia Registratoris einzusehen bewilliget seyen. München, den 2. März 1771.

(L.S.)

M. F. Ornatsperger, Secret.

Artic. IV.

a) Es sind jüngst unter dem Publico hier falsche baierische Zwölfer oder halbe Kopfstücke erschienen: worgegen wir das Publicum zu warnen uns verbunden erachten. Man erkennet solche a) daß auf dem Avers von dem Lorberkranz ein Zweig sehr nahe an den Scheitelpunct des Portraits anstosset, welches in guter Münz vom nämlichen Schlage nicht zu sehen: b) daß das fliegende Band, welches beyde Lorberzweige verbinden soll, fast gar nicht, so wie überhaupt das Brustbild sehr matt ausgedruckt, oder etwas löcherigt abgegossen ist. c) Auf dem Revers bey der Zahl (10) befindet sich neben der Jahrzahl 1770. eine grosse Maculatur des Abdruckes: d) Ist keine Randirung, sondern einzelne Einschnitte zu sehen. e) Der Klang ist ziemlich ähnlich, aber das Bleyfarbe der nachgedeutschten falschen Münze zeiget sogleich den Unterschied, und den Betrug an.

b) So hat man auch dieser Tagen einen von Metall, Kupfer und derley Composition abgeprägten falschen 24ger, oder ganzes Kopfstück mit der Jahrzahl 1765. zu Gesicht bekommen: wo auf dem Avers das Portrait der Kaiserl. Königl. Majestät sehr unähnlich und seicht: die Umschrift aber mit magern romanischen Buchstaben in der Art ausgedruckt ist, als ob das Gepräge oder der Stempel in Stein eingeätzet, und die falsche Münze auf denselben abgegossen wäre. Der Revers zeiget die nämliche Spuren.

Artic. V.

Handlungs - Nachrichten.

a) Kaiserl. Königl. Verordnung, die Mäckler betreffend. Dat. 9. März 1771.

Wir Maria Theresia rc. rc. Entbiethen N. allen und jeden Unsern getreuen Vasallen, Landesinnwohnern und Unterthanen, was Würde, Stands und Wesens die sind, insonderheit aber Unsern Kauf - und Handelsleuten, wie auch Negotianten und Wechselsensalen und sonsten jedermänniglich Unsre Kaiserl. Königl. und Landesfürstl. Gnade, auch alles Gutes, und geben euch anmit gnädigst zu vernehmen, wie daß Wir zur Erhaltung guter Ordnung und Sicherheit bey hiesiger Handelschaft nöthig gefunden haben, ausser denen in dem erneuerten Wechselpatent dat. 1. Weinm. 1763. ernannten Wechselsensalen noch zwey andere Classen dergleichen Sensalen oder Mäckler, und zwar die eine für die Orientalische, die andere aber für alle Gattungen der Waaren bestellen, und bey unserm N. Oe. Wechsel - und Mercantilgerichte in Eidespflicht zu nehmen, auch ihrer obhabenden Schuldigkeit wegen gehörig anweisen zu lassen.

Ob-

Obwohl nun Unsere allerhöchste Willensmeynung nicht sey zu hindern, daß ein Handel von den Partheyen unmittelbar, folglich ohne Zuziehung eines dritten, welcher die Unterhandlung dabey besorget, geschlossen werde, und also ausser dem in dem nachfolgenden vierten Absatze bemerkten Falle jedermann frey bleibet, sich bey seinen Geschäften eines Sensales zu bedienen oder nicht, so sey doch unser höchster Wille.

1) Daß, wenn eine dritte Person bey einem Handelsgeschäfte zur Unterhandlung gebraucht wird, solche keine andere, als ein bey Unserm Nied. Oesterreich. Wechsel = und Mercantilgerichte vereideter Sensal von jener Classe seyn solle, in welche der Handel einschläget; massen

2) Im widrigen, und wenn ein unbefugter Unterhändler von einer Parthey wissentlich wäre gebraucht worden, dieselbe den vierten Theil des Werths des Geschäfts verwirkt haben;

3) Der Unterhändler aber mit der Hälfte des Werths bestraffet, und, falls er solchen zu entrichten nicht vermögend wäre, mit Leibesstraffe beleget, im wiederholten Betretungsfalle von hier abgeschaffet, von den Geldstraffen den Denuncianten der dritte Theil verabfolget, und in dergleichen Fällen die Notion oder Erkänntniß von unserm N. Oe. Commerzienconceß salvo recursu in via juris geschöpfet werden solle.

4) Habe es bey unserer ergangenen höchsten Verordnung vom 30. April 1770. zu verbleiben, kraft welcher zu allen auf dem hiesigen Platz mit Ottomannischen Unterthanen über macedonische Schaafwolle schliessenden Negotien ein vereideter Wollensensal bey Nullität des Geschäfts gezogen werden solle, damit von diesen bey erfolgender Ausfuhr der Wolle in fremde Lande die Bescheinigung Unserm hiesigen Hauptmauthamte gegeben werden könne, daß eine solche Wolle wirklich eine fremde und keine Erzeugniß unserer Kaiserl. Königl. Erblanden sey. Damit aber

5) Die handelnde Partheyen durch Abforderung einer willkührlichen Mäcklergebühr oder Senserien nicht beschweret werden, haben wir solche nach den drey Classen der Sensalen folgendermassen festzusetzen befunden, und zwar habe es A. für die Wechselsensalen bey der bisher üblichen von jedem Theile zu entrichtenden Gebühr eines von 1000. Gulden Werths aller durch sie schliessenden Negotien mit Wechselcreditspapieren, Gold, Silber und Jubellen zu verbleiben.

B. Sollen die Waarensensalen nicht mehr als ein Viertel von Hundert, wenn das Geschäft ein tausend Gulden, oder darunter beträget, wenn aber solches die erstermehnte Summe übersteiget, nur zwey vom Tausend, jedoch ebenfalls von jedem Theile, zwischen welchen der Handel lauft, fordern können.

C. Die Sensalen der orientalischen Waaren aber sich durchaus mit einem halben von hundert Gulden, ohne Unterschied der Waaren, und deren mehreren oder minderen Betrags begnügen, dieser halbe per Cent jedoch von dem Verkäufer der bisherigen Uebung nach allein entrichtet werden.

6) Haben Wir Unsern N. O. Commercialconseß, und dem ihm unterstehenden Wechsel = und Mercantilgerichte auftragen lassen, darüber feste Hand zu halten, daß die Sensalen ihrer Pflichten und Instructionen gemäß, sich betragen, ihre Bücher und Vormerkungen ordentlich und gehörig führen, keiner unbefugten oder verdächtigen Parthey Unterschleif, oder Handreichung geben, auch sich selbst alles eigenen und Commißionshandels, und Theilnehmung an Handelsgeschäften enthalten sollen.

Alles bey der in dem erneuerten Wechselpatente ausgemessenen Strafe der Entsetzung von ihrem Amte auch einer zu entrichtenden Geldbusse von dreyhundert Gulden, wovon der dritte Theil dem Denuncianten zuzueignen. Dagegen wollen

7) Wir noch ferner gnädigst gestatten, daß die Sensalen von dem hiesigen gesammten Handelsstande unserm N. Oe. Wechsel= und Mercantilgerichte zur Prüfung vorgestellet, und nach erfolgter Bestättigung unsers N. Oe. Commerzienconseß bey ersterm zur Eidespflicht,

und

und sodann aber Amtshandlung gelassen werden mögen.

Wir befehlen demnach allen Eingangs ernannt Unsern getreuen Vasallen, Landesinwohnern und Unterthanen, insonderheit aber unsern, Kauf- und Handelsleuten, wie auch Negocianten und Wechselsensalen, und sonst jedermänniglich anmit gnädigst, daß ihr euch nach allen obigen Puncten gehorsamst und auf das genaueste achten sollet; Wie im widrigen wider die Uebertreter mit den vorgesehenen Strafen unnachsichtig fürgegangen werden würde; Allermassen von Unserer N. Oe. Regierung, Unserm N. Oe. Commercienconsens zur Entdeck- und Bestrafung der unbefugten Unterhändlern, und derer, so sich dererselben bedienen, der nöthige Beystand geleistet werden wird. Hieran beschiehet Unser gnädigster Willen und Meynung. Gegeben in Unserer Haupt- und Residenzstadt Wien, den 9. Monatstag Märzens im 1771ten Unsrer Reiche im 31. Jahre.

b) Spanische. Auf Königl. Verordnung ist allen Kaufleuten anbefohlen worden, ihre Nesseltücher nach den Zohlhäusern zu bringen, um sie daselbst versiegeln und aufbewahren zu lassen. Der Preis der amerikanischen Waaren ist sehr gefallen, wie auch die Assecurationen.

c) Wien den 12. April. Noch vor den Feyertägen ist der gemessene Befehl an alle hieher kommende ausländische Schifleute ergangen, daß dieselben ihre mitgebrachten Schiffe bey Strafe an Niemanden verkaufen, sondern solche bey dem hiesigen k. k. Oberschifamte anzeigen, und wenn selbe daselbst vor tüchtig befunden werden, gegen baare Bezahlung dahin abliefern sollen. Zu gleicher Zeit ist auch allen Schifmeistern sowohl hier, als in Unter- und Oberösterreich auferlegt worden, alle ihre in Brod und Sold habende Schifknechte nach ihrem Namen und Geburtsorte aufzuzeichnen.

d) Livorno den 10. April. Ein Jud Isaac Pardo Roques hat dem Großherzog Vorschläge zu Anlegung einer Wechsel- und Leihbank in dieser Stadt gethan. Man siehet der Entschliessung des Landsherrn begierig entgegen. Auch ist die ganz Zollfreye Ausfuhr des Waids aus dem florentinischen Staaten auf 10. Jahre erlaubt worden. Doch muß er ganz raffinirt seyn, und die Ausfuhr im Kraut in Kuchen oder Zelten ist ganz verbothen.

Pohlnische Gränze den 5ten April. Man spricht von einer Convention zwischen dem Wiener- und Dresdnerhof in Betref der Böhmischen Mauth, welche für Sachsen sehr vortheilhaft seyn soll: so daß man die sächsischen Waaren künftig um sehr billige Preise in Pohlen haben wird: und die Pohlnischen Juden die leipziger Messe wieder fleißig besuchen werden.

Artic. VI.

Nachrichten für die Policey.

a) In der Hamburger Kaiserl. privilegirten neuen Zeitung 60. St. vom 13. April 1771. lesen wir folgendes:

Se. Königl. Majestät von Preussen suchen in dero Landen die Misbräuche abzustellen, die bisher bey den Handwerkern durch den sogenannten blauen Montag vorgegangen; zu diesem Ende ist die Verordnung gemacht worden, daß künftig an den Montagen eben so fleißig und so lange als an den übrigen Werktagen von den Gesellen gearbeitet werden solle. Die sich dieser Verordnung widersetzen, sollen zum erstenmal mit 14tägigen, das zweytemal mit 4. wochentlichen Arrest bey Wasser und Brod bestraft, das drittemal aber mit härterer und nach Befinden Zuchthausstraffe belegt werden. Auch wird den Wirthen in den Handwerksherbergen bey 2. Thlr. Straffe verbothen, keinen in Arbeit stehenden Gesellen des Montags vor geendigter Abends Arbeitszeit in der Herberge zu dulden. Weil dergleichen Einrichtungen nicht gar leicht zu bewerkstelligen sind, wenn nicht andere Länder auch mit beytreten, so hat der Chur-Brandenburgische Gesandte zu Regensburg diese Verordnungen einigen andern Gesandten daselbst zur Bewirkung einer Nachahmung mitgetheilt.

b) Stockholm den 5. April. Die Nation verspricht sich unter der neuen Regierung viele

viele glückliche Veränderungen: durch einen angelangten Currir gehet nicht nur die erfreuliche Nachricht von der Reise und baldigen Ankunft Sr. Majestät ein; sondern es ist auch der Königl. Befehl angelangt, daß die französische Comödianten-Bande abgedankt sey.

c) Zu Neapel hat ein Seesoldat mitten in der Kirche St. Klara unter dem Gottesdienst ein armes Weib tödlich durchstochen, weil sie ihn gehindert, einer andern Person das Schnupftuch aus der Tasche zu stehlen. Die durch das Blutvergiessen entheiligte Kirche mußte also wieder reconciliirt werden. Der Mörder hat sich nicht geflüchtet. *

* Ihro päbstl. Heiligkeit sind hierinn allen katholischen Mächten (spricht ein gelehrtes öffentliches Blatt pag. 298.) mit einem treflichen Beyspiel vorgegangen. Ein Bösewicht hatte zu Rom gleichfalls einen entsetzlichen Mord verübet, und war der Gerechtigkeit, deren Bediente hinter ihm her waren, in die Kirche entwischt. Diese rissen ihn aber vom Altare weg, den er durch seine noch blutigen Hände entehrete. Man nahm ihnen aber den Missethäter: und führte sie selbst zum H. Vater. Dieser ließ den ersten sogleich dem Blutgericht überliefern, und befreyte die Diener der Gerechtigkeit: mit der Versicherung, er würde gewiß niemals zu geben, daß das Laster eine Freystätte an heiligen Orten finde: als woselbst es vielmehr am wenigsten sicher seyn sollte.

d) Vermög der im Druck erschienenen Verzeichniß ist von allhiesigen Bräuen an Märzen- oder Sommerbier auf den erst und zweyten Satz eingesotten worden, in Summa 858. Faß, welche halten 21560. Emmer. In Churpfalzsulzbachischen Landen ist vermög der unterm 8tem April ergangenen gnädigsten Policeyverordnung in Ansehung dermalig betrübter, und theuerer Zeiten das Aufspielen und Tanzen NB. sowol inn- als ausser den Würthshäusern bis nach heuriger Erndtezeit bey Strafe verbothen worden.

Artic. VIII.

Von gelehrten Sachen.

a) Bey Fr. Karl Manz allhier ist zu haben: Die schöne Abhandlung, welche an dem höchsterfreulichen Geburtsfeste auf dem hiesig academischen Saale vor einem zahlreichen hochansehnlichen Auditorio von (pl. Tit.) Herrn Anton Grafen von Törring zu Seefeld &c. Mitglied der churbaierischen Academie und der öconomischen Societät zu Altenötting, abgelesen worden; Sub. tit. gründliche Beweise: von den vorzüglich uralten Verdiensten des Durchläuchtigsten Hauses Baiern um das deutsche Reich. *

* So wie die Wahl der Materie jedem Leser wichtig scheinen muß, so wird er auch in der Abhandlung selbst jenen Beweiß in den natürlichsten Bildern finden, den der Author versprochen hat. Es erfordert wirklich ein grosses Kenntniß der älteren und neueren Geschichte: eine Belesenheit von weitem Umfange, und eine starke Beurtheilungskraft über die Denkungsart der alten Völker und der Zeiten, besonders der, die uns den kostbaren Ueberrest vom Alterthum in Schriften überlassen haben, und die so manche wunderliche Sentiments unter die Gegenstände der Geschichte eingemengt haben, daß sich ein gründlicher Gelehrter (wenn man sich so ausdrucken darf?) mitten in die Zeiten hineinwagen muß, wenn er deren Gesinnungen, Entschlossenheit, Tapferkeit und Muth der jezigen Welt bekannt machen, und den Beweiß auf sicheren Gründen führen will. Alles dieses verprobet dieser grosse Gelehrte durch eigene Beschäftigung. Weit entfernt von allem witzigen Grosthun oder blendenden Schimmer, giebt er uns das Muster einer bescheidenen Schreibart, und eröffnet uns in Begleitung der glänzenden Wahrheit, das grosse Theater der Zeiten, auf welchen Baierlands Regenten die Hauptperson der Geschichte vorstellen. Er läßt zum ersten den Luitpold (orientalis Bojariorum Dux) als den wahrhaften und erwiesenen Stammhalter des Durchlauchtigsten jetztregierenden Churhauses, auftretten, der im Jahr Christi 900. die Hunnen, die bekannten Verheerer und Stöhrer, die alten Feinde Baierns, aufs Haupt geschlagen hat. Dann kommt sein Sohn Arnulph, (den die damalig bösen Lateiner in Deutschland mit allem Unrecht, den Ueblen nennen) welcher die Stadt Regenspurg, die alte Residenzstadt der baierischen Regenten, mit einer

Mauer umgeben, und das Kloster St. Emmeran, das heutige hochfürstliche Stift, in Sicherheit eingeschlossen hat. Daraus folgen die merkwürdigsten Zeitpuncte, in welchen fast jeder der nachstammenden Baierischen Regenten dem Kaiser und Reich, bis auf den baierischen Kaiser Ludwig, der Anno 1347. starb, die vortreflichsten Dienste geleistet hat.

Welch eine Ehre vor den baierischen Adel der in so lebhaften Schilderungen des edelmüthigen Bezeigens baierischer Regenten, Gelehrsamkeit, und Muth genug besitzet, die tugendlichen Handlungen grosser Geister dem dunklen Reich der Vergessenheit zu entreissen, die Litteratur auszubreiten, den reinen Saamen der höheren Wissenschaften in jugendliche Herzen zu pflanzen, oder, welches gleich edlen Endzweck hat, die adeliche Jugend für das Reich der Zukunft vorzubereithen: lehren, das Vaterland, welches sie ernähret und dem sie dafür dankbarlich dienet, hochzuschätzen, zugleich desselben Regenten mit weisen Rathschlägen auf eine Art zu unterstützen, womit dem gemeinen Wesen nicht in Worten, sondern vielmehr in der That, nach den Grundsätzen wahrer Menschenliebe wesentlich gedienet seyn möge! * *

* * Lasset uns diesen edlen Bemühen den Wunsch der Patrioten beyfiegen: daß diejenigen, denen die Macht von oben herab gegeben ist, in der politischen Verfassung Wunderwerke zu wirken, den erhabenen Vorsatz ausführen, für die adeliche Jugend ein öffentliches Unterrichtungshaus, oder Pflanzschule, wie das Theresianum einer grossen Kaiserinn Königinn in Wien ist, zu stiften: das Verdienst über funfzig Ahnen zu erheben, und zum Ruhm des Vaterlandes Männer zu bilden, die die Geschichte gleichfalls verewigen wird.

Dieses wären so, wie uns dünket, die verehrunswürdigen Denkmäler der wahren Grösse, die Geister, die ihres Lobes nachmal würdig sind; die Männer, die Sully, die Colberts, deren Namen nicht in einem kalten Leichenstein, sondern in die warmen Herzen aller Landeskinder eingeschrieben stehen: und die ein würdiger Staatsminister nie ohne Ehrfurcht lesen wird. * * *

* * * Noch eine Bitte hätten wir, vor das Vatterland. Non est impossibile apud Deum! — Ein Schulmeister-Seminarium: verknüpft mit einer Realschule: zur Occupation geschäfftiger, junger, feuriger Geistlichen, damit diese ehrwürdigen Geschöpfe nicht nur Gelegenheit haben, sich Verdienste vor eine Pfarr zu sammeln, sondern auch die armen Kinder, die sonst für die Bethele, oder für das Laster erwachsen, zeitlich vom Müßiggang ab- und zu bürgerlichen Geschäften in einer Realschule angeleithet, folglich als Landeskinder dem Staat zum Nutzen erzogen, und bälder unter die gesitteten Stände gezählt werden möchten.

* * * * Amen. * * * *

b) Bey Johann Nepomuck Fritz Buchhändler beym schönen Thurme allhier ist haben: Abhandlung von dem Reichthum eines Staats durch die Viehzucht, welche an dem höchsterfreulichen Geburtsfeste Sr. Churfürstl. Durchlaucht in Baiern zu Altenötting bey der den 2. April gehaltenen feyerlichen Versammlung der hochansehnlichen ökonomischen Societät abgelesen worden, von (Titl) Herrn Wilhelm Adam Freyherrn Huber von Maur, Churfürstl. Kammerer und Regierungsrath zu Burghausen: Mitglied obbemeldter Gesellschaft. *)

*) Diese Abhandlung, welche dem Institut der hochansehnlichen Gesellschaft so angemessen, und so schön und gründlich bearbeitet ist, verdienet jeden Landwirth bestens empfollen zu werden. Der scharfsehende Author läßt keinen Umstand vorbey, den er nicht durchforschet, kein Vorurtheil, das er nicht bestreitet, und keine Nutzbarkeit, die er nicht aus ächten Gründen der Erfahrung klar und deutlich beweiset. Er gehet auf die Quelle zurücke, wo er reines Wasser findet, und gehet sodann auf die beblumten Wiesen, wo er sein gesundes Vieh weiden, sich vermehren, und fett werden siehet. — Er zeiget den unmittelbaren Zusammenhang der vorhergehenden guten Viehzucht, der Stallfüterung ꝛc. des verbessernden und mehrern Düngers mit dem erst dadurch sich verbesserenden Ackerbau. So empfiehlt er auch die Abthuung der schädlichen

chen Gemeinde-Weiden, die Anlegung der Wiesen, Anbau der Futterkräuter: besonders daß von allen Landwirthen unter die Gerste und unter den Haaber Klee sollte angebauet werden: so, daß man schon anjetzo von dem vernünftigen Theil die glücklichsten Unternehmungen, und die ehemaligen Brachfelder in die schönsten Kleepointen verwandeln siehet. Er rathet die Verfütterung des grünen Klee bey Milchkühen dahin an, daß man denselben mit etwas dürrem oder weniger fetten Futter bisweil vermischen solle, damit das Vieh nicht zu geil, oder die Milch gehemmet werde. Uebrigens beweiset der Author sehr schön, welchermassen die Viehseuchen hauptsächlich von den sperren Weidenschaften, und, wenn das Vieh vor abgetrockneten Thau allzufruh ausgetrieben wird, ihren Ursprung haben. Wir wollen die Leser, und besonders alle Obrigkeiten, deßfalls auf die Seite 21. 22. 23. & 24. verweisen. Der Artikel pag. 25. wie leicht die moosetigten, sauern und öden Gründe zu fruchtbaren Grasböden herzustellen, läßt sich recht gut lesen. — Dieser schönen, allgemeinlandesnützlichen Abhandlung ist ein Anhang beygefiegt, wie der sogenannte Trill aus den Feldern auszurotten seye: deme ein weiterer landwirthschaftlich geprüfter Vorschlag folget, das Bauholz in die beste Dauer zu setzen, u. s. f. Der in unsern Blättern schon öfters gegebene Vorschlag: an allen Strassen, Rainen, Wegen und öden Plätzen wilde und zahme Obstbäume zu pflanzen, wird dabey unterstützet, und aufs neue angerathen. Wir wollen dieses letzte Stück ganz liefern.

„ Die unglückliche Folge beweiset, daß in jenen Ländern, wo ein Holzmangel sich erzeuget, das Band des Gewerbes, der Handwerken, und Manufacturen merklich zerrissen, auch alle Stände in die äusserste Bedürfniß versetzet werden.

Unser würdiges Mitglied Theodor Freyherr von Ingenheim hat deswegen durch seine im Jahre 1769 herausgegebene Abhandlung von dem Mangel des Gehölzes, und den wesentlichen Mitteln diesem landschädlichen Uebel zu steuern, um das gemeine Wesen sich vorzüglich verdient gemacht. Und die churbaierische landwirthschaftliche Gesellschaft wünschte daher mit einem immer rege fortdauernden, edlen, patriotischen Eifer, daß man dieser nützlichen Vorschrift sogleich gefolget hätte; wodurch dem landsverblichen immer mehr sich äußernden Holzmangel bereits gedeglich vorgebogen, oder merklich abgeholfen seyn wurde.

Da nun der Nationaleifer dem Staate zu dienen, den allgemeinen Nutzen zu erweitern, und das Wohlergehen des Nebenmenschen zu befördern vom Tage zu Tage zu reiferer Blüthe gereichet; die Gesellschaft auch nur solche Stücke anrathet, worüber dieselbe zuvor die gehörigen Proben fürgekehret, die Versuche geprüfet, und durch die untersuchten Urquellen die Grundursachen untrüglich entdecket, folglich die Natur in ihrer verborgenen Lage gleichsam überraschet hat; so wurden auch von besagtem Freyherrn von Ingenheim, als Forstmeister, neue Versuche angestellet, und der Gesellschaft zur Prüfung überreichet, sohin ordentlich beurtheilet.

Man findet sich also verpflichtet aus tragenden reinen Gesinnungen, und edler Denkungsart solche Versuche mitzutheilen.

Gedachter Freyherr von Ingenheim hat in erst berührter Abhandlung schon dargethan, wie ungemein nutzlich es wäre, wenn der untere Stock bey den Häusern, Ställen, und Stadeln (so vom Holze auferbauet werden) so viel nur möglich, von Steinen aufgeführet wurden; weil die hölzernen Gebäude auf der flachen Erde der bäldesten Vermoderung, und fruhzeitiger Verfaulung ausgesetzet sind.

Es ist demnach der Herr Verfasser in Rucksicht des Bauholzes, dessen herzustellender Verbesserung, und Dauerhaftigkeit weiters auf die folgende rechtnutzbare Erfindung gerathen, welche auch mit einem untrüglichen, und glücklichen Erfolge gekrönet worden ist.

Man läßt nämlich die zum Bauholze bestimmten Stämme, und Bäume im Märzmonate sich anweisen, und thut solche, ehe sie in ihren vollen Saft kommen, zween, bis drey Schuh hoch von der Erde an gerechnet, abschälen, so daß sie von der ganzen Rinde bey zween Schuh breit entblösset werden. Dadurch trocknet der Baum nach, und nach auf dem Stamme recht nutzlich, und langsam bis auf den Kern aus; dem auch der Saft nicht mehr nachsetzen kann: es werden anbey die in dem Baume noch befindlichen übrigen Feuchtigkeiten verflüchtiget, die Stämme von dem Uebel kernfaul zu werden gänzlich befreyet, und also die Stärke, und Dauerhaftigkeit des Bauholzes ausnehmend vermehret, und verbessert.

Wenn also die Bäume auf diese Art ausgetrocknet sind, so läßt man dieselben im Monate November (Wintermonat) schlagen, und hält sie zum künftigen Baue, oder andern nöthigen Vorrathe wohl auf; denn es ist ein ungemein dauerhaftes, der Kernfaulung nicht unterworfenes Holz.

Man will weiters mit einem patriotischen Eifer anrathen, die Strassen, und andere Plätze, wo es dem Getreide ohne Nachtheil geschehen kann (wie es in vielen wohl eingerichteten Ländern beobachtet wird) mit Obstbäumen zu bepflanzen.

Der dadurch ergebende Nutzen wurde ganz ungemein erweitert werden; denn nebst dem, daß der Landmann sehr vieles Geld aus dem Obste lösete, könnte man auch vielen Most machen: und das übrig bleibende schlechtere Obst wurde für das Vieh, besonders für die Schweine verwendet, und also der heut zu Tage immer mehr verfallende, sonst so nutzbar gewesene, und zur Wohlfeile aller Gattungen Fleisches merklich beytragende Schweinzigel sehr befördert, auch neuerdings empor gehoben werden können.

Man hat anbey folgende von der Gesellschaft vorgenommene, geprüfte Erfahrungen noch beydrucken wollen. Wenn man nämlich auf wilde Birn- und Aepfelbäume (also auch von andern Obstsorten) allezeit von dergleichen Frucht, ja selbst in Ermanglung guter Zweigen die eigenen Zweige dieser Bäume aufpelzet, so verbessern, und vermehren sich die Früchte ganz ausnehmend; und im Verlauf dreyer Jahren hat man das Obst in großer Menge zu erwarten.

Bey dem Pelzen will man weiters eine aus der Naturkunde hergeleitete, und durch gesellschaftliche mit gutem Versuche erfolgte Unternehmungen unterstützte Erfahrung mittheilen: wie man nämlich, wenn ein gutes Obst, und dauerhafte Bäume erziegelt werden wollen, jederzeit auf die Fruhobstbäume auch Fruhobst, und auf die Spatobstbäume auch Spatobst, und so viel möglich, gleiche Gattungen auf gleiche Stämme, oder Wildlinge pelzen soll; welche zu gleicher Zeit ausschlagen, blühen, und ihre Früchte zur Reife bringen.

Die Ursache ist folgende. Alle Pflanzen, und Bäume gehen aus Mangel der Nahrung zu Grunde; daher fallen auch bey anruckender Winterszeit die Blätter von den Bäumen. Wenn also auf einen Spatobstbaum ein Fruhobst gepelzet wird, so fordert dieser Pelzer viel früher, als der andere zu grünen anfängt, die Nahrungssäfte; die ihm aber der Spatobstbaum noch nicht in behörigem Maaße ohne seinem eigenen Schaden mittheilen kann. So lang also dieser Pelzer noch jung ist, so ziehet er zwar Saft genug an sich, und dauret dessen Wachsthum drey bis vier Jahre; wird er aber größer, so erschöpft er den Baum, entzieht ihm seine Nahrung, und der Stamm, und Pelzer sterben miteinander ab: weil der Stamm ertrocknet, und also, da er seinen eigenen Saft verlohren hat, dem Pelzer keine Nahrung mehr mittheilen kann.

Wenn man hingegen auf einen Fruhobstbaum ein Spatobst pelzet, so steigen die Säfte schon ehe hinauf, ehe der Pelzer von dem Spatobste sie aufzufassen im Stande ist: derselbe wird also davon überladen, und stirbt für Vielheit der Nahrung.

Artic. X.

Etwas zum guten Geschmack.

Moralische Grundsätze.

§. 1. Aus heftigen Streitigkeiten folgen sehr wenig Ueberzeugungen.

§. 2. Der erste Schritt zur Besserung ist, wenn man die jähen Anfälle der Leidenschaft besieget, und bey Unglücksfällen geduldig ist.

§. 3. Das Aug ist das Fenster, zu welchem das Herz meistentheils heraus guckt.

§. 4. Glänzende schielende Augen, sagt Lovelek, sind oft das Zeichen eines verschlagenen Manns, oder wenigst des Raums im Herzen zum Schelme.

§. 5. Die Bosheit und Mißgunst haben die Augen auf die fehlerhafte Seite immer offen: und Verdienst und Tugend sind der Zunder, der den Neid im Feuer erhält.

§. 6. Anschläge von der Bosheit gebildet, und auf Eigennutz gegründet, verdienen es allemal, daß sie fehl schlagen.

§. 7. Sollte jedermann seine eigene Geschichte erzählen, und Glauben finden: so würde in der Welt keine schuldige Person seyn.

§. 8. Wir blicken oft in uns selbst, mit einem Entschluße: aber nicht sowohl über uns Gerichte zu halten, als vielmehr uns los zu sprechen.

§. 9. Wir behalten oft armselige Ursachen als eine Wichtigkeit auf, wenn sie dasjenige unterstützen, was uns gefällt.

§. 10. Diejenige Sache wird allemal fein gerichtet werden, wo der Beleidiger mit dem Richter auf einer Bank sitzet.

§. 11. Viele Menschen messen die Herzen anderer nach ihrem eigenen, und nehmen gern das Maaß von Recht und Unrecht nach demjenigen, was sie selbst sind; aber eben dadurch entstehet oft die Klage über falsches Maaß und Gewicht.

§. 12. So wird Ungeschicklichkeit bey einem Ungeschickten Tugend: Bosheit bey einem Boshaften Nothwendigkeit: und der Eigennutz bey einem Geitzigen nichts als Billigkeit seyn.

§. 13. Ein rechtschaffener Mann wird sich nicht leicht aus seiner Gemüthsfassung bringen lassen, wenn er weis, daß sein Herz GOtt, dem Fürsten, und dem Vaterlande getreu ist.

§. 14. Leute von einer freyen Lebensart, und die viel zu verantworten haben, machen sich meistentheils eine Religion nach ihren eigenen Handlungen, und dispensiren sich gerne selbst. —

§. 15. Ein Mensch, der verderbliche Anschläge zum Behuf heimlicher Vortheile ausführen will, ist oft glücklicher, als der, der es mit dem Fürsten gut meynet. Doch mit der innern Ueberzeugung wird der erste wieder gestrafft, der zweyte aber belohnt.

§. 16. Die Religion allein lehret uns, unvermeidliche Uebel sanftmüthig geduldig übertragen, und schweigen. —

§. 17. Erzählungen aus der Religion, womit man sich befestiget, werden das Herz wider den Angriff aller Widerwärtigkeiten und Qualen des Geistes bewaffnen.

§. 18. Kleine Seelen hüpfen gern von einer Extremität zur andern; sind der Bosheit williger Sclave, und oft wider ihren Willen Spötter der Tugend, wenn sie nur das wenige erlangen, daß sie gefallen.

§. 19. Diese kleinen Seelen sind dem Holz gleich, so sich in den Ofen werfen läßt, welches brinnet, andere zu erwärmen, während, daß es sich selbst zu einer Asche verzehrt.

§. 20. Ein gerechtes Herz hat sich zwar wie etwas zu förchten; doch wird es der Verläumdung mehr ausgesetzt seyn, als jene, die es mit der politischen Welt halten.

§. 21. Die Religion ist die einzige Zuflucht eines unter schweren und unverdienten Leiden arbeitenden Herzens.

§. 22. Eine wahre Frömmigkeit gebiethet uns nicht allein Beleidigungen zu vergessen, sondern auch großmüthig und überaus gütig gegen seine Feinde zu seyn. Und ein großer Geist danket für diese Gelegenheit seinen GOtt, daß er ihn schicklich findet, seinen Befehlen zu gehorchen. —

§. 23. GOtt will in den Herzen derer jenigen, die er heiliget, keine herrschende Leidenschaft zu irrdischen Angelegenheiten, keine Nebenbuhler haben.

§. 24. So, wie es unser Schuldigkeit ist, für das Wohl des Vaterlandes uns nützlich zu verwenden: eben so wird GOtt unsere Handlungen seegnen, wenn wir dieser Pflicht ein Genüge leisten.

§. 25. Unser bestes Gebeth in Betrübniß bey zweifelhaften oder kritischen Umständen, ist, daß GOttes Wille geschehen möge: und GOtt wird es besser machen, als wir glauben.

K.

Meteorologische Anmerkungen.

a) Wir hoffen heuer ein gutes, fruchtbares, ob gleich dem dermaligen Ansehen und den Bauernregeln nach, spates Jahr.

b) Weder an den Bäumen, noch an dem Grase kann man abnehmen, daß bereits der Frühling seye. Ein Laub ist noch nicht ausgefallen, noch weniger auch eine Baumbluhe: ja so gar auch das sonsten frühzeitig in die Bluhe trettende einiges wildes Holz, ist später, denn andere Jahre zur Bluhe gekommen. So verhaltet es sich auch mit dem Grase, daß man kaum merket, daß es aus dem Boden herfürstechen will.

c) Um Georgi, auf guten Getreidboden, wie hierum ist, soll nach der gemeinen Sage, eine Krähe in dem Korn sich verbergen können. Die Saamen sind aber noch so klein, daß man eine Lerche darinnen sitzen siehet. Doch stehen dessen unerachtet die Saamen bis Dato noch sehr schön, frisch und grün, und bedürfen nichts, denn eine gute Wärme.

d) Der Austritt der Donau, wovon im Jänner, Febr. und März Erwehnung geschehen ist, hat den Saamen, GOtt lob, nichts gethan, als in den Tiefen ein und andere ausgefäulet.

e) Weil allem Ansehen nach das Getreide gegen andere Jahre später in die Bluhe tretten möchte, ist, wenn auch noch Reiffe einfallen sollten, eine Gefahr nicht zu besorgen, denn die noch vorsehenden Reiffe werden früher, denn die Fruchtblühe kommen: ob aber das Obst anschlagen werde, stehet zu erwarten, wie die Bluhe sich anlasset.

f) Krankheiten grassiren nicht, als die kalten Fieber bey ein und andern.

g) Von dem Vieh will man sagen, daß einiges fallen thäte, es ist aber noch nichts sicheres offenbar. Lunge und Leber soll an dem Vieh Mangel haben.

h) Mangel an Brod ist die größte Noth: und die ich auch empfinde. Kein Getreid auf den Schrannen, keines unter den Bauern: fast alle Becken hören hie herum auf zu backen. Mein Brod muß ich schon von Straubing kommen lassen, was macht das nicht für einen Kosten.

i) Die Venalien sind hier im hohen Preise. 6. 7. Eyer um 4. kr. 1. Paar Tauben 12. 15. kr. eine alte Henne 20. 24. kr. auch 26. kr. Butter das Pfund 20. auch 22. kr. Die Ursach mag seyn, kein Bauer tragt etwas hieher, und was per Transito gehet, giebet nichts ab, gehet nach Regensburg. Mit doppelter Besoldung muß man hier zu Grunde gehen.

k) Merkwürdiges hat dieses Monath sich nichts anbegeben, als daß man sich eines großen Wassers auf den gehabten und abgegangenen Schnee vermuthet: es ist aber nichts erfolget.

l) Man hat heuer den 1. April schon wieder einen Cometstern beobachtet: weil er aber schon so fruhe gekommen: da er durch seine schnelle Umwendung dem Ansehen nach die Luft erschüttert, und die spätesten Schnee und Kälte sowohl in Frankreich, Italien, und Deutschland in diesem Monath verursachet hat: so sind vielmehr trockene, heiße Tage in Zukunft zu vermuthen. — An der Donau in Baiern, den 30. April 1771.

Preise von allerley Victualien und Getreide wie sie im Monath April in der obern Pfalz gestanden.

Namen der Städt u. Märkt	Monat.	Ochsenfleisch		Rindfleisch		Kalbfleisch		12. Eyer	Waizen Bier		Braun Bier		1 Pfund Schmalz	1 Kr. Semmel		Ein Laib gut Roggen Brod um	wiegt			Mittlerer Getreid-Preis Wais Schäf		Korn Schäf		Gerst. Schäf		Hab. Schäf	
	Tagen	kr	pf	kr	pf	kr	pf	fl.	kr	pf	kr	pf	kr	Lo.	Q.	kr	Pf.	L.	Q.	fl.	kr	fl.	kr	fl.	kr	fl.	kr
Auerbach.	20	5	2	4	2	3	2	27	4	—	2	2	12	9	—	4	1	—	1	14	19	14	10	14	10	5	5
Bernau.	15	5	—	4	—	3	—	30	—	—	2	2	12	5	2	12	3	15	—	13	20	12	—	10	40	7	—
Kemnath.	16	6	—	4	2	4	—	30	3	2	2	2	16	5	—	14	4	—	—	20	—	20	—	16	—	7	—
Nabburg.	14	6	—	5	2	4	—	30	3	—	2	2	20	4	—	3	—	16	—	18	—	18	—	14	—	8	—
Tirschenreuth.	13	5	—	4	2	3	2	30	—	—	2	2	15	5	1	8	2	16	—	16	—	12	—	10	40	5	—
Waidhausen.	17	—	—	5	—	4	—	24	—	—	2	2	18	4	—	—	—	—	—	18	—	17	—	15	—	10	—
Waldmünchen.	17	6	—	5	2	4	—	32	3	—	3	—	24	3	—	—	—	—	—	24	36	24	—	16	—	7	30

Pro Nota. Dieses gegenwärtigen und nachfolgenden Artikels halber wird hiemit angemerkt, daß die hierinn ausgesetzten Benauenpreise keineswegs als obrigkeitliche Sätze und Taxen der Feilschaften angesehen werden müssen; indeme die Käufe und Verkäufe nur, wie sie sich an den Markttagen von selbst andegeben, zusammengetragen und bekannt gemacht werden.

Preise von allerley Victualien und Getreide, wie sie in nachstehenden Tagen waren.

Namen der Städt u Märkt	Tag	Ochsen-fleisch		Rind-fleisch		Kalb-fleisch		Schaaf-fleisch		12. Eyer	Weizen-Bier		Braun-Bier		Schmalz	1. kr. Semel wiegt		ein Leib gut Roggen-Brod um	wiegt			Mittlere Getreid-Preis. Weiz Schäf		Korn Schäf		Gerst Schäf		Hab. Schä.	
	T.	kr	pf	kr	pf	kr	pf	kr	pf	kr	kr	pf	kr	pf	kr	lo	qu	kr.	pf	lo	qu	fl.	kr	fl.	kr	fl.	kr	fl.	kr
Abbach	3	6	2	5	2	5	—	—	—	21	4	2	3	1	20	4	—	6	1	8	—	22	—	24	—	21	—	11	—
Aichach	13	7	—	5	2	5	2	—	—	18	5	—	3	2	20	4	2	4	1	—	—	21	—	19	—	13	—	6	—
Aebling	11	7	—	6	—	4	2	5	—	21	5	2	3	3	17	2	—	4	1	—	—	21	—	19	—	13	—	5	—
Abensberg	5	7	—	6	—	5	—	—	—	8	4	1	3	1	17	3	2	12	2	4	—	24	—	22	—	21	—	9	—
Braunau																													
Boburg	1	—	—	6	—	6	—	—	—	24	5	—	3	1	16	2	2	4	1	—	—	2	—	25	—	18	—	7	30
Cham	25	—	—	6	—	1	2	—	—	21	3	3	4	—	17	3	—	14	1	24	—	22	—	20	—	16	—	10	—
Craiburg	15	6	—	5	2	5	—	—	—	30	6	—	3	1	16	3	1	5	1	1	—	19	—	17	—	12	—	6	15
Dachau																													
Deggendorf	4	6	—	5	—	4	2	—	—	24	4	1	3	2	20	—	3	5	—	6	1	24	—	23	—	17	—	7	—
Dietfurth	17	7	2	6	2	4	2	—	—	21	4	2	3	1	22	5	—	6	1	8	—	24	—	22	—	20	—	8	—
Dinglfing																													
Dorfen																													
Erding	30	7	—	6	—	5	—	—	—	30	5	—	3	1	18	5	1	5	1	2	2	21	—	19	—	13	—	6	30
Frewing	2	7	—	6	—	5	2	—	—	15	4	—	4	—	20	2	—	12	3	—	—	34	—	32	—	21	—	8	30
Friedberg	11	7	—	6	2	6	2	—	—	15	5	—	3	2	24	3	2	4	1	—	—	21	—	19	—	13	—	6	—
Friedburg	1	6	—	5	2	5	—	—	—	30	4	1	3	3	16	4	—	5	2	—	—	20	30	18	—	12	—	6	—
Geiselhöring																													
Kelheim	11	5	2	6	—	5	—	—	—	12	4	—	3	2	20	—	—	—	—	—	—	—	—	—	—	—	—	—	—
Kötzting	11	5	—	4	2	4	—	—	—	30	4	1	3	2	20	5	—	10	5	—	—	20	—	19	—	15	—	7	—
Landau																													
Landsperg	22	7	1	6	1	5	—	—	—	20	5	—	3	2	22	3	2	4	—	24	—	23	—	21	—	15	—	7	—
Marquartstein																													
Müldorf																													
Mainburg																													
Mosburg																													
Neuenötting																													
Neumarkt	9	7	—	6	2	5	2	—	—	24	5	—	3	1	17	5	—	3	—	24	—	19	—	17	—	12	—	6	15
Neustadt																													
Passau	19	5	—	4	2	5	—	—	—	21	4	—	4	—	20	3	—	12	3	—	—	26	—	17	—	15	—	9	—
Pfaffenhofen																													
Pfarrkirchen																													
Plätling																													
Reichenhall	15	5	—	5	—	5	—	4	—	18	5	—	3	3	20	3	—	32	8	—	—	22	—	20	—	14	—	7	—
Regenspurg	20	7	—	6	2	8	—	—	—	18	3	—	3	—	20	4	2	12	2	28	—	20	—	18	—	13	—	6	—
Rhain	12	7	2	6	2	5	2	—	—	18	5	2	3	2	21	4	2	8	2	8	—	21	—	19	—	13	—	[illegible]	—
Ried	3	6	—	5	2	5	—	—	—	24	5	—	3	2	20	4	1	12	2	2	2	24	30	20	—	17	—	7	—
Rosenheim	6	6	2	5	2	4	—	—	—	21	5	1	3	2	15	3	3	4	—	23	—	21	—	19	—	13	—	5	—
Rottenburg	1	7	—	6	—	5	—	5	—	30	4	2	3	1	18	3	2	4	1	—	—	29	—	30	—	22	—	9	—
Schärding	11	5	2	5	2	5	—	4	—	24	4	1	3	2	20	5	—	4	1	—	—	18	—	16	—	11	—	6	—
Schongau	11	7	—	6	—	5	—	—	—	12	—	—	3	2	22	3	1	8	1	10	—	24	—	22	—	15	—	7	—
Schrobenhausen																													
Stadt am Hof																													
Tölz	1	7	—	5	2	5	1	5	1	18	5	2	3	2	18	2	2	5	—	31	—	—	—	—	—	—	—	—	—
Traunstein	10	5	3	5	1	4	2	—	—	18	4	2	3	2	18	4	2	4	1	1	2	21	—	19	—	13	—	6	—
Trosperg	8	—	—	5	2	5	—	—	—	24	5	—	3	2	16	—	—	—	—	—	—	19	—	17	—	12	—	6	15
Vilshofen	3	6	1	6	—	4	—	—	—	21	4	—	3	2	20	2	—	6	1	3	2	18	—	16	—	12	—	5	—
Wasserburg	10	6	2	6	—	4	2	—	—	21	4	—	5	3	16	4	—	8	1	28	—	20	—	18	—	12	—	5	45
Weilheim																													
Zwiesel																													

April

Preise von allerley Venalien und Victualien, wie sie in Monath [illegible] gestanden.

Venalien und Victualien.	Zahl Maß u. Gewicht.	München d. 30. April.			Landshut d. 21. April.			Straubing d. 20. April.			Burghauf. d. 16. April.			Ingolstadt. d. 13 April			Amberg d. 13 April.		
		fl.	kr.	d.	fl.	kr.	d.	fl.	kr.	d.	fl.	kr.	d.	fl.	kr.	d.	fl.	kr.	d.
Waizen mittler Preis.	1. Schäf.	22	—	—	20	—	—	—	—	—	19	—	—	20	20	—	15	—	—
Korn mittlere Preis.	1. Schäf.	20	—	—	18	—	—	—	—	—	17	—	—	19	-	—	15	—	—
Gersten mittlere Pr.	1. Schäf.	14	—	—	8	—	—	—	—	—	12	—	—	13	—	—	12	—	—
Haber. 7. Metzen.	1. Schäf.	7	—	—	6	—	—	—	—	—	6	15	—	6	—	—	6	—	—
Semmelmehl.	1. Metz.	4	48	—	4	—	—	—	—	—	3	30	—	3	—	—	3	52	—
Ordin. Waitzenmehl.	1. Metz.	4	16	—	3	12	—	—	—	—	3	10	—	2	30	—	3	12	—
Roggenausschlag.	1. Metz.	4	32	—	3	12	—	—	—	—	3	—	—	3	—	—	3	4	—
Ordin. Roggenmehl.	1. Metz.	4	8	—	2	40	—	—	—	—	2	50	—	2	36	—	2	32	—
Ochsenfleisch.	1. Pfund.	—	7	2	—	7	—	—	6	2	—	6	1	—	7	2	—	6	—
Rindfleisch.	1. Pfund.	—	6	—	—	6	1	—	6	1	—	5	3	—	6	2	—	6	—
Kalbfleisch.	1. Pfund.	—	5	3	—	6	—	—	5	—	—	5	1	—	6	2	—	4	2
Schaffleisch.	1. Pfund.	—	—	—	—	—	—	—	—	—	—	—	—	—	—	—	—	—	—
Schweinfleisch.	1. Pfund.	—	8	—	—	9	—	—	8	—	—	7	—	—	10	—	—	6	2
Gänse.	1. Stuck.	—	50	—	—	—	—	—	—	—	—	—	—	—	—	—	—	—	—
Enten.	1. Stuck.	—	36	—	—	—	—	—	—	—	—	—	—	—	—	—	—	—	—
Kapaun oder Koppen.	1. Stuck.	—	45	—	—	30	—	—	—	—	—	30	—	1	—	—	—	—	—
Hennen.	1. Stuck.	—	18	—	—	16	—	—	18	—	—	15	—	—	25	—	—	—	—
Junge Hünner.	1. Paar.	—	30	—	—	—	—	—	24	—	—	18	—	—	—	—	—	—	—
Hechten.	1. Pfund.	—	20	—	—	36	—	—	20	—	—	20	—	—	18	—	—	16	—
Karpfen.	1. Pfund.	—	16	—	—	18	—	—	12	—	—	15	—	—	13	—	—	8	—
Schmalz.	1. Pfund.	—	17	—	—	17	—	—	17	—	—	16	—	—	20	—	—	22	—
Butter.	1. Pfund.	—	18	—	—	16	—	—	16	—	—	14	—	—	18	—	—	16	—
Eyer.	50. St.	—	40	—	—	24	2	—	23	—	—	22	1	—	40	—	—	33	2
Weiß-Weitzenbier.	1. Maaß.	—	4	2	—	4	2	—	4	2	—	4	1	—	4	1	—	3	2
Braunbier.	1. Maaß.	—	3	3	—	3	3	—	3	2	—	3	2	—	3	2	—	3	—
Bierbrandwein.	1. Maaß.	—	15	—	—	20	—	—	18	—	—	16	—	—	20	—	—	24	—
Baumöl.	1. Pfund.	—	22	—	—	24	—	—	24	—	—	22	—	—	24	—	—	24	—
Leinöl.	1. Pfund.	—	18	—	—	16	—	—	18	—	—	14	—	—	16	—	—	16	—
Unschlitt ausgeschmolz.	1. Centn.	24	—	—	20	—	—	28	—	—	22	—	—	28	—	—	15	—	—
Unschlittkerzen.	1. Pfund.	—	17	—	—	18	—	—	18	—	—	15	—	—	18	—	—	12	—
Ver. Baumwolltacht.	1. Pfund.	—	20	—	—	21	—	—	—	—	—	16	—	—	24	—	—	—	—
Seife.	1. Pfund.	—	14	—	—	16	—	—	17	—	—	14	—	—	16	—	—	18	—
Salz.	1. Metz.	1	36	—	1	36	—	1	30	—	1	2	—	1	30	—	:	—	—
Jede Kl. zu 36. sch. im □ Schridl. 3½. sch. Buchenholz.	1. Klaft.	4	30	—	5	50	—	7	—	—	4	—	—	4	20	—	—	—	—
Eichenholz.	1. Klaft.	—	—	—	5	30	—	6	—	—	—	—	—	—	—	—	—	—	—
Birkenholz.	1. Klaft.	4	—	—	4	30	—	6	15	—	—	—	—	—	—	—	—	—	—
Feichtenholz.	1. Klaft.	3	20	—	3	30	—	4	20	—	2	24	—	3	15	—	4	15	—

	tt.	lo.	qu.	tt.	lo.	qu.	tt.	lo.	qu.	tt.	lo.	qu.	tt.	lo.	qu.	tt.	lo.	qu.
Ein Kreutzer Semmelbrod wiegt.	—	2	3	—	5	—	—	3	—	—	4	—	—	4	3	—	6	—
Ein 4. Kreutzerleib. Weißrogg.	—	25	—	—	19	—	—	—	—	—	30	1	—	—	—	—	—	—
Ein 5. Kreutzerleib.	—	—	—	—	—	—	—	—	—	—	—	—	—	—	—	—	—	—
Ein 6. Kreutzerleib.	—	—	—	—	—	—	1	4	—	1	13	2	—	—	—	—	—	—
Ein 8. Kreutzerleib.	1	18	—	1	5	—	—	—	—	—	—	—	—	—	—	—	—	—
Ein 12. Kreutzerleib, Hausbrod.	—	—	—	2	14	—	—	—	—	—	—	—	—	—	—	3	12	—

Nota. Die Lücken hierin — — — — wir können nicht daver. — —

Wer für der Armen Heil und Zucht:
Mit Rath und That nicht wachet,
Dem Uebel nicht zu wehren sucht,
Das oft sie dürftig machet:
Nur sorglos ihnen Gaben giebt,
Der hat sie wenig noch geliebt.
Gellert.

Churbaierisches Intelligenzblatt

Num. X.

München den 18. May 1771.

Artic. I.

Circulare: Die sich ins Land einschleichende Bethler und Vaganten, und die deßhalb durch die Churfürstl. Gränzbeamten gemachte Fürsorge betreffend. Dat. 10. April 1771.

Nachdem wiederholte Anzeigen geschehen, daß die churbaierischen und oberpfälzischen Lande durch das von angränzend- auswärtigen Orten sich in Menge hereinziehende Bettler- Vaganten- und dergleichen herum irrendes Gesindel sehr beunruhiget, die Wege und Strassen unsicher gemacht, und die Unterthanen der Gefahr ausgesetzt werden, durch ausübende Gewalthätigkeiten allerley Mißhandlungen zu erdulden, wozu die erste Gelegenheit aufs kürzeste abgeschnitten würde, wenn die sammtliche churfürstliche Gränzmauthämter der Confinwache jeden Orts die gehörige Anweisung ertheileten; Als wird hiemit, auf churfürstlich gnädigsten Special-Befehl vom 30ten elapsi allen hinnachbenanten Churfürstlichen Haupt- Gränz- und Beymauthämtern der schärfste Auftrag gemacht, durch die Confinwachen, Mauthdiener, und Amtsknechte, obbesagt fremdes Gesind, die Bethler, Vaganten, und dergleichen bedenkliche Leuthe, wenn sie nicht mit einem authentischen Paß ihrer Herkunft, und anderen Requisitis versehen, auch die vorgebliche Wahlfahrter, oder prätendirende Besucher ihrer Befreunden, wenn sie nicht zur Hin- und Herreise ein proportionirtes Zehrgeld vorweisen, oder, die laufende Handwerks-Bursche, wenn selbe nicht mit frischen Kundschaften versehen sind, nach laut des letztern Mandats, und Verordnung datirt 27ten July & 11ten October 1770. die Abschaffung des Bethels betreffend, nicht in das Land zu lassen, sondern von der Hand, und zurück zuweisen, und so sie sich auf einer andern Seite gleichwohl wieder hereinschleichen würden, ohne weiters per Empfang zunehmen, und durch die Confinwachen bis zum nächsten Gericht liefern zu lassen, um selbe mandatmäßig zu bestrafen, und so das Gericht zu weit entlegen, von Mauthamtswegen fürzugreifen, und die so bedenklichen Landstürzer, Bethelfrauen, und derley Gesinde durch den Stockmeister jure præventionis mit Stockstreichen: so andern verfänglichen Mitteln anderen zum Abscheu abstrafen: und aus dem Lande führen zu lassen. Würde sich aber ein Churfürstlicher Mauthbeamter desfalls etwas zu Schulden kommen, oder saumig- und schläferig erfinden lassen; So bleibt ihm hiemit unverhalten, daß man ihn anderen zum schreckbaren Beyspiele, auf ein geringers Amt versetzen, und an ihm sonst noch seine Fahrläßigkeit kennbar bestrafen: auch die im Lande erwischenden Vaganten- und fremden Bethler auf Unkosten des Gränzbeamten, wo sie hereingekommen, wieder hinausführen lassen würde, wovon sich jeder gleichwohl zu hüten: und mittelst Correspondenz der Zuhülfe nehmenden gerichtlichen Gewalt, die verfängliche Anstalten zutreffen wissen wird.

Gegenwärtiges Patent ist demnach denen sämmtlichen Beymauthämtern sogleich zu communiciren, und bey erfindender Connivenz deren, ohne weiters berichtliche Vorstellung anher zu machen. München den 10. April 1771.

Von Churfürstl. Cameral-Mauth-Directorio an sammentliche Mauthämter in Baiern und der obern Pfalz also abgegangen.

Franz Kohlbrenner Secret.

Universalgetreidsatz, welcher auf gnädigste Specialanbefehlung Sr. Churfürstl. Durchläucht ꝛc. unsers gnädigsten Churfürsten und Herrn, von nun an, für die vier Monate May, Junii, Julii, August, des jeztlaufend-1771ten Jahrs in den folgenden vier Rentämtern, und hierinn enthaltenen Ortschaften verordnet worden.

Rentamt München.

	Schff. Waiz.	Schff. Korn.	Schff. Gerst.	Schff. Haabr.	
	fl.	fl.	fl.	fl.	kr.
Abensperg.	18	16	10	5	45
Aichach.	19	17	11	5	45
Fridberg.	19	17	11	5	45
Ingolstatt.	19	17	11	5	45
Landsperg.	22	20	13	6	45
München.	21	19	12	6	45
Pfaffenhofen.	19	17	11	5	45
Rhain.	19	17	11	5	45
Reichenhall.	20	18	12	6	45
Rosenheim.	19	17	11	4	45
Schrobenhausen.	19	17	11	5	45
Traunstein.	19	17	11	5	45
Tölz.	22	20	13	6	45
Wasserburg.	18	16	10	5	45
Weilheim.	22	20	13	6	45

Rentamt Landshut.

	Schff. Waiz.	Schff. Korn.	Schff. Gerst.	Schff. Haabr.	
	fl.	fl.	fl.	fl.	kr.
Dingolfing.	16	14	9	5	45

Rent-

Rentamt Landshut.

	Schff. Waiz.	Schff. Korn.	Schff. Gerst.	Schff. Haabr.	
	fl.	fl.	fl.	fl.	kr.
Eggenfelden.	16	14	9	5	45
Erding.	18	16	10	6	—
Landau.	16	14	9	5	45
Landshut.	17	15	10	6	—
Neumarckt.	16	14	9	5	45
Vilshofen.	15	13	8	5	30

Rentamt Straubing.

	Schff. Waiz.	Schff. Korn.	Schff. Gerst.	Schff. Haabr.	
	fl.	fl.	fl.	fl.	kr.
Cham.	15	13	8	5	30
Degendorf.	16	14	9	5	30
Furth.	16	14	10	5	45
Kelsham.	17	15	9	5	30
Regen.	15	13	8	5	30
Stadt am Hof.	17	15	10	6	—
Straubing.	16	14	9	5	30
Viechtach.	15	13	8	5	30

Rentamt Burghausen.

	Schff. Waiz.	Schff. Korn.	Schff. Gerst.	Schff. Haabr.	
	fl.	fl.	fl.	fl.	kr.
Braunau.	16	14	9	5	45
Burghausen.	16	14	9	5	45
Cranburg.	16	14	9	5	45
Neuötting.	16	14	9	5	45
Ried.	15	13	8	5	30
Schärding.	15	13	8	5	30

Gegeben München, den 8ten May 1771.

Ad Mandatum Sereniſſimi Dni. Dni. Ducis Electoris ſpeciale. (L.S.)

Mathias Prändl, churfl. Rath, und geheimer Secretair.

Artic. II.

Feilschaften.

1) Mathias Gruttner, Papierer von Pfaffenhofen in der obern Pfalz biethet dem Publicum feil 100. Ballen Drucker- und 100. Ballen Schrenz- oder Flußpapier: das erste der Ballen zu 8. fl. das zweyte zu 6. fl. in loco. Item 80. Centner Schrenzmist oder Dünger zu Bemayrung der Aecker und Gärten: jeden Centner zu 40. kr. Die Musterbögen von obigen Papier sind im Intelligenz-Comtoir einzusehen.

Artic. III.

Licitatio.

In dem Dorf Schorndorf stehet eine zur Ambergischen Plaulanischen Probsten in Kamm Erbrechtsweise gehörig, mit Schenk-

 Kram-

Krammers : und Metzgergerechtigkeit versehene Wirthsbehausung mit den hierzu gehörigen Feld : Wies : und Holzgründen auf einen ganzen Hof, benebst der hierzu Zubauweis gehörigen Sölden zu Schorndorfsgrub (so zur Pfarr Schorndorf grundbar ist) zum Verkauf: daher zu Licitirung solch allen Montag, Erchtag und Mittwoch, nämlich der 10. 11. & 12. Juny angesetzt worden. Welches mit dem Anhange bekannt gemacht wird, daß ein Mann, der besonders mit dem Schlächteln umgehen kann, in diesem mit einer ansehnlichen Wahlfahrt versehenen Orte Schorndorf hinlängliche Mannsnahrung finden werde. Actum den 26. April 1771.

Churfürstl. Pfleggericht Kamm.

S. G. von Geisler, Pflegs-Commissarius.

Artic. V.

Handlungs = Nachrichten.

a) Der festgesetzte Friede zwischen Spanien und Engeland macht Briefen aus Bourdeaux zu Folge, die Schiffahrt daselbst von neuem lebhaft. Die neulich erwehnte Hungersnoth im Königreich Bengalen, die von einer lange anhaltenden Dürre entstanden seyn soll, wird zum Theil widersprochen. Das Haus der Gemeinen in Irrland (Parlaments : oder Landschaftsverordneten) hat beschlossen, der ökonomischen Societät zu Dublin 10000. Liv. Sterl. zuzustellen, um sie dadurch in den Stand zu setzen, Prämien zur Aufmunterung des Ackerbaues, für die fleißigsten des Bauernvolkes, dann der Künste und Manufacturen auszutheilen. *)

*) 10000. Liv. Sterl. ungefehr 110000. deutsche Gulden: diese Summa, man wird uns wohl verstehen, wird der gelehrten ökonomischen Gesellschaft allemal vorher eingeliefert, ehe sie solche durch Prämien an die fleißigsten Landwirthe hinaus giebt. Sollte über kurz oder lang an die ökonomische Gesellschaft zu N — g dergleichen Austrag geschehen, so wird sie es mit Freuden thun. —

b) Hannover den 12. April. Allda ist eine königl. Verordnung dd. 12. März 1771. ergangen, kraft welcher die Unterthanen angewiesen werden, die Sicheln, Sensen und Futtermesser von innländischen Schmieden abzunehmen, gestalten die fremden, und welche nicht mit dem authorisirten herrschaftlichen Stempel bezeichnet sind, wiederholt verbothen, und derowegen bey den Kaufleuten, Eisenhändlern und Kesselführern die vorräthige derley Waare zu stempeln verordnet worden.

c) Vermög ergangener Königl. Dännischer Verordnung sind die in der Zohlrolle 19. Cap. 5. 6. 9. 29. & 30. Art. angesetzten Straffe gegen die Schuldigen, entweder zu einer Geldstraffe, oder in Mangel derselben zu einer Leibsstraffe regulirt worden. Das Verhältniß zwischen diesen Leibs : und Geldstraffen nach der grössern oder kleinern Beschaffenheit der Uebertrettungen näher zu bestimmen, wurde verordnet, daß in Fällen, da die Attrapirte nach vorheriger Taxations- und Auctionsverrichtung 200. Reichsthaler, und darüber werth sind, die Verbrecher entweder die festgesetzte 6. monatl. Festungsarbeit ausstehen, oder 200. Reichsthaler aus zahlen sollen. Bey dem Werth von 100. bis 200. Reichsthaler exclusive ist die Straffe auf 3. Monath Festungsarbeit, oder 100. Rthler. von 50. bis 100. Rthler Werth 2. monathl. Festungsarbeit, oder 60. Rthler. von 20. bis 50. Rthler. 1. monathl. Festungsarbeit oder 30. Rthler. und von 10. bis 20. Rthler. werth 20. Rthler. oder 8. Tag langer Gefängniß in Wasser und Brod: endlich, wenn die Contrebande unter 10. Rthler, auf 10. Rthler oder 4. Tag der Gefängniß mit Wasser und Brod gesetzt werden. Und es soll in diesem Alternativ keine Milderung statt finden, sondern es sollen die Contravenienten eines oder das andere zu prästiren haben. *)

*) Diese Verordnung ist sehr preiswürdig: denn einerseits, wenn die Contrebande in einem gar zu hohen Betrag stehet, wozu oft Fuhrknechte, Schifleute und Helfer den Mann ins Unglück stürzen, und der Eigenthümer sie als verlurstiget ansehen muß, die oft ein so anders tausend Gulden importirt: so

so hat der Staat um einen verarmten Bürger oder wohl gar um einen Bethler mehr; hergegen sind auf die mindern Fälle die Taxen der Straffe dem Verbrechen gut angemessen, und dem unvermöglichen das Gefängniß ein schreckbarer Contrast. Menschenliebe und Ernst haben bey dieser Königl. weisen Verordnung rechtschaffenen Antheil genommen.

Artic. VI.

Nachrichten für die Policey.

a) Unter der Policeyaufsicht nimmt die Execution über die höchst landsherrlichen Gesetze: und die Erziehung der Jugend in wohl eingerichteten Schulen eine vorzügliche Stelle ein. Die Gerichtsobrigkeiten tragen hierinnfalls die meiste Schuld, wenn es nicht gehet, wie es gehen soll. Die weise Regierung in Chursachsen gehet andern deßfalls mit einem schönen Exempel vor: wohlerwogene, weise Verordnungen, wenn sie schon an der Zahl nicht reich sind, in die Ausübung zu bringen; Unterthanen und Vasalen wider alle Bedruckungen sicher zu stellen; und eine Beschleunigung der Expeditionen zu bewirken. Das Generale vom 6. Nov. 1770. wollen wir hier einrücken, in welchem der schöne, gewiß nachahmungswürdige Ausdruck zu lesen ist: darüber alle wahre Menschenfreunde sich erfreuen werden. Es heißt: „Nachdem wir nun bey der Wahl derer, zu diesem, lediglich auf das gemeine Beste abzweckenden Dienste, anzustellenden Personen, außer der erfoderlichen Geschicklichkeit und Fähigkeit, hauptsächlich eine patriotische Denkungsart, und den Eifer für das gemeine Beste rc. vor Augen gehabt: so haben wir solche mit gemessenster Instruction dahin versehen, daß sie rc. — des Landes Beste, der Unterthanen Wohlstand und der Nahrungsgewerbe Aufnehmen und Beförderung sich treulichst angelegen seyn lassen sollen rc." Es dürfte eben nicht schaden, diese landesväterliche Gesinnung nochmal zu lesen, und, wenn es auch ein Finanzer thun sollte, welcher sonderbar auf die Stelle acht haben möchte: der Unterthanen Wohlstand: der Nahrungsgewerbe Aufnehmen und Beförderung rc. Denn soviel man aus der Erfahrung hat, so ist nicht derienige Regent reich, an dessen Unterthanen der Projectist und der Finanzer miteinander unter einem hämmischen Lächeln immer schaben und scheren, nein! sondern nur der, welcher unter Anleithung zum geschäftigen Fleiße vermögliche Unterthanen besitzet: massen der Regent bey einem stärkern Landescapital allemal einen sichern Fundum hat, den der Seegen des Himmels stets vermehret, wenn das Natur- und Völkerrecht nicht bekränket wird. Diese schöne Verordnung folget hier ganz.

Von Gottes Gnaden, Friedrich August, Herzog zu Sachsen, rc. Churfürst, rc. Rath lieber getreuer. Wir haben bereits durch die verschiedentlich getroffenen Verfügungen sattsam zu erkennen gegeben, wie im Verfolg der, von Unsers Großherrn Vaters Königl. Majestät glorwürdigsten Andenkens, sowohl als Unsers in Gott ruhenden Herrn Vaters Gnaden, gehegten gnädigsten Intention, und nach Unserer für die Wiederaufhelfung hiesiger Lande aus denen erlittenen schweren Kriegsdrangsalen, und daher erwachsenen mancherley Zerrüttungen, tragenden Sorgfalt, Wir Unser gnädigstes Augenmerk vornehmlich darauf gerichtet, daß allenthalben die erfoderliche Ordnung wieder hergestellet, gute Policey beobachtet, promte Justiz administriret, die Landsökonomie, Manufacturen, das Commercium und alles übrige Gewerbe gefördert, besonders aber Unsere Vasallen und Unterthanen wider alle Beeinträchtigungen und Bedruckungen gesichert werden mögen.

In dieser landesväterlichen Absicht, ist unter andern, mittelst Generalis, d. d. Dresden, den 19. Merz 1764. den Beamten und Untergerichten in Städten und auf dem Lande, die genaueste Beobachtung und Befolgung aller ins Land publicirten Mandate, Generalien und übrigen in Policey- und andern Angelegenheiten erlassenen Verfügungen, nicht weniger die Beschleunigung der Expeditionen auf die an sie ergehenden Rescripta und Verordnungen, ingleichen derer zu erstattenden

Berichte und Anzeigen, nachdrücklich eingeschärfet worden.

Gleichwie aber Wir in Betracht gezogen, daß nur durch eine beständige Localaufsicht, Gesetze und Ordnungen zu ihrer Wirksamkeit gebracht, und die bisherigen, nicht sowohl auf den Mangel an Gesetzen, als vielmehr auf deren Nichterfüllung gerichteten gegründeten Klagen abgestellet, auch alle Bedruckungen der Unterthanen abgewandt werden können; Also haben wir zur Erreichung dieses Endzwecks am zuträglichsten und wirksamsten zu seyn erachtet, die Creis- und Amtshauptleute, welche zu dergleichen Localaufsicht von je her bestellt und gebraucht gewesen, besonders aber von weil. Churfürst Augusto, preiswürdigsten Andenkens, ausführlich instruiret worden, wieder in behörige Activität zu setzen.

Nachdem wir nun bey der Wahl derer, zu diesem, lediglich auf das gemeine Beste abzweckenden Dienste, anzustellenden Personen, außer der erforderlichen Geschicklichkeit und Fähigkeit, hauptsächlich eine patriotische Denkungsart, und den Eifer für das gemeine Beste, ingleichen die zum Behuf des beständigen Aufenthalts im Creise unumgänglich erforderliche Ansäßigkeit nicht allein bey dermaliger Besetzung dieser Function, vor Augen gehabt, sondern auch vors künftige, als nothwendige Requisita der Creis- und Amtshauptleute festgestellet; So haben wir solche mit gemessenster Instruction dahin versehen, daß sie in denen ihrer Aufsicht anvertrauten resp. Creisen und Aemtern, wie überhaupt auf die Befolgung derer ins Land publicirten und ferner zu publicirenden Gesetze, also auch besonders auf die Landesökonomie, das Policey- Manufactur- und Commercialwesen eine stete Aufmerksamkeit richten, und Acht haben, in Unseren Aemtern nicht allein über derselben Administration, sondern auch über der Beamten, Einnehmer, und übriger Unserer Diener Betragen in der ihnen vorgeschriebenen Maaße, Aufsicht führen, vornehmlich aber alle Bedruckungen der Unterthanen, sowohl bey Verwaltung der Justiz, als bey Einbringung Unserer Revenüen, Adigirung zu schuldigen Diensten und sonst, soviel an ihnen, verhüten, und überhaupt des Landes Beste, der Unterthanen Wohlstand und der Nahrungsgewerbe Aufnehmen und Beförderung, sich treulichst angelegen seyn lassen sollen. Solchemnach ist von Uns in den N. N. Creis N. N. zum Creishauptmann, in das Amt N. N. N. N. zum Amtshauptmann ernannt und bestellet worden; Und Wir befehlen hiemit, ihr wollet nicht allein für euere Person euch hiernach gehorsamst achten, und euch gegen sie als euere vorgesetzten Creis- und Amtshauptleute, immaßen Wir denn euch zur nähern Anweisung in Ansehung euerer Subordination unter denenselben, den Vten, VIIIten und XXVIIsten §phum der Creishauptmannsbestallung hierbey im Abdruck sub A. zufertigen lassen, gebührend bezeigen, sondern auch solches alles denen, in das euch gnädigst anvertraute Amt, einbezirkten Schrift- und Amtsassen, mittelst gewöhnlicher Umläufe notificiren, nicht weniger sämmtlichen unter dem Amte befindlichen Amts-Zoll-Gleits-Land-Accis-Fleisch- Steuer- Salz- auch Eisen-Licent, ingleichen Straßenbauofficianten und Bedienten, auch Amts- Forwergs- Mühlen- und allen andern Pachtern von Cammergütern, unter behöriger Anweisung an die ihnen vorgesetzten Creis- und Amtshauptleute, bekannt machen. Daran geschiehet ꝛc.

b) Aber, welch eine Freude erreget sich in dem Herze eines jeden wahrhaften Patrioten. So, wie es bisher in der bösen Welt Mode war, daß fast jeder auf sich selbst dachte, da Eigennutz und Wucher Billigkeiten waren, und des Landeswohlfahrt manchmal um ein Dutzend harte Thaler feil stünde; mancher Orten der nährende Stand für eine Melkkuhe, und der zehrende für den Reichthum des Landes angesehen ward. So erleben wir auch nach- und nach, GOtt lob! wieder die Zeiten, wo man um die gemeinnützliche Verwendung seines Vermögens, um die nützliche Erziehung der Jugend, um wohlgebaute Schulen, und um die Mittel fragt, die Menschenliebe so allgemein zu machen, daß wir bey einer bessern Sorgfalt für die Jugend, auch die vergeltende Wiederkehr eines reichen Seegen GOttes hoffen können. Wir lesen in einem auswärtigen Wochenblatt

was.

waßmaßen eine betagte Person das wohl denkende Publicum, und vorzüglich die Gelehrten, und die Staatsmänner bittet, wo möglich, auf das bäldeste die Antwort auf folgende Anfrage in die Intelligenzblätter zu setzen: „Ich bin gesonnen, sagt sie, mein gar ansehnliches Vermögen zu einem vor GOtt und Menschen nützlich bleibenden Gebrauch zu vermachen. Und da ich noch nicht mit mir selbst einig bin, ob ich das ganze oder halbe Capital zu einem Schulmeister-Seminario (wobey immer das nachahmungswürdige Muster des Kaufmann Böttchers zu Hannover, der zu dem dortigen Schulmeister-Seminario 20. tausend Thaler legiret hat, mir in das Gedächtniß kommt) oder zu einem Schulwaysenhause, oder Convictorio vor arme Studenten, oder zu Stipendien vor geschickte, und arme Studirende, oder Seminario Praeceptorum, oder armen Schulen, oder Werk- oder Arbeitshause, oder catechetischen Unterricht der Armen, oder zu einer Realschule, oder bürgerlichen Kindererziehungshaus, oder zu Verbesserung schlechter Schulen besonders auf dem Lande, oder zu besserer Seelenpflege der Gefangenen, oder zu einem weiblichen Educations-Etablissement, oder Hospitale, oder Gesindeschule, oder Findlingshause, verwenden sollte? auch hierüber noch mehrere Vorschläge und Bemerkungen, mit welcher Vorsicht wegen der getreuen Verwaltung und beständigen Erhaltung vor das Künftige, und wegen der nützlichsten Einrichtung vor das Gegenwärtige, wie diese Fundationes einzurichten seyn dürften, erwarte: so bitte ich mir hiedurch weitere Vorschläge und Belehrungen inständigst aus.“ *

* Auch dis Orts im Intelligenz-Comtoir nimmt man die eingehenden Antworten auf diese Frage mit Vergnügen an, und wird sie bekannt machen.

c) Im 27ten Stücke des Hannöv. Magazin a. c. geschieht von einem Institute in Celle Meldung: welches den Unterricht junger Frauenzimmer in der Kunst der Erziehung der Kinder, und besonders der Töchter, zum Gegenstande hat. Die Demoiselle Wilhelmine Hessen, hat daselbst unter Hoffnung des göttlichen Beystandes, übernommen, bey ihrer Pension sich einem eigentlichen Unterrichte heranwachsender Frauenzimmer in der Erziehungskunst junger Kinder ihres Geschlechts zu widmen: und da sie 10. Jahre hindurch bereits das Amt einer Hofmeisterinn vertrat: und darauf weiter ein eignes Etablissement zu Erziehung junger Frauenzimmer vom Stande, errichtet und zeither mit Beyfall unterhalten. *

* Der berühmte Basedowische Elementar-Unterricht hat das Publicum auf die wichtige Angelegenheit der Erziehung besonders aufmerksam gemacht. Wie schön, wie nutzbar ist nicht der Entschluß und die edle Bemühung, junge Fräuleins in wohl gesittete, verständige Frauenzimmer umzugiessen. Sie von kindischen Begriffen, und jugendlichen Fehlern zu reinigen; ihre Vernunft mit nützlichen Ideen auszustlicken. Ihnen ein gesetztes, matures Wesen; ein anständiges Betragen beyzubringen, und ihren, oft rappenköpfischen Eigensinn in eine wahre edlmüthige Sanftmuth umzuändern. Sie mit Gottesfurcht und Tugend auszurüsten, um einsmal würdige Ehemänner zu beglücken, daß sie Frauen erhalten, welche im Stande sind, nicht nur die Ehehalten oder das Gesinde vernünftig zu regieren, sondern auch ihre eigenen Kinder wohl und verständig zu erziehen. —

Zwey Dinge sind, worüber wir uns bey der heutig klügern Zeit bewundern müssen: Das erste ist, da man Stiftungen für Mönche, und Frauenklöster aus Andacht unterhält: warum man nicht auch Etablissements für die Erziehung adelicher oder Frauenzimmer, oder der Jugend des mittlern Standes unterhält? — So wie man die Gemüther vorbereitet zum Klosterleben, so könnte man sie auch vorbereiten, zum gesitteten Leben im Ehe- oder bürgerlichen Stande: man könnte in einer solchen Frauenzimmer- oder Mädgen-Schule gute Köchinnen, rechtschaffene Hauswirthinen, verständige Frauen bilden, die dem Staate so nothwendig sind, als das tägliche Brod? Woher nimmt sich bey dem erstaunlichen Ueberflusse des weiblichen Geschlechts, der Mangel an geschickten Haus- und Landwirthinnen? — vielleicht daher, daß so viele blos für jugendliche

liche Flüchtigkeiten, für die Ueppigkeit, für das Wohlleben erwachsen; die ihren Witz dahin appliciren, junge Stutzer ins Netz zu ziehen, und seiner Zeit ihm die Marterkrone für seine ganze Lebenszeit aufzusetzen. Vielleicht daher, daß unverständige Mütter selbst nicht vermögend sind, ihren Töchtern die erfoderlichen Kenntniße beyzubringen, was die Pflichten einer getreuen, sorgfältigen, und hauswirthlichen Ehegattinn mit sich bringen. Oder vielleicht daher, weil jetzt die Köpfe so hoch hinauf wachsen, und wir uns angewöhnt haben, mehr auf das Exteriere, als auf das Innerliche zu sehen, daß auch an dem Verstande der Schönen noch eine Theuerung entstehen muß.

Das zweyte Bewundernswürdige ist, daß, jeder Mann, der sich um eine Frau umzusehen nöthig findet, neben andern guten Eigenschaften vorzüglich eine, von guten Sitten, von guten Humor gern erfragen möchte. Da nun das Frauenzimmer weis, um was für eine Waare die meiste Nachfrage geschieht; warum halten sie dann kein bessers Waarenlaager? warum hindern sie selbst ihren Debit? warum schaffen sie nicht Oel in ihre Lampen? —

Für dießmal genug von der Policey über den Verstand des schönen Geschlechts.

d) Es dienet zur Erläuterung der im vorigen Blatte eingerückten Mahltabelle, daß an bemeldten Orte in Sachsen keine Mahlmitze (die dem Eigner des Getreides abzuwehe thut) abgegeben, sondern die Mahlgebühr mit Geld bezahlet wird.

Artic. VII.

Landwirthschafts-Sachen.

a) Wien den 12. April. Ihre Römisch Kaiserl. und Apostol. Königl. Majestät haben vermittels allerhöchsten Hofdecrets den 28ten Hornung bekannt zu machen geruhet, wie Allerhöchstdieselben 4. Prämien, nämlich eines von 150. eins von 100. eins von 80. und eins von 50. fl. für jene auszusetzen allergnädigst entschlossen sind, welche die verläßlichsten Vorschläge über die Verbesserung der Schaafweiden, sowohl in Rucksicht auf das Zucht- als das zur Mastung bestimmte Schaafvieh, an die Hand zu geben, und die Verläßigkeit hievon der in Vorlanden bestehenden Agriculturgesellschaft durch wirkliche Proben, besonders bey größern Schäfereyen, bis Ende des Jahrs 1772. genugsam darzuthun sich bestreben.

b) Erfahrung von der Bienenzucht.

(Aus den Dreßdnischen gelehrten Anzeigen.)

Die Zeit nahet heran, und sie ist schon da, daß Bienenfreunde wieder anfangen mit diesem Lieblingsgeschöpfe sich ämsiger zu beschäftigen. Im verwichenen Jahre habe ich mir das in Sachsen und Franken angepriesene Ablegermachen sehr angelegen seyn lassen. Ich weis aber nicht, ob es durch unbequeme Witterung, oder durch irgend ein Versehen von mir, oder wohl gar selbst durch die Unzuverläßigkeit der Vorschriften und der vorgezeichneten Vortheile, die daraus entstehen sollen, geschehen, daß der Erfolg mit meinen großen Erwartungen nicht übereinstimmen wollen. Denn ich bin es mit Ueberzeugung inne geworden, daß, wenn ich mit dem Ablegen mich gar nicht abgegeben hätte, ich denjenigen Verlurst an Bienen, Wachs und Hönig nicht würde erlitten haben, den ich das vergangene Jahr erlitten. So spricht meine Erfahrung. Sollten noch mehrere Bienenfreunde bey ihren Versuchen gleiches Schicksal gehabt haben; so wäre zu wünschen, daß andere gewarnet würden, sich in die Neuigkeit einer Erfindung nicht zu sehr zu verlieben, die uns gar nicht schadlos halten kann, wenn dadurch der Hönigbau in Sachsen eher zerstört, als ins Große getrieben werden sollte.

c) Bewährtes Mittel wider den Lungenbrand bey dem Kühevieh.

Es geschieht öfters, daß die Kühe aufstossen, und nicht gerne fressen, besonders, wenn sie durch das Weiße im Auge 2. rothe Adern haben, welches ein sicheres Zeichen des Lungenbrandes ist. Diesen abzuhelfen wird folgendes Mittel angerühmt: Man machet von 16. Mandeln ein Quärtel Mandelmilch, gießt solche in einem Weidling voll saurer

Milch,

Milch, und klopft zwey Eyerklar zu einem Faim; solchen nebst einem Eßlöffel voll Schießpulver, mit obiger sauren Milch in dem Weidling wohl untereinander abgegossen, und hievon dem Viehe alle Stunden ein Quärtel eingeschüttet: oder, wenn es selbst trinkt, in einem Weidling auch mehrer oder gar alles austrinken lassen, und sodann frisches Wasser weiters zum Trank vorgehalten, und nach und nach nur mit wenigen Futter zum Fressen angelockt; so wird es in kurzer Zeit besser werden.

d) Daß eine schlechte, neblichte und nasse Witterung, und das hiedurch verderbende Futter die größte Ursache der Viehseuche sey; wird wohl niemand läugnen. Daß aber auch das frühe Austreiben auf die Weide, und der auf selbe fallende Mehl- oder Honigthau bey dem Hornviehe viele Krankheiten verursache; dieß beweiset ein gewisser Hirt im Würtembergischen. Er treibt daher (so lesen wir in einem öffentlichen Blatte) sein Vieh nicht eher aus, bis die Sonne diesen Thau abgetrocknet, oder der Regen ihn abgespühlet hat, und erhält damit seine Heerde gesund, obgleich alles in der Gegend der Seuche unterworfen gewesen. Dieser Hirt legt alle Nacht einen Stecken in die freye Luft, und untersucht des Morgens früh, ob der darauf gefallene Thau schmierig, oder in klaren Wassertropfen bestehe.

e) Anfragen: 1) Was ist das beste Mittel den besonders im Tannenholz und Dielen entstehenden Schwamm zu vertreiben, und was ist das beste Verwahrungsmittel dagegen?

2) Da es bekannt ist, daß man die Brennesseln ordentlich bauet, und ganze Erdflächen damit besäet, besonders die möserigten oder schlechten moosigten Orte damit benutzet: ist die Frage: ob es in unserem Vaterlande von einem klugen Hauswirth jemal versucht worden seye, einen ganzen Strich mit Brennesseln anzubauen? weil nämlich die langen Brennesseln sich wie Flachs und Hanf rösten und precheln, und zur Leinwand spinnen lassen. Daher das Nesseltuch kommt. 3) Da nun auch die Brennesseln für das Hünnervieh, klein zerschnitten, gesotten oder gebrühet, ungemein fett und fruchtbar machen; so fragt sich: ob nicht ganze Gärten dieser Gesundheitspflanzen angebauet werden könnten? — was dagegen einzuwenden? —

4) In Engeland hat man bemerket, daß die späten Frühlingsjahre, (wie das heurige ist) allzeit die beste und reichste Erndte verschaffet. Hat man in Baiern, oder in der obern Pfalz, durch ältere und zeitherige Erfahrungen eine Probe davon? — hat man die jährliche Witterung und die Güte der Kornjahre fleißig bemerket: daß man auf diese Regel schliessen könne? —

5) Hat jemand seit 20. 30. 40. oder noch mehr Jahren Wetterbeobachtungen: oder ein Verzeichniß über die Frucht- oder Unfruchtbarkeit der nacheinader gefolgten Jahre, in Handen? — Das Intelligenz-Comtoir bittet sich dieses gegen guten Recompens aus. —

f) Ein sorgfältiger Hausvater, der auf die Veränderung der Zeiten acht hat, der seine Bemerkungen, und was ihn die Erfahrung gelehret hat, fleißig aufschreibet, wird sich ein besonders Landwirthschaftsbuch halten. Man muß den geschickten Hausvätern des vorigen Jahrhunderts die Ehre geben, daß sie wenigst die merkwürdigsten Eräugnungen aufgezeichnet, und ihren Kindern das Beyspiel zur Nachfolge hinterlassen haben. Dergleichen Landwirthschaftsbücher sind von manichfaltiger Nutzbarkeit. Denn (vorausgesetzt, daß selbe ihre Kapitel und Rubricken haben) wenn in dieselben, zum Exempel im 1ten Kapitel folgendes verzeichnet wird: a) die tägliche Witterung, der Stand des Barometers und Thermometers; item b) die lang anhaltende Dürre, oder Regen, den kalten oder warmen Winter, den nassen oder heissen Sommer, die Schauer und Wassergüsse, die erfolgten Schäden, die Reparaturs-anstalten, und dergleichen dagegen angewendete Hilfs- oder Rettungsmittel: c) die gut- oder übel angeschlagenen Vorkehrungen zu Verbesserung des Wiesen- und Ackerbaues: d) die Bemerkungen, wie das Korn, der Waizen verblühet; wie die Aerndte sich angelassen; wie viel Pfund das Münchner Schäffel von der besten, mittern, und schlechtern Sorte des Waizen, Korns, Gersten, und Haaber gewogen habe? — — e) die Preise des

Getreides von allen Schrannentagen: f) wie der Sommerbau und Herbstbau von statten gegangen; ob Ungeziefer, Würme, Schnecken, Werlen, Heuschrecken, Maukäfern ꝛc. an Baum- und Erdfrüchten keinen Schaden gethan? g) Was sich sonst ausserordentliches begeben: h) item Krankheiten der Menschen, ob sie epidemisch waren? Krankheiten des Viehes, und die dagegen glücklich angewendeten Hilfsmittel. i) Wie und welchergestalten bey mißlungener Aerndte man sich gerettet hat, welche gedeyhliche Vorkehrungen gemacht worden; und wie die Vorsehung des Himmels und der Regierung auf die Erhaltung der Menschen gewirket hat? Kurz, wenn in das Wirthschaftsbuch alle Jahre diese nothwendigen Bemerkungen eingeschrieben werden: so wird es in 19 Jahren schon ein wichtiges Monument der Zeiten, von ungemeinen Nutzen seyn, und von allen Vernünftigen der Nachkommenschaft belobt, auch fortgesetzt werden.

Im zweyten Kapitel dieses Hauswirthschaftsbuch, werden die häuslichen- und die Familien-Angelegenheiten eingetragen: nämlich a) das Jahr und den Ort wo und wann der Vater oder die Mutter gebohren worden: b) wann man das Haus- oder Gewerbe übernommen; c) wann man sich verehlichet: d) wann ein Sohn oder Tochter gebohren, welche Namen sie in der H. Taufe erhalten, wer die Pathenstelle vertretten. e) Wann, wohin, an wem eine Tochter oder Sohn ausgestattet, versorgt, verehelichet worden? f) Wann man ein Haus gebauet, Grundstücke, Gehölze an sich erkauft, und sonst eine grosse Veränderung im Hauswesen erlebet hat?

Im dritten Kapitel, könnten die ökonomischen Artickel Platz finden: a) wie viel Schaafvieh gehalten, wie viel Lämmer gefallen, was an alten Schaafen ausgemerzet, wie theuer und wohin verkauft, wie viel frische beygeschafft worden? — b) Wie es mit dem Kühviehe sich angelassen, in welchen Preisen der Ankauf, der Verkauf bestanden, wann die Kühe zugelassen, wann sie gekälbert ꝛc. c) so auch mit dem Pferdekaufe und Verkaufe. d) Mit dem Getreidkaufe und Verkaufe: wobey insonderheit aufzuschreiben, wie viel von jeder Sorte Getreids durch das ganze Jahr in das eigene Hauswesen verbraucht worden? Zum Beschluß könnten alle Einnahmen vom verkauften Getreide, Viehe, Pferden, Geflügel, item Heu, Stroh, und dergleichen mehr: wie auch alle grössere Ausgaben für die Haus- und Feldwirthschaft wöchentlich eingetragen werden.

Wenn man sich die Mühe nicht gereuen läßt, alles fleißig in das vorher förmlich rubricirte Wirthschaftsbuch einzutragen: so wird man zu Ende des Jahrs mit Vergnügen einsehen, ob alles in der schönsten Ordnung gestanden; wie viel man gewonnen, oder verlohren; wie der Segen GOttes so reichlich herab gethauet; man wird sehen, wie glücklich der aufmerksame, der forschende, der fleißige Landwirth gewesen; und daß ihm nichts mehr übrig sey, als GOtt, dem freygebigen Herrn aller Creaturen, Dankaltäre zu errichten, und mit einem herzlichen Danke in Ehrfurcht und Liebe von ihm neuen Segen herab zu bitten.

Wir wollen von Zeit zu Zeit ebenfalls merkwürdige Epochen nicht unangezeigt lassen: und wir erfreuen uns, daß wir der Lieferung zu den Landwirthschaftsbüchern mit einer großmüthigen Handlung den Anfang machen können. Eine Handlung, welche das ganze Land bewundern, erfreuen, und in der Folge beglücken wird. Ein Entschluß, der die stärksten Proben der Sorgfalt eines weisen Regenten, einen neuen Beweis der landesväterlichen Liebe gegen getreue Unterthanen auszeichnet: und eine gnädigste Verordnung, welche die Kraft hat, andere sonst große Geister zu gleich herrlichen Thaten, zur Nachfolge aufzumuntern, die allgemeine Landeswohlfahrt sich angelegen seyn zu lassen, — sie ganz in das Herz aufzunehmen.

Es haben nämlich Se. Churfürstl. Durchlaucht unser gnädigster Churfürst, herzlich geliebter Landesvater und Herr! in einem unterm 8. May 1771. in Intimo ausgefertigten gnädigsten Befehle, die, in das Landesväterliche Herz so tief eingegrabene Liebe, und die edelste Empfindung des Mitleidens mit folgenden Worten ausgedrücket: „ Gleichwie

„ Un-

„ Unsere landesväterliche Obsorge je und al-
„ zeit für das Beste Unserer sämmtlichen Un-
„ terthanen wachet: also auch haben Wir
„ in mildester Beherzigung der allenthalben
„ fürwaltenden Theuerung und über Hand
„ nehmenden Abgang bedürftiger Victualien
„ gnädigst resolviret, daß den Bedürftigen
„ zur Speise auch mit Wildprät eine Aushilfe
„ verschaffet; sohin zu solchem Ende (bis zu
„ der von GOtt anhoffenden gesegneten und
„ glücklichen Aerndte) wochentlich eine gewisse
„ Anzahl Wildpräts geschossen, und an den
„ nächstgelegenen Orten verkauft werde. Wie
„ dann zu solcher Concurrenz hauptsächlich
„ jene Aemter, in welchen das Wild den
„ Unterthanen in ihren Feldern meistens zu
„ Schaden gehet, folglich derentwillen schon
„ viele Beschwerden, dann hierauf erfolgte
„ gnädigste Vergütungen geschehen sind, vor-
„ züglich gezogen, und anrepartiret werden
„ sollen. "

Hierauf setzt die gnädigste Landesherr-schaft, zu genauer Vollziehung dessen, das volle Vertrauen auf Höchstdero Oberstjägermeistern, (einen wohldenkenden, wahren Patrioten des Vaterlandes) hierüber die schleunigste Veranstaltung und Landesausschreibung zu besorgen, wo insonderheit geschafft ist, daß von dem Forstmeisteramte Schöngeisering, und von andern Aemtern, wo der Wildschaden meistens existiret, alle Wochen 10. bis 12. Stücke Schmalthiere und Kälber: auch aus den Jagdbarkeiten, wo gnädigste Landesherrschaft sich nicht in höchster Person mit der Pürsch divertiren, zur Zeit einige Grashirsche nach und nach geliefert, selbe ausgehauen, und das Pfund den Armen für 2. bis 3. kr. sonst aber um 4. kr. abgegeben, folglich mit der Lieferung sogleich der Anfang gemacht werden solle. —

Dieses ist der wesentliche, der getreue Innhalt der gnädigsten Verordnung. — Und werden nicht hiedurch alle Unterthanen zur Gegenliebe aufgefodert? ihre landeskindliche Herzen mit feurigem Danke darzubiethen; ihren geschäftigen Fleiß zum Besten des Vaterlandes zu verdoppeln; und einen Jubelgesang auf ihren befruchteten Feldern anzustimmen.

Delicias & ruris opes.

Meynet ihr nicht, sagt der Patriot, daß solche gesegnete, großmüthige Handlungen die Macht haben, den Himmel gleichsam zu bestürmen, und den reichsten Segen Gottes über das geliebte Vaterland herab zu bringen — *

*) Noch ein paar Worte: — — — aber mit Verlaub: Bey einem solch herrlichen Beyspiele — — — wohlgemerkt: höchstlandesherrlichen Beyspiele! — Was werden wohl die Edelleuthe thun, die frommen Wittwen, die eigene und Gnadenjagen haben, deren Wild hin und wieder den Landes- und respective ihren Unterthanen die Felder aus Gnaden besuchen darf? — wird diese Gnade auch aufgehoben? — oder sollten es die stiftbaren Unterthanen selbst thun? — Wir können es versichern, an dem Gehorsame werden sie dießfalls nichts erwinden lassen. — — Und was ist schöner, als der Gehorsam? —

Dan singen wir mit ihnen:
Juvat amor Patriæ! natura juvat! sub Numine crescit. —

Artic. VIII.

Von gelehrten Sachen und Erfindungen.

a) Nachdem der Leinweber zu Jüterbock in Sachsen, Johann Christian Mühler, wegen der von ihm erfundenen Sorte von Doppelleinwand ein besonders Merkmaal seiner Industrie erwiesen: so haben Se. Churfürstl. Durchlaucht als ein Kenner und Verehrer wahrer Verdienste diesen fleißigen Mann aus der Prämien Cassa mit einer Gratification von 30. Thalern gnädigst beschenket. —

b) So sind auch demjenigen Schulmeister auf dem Lande, der nicht 40. Thaler Geldbesoldung hat, und die meisten Kinder von 5. bis 6. Jahren vom a, b, c, bis zum Lesen bringet, im Intelligenzcomtoir 12. Thaler Recompens bestimmt. Derjenige Schulmeister, der seine Kinder nicht eher zum Lesen lasset, bis sie fertig, und rein solbieiren, oder buchstabiren können; auch nicht eher Vorschriften schreiben lasset, bis sie die Anfangsgründe und Grundstriche vollkommen verstehen,

stehen, bekommt über diese Vorzüglichkeit seiner Lehrart eine Prämie von 8. Thaler. Wer aus 40. Kindern 15. der besten nachgeschriebenen Vorschriften, und zwar die besten einschickt, bekommt 6. Thaler. Eben so viel, wer beweiset, daß aus 40. Kindern 15. die Regel Detri ohne Anstoß rechnen können 6. Thaler. Und, auch den geistlichen Unterricht betreffende Vorzüglichkeiten werden eben so mit Prämien ermuntert.

c) Zu Budißin in Sachsen verlegt August Heinrich Winkler eine Monathsschrift für Kinder: zu einer angenehmen Uebung im Lesen, und zu Aufheiterung der Seele. Sie enthält die für die Jahre der Kinder erfoderlichen Wissenschaften, Reden, moralische Lieder, und einen Reichthum schöner Redensarten von den besten Schriftstellern &c. zu mehrern Kenntniß von GOtt, von sich selbst, und ihren Nächsten: wornach sie ihr Leben einzurichten, GOtt und dem Staate nützlich zu werden, lernen können.

d) Die Hamburgische Typographische Gesellschaft setzet auf die zu Johannis 1772. zu beantwortende Preisaufgabe eine prächtige goldene Schaumünze von 30. Ducaten am Gewichte, auf die beste Auflösung der Frage: Warum die Tugend unmöglich gelehrt werden könne, und warum sie nothwendig geübt werden müsse? —

e) Ihre Majestät die Kaiserinn Königinn haben eine goldene Medaille von 36. Ducaten für denjenigen ausgesetzt, der nach dem Urtheil der ökonomischen Societät in Wien folgende Frage am besten abgehandelt hat: Welches ist die beste Art Holz, um Kohlen zum Gebrauch großer Oefen, worinn man Metalle bearbeitet, daraus zu machen: und welche Eigenschaften muß das zu diesem Gebrauche dienliche Holz haben? —

f) Die Societät des Ackerbaues zu Orleans hat den Preis von 600. Liv. auf die beste Beantwortung folgender Frage gesetzt: „Da die Handlung aller Europäischen Staaten den Gesetzen der Ein- und Ausfuhr sowohl ihrer natürlichen Producte, als ihrer Manufacturwaaren unterworfen ist: welches würde also der Nutzen oder der Schaden für den Staat seyn, der zuerst seinem Handel die völlige Freyheit erlaubte? — “

g) Die Königl. Akademie zu Metz hat folgende Preisaufgaben für dieses Jahr wiederum ausgesetzt: „Da die Trennung verschiedener Erbschafts-Portionen, die ein Eigenthümer in einerley Gebieth besessen hat, ein wesentlicher Widerstand für den Fortgang des Ackerbaues ist: welche rechtliche Mittel wären also vermögend, a) die Vereinigung dieser Portionen wirklich herzustellen? b) die Trennung derselben in Zukunft zu hindern, dadurch, daß das Interesse einzelner Personen möglichst erhalten, und mit dem Wohl des Staates vereiniget würde? — *)

Es ist also in andern Ländern der Satz nicht wahr, daß der Bauer arm seyn muß, auf daß ihn die Noth treibe, fleißiger zu seyn, mehr zu arbeiten, und alle Jahr aufs neue anzupflanzen, um vermöglicher zu werden. Ein kluger Staatsmann lächelt freylich zu einem solchen Argument, so, wie eine Finanzer, wenn er dieses behaupten wollte, in Gefahr stünde, sowohl mit dem Ackerbaue, als mit dem Verstande banquerotte zu werden.

k) Bey Joh. Nepom. Fritz Churfürstl. akademisch- und bürgerl. Buchhändler allhier ist zu haben: Versuch einer Abhandlung von dem Ursprunge, vormaligen Besitzern, und Umständen der Grafschaft Scharding, welche an Sr. Churfürstl. Durchläucht in Baiern &c. höchsterfreulichen Geburtsfeste im akademischen Saale abgelesen worden von Anton Johann Lipowsky.

*) Diese Rede hat einen gründlichen Gelehrten zum Verfasser, der in dem Reiche der gelehrten Geschichte und des Alterthums ein bewanderter Mann ist: und wir dürfen uns wahrhaftig glücklich schätzen, wenn das Vaterland viele dergleichen Gelehrte, die wahre Patrioten, Freunde der Wahrheit sind, aufzuweisen hat.

Bilde selbst mein Herz, o Vater! daß es sich zum Mitleid neige,
Und um andrer Wunden blute, Fehler decke, die es schaut;
Würdige mich des Erbarmens, das ich fremder Noth erzeige,
Froh im Ausfluß des Vermögens, das mein GOtt mir anvertraut.

Pope.

Churbaierisches Intelligenzblatt

Num. XI.

München den 31. May 1771.

Artic. I.

a) Verruf: die gegen die Emigration gemachte Fürsorge betreffend. Dat. 2. May 1771.

Demnach man höchster Orten berichtet ist, wie den schon so vielfältig wiederholten Generalien, vermög welchen dem Unterthan die Emigration bey Confiscation seiner Haabschaft und anderer willkührlicher Strafe verbothen ist, dermal nachgelebt, und sowohl der heimlich- als öffentliche Abzug von mancher Obrigkeit durch ertheilende Päße vielmehr befördert, als verhindert werde; so will man besagte Generalien durch gegenwärtigen Verruf hiemit nochmal, und zwar solchergestalten erneuert haben, daß sich bey generalmandatmäßiger Strafe niemand zu emigriren unterstehen soll, welcher nicht zuvor von dem churfürstl. Hofrath, oder, soferne er unter einer von den vier Regierungen wohnhaft ist, von derselben einen Paß erholet haben wird. München, den 2ten May Anno 1771.

Ex Commissione Ser. Dn. D. Ducis & Elect. speciali. (L.S.)

Franz Erasmus Freysinger, churf. Rath und Hofrathssecretär.

Artic. II.

Feilschaften.

a) Im churfürstlichen Markt Dorfen, stehet um billigen Preis zu verkaufen eine gemauerte zweygädige mit vielen Gastzimmern versehene Behausung: welche sich an den schönsten Platz des Markts befindet, nebst der Wein- und Bierschenks-Gerechtigkeit, mit Getreidkästen, Nebengebäuden, grossen Kellern, Stallung auf 34. Pferde. 4. Kühe, auch mit Feldbau zu 70. bis 75. Schober hoffenden Getreides

A 2 und

und 2. starken zweymähdigen Wiesen auf 13. Fuder Heu versehen. Liebhaber melden sich bey der Marktsobrigkeit zu Dorfen.

b) Anton Gall, burgerlicher Mezger zu Aichach hat 300. Stücke Schaaf- und Kalbfelle zum freyen Verkaufe vorräthig: jedes Stück Schaaf- oder Kalbfell zu 45. kr. Sollte sich in bälde kein Käufer melden: so wird er höchster Orten einen Ausfuhr-Paß zubewirken genöthiget seyn.

Artic. III.

a) Avertissement.

Von GOttes Gnaden, Wir Ludwig Joseph, Bischof zu Freysing, des Heil. Römischen Reichs Fürst ꝛc.

Unsern Gruß zuvor, Würdiger, Edler, und Hochgelehrter lieber Getreuer! Demnach die gegenwärtige allgemeine sichtbare Noth es unumgänglich erfodert, daß auch an Freytagen und Samstagen, dann den übrigen von der Kirche gebothenen Fasttagen, die Geniessung der Fleischspeisen erlaubt werde; Als haben Wir in Erwägung solcher dringenden Umständen Uns entschlossen, hiemit dahin gnädigst zu dispensiren, daß jederman in Unseren ganzen Bisthum Freysing an den Freytagen und Samstagen, dann allen übrigen sonst von der heiligen Kirche vorgeschriebenen Fasttagen, bis auf den 29. Tag des Monaths November heurigen Jahres, sich der Fleischspeisen bedienen möge. Doch sollen diejenigen, welche ansonsten zu fasten schuldig sind, verbunden seyn, an denen von der Kirche gebothenen Fasttagen sich sowohl unter Tags von allen Speisen zu enthalten, als auch zu Nachts eine mäßige Collation zu nehmen. Damit nun aber diese Unsere gnädigste Willensmeynung in möglichster Bälde allen und jeden bekannt werde; als habt ihr gegenwärtiges Unser gnädigstes Decret von öffentlicher Kanzel ungesäumt zu verkünden. Seynd euch mit Gnaden gewogen. Freysing den 14. May 1771.

Ex Commissione Revmi. & Celsmi. Dni. Dni. Speciali &c. (L.S.)

Thomas Jos. de Haiden Secret.

Von Hochfürstl. gnädigsten Ordinario an hieuntstehenden also abgangen.

Joseph Felix von Effner, Stiftspfarrer bey unser Frau in München.

Standeserhebungen.

b) Se. jezt glorwürdigst regierende Römisch Kaiserl. Majestät Joseph der IIte haben aus ganz sonderbaren allerhöchsten Gnaden, eigener Wissenschaft und kaiserlicher Munificenz den durch seine zum Druck beförderte Schriften schon ohnedem bekannten und von Se. jetzt regierenden Churfürstlichen Durchläucht in Baiern ꝛc. vorhin bereits ernannten und recipirten, dann beym Churfürstl. Hochl. Hofrathe der Haupt-Matrikel ordentlich einverleibten Comitem Palatinum H. Johann Martin Maximilian Einzinger von Einzing, Jurisconsultum in die Ehre und Würde eines Kaiserl. Pfalz- und Hofgrafen mit denen von diesem illustren Caractere abhangenden Rechten, Freyheiten und Indulten, laut eines Kaiserl. Palatinat Diplomatis und Comitivi de dato 7. Julii 1770. zu setzen und zu erhöhen allergnädigst geruhet.

c) Der vorhin am hochfürstlich Hessencasselischen Hof gestandene Freyherr Wolf Ferdinand von Dörnberg, ist von Sr. Königl. Majestät in Preussen zu höchst Dero wirklichen geheimden Etats- und Justiz-Minister, an die Stelle des ohnlängst verstorbenen Herrn von Dorville berufen worden.

d) Se. Churfürstl. Durchl. in Baiern, unser gnädigster Churfürst und Herr, haben den um die Landwirthschaftsverbesserung sich verdient gemachten, wohlerfahrnen ökonomischen Lehrmeister, und Pfarrer zu Teising Hr. Johann Karl Roser, Mitglied der churbaierischen ökonomischen Societät, zu höchstdero wirklichen geistlichen Rath gnädigst ernannt, und deswillen andern zur Ermunterung, unterm 22ten April a. c. das Decret hierüber ausfertigen lassen.

Artic. V.

Handlungs-Nachrichten.

a) Der Senat zu Venedig hat beschlossen, zu mehrerer Emporbringung des Getreidhandels eine Societät des Ackerbaues in Dalmatien aufzurichten. Ihre vornehmste Absicht soll seyn, den Fischfang und Ackerbau, der in dieser weitläuftigen Provinz so sehr versäumt worden, in Aufnahme zu bringen; und es

wird

wird dabey nicht an Aufmunterungen und Unterstützungen fehlen.

b) Die Directeurs der französischen ostindischen Compagnie haben bekannt machen lassen, daß der 31te Julius zum öffentlichen Verkauf ihrer ostindischen Waaren, welche dieses Jahr zu Port l'Orient angekommen sind, festgesetzt seye, und daß sie keine Wechsel unter 1200. Liv. annehmen werde.

c) Briefe aus Süd-Carolina zufolge, sind die Reiß- und Indigo-Plantagen dieses Jahr in dem besten Zustande.

d) Zu Rom ist die Ausfuhr von 10. tausend Maaß Korn freygegeben. Zu Civita-Vechia ist der Preis des Getreides durch das viele Korn, das aus Sicilien gekommen, sehr gefallen. Zu Ferrara befindet sich aber noch eine Menge Getreides.

e) Basel den 8. May. Als eine Folge des zu Wien unterm 23. Märzen jüngsthin erschienenen Patents, die Erhöhung des Courses der Goldmünzen betreffend, ist nun durch eine weitere Verordnung vom 17. April weiters bekannt gemacht worden, wie nicht nur die Wienermark in das genaueste Verhältniß mit der Cölner gesetzt wird, dergestalt, daß 6. Cölner gerade 5. Wienermark ausmachen, sondern auch den sämmtlichen kaiserlich königlichen Münzämtern aufgetragen werden solle, sich weder in der Ausmünzung noch Einlösung des Goldes und Silbers eines andern Gewichts als des erwehnten, von den Cimentirungsämtern in der vorgeschriebenen Form besonders verfertigten, und gehörig bezeichneten Markgewichts zu gebrauchen. Wie dann auch solches von allen mit Gold und Silber in den kaiserl. königl. Erblanden Handeltreibenden beobachtet werden soll. Außer dem ist auch ein neues, mit der Wienermark vollkommen übereinstimmendes Ducatengewicht nach der Schwere von 60. Gran hergestellt, dem Ducatenstein eine runde Forme mit einem Knopf zu Vermeidung der Abwetzung gegeben, der Ducatenstein von den sogenannten Mandel-Ducaten-Gewicht aber als zu leicht, so, wie die bisherige Einsatzgoldgewichter vom 1ten Julii a. c. an, gänzlich abgeschaft und außer Uebung gesetzt worden.

f) In dem Churpfalz-Sulzbachischen Intelligenzblatte findet sich eine, unterm 15 April von dortig Churfürstl. Regierung ausgegangene Verordnung, vermög welcher in dasigem Herzogthume keiner unansessigen unbesteuerten Person auf blosse Erlaubniß ihrer Gerichtsobrigkeiten eine Handelschaft mit Salze, Viehe, Taback- oder Krämmerey gestattet werden solle, es seye dann, es werde zuvor die höchstlandesherrliche speciale Concession beygebracht, widrigenfalls die Obrigkeiten für jeden Contraventionsfall 20. Rthaler Strafe zu bezahlen hätten.

g) Wir haben es in vorigen Blättern schon gemeldet, daß seit der zwischen England und Spanien ausgewechselten Convention der Preis der amerikanischen Waaren ziemlich gefallen ist. Daher auch die Milderung des Preises beym Martinick- & Dominick-Caffee bald erfolgen kann, wenn die Billigkeit der Handlung auf Unsere Gegenden es gestattet.

h) Speyerer und Compagnie von Frankenthall, fabriciren und verkaufen, in besten Gattungen und billigen Preisen allerley Wollenwaaren, Blusch, Cassa, Serge de Rome, und de Nime, Amiens, gestreifte, [illegible] & [illegible] Breite, wie auch einfärbige breite Camelote, gestreifte Flanelle, Multons, Rasche u. d. m. Sie haben auch zu Frankfurth in der Messe ihr Gewölb in der ehemaligen Keller- und Stadel, itzo Eberhardischen Behausung auf dem Markt gegen den Caffeehaus über.

i) Da die französische Handlung in Portugall bald die englische verdrückt hätte; so hat sich aber laut der öffentlichen Nachrichten das Blatt gewendet; und die französischen Wollen-Waaren, sollten nicht mehr so häufig dahin gehen, und in Gefahr seyn, gar verbothen zu werden. (Baßler Z. 39. St.) *

* Die französischen Waaren sind in unsern Gegenden noch immer beliebt: so, wie ihre Mode und ihre Küsse. Aber theuer: — verflucht theuer! —

Nachrichten für die Policey.

a) Wir haben es schon oben gemeldet, daß in der Churfürstl. Residenzstadt Sulzbach ein monathliches Intelligenzblatt herauskommt, welches in die nämmlichen X. Hauptartickel planmäßig vertheilet ist, wie solche in gegenwärtigen Blättern vorkommen. Es enthält über die Massen wichtige Artickel, und desselben Verfasser, der Churpfalzsulzbachische Regierungs-Secretarius und Hauptbuchhalter Benner, dessen glückliches Genie uns noch schöne Abhandlungen verspricht, überzeuget uns mit Proben seiner geschickten und glücklichen Feder, die alles Lob verdient. Wir wollen soviel es der Raum gestattet, von seiner nachdrücklichen Empfehlung einer bessern Vorsorge der Regenten und Obrigkeiten für die Erziehung der Jugend, ein Stück wörtlich hieher setzen.

„ So lange die Erziehung der Jugend ganz allein der willkührlichen Behandlung der Eltern überlassen bleibt; so lange hat sie sich im Ganzen, wenn auch gleich hie und da gute Veränderungen mit ihr vorgehen sollten, keiner sonderlichen Verbesserung zu versprechen. Der gemeine Hausen der Menschen ist nun einmal so geartet. Er will auch zu den natürlichsten und wichtigsten Pflichten angetrieben seyn, und wenn er sich noch so ungern Gesetze vorschreiben läßt: so scheint es doch, er könne der Gesetze nicht entbehren. Er bedarf zu allen seinen Pflichten Anleitung, wegen seines Unvermögens Unterstützung, und zur Ausmunterung eines anhaltenden Fleisses Ernst. Kinder sind Bürger der Welt und des Staats; wie sie erzogen werden, so bekommt sie dereinst das Vaterland. Ihre Erziehung hat den größten Einfluß in das Wohl eines Staats. Regenten und Obrigkeiten kann nichts theurer angelegen seyn, als das Wohl ihrer Länder und Staaten. Dürfen wir mehr zu unserer Rechtfertigung sagen, daß wir uns erkühnen, die Sache der Erziehung auch denen anzuempfehlen, denen GOtt das Wohl ganzer Reiche, Länder und Staaten anvertrauet, und für die grosse Glückseligkeit bestimmet hat, ganze Schaaren von Menschen glücklich zu machen. Doch, wir dürfen Sie nur mit dem ruhmvollsten Namen, Landesväter und Landesmütter nennen; so haben wir auch die Erlaubniß, Sie um die Vorsorge Ihrer Kinder anzuflehen, und ihnen die Nothwendigkeit derselben vorzutragen.

Ein Staat kann nur in dem Maasse zunehmen und blühen, in welchem seine Bürger redlich, rechtschaffen, mäßig, und arbeitsam sind. Und wodurch erhalten sie diese Eigenschaften? Nur dadurch, daß sie von ihrer ersten Kindheit an dazu angeführet werden. Sollte es also nicht eine von den vornehmsten Sorgen der Häupter des Volks seyn, über die Erziehung zu wachen?

In der That, wenn alle Obrigkeiten von diesem Theile ihrer Pflichten richtig dächten, und die dazu nöthigen Veranstaltungen machten, so würden sie vieler andern Sorgen, Befehle und Unruhen überhoben seyn können. Ein Staat, in welchem vernünftige Gesetze über die Erziehung nicht allein gegeben, sondern auch behauptet werden, hat wenig andere Gesetze nöthig. Gut erzogene Bürger sind aus Ueberzeugung patriotisch, lassen sich aus einer zum Temperament gewordenen Gewohnheit die Ruhe des Staats und das Beste ihrer Mitbürger angelegen seyn, und befördern aus Neigung die äussere Sicherheit, sie mögen nun das Wohl ihres Volks durch Klugheit vermehren, oder durch Tapferkeit beschützen sollen. Lasterhafte Einwohner hingegen müssen durch Zwang und Drohungen zu ihren Pflichten hingerissen werden, und finden dennoch immer Mittel genug, den Gesetzen auszuweichen, und ihre eigennützigen und niedrigen Neigungen auf Kosten des Mitbürgers und des Staats zu unterhalten.

Sollte es demnach nicht möglich seyn, daß die Regenten und Obrigkeiten sich zu den Bemühungen, welche die Aufsicht über die Erziehung der jungen Glieder und künftig thätigen Mitbürger eines Staats erfordert, herablassen könnten? Sollten sie sich darum an einer der wichtigsten Pflichten ihres Amts und vorzüglichem Glanz ihrer hohen Würde hindern lassen, weil sie bey dem ersten Anblick klein zu seyn scheinet; aber desto wichtiger und grösser in ihrer Folge, und der wahre Grund von dem dauerhaften Glücke eines Staates ist? Freylich gehöret dazu eine ausgebreitete Einsicht, eine kluge Behutsamkeit, ein unermüdeter Eifer. Der Gesetzgeber, der mit gutem Erfolge Einrichtungen über die Erziehung seines jungen Volks machen will, muß Rücksicht auf die Religion, die Staatsverfassung, das Clima, den Character seines Volks und die Hauptbeschäftigungen haben, und dennoch den wichtigen Unterschied zwischen einem Volke bemerken, das erst neu geschaffen, und einem andern, das in eine neue Falte geleget werden soll. Wenn aber Obrigkeiten sich nur der einzigen Erfahrung erinnern, daß ein Land immer in dem Maasse blühet, in welchem seine Erziehung gut eingerichtet ist, und daß es unter allen Nationen, wo man so sehr über den Verfall des Staats klagt, doch immer zulezt darauf herauskommt, es fehle an tüchtigen und redlichen Männern, oder mit andern Worten, die Erziehung sey vernachläßiget: so wird ihnen keine Mühe zu groß, keine Beschwerlichkeit zu unangenehm seyn, wenn sie nur die Pflanzschulen des Staats in eine bessere Verfassung bringen können.

Die Geschichte der ältern Zeiten liefert uns von der Staats-Aufsicht über die Erziehung die deutlichsten Beyspiele. Fast alle griechische Staaten zogen die Erziehung mit in den Plan ihrer Gesetzgebung, und die Nachrichten, die uns von den erstern Persern übrig geblieben sind, verdienen von dieser Seite eine besondere Aufmerksamkeit.

Bey den Persern machte die Erziehung ein Hauptstück der Naturwissenschaft aus, sie geschah unter den Augen der Obrigkeit und war nach allgemeinen Gesetzen ausgeführt. Man lernte da in besondern Anweisungen Gerechtigkeit und Tugend, wie man bey uns die Sprachen lernt. Leibesübung, Nahrung, Ruhe, alles war durch Verordnungen bestimmt. Die Verwaltung des Staats und die Erziehung der Jugend waren dergestalt in einen Plan verwickelt, daß der Jüngling den Schritt nicht merken konnte, mit dem er aus der Aufsicht der Lehrer in die Verwaltung der öffentlichen Geschäfte übertrat, und daß er die Lücke zwischen der Schule und dem arbeitsamen Leben nicht kannte, die itzt in der grossen Welt eingeführet ist, und von der man beynahe sagen möchte, ihre Aussicht sey, das Gute, welches etwa noch durch die Erziehung gestiftet war, wieder durch den müßigen Zeitlauf einiger Jahre zu verderben. Bloß aus diesen Vorbereitungen war es den Persern, die damals überhaupt kaum dreyßig tausend Mann ausmachten, leicht die mächtigsten und reichsten Monarchien zu besiegen. Glücklich wären sie gewesen, wenn sie bey ihrem neuen Ruhme ihre alte Einfalt beybehalten hätten; wenn Cyrus ihr grosser Anführer, nicht vergessen hätte, daß er sein ganzes Glück seiner Erziehung schuldig sey.

Eben so merkwürdig ist das Verhalten des Lykurgs, der die Erziehung als das vornehmste und sicherste Mittel ansah, seine Spartaner unüberwindlich zu machen. Er verwandelte sie, die Erziehung, eben deswegen in ein öffentliches Geschäft, und schrieb den Obrigkeiten die Gesetze vor, nach welchen sie dabey verfahren sollten. Ohne diese Behutsamkeit hätte er seinem umgeschmolzenen Staat unmöglich die Dauer und Vestigkeit geben können, mit der er, ohngeachtet aller Erschütterung und Kriege fünf Jahrhunderte hindurch in seinem Glanze blieb, und vielleicht noch länger geblieben seyn würde, wenn die Spartaner nicht zulezt ihren Ursprung verleugnet, und die Gesetze ihres Stifters vernachläßiget hätten. Diese beyde Beyspiele beweisen hinlänglich, daß die Obrigkeit für die Erziehung sorgen könne, und müsse, wenn sie will, daß ihre Staaten nicht in Abnahme kommen, und ihre Aufnahme dauerhaft seyn soll.

Aus den Erziehungsgeschichten aller Völker, wird man diese Bemerkungen noch deutlicher und vollständiger erkennen können. etc. „

b) Die diesen Sulzb. Blättern angehängte Tabelle, zeiget uns das Merkmal einer guten Policey, indem das Gewicht des Brodes mit dem Preise der Getreidsorten bey Sulzbach Weiden, Erbendorf, Floß, Bleystein und Vohenstraus ziemlich genau passet. Im Anfang des April war der Mittelpreiß des Waitzens zu Sulzbach das Viertel $4\frac{1}{2}$ fl. die Kreutzer-Semmel wog 6. Loth $2\frac{1}{2}$ Q. zu Weiden und Erbendorf das Achtl Waitzen 6. fl. und 1. kr. Semmel wog 6. Loth. — zu Floß 1. Achtl 6. fl. — und 1. kr. Semmel wog 7. Loth — zu Vohenstraus 1. Achtel 7. fl. — kr. 1. kr. Semmel wog 5. Loth — Q. Nur werden viele auswärtige Leser wünschen, daß die sulzbach. Wässerey der baierischen gleich gesezt, wenigst die Anmerkung gemacht werden möchte, wieviel fran-

zösische

zösische Cubic-Schuh, Zoll, Linien und Scrupeln jedes Achtel, Viertel, Napf, Metzen, Maaß rc. hält, um sie sowohl in die bairischen als in andere auswärtigen Mässereyen berechnen, und proportioniren zu können.

c) Sulzbach, von der churfürstlichen Regierung daselbst ist unterm 5. März eine Verordnung erschienen, Kraft welcher den Aemtern Gerichtsstellen, Hofmärkten und Magistraten, bey 10. Rthaler Strafe und Vergütung der Procesunkösten und Schäden, schärfest untersagt ist, in Zukunft verschiedene fremde, das Publicum aggravirende Personen aufzunehmen, oder ihnen den Schutz zu verleihen. Eine zweyte Verordnung vom nämlichen Dato verbiethet die Beherbergung fremder Personen, ohne obrigkeitliches Vorwissen. Gestalten eine fremden Person in einer Stadt oder Markt keine längere Zeit als höchstens 3. Tage, auf dem Lande aber nur 24. Stund zu hoffen hat, ohne hievon der Ortsobrigkeit die behörige Anzeige zu machen. Jeder Hausvater hat davor zuhaften, — jede Uebertrettung wird mit 3. Rthaler gebüsset, und die über das allenfällige Verbrechen einer solch fremden Person erfolgende Arrests- und derley Kösten werden jedem Beherberger verdächtiger Fremdlinge, aufgebürdet.

d) So ist auch unterm 17. April im Herzogthume Sulzbach eine sehr heilsame Verordnung gemacht worden, daß nämlich die Unterthanen nicht nur alle Sorten des Getreides er- und verkaufen dürfen: sondern auch den Auftrag haben, nicht das geringste Stück Feld unangebauet liegen zu lassen; um den allenfalls ermangelnden Saamhaaber haben sie sich bey den ihnen anweisenden Aemtern zu melden, und solchen gegen baare Bezahlung abzulangen.

e) London den 26. April, am 12. dieß hat das Unterhaus 2970. Pfund Sterling als einen Beytrag zum Unterhalte des Findelhauses: Ferner, um die Erziehungskösten der Kindern zu bestreiten, welche von 1760. in dieses Haus aufgenommen worden, pro 1771. eine Summe von 27030. tt: verwilliget welches zusammen beträgt: 30000. tt. Sterling oder 330000. deutsche Gulden. *

* Findelhaus? — — was! — was ist das? — soviel Geld für ein Haus, welches liederliche Leute angefüllt haben! — — bey leibe nicht. — — Gnädiger Herr Staatsmann! — erlauben sie einem armen Menschenfreund, der von ihrer christlichen Denkungsart schon in mehrwege überzeugt ist, eine Frage: Wie? wenn alle Hagestolze, die mehr auf schöne Mädgen, als auf den Ehestand halten; wie wenn alle verstohlene Blicke auf die schönen Töchter Labans mit einer Steuer belegt würden: ob nicht so etwas von einem Beytrage ins Findelhaus zu hoffen wäre? Sollte nicht zur Wohlfahrt des Staats jeder das Seinige beytragen? — — an Naturalien? — nein gnädiger Herr! nichts von Accidenzen, bey leibe nicht! — an baaren Geld? ja, zu Versorgung der Naturalien.

f) In dem Hannöverschen-Magazin lesen wir folgendes Mittel zum Feuerlöschen. Es ist eine bekannte Wirkung der Alaune, daß wenn man sie auflöst, und in Holz einziehn läßt, solches im Feuer unversehrt erhalten werde. Wenn die Feuersbrunst weiter um sich greift, als daß man Handsprützen mit Vortheil gebrauchen könnte, so werfe man gläserne oder auch aus Leimen, so groß als Canonenkugeln gedrehte Kugeln ins Feuer. Sie werden mit fein gestoßnem Alaune gefüllt, und in die Mitte wird ein Schuß Pulver gethan, der sich durch einen Schwefelfaden entzündet, der zur Mündung, die mit Harz oder Pech dicht vermacht seyn muß, heraus geht. Wenn die Umstände es verstatten, so können grösre solchergestalt gefüllte Behältnisse mit dem glücklichsten Erfolge gebraucht werden. Das Feuer soll auf diese Weise nicht nur schleunig gedämpft werden, sondern auch an den Orten, die auf vorbemeldte Art gelöscht worden, nicht wieder zünden. Wenn man noch überdies feinen angefeuchteten Sand ins Feuer hinzuwirft, so soll dieser die Würkung des Alaunpulvers beschleunigen.

g) Eine gute Art Geld auszuwerfen: stehet ebenfalls in diesem Hannöverschen-Magazin (s. 28. Stück) und in der Hamburger Zeitung. Wir wissen nicht, warum itzt unsere Herren Amtsbrüder denen Lotterien und dem Geldauswerfen so hold werden; wir wollen es aufs blinde Glücke nachschreiben; weil wir ohnedem in projectreichen Zeiten, und im

Jahr-

Jahrhunderte leben, wo es Mode geworden ist, dem kranken Staat gemeiniglich das grosse Zugpflaster von Lotteriezissern aufzulegen. — — Was müssen doch die Nullen für grosse Kraft haben? — Freund halt inne, mit deinem Urtheil, sagt Alphest: der Verstand bey einer Lotterie ist eben das, was die Ziffer bey den Nullen sind: diese erst erheben ihren Werth — gut! wenn aber diese vorn- und jene hinten stehen, wie alsdann? — —

„ Daß grosse Herren bey feyerlichen Gelegenheiten, Geld unter das Volk auswerfen, ist ein alter Gebrauch, der aber jezt aus verschiednen eben nicht schwer zu findenden Ursachen sehr aus der Mode zu kommen anfängt. Doch geschieht es noch zuweilen, und mich dauert es allemal von Herzen, wenn ich sehe daß gemeiniglich nur die Stärksten und Unverschämtsten etwas von dem ausgeworfenen Gelde erhalten, und die Schwächern nicht selten einen Groschen mit dem Verluste eines Zahns, eines Arms, oder ihrer Gesundheit auf andre Art bezahlen müssen. — Sollte folgende Art einer öffentlichen Geldvertheilung nicht besser, billiger, menschlicher, und angenehmer seyn? Gesetzt ein grosser Herr wollte 30000. Rthler auswerfen lassen. Ich würde ihm rathen dieses Geld als den Fond zu einer kleinen Lotterie zu deponiren, etwa 3000 Looſe und 1500 Gewinne, deren gröste ohngefähr 10 Rthler betrügen, davon machen, die 3000 Looſe unter die Bedürftigsten vertheilen, die kleine Lotterie an den Tagen der feyerlichen Veranlassung ziehn und die Gewinne sogleich auszahlen zu lassen. — In dem alten Rom, war dergleichen Art von Geldvertheilung oder doch etwas Aehnliches, bey öffentlichen Feyerlichkeiten Mode. Mich dünkt daß es Sueton erzehlt, doch möchte ich nicht die Gewähr dafür leisten, weil ich eben damals als dieses in der Schule vorkam, mehr an das Ballschlagen als an meinen Autor dachte. rc.„

h) Auf eine ruhmvolle Art hat sich der Magistrat zu Frankfurth bey jetziger Theuerung hervorgethan. Es muß nämlich seit den ersten May den dürftigen Einwohnern der Laib Brod zu 5. Pfund für 18. kr. verkaufet werden.

i) Bey der grossen Verwirrung und Zerrüttung, — die itzo in Constantinopel herrscht, ertheilt der Caimakan an die öffentlichen Gewerbe von Lebensmitteln die strengsten Befehle. Er strafft, und hart genug: aber Gewinnsucht herrscht doch bey solchen Umständen. Dieser strenge Mann besuchte unter andern neulich verschiedene Beckenhäuser. In dem ersten, bey dem er abstieg, fand er das Brod im geringern Gewicht, als vorgeschrieben war. Er ließ den Becken, nicht seinen Knecht; — ihn selbst, herausführen, und mit der Zunge an einen hölzeren Pfahl nageln, (s. Nürnb. Z. p. 303.) *

* Es giebt hin- und wieder Liebhaber vom Ausserordentlichen; item von schreckbaren, und grausamen Begebenheiten, denen zu lieb wir diese Nachricht anfügen. Und sie läßt sich um so unbedenklicher lesen, als wir Christen keine türkische, sondern eine ganz gnädige Policey haben. —

k) Rom den 1. May. Bey der neulichen Cavalcade des Pabsts hat die Bruderschafts die Annunciata, 316. arme Mägdgen ausgesteuert: von welchen 274. geheurathet; die übrigen 42. aber den Schleyer angenommen haben. *

* 42. ist beynahe der 7. Theil deren mit einem Manne beglückten Mägdgen. Wunderliche Austheilung des Geschickes! gesetzt aber, es hätte sich just der umgekehrte Fall eräugnet? so wäre es noch wunderbarlicher zugegangen.

Artic. VII.

Landwirthschafts-Sachen.

a) Ried, der churbaierische Mauthbeamte, ein guter Landwirthschafter, besahe letzthin die Felder hiesiger Refier, er hat es selbst wahrgenommen, das der Winterbau von Waiz und Korn eben so gut stehet, als der Sommerbau sich anlasset. Es ist dieser Orten kein einziger Acker unangesäet belassen worden: und wir hoffen mit GOttes Segen eine glückliche Erndte.

b) Geisenfeld den 14. May, des Herrn Bischofs zu Eychstädt Hochfürstl. Gnaden, hatten die menschenfreundliche Gesinnung, bey dermalig

malig allgemeiner Noth das Wild in Dero Bißthumsbezirke alles zusammen schiessen, und das Pfund vor 3. kr. unter die Armen und Nothleidenden austheilen zu lassen. Gewiß, ein erhabenes Merkmaal von dem edlen Caractere eines mitleidvollen Herzens.*

* Möchte dieser grosse Geist doch viele Nachahmer haben! — möchten die gutherzigen adelichen Jäger diesem großmüthigen Beyspiele nachjagen! — — oder wenigst die nothleidenden Unterthanen schiessen und jagen lassen. Und gewiß, je weniger alsdann das Gewild an den besammten Feldern wird Schaden thun können, je reicher wird die Erndte, seyn. — Ausser man könnte aus alten Urkunden beweisen, daß der Seegen GOttes auch ohne Verdienst herabfallen müsse.

c) Der Magistrat zu Heylbronn hat bey der schon im fertigen Herbst angedrohten Theurung sogleich einen Vorrath von Getreide angeschafft, welcher hinlänglich ist, die Einwohner bis zur künftigen Erndte zu ernähren. Das Getreid wird weit unter dem Anschaffungspreis verkauft. Und es wird nicht nur für den gemeinen Mann der sich auf so lange Zeit nicht verproviantiren kann, täglich im Hospital Brod um billigen Preis gebacken: sondern auch für die armen Bürger, weil bey diesen Zeiten wenig zu verdienen ist, NB. solche Anstalt zu öffentlichen Geschäften gemacht, wobey jedermann Arbeit finden, und zu seiner Nahrung das erfoderliche verdienen kann; damit sich der Fleiß nicht vergebens nach Nahrung umsehe.„

Anmerk. §. 1. Diese weise Verordnung macht dem löblichen Magistrat grosse Ehre: und wir zweifeln nicht, es wird alles dieses Gute zu stande gekommen seyn. — Unterdessen, da der Mensch zu essen haben muß, wenn er auch nicht arbeitet, sondern bethelt, oder vom Almosen des arbeitenden Standes lebt: so giebt es sich zu bedenken, ob nicht das Arbeitslohn als ein Allmosen in guter Meynung auf GOtt, den Bedürftigen gereicht werden könnte? — Wir haben bey der allgemeinen Landwirthschaft so viele Artikel, wobey vieles zu verdienen und eine grosse Menge Menschen zu beschäftigen wäre. Lasset uns davon nur etliche auszeichnen.

§. 2. Es giebt Möser, wo man Gräben schlagen, und sie zu Wiesen anlegen könnte. Wie froh würden 500 arme Menschen seyn, wenn sie bey dieser Arbeit täglich 500. Laibel Brod, und jeder seinen Groschen, gleich dem evangelischen Weingärtner, zu empfangen hätten. Leben müssen die armen Leute doch, wenn sie schon müßig auf dem Markte stehen; und die 500. Laibel Brod müssen sie dennoch haben, wenn sie gleich nichts thun; denn sie erbetheln sich solche von dem nährenden Stande: Aber etwas Gutes ist noch nicht um das Allmosen geschehen: — Die Möser bleiben Möser. — Ob man schon aus der Naturgeschicht, wie aus der Erfahrung weis, daß die Gewitter-Materie, Hagel und Schauer meistentheils aus den Mösern, Sümpfen und Morästen erzeugt wird und daß die schweflichten, sauren, zuweil oder an manchen Orten aufsteigend vergiften und groben Dünste, die die Sonne aufziehet, die Zahl der Wetter vermehren, wenigst Hönig- und Mehlthau verursachen, die Weidenschaft gefährlich gemachten, und das Vieh der Seuche ausgesetzt wird.*

* Wie schön, wie nutzbar wäre es, wenn z. E. die Möser zu Schrobenhausen, bey Lechhausen, im Gericht Aichach, Maynburg, Dachau, Teispach, an der Isar u. an der Donau hinab, um den Chiemsee ꝛc. mit Gräbenschlagen und Wasserableithungen zu blumichten Grasböden gemacht folglich zum Vortheil der Viehzucht verwendet würden. Sollte es in den grossen Städten nicht feyernde, müßige, dem Staat sonst nur zur Last liegende Leute, Müßiggeher, Weiber und Kinder, und gesunde Bethelleute geben, die ihre zwo Hände an den Pflug legen, und sich ein Allmosen durch Arbeit verdienen könnten? — — —

§. 2. Es giebt Mühlbäche, wo die Bachmutter oder Mursch nicht geraumt ist: Es giebt ausgetrettene Bäche und Flüsse, die viele Tagwerk Wiesen oder Feld unter Wasser setzen oder versäuern. Und im Ganzen jährl. etlich tausend Fuder Heu verschlammen, oder dem Nahrungsstande entziehen: — durch eine grössere Menge Menschen müßiger Leute, könnte jede Gerichtsobrigkeit diesen jährlichen Verlust auf einmal hindern, und dem Uebel einen Damm setzen. Man giebt jedem täglich 1. Leibl Brod

zu

Der Adam erhielt diesen gnädigen Befehl von dem Schöpfer: wenn es ihm auch täglichen Schweiß kosten sollte, Brod zu verdienen. Die Söhne des Isaac, schossen das Wild, welches den Feldfrüchten Schaden zufügte: und itzt haben uns Zeit und Noth die goldene Lehre vom Himmel gebracht, auf den Nahrungsstand, auf die Feldfrüchten mehr Obsicht zu haben. Es ist Sünde, sagen jetzt die Staatsleute, die Landökonomen, der vernünftigere Theil des Publikums, wenn man bloß zur Lust manches Edelmanns, so viele Felder durch das Gewild ruiniren, und diesem kleinen Monarchen soviel despotische Gewalt läßt: seine eigene oder stiftbare, und die höchstlandesherrliche Unterthanen zugleich, mit seinen Wildschweinen, Hirschen, und Rehen, zu Grunde zu richten; oder wenigst sie um die Helfte der Aerndte zu verkürzen: Indem, setzen sie hinzu, die Unterthanen um so viel weniger Brod und Vermögen erlangen, folglich die Steuern und Abgaben nicht ganz entrichten können; den Grund wie den Landsherren mit Nachlässen beschwerlich fallen; da doch die Ausgaben des Staats während dieser Beschädigung doch bestritten werden müssen. Ists möglich? — —

Dieser edlen und gesunden Erwägung zu Hülffe zu kommen, dürfte der unmaßgebige Vorschlag vielleicht Eingang finden: von höchster Gewalt aus, die Einfangung der engern Jagd-Districte der Edelleute zu verordnen. Es werden sich eben iezo Leute finden, die bey diesen theuren Zeiten ohne Verdienst leben, und daher zum Einzäunen oder Einfangen, nebst denen vorhin beschädigten Unterthanen zum Arbeiten gern sich gebrauchen lassen, wenn sie einen kleinen Lohn und etwas Brod bekommen. Wir sagen mit dem evangelischen Hausvater zu Grossen und Kleinen: was stehet ihr hier müßig auf dem Markte: da alles so theuer ist; viele nicht arbeiten wollen; viele keine Arbeit haben. Gehet hin in den Weingarten des Vaterlandes: Wehret den kleinen Füchsen, die die Weinberge verderben.

§. 7. Die Landhaushaltung will gereinigte Dörfer, gebesserte Dorf- und Landstrassen. Wo aus? wohin mit dem müßigen, arbeitlosen Volke? — fragt ein anderer. Zu Reparirung der Dorfstrassen, nicht wahr?

Die Antwort ist kurz; aber die Execution etwas länger. —

Wir können nicht in allen Städten und Flecken Arbeits- und Spinnhäuser unterhalten; Gut! ist nicht das Vaterland, wenn es blühen, wenn es glücklich werden soll, nicht vor sich selbst schon ein allgemeines Arbeitshaus?

e) Florenz: der Pater Gaudioso Jagemann, welcher sich durch die Uebersetzung der Büschingischen Erdbeschreibung und anderer Werke berühmt gemacht hat: hat vom Pabst die Erlaubniß erhalten, als ein weltlicher Priester das Kloster verlassen zu dörfen. Diese Erlaubniß soll auch verschiedenen andern Mönchen ertheilt worden seyn, welche für das Reich der Gelehrsamkeit, oder für die Landesökonomie nützliche Männer geworden, und soviel Vermögen besitzen, daß sie mit Anstand in der Welt leben können.

f) Eine fleißige Landwirthinn ward befragt: warum sie mit dem Geflügelwerk und dessen Erziehung so glücklich seye? — Sie gabe darüber die Antwort in folgenden Regeln.

1) Man lasse die jungen Hünner, oder Küchlein, Aenteln, junge Calecuten oder Pippgen, niemal in den Regen oder Näße, denn anfänglich schadet ihnen die Näße.

2) Die Steige, oder die Behältniß des jungen Hünnerviehs muß täglich vom Kothe geraumt, und frisch eingesträhet werden. Denn das Geflügelwerk liebt nichts mehr als die Reinigkeit.

3) Den erwachsenen Hünern brühet man Heublumen, wie einen Thee: zerschneidet sie: und giebt sie zur abwechselnden Speise. Grüne Brenneßeln, Gundelreben, wilder Saurampfen, und Kimkraut oder wilder Fenchel, gebrühet und zerschnitten: aufgeschwollener Haaber oder Aftergetreide, Kleyen oder Grobmehl mit Sauermilch oder Dopfenwasser kalt angemacht, giebt ein treflich es Futter: und die Hünner bekommen von diesen Kräutern einen starken Eyerstock: die Eyer werden grösser, und die Dotter werden lebhaft, braunroth oder orannienfarb, mithin verliehren sie das kränkliche Bleiche. Man kann auch obige Kräuter klein zerschnitten grüner oder ungesottener unter den Teig mischen: denn das Hünnervieh will eine abwechselnde Speise von Pflanzen haben. Und man erspaaret dadurch Mehl und Kleyen.

4) Wenn man Kleyen oder Teig anmachet, oder vorgiebt, so muß der Trog oder Freßnuesch vorher wohl gereiniget, ausgesäubert oder getrocknet seyn; denn der alte Schleim, und das versäuerte alte Futter schadet dem Hünnervieh, daß es nicht zunehmen, nicht fett werden, nicht wachsen kann. Diese Reinhaltung ist der Magd wohl einzubinden.

5) Kleyen und Mehl werden mit heißer Fleischbrühe, oder von Beinen gesottenes heisses Wasser, oder mit heißen Kleyenwasser angemacht: Man läßt den Teig abkühlen, und erst, wenn er recht kühl ist, giebt man ihn dem Geflügelwerk. Der heiße, warme Teig ist dem Viehe schädlich, verbrennet ihnen die gelbe Haut im Magen: und serben ab. Ich lasse die Beiner von allen Kucheln sammlen, zerhaue, und siede sie: die Brühe gebrauche ich für das Geflügel: und ich bin über die Massen für diesen Fleiß belohnet.

6) Das Trinkgeschier muß von allem Schleim, oder Säuere täglich gereiniget seyn; frisches reines Quellwasser ist das beste. Milch oder Dopfenwasser (Serum Lactis) zum Trank ist vortreflich. Wenn das Trinkgeschier nicht rein ist, so wird das Geflügel rozig, und in der Nase verstopft: so man ihnen hernach mit einer ihrer Feder in Schmalz eingedünkt die Nasenlöcher raumen oder durchstechen muß: so bekommen sie wieder Geschmack am Futter.

7) Den jungen Hünnern muß man nicht den Zipf nehmen: sie krepiren; wohl aber den alten Hünnern, wo man die vordere harte Spitze an der Zunge mit einem Messerchen ablöset, und ihnen in einem Stücke Brod oder Butter wieder eingiebt oder in den Hals schiebt. Ich habe beobachtet, daß, wenn das Hünnervieh durch Liederlichkeit der Magd den Teig zu heiß bekommen, sie den Zipf, oder das Hornhäutgen an der Zunge desto geschwinder bekommen haben. Diese Krankheit läßt die Hünner nicht fett werden, und hindert am Eyerlegen.

8)

8) Den erwachsenen Hünern giebt man des Tags einmal gedörrte oder gedrocknete geriebene Eyerschaalen: oder abwechselnd einige Hanfkörner, diese versüßen oder kühlen das Geblüt ab: die Hünner legen desto besser.

9) Wenn eine Henne einen festen Kropf hat, und krank wird, so wird solcher mit einem scharfschneidenden Messer obenher gegen die Flügel aufgeschnitten: das verdorbene im Kropf herausgenommen, mit Seiden wieder zugenähet, und mit Schmalz geschmiert. Es heilet.

g) Der Landmann, welcher anheuer zu Erlangung einer Fruhspeise, nebst andern auch den Fruhzeschnittköhl angebauet, wird hiemit ermahnt, diese Pflanzen nicht stark aufschiessen zu lassen: sondern sobald solche 4. oder 5. Zoll hoch gewachsen, sogleich über dem Herzblatt das erstemal abzuschneiden: und sofort in Zukunft. Mit Zurichtung dieser Speise verfährt man, wie bey andern Kräutelwerk, und wenn es an Butter oder Schmalz gebricht, kann etwas Milch dazu gebraucht werden.

h) Da uns die Nachrichten eingegangen, daß verschiedene Bauersleute die Kleyen zusammengekaufet, und nochmal abgemahlen, mit Schmalz und den besten frischen Wiesen-Garten- und Gesundheitskräutern eingebrannt, und so in einer Brennsuppe sehr schmackhaft und gedeyhlich zubereithen: andere hergegen die in Nro. 8. pag. 97. dieser Blätter beschriebene Kräutersuppe vortheilhaft geniessen; und sich wohl und gesund dabey befinden; so wollen wir dieses nicht unangezeigt lassen: mit der Erinnerung, daß die grünen Fruhekräuter klein geschnitten, in Milch gesotten noch schmackhafter seyn. — Viele haben junge Brennesseln, Sauerrampfer, und Kerbelkraut, Römischköhl und dergleichen siese Kräuter genommen, klein gehackt und wie ein Spinnath, wie ein Gemüße zubereithet: und sehr gedeylich zur Nahrung und Gesundheit befunden. Es erhält den gemeinen Mann bey Kräften und Gesundheit. Sogar auf herrschaftliche Tafeln hat man diesen Spinnath von jungen Brennesseln gebracht, und mit Appetit verzöhrt.*

* Wir erbitten uns von den Herren Medicinern eine Anzeige der besten und gesündesten Garten- und Wiesenkräuter, die der Bauer u. gemeine Mann am leichtesten alle Jahre haben, und in Milch zu einen Brey kochen kann: wir möchten diese Frühlingskuhr gerne mehrers bekannt machen; denn an der Gesunderhaltung des Landmanns ist ja allen, und das meiste gelegen.

Folgendes an das Intelligenz-Comtoir von dem Herrn Vice-Präsidenten der Churbaierischen ökonomischen Societät überlassenes Schreiben, wollen wir ihres gemeinnützlichen Innhalts wegen, zur Aufmunterung für andere Mitglieder, hier einrücken.

Sie kennen bester Freund! meine ungeheuchelte Denkungsart, und die von dem schändlichen Eigennutze gänzlich entfernten Triebe. Von diesen edlen Gegenständen einzig beseelet, wache ich immer vor dem Nutzen des Staates: O könnte ich doch solchen wesentlich befördern! Da ich nun die unverdiente Ehre geniesse, der churbaierischen Landwirthschafts-Gesellschaft Vice-Präsident zu seyn, so bestrebe ich mich immer, meine Mitbürger von allen Ständen, mit der grösten Gefälligkeit, mit der freundschaftlichen Gesinnung nicht nur zu glücklichen Unternehmungen aufzumuntern, sondern auch den so lange Jahre in unserm Vaterlande manchen Orts schlaff gewesenen Antrieb zum Nutzen des Nebenmenschen, und zur Ehre des Staates zu begeistern. In dieser Rucksicht verdienen auch jene Leute, die sich durch landwirthschaftliche, gesegnete, und geprüfte Unternehmungen hervor thun, und mit ungestörter Mühe sich darauf verwenden, von mir öffentlich angerühmet, ja deren Bild in dem Tempel des Nachruhmes aufgestellet zu werden. Belieben sie demnach, englischer Freund! den würdigen Mann, und emsigen Bürger, den Bierbräu der Haupt- und Regierungsstadt Burghausen Mathias Schmaß ihren Blättern einzurucken: er wird andurch eine merkliche Belohnung seiner Verdienste erhalten, und die noch etwa in dem Lande gegen den nützlichen Anbau des Hopfens obschwebenden, wi-

richtigen, und dummen Vorurtheile dürften gänzlich zernichtet werden: zumal unser berühmtes, und würdigstes Mitglied Graf Anton von Törring ohnehin bereits in seiner gelehrten Abhandlung von dem Hopfen die unächten Meynungen klar widerleget, und mit geprüften Sätzen den Nutzen desselben untrüglich entdecket hat.

Dieser wohldenkende Burger, und verdientes Glied des gesellschaftlichen Lebens beurtheilte, wie vieles Geld jährlich durch den Hopfen aus dem Lande gehe: ja wie vieles er selbst verwenden müsse; welchen Nutzen entgegen er selbst ziehen, und wie viel den hiesigen Tagwerkern zu verdienen geben könnte. Diesen vernünftigen, und edlen Gedanken überlassen, legte er vor 3. Jahren nahe bey Burghausen an der Oettinger-Strasse einen Hopfen-Garten an, wozu er 2500. Kindeln erkaufte. Seine Mühe, und die sich durch reifes Nachsinnen beygelegte Erkenntniß bekrönten seinen Fleiß mit einem gesegneten Erfolge; denn derselbe hat nun 32000 Hopfenstöcke in seinem Garten, und unerachtet seines grossen und weitschichtigen Bräuwesens, siedet er nun heuer im 2ten Jahre alles Bier, sogar das Merzenbier bloß von seinem erzügelten Hopfen ein; und sein Bier ist noch immer das Beste. Ein gewiß unverwerfliches Zeugniß, von welcher Güte der baierische Hopfen sey, wenn derselbe behörig abgewartet wird, und daß also unser Land zur Erzüglung desselben mit den behörigen Gaben allerdings gesegnet sey. Heuer hat dieser verdienstvolle Mann, zur Düngung, Hauung, Zuschneidung, und anderer behöriger Arbeit, dann Stellung von 23000. Stangen, nicht mehr als acht Tage in seiner Arbeit gebraucht, und dazu waren nebst seiner (denn er arbeitet immer als ein erfahrener emsiger Hauswirth mit) 15. Personen, die er sich mit vieler Sorge alle selbst abgerichtet hat: und jetzt den armen Leute mit Fleiß Arbeit giebt, um sie vom Bettel abzuhalten. Da der Himmel seine Arbeit gesegnet hat, so bleibt er immer ein edel denkender Menschenfreund, ohne von dem Lieblingsgegenstande unserer unseligen Tagen, dem schandvollen Eigennutze gefesselt zu seyn. — Man findet bey ihm unerachtet der grossen Theure das beste Bier, einen zweymal mehr als Pfennings-vergeltlichen Trunk. Er biethet alle Jahre von den gewiß gesunden, den baierischen Luft, und Laage angewohnten Kindeln seines auserlesenen Hopfens, jedermann soviele umsonst mit Vergnügen an, als man immer zu verlangen entschlossen ist: wirklich hat er heuer sehr viele davon den Liebhabern unentgeltlich abgegeben. Dieß thut ein Bürger, den sein edles Herz in meinem redlichen Gemüthe mehr als die ererbten Ahnen adelt, da entgegen viele erhabene Leute von dem Eigennutze überraschet sind, die sich dem niederträchtig überlassen.

Machen sie demnach dieses edle, und nützliche Verfahren ehestens kund, es wird unsern Mitbürgern neuen Reitz, und einen erweckenden Stoff zu gleich glücklichen Unternehmungen verschaffen. Burghausen, den 26. May 1771.

Freyherr von Hartmann.

Artic. VIII.

Von gelehrten Sachen.

a) Bey Franz Carl Mautz Buchbinder allhier ist zu haben: Anfangsgründe der Forstwissenschaft, gesammelt von Franz Anton Edlen von Stubenrauch des H. R. R. R. 1771. in 8vo. Dieser gelehrte, ein Hoffnungsvoller Jüngling von 18. Jahren, beschenket uns über diesen in der Staatsökonomie höchstwichtigen Artikel, mit einer so gemeinnützlichen und wohlgeordneten Abhandlung, daß sie niemand, wer Kenntniß und Geschmack besitzet, lesen kann, ohne aufs äusserste über die Nothwendigkeit gerührt, und überzeugt zu werden. Die ganze Beschäftigung in dieser Wissenschaft hat einen systematischen Zusammenhang; sie durchgehet alle Classen, die dahin einen wesentlichen Gegenstand ausmachen: sie ordnet alle Gattungen der Gehölze und der Bäume; beschreibt ihre Anpflanzung, ihren Wachsthum, ihr Geschlecht, ihre Eigenschaft, ihren Nutzen, und ihre Beförderung. Der Author theilet das Forstwesen in dreyerley Gegenstände:

näm-

nämlich a) „die Kenntniß der Waldungen. b) ihr Anbau, Cultur, oder Erhaltung, und c) ihre wirthschaftliche Benutzung. Diese Gegenstände sind von der grösten Wichtigkeit für die ganze Welt; denn ohne Holz könnte man a) nicht einmal bequem wohnen; b) keine Speise bereiten: und c) tausend Handwerker würden darben müssen. Dadurch machet er jeden Cameralisten zugleich Feuer in das Herz, für einen so unentbehrlichen Artikel aufs möglichste zu sorgen, ihn bestens zu erhalten, und ihn sorgfältiger zu benutzen; weil das Wohl eines ganzen Landes, zugleich auch alle Cameralwissenschaften von dieser grosen Rubricke abhangen. Und wir sagen mit allem Recht, man wird nicht leicht eine Abhandlung vom Forstwesen mit mehreren Vergnügen lesen, als diese: denn sie hat eine so schöne Abtheilung, und eine der Sache so angemessene Schreibart, daß sie allen Förstern zum wesentlichen Unterricht ist, und daher ihre vorzügliche Empfehlung verdienet. —

b) Bey eben diesem Verleger ist allhier zu haben: Unterricht vom Salzwesen, gesammelt von Franz Xav. A. Edlen von Stubenrauch des H. R. R. R. 1771. in 8vo.*)

) Der in seinem Fach sich distinguirende Author, ein Bruder des vorigen, zeiget in diesem Werke die Stärke seiner Einsichten in das Salzwesen überhaupt, da er alle Theile desselben, die Salinen, und Salzbergwerke durchwandert, deren Eigenschaft, Kräften, Vorzüge, Bau- und Erzeugungsart kurz, deutlich, und eben systematisch beschreibt. Nach diesem folgt der Unterricht über den Gebrauch, und Verschleiß des Salzes; dessen Transport und Debite nach guten Grundsätzen beurtheilet. Im ganzen Werke herrschet eine gesunde Kritick, und ist dasselbe als ein Compendium vorzüglich für jene anzuröhmen, die sich diesem Geschäfte widmen, und ihm etwas mehr brauchbar seyn wollen, als sonst ein empyrischer Arzt zu thun gewohnt, oder zu bewirken im Stande ist. —)

**) Wir wünschen übrigens, daß alle Eltern ihre Jugend zeitlich zu einer dergleichen Beschäftigung anweisen, ihnen die Lectur mehr empfehlen, und sie dazu anhalten möchten, sich einem nützlichen Gegenstand völlig zu überlassen, zu welchem das Genie blühet, um die gesegneten Früchte dem Vaterlande dereinst geniessen zu lassen, welche eine kluge Wahl des Standes und der Wissenschaften hervorbringet: und welche Foderung um so billiger ist, als wir Beyspiele aufzuweisen haben, daß mancher blosser Jurist noch lange kein Cameralist, oder aufs mildeste davon zu urtheilen, auser seinem lateinischen Recht, ein halbdeutscher Mann sey, der in allem alles, und in keinem etwas ist. —

Artic. IX.

Merkwürdigkeiten und vermischte Nachrichten.

a) Laut Nachrichten aus der Schweitz ist der grosse und weltberühmte Medailleur, Herr Chevalier Hedling zu Schwitz den 14. März der Welt entrissen worden. *)

*) Dieser grose Mann ward der zte mit unserem grosen noch lebenden Herrn Prägschneider Schega vorzüglich berühmte Künstler in der Gravüre, und der Münzen.

b) In dem Churpf. Sulzbachis. Markt Erbendorf sind den 12. April durch eine, wie man will, bey einem Färber entstandene Feuersbrunst 90. Häuser und 90. Städel, oder Scheuern, viele Stallungen, Futteren &c. nebst der Pfarrkirche, und des Evangelischen Pfarrhofs verzehret worden. Mitleidige Personen, wenn sie diesen Bedrangten was zusenden, werden den Segen GOttes in reichlicher Maaß empfangen.

c) Den 10. May 1771. hat die Stadt Rez das Unglück betroffen, daß durch einen Wetterschlag die ganze in 264. Häusern, bestandene Stadt mit allen Meublen, Getreid Victualien, Fourage &c. bis auf 21. Häuser, die noch gerettet worden, abgebrunnen, und die Burgerschaft in den betrübtesten Zustand versetzt worden sey. *

* Wiederum eine Gelegenheit, das grosse Geboth des HErrn, die Liebe des Nächsten mit einem Gefühl zu betrachten, welches der Patriot wünschet, und der ehrliche Mann hoffet. Der großmüthige Menschenfreund,

 der;

der Christ, kann sich mit dem mildherzigen Beytrag gegen diese Elende am besten signalisiren. — nur an uns addreßirt.

Artic. X.

Etwas zum guten Geschmack.

*) In der Stadt — — war ein alter Wucherer, dessen Gewinnst und Ansehen immer abnahm, weil er anfänglich ein bisgen viel nahm, und es auf die letzt zu grob, oder zu laut machte. Er glaubte, jedermann werde seinen Vortheil billigen, und, so oft er ein Geld ausgiebt, ein Mitleiden mit ihm haben. Indem er aber just das Gegentheil unter dem Volke hören mußte: so kam er zu einem Prediger, und bath, wider den Wucher zu predigen, um seine Unschuld an den Tag zu legen. Ich will nicht hoffen, war die Antwort des Predigers, daß ihr auch einer seyd? denn, die andere tadeln, sind zuweil selbst schuldig. — Ihr seyd irrig, sprach der Wucherer: es sagen es zwar böse Leute von mir, es sind aber nur solche, die mir den kleinen Profit nicht vergonnten, den andere jetzt doppelt nehmen. Einsmal ward er schwerlich krank: die Umstehenden gaben ihm ein silbernes Crucifix in die Hand, um gute Gedanken zu schöpfen. Er, der in seiner Kunst schon mechanisch war, wog es mit der Hand, und sagte: Herr Levi! — 1½ Mark? — viel kann ich nicht darauf leihen!

*) Man stirbt gemeiniglich so mechanisch, als man gelebt hat: und es würde manchem lieb seyn, zu guter letzt: wie den zum Tod verdammten Fuchs, ihn wenigst noch durch die Gänsstrasse auszuführen.

Die Frucht des Mitleidens.

Wir haben einen GOtt und Herrn,
  Sind eines Leibes Glieder;
Drum diene deinem Nächsten gern,
  Wir sind ja alle Brüder.
GOtt schuff die Welt nicht blos für mich:
Mein Nächster ist sein Kind, wie ich.

S.

Die Hoffnung, die Freude, und die Liebe sehe ich als die Töchter des Vergnügens; der Mutter aller angenehmen Empfindungen, an. Betrachte man sie alle miteinander, so wird zwar jede ihren besondern Reitz, ihre Vorzüge haben: je nachdem die mannichfaltigen Grade eine gegen die andere Schönheit mehr erheben; oder die Theile zu ihrem Ganzen vollkommener übereinstimmen. Aber das Aug des Weisen winket derjenigen zuerst, welche nicht blos für sich selbst schön ist, sondern die zwischen dem Schönen und Nutzbaren das Mittel hält, und, wo es möglich, beydes in sich finden läßt.

Die Liebe unterscheidet sich vorzüglich dadurch, weil sie am geschicktesten ist, die zärtlichen Triebe des Herzens zu erklären, die Herzen der Menschen mit seidenen Banden an sich zu ziehen, und an dem Leiden der Bedürftigen Antheil zu nehmen.

So, wie der weise Schöpfer die Liebe in das Menschenherz gepflanzet, so gab er auch den Seelenkräften die Macht, diese Liebe schicklich und weise zu vertheilen. Selbst der wildeste Barbar, der dümmste Heid, und der undankbarste Seeräuber ward von diesem Geschenke des großen Meisters der Natur nicht ausgeschlossen.

Das süße Band der Liebe erhält die menschliche Gesellschaft, gleich einer gespannten Kette, deren Glieder ihre Kräfte gemeinschaftlich theilen, jedes seiner Bestimmung zu folgen.

Die Thiere, jedes gegen sein Geschlecht, sind eines natürlichen Mitleidens fähig. Wie groß muß nicht die Pflicht der vernünftigen Creaturen seyn, ihr Mitleiden gemeinschaftlich herrschen zu lassen, und diese gesegnete Frucht der Liebe unter bedürftige Mitmenschen auszutheilen?

Menschen, welche die Natur mit einem besonders zärtlichen Gefühle begabet, und sie so gebildet hat, daß ihr Herz leicht erweichet wird; sind besonders fähig, das große Vergnügen an dem mitleidigen und wohlthätigen Bezeigen zu empfinden. —

Die Armuth der Bedürftigen, das Leiden der Unglücklichen, der Schmerz der Betrübten, fodern uns zum Mitleiden auf, und unsere Seele wird von diesem erschüttert, die sich vielmal in milde Thränen ergießet. —

Der

Der Geschmack der Seele kann hier dem körperlichen ähnlich seyn, wo uns Gegenstände mit der Zeit höchst angenehm werden, die anfänglich widrig erschienen.

Welch ein Philosoph; der das Mitleiden nicht in seinem Busen trägt! Und würde er, so bald er aufhört, ein gerechtes Mitleiden zu tragen, nicht zugleich aufhören, ein Philosoph zu seyn? — Es ist ihm aber die Schönheit dieser Tugend viel zu reitzend, als daß er sie nicht umfangen und küssen sollte: denn er siehet sie dem Charakter des Weisen gemäß, seine Leidenschaften durch eine Betrachtung der Elenden zu bändigen, und sein Nachdenken zu schärfen. In der That, sagt Croneck:

Das sanfte Mitleid zeugt die göttlichsten Gedanken;
Sie hebet unsern Geist aus seinen engen Schranken:
Es herrscht ein sanfter Ernst auf heil'ger Weisheit Bahn,
Und zeiget uns den Weg zu bessern Welten an.

Sejus ist im Begriff, sich zu einem Gastmahle zu verfügen. Er tritt hinaus, um seinen Diener zu ruffen, siehet aber einen altgrauen Bethler vor der Thüre, der demüthig um eine Gabe bittet. Er sieht ihn trotzig an; ein Vorboth zur Abweisung. — Jener stehet — sieht ihm freundlich entgegen und schweigt. Er befiehlt, zu bequemerer Zeit zu kommen; — denn wer kann allemal bereitet seyn, den Armen sogleich zu helfen. — Jener wird traurig — — — zu vergessen, weg zu gehen, und zu bekümmert stehen zu bleiben: was thut er? — er weint: und Thränen sprechen seine letzte Bitte.

Hier wird Sejus gerührt: er beschenket ihn grosmüthig, und kehret mit einer mitleidsvollen Empfindung in sein Zimmer zurücke. Ein Nachdenken überfällt ihn plötzlich: Er kann sich nicht entschliessen auszufahren; ja, er beschließt, das Geld, das es ihn bey der heutigen Zusammenkunft gekostet hätte, die Frucht des Mitleidens gegen die Arme werden zu lassen.

Die Jahrbücher haben der Ewigkeit die bekannten Worte des Kaisers Titus, dieses großen Menschenfreundes, geheiliget, der seine Stunden nur nach Wohlthaten zu zählen pflegte. Denn, als ihm eines Tages keine Gelegenheit vorkam, wohlthätig zu seyn, oder sein Mitleiden zu befriedigen; sagte er Abends zu seinen Hofherren: Meine Freunde! der heutige Tag ist mir verlohren gegangen. —

Das Gesetz unser heiligen Religion gründet sich auf die Liebe: denn wie werden wir GOtt lieben, wenn wir nicht auch unsern Nächsten lieben, und so viel wir können, ihm Gutes thun? — — Der Heiland spricht diejenigen selig, die Barmherzigkeit üben, und Mitleiden haben gegen den Nebenmenschen. Er zeichnet uns durch Bilder die Regeln der Menschenliebe, und preiset die Früchte des Mitleidens. Er rathet, er ermahnet, er befiehlt, die Nackenden zu bekleiden, die Hungrigen zu speisen, die Durstigen zu tränken, die Fremdlinge zu beherbergen, die Kranken und Gefangenen zu besuchen. Und so, wie er in seinem Predigamte den Herzen ein thätiges Mitleiden einflößte, so sagte er auch vor, daß er seiner Zeit als Richter von denenjenigen die strengste Rechenschaft fodern werde, die sich in der thätigen Liebe gegen den Armen und Bedürftigen saumseelig erwiesen haben.

Sind uns die Tröstungen aus der Religion nicht erklecklich, oder wollen wir die Zeitigung der Frucht des Mitleidens nicht erwarten: so lasset uns sehen, was die Welt dazu saget. —

Niemand hat gern Feinde, am wenigsten solche, die gefährlich werden können. — Gut!

Man weis es aus der Erfahrung, daß diejenigen die wenigsten Feinde, vieleicht gar keine haben, die gegen die Armen und Bedürftigen ein thätiges Mitleiden bezeigen.

Eine grosse Seele wird schimmern, wenn sie Mitleiden besitzet: und die Lobeserhebungen werden bey dem ganzen Volke wachsen, und zunehmen, wenn dasselbe Proben der Menschenliebe zu sehen bekömmt. So gar ein

ein ungestilltes Publikum kann durch ein mitleidvolles Bezeigen in der Ruhe erhalten werden. Die Staatspolitick fodert also mitleidige Herzen, und schliesset keinen Stand aus. —

Wenn wir die Gnade des Glaubens haben: nicht wahr? so haben wir einen GOtt, einerley Glaubenslehre, und einerley Pflicht. Und keiner will im Ernste der letzte seyn. — Der Adeliche, der Reiche, der Beamte, der Bürger und der Bauer, alle suchen den Weg zum Himmel. — — Recht so! weil dann ein gerechter, ein ewiger GOtt lebt! so giebt es auch eine ewige, eine gerechte Belohnung: und zwar nach seinem Versprechen, für die Liebe, und für das Mitleiden gegen den Nächsten: kurz! für das Verdienst.

Eine Wahrheit, die uns die natürliche Pflicht, das Sittengesetz, und die Religion vor Augen stellet: die wir begreifen, wenn wir denken; und sehen, wenn wir nicht ganz blind sind. —

Die Früchte des Mitleidens sind süß, erquickend und heilig. Seyd barmherzig, gleich wie euer Vater barmherzig ist. — Der Segen des Himmels: ein reicher Segen GOttes wird über diejenigen herabstammen, die mildherzig und gutthätig sind. Mit was Maaß ihr ausmesset, wird euch wieder eingemessen werden. Ihr sehet, ihr höret es selbst. Es ist nicht nur nichts damit verlohren, sondern ihr gewinnet dabey zehnfach. Eine gute, gerittelte, eine gedrückte, und übervolle Maaß wird man wieder in eure Schoos messen. Wer ein geistlicher Wucherer seyn will, der übe mitleidige Wohlthaten, Barmherzigkeit und Freygebigkeit aus; so wird er eine reiche, eine fette Aerndte haben; Er wird hundertfältigen Lohn empfangen, und sowohl hier auf Erden, als dort im Himmel glücklich seyn. Heißt das nicht doppelt gewinnen! — *)

K. . . .

*) Ein guter, ein christlicher Hausvater wird dieses Recept für den Zustand der heutigen kranken Zeiten wohl nicht verwerfen können. Und da der Gewinn bey jedem Menschen den besten Eindruck machet; so lehret uns der Rath der Vorsehung, auch für die Zukunft besser hausen. —

Ad Artic. I.

Verruf: Die ebenfalls gnädigst verordnete Universal-Viehsperr betreffend. Dat. 18. May 1771.

Demnach Sr. churfürstl. Durchleucht in Baiern, Unserm gnädigsten Churfürsten und Herrn, mehrmahl unterthänigst vorgestellet worden, welchergestalten durch den bisherig uneingeschränkten Austrieb der Schweine, dann andern Klob- und Hornviehes, auch deswegen immer mehrers verspürenden Theuerungen und Entgang der eigenen Landesnothdurft, die übelsten Folgen zu besorgen stehen. Als wollen Höchstdieselben nebst der bereits unterm 14ten Julii abgewichenen Jahres angeordneten Schaaf- auch eine Universalviehsperr in den sämmtlichen churbaierischen Landen, dann der obern Pfalz, und andern anhero gehörigen Ortschaften allerdings, und dergestalten genauest beobachtet wissen, daß in Zukunft bey Vermeidung der wirklichen Confiscation, und mit Vorbehalt schwerer Bestrafung, weder fett- noch magere Schweine, weniger das Horn- und Klobviehe, es sey gemast oder ungemastet, nicht ausser Landes passiren, sohin all weiterer Austrieb bemeldter Viehgattungen in Kraft dieß gänzlichen verbothen seyn solle; mit der ausdrücklichen Erklärung, wasmassen diese Universalsperr gegen die Pfälzisch- Sulzbachisch- und Nordgauische Länder, dann Reichsstadt Regensburg und Bißthum Passau, nach Anweis der gepflogenen recesmäßigen Einverständnissen, nicht gemeynet, und auszudehnen sey; jedoch in der gänzlichen Zuversicht, es werde auch jenseits, mittels gleichmäßiger Sperr, all andern wucherischen Practicken und schädlichen Ausschweifungen der erfoderliche Einhalt erzeiget werden. Wornach sich dann jedermänniglich zu achten, und vor Schaden und Strafe zu hüten weis. Gegeben in der churfürstlichen Haupt- und Residenzstadt München, den 18ten May 1771.

Ex Commissione Seren. Dni. Dni. Ducis & Electoris. (L.S.)

Erasmus Freysinger, churfürstlicher Rath und Hofrathssecretär.

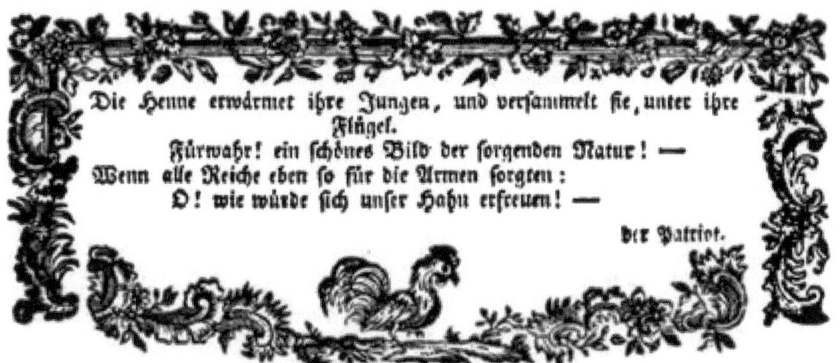

Die Henne erwärmet ihre Jungen, und versammelt sie unter ihre Flügel.
Fürwahr! ein schönes Bild der sorgenden Natur! —
Wenn alle Reiche eben so für die Armen sorgten:
O! wie würde sich unser Hahn erfreuen! —
der Patriot.

Churbaierisches Intelligenzblatt

Num. XII.

München den 6. Juny 1771.

Artic. I.

a) Churfürstliche höchstpreiswürdige Anbefehlung, daß die jagdberechtigten Stände, mit Wegschiessung des Wildes, theils zu Versorgung der Armen, größten Theils aber zu Vermeidung der beträchtlichen Wildschäden auf den Feldern, dem höchstlandesherrlichen Beyspiele nachfolgen sollen. Datirt den 28. May 1771.

Da von der Churfürstlich höchsten Stelle, zum auch Churfürstlich hochlöblichen Hofrathe die gnädigste Resolution erfolget, welchermassen Se. Churfürstliche Durchläucht bereits in Dero eigenen Wildfuhr durch das Oberstjägermeisteramt haben veranstalten lassen, daß eine gewisse Quantität Wild, sonderbar an Orten, wo solches häufiger vorhanden, und den Feldfrüchten mehr schädlich ist, monathlich geschossen, sofort das Pfund den Armen um 2. und 3. kr. den übrigen aber für 4. kr. verkauft werden solle, und Höchstdieselben daher verhoffen, es werde dieser landesherrliche rühmliche Vorgang auch sammtlichen Jagdberechtigten Ständen zur bäldig- und eifrigen Nachfolge dienen, damit auf solche Weise nicht nur die Wildschäden desto mehr verhütet, sondern auch dem Brodmangel besser gesteuert, und dem armen nothleidenden Unterthan einige Aushilfe dadurch verschaffet werde. So will man diese gnädigste Entschließung zu Jedermanns Wissenschaft auch durch diese öffentliche Intelligenz-Blätter hiemit bekannt gemacht haben.

Signatum München den 28. May 1771.

Churfürstliche Hofkanzley.

Auf gnädigste Anbefehlung solle vorstehende Resolution den hiesigen Intelligenz-Blättern einverleibet werden.

Johann Georg Kroiß, Churfürstlicher Hofraths-Sekretär.

b) Weitere gnädigste Anbefehlung die Verschonung der Felddfrüchten, und Verhütung der Wilschäden betrefend. Datirt den 27. May 1771.

Maximilian Joseph Churfürst ꝛc.

L. G. Uns hat Unsre Regierung Amberg unterm 13. hujus gehorsamst berichtlichen vorgestellt, was übergrossen Schaden den Unterthanen, allforderst aber den Feldfrüchten durch das häufige Wild, besonders durch die Wildschweine empfindlichst zugehe; Uns daher um dessen Abstellung bey ohnehin mißlichen Anschein einer künftig gesegneten Aerndte und besorglich allgemeinen Hungersnoth wiederholtet unterthänigst gebethen. Wir befehlen dir demnach hiemit gnädigst, zu verfügen, daß nicht nur das schwarze, sondern auch das übermäßig rothe Wildpret in Unserem Herzogthum der obern Pfalz weggeschossen, und den Armen das Pfund wohlfeiler, den übrigen aber um den gewöhnlichen Preis verkauft werde. Versehen Uns dessen gnädigst, und sind dir anbey ꝛc. München den 27. May 1771.

Ex Commissione Speciali.

An das Oberstjägermeisteramt also erlassen worden.

* Schon wieder ein Beweis der edelmüthigen Sorgfalt für den verdienten Ackersmann; von einem weisen Regenten, der sein Volk liebet; für den Nahrungsstand alle Behelfsmittel hervorsuchet, und der Landeswohlfahrt eine Stiftung machet, welche die spätesten Nachkommen in dem Glanze des landväterlichen Herzen verehren werden.

Artic. II.

Feilschaften.

a) Zu Aichach und Stadt am Hof, haben die Mezgerschaften eine Anzahl roher Ochsen- und Schmalhäute, item Schaaf- und Lammfelle um billigen Preis zu verkaufen, welches den innländischen Lederern und Kirschnern hiemit bekannt gemacht wird.

b) Die Mezgerschaft auf dem jungen Fleisch allhier, biethet den innländischen Lederern und Weisgärbern und Pergamentern an Kalbfelle 4250. Stück à 1 fl. 15. und 1. fl. 6. kr. Pitling 1072. das Paar 3 fl. 20. & 3½ fl. Schaaffelle 2777. à 55. kr. bis 1. fl. Lammfelle 3574. das Stück 14. bis 15. kr.

Artic. III.

Standeserhebungen.

a) Se. Durchläucht der Herzog von Braunschweig, haben den berühmten Abt Jerusalem zum Vice-Präsidenten bey Dero Consistorio zu Wolfenbüttel ernannt, und sind Se. Hochwürden bey gedachtem Collegio bereits eingeführt worden.

b) Se. Churfürstlichen Durchleucht in Baiern, unser gnädigster Churfürst und Herr! haben den Churpfälzischen Hofkammer- und Bergrath Herrn August Römer, Mitglied der ökonomischen Societät in Baiern, wegen seiner besondern Verdiensten, zu höchstdero Hofkammer- und Bergrath, dann hochvertrauten Agenten an den Churpfälzischen Hoflager zu Mannheim gnädigst ernennet, und das Decret hierüber ausfertigen lassen.

Nachricht.

Unter so vielen preiswürdigsten Anstalten, welche durch die landesmütterliche Sorgfalt Ihrer kaiserlich königlich apostolischen Majestät zur Aufnahme der Wissenschaften und Künste in Allerhöchst Dero Staaten beständig fortgesetzet werden, und nunmehro so weit gediehen sind, daß einem jeden Stande der Weg gebahnet ist, so zu sagen, von der Wiege an, bis auf die höchste Stufe seines Berufs gelangen zu können; haben Ihre Majestät noch auf einen Stand, der auf die Wohlfahrt des Staats einen so grossen Einfluß hat, nämlich auf diejenigen, die sich der Landwirthschaft widmen, besonders aber auf die, welche einstens die Wirthschaftsämter begleiten wollen, das allerhöchste Augenmerk gerichtet, und allergnädigst beschlossen, zu einer vollständigen Unterweisung derselben eine ordentliche Schule der Landwirthschaft einführen zu lassen, und zwar hier zu Wien in der berühmten gräflich-Windhagischen Stiftung, in welcher die Theorie der Landwirthschaft gelehret, auf einer von Ihrer Majestät allergnädigst zu bestimmenden

den Herrschaft aber die praktische Anweisung derselben in allen ihren Theilen gegeben werden soll.

Da man nun sehnlich wünschet, zu Erfüllung dieser allerhöchsten Vorsorge eine glückliche Wahl eines geschickten Lehrers der Theorie treffen zu können, so werden zu dem Ende alle diejenigen hiemit öffentlich eingeladen, die sich so viele Fähigkeit zutrauen, als zu einem ordentlichen Vortrage einer Wissenschaft erfodert wird, die erst in eine systematische Lehrart gebracht werden muß.

Damit nun die Mitwerber um dieses neue Lehramt desto zuverläßiger ihre Stärke prüfen, und die Absicht, die man sich bey Einführung dieses Lehramts vorgesetzet hat, nicht verfehlen mögen, so findet man für nöthig, von der Verfassung dieser neuen Schule vorläufig so viel bekannt zu machen, daß alle diejenigen, die in derselben den Unterricht erhalten wollen, verbunden seyn werden, sich in den zu der Landwirthschaft höchst nöthigen Theilen der Mathematik, der Naturlehre, der Chymie, und der Polizey, nebst andern, für einen Wirthschaftsbeamten unentbehrlichen Nebenwissenschaften bey den öffentlichen Lehrern der hiesigen hohen Schule vorzubereiten, und daß also der neue Lehrer einzig und allein verpflichtet seyn wird, die Theorie der Landwirthschaft vorzutragen, und ihre Grundsätze aus allen oben angeführten Wissenschaften, in so weit sie damit einen Zusammenhang haben, herzuleiten. Woraus sich dann ergiebt, daß er selbst in diesen Wissenschaften genugsam bewandert seyn müsse, um diesem Lehramte vollkommene Genugthuung leisten zu können. Es wird auch erfodert, daß die Theorie dergestalt einfach eingeleitet werde, damit selbe nicht in weit gesuchten Spekulationen bestehe, sondern in wirkliche Ausübung gebracht werden möge.

Wer solchemnach Verlangen trägt, sich um dieses neue Lehramt zu bewerben, demselben stehet frey, von seiner Fähigkeit eine Probe abzulegen, und selbe an die kaiserlich auch kaiserlich königliche Hofkammer in Domainen, als welcher die Aufsicht über diese Schule von Ihrer Majestät allergnädigst aufgetragen ist, hieher nach Wien einzusenden, und derselben zugleich seinen Namen und Charakter bekannt zu machen. Diese Probe soll nicht nur allein in einem Entwurfe von der bündigen Lehrart, nach welcher derselbe seine Vorlesungen einzurichten vermeynte, sonder auch in einer wirklichen Ausarbeitung eines in die Landwirthschaft einschlagenden Theils, gesetzt in der Theorie der Erde, der Pflanzen, oder der Thiere bestehen, welcher der eigenen Wahl des Verfassers überlassen wird. Man wiederhollet jedoch auch hier die Erinnerung, daß diese Theorie nicht auf den ganzen Umfang der Geschichte dieser drey Reiche, sondern nur so weit verstanden wird, als sie auf den Feldbau und Viehzucht sich anwenden läßt, und zu deren Grundsätzen zulänglich seyn kann. Zur Einsendung dieser Ausarbeitung wird vom heutigen Dato eine vier monatliche Frist einberaumet, und demjenigen, der von den Mitwerbern den vorzüglichen Beweis seiner zu diesem Lehramte besitzenden Geschicklichkeit gegeben, der von Ihrer Majestät allergnädigst zugedachte Titel eines kaiserlich königlichen Professors der Landwirthschaft, nebst einem jährlichen Gehalte von 1000. fl. versprochen. Wien den 4. May 1771.

Artic. V.

Handlungs = Nachrichten.

a) Kopenhagen den 6. May. Vermög einer unter heutigen dato publicirten Königl. Verordnung, werden den Handelsleuten anderer Städte des Reichs, in Ansehung der Auflage-Waaren eben die Vorrechte, als die Kopenhagner haben, versprochen, wenn sie hierum bey der General-Zollkammer ansuchen, und die Waaren aus erster Hand mit den Schiffen königlicher Unterthanen kommen laslassen. So ist auch verordnet, daß ein jeder Eigenthümer den Numer seines Hauses mit Oelfarbe an einem sichtbaren Orte anzeichnen lassen solle. Ferner: soll nach einer unterm 21. März für des Königs deutsche Staaten gegebenen Verordnung, die Ehefrau eines Verbrechers, der zu lebenslänglicher Gefangenschaft verurtheilt worden, die Freyheit haben, sich in eine zweyte Ehe zu begeben.

o Der König, dieser grosse Menschenfreund der dem Gesetze der Natur niemal einen Zwang anthun will, verdienet aller Orten hierüber angepriesen zu werden.

b) Livorno den 15. May. Der Banquerot zweyer Kaufleute, des Capitanacchi zu Cadix, und des Ambrogio Gagino zu Palermo, hat in unserer Stadt viele Verwirrungen verursacht. o

o Die Entrepreneurs, die auf einmal reich werden wollen; die Schulden an die Schuldner händeln; die grosse Tafeln, hohe Gebäude, und ein galantes Leben lieben: sich fett mästen, und mit grossen Bäuchen einher traben: nicht wahr? diese bekommen gern das Miserere!

c) Florenz. Die grosse Menge Seeräuber machen das mittelländische Meer, und insonderheit den Archipelagus sehr unsicher. Ein französisches, mit Kaufmannswaaren nach Constantinopel bestimmtes Schif ist von den Russen genommen, zu Livorno eingebracht und die Ladung verkauft worden. So kommt auch der hinkende Both mit der Nachricht, daß der Bassa von Damasco den Aly = Bey geschlagen, und ihm in seinen Eroberungen grossen Einhalt gethan: o

o Der gute Ali-Bey! — — hat es der gute Mann so gut mit uns gemeynt! — er muß etwa eine falsche Landkarte erwischt haben. — —

d) In Engeland ist durch eine Bill, die Ausfuhr des Viehes, und die Einfuhr fremder seidener Zeuge verbothen. Die Summa der am 5. Jänner 1771. berechneten National-Schuld beträgt 128. Millionen 998119. Pfund Sterl. 8. S. $2\frac{1}{2}$ Pence und die jährliche Interesse 4581317. lt. 8. S. 8. P.

e) In den Leipziger Inteligenzblättern pag. 255. stehet folgender Auszug eines Schreibens aus Nürnberg: den wir wörtlich hieher setzen. „Die Theurung in Franken und Schwaben ist auf das höchste gestiegen. Hier kömmt ein Simra Korn, welches 3. dresdner Scheffel sind, um 60. Kaisergulden. In Schwaben und in der Schweiz, ist es um ein drittheil theurer. Das meiste Getreide, das die Fuhrleute hieher bringen, kömmt aus Weimar und Thüringen. Es steigt aber immer höher. Im Würtenbergischen und in andern Gegenden wird Leder unter die Speisen gekocht, und die Armen hollen Fleisch von gefallenem Vieh. Hier speiset der Stadtrath täglich 2600. Arme, und die Kaufmannschaft ernährt besonders 200. Personen. Weder ganze noch Stücken Brod dürfen aus der Stadt heraus gebracht werden.„ o

o Wer wird wohl in dortigen Gegenden die Schuld tragen? — die Schuld der Theurung? — —

Artic. VI.

Vermischte Nachrichten zur Policey.

a) Vermög der neuesten Nachrichten aus Constantinopel, ist der Preis des Brodes sehr gestiegen; indem 30. Drachmen im Gewicht 1 Para kosten.

b) Der Geld- Ein- und Ausfluß gehört zur Aufsicht der politischen Staatspolicey. Engeland gehört noch zu Europa; wenn es schon nicht im südlichen Deutschlande liegt. Allein, das thut nichts: das Geld hat lange Füsse, macht weite Schritte, und was das meiste ist, es hat auch eine starke Faust; womit die Feinde von ferne todt geschlagen werden können. In diesem Jahre sind in London um 200000. Pfund Sterling mehr als im vorigen bewilliget, und von dem Unterhause wirklich $7\frac{1}{2}$. Millionen angeschaft worden.

c) Kopenhagen. Wie sehr es dem Könige mit seinen Absichten zum Besten des Landmanns ein Ernst sey, kann man unter andern daraus ersehen, daß auf den königlichen Domainengütern den Bauern nicht nur das Eigenthum ihrer Ländereyen verliehen worden, sondern daß auch der König gegen die Kammer erkläret hat, Er wolle lieber einigen Schaden an seinen Einkünften leiden, wenn für diesen im Staate so wichtigen Stand ein Vortheil hieraus erspringet, und die Wohlfahrt der Unterthanen es erfodert. •

o Der weise König ist schon auf dem rechten Wege; wenn sein mildes Herz so denket; denn

denn er weis schon, daß wenn der Nahrungsstand blühen soll, ein wahres Eigenthum, und die Freyheit im Handel die Triebfeder der Landes = Industrie sind, und er weis auch, daß wenn es den Unterthanen wohl gehet: er im Ganzen nichts verliehren kann. —

d) Da es an verschiedenen Orten noch an einem gerechten eisenen Holzmaaß gebrechen dürfte; wie dann die Stadt T — zu dato wirklich keines hat; so dienet zur Auskunft, daß selbes im Lichten oder Weiten, innerhalb dem Eisen 6. Schuh in der Breite, und eben 6. Schuh in der Höhe: mithin 36. baierische Schuh halten müsse. Ist nun das Holz generalmäßig nach 3 ½ Schuh in der Länge gehauen: so hält eine baierische Klafter Holz 126. Cubic = Schuh, im körperlichen Innhalt. Und jeder Hauswirth weis, daß, wenn das Holz groß und wenig gespalten, derselbe mehr Holz im Eisenmaaße bekommt, als wenn es klein gespalten ist; massen erstensfalls der mehrere Luftraum zu viel wegnimmt.

Artic. VII.

Landwirthschafts = Sachen.

a) Physicalisch = Oekonomische Anmerkung über die Piselli Romani: eine Art Getreides zum Viehfutter, und das Vieh zeitlich fett zu mästen.

In dem 8ten Auszuge aus den Protocollen der Versammlungen, bey der 1sten Klasse der chursächs. ökonomischen Gesellschaft, werden die Piselli Romani angepriesen und gesaget, daß ihr Nutzen unbekannter ist, als er seyn sollte. Der Arme könnte die Körner davon unter das Brod backen, oder man könnte dieselben statt der Erbsen zum Zugemüse brauchen; so wie das Stroh davon ein dienliches Futter für das Vieh abgäbe. Der andere Theil des berlinischen Haushaltungs = Garten = und Geschichts-Kalenders aufs Jahr 1754. erwähnet gleichfalls dieser Piselli unter dem Namen der kleinen wilden und zahmen Wicke mit weissen Saamen. Daselbst heißt es: man bauet sie in Gärten und fetten Feldern mit der Erbis zugleich; sie füttert das Vieh trocken und grün ganz besonders wohl, und die Saamen werden, sowohl jung und grün, als reif und trocken, auf wohl bestellten Tafeln mit Vergnügen genossen. Ein Umstand macht die Pflanze noch merkwürdiger, daß sie sich in manchen Jahren unter der Erbis häufiger findet, als in andern; da sie nun unter der Erbis mit in die Scheune gebracht und ausgedroschen wird, so bleiben ihre weisse kleine und den Erbsen in allem sehr ähnliche Saamen darunter, und machen den einfältigen Landwirth glaubend, als ob sich seine Erbis diesesmal wirklich in Wicken verwandelt hätten. An Gewißheit dieser höchst lächerlichen Sache pflegen einige Kopf und Kragen eben so zu setzen, als oben bey der vermeintlichen Entstehung des Klees aus der Asche schon gesagt worden ist. — Ich will nun meine Meynung über diese unter uns nicht unbekannte, aber doch zu sehr vernachläßigte Feldfrucht ausführlicher eröffnen. Ich halte diese Piselli Romani, oder deutsch zu reden römische Erbsen, mit dem Linnäus gleichfalls für eine Abart der gemeinen Wicke, viciæ sativæ, und unterscheide also die weisse von der schwarzen (albam ab nigra.) Der gemeine Mann im Churkreise, diesseits der Elbe bis in die Mark, nennt sie gleichfalls die weisse Wicke. Hierzu kömmt auch ein Trivialname, da sie auch einiger Orten Stähne heißt. Sie hat das unverdiente Schicksal, aus Mangel genugsamer Kenntniß ihres an und für sich guten Geschmacks und Nutzens, immer vertilget zu werden. Aber ehe mans sich versieht, kömmt sie wieder häufiger als jemals, unter den Erbsen zum Vorscheine. Gerade als wenn uns die Natur erinnern wollte: Ihr sollet diese Pflanze nicht ausrotten, sie biethet sich euch stäts aufs neue dar, ob ihr sie nicht einmal vorziehen und ihre Nutzbarkeit einsehen wolltet? Man muß aber die Schuld der versuchten Vertilgung dieses Gewächses nicht so sehr bey dem Landmanne, als bey den Stadtleuten suchen. Bringt der Bauer, zumal in wohlfeilen Jahren, seine Erbsen zu Markte, und der Käufer wird dieser römischen Erbsen gewahr; so spricht er alsbald, es sind weisse Wicken darunter, und diese sind keine Frucht für Menschen, sondern fürs Vieh. Will nun der Verkäufer seine

 Früch-

Früchte nicht ums halbe Geld weggeben, so muß er sie wieder mit dem Vorsatze nach Hause nehmen, seine Erbsen auszulesen und zur Aussaat von den weissen Wicken zu sondern. Und so sind sie eine Zeitlang weg, bis sie auf einmal wieder zum Vorscheine kommen, als wovon ich hernach meine Gedanken darlegen will.

Der Geschmack dieser Erbsen kömmt durchaus mit der schwarzen Wicke überein, welche letztere viel zu herbe ist, als daß sie der Gaum des geringen Mannes, auch nur in mäßiger Quantität, mit andern Getreidearten zu Brod vermengt, gern annehmen wollte. Sie geben den feinsten Erbsen an Geschmacke, entweder allein gekocht, oder mit erstern vermengt, nichts nach. Dieweil das Vorurtheil bey den Speisen sehr viel thut; so kann man allenfalls das erste Wasser beym Kochen abgiessen lassen, um nichts herbes oder geiles im vermeintlichen Geschmacke zu finden. Dafern auch der blosse Name, Wicken, Empörung anrichtet, so wollen wir ihn ganz weglassen, und diese Feldfrucht künftig allein Piselli Romani, römische Erbsen, nennen. Ein Name, der ihnen zukömmt, weil sie in Italien gebauet werden. Vielleicht wird dieser neuere Name manche leckerhafte und nur nach fremden Speisen und Geträncken lüsterne Mäuler befriedigen. Die Pflanze kömmt der gemeinen Wicke an sich ganz gleich. Säet man diese letztere in die Brache unter andern nebst den Erbsen deßwegen, daß sie den Acker fein mürbe machen, von Quecken und Unkraute reinigen, und zur nächsten Aussaat des Roggens oder Weizens wohl zubereiten sollen: so hat man von dem Piselli gleichen Nutzen für den Acker zugewärtigen. Im Ertrage an Körnern aber übertreffen sie die Erbsen gar sehr. Wenn 1. Scheffel Aussaat an Erbsen etwa das vierte Korn wiederbringt, so giebt dagegen 1. Scheffel Aussaat von den Piselli das sechste Korn wieder. Oder die Mandel Erbsen giebt im Ausdrusche etwa 1. Scheffel, dagegen thut die Mandel Piselli im Ausdrusche 1 ½ Scheffel. Ein Umstand, der dieses Gewächse uns nicht gleichgültig lassen soll. Hierzu kömmt noch, daß die Erbsen durch den Mehlthau zum öftern verderben und dem Mißwachse unterworfen sind. Man kann im Durchschnitte immer das dritte Jahr für die Erbsen rechnen. Die Piselli werden zwar auch wohl von dem Honigthaue betroffen; sind sie aber unter den Erbsen vermenget, so hängen sich die Messen oder Blattläuse weit häufiger an die Blätter und jungen Schoten der Erbsen, als an die Piselli. Und überhaupt ist von den gemeinen Wicken bekannt, daß sie seltener vom Honigthaue, als die Erbsen, verdorben werden.

Das gemeine Wickenstroh ist sonst für Pferde und Rindvieh ein sehr gedeihliches Futter. Das Stroh der Piselli ebenfalls, und noch mehr. So wenig ihre Körner den herben Geschmack der schwarzen Wicken an sich haben, so wenig ist er an dem Strohe zu finden. Eben deßwegen ist es auch für die Schaafe anzupreisen, zumal in Gegenden, wo aus Mangel des Wiesenwachses das Heu theuer angekaufet werden muß. Die Wickenpflanze gehöret überhaupt unter die kleeartigen Gewächse. Wollen wir nun die Cultur der Piselli uns belieben lassen, so haben wir unsere Schäfereyen zugleich mit verbessert, und ihnen ein angenehmes Winterfutter verschaffet: da ohnehin mit dem Anbaue des vielfältigen ausländischen Klees in unsern Gegenden aus mancherley Ursachen nicht aufzukommen ist. Wollte man den säugenden Schaafen und jungen Lämmern unausgedroschene Piselli in die Rauffe stecken, so würde jung und alt viel besser aus dem Winter aufs junge Frühlingsgras kommen. Auch die Bienen haben treffliche Nahrung aus der Blüte der Piselli. Die Erbsen berühren sie dagegen gar nicht. Vortheile genug, die uns eine so lang verachtete und doch so einträgliche und seltenerm Mißwachse unterworfene Pflanze anbiethet!

Wo kommen nun aber die Piselli unter die Erbsen und bisweilen in gleicher und mehrerer Menge, als letztere; da sie doch nicht besonders cultiviret worden? darauf weis der Landmann nichts oder der einfältige, nach dem berlinischen Kalender, nur so viel zu antworten: es sey eine Verwandlung der Erbsen in die Piselli vorgegangen. Ich vermuthe einen ganz andern Ursprung derselben. Man

findet

findet sie an den Orten unter den Erbsen, wo zugleich die schwarze Wicke erbauet wird. Nun gerathen in der Scheune sowohl, als durch den Mist, viele solche schwarze Wicken unter die Erbsen, und werden alsdenn zugleich mit ausgesäet, oder mit dem Miste in den Acker gebracht. Hier können die schwarzen Wicken, wenn sie zumal einige Jahre unter den Erbsen immer aufs neue ausgesäet und wiederum eingeärndtet werden, wohl endlich in die weisse abarten. Dürfte ichs wohl wagen zu behaupten, daß der Blumenstaub der Erbsen die unter sich stehenden Wickenblüthen schwängerte, und also eine edlere Frucht, oder welches einerley ist, eine Bastardart von Erbsen und Wicken, hervorbrächte? und so liesse sich das Phänomenon am leichtesten aus dieser Hypothese erklären. Denn vielmals verderben die Erbsen durch den sogenannten Honigthau, die Wicken aber nicht. Diese also, die ohnedem ein Drittheil besser scheffeln, als die Erbsen, stehen auf einmal in so grosser Menge da, daß der Bauer nicht weis, was er aus dieser Veränderung anders denken solle, als es sey eine Verwandlung der Erbsen vorgegangen. Ich will es also nur eine Abartung der gemeinen Wicke nennen. In meiner Muthmassung bestärket mich sonderlich dieses, daß ich bey einiger Aufmerksamkeit auf meine ausgedroschene Erbsen dieses Jahr einen Unterschied unter den darunter befindlichen schwarzen Wicken gefunden habe. Einige waren noch ganz dunkelgrau, und vermuthlich von der ersten Aussaat. Andere dagegen fielen schon ganz ins weisse, und hatten nur noch einige schwarze Puncte über dem Weissen. Diese letztern könnten nun wohl aus der dritten, wo nicht zweyten, Aussaat unter den Erbsen zugleich herrühren. Ich weis wohl, daß viele Wirthe dergleichen Ab- oder Ausartung der Getreidearten nicht annehmen. Bey diesen würde ich mich vergeblich auf die Leipziger Sammlungen IV. Stück N. 1. berufen; wo gesagt wird, daß der Waizen in Trespe ausarte. Sie werden antworten, das sey ohne genugsame Erfahrung nur muthmaßlich angenommen worden. Wie aber, wenn ich aus weit ältern Zeiten dergleichen Wahrnehmung über die Ausartung des Getreides ihnen anführen könnte? Ich will einen Zeugen aufstellen, den mancher am wenigsten, auch wohl unter den Gelehrten, vermuthen sollte. Es ist der grosse Philipp Melanthon. Johann Mannlius läßt ihn in seinen Collectaneis ganz am Ende des Tituli de Creatione (welche Stelle aber aus einer seiner Reden, die ich nicht gleich vorfinde, hergenommen ist) also reden: Vitenbergense solum est arenosum cum terreo mixtum. Quando multum terræ est admixtum paupillo arenæ, facile quidem colitur, sed non est fœcunda — Frumenta & vina degenerant in aliam speciem propter terræ diversitatem, ut quando seritis hic in arena triticum, tunc tertio anno fiet robus. Quando seritis in Thuringia robum, tunc tertio anno fit triticum. — Weis man nicht vieler Orten, daß der weisse Haber, wenn er in sandigten und dürren Boden gesäet wird, so sehr ausarte, daß er im dritten Jahre bereits ganz rauh, dunkel und mit schwarzen Spitzen erscheint? Und so auch umgekehrt!

Uebrigens gedenke man, daß ich die Abartung der weissen Wicke von der schwarzen nur noch für eine Muthmassung ausgebe. Ich will aber doch die Sache auf eine genaue Erfahrung stellen, und beyderley Arten der unter den Erbsen gefundenen Wicken in meinem Garten besonders, und einige mit Erbsen vermengt, stecken, und sehen, was daraus werden wird. Und dieses ist der einzige Weg hierinn zur Gewißheit zu kommen. Ich wünschte nur noch, daß mehrere Wirthe sich kleine ökonomische Gärten zu allerley Versuchen anlegen möchte. Denn es ist gewiß ein wichtiger Artickel in der Landhaushaltung, daß jeder Bauer seinen kleinen Hausgarten halten: und sowol den Klee- als den Rubsaamen, wie auch anders Gesäme selbst erzügle: weil man aus der Erfahrung hat, daß sich so wenig Gärtner auf frischen Saamen verlegen: und die Bauersleute solchen gar selten frisch, oder zu genügen, noch zu rechter Zeit erhalten. Man weis den Nutzen der Salate, der grünen frühe Kräuter, und des Wurzelgewächses: wie sehr sie der Gesundheit dienen, und den vom stark gehöfelten, groben Brod versäuerten Magen säubern, die Saüre tödten, das Geblüt reinigen,

gen, Mutter- und weibliche Krankheiten heilen, und in dem ganzen Menschen ein neues blühendes Alter und jugendliche Schönheit hervorbringen. An der Gesunderhaltung der Unterthanen ist einer klugen Regierung alles gelegen: und, wenn der Finanzer gescheide rechnen könnte, so würde ihn das Facit belehren, daß 100. Unterthanen von 200. (man muß es den Herren begreiflich machen) das ist, der halbe Theil erwachsener Menschen vor der Zeit dahin sterben, oder miselsüchtig, oder spitalmäßig werden, weil sie die Mittel oder die Wissenschaft nicht haben, durch Frühekräuter, Salate, Obst, und andere grüne Früchten aus dem Pflanzenreich, ihren Leib von bösen, faulen, fieberartigen, verdorbenen Säften zu reinigen: die ihnen das dicke, braune, starke Bier, und das grobe, stark gehöfelte Brod den Winter über in dem Körper setzt: Und, weil sie nicht angehalten werden, daß jeder Bauer seinen Pflanzgarten baue; oder, weil er, wenn ers je selbst thun will, vorher noch 5. Processe von seinen Nachbar erwarten, oder 10. mal sich vor Gericht schleppen muß, um einen Platz zu erstreiten.

Es giebt auch seichte Juristen, die mit ihren Milchhaaren schon ein obrigkeitlich Amt verwalten: dem Schergen gemeiniglich um sein Gutachten vernehmen, und manchen Bauern für einen Waldesel anschauen, oder, wenn er ja noch Menschen kennet, den Unterthan für ein solch Geschöpfe hält, dessen Beruf ist, zu geben, und arm zu leben: Er siehet es, wie beym geschlagenen Holz allemal für einen Vortheil an, wenn man den Baum zeitlich aufarbeiten, und mit dem Holze die Stube heitzen kann. — — Ist ein Bauer krank: warum ist er krank worden? sagt der junge unbärtige Richter: ich muß von Inventuren und Sporteln leben: und das von Rechtswegen. So weit erstreckt sich unsre Menschenliebe: und mancher Orten die Sorgfalt für die Gesunderhaltung der Unterthanen. — Grosser GOtt! sprich noch einmal, wie du bey Erschaffung der Welt gesprochen: Es werde Licht. — Denn, wenn uns dieses nicht von oben herabfällt: so bleiben wir stock blind. —

b) Das weisse Kühlsälbel zu machen: für alle hizige Bäulen, Geschwulsten, Rothlauf, und offene Schäden, zu Verhütung des Brandes, umher angestrichen. Man nimmt 1. tt. Schmalz: 1. tt. Schräzenfischel geschuppet und ausgeweidet, und in kleine Stücke zerschnitten: alsdann in Schmalz langsam ausgebacken: hernach werden die Fische herausgenommen, dann nimmt man 5. Loth Süßholz gar klein zerschnitten: welche abermal in dem nämlichen Schmalze gebacken werden: oder man kann die Fische neben den süssen Holz backen: die Fische därfen nicht gesalzen werden: dann wird das Schmalz in einen Topf geseiget, und kalt werden lassen, welches sodann so lange abgerühret werden muß, daß es schäumet, und weiß wird: darnach werden 5. Loth wie Mehl zerriebenes venetianisches Bleyweiß wie auch 2 $\frac{1}{2}$ Loth Campher (dieser in einem Kerschen- oder Roßmaringeist aufgelöset, oder mit demselben auf einem Marmor zerrieben) in das abgerührte Schmalz gegossen: und wieder eingerührt: dann gießt man diese fertige Salbe in einen glasirten Hafen, oder Zuckerglas mit Zuckerpapier fest zugebunden und zum Gebrauch aufgehebet. Diese Salbe dienet für die hitzigen Beulen, Flüsse, oder geschwollenen Hals der Kinder: oder, wenn kleine Kinder unter der Achsel, hinter den Ohren, an den Gleichen, offene hitzige Schäden, und Entzindungen haben: für offene Köpfe, und Ausschlag: da diese Salbe sogar den Grund heilet. Für gefrorne Füsse, oder Frostbäulen, für verbrennte Schäden, Gliedschwamen; bey offnen Schäden aber wird ein Fetzen Leinwand dünn mit dieser Salbe überstrichen: und rings um den offenen Schaden am Fuße oder Arme aufgelegt: doch nicht auf die Wunde selbst (worauf zerstossener Spitzwegerich oder ein feichtenes Pechpflaster zu legen ist) sondern wohl gemerkt, rings um die Wunde angestrichen: Es wird alle Entzindungen löschen, und in etlich Tagen alles geheilet seyn. Dieses vortrefliche in Baiern durch tausend Proben bestättigte Heilmittel, will man als ein bisher gehaltenes Arcanum aus Menschenliebe jedermann, besonders den Dorfärzten bekannt machen.

c) Dem Landmanne zum Besten jenes Mittel wider den Wildschaden bekannt zu machen, welches in der fränkischen Sammlung des gelehrten Hofkammerraths Hirsch, in Anspach pag. 128. enthalten ist:

Ein sicheres Mittel, das Gewild von einem Felde abzuhalten.

„Ein gewisser Burger in Schwaben, hatte einen Weinberg nicht gar weit von dem Walde. Da nun die wilden Schweine die in dem Frühjahre eingelegten Grundbirnen, und Türken- oder Wälschkorn fleißig aufsuchten und wegfraßen, auch gegen den Herbst zu, die Trauben angriffen; so nahm er ein halb Pfund alt Unschlitt, ein halb Pfund altes Schmeer, ein halb Pfund zartgeriebenes Schießpulver, und für 5. kr. Teufelsdreck, (asa fœdita) ließ alles auf einer Gluth zergehen (aber im Feld, dann der Gestank würde eine halbe Stadt durchlaufen) und dunkte die Spitzen von 60 alten Lumpen in dieses warme Gemeng, streifte sie über die Weinpfähle, und umgab damit einen und ein halb Morgen Feldes, doch, daß auch noch in die Mitte etwas kam, welches dann vom dem Mayen an, bis in den Herbstmonath sein Feld dergestalt durchräucherte, daß ihm das Gewild den mindesten Schaden nicht zufügte. Seine Nachbarn hüteten des Nachts, und doch konnten sie den Schaden nicht ganz verhüten. Dieser aber blieb geruhig liegen, und genoß für etliche Batzen, so er aufgewandt, nicht nur vollen Schlaf, sondern sammelte auch seine Früchte voll ein.

Anmerk. Einige Ackersleute bestreichen auch die Zäune mit diesem Fette: oder errichten Tafeln, oder Balken, gegen die Wildfuhr, und bestreichen sie mit asa fœdita: um die Felder zu verwahren: denn der Bauer ist durch das Gesetz der Natur verbunden, seine Felder und Wiesen gegen Menschen und Vieh gegen zahme und wilde Thiere zu verfriedien, und zu verhütten, so gut er kann: — so, wie der Ackersmann auch schuldig ist, sein Feld aufs beste zu bestellen, und von den Feldfrüchten den Zehend an die Geistlichkeit redlich zu geben; ja sich überhaupt zu bestreben soviel Mittel zu erwerben, die landesfürstliche wie die grundherrliche Abgaben richtig abführen, und zugleich sich und die Seinige ernähren zu können. Er braucht also das Wild nicht zum Kostgänger in seinen Feldern. Aber selbst das Wild zu schiessen, ist ihm ein für allemal verbothen: denn er hat es nicht mit der Flinte, sondern mit dem Pflug zu thun; und, wenn der Edelmann sein Gewild zu häufig anwachsen läßt, so findet der Bauer seine Obrigkeit, welche im Gewissen verbunden ist, ihm allemal abhelfliche Maaß zu verschaffen, und eine prompte Justiz angedeyhen zu lassen.

Supplement ad Artic. I.

Verruf: das Verboth des Wildschiessens gegen diejenigen, welche die Jagd weder von Imtowegen, noch aus einem Real- oder Personal-Recht zu exerciren haben, so anders betreffend. Datirt den 27. May 1771.

Nicht ohne sonders grosses Missfallen ist zu vernehmen, was gestalten die churfürstlich gnädigste Resolution, vermög welcher das Obristjägermeisteramt in den churfürstl. Wildfuhren eine gewisse Quantität Wildes monathlich schiessen, und für den sonst gewöhnlichen, oder soviel die Armen betrifft, für geringeren Preis verkaufen zu lassen, den Auftrag hat, soweit mißbrauchet, und ausgedehnet werden will, daß sich dadurch fast ein jeder der Jagdbarkeit berechtiget zu seyn glaubet, immassen unter diesem Vorwande das Wild nicht nur durch einzele Personen, sondern sogar durch zusammencottierte ganze Banden, worunter sich viele mit vermummten Gesichtern und Kleidungen befinden, haufenweis weggeschossen, und den Jägern mit bewaffneter Hand offenbarer und ungescheuter Widerstand bezeigt wird.

Nachdem aber Eingangs gedachte gnädigste Resolution nicht auf die Einführung einer im Lande noch nie erhörten freyen Pirsch, sondern nur hauptsächlich dahin abzielet, daß bey dermaligen grossen Brodmangel durch das Wildpret einigermassen ausgeholfen, und die Anzahl des Wilds an Ort und End, wo solches etwan zu übermäßig ist, dadurch verminbert, mithin die Feldfrucht destomehr conservirt werde, so wird

1010. All jenen, welche die Jagd weder von Amtswegen, noch sonst aus einem Real- oder Personalrecht zu exerciren haben, hiemit ernstlich anbefohlen, daß sie sich des Wildschiessens, weder unter obigem noch anderem

Vorwande, bey Vermeidung der sowohl in Cod. Crim. als den Generalmandaten dictirten Strafe weiter anmassen sollen.

2do. Pflegen die eigenmächtigen Zusammenrottierungen, sonderbar, wenn sie mit bewaffneter Hand geschehen, allemal den nächsten Weg zu Mord, Todschlag, Raubereyen, oder anderen dergleichen gewaltthätigen, und friedensstöhrerischen Unternehmungen zu bahnen, derowegen auch eine jede Obrigkeit in ihrem Districte nur desto aufmerksamer darauf zu seyn, und mit möglichem Fleiße dahin zu trachten hat, daß das Uebel allzeit gleich in der ersten Brut erstickt, die zusammenrottierte Haufen zerstreuet, entwaffnet, die Rädelsführer beym Kopfe genommen, criminaliter procedirt, und ex Capite fractæ pacis vel vis publicæ an Leib und Leben exemplarisch bestraft werden. Gleichwie endlich

3tio. Die Vermummung unter dem Landvolke niemal anderst, als in böser Absicht geschiehet, mithin an sich schon eine verdächtige, sowohl für das Wild, als menschliche Geschlecht sehr gefährliche, und der gemeinen Sicherheit höchst abbrüchige Sache ist; so soll sich hinfüro bey Henkensstrafe niemand mehr unterstehen, auf dem Lande etwas an offenen oder abseitigen Orten mit vermummt- oder verunstaltetem Gesichte betreten zu lassen, da im widrigen Falle derselbe ipso facto für vogelfrey erklärt, sohin alles Uebel und Unheil, welches von anderen auf der Stelle, und in flagranti an ihm vollbracht wird, niemand als ihm selbst beygemessen, und der Thäter sogar auf dem Falle, wenn es gleich sein eigener Camerad wäre, hierum keineswegs strafbar, sondern schon voraus hiermit pardonirt seyn solle. Damit sich aber auch

4to. Mit der Unwissenheit so leicht keiner entschuldigen möge, ist gegenwärtiger Verruf aus Churfürstl. höchstem Befehle, sowohl in hiesigen als oberpfälzischen Landen, allenthalben an den gewöhnlichen Orten öffentlich zu verlesen, zu affigiren, und kund zu machen. München, den 27. May 1771.

Ad Mandatum Serenissimi Dni. Dni. Ducis Electoris speciale. (L.S.)

Johann Niclas Prößl, churfürstl. Hofrathssecretär.

• Diese höchstlandesherrliche, weise Verordnung erkläret deutlich: daß das Wildschiessen, und zwar bey schwerer Strafe, allen Unterthanen, denen die Jagd weder von Amtswegen, noch aus einem Rechte zustehet, schärfest verbothen sey: als welches vielmehr der Beruf der hierzu bestellten Jäger ist; nicht aber des Bauersmannes, der bey seinem Pfluge, wie der Schuster bey seinen Leisten, zu bleiben hat. Wir merken dieses von darum nochmal an, damit weder dem vorigen noch gegenwärtigen Intelligenzblatte zu keiner Zeit eine widersinnige Auslegung gegeben werden möge: massen die gnädigste Intention dahin gehet, gleich die fürstlich eichstädtische Verordnung ebenfalls nicht anders lautet, als daß nur der Ueberfluß, und nicht alles an Wildbret zusammen geschossen werden solle. Die Edelleute, oder die von uns allzeit gepriesenen adelichen Jäger können ein für allemal die Wünsche der Patrioten nicht besser erfüllen, als wenn sie dem erbaulichen und erhabenen Beyspiele großmüthig nachfolgen, mit welchem Se. Churfürstlichen Durchlaucht, unser herzlichgeliebter, gnädigster Landesfürst und Herr! mittels Befehl vom 8. May 1771. (s. Intell. Bl. N. 10. pag. 126.) sowohl zum Besten der Armen, als zu Conservirung der Feldfrüchte schon voran gegangen sind. Für diese Nachfolge, für diesen dem besten Regenten erzeigenden Gehorsam, werden sie den Segen vom Himmel empfangen: und eine reiche, eine ergiebige Aerndte wird der Lohn seyn. —

Preise von allerley Victualien und Getreide wie sie im Monath May in der obern Pfalz gestanden.

Namen der Städt u. Märkt	Mehl.	Ochsenfleisch.		Rindfleisch.		Kalbfleisch.		12 Eyer.	Waizen Bier.		Braun-Bier.		1 Pfund Schmalz.	Semmel Kr.		Ein Laib gut Roggen-Brod um		wiegt		Mittlerer Getreid-Preis. Waiz Schäf.		Korn Schäf.		Gerst. Schäf.		Hab. Schäf.	
	kr	kr	pf	kr	pf	kr	pf	kr	kr	pf	kr	pf	kr	L.	Q.	kr	hl.	Pf.	L.	fl.	kr	fl.	kr	fl.	kr	fl.	kr
Auerbach.	18	6	—	5	2	4	—	30	—	—	2	2	12	9	—	12	4	1	—	15	—	15	—	15	—	6	40
Bernau.	14	5	—	4	—	3	2	36	—	—	2	2	12	5	2	12	4	16	—	13	—	13	—	10	—	5	45
Kemnath.																											
Nabburg.	15	6	—	5	2	4	2	30	3	—	2	2	20	4	—	6	1	—	—								
Türschenreuth.																											
Waldhausen.																											
Waldmünchen.																											

ProNota. Dieses gegenwärtigen und nachfolgenden Artikels halber wird hiemit angemerkt, daß die hierinn ausgesetzten Venalienpreise keineswegs als obrigkeitliche Sätze und Taxen der Feilschaften angesehen werden müssen; indeme die Käufe und Verkäufe nur, wie sie sich an den Markttagen von selbst anbegeben, zusammengetragen und bekannt gemacht werden. (155)

Preise von allerley Victualien und Getreide, wie sie in nachstehenden Tagen waren.

Namen der Städt u. Märkt.	Mon.	Ochsenfleisch.		Rindfleisch.		Kalbfleisch.		Schaaffleisch.		1 Zt. Eyer	Weizenbier.		Braunbier.		Schmalz	1 kr. Semmel wiegt.		ein Leib gut Reggen-Brod um	wiegt.			Mittlere Getreid-Preis. Weiz Schäf		Korn Schäf		Gerst Schäf		Hab. Schä-	
	T.	kr	pf	kr	pf	kr	pf	kr	pf	fl.	kr	pf	kr	pf	kr	lo	qu	kr.	Pf.	lo	qu	fl.	kr	fl.	kr	fl.	kr	fl.	kr
Abbach	9	6	2	6	—	—	—	—	—	24	4	2	3	1	20	3	2	6	1	11	—	24	—	21	—	--	—	--	—
Aichach	11	7	—	5	2	6	–	—	—	21	4	3	3	2	20	–	--	--	–	—	—	--	—	—	—	--	--	–	—
Aibling	16	--	—	6	2	5	—	5	—	30	5	2	4	1	19	1	2	4	—	19	—	21	—	19	—	12	—	6	30
Aresberg	5	7	—	6	—	5	2	—	—	27	4	1	3	1	17	4	2	22	4	16	—	22	—	19	—	12	—	6	—
Braunau																													
Burghausen	4	—	—	6	—	6	—	—	—	27	5	—	3	1	16	4	—	4	1	4	—	18	—	16	—	11	—	6	15
Cham	2	—	—	6	—	5	—	—	—	30	4	—	4	—	18	4	—	12	1	16	—	--	—	–	—	--	—	—	—
Craiburg																													
Dachau																													
Deggendorf	7	6	—	5	—	4	—	—	—	24	4	2	4	—	16	2	—	5	—	8	—	17	—	15	—	10	—	5	45
Dietfurth	10	7	2	5	2	5	--	—	—	22	4	2	3	1	24	2	2	12	1	24	—	20	—	18	—	—	—	6	15
Dingolfing																													
Dorfen																													
Erding																													
Freysing																													
Friedberg	12	7	—	6	2	6	--	—	—	18	5	—	4	—	23	—	—	—	—	—	—	—	—	—	—	—	—	—	—
Gnbburg																													
Geisenfeld	14	7	—	6	—	5	2	—	—	24	4	1	3	1	19	—	—	—	—	—	—	—	—	—	—	—	—	—	—
Kelheim																													
Kötzting																													
Landau																													
Landsperg	12	7	2	6	1	6	—	—	—	21	5	—	3	2	22	—	—	—	—	—	—	—	—	—	—	—	—	—	—
Marquartstein																													
Mülldorf																													
Mainburg																													
Mosburg																													
Neuenötting																													
Neumarkt	10	6	2	6	—	6	—	—	—	24	4	—	3	1	15	5	—	3	1	16	—	17	—	15	—	16	—	6	—
Neustadt																													
Passau																													
Pfaffenhofen																													
Pfarrkirchen																													
Plätling																													
Reichenhall	18	5	—	5	2	5	—	4	—	18	5	—	3	3	21	3	—	30	8	—	—	—	—	—	—	—	—	—	—
Regenspurg																													
Rain	10	8	—	7	—	6	2	—	—	21	5	2	3	2	21	—	—	—	—	—	—	—	—	—	—	—	—	—	—
Ried	6	6	—	5	2	5	—	—	—	48	5	—	3	2	20	4	—	4	—	27	—	16	—	14	—	9	—	5	45
Rosenheim	14	6	2	5	2	5	1	—	—	21	5	1	4	—	17	—	—	—	—	—	—	—	—	—	—	—	—	—	—
Rottenburg	2	7	—	6	—	5	—	5	—	30	4	2	3	1	16	4	2	4	1	—	—	20	—	18	—	13	—	6	30
Schärding																													
Schongau	12	7	—	6	—	5	2	—	—	21	3	—	3	2	22	3	2	8	1	14	2	20	—	—	—	13	—	6	45
Schrobenhausen																													
Stadt am Hof																													
Tölz	1	7	—	5	3	5	—	4	3	30	5	2	3	2	17	—	—	—	—	—	—	23	—	21	—	15	—	7	—
Traunstein	10	5	3	5	1	4	2	—	—	30	4	2	3	2	19	4	2	4	1	—	1	19	—	17	—	11	—	5	45
Traisperg	7	—	—	5	2	5	—	—	—	36	5	—	3	2	16	4	2	—	—	—	—	17	—	15	—	10	—	6	—
Vilshofen	8	6	1	6	—	4	--	—	—	24	4	—	3	2	20	6	—	6	1	14	2	—	—	—	—	—	—	—	—
Wasserburg	8	6	2	5	2	5	—	—	—	36	4	1	3	3	16	3	—	8	2	2	—	—	—	—	—	—	—	5	15
Weilheim																													
Zwiesel																													

Mai

Preise von allerley Venalien und Victualien, wie sie im Monath [illegible] gestanden.

Venalien und Victualien.	Zahl Maß u. Gewicht.	München d. 25. May.			Landshut d. 18. May.			Straubing d. 18. May.			Burghaus. d. 21. May.			Ingolstadt. d. 11 May.			Amberg d. 18. May.		
		fl.	kr.	d.	fl.	kr.	d.	fl.	kr.	d.	fl.	kr.	d.	fl.	kr.	d.	fl.	kr.	d.
Waizen mittler Preis.	1. Schäf.	21	—	—	18	—	—	—	—	—	—	—	—	—	20	—	—	—	—
Korn mittlere Preis.	1. Schäf.	19	—	—	16	—	—	—	—	—	—	—	—	—	-	—	—	—	—
Gersten mittlere Pr.	1. Schäf.	12	—	—	11	—	—	—	—	—	—	—	—	—	—	—	—	—	—
Haber. 7. Metzen.	1. Schäf.	6	45	—	6	15	—	—	—	—	—	—	—	—	—	—	—	—	—
Semmelmehl.	1. Metz.	3	44	—	3	12	—	—	—	—	3	30	—	3	—	—	—	—	—
Ordin. Waitzenmehl.	1. Metz.	3	12	—	2	40	—	—	—	—	3	10	—	2	15	—	3	20	—
Roggenausschlag.	1. Metz.	3	12	—	2	8	—	—	—	—	3	—	—	2	50	—	—		—
Ordin. Roggenmehl.	1. Metz.	3	—	—	1	36	—	—	—	—	2	50	—	2	—	—	2	40	—
Ochsenfleisch.	1. Pfund.	—	7	2	—	7	2	—			—	6	1	—	7	2	—	6	—
Rindfleisch.	1. Pfund.	—	6	2	—	6	2	—			—	5	3	—	6	2	—	6	—
Kalbfleisch.	1. Pfund.	—	6	—	—	7	—	—		—	—	5	1	—	7		—	5	
Schaffleisch.	1. Pfund.	—	5	—	—	—	—	—		—	—	—	—	—	—	—	—	—	—
Schweinfleisch.	1. Pfund.	—	9	—	—	9	—	—		—	—	7	—	—	10	—	—	7	
Gänse.	1. Stuck.	1	10	—	—	—	—	—		—	—	—	—	—	—	—	—	32	—
Enten.	1. Stuck.	—	35	—	—	—	—	—		—	—	—	—	—	—	—	—	—	—
Kapaun oder Koppen.	1. Stuck.	—	—	—	—	—	—	—		—	—	32	—		—	—	—	40	—
Hennen.	1. Stuck.	—	24	—	—	20	—	—		—	—	15	—	—	18	—	—	20	—
Junge Hünner.	1. Paar.	—	48	—	—	15	—	—		—	—	18	—	—	36	—	—	14	—
Hechten.	1. Pfund.	—	18	—	—	18	—	—		—	—	22	—	—	18	—	—	16	—
Karpfen.	1. Pfund.	—	14	—	—	15	—	—		—	—	15	—	—	13	—	—	8	—
Schmalz.	1. Pfund.	—	17	—	—	17	—	—		—	—	16	—	—	18		—	20	—
Butter.	1. Pfund.	—	16	—	—	22	—	—		—	—	14	—	—	—	—	—	20	—
Eyer.	50. St.	—	25	—	—	28	—	—		—	—	16	3	—	28	—	—	33	2
Weiß- Weitzenbier.	1. Maaß.	—	4	2	—	5		—			—	4	1	—	4	1	—	3	2
Braunbier.	1. Maaß.	—	4	1	—	4	1	—			—	4		—	4		—	4	—
Bierbrandwein.	1. Maaß.	—	15	—	—	20	—	—		—	—	15	—	—	20	—	—	24	—
Baumöl.	1. Pfund.	—	22	—	—	24	—	—		—	—	22	—	—	24	—	—	24	—
Leinöl.	1. Pfund.	—	16	—	—	15	—	—		—	—	14	—	—	16	—	—	16	—
Unschlitt ausgeschmolz.	1. Centn.	25	—	—	27	—	—			—	22	—	—	30	—	—	15	—	—
Unschlittkerzen.	1. Pfund.	—	16	—	—	17	—	—		—	—	15	—	—	17	—	—	12	—
Der. Baumwolltacht.	1. Pfund.	—	17	—	—	20	—	—		—	—	16	—	—	20	—	—	—	—
Seife.	1. Pfund.	—	14	—	—	16	—	—		—	—	14	—	—	16	—	—	18	—
Salz.	1. Metz.	1	36	—	1	32	—			—	1	2	—	1	30	—	2	—	—
Jede Kl. zu 36. sch. im □ Scheidl. 3½. sch. Buchenholz.	1. Klaft.	4	30	—	5	45	—			—	4	—	—	5	20	—	—	—	—
Eichenholz.	1. Klaft.	4	—	—	—	—	—			—	—	—	—	—	—	—	—	—	—
Birkenholz.	1. Klaft.	3	30	—	4	50	—			—	—	—	—	—		—	—	—	—
Feichtenholz.	1. Klaft.	3	—	—	3	30	—			—	2	24	—	4	15	—	4	—	—
		tt.	lo.	qu.	tt.	lo.	qu.	tt.	lo.	qu.	tt.	lo.	qu.	tt.	lo.	qu.	tt.	lo.	qu.
Ein Kreutzer Semmelbrod wiegt.		—	5	3	—	3	—	—		—	—	4	—	—	4		—	6	—
Ein 4. Kreutzerleib. Weißrogg.		—	31	—	1	—	—	—		—	—	28	3	—	—	—	—	—	—
Ein 5. Kreutzerleib.		—	—	—	—	—	—	—		—	—	—	—	—	—	—	—	—	—
Ein 6. Kreutzerleib.		—	—	—	—	—	—			—	1	11	1	—	—	—	—	—	—
Ein 8. Kreutzerleib.		2	—	—	2	5	—	—		—	—	—	—	—	—	—	—	—	—
Ein 12. Kreutzerleib, Hausbrod.		3	—	—	3	—	—	—		—	—	—	—	—	—	—	3	12	—

Nota. Die Lücken hierauf? — — — — ihr sehet sie ja selber? — —

Der Hahn? — er schweigt: warum? — das Wetter ist zu schlecht:
Dort weint die Ehrlichkeit: und hier hat Judas recht. —
Das Modegwissen lacht, und zahnt die Wahrheit an,
Der Häuchler kräht für ihn; und darum schweigt der Hahn. —
Moral. Relig

Churbaierisches Intelligenzblatt

Num. XIII.
München den 15. Juny 1771.

Artic. I.

a) Höchstlandesherrliche Verordnung: die Aufhebung des bisher erlaubt gewesenen Getreidkaufs bey den Häusern, mit der wiederumigen Anweisung auf die öffentlichen Schranen; und daß die Feldfrüchte vor der vollkommenen Zeitigung, bey empfindlicher Leibesstrafe nicht eingeärndet werden sollen, betreffend. Datiert den 3. Juny 1771.

Obschon in der höchst-landesherrlichen Verordnung, de dato 26. März dieß laufenden Jahres, §vo 2do der Hauskauf ohne Unterschied des gefreyt- oder ungefreyten Standes, mit alleiniger Ausnahme der Salzkärner, bis anhero verstattet worden, so verstehet sich aber solch-erlaubter Hauskauf nur alleinig auf die in dem Universalgetreidsatz normaliter gesetzte Monathe. Se. churfürstl. Durchl. unser allerseits gnädigster Herr ꝛc. haben sich demnach aus obig- und mehr anderen Beweggründen landsväterlich bemüßiget gefunden, den Hauskauf bey dem ungefreyten Stande, mittels gegenwärtiger höchst-landesherrlicher Verordnung, von nun an wiederum aufzuheben, um hiedurch die Schranen und festgesetzte Getreidmärkte in ihrer Werthhäftigkeit zu erhalten.

Mehr Höchstgedacht Se. churfürstl. Durchlaucht verordnen demnach einstgemeßnist, und gnädigst, daß das Getreid hinfüran keineswegs mehr bey den ungefreyten Häusern, und zwar bey Confiscation und anderen exemplarischen Leibsstrafen erkaufet, sondern lediglich auf den öffentlichen Schranen, und gefreyten Getreidmärkten, dann bey den gefreyten Häusern, als Schlössern, und Klöstern, mit Ausschluß der Pfarrhöfen, erkauft werden solle. Wo es übrigens wegen des Bäcken und Brauen, dann selbst eigenen Hausnothdurft bey der Lands- und Policeyordnung, dann diessfalls erlassen- höchst- landsherrlichen Verordnungen noch fernershin sein Verbleiben hat; und gleichwie nicht unzeitig zu besorgen,

Daß die dermalen von GOtt gesegnete Feldfrüchten bey gegenwärtigen getreidklemmen Zeiten ehender eingeärndet werden, als selbe ihre vollkommene Zeitigung erreichet haben, wodurch aber dem gesammten Lande ein ungemeiner Schaden zugehen, auch viele Krankheiten entstehen würden, so wird aus landesväterlicher Obsorge jedermänniglich auf das schärfeste hiemit gewarnet, das Getreid bis zur vollkommenen Zeitigung nicht einzubringen, widrigenfalls ein dergleichen Frevler auf Betretten mit empfindlicher Leibsstrafe unmittelbar wurde beleget werden, worauf sammentliche Beamten und Obrigkeiten bey Cassation wachsam zu sehen haben; sollte sich aber jemand unterfangen, das Getreid, es seye solches ausgezeitigt oder nicht, von dem Feld, auf was immer für eine Art, zu entfremden, gegen einen solchen Missethäter solle sogleich das erstemal, ohne Ruchsicht, ob das entwendete Getreid in viel oder wenig bestanden, die Todsstrafe verhänget seyn. Wornach sich dann jedermänniglich zu achten, und vor Schaden zu hüten weis. Gegeben in der churfürstl. Haupt- und Residenzstadt München, den 3. Junii 1771.

Ex Commissione Ser. Dn. D. Ducis & Elect. speciali. (L.S.)

Sebastian Ludwig Krempelhuber, churfl. geheimer Secret.

Artic. II.

Feilschaften.

a) Bey Ignatz Bernhard in seinem Laden in Herrn Pilgrams Behausung in der Rosengasse zu München, ist zu haben: veritabler russischer Karavanen- Thee in Paqueteln zu 40. kr. und 1. fl. 20. kr. Der überaus liebliche Geruch wird sogleich zeigen, daß dieses eine ganz besondere Art sey. Wenn man sich dessen bedienen will, so nimmt man nicht mehr, als gegen den sonst Gewöhnlichen die Hälfte. Das Wasser muß aber stark sieden, wenn es auf den Thee gegossen wird; den man hernach auflösen und eine kleine Zeit stehen lassen muß. Auch sind allda zu haben, allerley Gattungen von rothen, gelben, braunen und violeten Lack, Berlinerblau, Karmin rc. alles im billigsten Preis.

b) Einem geehrten Publikum wird hiemit zu wissen gemacht, daß bey der churfürstlich gnädigst privilegierten Gesundheitswässer-Verlegerinn Maria Josepha Blanckina, gewesenen verwittweten Lantusinn allhier zu München in der Weinstrasse wieder zu bekommen sey: frisches Sedlitzer, Spaa- und Bitterwasser, wie auch egerischer Sauerbrunnen: um den gewöhnlichen billigen Preiß.

Artic. III.

AVERTISSEMENT.

Demnach des Erb-General- und Obrist-Postmeisters im H. R. R. Burgund und den Niederlanden rc. Herrn Fürstens von Thurn und Taxis rc. Hochfürstliche Durchlaucht, in den dermalen höchst mißlichen, der Correspondenz so gefährlichen Zeitläuften, und bey Gelegenheit der mehrmalen sich eräugneten gewaltsamen Postraubereyen, die ehevorige geschärfteste Verordnungen, in einem an die Ober- und Postämter unter heutigem dato erlassenen Circulari erneuert, und unter andern auch hierinn verfüget haben: „ Daß keine Geld- oder geldeswerth enthaltende Briefe und Paqueter zur reitenden Post fürohin mehr angenommen; ja, sogar in dem Falle auch solche richtig an Ort und Stelle eingegangen wären, an die Addressen nicht bestellet, sondern erliegen bleiben, die Postbediente aber in die nämliche Strafe, soviel die Declaration des Werths, oder der Geld- Innlage auf dem Brief besaget, verfallen seyn sollen. „ Als wird ein löbliches Publikum hievon neuerlich benachrichtiget, damit selbes sich hiernach behörig achten, und für allen zu befahren habenden Schaden hüten könne. Regensburg den 28. April 1771.

Hochfürstlich Taxische geheime Kanzley.

Churfürstlich gnädigstes Privilegium. Krafe dessen dem burgerlichen Handelsmann zu München, Joseph Heinrich Lanius, die freye und alleinige Verleitgebung des Sedlitzer- und anderer Gesundheitswässer, gnädigst ertheilet worden ist. Datiert den 7. May 1767.

Von Gottes Gnaden, Wir Maximilian Joseph, in ober- und nieder Baiern, auch der obern Pfalz Herzog, Pfalzgraf bey Rein, des heiligen Römischen Reichs Erz-Truchseß, und Churfürst, Landgraf zu Leuchtenberg rc. rc. Bekennen und thun kund in Kraft dies offenen Briefs, waßgestalten Wir von Joseph Heinrich Lanius, burgerlichen Handelsmann allhier unterthänigst supplicando belanget worden, um Wir, nachdem schon mehr als vier seiner Haus und Handlungsvorfahrern in ruhigen Besitz der berechtigten Verleithgebung des Sedlitzer, und all anderer Gesundheitswässer sich ununterbrochen erhalten haben, um auch ihm Supplicanten die ebenmäßig alleinige Verleg- und Verleithgebung solcher Wässer fernershin gnädigst bestättigen, Respective per novum Privilegium zu confirmiren geruhen möchten. Da Wir nunmehr berührten Lanius in seinem unterthänigsten Gesuch zu willfahren, um so weniger Anstand genommen, als dem Publico allerdings daran gelegen ist, das man die Gesundheitswässer von sicherer und Respective vercautionirter Hand eines privilegirten Verlegers allzeit, und gewiß haben könne. Als verwilligen Wir demnach Ihm Lanius seinen Erben, und Nachkommen anmit gnädigst, als der, und dieselben von nun an alleinig befugt, und berechtigt seyn sollen, den Verlag und Verschleiß berührter Gesundheitswässer fortan, jedoch damit dieses auf kein Monopolium hinaus laufe, mit der einzigen Einschränkung zu führen, daß es dem ungeachtet sowohl den Apotheckern, und Weinwirthen, als andern privatis unverwehrt seyn solle, sich die Wässer, so viel deren jeden zu seinem eigenen Gebrauch bedarf, mithin ohne damit Handlung zu treiben, selbsten kommen zu lassen, wo folglich auch denen fremden anhero kommenden Fuhrleuten, das Feilhaben derley Wässer andurch ebenfalls verbothen wird. Zur Urkund dessen haben Wir gegenwärtig offenen Brief und Privilegium höchst eigenhändig unterzeichnet, und Unser grösseres geheimes Kanzley-Insigel hieran zu hangen befohlen. Gegeben in Unserer Churfürstlichen Haupt- und Residenzstadt München, den 7ten May 1767.

Maximilian Joseph Churfürst.

Johann Georg Remmer.

Artic. V.

Handlungs-Nachrichten.

a) Genua den 6. May. Wie man aus Spanien vernimmt, so schlagen die Preise der amerikanischen Waaren noch immer mehr herunter, und der Ueberfluß an Getreide, nebst dem Anscheine einer reichen Aerndte, machen die Früchte daselbst so wohlfeil, daß sie seit vielen Jahren nicht so gewesen. Eben dieses hört man auch aus Sicilien.

b) Von denen zu Prettin in Schlesien den 8. May dieses Jahres gehaltenen gewöhnlichen Wollmärkten sind sehr betrübte Nachrichten eingegangen. Aus einem Verzeichniß von 30. Dörfern, aus den Gegenden Schweinitz, Annaberg, Torgau und Pretsch, ergiebt sich, daß von einigen Dörfern im vorigen Jahre, gegen sonsten, nur das Drittel, Viertel, Fünftel, Sechstel, ja wohl gar nur das Neuntel, und Zehntel Wolle erhalten worden. Der Preis ist übrigens von der Bauernwolle, als wovon hier durchgängig die Rede ist, in Prettin der Stein 5. Thaler 14. bis 20. Groschen, auch von Zwiesiecke 6. Thaler, in Liebenwerda aber 5. Thaler etliche Groschen gewesen.

Artic. VI.

Vermischte Nachrichten zur Policey.

a) Se. päbstlichen Heiligkeit haben an den Patriarchen in Portugal ein Breve abgehen lassen, worinn sie ihm die Vollmacht ertheilen, alle und jede Klöster dieses Königreichs nach Befinden aufzuheben, zu reformiren, und abzusondern; zugleich geben sie ihm die Vorschrift in den Oekonomicis der Klöster, als welche von nun an, in geistlichen Sachen von dem Patriarchen, und in Weltlichen von den Tribunalen der königlichen Gerichte abhängen sollen.

b)

b) Wir haben bereits schon vor einem Jahre in unseren Blättern mit Gründen bewiesen, wie sehr nachtheilig es der Glückseligkeit eines Staates sey, wenn die Jugend des gemeinen und Mittelstandes so, wie die vom höhern Stande, ohne Ausnahme ohne Wahl zum Studiren angehalten werden darf; wenn jeder Bürger, oder nur in etwas vermöglicher Bauer, vielleicht ein verarmter Taglöhner ohne Prüfung, ohne Kenntniß des Genie aus seinem Sohne einen geistlichen Herrn, einen Beamten, einen Juristen, oder wenigst einen Schreiber machen will. Und wenn er ihn daher in der Stadt entweder auf seine eigene oder auf Kösten mildthätiger Menschen, vielleicht zum Abtrag anderer wahrhaft Armen, studiren lasset, wodurch mancher dem Staate die nutzbarsten Glieder, welche tüchtige Arbeiter sind, entziehet, und zum Nachtheil des Nährenden, den grossen Haufen des Zehrenden Standes vermehret. Daher geschiehet es auch, daß wir mit so vielen Müßiggängern, die dem Staate nicht nützen wollen, vielmal aber nicht nützen können, beschweret sind, die, wenn sie 6. oder 8. Jahre lang ihr Gehirn mit gelehrtem Schulstaube angefüllet, oder ein bisgen Latein gelernet, dagegen aber ihre Muttersprache meistens vergessen haben, sich, von gelehrtem Stolze aufgeblasen, schämen, im Mangel der gehoften Ehrenstelle noch eine bürgerliche Handthierung zu ergreifen, schon zu alt, Kunst und Handwerk zu erlernen; und viel zu spät, sich darinne zu perfectioniren: Er bleibt also ein Mediocris, ein Pfuscher, ein Frötter, ein armer Mann — — — und dieses fast auf seine ganze Lebenszeit. —

Daher geschieht es, daß der Nahrungsstand, der jetzt, wie es scheint, beynahe der Fusschemel des Zehrenden geworden, immer geschwächet, dieser leztere hingegen immer verstärket wird; daß jener seine Kräfte verlieret, und dieser zu schwer ist, — — daß endlich nach und nach beyde, wie eine untergrabene Saule umstürzen, und die Glückseligkeit des Staates mit unter ihre Ruinen begraben. Nur allein die weise Vorsicht der Landesregierung, kann diesem Uebel, und den daraus entspringenden noch üblern Folgen mit klugen Maasregeln steuren; sie kann die Begierde, gelehrt und hoch angesehen zu werden, bey gemeinen und niederen Leuten, mit Vorsicht bezäumen; und es dahin bringen, daß der Nährstand nimmermehr so zahlreich in den Zehrstand hinübertrette: weil es zu schwer ist, nachmals von diesem in jenen sich wieder zurücke zu begeben. —

Ihre Majestät die römische Kaiserinn Königinn sind dießfalls mit einem nachahmungswürdigen Beyspiele vorgegangen, da Allerhöchstdieselben in einer wegen Einführung der Werbbezirken und angeordneten Militzbeschreibung erlassenen Generalverordnung de dato Linz den 30. April 1771. unter andern in dem siebenden Punkten allergnädigst anbefohlen haben: daß künftighin den Bauerssöhnen von den Grundobrigkeiten das Studieren, ohne besondere Bewilligung der vorgesetzten Landesstelle, nicht erlaubet werden solle, und diese solches auch nur in besonderen Fällen, wo ganz ausserordentliche Talente bey einem oder andern Subjecte wahrgenommen würden, gestatten können, mithin solches selten geschehen muß. Und auch in diesem Falle ist ein dergleichen Individuum, ungeachtet des Studiums, von der ständischen Uebergabe zur Militz nicht frey.

In eben dieser angerühmten allerhöchsten Kaiserl. Königl. Verordnung ist auch die Vorschrift in 3. Tabellen gegeben, wie künftighin die Kirchenbücher auf alle Geburts- Trauungs- und Sterbefälle einförmig und richtig abgehalten werden müssen: woraus die geistlichen Seelsorger zu Ende eines jeden Viertel Jahres einen Meldungszettel über alle Orte ihres Pfarrbezirkes, und zwar bey 20. fl. Strafe für jeden Fall einer Unrichtigkeit, Verschweigung, oder Unterlassung, bey dem Kreisamte einzureichen haben. Deßgleichen müssen alle Häuser in jedem Werbbezirke ordentlich numeriret, und auf die Bewahrung dieser Numern sorgfältig gehalten werden; daher sollen jene, die sie muthwillig auswischen sowohl, als die, welche selbe aus Nachlässigkeit unkennbar werden lassen, mit 20. fl. die Unterthanen aber mit einem 14. tägigen opere publico, vel Dominicali unnachsichtlich bestrafet, und von der Geldstrafe dem Anbringer eines ausgelöschten oder vernachlässigten Hausnumers das Drittel zugewendet, auch zu Conservirung der Hauszahlen von

jedem

jedem Eigenthümer der Nummer inwendig in seinem Hause unter 9. fl. Strafe kennbar gemacht werden.

c) Diese und andere dergleichen landesnützlichen Anstalten haben die österreichischen Erblande in einem so volkreichen Stande gesetzt, daß in selben nach einem militarischen Plane, 430000. Mann von 16. bis 40. Jahren geworben werden können, ohne daß der Ackerbau, oder andere Handthierungen darunter leiden dürfen. (Nürnb. Zeit. p. 338.)

d) Nürnberg den 30. May. Se. Herzogl. Durchläucht zu Sachsen Gotha haben der Reichsstadt Regensburg, auf ihr Ansuchen, 10. bis 1200. Centner Getreid bewilliget. Da selbe von Seite Baiern um so weniger versehen werden kann, als man bey gegenwärtigen allgemeinen Getreidmangel selbst gezwungen ist, ein starkes Quantum mit grossen Kösten für baierische eigene Unterthanen aus Italien beyzuschaffen.

e) In dem Leipziger Intelligenzblatt wird gefragt: „Was sind die eigentlichen Ursachen, warum in einigen Gegenden die Kirchenäraria so stark abnehmen? Oerter, wo noch vor 15. bis 20. Jahren neue Kapitalien gemacht wurden, können jetzt kaum die ordentlich laufenden Ausgaben bestreiten. Eine Ursache bestehet wohl darinnen, daß meistens mit Eintreibung der Zinsen von den Kirchencapitalien so nachläßig zu Werke gegangen wird, und daß bey 8. bis 10. auch von mehreren Jahren aufgelaufenen Zinsen die Kirchen die gröste Einbusse haben, und der durch eine unzeitige Barmherzigkeit mit der Bezahlung nachgesehene Schuldner, eben dadurch mit ganz incontribuabel wird, und an den Bettelstab kömmt. Aber es sind auch weit mehrere Ursachen des Abfalls der Kirchenärarien, als diese, welche man bekannt zu machen bittet.„

Extract aus der Moral-Apotheke für die Aerzte bey einem kranken Staatskörper. (Hannöverisches Magazin)

Die Natur und die Krankheit liegen immer einander in den Haaren. Ein Blinder mit einem Knittel kömmt dazu, um sie auseinander zu bringen. Zu erst sucht er zwischen den streitenden Partheyen Friede zu stiften. Gelingt ihm das nicht, so schlägt er mit zu, ohne zu sehen, wohin. — Trift er die Krankheit, so schlägt er die Krankheit todt; trift er aber die Natur, so schlägt er die Natur todt. * — —

* Aufs Treffen kömmt es hauptsächlich also an. — —

Artic. VII.

Landwirthschafts-Sachen.

Anmerkungen für den Landmann zu Verbesserung der Viehzucht und des Ackerbaues.

Eine unläugbare Sache ist es, daß der Hauptgrund zur Glückseligkeit eines Staates auf einer gut eingerichteten gemeinnützlichen Landwirthschaft beruhe, und daß solche durch den Ackerbau hauptsächlich begünstiget, und empor gehoben werde. Jedermann weiß aber, wie die Düngung das einzige Mittel sey, von der Erde viele Früchte zu bekommen. Die Thiere können uns demnach allein die wahre Grundursache der Fruchtbarkeit abgeben, so wie sie uns die Erde umzuarbeiten dienen. Wie schadhaft sind also die so tief eingewurzelten Vorurtheile, daß man sich leider nicht bestreben wolle, die bessere und nützlicher eingerichtete, und merklich zu vermehrende erträgliche Viehzucht als die Hauptquelle der Glückseligkeit zur Stuffe der Vollkommenheit zu bringen. Die Erfahrung zeiget, daß ungeachtet so vieler gnädigsten Verordnungen zur Stunde die Weidenschaften in vielen Orten mit nichten abgestellet worden, sondern man noch immer auf der alten schädlichen Gewohnheit verbleibe, und weit lieber seinen Nutzen, als das wenig erträgliche Weidrecht entbehren wolle.

Der aus der Weidenschaft entspringende Schaden, und dagegen einem Lande entgehende Nutzen ist von einer ungemein beträchtlichen Grösse, und es wird andurch der Blüthe des Nährstandes eine gefährliche Wunde versetzet.

In Orten, wo es keine Weidenschaften giebt, wird man selten etwas von einem häufigen,

figen, niemalen aber was von einem allgemeinen Viehfade hören, als wodurch sich klar veroffenbaret, daß die Weidenschaften die Ursache von der landesschädlichen gefährlichen Viehseuche seyen. Denn das Vieh wird besonders bey nassen Jahrgängen, oder nassen Weiden in die heftigsten Krankheiten versetzet, weil es die schädlichen Thaue mit hinein frißt, und bey einreissender Krankheit, das kranke Vieh das Gesunde durch vielerley Wege ansteckt, besonders, wenn das gesunde Vieh, als welches nicht verhindert werden kann, gleich an dem nämlichen Platz frißt, wo das Kranke durch ihren Hauch, oder Schleim die Kräuter oder das Gras verdorben, ansteckend, und schädlich gemacht hat.

Wenn man nun weiters in Erwegung ziehet, daß die in dem Stalle gefüterten Kühe besser bey der Milch, der nutzliche Dung zu Haus, und selbe von der Gefahr einer Seuche befreyt verbleiben, so wird sich der Nutzen sonnenklar entdecken.

Man betrachte nur weiters mit einem unpartheyischen Auge den elenden Zustand der Weidenschaften; man siehet nichts als liederliches Unkraut, Distel, und Dörner, und sogenannte Scherhaufen, gestalten das herumirrende Vieh das gute Gras meistens zertritt, die besten Kräuter in ihrem zarten Anwachs beschädiget, oder gar mit der Wurzel ausreisset, wo sodenn nichts als kurzes unschmackhaftes Gras, und Unkraut hervorwachset, das dem Vieh zur schlechten und kümmerlichen Nahrung dienet, folglich selbes unmöglich jenen Nutzen geben kann, den man zu erhalten verhoffet.

Man berechne ferners jenen unersetzlichen Schaden, welchen das Vieh in den so kostbaren Wäldern, und jungen Schlägen, oder fremden Feldern, und Gründen verursachet. Und man erwäge endlich, wie gemeinnützlich es wäre, die fast nichts ertragenden so häufigen Weidenschaften in fruchtreiche Wiesen, und Felder zu verwandeln, wodurch eine ungemeine Vermehrung an Getreid, so wie ein grosser Vorrath an dienlichen, und benöthigten Futterkräutern erfolgete, das Vieh aber besser gewartet, und benutzet werden könnte, so wie dasselbe von aller Gefahr entfernet verbliebe.

Ein verständiger, rechtschaffener Hauswirth muß sich die emsige und nützliche Beförderung der Viehzucht, eben so sehr, als den Feldbau selbst angelegen seyn lassen, denn ohne Vieh wurde man weder die Felder behörig bearbeiten, noch auch jene Begeilung zu hoffen haben, die den Grund zum Wachsthum in dem Feldbau leget, und ohne welche der Landmann weniges erzügeln, folglich dem äussersten Elende und gänzlichen Verderben stufenweis ausgesetzet seyn wurde. Da man nun in dem gesellschaftlichen Leben zum allgemeinen Nutzen des Vaterlandes gehalten ist, als ein ehrlicher Weltbürger die landwirthschaftlichen Umstände zu verbessern, und andurch so dem Staate, wie seinem Nebenmenschen zu dienen, so heget die Gesellschaft nicht den geringsten Zweifel, daß, wenn Se. Churfürstl. Durchläucht dieses unterthänigste Promemoria gnädigst kund machen werden, man von dem Schaden der Weidenschaften, und den andurch entgehenden Nutzen in dem ganzen Lande vollkommen, und thätig überzeuget seyn werde, und daß sich ins besondere der Adel, und die Beamten, Pfarrer, und Richter hervorthun werden, durch rühmliche Beyspiele die Unterthanen anzufrischen, sohin sich zu beeifern, die Weidenschaften unter den Gemeinden nach der Größe ihrer besitzenden Gütern, oder Hoffußes einzutheilen, damit solche in nützliche Wiesen, oder Felder verwandelt, und andurch die Viehzucht verbessert, und vermehret, so wie die Felder nützlich begeilet, und erträglicher gemacht, folglich der Reichthum des Landes unglaublich befördert werden könnte.

Besonders muß man unterthänigst anrathen, daß Se. Churfürstl. Durchläucht jenen Unterthanen, die diesem Vorschlage nachleben, nicht allein 10. Freyjahre von den neu angelegten, und zur nützlichen Kultur gebrachten öden Gründen, oder Weidenschaften, sondern auch die nach höchster Willensmeynung gnädigst zu ertheilende Prämien churmildest angönnen, und solche gehorsame Lan-

des-

deskinder vor andern mit einem gnädigsten Auge anzusehen geruhen möchten.

Durch dergleichen Unternehmungen hat in manchem Lande der anlockende Fleiß, und thätige Belohnung, besonders aber der wesentliche Rath, und die lebhaften Beyspiele erhabener Leute den rauhen Landesmann erwecket, anscheinende öde Gründe, ja Wüsteneyen selbst in die fruchtreichesten Felder, und erträglichsten Wiesen zu verändern, und andurch zu der wahren Glückseligkeit eines Staates merklich beyzubringen.

Eben diese reitzenden Mittel haben in Engeland die erwünschlichste Wirkung gemacht, daß der Feldbau (wie man weis) in kurzer Zeit mehr, als um die Hälfte vermehret, und eben daher so die Macht, wie das Glück und der Reichthum dieses grossen Königreiches ganz ausnehmend empor gehoben worden ist.

Selbst die sumpfigsten Gründe, und Wiesen können in die besten, und gesegnesten Umstände versetzet werden, wenn man solche mit behörigen Graben, und Ableitungen des schädlichen Wassers sorgfältig versichert, und sich besonders zur Düngung derenselben der Asche bedienet, weil solche in Rucksicht ihres Bestandwesens mit den öhlichten Theilen der Erde gleichsam eine Seife machet, und also die Säure an sich ziehet.

Zu Beförderung des Wachsthums auf öden Gründen hat die Erfahrung den Salpeter mit Schaafkoth vermenget sehr nützlich und zuträglich befunden, man muß aber dabey wohl erwägen, daß diese Art von Düngung ein festes Erdreich eher gefrieren mache, als sie austrockne, und daher dessen Gebrauch sich blos auf lockere Erdreiche, und Plätze nützlich beziehen könne.

Bey gar zu sümpfigen Feldern, besonders in feuchten Jahrgängen, ist der Landmann unendlichen Beschwernissen ausgesetzet, die stockenden Feuchtigkeiten versäuren sich gemeiniglich, die Wurzeln des Getreides stehen dadurch ab, und man ist genöthiget, vor der Zeit einzuärndten, um dem bevorstehenden Brand zu begegnen.

Diesem Uebel hat man bereits in vielen Orten glücklich abgeholfen, und sich der Kalkerde, und Kreide auf den Feldern bedienet, weil dieses Mittel die Säure in sich schlucket, und die natürliche Fettigkeit des Erdreiches sowohl, als der Begeilung zurück haltet.

Ein sandigtes, oder gar zu festes Erdreich entgegen ist bey trockner Witterung ebenfalls vielen Gefahren unterworfen, und verursachet dem arbeitsamen Landesmanne unendlichen Schaden, weilen der Thon das Wasser zu lange aufhaltet, folglich solches nicht anderst als allmählich verdunsten kann, der Sand aber solches zu geschwind durchsitzen läßt. Es sind daher freylich jene Gegenden besonders glücklich, wo man sich des Mergels bedienen kann.

Da aber der Mergel ein natürliches Gemenge von Kalkerde, und Thon auch zufälligem Sande ist, folglich seine Verschiedenheit die nützliche Wahl sehr schwer machet, so entdecket man gehorsamst zum Nutzen des Vaterlandes, daß für veste und leimichte Felder sandiger Mergel, oder auch Kalksand zur Auflockerung das dienlichste Mittel sey, dahingegen bey einem sandigen und lockeren Boden der Thonartige vorzuziehen ist.

Fleißige Hausväter werden bey ihren gemergelten Gründen weiters ermahnet, den geflissensten Bedacht zu nehmen, in jenem leicht zu erkennenden Falle, da sich die Kalkerde durch den Regen nach und nach aufgelöset, und zu Boden gesetzet hat, folglich die thonichten Theile allein auf der obern Fläche geblieben sind, die Felder bey diesen Umständen tiefer zu pflügen, um die gesenkte Kalkerde wiederum empor, und zur unentbehrlich nützlicher Mischung zu bringen.

Uebrigens müssen einsehende Hausväter den Dung niemalen, wie es oft zu geschehen pfleget, zu lange liegen lassen, denn da solcher andurch gänzlich verfaulet, so vergehet auch dessen fettes und salzigtes Wesen, und die Hoffnung zur nützlichen Begeilung der Felder und Wiesen verschwindet anmit vollkommen, weilen nichts als eine öde Erde zurücke bleibet.

Da schließlich jedermann bekannt ist, wie ausnehmend nützlich einem Lande eine vollkomkommene gute Schaafzucht, entgegen aber auch bewust ist, daß dieselbe unendlich vielen Seuchen ausgesetzet sey; so will man hiemit den Landmann gewarnet haben, besonders bey nasser Witterung, so wie überhaupts jederzeit die Schaafe behutsam zu weiden, weilen dieselbe nach dem Triebe der Natur auf gewisse Wasserkräuter begierig sind, die ihnen oft so schädlich, als gefährlich werden, auch in deren Leber die Egelschnecken entstehen, und dieselben ganz unverhoft dahin fallen machen.

Die Churbaierische Landwirthschafts-Gesellschaft zu Altenötting.

Artic. VIII.

Von gelehrten Sachen.

a) Zu Ingolstadt bey dem akademischen Buchdrucker Ferdinand Lutzenberger, ist zu haben: Bittrede zur Zeit der Theurung bey Gelegenheit des gewöhnlichen Feldumrittes an eine löbliche Stadtbaumannschaft. Vorgetragen von Carl Leuthner, öffentlichen Lehrer auf der hohen Schule, Bibliothecarius und Stadtpfarrer bey St. Moritz. *

* Dieser grosse Gelehrte untersuchet die Ursachen der Theurung in einer moralisch-politischen Erwägung: mit dem Motto: Ecce hæc fuit iniquitas Sodomæ sororis tuæ, superbia, saturitas Panis, & abundantia: otium ipsius, & filiarum ejus, & pauperi manum non porrigebant: Ezech. 16. v. 49. Ein Beweis aus der göttlich heiligen Schrift: daß a) Stolz und Uebermuth des Lebens b) die Verschwendung, Nahrungsfülle oder die Menge allzukostbarer Fressereyen c) der Müßiggang und daher folgende Bevölkerung des Bettelstandes: und d) die verkleisterten Ungerechtigkeiten, Bedruckung des Nahrungsstandes, die Härtigkeit gegen den arbeitenden Stand; und die Unempfindlichkeit gegen die wahrhaft Armen (manum pauperi non porrigebant) die Quelle der Theurung, und des Brodmangels sey, mit welchen der Herr, die Ausführung seiner Creaturen nachdrücklich zu ahnten weis: und sowohl im alten als neuen Testamente mit den größten Plagen geahndet hat. Das heilige Buch zeiget uns die erste Theurung im alten Gesetz zur Lebenszeit des Abrahams im Jahr der Welt 2084. Die zweyte zur Lebenszeit des Sohn Isaacs im Lande Chanaan im Jahr 2187. Die dritte in den Tagen des Patriarchen Jakobs im Jahr 2296. sie wird mit der heutigen Noth die ähnlichste gefunden. Pharao sah im Traum 7. so magere Kühe herfürsteigen, daß ihres gleichen in Egypten niemal gesehen worden, sie frassen die vorigen auf, und gaben doch kein Zeichen einer Ersättigung: Egypten hatte es aber der Fürsichtigkeit eines guten Cameralisten zu verdanken: welcher Kornhäuser (das ist Getreid-Magazine) errichtete, und nachmals zur Zeit der Noth mit Vortheil der königlichen Kammer, und zum Vortheil des gemeinen Volkes, eröfnete. — „Und Joseph sprach zum Volk: nehmet Saamen und besäet die Aecker: damit ihr Frucht haben möget; davon sollet ihr den fünften Theil dem König geben: die übrigen vier Theile laß ich euch zum Saamen und zur Speise für euer Hausgesind und Kinder. Sie antworteten, wir wollen den König mit Freuden dienen. Von der Zeit an, wird den Königen der 5te Theil bezahlt; ausgenommen der Priesterland, das von dieser Auflage frey geblieben ist.„ *

* Ist es vieleicht so zu verstehen? wenn einer um 500 fl. Getreid eingeärndtet, hatte 100 fl. dem König gebühret, und 400. fl. verblieben dem Ackersmann? — Denn von der übrigen Hauswirthschaftsbenutzung, von Wiesen, Vieh, Futterey rc. welche alle zum Ackerbau gehören, hatten sie nichts weiters abzureichen. Ist das nicht ein kluger, ein vortreflicher, ein fürsichtiger Cameralist? —

Die 4te Anno 3092. im dritten Buch der Königen. Zur Zeit der wollüstigen, üppigen, und stolzen Frau Jezabel, die mit den Propheten übel umgegangen. Wo die Wittwe zu Sarepta von dem Elias über ihre handvoll Mehl und Oel im Krug gesegnet ward.

Die 5te Theurung Anno 3113. 4. Reg. c. 8. v. 1. welche auf 7. Jahr lang daurte:

zur Zeit, als das Sunamitische Weib lebte: und Elisäus der Prophet 20. Gerstenlaibe segnete, daß sie für 100. Personen erkleckten.

Die 6te in Samaria im Jahre der Welt 3117. Der König zerschnitte vor Schmerzen seine Kleider, und das ganze Volk sah das härene Kleid, mit welchem er auf seinem Leibe innerlich angethan war. Die Weiber verzehrten in Samaria ihre Kinder, und ein Eselskopf galt 80. Silberling, und nur 5. Pferde blieben übrig.

Die 7te im Jahre der Welt 3414. zur Zeit des König Sedecias. 4. Reg. c. 25. v. 3.

Die 8te Theurung im Buch der Machabäer im Jahr der Welt 3844. „Nach dem Tode Judas, erhoben sich gottlose Männer in allen Gränzen Israel, und alle Gattungen der Uebelthäter kamen hervor: in derselbigen Zeit entstund eine sehr grosse Hungersnoth; und Bachides erwählte gottlose Männer, und machte sie zu Herren des Landes: und sie forschten mit allem Fleiße nach den Freunden Judas ꝛc. Mach. c. 9. v. 23. 24. 25. & 26.

Der Author beweiset aus der Schrift weiters, daß die dritte Quelle der Theurung Mangel und Noth theils von der Ungerechtigkeit, theils von der Härtigkeit gegen die Bedürftigen: Manum egeno non porrigebant: herkomme. Ruth. c. 1. v. 1. Im Jahre der Welt 2706. in den Tagen eines Richters war eine Theurung im Lande. Eine andere, aber muthwillige Theurung war im Jahre der Welt 3550. Esdras c. 3. v. 1. & seq. wo Nehemias die Wucherer bestrafte. — Und noch eine solche Noth und Theurung, welche im Jahre der Welt 2183. 2ten Buchs der Königen c. 21. v. 1. aus einer offenbaren Ungerechtigkeit herfürquoll: In den Tagen Davids drey Jahre nacheinander. Die Ungerechtigkeit, woraus die Unterdruckung der Armen entstehet, verabscheuet GOtt, und bestrafet sie.

Die Geschichte der Aposteln machen Meldung, einer im Jahre Christi 42. entstandenen Theurung. „Agabus stund auf, und gab durch den Geist zu erkennen, daß über den ganzen Erdboden eine grosse Theurung kommen werde, welche auch unter dem Kaiser Claudius entstanden ist.„ Act. 11. v. 27. Wir wollen nicht gar alles abschreiben, sondern mit dem beschliessen, mit welchem der Author in dieser schönen Rede den Pabst Innocentius im kurzen Begrif selbst reden läßt: „Die Fülleren, die Wollust, und der Hochmuth haben das Paradieß verschlossen; die Erstgeburt verkauft; Johannes den Taufer enthauptet; Nabuzardan der oberste unter den Köchen hat Jerusalem zerstöret: Balthasar hat unter der Tafel die Hand eines Schreibenden gesehen, und in den Tagen Noa assen sie bis auf den Tag hinein, wo hernach der Sündfluß kam und alles wegraffte.„ Devilit. cond. hum. Wir wünschen mit allen Patrioten und Propheten diesen grossen Gelehrten, Gesundheit, Muße, Heil und Segen: und, was noch? — die Erfüllung seiner Wünsche: daß der Herr die Geisel der Theurung zurücke ziehen, seinen Grimmen mit der Züchtigung eines Jahrs befriedigen, seine segenreiche Hand über die Feldfrüchten ausstrecken, und den Schweiß der Arbeitsamen mit Vergnügen und Wohlthun belohnen wolle.

Artic. X.

Etwas zum guten Geschmack.

In dem Hannöverischen Magazin haben wir jüngsthin das Bild des ehrlichen Mannes mit vielem Vergnügen betrachtet. Wir wagen es dieses Bild auch in unsern Blättern zur Schau auszustellen: — und zweifeln gar nicht, es werden sich in unserer ehrlichen Welt Originale genug dazu finden? — — — denn zu was nützen schlechte Copien? — oder schicken sie sich jemal in herrliche Palläste? —

— Vir bonus est is, qui prodest, quibus potest, nocet nemini, recte istum virum bonum non facile reperimus. Cic. de off. L. 3. Cap. 15.

Der Ruhm, ein ehrlicher Mann zu seyn, ist einer der größten, den ein Mensch erlangen kann. Er steht dem Christen zunächst an die Seite; ja ein Christ und ein ehrlicher Mann sind so genau mit einander verbunden, daß der eine von dem andern nicht getrennet werden kann. Ein ehrlicher Mann ohne Religion ist etwas widerspro-

chen-

chendes. Denn das rechtschaffene Wesen, wodurch sich der ehrliche Mann kenntlich macht, erfodert schlechterdings eine vollkommene Aufrichtigkeit des Herzens gegen GOtt, ohne der ist es ein Widerspruch gegen seines gleichen ehrlich, gerecht, und redlich zu handeln. Nur ein Christ kann ein ehrlicher Mann seyn, denn da er aufrichtig gegen GOtt ist, so kann er auch nicht anders als aufrichtig gegen andere seyn. Diese Wahrheit ist unumstößlicher als alle Vernunftschlüsse. Wer an derselben zweifeln kann, giebt die traurige Vorbedeutung nie davon überzeugt zu werden, und ist es vielleicht nicht werth einen so grosen und wichtigen Gedanken jemals in seiner Stärke, und in sich selbst zu empfinden. Es führen zwar viele diesen grosen Namen eines ehrlichen Mannes, die nichts weniger als dessen würdig sind, indem sie durch die Kunst der Verstellung und Heucheley, hinter der Larve der Redlichkeit ihr grundverdorbenes Herz meisterlich zu verbergen, und dadurch das Auge der Menschen, ja der scharfsichtigsten Erforscher zu täuschen wissen; allein sie geniessen diese Ehre, ein ehrlicher Mann zu heissen, nur eine kurze Zeit. Denn die angenommene Schminke des Heuchlers verliert plötzlich ihren Glanz, ihre Farbe, und stellt ihn in seiner wahren Gestalt dar, worauf alle Züge der Falschheit sich zeigen. Solche sind den Wasserblasen der Kinder ähnlich, die, wenn sie die schönsten Farben zeigen, plötzlich in der Luft zerplatzen. a) Ein wahrhaftig ehrlicher Mann ist hingegen sich beständig ähnlich. Seine Gestalt, die nichts schimmerndes leidet, bleibt stets eben dieselbe. Sein Herz ist, wie seine Worte. Alles ist in seinem Charakter übereinstimmend, und in allen seinen rechtschaffenen Handlungen ist er sich immer gleich. Sein Verhalten bringt bey allen, die ihn erblicken, Aufmerksamkeit und Bewunderung, Hochachtung und Entzücken in die Seele, diese wirken auf die Gemüther mit einer so reitzenden Gewalt, der niemand widerstehen kann, und selbst die gemeinsten und niederträchtigsten Seelen, werden durch seinen so allgemein in die Augen leuchtenden rechtschaffenen Charakter gleichsam wie von einem Wetterstrahle plötzlich gerührt, ihn zu verehren. Denn auch den Lasterhaftesten bleibt die Tugend wider ihren Willen ehrwürdig, und ein ehrlicher Mann muß, weil er der tugendhafteste ist, selbst unter den Barbaren, unter den Huronen und Menschenfressern Freunde antreffen. Wenigstens kann ich mir keinen Ort in der Welt einbilden, da ein ehrliches gutes Herz nicht allemal noch Verehrer finden sollte, so sehr auch Ehrlichkeit und edle Einfalt unserer Väter aus der Gewohnheit gekommen, und man heutiges Tages einen Windmacher und Beutelschneider den artigsten Kerl, einen aufrichtigen Mann aber, der so redet und handelt als seine grosmüthige Seele denkt, einen Einfaltspinsel nennt. Dem ungeachtet leuchtet ein ehrlicher Mann dennoch allenthalben, wie ein Stern der ersten Gröse, hervor, er bleibt allemal ehrwürdig, und sein gesetztes Gemüth erwartet sehr gleichgültig das Urtheil der Thoren von seinem Wohlverhalten, weil nur Vernünftige es am gründlichsten zu beurtheilen wissen. Man muß aber den ehrlichen Mann nicht nach dem Aeußerlichen allein, sondern besonders nach dem Herzen beurtheilen, so weit wir in dasselbe dringen können. In diesem liegt der Grund seines ganzen Charakters. Nur dessen innere Verdienste machen den ehrlichen Mann hochachtungswerth, und verschaffen ihm eine wahre und gegründete Ehre. Man muß auch die Redlichkeit der Absichten eines ehrlichen Mannes nicht allemal nach dem gewünschten oder ungleichen Ausgange seiner Unternehmungen beurtheilen, sondern ihm mit einer gewissen Schüchternheit und Bescheidenheit wie von ferne nachsehen, bis man seine wahre Absichten richtig zergliedern kann. Denn die besten Absichten haben eine gewisse Reife und Festigkeit nöthig, bis der günstige Augenblick kommt, an welchem sie sich auf einmal gleichsam aus ihrer Schaale heraus wickeln. Wer diese beyden Regeln beobachtet, der wird sich nicht leicht in der Beurtheilung eines ehrlichen Mannes irren. An nichts erkennet man ihn deutlicher, als an dem brennenden Eifer mit einer gänzlichen Entsagung alles Eigennutzes die ganze Welt, wenn es möglich wäre, glücklich zu machen. Er trägt das allgemeine Beste im Herzen, und opfert demselben seine Kräfte und seinen ganzen Eifer auf. Leutseligkeit, Wohlthätigkeit, Dienstbeflissenheit, und was man unter dem rechtschaffenen Wesen versteht,

sind

sind der Ruhm; die Freude, die Gemüthsruhe, der erste und letzte Zweck eines ehrlichen Mannes. Jeder Tag, den er zurück legt, ist mit Beweisen seiner Redlichkeit angefüllt. Er ist ein wahrer Menschenfreund, gegen sich selbst strenge, und gegen andere liebreich, dabey so worthaltend, daß er sein Versprechen zur Stunde und völlig erfüllt, wenn es auch mit seinem Schaden geschehen sollte. Ist er arm, so spornt ihn seine Armuth, durch die sonst die Tugend leicht verhindert wird, an, desto ehrlicher zu handeln. Ist er reich, so hat der Reichthum, der andere stolz und begehrlich macht, so wenig Gewalt über ihn, daß er die Gränzen der Redlichkeit nie überschreitet. Gunst, Geschenke, Menschenfurcht, Ansehen der Person, Privatabsichten, und alle diese Magnete schlechter Seelen sind ihm unbekannte Dinge, die er verabscheuet und hasset, ehe sie zu ihm hinzu nahen dürfen. Er achtet keine Vorzöge und Ehrenstellen, als diejenigen, die er entweder verdienet, oder zu verdienen weis. Oeffentliche Bedienungen, die nicht selten erkauft, erbettelt, erschlichen, erheurathet, und mit noch so unanständigen Mitteln erzwungen werden, schlägt er aus, wofern derjenige, der sie besitzt, ein ehrlicher Mann ist, der die Bosheit seiner Feinde zu vertreiben sucht. Denn ein ehrlicher Mann kann keinem, noch weniger dem, der mit ihm gleiche redliche Gesinnung hegt, nachtheilig seyn. Einträgliche Aemter, die andere, als den ordentlichsten Beruf sich zu bereichern, begierig ergreifen, nimmt er nur unter gerechten und gewissenhaften Bedingungen, nur in sofern an, als sie ihn in den Stand setzen, den Mitbürgern behülflicher zu werden, den Ungerechtigkeiten zu steuern, den Unterdrückten aufzuhelfen, und der Welt ein unveränderliches Beyspiel der Ehrlichkeit zu geben. Hier dient er nicht nur einem Freunde oder Günstlinge, sondern auch einem Fremdlinge, der nichts zu seiner Empfehlung nöthig hat, als rechtschaffen zu seyn, um seine Zuneigung zu erhalten. Denn ein jeder liebet seines gleichen, und wenn die Ehrlichkeit sich begegnet, so herzen sie sich wie Brüder. b) Dort reißt er einen seiner heftigsten Verfolger aus der Noth, in der es ihm sehr leicht wäre, demselben den Rest zu geben. Bald sucht er ein edles und in Verfall gerathenes Geschlechte wieder aufzuhelfen, erwirbt sich den schönen Namen eines Vaters verlassener Wittwen und Waysen; bald danket ihm ein anderer, zu dessen Wohlfahrt er durch Rath und Beystand den Grund legte, mit Thränen der Erkenntlichkeit. Wahrheit, Redlichkeit und Eifer für das gemeine Beste sind die steten Triebfedern seiner Handlungen. Jetzt errettet er einen redlichen und der Republick nützlichen Mann, der durch Bürgschaft unglücklich wird, und des Tages vorher, da man diesen in Verhaft bringen soll, verbrennt er nach gegebener Bezahlung den ausgestellten Wechsel desselben in dem Kaminfeuer vor seinen Augen. Einem Unbekannten, der Fähigkeiten besitzt, gönnet er, ohne seine Zuflucht gesucht zu haben, durch Handreichung diejenigen Mittel, durch die er sein eignes Vermögen vergrössern könnte. An seinem Tische reicht er einem andern den benöthigten Unterhalt, da er ihm doch eben so wenig angeht, ausser daß sein ehrliches Herz der Menschenliebe würdig ist. Mit einem seiner besten Kleider beschenkt er denjenigen, der ohne sein Verschulden Noth leidet. Ja er freuet sich einen dritten etwas lernen zu lassen, und ihm in seinem Hause freye Wohnung zu verstatten. Seine wohl eingerichtete Haushaltung und Mäßigkeit geben ihm das Vermögen an die Hand, alle Arten uneigennütziger Gutthätigkeiten auszuüben und überall die Regungen seines ehrlichen und rechtschaffenen Herzens an den Tag zu legen. Kranke, deren sich Niemand erbarmet, besucht er in ihrem Elende, und ohne daß sie es erfahren, wer sich ihrer annehme, läßt er ihnen Arzney und Nahrungsmittel zufliessen. Denn der ehrliche Mann kann keinen ohne sein Verschulden leiden sehen. Denen, die ihn um Rath fragen, sagt er es offenherzig heraus, wie sie sich zu verhalten haben, und warnet sie, als ein ehrlicher Mann, keine andere als erlaubte und ehrliche Wege zu ihren Absichten zu ergreifen. Da ein ehrlicher Mann allein wahre Ehre besitzt, so achtet er die geschwätzigen Verläumdungen müßiger Zeitungsträger nicht, er bleibt bey demselben taub und fühllos, und in Ansehung boshafter Lästerungen unbeweglich. Sein ehrliches Herz sagt ihm, daß eben diese vermeyntliche Vorwürfe ihm wahre Ehre bringen, weil sie ihre Widerlegung bey sich führen, und im kurzen wie die Disteln auf dem Sande von selbst verdorren.

Ihn

Ihn trift am wenigsten die Beschimpfung derjenigen, von denen er nie gerühmt zu seyn wünscht, weil ihr unverständiges Lob ihm zur würklichen Schande gereichen würde, und an seiner Ehrlichkeit zweifeln liesse. Ausser dem ist es ihm etwas gewöhnliches, offenbare Beleidigungen sehr leicht und gänzlich zu vergessen, weil ihm keine Ausübung der Pflicht angenehmer ist, als sich durch Wohlthaten zu rächen. Nicht gegen die Personen, sondern gegen die Laster bezeigt er sich als den beständigsten Feind, als den heftigsten Hasser der Unwahrheiten, und als den geschwornen Verfolger der Ungerechtigkeiten. So wenig ihm alle Menschen gefallen, so wenig verlangt er auch allen gefällig zu seyn. Und so unmöglich es ihm ist, zu schmeicheln, weil, wenn er es thäte, dieß nichts anders als eine wahrhafte Satyre seyn würde, und folglich mit seiner Ehrlichkeit nicht bestehen kann, so, und noch weit unmöglicher kann er sich verstellen. Dieß ist seiner Ehrlichkeit gänzlich unmöglich, der er dadurch zu nahe treten würde. Von sich selbst redet er nie oder ungern, von andern weder übereilt noch nachtheilig, und wiewohl er in Lobeserhebungen sparsam ist, so rühmt er doch an andern mit dem größten Vergnügen, was zu rühmen ist, und ermuntert sie bey aller Gelegenheit ehrlich und rechtschaffen zu seyn. Hingegen nennt er die Laster mit Namen, und vertheidigt Tugend und Unschuld wider alle heimliche und offenbare Gewaltthätigkeiten. Ihn beseelt die Wahrhaftigkeit, als die erste und vornehmste Neigung, die kein ehrlicher Mann verläugnet. Daher sagen diejenigen, mit denen er umgeht, er könne auch nicht einmal im Scherze anders als wahr reden, weil er alles, was ehrlich ist, aufs höchste liebt, so redet er frey, und handelt, so zu sagen, am hellen Tage und vor dem Angesichte der ganzen Welt. Er erklärt sich öffentlich, wer sein Freund oder sein Feind ist, und auf seiner heitern Stirne kann jeder lesen, was er im Schilde führt. Er flieht diejenigen ärger als die Schlangen, welche die Merkmale eines verrätherischen und falschen Gemüths, eines ihr Gewissen betrügenden, gegen sich und andere mistrauischen Herzens haben, da sie Haß und Liebe verbergen, und anders reden als denken. Den Höhern und Vornehmern erweiset er diejenige Ehrerbietung, die ihnen gebührt und wünscht, sich bey ihnen in Ansehen zu erhalten, allein nur zu gerechten und billigen Absichten. Findet er sie aber falsch, von sich selbst eingenommen und grobstolz, so bekümmert er sich um sie sehr wenig, entzieht sich ihren Augen, und hütet sich vor ihrem vertrautem Umgange, der sich schnell in eine verächtliche Geringschätzigkeit gegen andere verwandelt. Gegen seines gleichen ist er im Umgange höflich, bescheiden, gesellig und freundschaftlich. Gegen die Niedrigen liebreich, leutselig und auf eine anständige Art ernsthaft. Nichts schmerzt ihn mehr, als wenn er andern zu dienen nicht vermögend ist, und er wendet alles an, niemanden traurig oder nur unmuthig von sich gehen zu lassen. Kurz bey dem ehrlichen Manne vereinigen sich die trefflichsten Eigenschaften des Gemüths. Eine feurige und dringende Liebe zur Wahrheit und Gerechtigkeit; die Aufrichtigkeit des Herzens, die Redlichkeit in Worten; das rechtschaffene Wesen in allen Handlungen, und eine edle Standhaftigkeit bey Vorfällen, welche schwache Sinnen zu Boden werfen. Bey ihm trift man gerade das Widerspiel von der Heucheley, Falschheit und Verstellung an, und es ist es allemal in der That, wofür er will angesehen seyn. c) Siehe, mein Leser! das ist die wahre Gestalt des ehrlichen Mannes. Ergreife nun des Diogenes Laterne, womit er am hellen Mittage Menschen suchte, und suche das Original von dieser Copie. Ich wünsche, daß du derselben viele finden mögest. — — —

a) Ficta omnia celeriter, tanquam flosculi, decidunt, nec simulatum potest quidquam esse diuturnum. Cic. de off. L. 2. Cap. 12.

b) Nihil est amabilius, nec copularius, quam morum similitudo bonorum. In quibus enim eadem studia sunt, eædemque voluntates: in his fit, ut æque quisque altero delectetur ac se ipso. Cic. de off. L. I. C. XVII.

c) Præclare Socrates, hanc viam ad gloriam proximam & quasi compendiariam, dicebat esse, si quis id ageret, ut qualis haberi vellet talis esset.

Ihr Sittenrichter schweigt! bey Ueberfluß und Pracht,
Lernt der verwöhnte Mensch nie, was ihn frömmer macht,
Doch fühlt er sich umschränkt mit schweren Unglücksketten,
Drückt Noth und Mangel ihn: dann lernt er selber bethen.
P.

Churbaierisches Intelligenzblatt

Num. XIV.

München den 22. Juny 1771.

Artic. I.

a) Churfürstl. gnädigste Resolution, den gewöhnlichen Jakobi-Markt oder Dult allhier, so nach geendigten Salzburgermarkt künftig auf den 7. Octob. dieß Jahrs verlegt worden, betreffend. Dat. 15. Juny 1771.

Se. Churfürstl. Durchläucht unser gnädigster Herr, haben bey der höchsten Stelle [illegible] 3. dieses Monaths den gnädigsten Entschluß gefaßt, daß wegen des leider allgemein gewordenen Getreid- und Brodmangels, so andern harten Zeitumständen, die [illegible] bevorstehende Jakobi-Dult erst den 7. des kommenden Monaths Octobers seinen Anfang nehmen, und sofort, wie bisher gewöhnlich, 14. Tage fortdauern solle.

Dem Churfürstl. gnädigst privilegirten Intelligenz-Comtoir wird demnach befohlen, diesen höchsten Entschluß dem nächsten Intelligenzblatt einzuverleiben; folglich hierdurch männiglich, und vorzüglich dem Handelsstand verstandene Verlegung der Dult erforderlich bekannt zu machen. Sig. München den 15. Juny 1771.

Churfl. Kammeralmauth-Directorium.

Secret. Dorner.

b) Weitere gnädigste Anbefehlung, daß sich die Churfürstl. Gerichts- und Kastenämter die in Druck gelegte Sammlung der Churbaierischen Landesverordnungen beyschaffen sollen betreff. Dat. 8. Juny 1771.

Maximilian Joseph, Churfürst rc.

L. G. Nachdem wir gnädigst resolviret haben, daß die von dem akademischen Buchhändler allhier, Johann Nepomuck Fritz, auf seine eigene Kösten in Druck gelegte Sammlung unserer neuesten und merkwürdigsten Generalien, und Landesverordnungen für unsere sämmtlichen Pfleggerichter, und Kastenämter zu jeder Amtsregistratur ins besondere um den bestimmten Werth zu 5. fl. bestellt, und dieser Betrag in den Gericht- und Kastenrechnungen ingroßirtermassen in Ausgab paßirt werden solle; Als auch habt ihr ein dergleichen Exemplar bey unsern Hofkammer-Expeditionsamte gegen einsendender Gebühr der 5. fl. und hierüber erhaltender Bescheinung gelegenheitlich erhollen, und solches zum jedermaligen Gebrauche beym Amte in dasiger Registratur wohl conserviren zu lassen; zugleich aber auch den Incorporationsorten occasione einer andern Generalausschreibung Nachricht zu ertheilen, daß berührte Sammlung unsrer gnädigsten Generalien und Landesverordnungen bey dem Buchhändler Fritz ungebunden in Folio um den Werth der 5. fl. zu erlangen sey. Actum den 8. Juny 1771.

Von der Churfürstl. Hofkammer, an sämmtl. Gericht- und Kastenämter also abgangen.

c) **Patent, die Ausfuhr des Mühlgetreids in das Eichstädtische, und die Einfuhr des Gemahlters betreffend. Dat. 31. May 1771.**

Die sämmtl. Churbaierischen und Oberpfälzischen Mauth- und Accisämter haben in Gemäßheit der, von der Fürstl. Regierung Eichstädt unterm 4. dieß abgegebenen Erklärung, und des auf das Reciprocum hingestellten Versehens die unentgeltliche Ausfuhr des Mühlgetreids auf die Eichstädtische Mühlen, und die Einfuhr des Gemahlters in dießseitige Landen gegen Bestellung der zu Verhinderung der unterlaufen mögenden Unterschleifen erfoderlichen Präcautionen in Angesicht dieß forthin zu gestatten, und bey empfindlicher Ahntung zu einen jenseitigen Bruch dieser getroffenen nachbarlichen Einverständniß auf keine Weise Anlaß zu geben, massen belobte Regierung Eichstädt sich ebenfalls zu solcher Beobachtung nachbarlichen angebothen hat. München, den 31. May 1771.

Vom Churfürstl. Kammeralmauth-Directorio. An die auch Churfürstl. baierisch- und oberpfälzische Mauth- und Accisämter an der Gränze gegen Eichstädt also abgangen.

Secret. Krauß.

d) Se. Churfl. Durchlaucht in Baiern ꝛc. haben in einer unterm 16. April dieß Jahrs ex Intimo ausgefertigten Resolution den inländischen Seifensiedern für dermalen auf die Sommer-Monathe den freyen Seifenhandel außer Lands, gegen Abführung der Gebühr, und die Hereinbringung des Landunschlitts in so lang gnädigst gestattet, als lang die hiesige Metzgerschaft nicht Ursache haben wird, sich zu beschweren, daß von selber das erzeugte Unschlitt um den Satz nicht abgenommen werde. Hingegen sind die Salzstößler in Betreff der unterthänigst angesuchten Kerzensatzerhöherung ein für allemal abgewiesen worden.

Artic. II.

Feilschaften.

a) Johann Mittelstrasser Papierer zu Oberölspach in der obern Pfalz hat zum freyen Verkauf im Vorrathe: 60. Ballen Druck-Papier à 7. fl., 40. Ballen Schrenzpapier à 5. fl. 30. kr., 20. Ballen Blaupapier à 7. fl., und 20. Centner Pappendeckel, groß und klein Format à 5. fl. 30. kr., auch 60. Centner Schrenzdunget à 40. kr., welche er dem innländischen Publikum hiemit feilgebothen haben will.

b) Adam Forster, und 3. Consf. sämmtl. Landgericht Stadt am Hofische Metzger am Steinweg und Reinhausen biethen ihren Vorrath zum innländischen Verkaufe an, als: 200. Stücke Ochsenhäute, 250. Stücke Kalbfelle, 200. Stücke Schaaffelle, und 40. Centner rohes Unschlitt: alles um den billigsten Preis.

c) In der Stadt Weiden im Sulzbachischen stehen bey dortiger Bürgerschaft 209. Stück Mastochsen um die billigsten Preise zu verkaufen.

Artic. III.

Hannover den 25. May. Der Herr Baron von Behr, welcher die Stelle eines Staats-Sekretärs der hannöverischen Geschäfte an dem englischen Hofe bekleidet, ist von Sr. Majestät an die Stelle des verstorbenen Herrn

Barons

Barons von Hacke zum ersten dirigirenden Minister dieses Churfürstenthums ernennet worden, und hingegen der Herr von Alvensleben an die Stelle des Herrn von Behr. Dieser leztere hat bereits die Reise nach London angetretten, von woher der Herr von Behr mit Verlangen erwartet wird.

Artic. V.
Handlungs = Nachrichten.

a) Italien hat, (laut der K. K. Realzeitung vom 25. May,) zwar öfters des fremden Getreides nöthig; zuweilen aber erzeugt es nicht nur seine eigene Erfodernis, sondern auch Ueberfluß. Alsdann biethen die italienischen Seehäven, wegen des gewöhnlichen Zusammenflußes von Getreide, die Gelegenheit zu Speculationen dar. Der nächste Weg von Trieste in das Römische Reich gehet durch Kärnthen über Rottenmann oder Kremsbruck nach Salzburg. Zu Kremsbruck wird ein Geldzoll von einem Gulden vom Centner eingehoben. Um aber alle Wege zu öffnen, die den Nachbarn bey dermaligen Umständen zu statten kommen können, hat die Landesregierung diesen Gränzzoll von Getreide, so von Trieste und Fiume in das Römische Reich geführet wird, so lange aufgehoben, als die dermaligen Umstände noch fortwähren sollten.

b) Zu Florenz ist durch ein Edict vom 14. April 1771. die Pachtung von unächtem Golde und Silber aufgehoben worden, und hört dieselbe mit dem letzten Juny auf, so daß es vom 1. July 1771. an einem jeden erlaubt ist, nach Abtrag des gewöhnlichen Zolls, unächtes Gold und Silber, von welcher Art es sey, im Großherzogthum zu haben, und zu machen, Komödien- Maskeraden und andere Arten Kleider von unächtem Golde und Silber einzubringen, und zu verkaufen; wobey jedoch das Verboth des Einbringens von aller Art Bänder, Franzen, Spitze, Gaze, Gallonen, Bordirung und andern dergleichen Arbeiten, welche aus fremden Ländern kommen, ins ganze Großherzogthum Toscana, ausgenommen die Stadt und den Haven Livorno, bey Strafe der Confiscation, und 20. Scudi fürs Pfund bleibt. Auch ist noch ferner die Vermischung des unächten Goldes und Silbers mit dem ächten, bey der in den Gesetzen darauf gesetzten Geld- und Leibesstrafe, verbothen.

Artic. VI.
Vermischte Nachrichten zur Policey.

a) In den Churbraunschweigischen Landen sind alle Arten von Lotterien unter schwerer Strafe verbothen, und diese auf 100. Thaler bestimmt, wer ein Loos erkaufet. Nur die von Berlin, Dresden, Braunschweig und Hanau sollen bis auf weitern Befehl geduldet werden. o) (Nürnb. Zeit. Nro. 45.)

o) In dortigen Gegenden sieht man den Schaden ein, den die gemeinsame Wohlfahrt durch die Lotterie-Seuche gelitten hat; anderer Orten ist der Schaden oder Nutzen noch im Streit: und dieses mit Recht, wenn das Geld der Schöpfer ist, der so viele böse Dinge kann zu Gutem umschaffen. Und ein verschraufter Politicker ist allemal so geschickt, daß er die Wohlfahrt, in die besondere, eigene, oder allgemeine zu theilen weiß; je nach dem der Wind geht. —

b) Kopenhagen den 25. May. Nach einer Kabinetsordre sollen ins künftige die Soldatenkinder, deren Aeltern sie nicht selbst ernähren können, nach der Findlingsanstalt gebracht, und allen Soldaten, welche heurathen wollen, unter der Bedingung, ihre Kinder der Findlingsanstalt zu überlassen, die Erlaubniß zur Heurath ertheilet werden. Diese Kinder werden auf dem Lande bey Bauersleuten ausgethan, welchen sie bis ins 25ste Jahr als Knechte oder Mägde zu dienen verbunden sind, sodenn aber ihre völlige Freyheit erlangen.

c) Ein anders von Kopenhagen den 4. Juny. Um dem Mangel an Roggen sowohl, als den allzuhohen Preisen desselben fürs künftige vorzubeugen, hat der König befohlen, daß ein Magazin von 10000. Tonnen innländischen oder ausländischen Roggen errichtet werden soll. o)

o) Die Getreid-Magazine müssen für ein Land doch vortheilhaft und nutzbar seyn;

sonst würde es der König, der sich schon durch so viele weise Verordnungen berühmt gemacht hat, gewiß nicht befohlen haben. — Doch wir wollen uns mit dieser Frage nicht lächerlich machen. — —

d) Dem preiswürdigen, und in unserem Intelligenzblatte Num. IX. angerühmten Beyspiele des Königs in Preußen, in Abschaffung des blauen Montags bey den Handwerkszünften, hat auch die Churfürstl. Pfalzsulzbachische Regierung auf eine sehr rühmliche Art nachgeahmet, dieses beweißt folgende untern 18. May 1771. erlassene Landesverordnung.

Von Gottes Gnaden, Wir Carl Theodor, Pfalzgraf bey Rhein, des heiligen römischen Reichs Erz-Schatzmeister und Churfürst, in Baiern, zu Gülich, Cleve und Berg Herzog, Fürst zu Mörs, Marquis zu Bergen op Zoom, Graf zu Veldenz, Sponheim, der Mark und Ravensperg, Herr zu Ravenstein rc. rc.

Thun hiemit kund: Nachdem Wir mißfälligst wahrgenommen, wasmassen unter denen, bey den Zünften der Handwerker in Deutschland nach und nach eingerissenen Mißbräuchen, Unordnungen und Reichsschluß-widrigen Gewohnheiten, welche jedoch größten theils abgestellet sind, doch noch ein- und andere übrig geblieben, und in Unserem Herzogthum Sulzbach, unter andern auch bey verschiedenen Innungen der sogenannte blaue Montag im Schwange gehe, wodurch sowohl zu ihrer der Handwerker selbst eigenen Beschwerungen, als auch zu des Policey-Wesens und des Commercii Nachtheil und Schaden vielerley Unordnungen erwachsen, dergleichen Gesellen aber dadurch liederlich und arm, und die Meister hingegen selbsten an der Arbeit viel verlieren müssen, folglich diese schädliche Gewohnheit dem Aufnehmen des Staats durchaus entgegen ist;

Als ergehet daher Unser gnädigst und ernstlichster Befehl hiemit an jedermänniglich, insbesondere aber an alle in Unserm Herzogthum Sulzbach sich befindende Künstler und Handwerks-Zünfte, daß, gleichwie denen Innungen alle unsere vorhinnige Verordnungen, welche die verschiedenen Mißbräuche bey den Handwerkern nur immer zum Gegenstand haben; hiedurch aufs neue wiederum ernstlich eingeschärfet werden, wir nunmehr auch gnädigst verordnen und haben wollen, daß à dato publicationis dieses Patens, der sogenannte blaue Montag, welcher bis anher nur im Müßiggang, Schwelgerey, Tumult und andern Ausschweifungen zugebracht worden, durchgehends abgestellet, und daher an den Montägen eben so fleißig und lange, als an den übrigen Werktägen von den Gesellen, es mögen Einheimische oder Ausländische seyn, gearbeitet werden solle.

Damit nun aber die Abstellung dieses schädlichen Mißbrauches auch auf das genaueste bewürket werden könne: so befehlen Wir hiedurch weiters, daß ein jeder Meister, dessen Geselle sich nicht des Montags zu seiner ordentlichen Arbeit um die bestimmte Zeit einfindet, (ausser er hätte eine rechtmäßige Entschuldigung anzugeben) selbigen alsogleich seiner vorgesetzten Obmannschaft, oder daferne solche in diesem Ort nicht wohnhaft, des Orts Obrigkeit bey 2. fl. Strafe sofort anzeige, wogegen aber ein solcher Geselle, welcher gleichwohlen wider diese Unsere ausdrückliche Landesverordnung haudeln und an diesem Tage müßig gehen würde, das erstemal mit 14. tägigen, das zweytemal mit 4. wochentlichen Arrest bey Wasser und Brod bestrafet, das drittemal aber als ein muthwillig boshafter Uebertretter und Stöhrer der allgemeinen heilsamen Landesgesetzen mit härterer und arbitrarischer Strafe angesehen und beleget werden solle.

Ferners wird allen und jeden Wirthen und Gastgebern, auch jedermänniglich, welche Bier oder anderes Getränk auszapfen, besonders aber denen Wirthen, wo die Handwerker sich versammeln, oder den sogenannten Herbergs-Vätern hiemit gleichfalls bey 2. fl. unnachläßiger Strafe verbothen, kein in Arbeit stehenden Gesellen des Montags vor ordentlich beendigter täglicher Arbeitszeit, in der Herberge zu dulden, noch weniger durch Darreichung einiges Getränkes selbst Gelegenheit zu geben, den Montag in Müßiggang und Sauffen zuzubringen, sondern es hat ein jeder Herbergsvater dergleichen Gesellen alsogleich

mittels

mittels gehöriger Anzeige bey obgedacht seiner vorgesetzten Obrigkeit arretiren zu lassen, damit sowohl der etwa connivirende Meister, als auch der Geselle zu der hierinnen festgesetzten Strafe gezogen werden könne.

Damit aber die Herbergs-Väter und andere Wirthe und Bürger sich aus Eigennutz nicht selbsten hierunter saumselig erzeigen: so sollen die Policey- oder sonstige Gerichts-Diener jeden Orts, besonders die Handwerks-Herbergen an diesem Tage fleißig visitiren, und dagegen bey jedem Contraventions-Fall von den eingehenden Strafen den dritten Theil zu gewärtigen haben.

Und versehen Wir Uns übrigens zu einer jeden Orts Obrigkeit, daß dieselbe bey Vermeidung schweren Einsehens, über all obiges auf das fleißigste und geschärfeste halten werde; sofort auch noch sammentlich in Unserm hiesigen Herzogthum gnädigst aufgestellten Obmannschaften anbefehlend, gegenwärtige Verordnung nicht nur den Handwerkszünften alsogleich gehörig zu publiciren, sondern auch, damit sich niemand mit einiger Unwissenheit entschuldigen könne oder möge, in den Herbergen affigiren, und bey jedem Quartal den Meistern und Gesellen respective durch die Geschwornen und Altgesellen bey jeder Lade fort und fort aufs neue vorlesen und vorhalten zu lassen. Daran geschiehet Unser gnädigster Will und Meynung. Sulzbach den 18. May 1771.

Churfl. Pfalz-Sulzbachische Regierung. (L.S.)

Koehler, Secretarius.

e) Wir haben in Num. XL. dieser Blätter aus dem beliebten Sulzbachischen Intelligenzblatte ein Stück von der Abhandlung über die höchstnöthige Vorsorge der Regenten und Obrigkeiten für die Erziehung der Jugend eingerückt. Und da die nachdrücklichste Empfehlung dieses so höchst wichtigen Punktes, wie uns deucht, nie überflüßig seyn kann: so liefern wir auch den Beschluß derselben.

„ Wir können noch eine Stelle über den wichtigen Einfluß der Erziehung in das Wohl eines Staats, zur Ermunterung der öffentlichen Vorsorge für dieselbe, von Seiten der Regenten, der Obrigkeiten und des Staats aus Rollins vortreflicher Anweisung, wie man die schönen Künste lehren und lernen soll, IVten Theil, 6. Buch, 1. Artickel nicht übergehen, wo er sich über die Wichtigkeit einer guten Erziehung der Jugend also ausdrückt:

Die Erziehung der Jugend wurde jederzeit von den größten Philosophen und berühmtesten Gesetzgebern für die sicherste Quelle der Ruhe und des Glücks nicht nur einzelner Familien, sondern so gar ganzer Staaten und Reiche angesehen. Und in Wahrheit, was ist eine Republick oder ein Königreich anders, als ein grosser Körper, dessen Stärke und Gesundheit von der Stärke und Gesundheit einzelner Familien abhängt, welche gleichsam die Glieder und Theile derselben ausmachen, deren keines an seinen Verrichtungen etwas ermangeln lassen kann, daß nicht der ganze Körper darunter leiden sollte. Ist es aber nicht die gute Erziehung, die alle Bürger, und noch weit mehr als alle andere, die Grossen und die Fürsten in den Stand setzt, ihre verschiedene Obliegenheiten auf eine würdige Weise zu erfüllen? Ist es nicht klar, daß die Jugend gleichsam die Pflanzschule des Staats ist, durch die er immer wieder neu auflebet, und seine Dauer fortsetzt? aus welcher alle Väter der Familien, alle Magistrats-Personen, alle Minister; mit einem Worte, alle Personen von Stand, Ansehen und Würde hervor kommen? und kann man nicht mit Gewißheit behaupten, daß alles Gute und Mangelhafte in der Erziehung derjenigen, die dermaleins diese Stellen ausfüllen werden, einen Einfluß in den ganzen Staats-Körper habe, und gleichsam den Geist und den allgemeinen Charakter der ganzen Nation bilden werde?

Freylich sind die Gesetze der Grund der Reiche, und wo man bey denselben die Regelmäßigkeit und gute Ordnung erhält; da handhaben sie den Frieden und die Ruhe. Aber woher sollen selbst die Gesetze ihre Kraft und Stärke erhalten, als von einer guten Erziehung, welche die menschlichen Gemüther zu denselben angewöhnt, und sie ihnen unterwürfig macht? Ausser dem sind sie ein schwacher Riegel wider die menschlichen Leidenschaften. Horaz sagt:

> Was nützen ohne folgsame Sitten eitle Gesetze?

Plutarch macht über diesen Gegenstand eine sehr vernünftige Anmerkung, die mit Aufmerksamkeit erwogen zu werden verdient. Er redet vom Lykurg: „Dieser weise Gesetzgeber „fand es seiner Absicht nicht angemessen, seine Gesetze schriftlich abzufassen, überzeugt, „daß dieß das Stärkste und Wirksamste sey, „Städte glücklich und Völker tugendhaft zu „machen, was ihren Sitten eingeprägt wor„den ist, und ihnen die Ausübung und Ge„wohnheit gleichsam geläufig, und natürlich „gemacht hat. Denn die von der Erziehung „ihren Gemüthern eingeätzte Grundsätze blei„ben vest und unwandelbar, gleich als wenn „sie auf einer innerlichen Ueberzeugung und „dem Willen gegründet wären, welches alle„mal ein viel vester und dauerhafteres Band „ist, als der Zwang, so, daß eine solche Er„ziehung jungen Leuten zur Richtschnur wird, „und die Stelle eines Gesetzgebers bey ihnen „vertritt.“

Daher dünket mich der richtigste Begriff, den man von dem Unterschiede zwischen den Gesetzen und der Erziehung geben kann, dieser zu seyn.

Das blosse Gesetz ist eine harte und herrschsüchtige Gebietherinn, die den Menschen in dem, was ihm das liebste, und wofür er am meisten besorgt ist, nämlich in seiner Freyheit einschränkt; die ihn traurig macht, ihm in allem zuwider ist, seinen Vorstellungen und Verlangen kein Gehör giebt; niemalen nachzugeben weis; nicht anders, als in einem drohenden Ton mit ihm spricht; und ihm nichts als Strafen vorhält. Man darf sich also nicht wundern, daß der Mensch dieses Joch abschüttelt, sobald als er es ungestraft kann; und daß er, so bald er ihre beschwerliche Foderungen nicht mehr hört, sich seinen natürlichen Neigungen überläßt, die das Gesetz nur zurückgehalten, nicht aber geändert oder entkräftet hat.

Mit der Erziehung hat es eine ganz andere Bewandniß. Sie ist eine angenehme und einnehmende Gebietherinn, eine Feindinn der Heftigkeit und des Zwangs, sie sucht sich nichts anders, als durch eine freundliche Ueberredung den Weg zum Herzen zu bahnen, bestrebt sich, ihre Unterweisungen durch Wahrheit und Vernunft beliebt zu machen, und beeifert sich, die Tugend desto leichter beyzubringen, je liebenswürdiger sie dieselbe vorstellt. Ihre Lehren, die fast mit der Geburt des Kindes anfangen, wachsen und erstarken mit demselben; schlagen mit der Zeit tiefe Wurzeln, gehen bald von dem Gedächtniß und dem Verstande in das Herz über, drücket sich von Tage zu Tage durch die Uebung und Gewohnheit immer mehr den Sitten ein, werden bey ihm zur andern Natur, die sich fast nicht mehr ändern läßt, und vertretten bey ihm in der ganzen Folge seines Lebens die Stelle eines Gesetzgebers, der immer gegenwärtig ist, und bey einer jeden Gelegenheit ihm seine Pflicht zeigt, und sie ihm ausüben hilft.

Es ist daher nicht zu verwundern, daß die Alten die gute Erziehung der Jugend mit so grosser Sorgfalt angepriesen, und sie als das sicherste Mittel, ein Reich dauerhaft und blühend zu machen, angesehen haben. Ihr Hauptgrundsatz war, daß die Kinder mehr dem Staate, als ihren Eltern angehörten; und daß man also ihre Erziehung nicht dem Eigensinne der Eltern überlassen dürfe, sondern daß der Staat diese Sorge über sich nehmen müsse. Um deswillen sollten die Kinder nicht in den Häusern ihrer Eltern besonders, sondern öffentlich durch gemeinschaftliche Erzieher, und unter einer gemeinschaftlichen Aufsicht erzogen werden, damit man ihnen beyzeiten die Liebe zum Vaterlande, die Ehrfurcht für die Landes-Gesetze, den Geschmack an den Grundsätzen und Maximen des Staats, in welchem sie leben sollten, einflösse. Denn eine jede Regierungs-Form hat seine ihm besonders eigene Art. Anders ist der Geist und der Charakter einer Republick; anders einer Monarchie. Durch die Erziehung aber nimmt man diesen Geist und diesen Charakter an.

Diesen Grundsätzen zu Folge geben Lykurg, Plato, Aristoteles, und alle die uns Staats-Maximen hinterlassen haben, deutlich zu erkennen, daß die vornehmste und wichtigste Pflicht einer Obrigkeit, eines Ministers, eines Gesetzgebers, eines Fürsten sey, über einer guten Erziehung zu wachen, vordersamst ihrer eigenen Kinder, die oft nach ihnen ihre Stelle einnehmen; und darnach ihrer Bürger überhaupt, welche den Körper des Staats ausmachen; und sie bemerken, daß alle Unordnung in den Staaten von nichts anders, als von der Vernachläßigung dieser gedoppelten Pflicht herkomme.

So weit Rollin, dem zu Ehre unserer Zeiten ein grosser Weiser auf dem Throne, in einem zu Berlin im vorigen Jahr heraus gekommenen französischen Briefe über die Erziehung also beystimmet:

Ich betrachte gern die Jugend, die unter unsern Augen auswächst; sie ist das künftige Geschlecht, welches dem gegenwärtigen zur Aufsicht anvertrauet ist. Sie ist ein neues menschliches Geschlecht, das würklich auf dem Wege ist, den Platz des gegenwärtigen wieder auszufüllen; sie ist die wieder aufkeimende Hoffnung und Stütze des Staats, welche, wenn sie wohl auferzogen wird, seinen Glanz und seinen Ruhm verewigt. Ich bin vollkommen ihrer Meynung, daß ein weiser Regent alle seine Aufmerksamkeit darauf richten müsse, in seinen Staaten nützliche und tugendhafte Bürger bilden zu lassen. Ich habe schon lange die Erziehung, die man der Jugend in den verschiedenen Staaten Europens giebt, untersucht und geprüft. Jener Haufen grosser Männer, welche Rom und Griechenland hervorgebracht, hat mich für die Erziehungsart der Alten eingenommen, und ich bin überzeugt, daß wenn man ihrer Methode folgte, man eine Nation bilden würde, die mehr Sitten und Tugenden hätte, als unsere neuern Völker nicht haben.

Aufmunterungen und Beweggründe genug, die Vorsorge für die Erziehung den Regenten und Obrigkeiten als höchst nothwendig anzuweisen, und sie allen grossen und weisen Männern, denen die Aufsicht über das Wohl der Länder und Staaten von den Regenten anvertrauet ist, zu ihrer Unterstützung auf das kräftigste zu empfehlen. Sollte jemanden die Sorge für die Kleinen grossen Männern zu klein dünken: so führen wir noch eine Stelle aus dem Seneka an, worinn er seinem Freunde Seren folgenden Rath ertheilt: „Diene, „sagt er, dem Staate. Und da itzt ein recht„schaffener Mann, bey dem zerrütteten Zu„stande der Republick, keine Staats-Bedie„nung bekommen kann: so unterweise deine „jungen Mitbürger. Hier in dem Schatten „deines Hauses kannst du eine grosse Seele „eben so wohl zeigen, als auf einer der glän„zendesten Ehrenstafen. Glaube mir, der „macht sich am meisten um das gemeine Be„ste verdient, welcher die Jugend ermahnet, „und die Gemüther bey dem gegenwärtigen „grossen Mangel guter Lehren zur Tugend „anführet; der die, welche nach Reichthü„mern und Wollüsten rennen, mitten im Lau„fe bey der Hand fasset und aufhält. Wer „thut was grösseres, der, welcher Processe „schlichtet, oder derjenige, welcher lehret was „Gerechtigkeit, Gottesfurcht, Gedult, Tapfer„keit, Verachtung des Todes sey, u. s. f."

Wir wollen unsern Staatsministern die Unterweisung der Jugend nicht aufbürden; wenn sie nur der Erziehung mit ihrer Weisheit rathen, ihre Aufnahme durch ihr Ansehen und Vorwort unterstützen; und mit einem wachsamen Auge sie schützen, so haben sie sich ein Verdienst erworben, das ihren Namen verewigt, und wofür sie die Nachwelt noch dankbarlich preisen wird.

Artic. VII.

Landwirthschafts-Sachen.

a) Was für einen grossen Schaden die Kohlraupe in den Gärten, und auf denen mit Gemüse bebauten Feldern, anrichte, wird der Landmann schon öfters, besonders in hitzigen Jahrgängen, genugsam erfahren haben, ohne daß er nach vielen vergeblichen Versuchen und Bemühen die sicheren Mittel hätte ausfindig machen können, womit diesem schädlichen Uebel vom Grund aus gesteuret werden kann. Wir glauben daher, jedem Gärtner und Landmanne einen nützlichen Dienst zu erweisen, wenn wir die Geschichte der Kohlraupe, und die aus der-

derselben fliessenden bewährten Mittel zu gänzlicher Vertreibung dieses schädlichen Ungeziefers in unsern Blättern nach und nach mittheilen. Mancher Gärtner wird auch durch diese Geschichte bewogen werden, die noch übrigen schädlichen Raupen auszukundschaften. Er wird die vorsichtigen Triebe, welche die Natur diesem Ungeziefer eingeflösset hat, um ihre schädliche Fortpflanzung ungehindert zu bewerkstelligen, bewundern. Er wird zum Beyspiele bey Baumraupen finden, daß eine Art ihre Eyer 100. weise um dünne Zweige in Ringe ansetzet; daß andere dieselben auf die Blätter der Bäume legen, und mit Haaren so künstlich bedecken, daß es keinem Menschen einfallen würde, wie darunter etliche 100. Eyer versteckt liegen. Bey dieser Untersuchung wird er nichts versäumen, und wenn er dabey sichere Mittel zu ihrem Verderben ausfindig gemacht hat, so wird seine Arbeit doppelt belohnet seyn.

1. Die Raupe, deren Geschichte man hier giebt, wird von dem Kohle, wovon sie ihre Nahrung hat, Kohlraupe genannt. Sie ist ungefähr anderthalben Zoll lang, einen Federkiel dick, und hat 16. Füße. Ihre Farbe ist lebhaft, von gelb und schwarz vermischet. Ueber den Rücken geht eine schwefelgelbe Linie, darneben zween gelblicht grüne Streife, die mit schwarzen kleinen und grossen Tüpflein besäet sind. Die zween untersten Streifen sind schwefelgelb, und mit kleinen schwarzen Tüpflein bestreuet. Alle diese schwarze Tüpflein sind so viele kleine Hügelchen, deren jedes mit einem Haare besezet ist, doch so sparsam, daß die ganze Raupe ohne Haare zu seyn scheinet. Die Stirne ist mit einem gelben Dreyecke bezeichnet, welches mit einem schwarzen sammeten Rande eingefasset ist. Dieses gelbe Dreyeck ist ein Zeichen ihres vollkommenen Raupenalters, in welchem sie erst recht zu fressen anfängt.

2. Sie häutet sich, wie andere Raupen, und ehe sie sich bequemet, ihre Haut abzulegen; sitzet sie auf einem Platze einen oder mehrere Tage unbeweglich. Darauf spaltet sich die Haut über dem Kopfe. Die Raupe schiebt sie über den Rücken, und kriecht aus derselben, wie aus einer Scheide mit lebhaften Farben hervor. Wenn sie sich zum leztenmal gehäutet hat, so wird ihr Kopf, der zuvor ganz schwarz war, mit dem gelben Dreyecke bezeichnet. Es giebt aber oft Raupen, die in ihrer Häutung so unglücklich sind, daß sie ihr Leben dabey einbüßen. Von diesen habe ich einige gehabt, bey welchen sich die Haut auf dem Schwanze zu spalten anfieng, und auf dem Kopfe hangen blieb. Bey aller angewendeten Mühe konnten sie die Haut nicht ablegen, und giengen endlich darauf. Diejenigen, welche Seidenwürme erziehen, wissen auch von der Gefahr im Häuten zu erzählen.

3. Ihre Nahrung ist zum höchsten Schaden der Gärten jedes Kohlkraut, welchem sie in so großer Menge, und so heftig zusetzen, daß sie dem Gärtner nichts als besenartige Sträuche überlassen. In den zween leztern Jahren haben sie gar zu starke Proben ihrer Gefräßigkeit gegeben. Ihr garstiger Geruch hat es im verflossenen Jahre verrathen, daß sie sich auch auf dem Felde an den Reps wagen.

4. Haben die Raupen sich satt gefressen, so reisen sie haufenweise ab; steigen an Bäumen, Wänden, und Mauern hinauf, und scheuen sich sogar nicht die höchsten Häuser hinauf zu kriechen. Läßt man die Fenster auf, so nehmen sie auch mit den Zimmern für lieb. Es ist zu bewundern, mit welcher Geschwindigkeit sie auch die glättesten Flächen z. B. die Gläser hinaufsteigen. Man sollte glauben, dieser Weg wäre ihnen zu schlüpfrig; allein die Natur hat ihnen Stoff gegeben, sich allenthalben eine sichere Bahne zu machen. Zu diesem Ende führen sie einen klebrichten Saft bey sich, woraus sie diese Flächen bespinnen, und mit unsichtbaren Fäden, in welche sie sich mit ihren feinen Fußhäcklein einklammern, und fortsteigen, überziehen. Ihre stetige Drehung des Kopfes von einer Seite zur andern ist nichts anders als die wirkliche Beschäftigung im Spinnen. Auf dieser gemachten Bahne suchen sie sich einen Ruheplatz aus, welchen einige sich hoch, andere niederig wählen, nachdem ihnen vielleicht der Stoff entgeht, den sie dazu verarbeiten.

5. So bald sie sich nun ihr Winterlager ausersehen haben, machen sie sich mit ihrem Gespinnste gleichsam ein Ruhebett, überziehen es dicht, häckeln ihre Schwänze zuerst ein, hernächst machen sie sich mit besonderer Geschicklichkeit über ihren Rücken ein Band, worinn sie sanft ruhen können. Um dieses zu bewerkstelligen, heften sie einen Faden auf der einen Seite an die Fläche, legen ihren Kopf auf den Rücken, und führen in solcher Stellung den Faden auf die andere Seite, und kleben ihn daselbst an. Diese Arbeit wiederholen sie so lang, bis das Band stark genug ist, seine Last zu tragen. Alsdann richten sie ihren Kopf wieder in die vorige Lage, machen sich kürzer und dicker: die Farbe wird blasser: die Haut fängt an sich auf dem Kopfe zu spalten, es kömmt ein neuer Kopf hervor, und die Haut wird vollends vom ganzen Leibe abgestreiset, welches mit einer natürlichen Geschicklichkeit zuwegen gebracht wird: denn den hintern Theil des Leibes, worüber die Haut gestreifet wird, machen sie dünn, und dehnen den schon ledigen Theil aus, so spaltet sich die Haut weiter. Hernächst schieben sie die Haut durch eine wurmförmige Bewegung über den Schwanz hinaus, und schnellen dieselbe durch eine geschwinde Bewegung des Leibes von sich. Endlich häckeln sie ihren Schwanz, und ihr Horn in die gesponnene Seide ein, und ruhen.

6. Diese Verwandlung geht geschwind von statten; sie brauchen manchmal keine Minute die Raupenhaut abzulegen. Es eräugnen sich aber oft solche Umstände, in welchen die Raupe ihr Ziel nicht erreichet, unter welchen folgende zu merken sind. Ich sperrete eine Raupe in ein zolldreites Glas, um ihre Arbeit genauer zu betrachten. Durch eine ungewöhnliche Wohnung wurde sie zu einer ungewöhnlichen Bauart verleitet. Sie bekleidete die Wände des Glases mit häufigem Gespinste, führte etliche Fäden quer durch das Glas, und nahm ihren Ruheplatz im Mittelpuncte dieser Fäden. Ihr Kopf hieng herunter, und war etwas zurück gebogen. Deßgleichen machte der Schwanz mit dem Rücken einen rechten Winkel. Ich war begierig, was daraus werden würde. Endlich fand ich meine Raupe in der Häutung begriffen; der halbe Kopf kam schon heraus, und ich freuete mich, das Glück zu haben, ein Zuschauer ihrer Arbeit abzugeben. Die dauerte aber länger als ich warten konnte. Ich verließ sie, und hoffete bey meiner Rückkehre ein anderes Thier zu finden. Ich traf sie aber noch in dem Stande an, wie ich sie verlassen hatte, und meine Hülfe, die ich ihr leistete, war vergebens. Die arme Raupe konnte die Haut nicht über den Bug bringen, und mußte vor der Zeit verderben.

7. Jetzt hangen die Raupen an der Wand ohne Füße und Kopf, und in solcher Ruhe, daß man sie eher für todt als lebendig halten sollte, wenn sie sich nicht zuweilen, wenn man sie berühret, hin und her bewegten. Dieser Irrthum ist Schuld daran, daß man eine Gelegenheit vorbeystreichen läßt, worinn man die Vermehrung dieses so schädlichen Ungeziefers verhindern könnte. In diesem Stande verliert das Ungeziefer den Namen einer Raupe, und wird eine Puppe genannt, weil die mehrsten die Gestalt einer Puppe haben. Der Kopf der Puppe, d. i. der vordere Theil, ist eckicht, am Ende mit einem kleinen und geraden Horne versehen, und ist, wenn die Raupen an den Wänden hangen, immer in die Höhe gerichtet. Die Haut ist gelb, und mit schwarzen Flecken besprenget. Mit der Zeit wird die gelbe Farbe blasser, und wenn das Ungeziefer durch gewisse Zufälle darinn verdirbt, so wird die äußere Haut braun, welches allemal ein Zeichen seines Todes ist.

8. Die Puppen bleiben in diesem Stande den ganzen Winter durch, auch bey der grimmigsten Kälte. Umsonst hoffet man, daß die strenge Witterung diesem Ungeziefer schädlich seyn werde. Wie kalt die zween vorigen Winter; so wenig sind unsere Gärten gegen den Herbst damit verschonet geblieben. Von gelinder Witterung haben sie den Nutzen, daß sie desto früher aus ihrem Gefängnisse hervorkriechen. Derowegen, wenn man ihnen mit Wärme zu Hülfe kömmt, kann man die Puppen auch im härtesten Winter auskriechen lassen, welches man bey schönen Schmetterlingen wohl anbringen kann. Der Herr Reaumur ließ sich etliche von Hünern ausbrüten. Ich habe etliche Anfangs Jänners durch die ge-

 wöh-

meine Stubenhitze zur Zeitigung gebracht. Ja ich habe sogar einen Versuch gemacht, was die menschliche Wärme für Wirkung daran thäte. Zu diesem Ende habe ich eine Puppe Tag und Nacht am Halse getragen, und in Zeit von 12. Tagen ausgebrütet, welche aber darauf gegangen ist, weil sie das Tageslicht zu früh erblicket, und noch keine Nahrung gefunden hat.

9. Ob nun schon dieses Ungeziefer vor der Kälte genug gesichert ist; so haben viele doch das Glück nicht die letzte Verwandelung zu erleben, ja manche ersterben, ehe sie noch in den Puppenstand kommen. Hier haben die Raupen etwas mit andern Thieren gemein. Sie haben auch ihre Feinde, und je schwächer und verächtlicher diese scheinen, desto gefährlicher sind sie denselben. Wer sollte es glauben? es sind kleine, schier unsichtbare Mückchen, die den Raupen so heftig nachstellen, und ihnen desto gefährlicher sind, da sie sich ihrer nicht erwehren können. Diese Mücklein setzen sich auf eine Raupe, bohren mit ihrem Stachel ein Loch durch ihre Haut, legen ein oder mehrere Eyer darein, nachdem sie von einer grossen oder kleinen Art sind. Andere kleben ihre Eyer auf den Leib. Diese Eyer werden lebendig, und die daraus entstandenen Würme kriechen in die Raupe hinein, und suchen in ihrem Leibe ihre Nahrung, bis die Zeit ihrer Verwandlung heran nahet. Alsdann beißen sie sich von allen Seiten aus der Raupe heraus, welche dieses Gewühl in höchster Stille erduldet. Kaum haben sie das Tageslicht erblicket; so fangen sie alsbald an sich Häuschen von schöner gelben Seide zu spinnen. Es ist nur Schade, daß die Häuschen wegen ihrer Kleinigkeit nicht zu benutzen sind. Sie werden so übereinander gehäufet, daß öfters eine Republick von 100. auch mehr Mückenhäuschen heraus kömmt. Nachdem die Raupe von diesen fremden Gästen befreyet ist; so fängt sie an zu schmachten, sitzet ganz unbeweglich, entweder aus Mattigkeit, oder weil sie von den kleinen Würmchen fest gesponnen worden, und verrecket endlich.

10. Die Puppen haben andere Feinde. Ich habe deren zweyerley gefunden. Die von der ersten Art waren wiederum ganz kleine Goldmückchen, deren bis 100. sich an einer Puppe ernähret, und bis zum Frühjahre ihren Nymphenstand in der Puppenhülle der Raupe zugebracht hatten. Die von der andern Art war eine grössere Mücke, die schier ¾ des Häuschens anfüllete. Sie lag noch wirklich als eine Nymphe darinn. Als Mücke hatte sie 4. Flügel, und am Hintern einen starken Stachel in einer Scheide, der schier so lang, wie die halbe Mücke war. Nebst diesen haben die Raupen noch von andern Thieren, und Ungeziefern viel zu leiden, welche zwar die ungeheure Raupenzahl vermindern helfen, aber sie doch wegen ihrer all zu grossen Fruchtbarkeit nicht gar austilgen können.

11. Sobald die Puppe zeitig wird, das ist, wenn die Raupe aus ihrem Häuschen hervorgehen will, so verändert sich die Farbe in eine weißlichte, welches die eigentliche Farbe des Ungeziefers ist, die durch die hornartige Puppenhaut durchscheinet. Die Haut spaltet sich über dem Kopfe; und es kriecht ein anderes Thierchen hervor, welches mit der Gestalt auch seinen Namen verändert, und Schmetterling oder Sommervogel genennt wird. Die Flügel, welche anfangs ganz klein waren, fangen an sich auszudehnen, und bekommen in Zeit von einer Minute ihre gehörige Größe, wenn die Ausdehnung sonsten nicht durch einen engern Raum verhindert wird. Wenn er aus seinem Häuschen hervorgekrochen ist, so fliegt er nicht alsbald davon, sondern ruhet noch einige Zeit aus, säubert sich noch von dem übrigen Unrathe, und fliegt endlich davon, seine Nahrung aus den Blumen zu saugen, die er vor seiner Verwandlung an den Blättern gefunden hat.

12. Es ist viel daran gelegen, diesen so schädlichen Schmetterling genauer zu kennen. Es hat viel zu seiner Vermehrung beygetragen, daß man nicht wußte, woher er gekommen war, und was für schädliche Nachkommenschaft er hinterließ. Wir wollen ihn so bekannt machen, daß er sich nicht mehr so frey darf sehen lassen. Diese Art Schmetterlinge ist die gemeinste, die im Sommer am häufigsten herum fliegen. Die Flügel sind auf einer Seite gelb, und mit schwarzen Tüpflein bestreuet, die andere Seite ist weißlicher. Die 2. kleineren Flügel haben einen schwarzen

Punkt

Punkt, und die grössern zwey, und im Ecke einen grossen schwarzen Flecken, der sich am Rande bis an das Gewerb, wo er am Leibe hängt, erstrecket. Der Leib ist schwarz, hat lange Fühlhörner, und 6. Füsse. Wenn der Schmetterling sitzt, so trägt er die Flügel zusammen gelegt, und mit der Fläche, worauf er sitzet, senkrecht. Die gelben Seiten fallen mit den schwarzen Flecken im ersten Ansehen in das Auge. Sie fliegen am häufigsten herum, theils ihre Nahrung, theils ihre Gatten aufzusuchen, mit welchen sie auch oft im Fluge gepaart bleiben.

13. Wenn das Weibchen hinlänglich befrüchtet worden, so suchet es sich ein Kohlblatt aus, seine Eyer daran zu kleben. Diese setzet es am gemeinsten auf die untere Seite eines Blattes. Die Eyer sind gelb, länglich, und leicht zu erkennen. Eines wird nach dem andern angeklebet, bis deren 80 oder 90, mehr oder weniger, gelegt sind. Sie bringen öfters Stunden im Legen zu. Kaum ist die Brut zu der Fortpflanzung ihres Geschlechtes hinterlassen; so fangen die Schmetterlinge an matt zu werden, verlieren ihre Kräfte, und werden den Ameisen, oder anderm Ungeziefer zur Speise.

14. Der Urheber der Natur hat diesen Thieren solche Triebe eingepräget, daß sie ihre Eyer dahin legen, wo ihre Jungen, sobald sie auskriechen, hinlängliche Nahrung finden. Die Eyer fangen an zu zeitigen, und in Zeit von 14. Tagen, nachdem die Witterung ist, kriechet eine Menge Raupen hervor, die alsbald das Blatt zu nagen anfangen, aber doch noch wenig Schaden thun. Sie bekommen ihre gewöhnliche Häutungen, breiten sich auf einem Stocke aus, und sind alsdann im Stande, in kurzer Zeit die jährlichen Bemühungen eines Gärtners zu vereiteln.

15. Der grosse Schaden, den dieses Ungeziefer so oft in den Gärten angerichtet, hat die Eigenthümer der Gärtner bewogen, auf Mittel zu denken, diesem Uebel abzuhelfen. Das Ablesen der Raupen ist das gewöhnlichste, welches man sich bisher bedienet hat. Wie schwer es aber damit zugehe, haben die erfahren, bey welchen die Raupen dessen ungeachtet überhand genommen. Zu dem wendet man es erst an, wann die Raupen ihr rechtes Freßalter erreichet haben, und wann man die Leute bey anderer Arbeit nothwendig hat, welche ohnedem der Vielheit der Raupen durchgehends nicht gewachsen sind. Denn lesen sie heute 100. ab, so finden sich morgen 200. andere auf dem Stocke ein, sogar, daß es manchen unnatürlich vorkömmt, daß ein Stock von Raupen wimmele, wo sie Tags vorher keine sahen. Da man also nicht Hände genug hat; wird das Gemüs, worauf man soviel Mühe gewendet, diesem Ungeziefer Preis gegeben. Andere, denen dieses Mittel zu kostbar, und dabey zu unkräftig war, haben ein anderes erdacht, dem aber nichts als die verlangte Wirkung abgeht. Sie rathen, man solle drey der Raupen, die zum ersten hervorkommen, in den Schorstein aufhenken; so würden alle übrige im Garten darauf gehen. Man würde es kräftiger machen, wenn man mit allen Raupen also verführe: denn so würde sich keine mehr in unsern Gärten sehen lassen. Doch diese abergläubische Einfalt verdient kaum, daß man ihrer eine Erwähnung thue.

16. Bey allem dem bleiben doch die Raupen von unsern Gärten noch Meister, und wenn man sich nicht folgender Mittel bedienet, so wird man ihnen schwerlich etwas abgewinnen. Man kann aber diesen Mitteln zum voraus eine gute Wirkung zusprechen, indem sie in der Natur gegründet sind, keine Unkösten erfodern, und ihre Anwendung gewiß, wo nicht eine vollkommene Ausrottung, welche doch zu hoffen ist, wenigstens eine merkliche Veränderung dieser Feinde wirket. Die Raupen müssen sie selbst an die Hand geben, und sind folgende.

(Die Fortsetzung folgt künftig.)

Artic. VIII.

Von gelehrten Sachen.

a) München, den 15. April. Den 9. dieß feyerte die Churfürstl. Akademie der Wissenschaften das Geburtsfest ihres Durchl. Stifters mit einer öffentlichen Versammlung, in welcher der Sekretär der historischen Classe, Hr. Anton Johann Lipowsky, eine Rede gehalten. Der erste gewöhnliche Preis konnte zwar, weil die historische Aufgabe niemand aufgelöset, nicht ausgetheilet werden. Hin-

gegen

gegen hat die phisikalische Classe über die Frage: Ob, und was für Mittel es gebe, die Hochgewitter zu zertheilen, und eine Gegend vor Schauer und Hagel zu bewahren? dem Hrn. P. Robert Hickmann, Benedictiner zu St. Hubert in Luxenburg, den Preis zuerkannt; und noch zwey andere Schriften über diese Aufgabe, jede mit einer Medaille von 10. Ducaten beehret. Deren eine Hr. P. Benedict Arbuthnot, zu St. Jakob in Regensburg, die andere Hr. Philipp Peter Guden, Rechtsconsulenten zu Hannover zum Verfasser hat.

Für das Jahr 1772. hat die Churfürstl. Akademie folgende Fragen aufgeworfen. Aus der historischen Classe: Was hatte unter den Herzogen des agilolfingischen Stammes das Herzogthum Baiern für Gränzen, in was für Gauen war selbes eingetheilet, und was für Orte waren in diesen Gauen gelegen? Aus der phisikalischen Classe: Da das in einem Gefässe stehende Wasser nicht allezeit wagrecht, sondern nach Verschiedenheit der Umstände zuweilen hohl stehet: so fragt es sich, durch was für Kräften diese Abweichung von den Gesetzen der Hydrostatick hervorgebracht werde?

Die Auflösung dieser Frage ist eine goldene Medaille von 50. Dukaten. Die Schriften müssen mit verschlossenen Namen, und selbstbeliebigen Devisen in deutscher oder lateinischer Sprache, längstens bis Ende Dec. 1772. und zwar die historischen an den Secretär der historischen Classe, Hr. Anton Johann Lipowsky, die phisikalischen an den Hr. P. Ildefons Kenedi eingesendet werden. o)

o) Diese Nachricht ist uns erst über Hamburg zugekommen. —

b) Die Hamburgische Gesellschaft hat zur Beförderung der Künste und nützlichen Gewerbe, bey ihrer letztern offentlichen Versammlung folgende Preise ausgesetzt: 50. Rthlr. wer am besten darthut, wie ein Bierbräuer in einer Gegend, wo er keinen andern seines gleichen hat, sich am zuverläßigsten zu allen Zeiten ein tüchtiges Gährungsmittel, oder Gäsche, zur Bräuung des weißen Biers verschaffen, oder durch Aufbewahrung einige Wochen lang dergleichen erhalten könne. Ferner 50. Rthler auf die Beantwortung der Frage: wie eine Stadt, die viele enge Gassen hat, des Nachts am besten zu beleuchten, und wie dabey alles einzurichten sey?

c) Ein Künstler hat den Vorschlag gethan, die jungen Leute auf einem Schiefersteine zeichnen zu lernen, weil es leicht ist, ihn wiederum mit nassen Linnen zu reinigen. Diese Art würde in der That den Aufwand des Papiers ersparen, und dem Schüler das Mittel verschaffen, seine Fehler gar leicht zu verbessern, ohne verbunden zu seyn, seine Zeichnung wieder von neuem anzufangen. Ein Einwohner aus Grenoble nimmt statt des Schiefersteines böhmisches Glas, das er auf einer Seite glatt macht, indem er mit einem Bimsenstein selbiges reibet, oder auch mit wohl angefeuchtetem Sande dieses verrichtet. Auf diesem böhmischen Glase kann man, wie auf dem Schieferstein mit Linnen das Gezeichnete wieder auslöschen. Seine Durchschimmerung verschaft über dieses noch die Leichtigkeit wohlgezeichnete und sehr deutliche Stücke darunter zu legen, die der Lehrling einsweilen nachahmen kann, bis seine Hand zu mehrerer Stärke gekommen, sich allein fortzuhelfen.

Artic. X.

Etwas zum guten Geschmack.

Der Freund der Armen.

Ptolomäus, der Thebaner, hatte sich so sehr gewohnt keinen Nothleidenden abzuweisen, der seiner Freygebigkeit bedurfte, daß, als einst ein armer Soldat ihn um ein Allmosen ersuchte, und dieser Feldherr damals nichts anders hatte, das er ihm hätte geben können, er ihm seine Schuhe mit diesen Worten schenkte: Hier, mein Freund! suche die zu nutzen. Ich habe dir nichts bessers zu geben; allein ich will lieber mit blossen Füßen gehen, als dich leiden sehen. o)

o) Was! dieses hat ein Heid gethan? — Was werden erst die Christen thun.

Sey nicht mit Strephon klug, der Kluge haßt und flieht;
Sey dumm! denn freut er sich halb todt, wenn er dich sieht.
Handbibl. der Kinder

Churbaierisches Intelligenzblatt

Num. XV.

München den 6. July 1771.

Artic. I.

a) Churfürstlich gnädigste Verordnung: Daß die Hereinbringung der Gold- und Silberborten, und Bosamentierarbeit, ohne zuvor erhollten Paß, bey Strafe der Confiscation verbothen, so anders betreffend. Datirt den 29. May 1771.

Sr. Churfürstlichen Durchl. Unserm gnädigsten Herrn, ist die gehorsamste Vorstellung beschehen, welchermassen bey denen eine zeithet per Consumo herein gegangenen Gold- und Silbertressen, Bosamentir-Arbeit, Dratt, und Blett, ein so betrüglicher- und schlechter Halt an der Lega fina beobachtet worden, daß nicht allein die churfürstlichen Münzämter bey Einlieferung des alten Fadensilbers, und deto Gold den Betrug genüglich wahr genommen, sondern auch den Schaden veroffenbaret haben, den das gesammte Lands-Publicum dabey erlitten hat, und noch in Zukunft zu erdulden hätte, wenn dießfalls keine verfängliche Gegenmittel vorgekehret wurden.

Da nun höchstgedacht Se. Churfürstliche Durchl. gegen dieses Unwesen, zu Verhütung weiteres Schadens, die behörige Maaßregeln zu ergreifen gedrungen, und anbey gnädigst gemeynet sind, sowohl der im Lande selbst etablirten mit allen Erfodernissen, Qualität- und Sortimenten hinlänglich versehenen Fabricke von guten Gold- und Silberborten, Blett, Dratt, und davon verfertigten derley Waaren die Verschleißwege zueröffnen, als auch den im Lande anseßigen Bosamentierern, Borten- und Knöpfmachern Nahrung, und Verdienst zu verschaffen; Als haben Höchstdieselbe gnädigst resolvirt, daß

1mo. in den Zeitraum 8. Wochen, sohin längstens bis letzten eingehenden Monaths July alle bey der gesammten innländischen Kaufmannschaft auf dem Lager habende fremde Gold- und Silberborten, Blett, Dratt rc.

wie sie Namen haben, zu dem nächst entlegenen = in begliegenden und in Druck zu befördernden Verruf ausgezeigten Mauthamt gebracht, und allda mit doppelter oder zweymaliger ausdruckung des messingenen Accisstempels gestempelt, auch hierüber von dem Amt diese neuerlich gestempelte fremde bereits veraccisirte Waaren in ein Verzeichniß gebracht, darinn der Namen des Handelsmanns, oder Krämers, dann das quantum & quale förmlich beschrieben: sonach dieses Verzeichniß zum Cammeral = Mauth = Directorio den letzten des Monaths Julii eingesendet werden solle. Ein gleiches muß auch.

2do. Mit denen in dem Verlag der hieländischen Handelsleuten befindlichen innländischen guten Gold = und Silberborten = Waaren, welche bißher mit dem Pilgramischen drey Muschel haltenden Stempel bezeichnet waren, geschehen, dergestalten jedoch, daß bey diesem innländischen fabricato der eiserne kleinere Fabrickenstempel gebraucht, mithin ebenfalls mit zweymaliger Ausdruckung desselben diese alte Waare von der neuen des Vacano unterschieden: und in eine separirte Beschreibung gebracht werde.

3tio. Wollen Se. Churfürstliche Durchlaucht, daß die fremde Posamentierarbeit von guten Gold = und Silberborten, wie sie in der dem Verruf angehängten Verzeichniß enthalten, und bey der hiesigen Fabricke des Vacano in guter Qualität, und hinlänglichen Sortiment zu haben sind, von dato an per Consumo hereinzuführen, jedoch nur unter der Beschränkung gänzlich verbothen werden solle, daß, soferne ein = oder anderer Handelsmann, oder berechtigter burgerlicher Kramer mit ein so anderer Sorte derley Waaren bey der hiesigen Fabricke nicht allerdings content, oder in Umständen wäre, sich etwas von besonderen Desseins, und neuer Erfindung zu vollkommener Beschlagung seines Gewerbes gleichwohl noch ausser Landes hereinbringen zu lassen, derselbe solch sein nothdürftiges Quantum, und Sortiment nebst dem Ort der Fabricke, woher er dergleichen beziehen will, vorher in einer kaufmännischen kurzen Nota, oder pro Memoria bey dem Churfürstlichen Cameral = Mauth = Directorio anzeigen, und einen Paß hierauf erbitten solle. Damit aber

4to. Bey Hereinbringung solcher Waare in Zukunft zu Erreichung des wahren Endzwecks die behörige Præcaution gebraucht werde; so ist in dem Paß jedesmal zu exprimiren, daß jenes herein zubringen bewilligte Quantum, wenn es einem baierischen Handelsmann zugehört, unmittelbar zu hiesigen Hauptmauthamt, und soviel die Oberpfälzer betrift, zum Hauptmauthamt Amberg der Beschau, und Veraccisirungswillen überbracht oder addreßirt werde, gestalten diese Waare niemal ehender an dem Accisanten ausgefolgt werden darf, bis nicht ehevor dieselbe des erfoderlichen Halts, und der guten Lega fina halber von dem in Loco befindlichen Churfürstlichen Münzamt untersucht: und approbirt seyn würde, wo im widrigenfall bey nicht erfindender Qualitet der behörigen Lega (weswegen an hiesige Münz = Commißion, und von dieser nach Amberg bereits die Weisung ergangen ist) das schlechte Product dieser Waare confiscirt werden muß. Und ist übrigens.

5to. Dem allhiesigen Hauptmauthamt anzubefehlen, daß selbes durch einen Waarenbeschauer nicht nur das sammentliche Pilgramische Lager der allhier fabricirten Gold = und Silberwaaren, die bisher mit seinem alten Stempel gezeichnet sind, mit dem eisernen Stempel für innländische Fabricaten in seinem Haus, wie obbemelt neuerlich stempeln, sondern auch durch sie Waarenbeschauer bey den übrigen hiesigen Kaufleuten auf Art, und Weis, wie puncto 1mo enthalten, ein gleiches bewirken lassen solle.

Schlüßlichen ist auch das erfoderliche mittels Patent an alle Churbaierische = und Oberpfälzische Mauth = und derselben Beymauthämter zu erlassen, und ihnen anzubefehlen, daß sie nicht allein obberührten Verruf, sondern auch alle andere churfürstlich publicirte Mandata jedesmal vier Wochen lang unter einer vom Gewitter versicherten bedeckten Tafel zu jedermanns Wissenschaft aushängen, und die churfürstlichen Verordnungen in den Intelligenzblättern öfters durchlesen: und

ge=

genauer befolgen sollen. Signatum in Intimo den 29. May Anno 1771.

Philipp Karl von Oesling, Churfürstl. wirkl. Rath, und geheimer Secretär.

Verruf.

Se. Churfürstl. Durchl. Unser gnädigster Churfürst, und Herr, haben mißfällig zu vernehmen gehabt, wasmassen bey den Zeit her per Consumo hereingegangenen Gold- und Silbertressen, und derley Bosamentierarbeit, die in der Lega fina allzu geringhaltig befunden worden, so, daß nicht allein das Publikum dadurch den eigentlichen Werth per intrinsecum nicht erhalten, und daher in Schaden gesetzet wird; sondern auch die Churfürstliche Münzämter bey Einlieferung des hieraus erhaltenden alten Faden-Gold- und Silber merklich hintergangen werden könnten. Woraus die Nothwendigkeit erfolget, daß zur Abwendung weiteren Schadens die behörige Maaßregeln dagegen ergriffen werden müßen. Höchstgedacht Se. Churfürstl. Durchl. haben demnach gnädigst zu resolviren geruhet, daß

1mo. Nachdem alle diese Waare meistens ad Luxum gehörig, welchen bey gegenwärtigen Zeitläuften einzuschränken, ohnedas höchstnothwendig ist, hiernächst sogar eine in Dero Churlanden selbst etablirte, und mit einem zulänglichen Sortiment der guten Gold- und Silberborten, Blett, Drat, Gespinnst, und dergleichen Waaren versehene Fabrike in den Stand gesetzet worden, das Landespublikum genüglich zu versehen, es der landsnatürlichen Fürsorge allerdings gemäß seyn will, erstgemeldter Fabrike die Verschleißwege zu eröffnen, zugleich auch denen im Lande anseßigen Bosamentierern, Borten- und Knöpfmachern mehrern Verdienst und Nahrung zu verschaffen: Welchemnach die inländische Kaufmannschaft zur Ablangung dieses Fabrikats an besagte Fabrike hiemit um so mehr angewiesen wird, als sie bey derselben der besten Qualität (welche durch das Churfürstliche Münzamt von Zeit zu Zeit geprüfet, und das Publikum respectu der behörigen Legierung in Sicherheit gesetzt werden solle) auch billige Preise, und gute Bedienung finden kann. Weßwegen denn

2do. Von nun an, alle auswärtige derley gute Gold- und Silberbosamentier-Arbeit, Blett, Drat, Gespinnst, und derley in nachstehendem Verzeichniß enthaltene Waaren sub pœna Confiscationis per Consumo hiereinzubringen generaliter verbothen, respective dahin eingeschränkt wird, daß, sofern ein so anderer Handelsmann, oder berechtigt-burgerlicher Kramer wider Verhoffen bey hiesiger Fabrike die verlangende, oder bestellt gewordene derley Waarensorten, oder Desseins nicht zu finden glaubte, oder in anderweg benöthiget wäre, etwas von guten Gold- und Silberborten, und dergleichen Waaren gegen Entrichtung der tarifmäßigen Consumomauth, und Accis hereinbringen zu lassen, derselbe gehalten seyn soll, mit vorheriger Anzeig des Gewichts, der Sorten, und der Fabrike, woher er dergleichen beziehen will, beym Churfürstl. Kammeralmauthdirectorio einen Einfuhrpaß zu erheben, und die Waaren sodann allein zum allhiesigen Hauptmauthamt, soviel aber die Oberpfälzer anbetrift, zum Hauptmauthamt Amberg der Beschau- und Veraccisirung willen, zu addreßiren, damit sie jedesmal durch das anwesende Churfürstl. Münzamt, bevor examinirt, und Respectu Intrinseci behörig geprüfet werden mögen, gestalten bey Erfindung eines schlechten Halts in der Lega fina, wenn es nämlich im Gewichte die bestimmten 15. Loth, 12. Pfenning Gewichts-Norma nicht erreichet, eine solch-bedenkliche Waare nicht zur Veraccisierung zugelassen wird, sondern confiscirt werden muß.

3tio. Da die zur neuen Stemplung der vorräthig alten Gold- und Silberbortenwaaren anzuberaumen nöthige Zeit von 8. Wochen, und bis zu Ausgang des nächst eintretenden Monaths Julii, allerdings erklecklich ist; so wird auch dem inländischen Handelsstande diese nöthige Vorsicht dahin erleichtert, daß sie solch fremde, bereits veraccisirte Waaren, wie auch die vorhin von hiesiger Fabrike bezogenen, mit dem ehemaligen Handelsmann Pilgramischen Stempel bemerkten Gold- und

Sil-

Silberborten, Blett, Drat, ꝛc. an das jedem Handelsmann am nächsten entlegene Mauthamt, nämlich München, Landsperg, Friedberg, Ingolstadt, Freysing, Landshut, Stadt am Hof, Straubing, Burghausen, Braunau, Schärding, Ried, und Traunstein; Item in der obern Pfalz: Amberg, Neumarkt, und Neunburg vorm Wald zur frischen Stemplung überbringen sollen, und mögen: worzu auch die Churfürstliche Mauthämter bereits sonderbare Anweisung erhalten, und den Austrag haben, solch gestempelte Waaren mit Anzeige des Quanti, & Qualis, wie gewöhnlich, in eine Beschreibung zu bringen. Soviel aber

4to. Die fremden in Churbaierischen Landen nicht dominicillierten, sondern nur von einem Jahrmarkte zum andern herumreisenden Bortenhändler, Krämer, oder Savoyarden betrift, so sind selbe zu Erfüllung dieses gnädigsten Geschäfts sich während dieses Zeitraums mit ihren bey sich führenden guten Gold- oder Silberborten, der Stemplung zu unterwerfen, an das allhiesige, oder an das nächst entlegene der obbesagten Mauthämter hiemit allerdings angewiesen, und bleibt ihnen sowohl, als der innländischen Kaufmannschaft hiemit unverhalten, daß, wenn jemand nach Verfluß erstbesagter Zeit des ausgelaufenen Monaths Julii mit unächt, oder gar nicht gestempelten guten Gold, und Silberborten, Blett, Drat, Gespinnst, deto Fransen, Spitzen ꝛc. in seiner Boutique, oder offenen Jahrmärkten betretten wurde, diese bedenklich, oder unächt gestempelte Waaren, wie auch, wenn hievon etwas ohne vorher erhollten Paß von Fremden, oder Innländern hereingebracht wurde, ipso facto der Confiscation unterworfen seyn, und bleiben solle; Gestalten Se. Churfürstl. Durchl. Dero Commerciencollegium sowohl, als alle Churf. Mauthämter, und Richter erster Instanz, wie auch alle Policeyobrigkeiten an die unterm 10. Febr. An. 1768. emanierte Stemplungsinstruction wiederholt gnädigst angewiesen haben.

Sammentlichen Gerichts- und Unterobrigkeiten wird demnach hiemit gnädigst aufgetragen, denen in jedem Gerichtsbezirke entlegenen Handelsleuten und Krämern gegenwärtige höchstlandesherrliche Verordnung alsogleich kund machen, und sie zu deren gehorsamsten Befolgung anweisen, auch diese Publication an gewöhnlichen Orten affigiren zu lassen. München, den 29. May Anno 1771.

Ex Commissione Ser. Dn. D. Ducis & Elect. speciali. (L.S.)

Philipp Karl von Delling, Churfürstl. wirkl. Rath, und geheimer Sekretär.

Verzeichniß.

Der guten Gold- und Silberwaaren, welche bey allhiesiger, unter der Direction des Churfürstl. Commercienraths Vacano stehenden Fabrike verfertiget worden, und von auswärtigen Orten ohne Paß herein zu führen, sub pœna Confiscationis, verbothen sind.

N. 1. Bortenwaaren, von allen Gattungen Blett. Item dergleichen Gespinnstborten, oder Borten ohne Blett.

2. Spitze, mit und ohne Blett, auch Resseau mit Seiden.

3. Drat, oder Maßivborten.

4. Band, oder halbe Borten.

5. Kuppelborten mit Gold, oder Silber vermengt, und auch schon verfertigte Kuppeln.

6. Bord d'Espagne, oder Boint d' Espagne.

7. Hutschlingen, oder Schleifen: item mit Borten besetzte Hüte.

Gute Gold- und Silbergespinnste.

8. Grob, und feine Frise, und colorirte.

9. Cordouet, oder Nähegold, und Silber.

10. Stickergespinnste, Stech, oder Sprengzeuge.

Maßivwaaren.

11. Drat, Blett, Flinderl, Bouillons, Ringel und Blatten von unterschiedlicher Gattung, als runde, laub ꝛc.

Knöpfe.

Diese werden von obigen Waaren durch die allhiesigen Knöpfmachermeister verfertiget: so auch die Quasten mit und ohne Krepins.

Bro-

Broderie, oder Stickwerk, wird ebenfalls aus obigen, und meistens aus letztbemerkten Materwaaren verfertiget durch die hiesige Sticker.

Von Sr. churfürstl. Durchl. gnädigst privilegirte Gold- und Silberfabrike in München.

b) Patent: daß das in dem Nordgau und Sulzbachischen von Ausländern erkaufte Hornvieh bey den oberpfälzischen und baierischen Mauthämtern nicht hinaus gelassen, sondern zum innländischen Verkauf angewiesen werden solle. Datirt den 22. Juny 1771.

Es ist zwar unterm 18. May dieß Jahrs in den Churlanden Baiern, und der obern Pfalz, bey dermalig nothdringlichen Zeiten, wegen Auskauf- und Ausgang des Horn- und Klohviehes gegen alle Auswärtige, in keinen Verband stehende oder das jus incolatus nicht gaudirende Ortschaften, und Unterthanen mittels Patent der nothwendige Verboth vorgekehrt: und solcher auch der Churfürstlichen Hofkammer Neuburg zur vereinmäßigen gleichen Ausschreibung in dem Nordgauischen Landsdistrict per Rescript insinuiret worden.

Nachdem man aber die sichere Anzeigen erhalten, daß diese Universalsperr durch einige Churpfälz- Nordgauische Mauthämter unwirksam gemacht, und solcher Orten annoch die Ausführung des Viehes auser Lands, wegen allenfalls noch nicht erhaltener Weisung gestattet werde; als wird den sammentlichen oberpfälzischen und auch an das Nordgau angränzend baierischen Mauthämtern zur Fürsorg gemessenst anbefohlen, daß die Austreibung des Horn- und Klohviehes außer Lands, welches Ausländer auf den Nordgauisch- oder Sulzbachischen Viehmärkten erkaufen, und damit Churpfälzisch- oder Baierische Mauthstationen betretten, keineswegs mehr gestattet; sondern zum innländischen Absatz, und Verkauf angehalten werden sollen. Wornach sich die sammentlichen hinnachstehend Churfürstlichen Mauthämter gehorsamst zu achten: und den jeden Orts incorporirten Beymauthämtern schleunige notification mittels Abschrift zu ertheilen; und gegenwärtiges Patent zu unterschreiben haben. München, den 22. Juny Anno 1771.

Vom Churfürstl. Cammeral- Mauth- Directorio. An die sammentlichen auch Churfl. in der obern Pfalz, und am Nordgau entlegenen Mauthämter also abgangen.

Secret. Krauß.

Artic. III.

AVERTISSEMENT.

Zu Folge einer vom Churfürstlich hochlöblichen Kammeralmauthdirectorium an das Intelligenz-Comtoir unterm 3ten May dieß Jahrs ausgefertigten Ordonanz, werden hiemit alle churbaierische und oberpfälzische Mauthämter bey empfindlicher Ahndung auf die punctuelle Beobachtung des mit Churpfalz abgeschlossenen Vereins alles Ernstes angewiesen, und dabey befohlen, daß bey selben alle ausführende Kammergüter, und zu den Hofgebäuden erfoderliche Materialien reciprocierlich gegen vorzeigenden Certificaten, unhinderlich paßieret werden sollen.

Proclama.

Demnach der Johann Caspar Jacquemond, Pfleg- und Kastenamts- Commißarius zu Teyspach, bereits 6. Wochen lang abwesend ist, ohne zu wissen, ob er noch lebendig, oder tod sey, und an was für einem Orte sich derselbe dermalen befinde; als wird zu Folge der von der Churfürstl. höchsten Stelle anher erfolgten gnädigsten Resolution besagter Caspar Jacquemond mittels gegenwärtigen Proclama dergestalten edictaliter citirt, daß er sich in termino 2. Monathen peremptorie, a dato hodierno an gerechnet, um so gewisser stellen, und warum er das Amt ohne vorläufige Lizenz solang verlassen habe, gebührends verantworten solle, als nach Ablauf obgesetzter Frist selber zu gewärtigen hat, daß das Amt, welches dermalen nur provisorie bestellet ist, für vacant erkläret: sohin statt seiner ein anderer Pfleg- und Kastenamts- Commißarius ernannt werde. Actum München, den 21. Juny 1771.

Churfürstl. Hofkanzley.

Georg Wilhelm Bayr, Churfürstl. Hofraths- Sekretär.

Nutzen und Gebrauch des sächsischen Seifen-Spiritus.

Diese Arzney, welche man dem Publico zum Besten öffentlich bekannt machet, ist von einer hochlöbl. medicinischen Facultät zu Leipzig untersucht, und vermög eines hierüber ertheilten Attestats in sehr vielen Fällen für gut und heilsam befunden worden.

1) Ist dieser Spiritus in allen frischen Wunden, sie kommen von schneiden, stechen, hauen oder reißen her, als ein trefflicher Balsam zu gebrauchen, wenn man sogleich einige Tropfen in die Wunde fließen lässet, und täglich ein- oder zweymal damit fortfähret, dabey auch die Wunde verbunden hält, um sie vor der starken äußern Luft zu verwahren, und nach Beschaffenheit der Umstände und Größe der Wunde zu Compressen oder Charpien appliciret. Dieser Spiritus wird die Wunde in sehr kurzer Zeit gänzlich zuheilen, ohne daß er eine Geschwulst noch Materie zulässet, und von einiger Narbe wird wenig oder nichts zu sehen übrig bleiben.

2) Zertheilet dieser Spiritus alle Arten von Beulen, welche von einem Falle, Stoß oder Schlägen entstehen, wenn man dieselben einigemal damit bestreichet.

3) Ist derselbe bey Quetschungen oder Contusionen zu Zertheilung des extravasirten Blutes von vortreflicher und geschwinder Wirkung, benimmt die Schmerzen, und macht die Theile geschmeidig.

4) Er ist nicht weniger in Verrenkungen sehr dienlich, wenn die kranken Theile nach geschehener Einrenkung fleißig damit frottiret werden.

5) Wenn sich jemand mit Feuer, siedenden Wasser, glühenden Eisen, oder mit andern Feuer ähnlichen Sachen verbrannt hat, und gleich von Anfang mit diesem balsamischen Spiritu den lädirten Theil bestreichet, der bekommt geschwinde Linderung der Schmerzen, und der Schaden wird durch den fortgesetzten Gebrauch ohne Eiterung geheilet.

6) Für die sogenannte Hüneraugen ist dieser Spiritus ebenfalls ein bewährtes Hülfsmittel, wenn man ihn öfters in ein Stückgen Leinwand getröpfelt auflegt, wodurch die harte Haut erweicht wird, und das Hüneraug endlich selbst sammt der Wurzel ohne die geringste schmerzhafte Empfindung heraus genommen werden kann.

7) Wer an Füßen, Händen und Armen langwierige Schmerzen empfindet, oder auch mit dem Krampf beschweret ist, und sonst schwache Glieder hat, dem erzeiget dieser Spiritus, wenn man sich des Tags ein- oder nach den Umständen auch mehrmalen damit frottiret oder reibet, eben so kräftige Hilfe als die mineralische Bäder. Wie er denn überhaupt dem ganzen Leibe sehr zuträglich ist, und ihn überaus stärket, wenn man in einem Bad von ganz gemeinem Flußwasser sich dessen zu gleicher Zeit bedienet, und sich allenthalben damit bestreichet.

8) Für den rauhen Hals thut dieser Spiritus, wenn man davon in Wasser tröpfelt, und sich damit gurgelt, sehr gute Dienste, wie man den auch

9) schon innerlich wider die Blehungen und Verstopfungen sich dessen mit großem Nutzen bedienet hat.

10) Praeservative ist er gleichmäßig für das Podagra anzurathen, wenn man die Beine zur Zeit, als man mit dem Anfall nicht behaftet ist, damit schmieret, oder davon in ein ganz laues Fußbad giesset.

11) Es nimmt auch dieser Spiritus nicht allein alle Unreinigkeiten, Flecken der Haut, und die Fettigkeit in den Schweißlöchern hinweg, woraus die schwarze Puncte und sogenannte Pfeffermaale entstehen, sondern erhält auch die Haut weiß und klar, und verhindert überdas allen Ausschlag und Röthe im Gesicht, wo diese kein Auswurf der Natur sind. Man tröpfelt etwa 30. Tropfen davon in eine Tée-Tasse mit Wasser, und wäschet sich des Abends damit.

12) Ist dieser Spiritus sonst zum waschen sehr dienlich, wenn man auf die benetzten Hände einige Tropfen fallen lässet oder solche nur in das Wasser, womit man sich waschen will, schüttet, wie er dann auch zum Bart einseifen überaus bequem und reinlich

ist,

ist, wenn man in ein Wasserglas zu etwa 100. Tropfen Wasser 8. bis 10. Tropfen von diesem Spiritus giesset, und mit einem Pinsel es wohl schläget, oder untereinander rühret, wodurch das ganze Glas von dem feinsten Seifenschaum angefüllet wird. Das kleinste verpetschierte Gläslein kostet 15. kr. das grössere 30. kr. und also a Proportione. Ist zu haben in München bey Mad. d'. anderin, Churfürstl. Hof-Oel- und Pastel-Mahlerinn, im Titl. Hr. v. Schmadlischen Haus im hintern Stock über 3. Stiegen.

Citatio Edictalis.

Nachdem sich in An. 1769. Georg Ständl, und Johann Gugg beyde Salz-Schärler von Laufen, aus denen 1768. vom alldortig Churfürstl. löbl. Salzfertigeramt dem Andreä Götzinger Rößthaller, und Sebastian Ständl Mauferger ertheilten zweyten Getreidpolleten die Jahrzahl zu radieren, und auf das 1769ste Jahr einzurichten, sohin das alschon behalt beyder Polleten ausgeführte Quantum Korn und Weitzen nochmal Mauth- und Accis frey durchzuschwärzen unterstanden haben; hingegen bis diese Stunde, unerachtet selbe alschon unterm 16. July 1769. von Hauptmauthamtswegen mittels zugeschlossenen Vorladungs-Signaturen weder anhero, minder ad Protocollum zur Verantwortung zu bringen waren. Als wird wiederholten Georg Ständl, und Johann Gugg, in Gemäßheit des vom Churfürstl. hochlöbl. Commercien-Collegium in München unterm 13. Juny Anno dieß anhero erfolgt gnädigsten Befehls, um dieser Causa ein Ende verschaffen zu können, durch gegenwärtig öffentliches Intelligenzblatt ultimato ein Termin a dato an, von 6. Wochen sub pœna præclusi & confessati, damit sich selbe stellen, und deren Verantwortung abgeben können, anberaumet, ausser dessen, und im Unterbleibungsfalle aber nach Verfluß solchen Termins sie nicht nur allein nicht mehr werden angehöret, sondern um die gnädigste Ratificatons-Resolution bey ob präleudirt höchster Stelle unterthänigst erworben werden. Actum den 24. Juny 1771.

Churfl. Hauptmauthamt Burghausen.

Peter Paul Franz v. Böck, Regierungsrath und Hauptmauthner.

Artic. IV.

Münzsachen.

Bey dem allhiesigen Churfürstl. Münzamte ist ein falscher Conventions-Thaler mit dem Churbaierischen- und ein ganzes Kopfstück oder 24ger unter dem Kaiserlich Königlichen Gepräge untersucht worden. Beyde Stücke sind zwar mit einem wenigen Silber versetzt, und lassen sich aus dieser Ursache unter dem Hammer, ohne zu zerspringen, dünne schlagen; jedoch kann solche auch der gemeine Mann ganz wohl von den guten und ächten dergleichen Münzen unterscheiden, wenn er betrachtet, daß der Thaler gar nicht; das Kopfstück aber nur mit der Feile unordentlich gekränzelt; beyde Sorten gegen andere gerechte um vieles zu gering; das Gepräge an der Farbe und an dem Glanze verdächtig, schwarz, unvollkommen, und besonders in den Buchstaben sehr mangelhaft sich zeigen. München, den 17. Juny 1771.

Joseph Decker, Churfürstl. Secret. und General-Wardein.

Artic. V.

Handlungs-Nachrichten.

a) Leipzig den 21. May. Da die Beförderung des innländischen Seidenbaues die Aufmerksamkeit der Leipziger ökonomischen Societät bisher vorzüglich auf sich gezogen und beschäftiget hat, auch die Aufnahme dieser Cultur sowohl aus eigener Ueberzeugung von derselben Vortheilen, als auch in unterthänigster Rucksicht auf die höchste Willensmeynung ihres Durchlauchtigsten Beschützers, noch jetzt für die Gesellschaft ein Hauptgegenstand bleibt; so glaubt dieselbe zur Ermunterung anderer Seidenerbauer etwas beyzutragen, wenn sie hiemit öffentlich bekannt macht: wie die Gesellschaft allen, welche derselben dieses Jahr ihre erzielten gebackenen Coccons verlassen wollen, zwölf Groschen für das Pfund zu bezahlen Willens ist. Es wird zu derer Zufriedenheit gereichen, wenn die Gewißheit einer vortheilhaften Abnahme die Liebhaber des Seidenbaues, besonders die,

wel-

welche nur im Kleinen sich bisher beschäftiget, zu größern Versuchen anreizet.

b) Se. Königl. Preußische Majestät haben in einem zu Potsdam unterm 14. May 1771. ausgefertigten Mandat, zum Besten Dero Landesfabricken, und für das Wohl Dero Unterthanen allergnädigst verordnet, daß der Impost von 8. pro Cent, welcher vorher blos auf das Commercium zwischen Sachsen und Pohlen gelegt ist, künftig und a die publicationis dieser Verordnung, von allen fremden seidenen, wollenen, leinenen, ledernen und andern Fabrikaten, so in Dero Staaten ebenfalls verfertiget werden, nunmehr überhaupt erhoben werden soll, ohne dabey einige Ausnahme der Länder, woher sie gekommen, oder wohin sie gehen, noch in Ansehung des Transportes, dessen man sich bedienet, zu verstatten, damit solchergestalten kein Weg übrig bleibe, wodurch gedachter Impost unterschlagen, vielmehr durch die richtige Erhebung desselben das Gleichgewicht im Commercio wieder hergestellet, und dero Landesfabricken in die Verfassung gesetzt werden mögen, gute Arbeit zu liefern, und den Fremden im Debit nicht nur gleich zukommen, sondern sich den Vorzug durch die Vortheile, so sie den Käufern geben können, zu verschaffen. (Hamb. Add. Comt. Nachrichten 44. Stück.)

c) Von Bielefeld wird berichtet, daß des Königs von Preußen Majestät zur Aufnahme der Handlung und der dortigen Leinwand-Fabricken, den Leinwandhandel jenseits der Weser, folglich in den sämmtlichen königlichen Staaten wieder frey gegeben habe.

Artic. VI.

Vermischte Nachrichten zur Policey.

a) Ueber die in Nro 10. unserer Blätter einverleibte Anfrage einer betagten Person: wie sie ihr gar ansehnliches Vermögen zu einem vor GOtt und Menschen nützlich bleibenden Gebrauch verwenden solle? hat uns ein wohldenkender und rechtschaffener Bürger im Baiern seine Gedanken mitgetheilet. Wir wollen solche nicht allein zum Beweise einrücken, wie sehr sogar auch der gemeine Mann die Verbesserung der Schulanstalten in unsern Gegenden wünscht, sondern auch, wie tüchtig dieser Gegenstand ist, die Mitbürger unsers Vaterlands zu einer rühmlichen Nacheiferung anzufrischen, und das Feuer des Patriotismus in ihnen anzuflammen. Dieser redliche Mann sagt:

Ich bin zwar kein Gelehrter: aber meine Gedanken, welche das wahre Beste des gemeinen Wesens zum Grunde haben, werde ich dennoch eröffnen dörfen. Wie, wenn die Hälfte des Capitals (wovon obige Person in ihren Anfragen redet) auf ein Schulmeister-Seminarium; die andere Hälfte aber auf ein Erziehungs-Institut für Frauenzimmer verwendet würde? Dieses wäre, wie mich deucht, die nützlichste Stiftung für die Wohlfahrt des Staates und seiner Bürger. Zwo Bewegursachen stärken mich in dieser Meynung. Die Früchte einer Erziehungsschule für Frauenzimmer sind eines Theils regelmäßige vernünftige Sitten einer Ehegattin, welche wir bisher bey dem Erziehungswerke mehr gewunschen, als gesehen haben. Andern Theils bilden gute und rechtschaffene Schullehrer die Jugend zu nützlichen und wohlgesitteten Bürgern. Beyde zusammen sind unstreitig der Grund von der Wohlfahrt des Staates, wenn anders wahr ist, daß auch Vater und Mutter zu einer guten Erziehung beytragen müssen. Wie können sie aber ihre Kinder gut erziehen, wenn sie vorher selbst keinen Unterricht von der Erziehung in den Schulen empfangen haben; und wie können sie solchen erlangen, wenn es an tüchtigen und wohlausgebildeten Schullehrern fehlt. Sind wir einmal mit solchen Schullehrern durchaus versehen; so werden sich die Schulen auch bald in bessern Zuständen befinden. Jedermann wird gerne seine Kinder der Erziehung rechtschaffener verständiger Schulhaltern anvertrauen, anstatt, daß solche bisher, zumal von Aeltern des mittel- und höhern Standes, lieber zu Hause von eigenen Informatorn, nicht nach allgemeinen, sondern nach eines jeden besondern Grundsätzen und Eigensinn, sind unterrichtet und erzogen worden, als daß man sie unter die rohe und

angeungesittete Erziehungsart unwissender Schulhalter geben wollte. Auf solche Art, da die öffentlichen Schulen durch den Anwachs der Schüler von vermöglichern und reichern Aeltern, immer mehrers aufnehmen, und die Schulhalter, durch den sich verbesserten Gehalt ihren Fleis vermehren würden, würden wir auch bald wohlgezogene, wohlunterrichtete Bürger haben. Viele dermalige Mängel der menschlichen Gesellschaft werden sich sodann, ohne landesherrliche Gesetze, selber heben. Man wird ungezweifelt als Menschen kennen lernen, und die meisten Elenden und Nothleidenden werden durch ihr eigen vernünftiges Bestreben, oder durch mildes Beyspringen der wahren Menschenfreunden glücklicher seyn. — Wenn im Grunde geholfen ist; wird es sich stückweise gewiß recht gut geben. —

Zum Beyspiele also; wenn wir so glücklich wären, nur einsweil ein Schulmeister-Seminarium in unserer Hauptstadt zu sehen. Welch ein Heil! welch ein hoffnungsvoller Anfang für uns! Es ist sicher, daß unsere Landsleute gute Herzen haben: daß es ihnen aber bisher am nöthigen Unterricht gefehlet, das ist nach der Erfahrung nur allzu wahr. Wenn sich also einer über das gute Herz seiner Brüder erbarmete! — wenn er ihnen den nöthigen Unterricht auf eine wirksame Art verschaffete; welch eine Menschenliebe? welch eine für die ganze Nachkommenschaft ruhmwürdige That! — — — GOtt könnte es zulassen! — Ich selbst wollte zu diesem Ende mit 20 bis 30 tausend fl. ja noch mehr beytragen: gewiß, wenn ichs nur hätte! Und sollte es auch durch den Weg einer Lotterie seyn! es würde löblich heissen!

Gesetzt nun: das Capital wäre wirklich da, und trüge, sicher angelegt, auch sichere und hinlängliche Zinsen: so würde mein Hauptabsehen seyn, eine dergleichen Schulmeisterpflanzschule in der Hauptstadt unsers Vaterlandes aufzurichten, und zwar so, daß, da sie fruchttragende Bäumgen heranziehet, sie zugleich dem Staate auch wirkliche Früchten bringe. Zu diesem Ziele würde ich in 3 oder mehren Quartieren der Stadt ein Haus erwählen, und jedes nach meinem Plane, wie folgt, besetzen.

Jedes Haus hat einen Inspector, Professor, oder auch mehrere nach Nothdurft. Lernende, soviel die Stiftung zugiebt, und die Nothwendigkeit erfodert. Alle 3. Häuser würden von einem Gelehrten nach einerley Plan regieret. Die Lernende würde ich abtheilen in Neulinge, und in bereits sich Uebende. Die Neulinge müßten so lange durch den Professor methodisch unterrichtet werden, bis sie die Professoren, und der darum zu befragende Director für fähig hielte, die Uebung anzutretten. Diese Uebung könnten sie machen mit denen aus dem Stadtquartier täglich zu ihnen in die Schule kommenden bürgerlichen und armen Kindern, theils nach dem empfangenen Unterrichte, theils nach dem Rathe ihres Professors. Die Kinder, weil sie allda nicht blos Lesen oder Schreiben lernen (welches für gemeine Schulen gehört) sondern den Unterricht in andern bürgerlichen Wissenschaften und Amtsingenden erhalten, wenigst die Vermöglichen müßten alle viertel Jahre, jedes etwas gewisses bezahlen, welches der Inspector des Hauses in einer sogenannten Schulcasse richtig zu verrechnen hätte. Davon könnte man den ärmern Neulingen Kleidung schaffen; den fleißig sich Uebenden etwas gewisses zu einer Verehrung mittheilen; niemal aber etwas gewisses als eine Belohnung aussprechen; das übrige wird zurück behalten, bis auf weitern Gebrauch. Die Uebenden jungen Lehrer müßten eine gewisse Zeit aushalten, und zwar so, daß sie stundenweise, oder halbtäglich in dem Unterrichten abwechselten, bis sie genugsame Fertigkeit hierinn erlanget hätten, um auf eine ledig gewordene Schullehrersstelle hinaus tretten zu können. Wäre nun diese Stelle erträglich genug; so wären sie versorgt. Sollte es aber seyn, daß sie wegen Mangel der Kinder, oder sonst schlechten Einkommen sich nicht so leicht forthelfen könnten; sonst aber gute Aufführung und Dienste im Pflanzhause gemachet hätten; so könnte man ihnen aus der Schulkasse um so mehr jährlich mit etwas gewissen beyspringen, als diese bey guter Ordnung und durch mildthätige Hände sich immer vermehren würde.

Die Professoren hätten eine jährliche Besoldung, je nachdem es die Stiftung trüge, und ihr Amt wäre, die Seminaristen, worunter auch vorzüglich junge Geistliche seyn könnten, methodisch zu unterrichten, und den Unterricht der Lehrenden zu regieren. Der Inspector würde eben dergleichen haben; und dafür Einname und Ausgabe besorgen, die Oekonomie führen, und gute Ordnung und Ruhe erhalten müssen. Diesem könnte man eine Zulage geben, sonderbar, wenn die Oekonomie stark wäre. Alle würden Speise und Trank aus der Stiftung erhalten. Der Director, als die Hauptperson, dessen Amt sowohl die wirthschaftlichen, als die Unterrichtssachen wären, könnte einen höhern Gehalt haben. Alle müßten ledig bleiben, bis auf den Director, welcher sodann nicht verbunden wäre, in ihrem Hause zu wohnen. Sollte eine Schulmeistersstelle ledig werden: so könnten auch die Professoren sowohl, als die Lehrenden hinaus heurathen. Wenn sie aber für sich übel wählten; sollte es ihr eigener Schaden seyn, zumal, wenn sie sich etwa mit einer ehrlichen Besoldung nichts ersparet hätten. rc.

Dieses wäre kürzlich mein Entwurf. Und wenn er mit allen Regeln ordentlich erschiene; und mit etlichen 60000 fl. Capital zu 4. vom hundert unterstützet wäre; könnte er wohl gar ausgeführet werden.

Eine Erziehungsschule für Frauenzimmer, wäre eben auch keine unmögliche Sache. Doch, ich will mein Project zurück halten, und erst warten, bis das obige ausgeführet werden wird. o

o Jetzt wäre nichts bessers, als wenn die Gedanken nicht zollfrey wären.— Wir meynten so, mittlerweil bis die Summa von 60000 fl. zusammen käme, könnten auch die Lehrer und Seminaristen gleichwohl zu einem gestandenen Alter kommen. Denn mit Kindern allein ist nichts anzufangen. —

Soviel die Schule junger Frauenzimmer betrift, glaubt Alphest: es könnten die armen Töchterlein sowohl vom Stande und Adel als gemeinen Bürgersleuten, in die Frauenklöster zur Verpflegung und Unterricht vertheilt werden. Oder, sie sollten ihnen gesammter Hand ein ganzes Kloster mit allen Einkünften einraumen: weil dem glücklichen Staat, der auf die Bevölkerung soviel hält, von 300 wohlerzogenen, hauswirthschaftlichen, arbeitsamen, heurathmäßigen Jungfrauen mehr gelegen ist: als an 300 solchen Geschöpfen, die keinen Mann mehr erkennen. Diese Behauptung muß man aber dem guten Alphest nicht übel nehmen, weil er meynet, der Stand der Arbeiter und frommen Burgersfrauen, die die Welt erhalten, haben einen so geraden Weg zum Himmelreich, als die lateinischen Betherinnen: die kein deutsches Hemd machen können. —

b) Koppenhagen den 7. May. Alle Kirchhöfe sind auf königlichen Befehl mit Steinen besetzt, und in öffentliche Plätze verwandelt, hingegen den Todten die Plätze außer der Stadt zu ihrer künftigen Ruhestatt angewiesen worden. Eine Verordnung, welche gleich vielen andern dieses Monarchen einer allgemeinen Nachahmung würdig ist. o

o Außer, man könnte beweisen, daß der Geruch und Dampf der Todten, den Lebendigen mitten in den Städten ihrer Gesundheit fürträglich sey. —

Artic. VII.

Landwirthschafts = Sachen.

a) Beschluß der Geschichte der Kohlraupen.

17. Aus dem 13 §. ist zu ersehen, daß die gelblichten sehr häufig im Sommer herumfliegenden Schmetterlinge die Brut der Raupen ansetzen. Sie fliegen in alle Gärten, und fliehen die Gegenwart der Menschen nicht so leicht. Auf diese geht man los, und sucht sie auf allerhand Art umzubringen. Man kann ihnen leicht beykommen, weil sie so bald nicht entfliehen, und jedermann wird Kunstgriffe genug ausfindig machen können, sie zu erhaschen. Um aber das Gemüs nicht zu zerschlagen, kann man sich immer ein Netz, welches ungefähr die Größe eines Hutkopfes hat, und über einen Drat, oder auch einen hölzernen Reif locker gespannet wird, an einem Stocke in Bereitschaft halten, um die Schmetterlinge

ge damit zu decken. Eine Scheibe von Leinwande kann eben diese Dienste thun, weil ihre Schönheit so gros nicht ist, daß man sich viel Mühe geben sollte, dieselben unversehrt zu erwischen. Mit leichter Mühe kann man deren täglich wenigstens 20 fangen. Darunter wollen wir 10 Weibchen rechnen. Wenn jedes 80 Eyer hätte legen sollen, so wäre eine Brut von 800 Raupen in 20 Schmetterlingen verstöret worden. Man kann aber sicher zählen, daß von 20 Schmetterlingen, Männchen und Weibchen, mehr als 1000 Raupen entspringen.

18. Kömmt jemanden die Schmetterlingsjagd zu schwer an, oder findet er nicht Zeit genug dazu; so giebt man sich an ihre Eyer, welche unschwer ausfindig zu machen sind. Die Schmetterlinge verrathen ihr Nest selber; denn wenn sie sich auf das unbeblümte Kraut setzen, so findet man nach ihrem Abfluge mehrentheils Eyer an den Blättern. Will man aber darauf nicht warten; so kann man die Untersuchung nach Belieben anstellen. Ein einziger Mann, ja ein Kind ist zu dieser Arbeit genug. Man nimmt ein Stück vor, und hebt an jedem Stocke die Blätter, eins nach dem andern in die Höhe, und wenn sich ein oder auch mehrere Nester der (13 §.) beschriebenen Eyer daran befinden, so fallen sie gleich in die Augen. Diese werden mit dem Blattstücke, woran sie hangen, ausgebrochen, in ein Geschirr, welches man zu dem Ende bey sich hat, geworfen und verbrennet. Man darf sich aber nicht darauf verlassen, daß man sie mit Füßen zertretten wollte. Es könnten etliche unverletzt unter die Erde verscharret und da ausgebrütet werden. Wenn man diese Arbeit so lang fortsetzet, als man Schmetterlinge herumfliegen sieht, so wird man erstaunen, mit welcher Leichtigkeit man einer so unzahlbaren Menge Raupen vorgekommen ist. Es ist aber leicht zu begreifen, daß diese Arbeit von guter Wirkung sey: denn die Eyer kriechen nicht fort, wie die Raupen. Man braucht derowegen auf seine Gefangene nicht Acht zu geben. Eine einzige Ablese der Eyer thut mehr, als wenn man 8 Tage Raupen gelesen hätte. Denn man setze, es seyn auf einem Stocke 6 bis 7 Nester, jedes von 80 Eyern (man findet auch öfters mehrere darauf). In Zeit von einer halben Minute lassen diese sich gemächlich ausbrechen, und alsdann hat man eben so viel gethan, als wenn man 420 bis 480 Raupen gesammelt hätte. Wie viel Zeit braucht man aber nicht 400 Raupen zusammen zu bringen, die einen unerträglichen Gestank verursachen, und noch dabey auf die Erde fallen, wenn man sie nur anrühret?

19. Aus dem 7 §. erhellet, daß die Raupen nach ihrer Ersättigung an Wänden, Mauren, Stöcken und Bäumen hinaufsteigen, sich daran hangen, und zu unbeweglichen Puppen werden. Eben daraus kostet es wenig Mühe, und Einsicht, zu begreifen, daß dieser Puppenstand auch ein leichtes und kräftiges Mittel an die Hand gebe, die Vertilgung dieses Ungeziefers zu bewerkstelligen. Es ist keine Mühe dabey, und besteht darinn, daß man von der Zeit an, da die Raupen sich verpuppet haben (welches schon im September anfängt, und bis in den November fortdauert), die Puppen fleißig aufsuche, und zerquetsche. Dabey braucht man nichts zu versäumen, da man den ganzen Winter dazu nehmen kann. Es braucht auch nicht viel Nachsuchens, weil die Puppen ganz blos an der Wand hangen. Manchmal kriechen sie zwar in grosse Ritzen, aber doch so, daß es nicht schwer ist sie zu finden. Die einzige Beschwerniß dabey ist, daß die Puppen oft so hoch hangen, daß man ihnen kaum beykommen kann. In diesem Falle kann man sich langer Stangen bedienen und sie damit zerdrücken. Die Zerstörung der Puppen hat die nämliche Vortheile, wie das Eyerlesen, mit diesem Unterschiede, daß man beym Eyerlesen die Raupen um ein Jahr früher verstöret. Will man den Raupen mit allem Ernste zusetzen; so kann man sich aller dieser Mittel bedienen, und wenn jeder Nachbar die Hand an das Werk leget; so wird dieses Ungeziefer allgemach und unfehlbar gänzlich vertilget werden, welches ich mir zum Zwecke dieser Abhandlung vorgesetzet habe.

b) Der Grabenpflug, eine noch sehr unbekannte Maschine, erfodert billig, daß sie dem Publico angezeiget werde. Man ersparet

durch

durch denselben viele Mühe und Zeitverlust. Die Nothwendigkeit, Gräben an Land- und Nebenstrassen, an Wiesen, Aeckern, Wein- und andern Gärten, und an mehrern Orten zu Ableitung des schädlichen Wassers anzulegen, ist bekannt. Alle diese zu verschiedenen Endzwecken dienende Gräben, so bisher allein durch Menschenhände gemacht werden mußten, erfodern zu viel Zeit, und zu viel Arbeit. Durch diesen Grabenpflug aber, der wie ein anderer Pflug gebraucht wird, und welchen jeder Ackersmann leicht beurtheilen kann, ist man im Stande, in einem langen Sommertage bis hundert Ruthen auszupflügen. Die ausgepflügte Erde, die unmöglich nach der Tiefe des Grabens, alle selbst durch den Pflug aus dem Graben geworfen werden kann, wird durch einen Gehülfen, der hinter dem Pflug hergehet, herausgeschaufelt. Das Model ist im Wiener Kunst- und Realzeitungs-Comtoir zu sehen, und wird Liebhabern zum Verkauf für 1. fl. 30. kr. überlassen.

Ein Mittel wider die Entzündungen an den Augen.

Man nimmt das Weiße vom Ey, thut Campher und Zucker darein, und schlägt es in einer zinnernen Schüssel, bis es schäumt, und legt davon auf die kranken Augen. Der geschickte Doctor Steller hat dieses Mittel eigentlich für Augen erfunden, die durch das im Frühjahre vom Schnee zurückgeworfene Sonnenlicht roth und schwach geworden, er versichert aber, daß es ein gutes sicheres Mittel sey, die Augen mögen schwach und roth geworden seyn, wovon sie wollen.

Artic. VIII.

Von neugelaenen gelehrten Sachen, wissen wir dermal gar nichts anzuzeigen. Alles ruhet: und es scheinet, als ob die meisten Gelehrten in der Mause wären. — Die Pressen haben gleichwol vollauf: Proclamate, Monathheilige, und alte Kalender: und somit ist die gelehrte Welt jezo schon beschlagen. — Freylich, wissen wir nicht alles, was in entfernten Orten geschieht: die Journale sind über die meisten Piecen nicht einig. Und anderer Orten, wo das Denken zwar noch nicht gar verbothen, ist es wenigst immer rathsam, nichts zu schreiben. —

Damit uns aber dieses Fach doch nicht immer leer stehe: so holen wir etwas neues, und vielleicht etwas angenehmes aus Wien: In der Ghelischen Buchhandlung wird gegen das Ende des Juny eine neue Monathschrift herauskommen, unter dem Titel: Ergözungen für müßige Stunden. Jedes Stück derselben soll 8. Bogen ausmachen, und viele Originale, und Uebersetzungen aus den besten Schriftstellern der Fremden, besonders Franzosen enthalten, die wir im deutschen noch nicht haben. Fast in jedem wird ein Drama stehen. Die zu Wien aufgeführten deutschen Schauspiele werden angezeigt und beurtheilt werden, auch finden alle Gattungen der Gelehrsamkeit, Künste und schönen Wissenschaften Platz darinn. Gedichte werden nicht häufig seyn, aber doch soll kein Stück ohne ein Paar erscheinen. Beyträge werden mit Dank angenommen. Ein Stück kostet einzeln 24. kr. der ganze Jahrgang aber 4. fl. 16. kr.

Artic. IX.

Merkwürdigkeiten.

1) Wir haben in Nro 10. von der Nuzbarkeit der Landwirthschaftsbücher geredet, und versprochen, Beyträge zu liefern, die in dieses Fach gehören; die dem gesellschaftlichen Leben der Menschen Ehre bringen, oder ihm in der Nachahmung nützlich seyn können: wie folgende Geschichte eben eine solche ist.

Zu Traunstein war ein Bürger, Namens Leonhard Lnz ein Kupferschmied: der lebte sehr ordentlich; Er stand alle Tage durchs ganze Jahr um 4. Uhr Morgens auf, und gieng um 9. Uhr Nachts zu Bette; aß zu Mittag und Abends seine ordinare Kost; trank Mittags eine halbe- und Abends eine ganze Maaß braun Bier: mehr aber niemal; und wenn ihn weiter dürstete, so nahm er Wasser. —— Die lezten 10 Jahre trank er des Tags ein Quart Wein und frisch Wasser dazu. Täglich war er der erste in der Werkstatt, und der lezte daraus.

Er-

Arbeitete bis in das 97te Jahr seines Alters, und noch den letzten Tag, als er Anno 1768. am Vorabend Mariä Lichtmeß starb. Er hatte 4. nacheinander gefolgte Ehefrauen, mit denen er 35. Kinder erzeugte. Die letzte Frau mit 28. Jahren nahm er im 82. Jahre seines Alters: und erzeugte noch einen Sohn und drey Töchter, die eben noch im Leben sind. Er war ein guter Christ, liebte besonders die Tugenden der ehelichen Keuschheit der Mäßigkeit, und die Arbeit: als der beste Grund zu einem langen, und beglückten Leben. o

o Nicht wahr? wir haben von der gesitteten Lebensart dieses braven Burgers noch sehr viel zu lernen: besonders die 3. bürgerlichen Standestugenden eines ehrbaren gesitteten Lebenswandel, der Arbeit, der Mäßigkeit, der ehelichen Keuschheit. Denn wir finden die Proben in der heil. Schrift, in der Naturlehre, und in der Erfahrung selbst, daß die Arbeit, Beschäftig- oder Bewegung des Körpers, so gar die Vergiessung des Schweißes in der Arbeit dem Körper die behörige Ausdünstung verschaffe: deren Unterbleibung dem Menschen sonst so viele Krankheiten gebähret; daß die Mäßigkeit in Speis und Trank auf die Gesundheit des Menschen dermassen wirke, daß er, wie man zu reden pflegt, Doctor und Bader dabey ersparen kann: wie es die wälsche Kur, und besonders Cornaro bestättiget, der fast alle Kranken mit der Diät und mit dem Fasten kurirte; daß endlich die eheliche Keuschheit ein sicheres Mittel zu Erlangung des Ehesegens sey, wie wir es an unbemittelten, armen, mäßigen, arbeitsamen und gottseligen Eheleuten sehen, die die gröste Anzahl der Kinder, und zumal Kinder von Gesundheit haben; wo hingegen der ausschweifende Theil der Menschen, wie man es aus der Erfahrung weis, mit gesunden Kindern nicht so gesegnet ist. Wir reden in genere; weil die Wirkung nie grösser seyn kann, als die Ursache. —

b) Zu London wurden neulich die beyden Staatsgefangenen der Lord Major und Aldermann Oliver mit grosen Ceremonien aus dem Tower abgeholet, und nach dem Mansionhause gebracht, weil ihr Arrest ein Ende hatte. Zu erst kam eine Compagnie Artilleristen; dann folgte eine Compagnie von der Stadt-Miliz, mit fliegenden Fahnen und klingendem Spiele; die Scherifs; die Domestiquen des Lord Majors, in ihrer Staats-Livree; der Lord Major selbst in seiner Staatskutsche, mit 6. prächtig geputzten Schimmeln bespannt: Aldermann Oliver bey ihm. Hinter ihm folgten mehr als 200. Karossen; die Rathsherren in ihren Amtskleidungen, vor welchen sich der Stadtmarschall zu Pferde befand. Alle Glocken in der Stadt wurden geläutet, und die Kanonen gelöset. Das Volk jubilierte; die ganze Stadt ward des Nachts illuminiret, und denen, die ihre Häuser nicht beleuchteten, wurden die Fenster eingeworfen. Sonst hielt sich das Volk ruhig. —

o Welch ein Ruhm für die Patrioten! — Uns ist diese Ehre nicht wiederfahren. — —

c) Amberg den 17. Juny. Verflossenen 17. May hat eine allhier gebürtige, 20. Jahr alte, schöne und wackere bürgerliche Schuhmachers Tochter, von Landshut hieher nach Hause reisend, weil sie keine Dienste bekommen, aus Unmuth über ihr Schicksal, auf dem Wege unweit Mallspach einen 9. jährigen Knaben mit ihrem Taschenmesser einen Stich beym linken Ohr, und an der Seite zwischen den Rippen versetzet, sodann mit einem in den Hals eingedreheten Tüchel jämmerlich erstickt. Sie hat ihre böse That sogleich allhier selbst angezeigt, und um ihr Urtheil gebethen, welches sie vor 3. Tagen auch erhalten. Sie war wohl auf, lachte, und sang frölich in diesen Umständen. Heute ist sie mit dem Schwerd hingerichtet worden. Im Ausführen hat sie ihren Bruder noch freudig angelacht. Denn sie war bis ans Ende unerschrocken. — o

o) So geht es! wenn bey gemeinen Kindern die Erziehung fehlt. Auch Erwachsene, wenn sie in ihrer Jugend von einer gesunden Moral nichts gehöret haben, können in traurigen Umständen die Tröstungen, welche das Christenthum und die Sittenlehre darbeut, nicht empfinden: sie wissen sich durch eine vernünftige Ueberlegung nicht zu helfen; die Gedult mangelt ihnen; und dann überrascht sie die Verzweiflung, welcher sie sich gänzlich überlassen: wie man dergleichen traurige Beyspiele aus der Erfahrung mehrerweis. Wie billig ist also der Wunsch, daß der Jugend schon bey Zeiten die Moral mit allem möglichen Fleiße eingeflößet werde! damit sie sich in ihrem Leben bey aufstossenden widrigen Verhängnissen und Trangsalen gegen die Schwermuth verwahren, und einen Zuflucht sort wissen mögen, wo sie Tröstungen herhollen können. —

d) Beyspiele, von der Menschenliebe ersonnen, und nach der Lehre JEsu ausgeübet, verdienen es allemal, zur weitern Nachahmung angerühmt zu werden. Nichts angenehmers kann uns vorkommen, als wenn wir von einem thätigen Mitleiden gegen unsern Nächsten zur Ehre unsers Christenthums, auch in betrübten Zeiten, herrliche Proben aufweisen, und andern zur Erbauung etwas nützliches sagen können. Es ist wahr, die Tadelsucht hat viele Herzen vergiftet, daß sie wenigst sehr geneigt sind, von dem Nächsten übel zu sprechen. Es giebt eine Art Menschen, die sich um so viele Grade weiser und gelehrter dünken, als andere, je mehr sie kühn seyn dürfen, ihren Geifer sogar wider die ehrwürdige Geistlichkeit auszuspeyen; gleich als ob ihnen das Privilegium, dreuste zu schmählen, und stets zu reformiren, einen Ruhm beylegte. Nun diese Fledermäuse, welche um den Kirchenthurm so hoch herum fliegen, werden noch lange keine Adler, welche die Sonne vertragen können. Also läßt man sie aus ihren Löchern schreyen. —

Wir haben zu Beschämung dieser kleinen Schmäkgeister, heute die frohe Gelegenheit, das Lob eines grosen Fürsten des Reichs, nämlich Sr. Churfürstl. Durchlaucht, Unsers herzlich geliebtesten Landesvaters selbst, nachzusprechen, welches Höchstdieselbe der Gesellschaft JEsu gesprochen, als Sie ihre gnädigste Zufriedenheit über das mildthätige Bezeigen dieser hochehrwürdigen Societät, sowohl gegen die Armen, als gegen die bedürftigen Unterthanen in jetzigen harten Zeiten in den gnädigsten Ausdrückungen zu erkennen gaben. Hier folget die getreue Copie der Aussertigung.

Maximilian Joseph, Churfürst ꝛc.

U. G. zuvor, würdiger und hochgelehrter, lieber Getreuer! wir haben aus einem von eurem Verwalter zu Ebersperg den 14. currentis anher erstatteten Bericht unter andern auch jene mehrmalig- und ansehnliche Aushilfe von Getreid ersehen, welches ihr euren dortigen Unterthanen habt austheilen lassen. Dieses rühmliche Beyspiel, und die von euch bey gegenwärtig-calamitosen Umständen in mehrweg gegebene Merkmaale der Auferbäulichkeit und Liebe des Nebenmenschen haben in uns eben so vieles Wohlgefallen erwecket, als gerne wir seheten, daß auch von andern Communitäten und Hofmarksinnhabern diesem Exempel ebenfalls nachgefolgt, und ihre nothleidende Unterthanen nicht hilflos gelassen werden möchten. Sind euch anbey mit Gnaden. München den 22. Juny 1771.

Von der Churfürstl. höchstpreislich geheimen Hofcomißion.

An das Collegium Soc. Jesu allhier also abgegangen.

o Wir wissen es auch, daß das Collegium dieser Gesellschaft allhier, ohne das täglich bey der Porten reichende Allmosen, noch besonders täglich 50. Arme in Häusern verpflegt.

Preise von allerley Victualien und Getreide wie sie im Monath Juny in der obern Pfalz gestanden.

Namen der Städt u. Märkt.	Menat.	Ochsenfleisch		Rindfleisch		Kalbfleisch		12. Eyer	Waizen Bier		Braun Bier		1 Pfund Schmalz	Semmel 1 Kr.		Ein Laib gut Roggen-Brod um	wiegt			Mittlerer Getreid-Preis. Waiz Schäf		Korn Schäf		Gerst. Schäf		Hab. Schäf	
	den	kr	pf	kr	pf	kr	pf	kr	kr	pf	kr	pf	kr	L.	Q.	kr	Pf.	L.	Q.	fl.	kr	fl	kr	fl.	kr	fl.	kr
Auerbach.	9		2	2	2	4	—	30	4	—	3	—	12	9	—	12	4	1	—	14	—	14	—	11	—	5	—
Wernau.	15		2	4	—	4	—	36	—	—	2	2	12	4	—	12	2	24	—	20	—	16	—	13	30	6	40
Kemnath.																											
Nabburg.	15	6	—		2	5	—	30	—	—	3	—	20	4	—	6	1	—	—	—	—	—	—	—	—	—	—
Türschenreuth.																											
Waidhausen.	22	5	2	4	2	4	2	30	—	—	2	2	18	4	2	—	—	—	—	16	—	16	—	12	—	8	—
Waldmünchen.	17	6	—	5	3	5	—	24	—	—	4	—	20	2	4	—	—	—	—	—	—	—	—	—	—	—	—

Pro Nota. Dieses gegenwärtigen und nachfolgenden Artikels halber wird hiemit angemerkt, daß die hierinn ausgesetzten Venalienpreise keineswegs als obrigkeitliche Sätze und Taxen der Feilschaften angesehen werden müssen; indeme die Käufe und Verkäufe nur, wie sie sich an den Markttagen von selbst anbegeben, zusammengetragen und bekannt gemacht werden. (195)

Preise von allerley Victualien und Getreide, wie sie in nachstehenden Tagen waren.

Namen der Städt u. Märkt	Juni.	Ochsen-Fleisch		Rinder-Fleisch		Kalb-Fleisch		Schaaf-Fleisch		[illegible]	Weizen-Bier		Braun-Bier		[illegible]	1 kr. Semel wiegt		ein Laib gut Roggen-Brod um	wiegt			Mittlere Getreid-Preis. Weiz Schäf		Korn Schäf		Gerst Schäf		Hab. Schä.	
	T.	kr	pf	kr	pf	kr	pf	kr	pf	fl.	kr	pf	kr	pf	kr	lo	qu	kr.	tt.	lo	qu	fl.	kr	fl.	kr	fl.	kr	fl.	kr
Aibach	8	6	—	6	2	6	2	—	—	21	4	2	3	3	26	—	—	—	—	—	—	—	—	—	—	—	—	—	—
Aichach	18	7	—	6	—	7	—	6	—	18	4	3	4	—	20	—	—	—	—	—	—	19	—	17	—	11	—	5	45
Aibling																													
Abensperg	4	7	2	6	—	7	—	—	—	24	4	1	3	3	18	—	—	—	—	—	—	—	—	—	—	—	—	—	—
Braunau																													
Boburg	4	—	—	6	—	5	2	—	—	30	4	3	3	3	16	4	—	4	1	4	—	17	—	15	—	10	—	6	—
Camm	1	—	—	6	—	5	—	—	—	30	4	—	4	—	20	—	—	12	1	4	—	—	—	—	—	—	—	—	—
Craiburg	8	6	2	6	—	5	—	—	—	30	5	—	3	3	16	3	1	5	1	2	—	—	—	—	—	—	—	—	—
Dachau																													
Deggendorf	8	6	—	5	1	4	—	—	—	27	4	1	3	3	13	2	1	5	—	12	—	16	—	14	—	9	—	5	30
Dietfurth	10	8	2	6	2	6	2	—	—	18	4	2	3	3	24	3	—	12	1	16	—	—	—	—	—	—	—	—	—
Dingolfing																													
Dorfen																													
Erding	18	7	—	6	2	6	—	5	—	24	5	1	3	3	18	3	—	5	1	8	1	18	—	16	—	10	—	6	—
Freising																													
Friedberg	13	7	—	6	2	7	—	—	—	18	5	—	4	—	23	—	—	—	—	—	—	18	—	16	—	10	—	5	30
Fridburg																													
Geisenfeld	1	7	2	6	—	9	2	—	—	18	4	1	3	3	18	—	—	—	—	—	—	—	—	—	—	—	—	—	—
Kelheim																													
Kötzting	8	5	2	4	2	5	—	—	—	30	4	2	4	—	15	2	2	12	2	16	—	27	—	24	—	23	—	8	—
Landau																													
Landsperg	7	8	—	7	—	7	—	6	—	18	5	—	4	—	22	—	—	—	—	—	—	—	—	—	—	—	—	—	—
Marquartstein																													
Mühldorf																													
Mainburg																													
Mosburg																													
Neuenötting																													
Neumarkt	7	6	2	6	—	5	2	—	—	18	4	—	3	3	16	5	—	1	—	6	1	16	—	14	—	9	—	5	30
Neustadt																													
Passau	14	5	—	4	2	5	—	—	—	24	4	—	4	—	19	2	—	12	3	—	—	—	—	—	—	—	—	—	—
Pfaffenhofen																													
Pfarrkirchen																													
Plärling																													
Reichenhall	16	6	—	5	2	5	—	4	—	17	5	—	4	1	21	3	—	—	—	—	—	—	—	—	—	—	—	—	—
Regenspurg	26	7	2	6	2	10	—	—	—	12	3	1	3	1	26	4	—	12	2	28	—	—	—	—	—	—	—	—	—
Rhain																													
Ried	4	6	—	5	2	5	—	—	—	36	5	2	4	—	20	4	2	12	2	3	—	18	—	16	—	8	—	5	30
Rosenheim	10	6	2	5	2	4	2	—	—	24	5	1	4	—	16	—	—	—	—	—	—	—	—	—	—	—	—	—	—
Rottenburg	2	7	2	6	2	6	—	5	2	24	4	2	3	3	17	3	—	4	—	16	—	17	—	15	—	10	—	6	—
Schärding																													
Schongau	11	7	—	6	—	6	—	—	—	18	—	—	4	—	22	2	1	—	—	—	—	36	—	—	—	—	—	—	—
Schrobenhausen																													
Stadt am Hof																													
Tölz	2	7	—	6	1	5	—	5	—	27	5	2	4	—	16	—	—	—	—	—	—	22	—	20	—	13	—	6	45
Traunstein	9	5	3	5	1	4	2	—	—	18	4	2	4	—	19	—	—	—	—	—	—	—	—	—	—	—	—	—	—
Trosperg	5	—	—	6	—	5	—	—	—	36	5	—	4	—	16	—	—	—	—	—	—	16	—	14	—	9	—		45
Vilshofen	5		1	5	2	4	2	—	—	27	4	—	4	—	20	3	2	10	2	16	—	—	—	—	—	—	—	—	—
Wasserburg	12	7	—	6	—	6	—	—	—	24	4	2	4	—	16	—	—	—	—	—	—	—	—	—	—	—	—	—	—
Weilheim																													
Zwisl	8	5	2	5	—	4	—	—	—	24	4	—	4	—	19	2	—	12	2	—	—	37	—	37	—	—	—	—	—

 Preise von allerley Venalien und Victualien, wie sie im Monath Juny gestanden.

Venalien und Victualien.	Zahl Maß u. Gewicht.	München d. 28. Juny.			Landshut d. 15. Juny.			Straubing d. 14. Juny.			Burghaus. d. 21. Juny.			Ingolstadt. d. 15. Juny			Amberg d. 15. Juny.		
		fl.	kr.	d.	fl.	kr.	d.	fl.	kr.	d.	fl.	kr.	d.	fl.	kr.	d.	fl.	kr.	d.
Waizen mittler Preis.	1. Schäf.	21	—	—	17	—	—	—	—	—	—	—	—	—	20	—	—	—	—
Korn mittlere Preis.	1. Schäf.	19	—	—	15	—	—	—	—	—	—	—	—	—	-	—	—	—	—
Gersten mittlere Pr.	1. Schäf.	—	—	—	10	—	—	—	—	—	—	—	—	—	—	—	—	—	—
Haber. 7. Metzen.	1. Schäf.	—	—	—	6	—	—	—	—	—	—	—	—	—	—	—	—	—	—
Semmelmehl.	1. Metz.	3	44	—	4	48	—	5	30	—	3	30	—	6	—	—	—	—	—
Ordin. Waitzenmehl.	1. Metz.	3	12	—	4	16	—	5	—	—	3	10	—	4	30	—	3	40	—
Roggenausschlag.	1. Metz.	3	—	—	2	24	—	—	—	—	3	—	—	—	—	—	—	—	—
Ordin. Roggenmehl.	1. Metz.	3	—	—	1	36	—	—	—	—	2	50	—	—	—	—	2	40	—
Ochsenfleisch.	1. Pfund.	—	7	2	—	7	2	—	6	3	—	6	1	—	8	—	—	6	—
Rindfleisch.	1. Pfund.	—	6	2	—	6	—	—	6	2	—	5	3	—	7	—	—	6	—
Kalbfleisch.	1. Pfund.	—	6	—	—	6	2	—	5	2	—	5	1	—	7	.	—	6	—
Schaffleisch.	1. Pfund.	—	6	—	—	—	—	—	5	—	—	—	—	—	—	—	—	—	—
Schweinfleisch.	1. Pfund.	—	8	—	—	9	—	—	—	—	—	7	—	—	10	—	—	7	—
Gänse.	1. Stuck.	—	50	—	—	—	—	—	36	—	—	—	—	—	40	—	—	30	—
Enten.	1. Stuck.	—	30	—	—	—	—	—	24	—	—	—	—	—	24	—	—	—	—
Kapaun oder Koppen.	1. Stuck.	—	—	—	—	—	—	—	—	—	—	32	—	—	—	—	—	—	—
Hennen.	1. Stuck.	—	15	—	—	18	—	—	18	—	—	15	—	—	18	—	—	15	—
Junge Hünner.	1. Paar.	—	26	—	—	24	—	—	30	—	—	16	—	—	24	—	—	—	—
Hechten.	1. Pfund.	—	36	—	—	24	—	—	20	—	—	22	—	—	18	—	—	16	—
Karpfen.	1. Pfund.	—	16	—	—	15	—	—	12	—	—	15	—	—	13	—	—	8	—
Schmalz.	1. Pfund.	—	17	—	—	18	—	—	17	—	—	17	—	—	19		—	20	—
Butter.	1. Pfund.	—	16	—	—	18	—	—	18	—	—	14	—	—	16	—	—	16	—
Eyer.	50. St.	—	40	—	—	24	2	—	28	—	—	20	—	—	40	—	—	28	—
Weiß-Weitzenbier.	1. Maaß.	—	4	3	—	5		—	4	—	—	4	1	—	4	1	—	3	2
Braunbier.	1. Maaß.	—	6	—	—	4	1	—	4	—	—	4	—	—	4		—	4	—
Bierbrandwein.	1. Maaß.	—	15	—	—	24	—	—	20	—	—	16	—	—	20	—	—	24	—
Baumöhl.	1. Pfund.	—	24	—	—	22	—	—	24	—	—	22	—	—	24	—	—	24	—
Leinöhl.	1. Pfund.	—	16	—	—	16	—	—	18	—	—	14	—	—	16	—	—	16	—
Unschlittausgeschmolz.	1. Centn.	25	—	—	28	20	—	24	—	—	22	—	—	30	—	—	15	—	—
Unschlittkerzen.	1. Pfund.	—	17	—	—	17	—	—	15	—	—	15	—	—	17	—	—	12	—
Der. Baumwolltacht.	1. Pfund.	—	20	—	—	18	—	—	—	—	—	16	—	—	24	—	—	—	—
Seife.	1. Pfund.	—	14	—	—	16	—	—	14	—	—	14	—	—	14	—	—	18	—
Salz.	1. Metz.	1	36	—	1	32	—	1	30	—	1	2	—	1	30	—	2	—	—
Jede Kl. zu 36. sch. im □ Scheidl. 3½. sch. – Buchenholz.	1. Klaft.	4	30	—	5	30	—	7	—	—	4	—	—	4	15	—	—	—	—
Eichenholz.	1. Klaft.	4	—	—	—	—	—	—	—	—	—	—	—	—	—	—	—	—	—
Birkenholz.	1. Klaft.	3	30	—	4	45	—	6	—	—	—	—	—	—	—	—	—	—	—
Feichtenholz.	1. Klaft.	3	—	—	3	20	—	4	30	—	2	24	—	3	—	—	3	30	—

	München			Landshut			Straubing			Burghaus.			Ingolstadt.			Amberg		
	tt.	lo.	qu.	tt.	lo.	qu.	tt.	lo.	qu.	tt.	lo.	qu.	tt.	lo.	qu.	tt.	lo.	qu.
Ein Kreutzer Semmelbrod wiegt.	—	4	—	—	—	—	—	—	—	—	4	—	—	4		—	4	3
Ein 4. Kreutzerleib. Weißrogg.	—	31	2	—	—	—	—	—	—	—	28	—	—	—	—	—	—	—
Ein 5. Kreutzerleib.	—	—	—	—	—	—	—	—	—	—	—	—	—	—	—	—	—	—
Ein 6. Kreutzerleib.	—	—	—	—	—	—	—	—	—	1	11	—	—	—	—	—	—	—
Ein 8. Kreutzerleib.	1	31	—	—	—	—	—	—	—	—	—	—	—	—	—	—	—	—
Ein 12. Kreutzerleib, Hausbrod.	—	—	—	—	—	—	—	—	—	—	—	—	—	—	—	3	2	—

Nota. Die Lücken hierin? — — — — sehet ihr sie? — —

Nichts ist, was alle Kraft so sehr der Wahrheit raubt,
Als wenn man nie erforscht, und gleichwohl immer glaubt.
Das Vorurtheil hör' auf, die Wahrheit zu bekriegen,
Wenn es dir wahrer Ernst, — dem Irrthum abzusiegen.
der Philosoph Cap. 1.

Churbaierisches Intelligenzblatt

Num. XVI.

München den 13. July 1771.

Artic. I.

a) General-Verboth, daß von den Gericht- und Kastenämtischen Amtleuten bey der Haberfuttersammlung auf so unverschämte als gewissenlose Art kein hartes Getreid, statt des Habers, eingefodert werden solle, betreffend. Datirt den 19. Juny 1771.

Maximilian Joseph, Churfürst ꝛc.

L. G. Nachdem bey Uns vorgekommen, daß einige von Unsern Gericht- und Kastenamtischen Amtleuten keinen Scheu tragen, bey der Haberfuttersammlung von den Unterthanen, anstatt Haber hartes Getreid, als Waizen, Korn, oder Gersten ungebührlich an sich zu bringen, dieses aber ohnehin eine verbothene Sache ist, und Wir den Amtleuten, eine andere, als die blosse Habersammlung, wo solche von Alters herkommen ist, niemalen gestatten werden.

Als befehlen Wir hiemit gnädigst, jedoch ernstlich, daß ihr diesen Unfug in dem gnädigst euch anvertrauten Gerichtsdistrict alsogleich abstellen, diese Unsere gnädigste Resolution den untergebenen Amtleuten publiciren, und hierüber ein Protocoll abhalten, sodann solches von allen Amtleuten unterschreiben lassen sollet. Und, damit sich sowohl diese, als auch die zum Dienst kommende Amtleute, mit der Unwissenheit sich nicht entschuldigen mögen, und können; so habt ihr einen jeden antretenden Amtmann dieses Unser gnädigstes Verboth kund zu machen, und darüber das abgehaltene Protocoll (wie oben gesagt) unterschreiben, sofort derley Protocolla einsweilen ad Registraturam nehmen zu lassen, damit bey vorkommend dergleichen Excessen, dessen ihr euch genau zu erkundigen, und die Unterthanen zu examiniren habt, mit der Cassation sodann ohne weiters verfahren werden könne.

Dessen Wir Uns gnädigst versehen. München, den 19. Juny Anno 1771.

Von der Churfürstlichen Hofkammer, an die sammentlichen Gericht- und Kastenämter, dann übrigen Rentämtern also abgegangen.

Artic. V.

Handlungs-Nachrichten.

a) Die engländischen Handlungs-Nachrichten geben, daß die Schiffe aus China die gewöhnliche Quantität Seidenwaaren dießmal nicht mitgebracht haben. Eine Nachricht, welche manche Kaufleute zu wichtigen Speculationen veranlassen wird.

Die Ueberbalanz der englischen Handlung mit Ostindien ist, nach gemeiner Berechnung 1000000. L. St. für Ostindien. —

b) Sulzbach den 17. Juny. Vermög einer Regierungs-Verordnung vom heutigen dato, ist der Austrieb und die außer Lands Verkaufung der Schweine sowohl, als des Horn- und Schaafviehes, es sey gemästet oder ungemästet, bey Vermeidung der wirklichen Confiscation, und mit Vorbehalt schwerer Bestrafung, jedoch mit ausdrücklicher Ausnahme der im Verein stehenden gesammten Churbaierischen und Nordgauischen Landen, gänzlich verbothen.

Artic. VI.

Nachrichten für die Policey.

a) Kopenhagen den 31ten May. Da die Beamten, welche Rechnung zu geben haben, derselben Eingebung zu gesetzter Zeit versäumt, und lange verzögert haben; so ist nun eine Verordnung herausgekommen, dahin gehend, daß ein Beamter für einen Monath Verzug über die gesetzte Zeit 4. Reichsthaler, für 2. Monath 16. Reichsthaler, für 3. Monath 32. Reichsthaler, und sofort bis auf 6. Monath immer verdoppelt Strafe bezahlen, und wenn die Rechnung auch dann noch nicht fertig seyn sollte, ohne weiters seines Amtes entsetzet werden solle. — Ein gutes Mittel gegen saumselige Rechnunggeber. o

o Ob darauf gehalten wird? — freylich. — In Dännemark ist die Cameral-Policey zu Hause. Habt ihr, meine Herren! vermeynt, sie sitzt in den Gärten? — schmauset. — gähnet, oder zankt, jammert und klagt? — geht spazieren, — o nein! da müßte die Policey wieder eine Policey haben: so kostbar ist sie nicht in der Regie. —

b) Ein anders von Kopenhagen den 15. Juny. Nach den vom Stadtmagistrate getroffenen ernsten Verfügungen, muß theils in den Magazinen, theils bey den Bäcken, zu Anfange des Novembermonaths eines jeden Jahres ein Vorrath von wenigstens 25000. Tonnen Getreide befindlich seyn. Es sind auch die Unkosten bey Erlangung des Bürgerrechts herunter gesetzt worden: um tüchtige, obgleich unbemittelte Profeßionisten als fleißige geschickte Bürger zu sehen. o

o — — Die Anmerkung? — Ey! machet sie nur selber. — — Ihr seyd alt genug dazu! —

c) Sulzbach den 17. Juny. Im hiesigen Herzogthum sind von der Churfürstlichen Regierung durch ein Generalmandat vom 14. Juny, die vorhin ergangenen Landesfürstlichen den Reichsconstitutionen und Gesätzen gleichförmigen Verordnungen wiederholet, und dahin erneuert worden, daß fürohin sich Niemand weiters erkühnen solle, in den Wirthshäusern, oder andern Zusammenkünften, wo es auch immer seyn und geschehen möge, wider ein- oder die andere Religion sich mit schimpflichen und verächtlichen Worten zu vergehen, und gehäßige Discurse und Reden zu treiben, bey Vermeidung hundert Reichsthaler Geldbuße oder bey Unvermöglichen vorzunehmender arbitrarischen Leibesstrafe.

d) Noch eins von Kopenhagen den 22. Juny. Unter den 13. dieses Monaths ist eine königliche Verordnung erschienen, nach welcher hinführo denen, welche außer der Ehe zusammen Kinder zeugen, sowohl die Erlegung der Brüche, als auch alle andere im Gesetze darauf verordnet gewesene Strafe erlassen wird, indem dieses oft die Aeltern hindere und außer Stand bringe, die Pflichten zu erfüllen, welche sie ihren Kindern schuldig wären. Es soll auch, eben dieser Verordnung zufolge, bey vorgefallenem Ehebruch niemanden, als dem da-

dadurch beeinträchtigten Ehegatten erlaubt seyn, die Sache bey den Gerichten anhängig zu machen. o

o Dionysius sagt, es wäre besser, das Laster und nicht das Vermögen zu strafen; weil dem Staate an 10. vermöglichen Bürgern mehr gelegen ist, als an 100 magern Richtern, die die Gesetze aus Menschenliebe fressen, und sich bey der Gerechtigkeit vom christlichem Eifer fette mästen. — In- oder ausserhalb Protocoll? — Ey! was versteht Dionysius an dem Protocoll. —

e) Dank sey es der Vorsicht, welche dem Wunsche der Patrioten eins zulächelt, und ihnen Balsam für das Herz sendet. Wir schreyen und schreiben schon im 5ten Jahre von der Nutzbarkeit wohleingerichteter Trivial- Real- und Landschulen, und von deren Nothwendigkeit für den Staat. —

Wir schliefen sanft. — Ein Traumbild zeigte uns im ewigen Schweigen das finstere Chaos: und ganz unten herum taumelte das lärmende Geschlecht der geschäftigen Menschen.— Endlich zertheilten sich die düstern Wolken; der Himel heiterte sich auf; und der Tempel der Weisheit öffnete seine goldenen Thore. — Ein Herold, der Weisheit Abgesandter, mit göttlichem Glanze umgeben, rufte zu dem frommen Volke, welches Patrioten bewachen, mit einer schöpferischen Macht: **Es werde Licht!** — Verstand soll mit Erkenntniß der Wahrheit leuchten. — Die Unwissenden, die Irrenden sollen auf den rechten Weg der Tugend gebracht: — die Armen, die Vaterlosen Waisen in die Arme sorgender Väter übergeben: — Der Nackete und unverschämte Bethler vom Müßiggange zur Arbeit herüber gefodert: — und die schlafenden Felder am fruchtbaren Morgen aufgeweckt werden. — Heil dir, gesegnetes Vaterland! Heil dem Volke, Heil deinem Fürsten! Freude und Glückseligkeit wohne bey dir! — Die freudenvolle Scene erscholl in Lobgesängern: und wir erwachten. —

Kurz darauf kam uns die freudige Bothschaft: das wir nachstehendes Avertissement unsern Blättern einverleiben, und ein landnützlich Institut (dem wir Segen, Gedeyhen und guten Succeß wünschen) bekannt machen sollen, dessen Besorgung wahren Vätern der Armen anvertrauet ist: und wo es sich gründlich hoffen läßt, daß es eine Manufaktur, ein Werk von Dauer seyn werde; weil es unter keiner weitläuftigen zwiseliten administration, sondern in vesten Privathänden stehet, die es zu souteniren wissen. —

AVERTISSEMENT.

Se. Churfürstliche Durchläucht in Baiern, unser allerseits gnädigster Herr Herr! haben die so betrübte, als gemein schädliche Folgen des fast allgemein werdenden, je länger, je mehr anwachsenden Bethels, und abscheulichen Müßiggangs, zugleich auch die ursprünglichen Quellen dieses Staatverderblichen Wesens mehr allzuviel eingesehen, so in der Hauptsach der schlechten, und sorglosen Erziehung der Jugend und derselben Angewehnung zum Betheln mit Beyseitsetz- oder Verabscheuung aller Arten, der jedem Alter angemeßnen Arbeiten, oder verdienstlichen Beschäftigungen einzig zuzuschreiben, und als die Wurzel dieses so sehr überhand genomenen und fast nicht mehr, oder mit grossen Schwürigkeiten auszurottenden, und vertilgenden Unkrauts anzusehen ist.

Um nun dieses eingewurzelte Uebel hinkünftig in der ersten Quelle abzuzapfen; und die davon erzieglend heilsamen Früchten mit der Zeit im Lande weiters zu verbreiten, haben höchst ernannt Se. Churfürstlichen Durchläucht einer im Lande ansessigen associrten Compagnie das gnädigste Privilegium, und hierinnen die landsherrliche Concession, unter verheissener Churmildester Protection, und Manutenenz zu ertheilen geruhet, eine Real-Landschul anzurichten, und dieses Institut zu Höpberg, unweit Ingolstadt dergestalt auf ewige Weltzeiten zu stabliren, daß dortselbst hinfüro für beständig nach churfürstlich gnädigster Disposition eine Anzahl von zweyhundert in den churfürstlichen Staaten gebohrenen Kinder von 7. bis 14. jährigen Alter, halb männ- und halb weiblichen Geschlechts, so verlassen, und Armuth halber sonst dem Bethel und Müßiggang nachhangen, folglich dem Publico zur Last fallen würden, sowohl

wohl in die Institutmäßige Verpfleg- und Unterhaltung ohne einig anderweiten Entgeld, außer des von Sr. Churfürstlichen Durchlaucht hierzu von dem Landschuß-Beytrag gnädigst gewidmeten jährlichen Fonds, aufgenommen, und in christlicher Zucht gehalten, als in der Christen- und Sittenlehre, dann im Lesen, Schreiben, und Rechnen täglich unterrichtet: zugleich auch an die ihrem Alter angemeßne Arbeit, als zum Spinnen, Zwirnen, Nähen, Stricken, Bändel- und Florwirken angehalten, minder nicht zum Ackerbau, Viehzucht, Schäfer- und Gärtnerey, Hopfenbau, und überhaupts zu der Landwirthschaft verwendet, und so auch diese Kinder nach ihrer Fähigkeit, und Neigung zu gemeinen Handthierungen, als da sind Maurer, und Zimmerleuthe, Schuster, Leinweber, Florwürker, Loderer, Zeugmacher, Strumpfstricker, und dergleichen auf Kosten des Instituts befördert, folglich bey Zeiten ihr Brod selbst zu gewinnen in Stand gesetzt, und bey so beschaffenen Instituts-Austritt mit ehrlich und anständiger Kleidung versehen werden sollen, wobey noch sonderheitlich Se. Churfürstliche Durchlaucht gnädigst resolvirt haben, allen Kindern, welche in dieser Realschule sind, die allenfalsige maculas novitatis für allzeit aus Höchstlandesherrlicher Authorität in Kraft des ertheilten Concessions-Instruments in höchsten Gnaden nachzusehen, und solche ohne Ausnahme pro legitimatis zu declariren, also, und dergestalten, daß zu keiner Zeit einem bey diesem Institute erzogenen Kinde von seiner Geburt-wegen einigen Vorwurf, oder Hinderung bey einem Handwerk zu machen jemand gestattet, und eben so wenig auch die Institut-Werkmeister, durch Handwerksartikel eingeschrenkt werden sollen, wie viel sie von diesem Instituts-Kindern zu gleicher Zeit in ihre Lehr einnehmen dörfen; gestalten Se. Churfürstliche Durchlaucht, was hierinnfalls die Handwerker ansonsten statuiren, dem Institut zum Besten, soviel die aus demselben zu Handwerkern anzudingende Kinder betrift, von Landsherrschaftswegen aufgehoben wissen wollen. Diese landsväterliche preiswürdige Fürsorge nun, wird dem Publico mit dem Anhange gegenwärtig kund gemacht, daß auch seiner Zeit die Realschul-Institutis norma zu jedermanns Wissenschaft mitgetheilt, und, wenn dergleichen Kinder ihre Lehr-Jahre erstrecken, und zum Gebrauch des Publici hergestellet seyn werden, diese mittels des Intelligenzblatts bey Zeiten mit Angezeige ihrer Fähigkeit, und des Gebrauchs bekannt gemacht werden sollen, um sich deren nach Gefallen und Belieben zu nützlichen Diensten vorzüglich bedienen zu können. Signat. in Intimo den 20. Juny 1771.

Artic. VII.

Landwirthschafts-Sachen.

Oekonomische Vorschläge.

a) Wider den Brand im Weitzen ist ein gewisses Mittel, wenn man ungelöschten kleinen Kalch nimmt, und zwar auf zwölf Metzen Weiz 1. Metzen, mithin den 12. Theil Kalch. Diesen thut man in ein Schaf, giesset Fluß- oder Brunnenwasser daran, und rührt solches durcheinander, daß es ein starkes Kalchwasser wird. Sodann schittet man den zur Aussaat bestimmten Weitzen darein, so, daß das Wasser darüber schlaget. Etlich 20. bis 30. Stunden läßt man solches in einander stehen, binnen welcher Zeit der Weizen 4. bis 5. mal umgerühret werden muß, damit er sich nicht vest setze. Hernach wird der Weizen herausgenommen, auseinander gerichtet, und getrocknet, bis dieser zum Aussäen tauglich ist.

b) Wider die sogenannten Schlupschnecken, welches ein schädliches Ungeziefer ist, und die sich nur in Feldern, die naß und feucht, oder grasigt sind, aufhalten, ist nichts bessers, als daß man das Feld ein, oder zweymal öfters ackere, als sonsten, wodurch kein Gras im Felde bleibet, mithin die Schnecken keine Nahrung haben, sondern matt werden, und crepiren. Kommen aber die Schnecken von einem anliegenden Rangen oder Wiesen, in ein schon angesäetes Feld; so nimm ungelöschten kleinen Kalch, und säe solchen ungefehr 2. Finger breit, und ein halben Zoll hoch oder dick um das Feld, so gehet kein Schneck darüber. Oder nimm von rauhen Sommerweizen oder Gersten die Spitzen, so im Dreschen abfallen, und säe es auf die vorbeschriebene Art neben dem Felde herum,

wel-

welches die Schnecken flieht, und von dem Uebergang in das Feld abhält. Dann die Erfahrung hat gelehret, daß die von den Schnecken abgefressenen Früchten niemals mehr nachgewachsen, sondern von dem zurückgelassenen Schleim verfaulet sind.

c) Um den Brand im Korn zu verhüten, soll kein sicherers Mittel seyn, als solches Korn zu säen, das zwey Jahre alt ist.

d) Um den Nachtpapillon zu vertreiben, aus dessen Eyer die schädlichsten Raupen für die Gärten hervorkommen, so muß man während der Nacht helles Feuer in den Gärten anmachen. Die Schmetterlinge stürzen da hinein und verbrennen sich.

e) Wenn man ein Spargelbett mit Gerberlohe 2. bis 3. Finger hoch vor dem Winter bedeckt, und im Frühling Sand darüber ausbreitet, so wird man sehr frühe Spargel haben.

f) Die Raupen muß ein fleißiger Gärtner gleich nach Abgang des Schnees anfangen mit der Raupscheere, oder dem Raupeisen, so an leichte Stangen genagelt ist, mit den Aesten abzuwerfen, und die spinnwebichten Blätter auf das genaueste abzuwickeln. Sodenn müßen sie sorgfältig zusammen geleset und verbrennet werden. Denn sofern man solche im Grase liegen läßt, würden die Raupen eben sowohl von der Sonnenhitze, als an den Bäumen ausgebrütet, und den Bäumen eben der Schaden zugefüget werden, als wenn sie noch an den Aesten hiengen. Wie es nun höchst nöthig ist, die Obstbäume von diesen schädlichen Gästen zu säubern, eben so müssen auch dieselben von den angränzenden Hecken und Stauden abgebrochen, und alle Winkel in dem Garten von dem Geschmeiße gereiniget werden, damit den fruchtbaren Bäumen kein Schaden zuwachse.

g) Durch die ämsigen Bemühungen der Landwirthschaftsgesellschaft zu Altenötting erhalten wir immer die nützlichsten Versuche zum besten der Landwirthschaft und der Haushaltungskunst. Und wie es unser Beruf ist, alle in dieses Fach gehörige nützliche Erfindungen angemein, und dem Landmanne bekannt zu machen: so liefern wir nun auch einen von einem Mitgliede derselben angestellten, und an uns eingesendeten

Wohlgerathenen Versuch.

Die wilden Kastanien nach und nach mit grossem Vortheil in der Hauswirthschaft benutzen zu können.

Schon selbst die Bäume, welche die wilden Kastanien tragen, sind gar nützliche Bäume, weil sie geschwinde wachsen, einen sichern Schatten gegen die Sonne geben, einen leichten Regen nicht durchfallen lassen, und das Auge vergnügen, besonders, wenn sie in geraden Linien gepflanzet werden. Ihre Frucht ist zwar bisher wegen ihrer scharfen Bitterkeit nicht geachtet, und in unsern Gegenden zu einem nützlichen Gebrauche für untüchtig gehalten worden. Allein, diesen wilden Kastanien durch eine Auswässerung das bittere Corrosiv zu benehmen, und also diese zur Fütterung für das Vieh gebrauchen zu können, ist eben keine neue Erfindung mehr. Es schreibet hievon Wilhelm Ellis, (a) so auch ein Anonymus; (b) ingleichen das Forstmagazin; (c) auch so viel ich mich erinnere H. D. Erhart in dem Anhange zu des Loniari neu aufgelegten Kräuter-Buche.

Nun

(a) Erbauung des Zimmerholzes S. 122. wird angerathen, die Kastanien in ungelöschten Kalk, oder in Kreide, oder auch in alten Zucker zu legen, so dann 3. Tage in einem Fluß zu wässern. Nota. In Kalk, macht die Frucht gelb, und das Mehl wird gern säuerlich und nicht schön weiß.

(b) Sammlung ökonomischer Nachrichten, wie der Holzwachs zu befördern S. 231. Ist eine Lauge von Kalk und Asche vorgeschlagen. Nota. Nur probiert, es geht fast wie mit obiger Beiz.

(c) Forstmagazin, B. 3. S. 98. die obige Lauge: und soll man die Kastanien darinn kochen. Nota. Viel Glück auf diese Art, ein taugliches Mehl zu erhalten!

Nun mag es seyn, daß diese Versuche der Auswässerung nicht nach Wunsch ausgeschlagen, oder durch wohlfeile Zeiten in Vergessenheit gekommen, oder auch durch Nachläßigkeit nicht allgemein eingeführet worden sind; indem man nicht vernimmt, daß man die wilden Kastanien sammle, und mit Vortheil, wie es seyn kann, benutze.

Das würdige Mitglied der Churbaierischen Landwirthschaftsgesellschaft zu Altenötting, der kunstreiche Herr Wißger zu Amberg in der obern Pfalz, hat bey dermaligen Getreid klemmen Zeiten die Versuche mit den wilden Kastanien wiederum erneuert, (d) und es hat ihm auch geglücket, aus den frischen Kastanien ein feines Mehl zuzubereiten: welches ohne Eckel und Schaden der Gesundheit genoßen; auch zu Haarbuder, Weberschlicht ꝛc. sehr tauglich, (e) und was sich nicht zum Mehl gemachet, als ein taugliches Viehfutter verwendet werden kann.

Bey diesem Vernehmen wünschte ich mir, sogleich wilde Kastanien bey Handen zu haben, um einen weitern Versuch anstellen zu können. Und zu meinem innigsten Vergnügen, bekam ich den 12. May abhin 2000. Stück vom allhiesigen Schloßhausmeister, welcher solche über Winters aufbehalten hatte. (f) Diese mehrentheils ausgedörrte (g) und den Winter öfters erfrorne Kastanien, von welchen die Schaalen nicht abzubringen waren, zerschnitte ich in Stücke, (h) warf sie über Nachts in frisches Wasser und des anderten Tags ließen sich solche gut schälen.

Alle obige Stücke werden klein zerstoßen, an der Luft und Sonnen wohl abgedörret, (i) sodann auf einer Mühle gemahlen: (k) Wo ich dann aus 25. Pfund Kastanien 16 $\frac{1}{2}$ tt. Mehl bekam; und zwar 12. Pfund feines, 4. Pfund mitteres, und $\frac{1}{2}$ tt. Kleyen-Mehl.

Dieses Mehl brachte ich jedes in einem besondern Zober (l) und unter jedes Pfund mischte ich 4. Loth Salz, gab frisches Wasser daran, doch so, daß das Wasser nur 2. Finger hoch über dem Mehl zu stehen kam. Und in diesem Stande, mit öfteren Umrühren, wurde es 24. Stunden belassen.

Nach

(d) Churbaierisches Intelligenzblatt vom Jahre 1771. Nro. 5. Art. VII. S. 63. und Nro. 7. S. 83. Nota. Eine wohl ausgedachte ordinare Wässerung, welche derjenigen viel beykommet, die in den ökonomischen Sammlungen, wie der Holzwachs zu befördern, S. 231. zu lesen: allwo die Kastanien grün geschälet, verschiedenemal im frischen Wasser ausgewässert, hernach in einem hölzernen Mörser zerstossen, und durch ein Haarsieb gezwänget worden.

(e) Im Forstmagazin B. 12. S. 351. werden die wilden Kastanien zu Papp und Kleister für Buchbinder und Sattler anempfohlen.

(f) Obiger Hausmeister hat eine Kuhe, welche schon in das 4te Jahr Winters hindurch mehren Theils mit wilden Kastanien, wie diese von dem Baum abgefallen, gefüttert wird. Sie behaltet guten Leib, giebt starke Milch, und ist frisch und gesund hieben. Herbstzeit aber, wenn diese Kuhe unter den Bäumen die Kastanien selbst gesucht, und davon viele gefressen; so hat sie stark gesoffen, und ist ihr ein gelber Schleim durch die Nase und aus den Augen geronnen, die Augen auch ganz gelb geworden. Dessen unerachtet war die Kuh frisch und gesund.

(g) Wenn die Kastanien vor Frost bewahret bleiben: möchte das Mehl schöner und schmackhafter werden. Künftig hievon eine gewisse Anzeige!

(h) Viele Kastanien, können in einem Trog zerstossen werden.

(i) Scharfe Trocknung auf warmen Oefen, oder in Backöfen, bringt keinen Nutzen; das Mehl wird nicht fein, und das Corrosiv geht nicht gerne hinweg.

(k) Die Mühle muß rein geputzt seyn, sonst kommt Unrath unter das Mehl, wie mir geschehen. Daher mein schwarzes Mehl in Stücken nicht fein geworden.

(l) Neue Zober dörfen nicht genommen werden, das Mehl erhaltet hievon einen Holzgeschmack. Und in eichenen Zobern wird das Mehl braun, wenn die Zober noch neu und nicht wohl ausgebrühet sind.

Nach Verfluß obiger 24. Stunden, goß ich das Wasser gemach ab, gab frisches, so viel nur im Zober gieng, darauf, (m) rührte es öfters um; und so blieb es wiederum 24. Stunden stehen. Diese nämliche Arbeit wurde 3. Tage wiederhollet.

Des vierten Tages wässerte ich alle 12. Stunden, und dieses in so lange, bis ich ersah, daß das Wasser hell und klar über der Masa stunde, (n) welches in 7. Tagen geschah, und das Corrosiv aus dem Mehle entgangen war.

Nun spannte ich grobe Tücher über andere Zober, ließ das Wasser von dem Mehle ab: und den noch nassen Bodensatz brachte ich auf die Tücher, damit alle Feuchtigkeit absitzen konnte.

Da nun das Mehl zu trocknen begann, und sich von den Tüchern abschälte, brachte ich dieses auf Bretter, (o) zerschnitt es in kleine Stücke, und ließ es mit öftern umwenden an der Sonne (p) trocknen.

Hier ist also die wahrhafte Beschreibung meiner dießfalls unternommenen Arbeit, und wie diese ausgefallen, geben die angefügten Proben.

Nro. 1. Fein Mehl in Stücken (q)
Nro. 2. deto zerrieben.
Nro. 3. Grob Mehl in Stücken.
Nro. 4. deto zerrieben.

Die Vortheile meines Versuchs beruhen gegen diejenigen, welche Herr Wißger gemacht, darinnen, daß man nicht nöthig hat in Herbstzeiten, da es ohnehin annoch grünes Futter für das Viehe giebt, mit dem Auspressen der frischen Kastanien sich zu beschäftigen; sondern daß man auch die Früchten aufheben, solche zu gelegener Zeit und zwar nach und nach benutzen; welches aber bey dem Auspressen so gut nicht seyn kann, und einiger Abfall versäuren und verderben muß.

Nun entstehet die Frage, ob es sich wohl der Mühe lohne, eine Einsammlung der Kastanien anzustellen, und diese zu Mehl herzurichten? Allerdings und zwar deswegen, indem derjenige der viele Kastanienbäume hat, die Hälfte seines Getreides in Ersparung bringen kann, das er sonst jährlich in seine Hauswirthschaft verwendet hat.

Denn 1mo. Und welches meines Wissens noch nicht in Vorschlag gekommen ist, giebt das Kastanienmehl ein gutes Brod, wenn es mit anderen Mehl untermischet und gebacken wird. Mitkommende Proben beweisen es.

Nro. 1. Bestehet aus ein Theil Kastanien, und ein Theil Weizen-Mehl. Nota. Hat ein Pfund solchen Gemisches 42. Loth Brod gegeben.

Nro. 2. Haltet 2. Theil Kastanien und einen Theil Roggenmehl. Nota. 1. Pfund dieses Mehls gab 36. Loth Brod: und ist von mir zum Vieh- und Geflügelfutter bestimmt.

2do.

(m) Zober, in welchen vieles Mehl angesetzt wird, müßen ein Loch über den Mehl bekommen, damit man das Wasser sachte kann ablaufen lassen. Durch einen Bierheber kann man dieses auch bewirken.

(n) Das feine Mehl giebt kein recht klares Wasser: wenn es also blaulicht und oben rein sich zeiget, ist die Wässerung nicht weiters nöthig. Auch die 2. ersten Abgußwasser kann man zum Wäsch auswaschen benutzen: man erspart die halbe Seife. Es ist also gegründet, was in Feharts Pflanzen Historie B. 10. S. 195. hievon zu ersehen.

(o) Die Bretter dörfen zum Abdorren nicht von eichen Holz seyn: es bräunen diese das Mehl. Mir ist es bey dem schwarzen Mehl also ergangen.

(p) Gemachsam abdorren ist das Beste. Das Mehl wird feiner und lasset sich besser zerreiben, als wenn dieses auf einer Wärme getrocknet wird. Es verliert das Mehl auch mehrers von seiner Strenge.

(q) Zum Backen und verfüttern dörfen die Stücke nicht geklärt oder zerrieben werden: in Wasser gelegt, lösen sich diese von selbst auf. Daß ein ausgepreßtes Mehl aber feiner, härter und weißer ausfallet, als ein gemahlenes; will ich hier nur noch anmerken.

2do. Das Getreid, welches sonsten zur Fütterung und Mastung verwendet worden, hebt sich durch das Kastanienmehl auf: oder wird nur der 4te Theil des sonstigen Gebrauchs nebenbey vermästet. (r)

3tio. Kommt auch die Abgabe des sonstigen Getreides für das Geflügel in Ersparung. Ein Brod von Kastanien, mit etwas wenigen Hausmehl gebacken, oder ein dickes Mus gesotten, und dem Geflügel gegeben, füttert und fettet dieses ungemein gut. (s)

Diese bemeldete 3. Stücke, vermeyne ich, sind schon genug, die wilden Kastanien, deren fast jährlich zu haben sind, in besseren als bisherigen Werth zu halten: da diese in der Hauswirthschaft Dienste leisten, welche man Dienste von grosser Wichtigkeit nennen kann.

Und es sey der Fall gesetzt: verzärtelten Mäulern möchte dieses Brod nicht schmecken, da es eine kleine Strenge und eine wenige Bittere hat: (t) so bleibet dennoch das Kastanienmehl in seinem Werthe, und zum Gebrauche, wie gedacht worden.

Alles dieses ist recht! Aber die Mühwaltung das Mehl herzurichten, wird die Kunst versalzen und das Mehl in hohen Werth setzen! Nein! 3. Centner sind fast so leicht herzustellen, als 3. Pfund. Und Personen, die schwere Arbeit nicht befolgen können, können diese verrichten, und nebenbey noch spinnen, oder sonsten häuslicher Arbeit abwarten. Die Hauptmühe bestehet im Einsammlen und schälen der Kastanien. Ackern, rühren, felgen, säen, schneiden, aufsammen, Dreschen, und das Getreid butzen, braucht solches etwa wenigere Mühe? —

Sollten, wie zu verhoffen stehet, die bisher verworfenen wilden Kastanien gesucht werden; so wäre es mir nichts unmögliches, solches Verfügen anzuzeigen, wie einer fürstlichen Kammer, wo nicht ein beträchtliches, dennoch ein gewissermassen einträgliches Gefäll zugehen könne und müsse. Wann, wie, und auf was für eine Art und Weise, behalte ich mir bis auf jene Zeit zu entdecken bevor, wo mir Anleitung gegeben wird, von dem Anbau, und der Verpflanzung der wilden Kastanienbäume mein Wissen hierunter eröffnen zu können.

Donaustauf den 21. Juny 1771.

von Heppe.

(r) Die Pflanzenhistorie B. 10. S. 151. sagt: es ist in neuern Zeiten dahin gekommen, daß man die Kastanien nicht mehr so verächtlich hält: dann nicht nur weis man sie sehr wohl zur Viehmastung zuzurichten, sondern auch statt der Seife zum Waschen zu gebrauchen.

(s) Sammlung ökonomischer Nachrichten, wie der Holzbau zu befördern S. 231. stehet: Kastanien geben für das Federvieh ein sehr nährendes Futter.

(t) Alle Bittere den Kastanien zu benehmen, ist fast unmöglich: schädlich aber kann solche nicht seyn. Es weiset sich an des Hausmeisters Kuh.

Nota. Wunderbar ist es, daß im Backen das Kastanienmehl mehrers Corrosiv wiederum zeiget, als in dem Mehle vermerkt wird. Wenn dieses zu heben möglich wäre, würde es eine ungemein gute Sache seyn. Vielleicht mag die Reise der Früchten hierzu vieles beytragen, daß die Bittere nicht vergehen mag.

Artic. VIII.

Von gelehrten Sachen.

München, bey der katechetischen Bibliothek unter dem Titel des goldenen Almosen vom Herl. Joh. Bapt. ist zu haben: die Zierde der Jugend; von Pater Mathias Schönberg der Gesellschaft Jesu. Mit Genehmhaltung des Churfürstlichen Bücher-Censur-Collegiums. in 8vo mit prächtigen Figuren. *

* Was ist das längste Leben, das wir selbst in der blühenden Gesundheit wünschen können? — was sonst, als ein Leben voller Furcht: bald für unsere Feinde, bald für jusz. Freunde

de — öfter aber für uns selbst. — Denn es ist das menschliche Herz sehr geschickt dazu, eine Neigung zu rechtfertigen, welche die Vernunft, wenn sie befragt würde, nicht zu geben kann. So spricht der Moral-Philosoph. — Allein! in diesem schönen, feinbearbeiteten, und wohlgerathenen Werke, findet man wohl einen Reichthum der auserlesensten Gedanken, der besten Grundsätze, der vortreflichsten Lehren, besonders für Jünglinge. — Diese werden gleich in dem Motto zu lesen bekommen: Die Keuschheit ist die Heldentugend des jungen Alters, und eine der ersten Pflichten des ehrlichen Mannes. Wir wünschen, des grosen Nutzenswegen, den diese höchstnöthigen Lehren zur Besserung des Herzens verschaffen, daß so ein artiges Buch auch in den Händen aller Frauenzimmer seyn möchte: wahrhaftig: sie würden es mit Vergnügen durchsehen. — Denn es heißt gleich beym Eintritt in diesen Rosengarten: die Schönheit ist ein Vorzug des jungen Alters: wie der anmüthige und lachende Frühling. — Also gebet acht ihr Schönen, daß ihr nicht in mitte des Tags, wie eine zarte Blume verwelket. — — Die nach Schönheit sich sehnende Jugend vergesse ja nicht, daß sie eben so keusch sey, als sie schön zu seyn verlange, denn die Keuschheit gewähret vorzüglich eine lang anhaltende Schönheit. — Wenn junge Leute keusch sind, so zieret sie diese Tugend allein mehr, als alle übrige; denn sie ist die reine Quelle vieler andern Standestugenden. Dagegen wenn junge Leute nicht keusch sind, so verderbt an ihnen auch diese Untugend allein, schon alles übrige.

Der Herr Verfasser, der die Irrgänge des Menschenherzens sehr wohl kennet: bedienet sich nicht allein der Bilder, durch Beyspiele zu lehren, sondern auch einer sehr nachdrücklichen Sprache der Wahrheit. — Er siehet den Schaden nur allzu gut ein, der in der verdorbenen Jugend vielmal zum größten Betrübniß der Aeltern, heut zu Tage sichtbar wird. Er bestreitet die schleichenden Uebel, und warnet, daß junge Leute, die Blühte ihrer Jahre ja nicht selbst verderben, noch ihre Jahre zum Fenster auswerfen, sondern ihre Kräfte zu einem hohen Alter sparen sollen; — Und er ertheilt am Ende den besten Rath, wie die Vernunft gegen die Heftigkeit einer der gefährlichsten Leidenschaften obsiegen könne. „Denn unter allen Grund-
„sätzen heißt es: womit ein tugendliebendes
„Gemüth von der Sclaverey der Wollust sich
„losreißen, oder wider selbe sich versichern
„soll, muß der Grundsatz von der wahren
„Demuth des Herzens allzeit der erste seyn:
„Besonders über jene Dinge, so die Reli-
„gion betreffen. Wer hoffärtig ist, der wird
„entweder niemal keusch seyn, oder doch es
„nicht lang verbleiben.“

Wir glauben auch unser Rath dürfte dem gemeinen Wesen sehr nützlich seyn. Nämlich, daß die Aeltern und Schullehrer nichts bessers thun können, als wenn sie alle Wochen ein- oder zweymal aus diesem Buche ein- und den andern Paragraphen ihrer Jugend vorlesen, auslegen, und begreiflich machen. Das wäre das besteAntidotum für den zauberē Weidspruch wahnsinniger, oder selbst schlechterzohener Aeltern: man muß die Jugend vertoben lassen — oder: naturalia non sunt turpia: was von der Natur ist, dessen darf man sich nicht schämen. Diese gottlose Privilegien werden oft den Töchtern, und erwachsenen Söhnen zu ihren grösten, vieleicht ewigen Schaden ertheilt. Sie bringen dem Staat entkräftete, sieche Körper, und dem Herrn ein abgenutztes Alter zu seinem Dienste. — Wahrhaftig ein Landes-Regent kann sich nicht glücklich nennen, wenn er keine gute Schulen, keine gesitteten Menschen, keine Staatsbürger von einer blühenden Gesundheit in seinem Schoos hat. — Es schleppet die schlechte Schulaufsicht und die Ueppigkeit eine lange Kette von Unglücksfällen. — Denn schlecht erzohene wenig im Guten unterrichtete Kinder, bleiben dumm, und verhärten. — Aus dummen, unwissendē, und verderbten Kindern, werden boshafte, empörische faule, ausschweifēde u. ungehorsame Staats-Bürger. Aus diesen mehrere Sünder und Lasterhafte. Und diese ziehen ganz unfehlbar mehrere Strafen und Verhängnisse über das Vaterland. Wer darüber stutzet, der siehe hinein in das heilige Buch: oder in die Geschichte der Königreiche und Länder. — Er wird genug Ueberzeugungen finden. —

Wie sorgfältig aber die baierischen Landes-Regenten gegen dieses Uebel allzeit gewacht haben: lehret uns ebenfalls die Geschichte. Maximilian I. der in der Gottesfurcht so eifrige Regent, setzte sich sonderbar wider das Laster der Unreinigkeit, daß selbes von seinen Staaten fern bleiben, und durch verderbte Sitten unter seinen Landeskindern nie einreissen möchte. Er ließ Mißionarien in allen Städten und Märkten den Lauf der Buß predigen: und alle seine Staatsbürger zu Erlangung oder zu Conservirung standesmäßiger Reinigkeit, wie auch zur Andacht zur reinsten Jungfrau Maria, ermahnen. Er gab Befehl, allen Gerichtsobrigkeiten, auf die verdächtige Gesellschaften ein scharfes Aug zu halten: er ließ sich sogar alle Jahre aus den Protocollen einen Extract von jedem ganzen Gerichts-Districte vorlegen, wie? und an welchen Orten die Vergehungen wider das VI. & IX. Geboth sind bestraft worden; um zu sehen, ob die Laster zu- oder abnehmen: In welcher Landes-Refier diese stärker oder schwächer werden. — Wie es die Registraturen noch bezeugen.

Seine zwegte Gemahlinn, Maria Anna als sie Anno 1652. Wittwe und Vormünderinn ward, donnerte in einem erlassenen General-Mandat wider die bey Standes-Personen eingerissene französische und freche Kleider-Mode: (und wenn wir die Tracht vor hundert Jahren zurücke ansehen, so ist sie bey vornehmen und gemeinen gleichwol noch um 50.pro cent ehrbarer und behutsamer gewest, als jetzo von mancher frechen Docke in den Hundstagen. — ja es ist jetzo Mode geworden, schon den Kindern von 3-bis 7. Jahren die Hoffart, das Bloßtragen zu lehren; damit sie ja die Frechheit und den Stolz in männlichen Alter nicht vergessen möchten.)

Maximilian Emanuel besuchte die Schulen, und gab die schönsten Verordnungen, die Jugend zur Gottesfurcht und zeitlich zur standmäßigen Arbeit anzuhalten. Der Müssiggang war äuserst verbothen. —

Und unser jetzt glorreich regierender Maximilian der III. bezeichnet seine Tage mit den herrlichsten Proben der landesväterlichen Sorgfalt für einen gebesserten Schul-Unterricht, weil die gute Erziehung und die Erlernung eines gesitteten Lebenswandel der Grund ist, ein Volk gesittet, und in der Folge glücklich zu machen. Wir würden uns zu weit ausdehnen, wenn wir alle zweckmäßige Bemühungen anführen wollten; sind wir es zufrieden, daß der Eyfer unserer Gesellschaft Jesu, und unserer hochwürdige Geistlichkeit, über uns noch immer fruchtbar ist. — — Und dem Herrn Verfasser sind wir über dieses so schöne Werk billig allen Dank schuldig. —

Bey Joseph Aloys Cräz, Buchhändler in München, sind von neuen Büchern zu finden.

Augustinus (Aurel.) Nutzbarkeit des Glaubens, zum Gebrauch und Trost der Rechtglaubigen. gr. 8. fl. 1.

Beaumont (Maria le Prince de) lehrreiches Magazin für Arme, Handwerks-Leute, Gesinde, und Leute auf dem Lande. 12. fl. 1.

Betrachtungen, kritische über verschiedene Staatsfragen 2 Theile 8. 48. kr.

Betrachtungen über die Pflichten und Nutzbarkeit des Klosterstandes, für die Kirche und den Staat. gr. 8. fl. 1.

Bibliotheck der österreichischen Litteratur 4. Theile gr. 8. fl. 6.

Bret (Joh. Fr. le) Magazin zum Gebrauch der Staaten und Kirchengeschichte, vornehmlich des Staats-Rechts Katholischer Regenten, in Ansehung ihrer Geistlichkeit. 1ster Theil gr. 8. fl. 2. 15.

Briefe von den Herren Gleim und Jakobi. gr. 12. 36. kr.

Clarisse (die neue) eine anmuthige Geschichte 2 Theile gr. 12. fl. 1.

Constitutio Criminalis Theresiana, oder Ihrer K. Majestät Maria Theresia peinliche Gerichts-Ordnung. Fol. fl. 5.

Einleitung zur gründlichen Kenntniß der Kaufmannschaft und dahin einschlagenden Geschäfte. gr. 8. fl. 1. 30. kr.

Gedanken zerschiedene über das aufrichtige und gewissenhafte Bedenken des Staatsministers 4to. 2ter Theil 54. kr.

Geschichte und Zeitvertreib der Prinzeßinn vom Aramant, während ihrer Gefangenschaft. 2 Theile 8. fl. 1.

Herrmanns Schlacht, ein Bardiet für die Schaubühne 12. 30. kr.

Pharmacopeia Hellvetica in 2. Partes divisa fol. fl. 5.

Lobreden, historische auf die Festen der Heiligen. 4. Theile 8. fl. 4.

Tages-Ordnung für die Herren Studenten 8. 6. kr.

Unterricht kurzer, von der Nothwendigkeit und Weise die umlaufenden Bethler abzuschaffen, und von den Mitteln, die würdigen Armen zu versorgen gr. 8. 36. kr.

Wagners (Eligii) allgemeine Vernunftschlüsse von einer guten Regierung der Kirche Gottes. 8. Fald. 30. kr.

Anfangsgründe der Kriegskunst für baierische Ober- und Unter-Offiziers. 8. 15. kr.

Briefe über die vornehmsten Merkwürdigkeiten der churbaierischen Residenzstadt München, und den umliegenden Lust-Gegenden. 8vo 24. kr.

Artic. IX.

Merkwürdigkeiten.

a) Ein tragischer und seltener Zufall begab sich neulich in London. Die Tochter eines englischen reichen Herrns allda, die sich mit dem Kellermeister des Hauses verheurathet hatte, und von dem Vater hierüber verstossen und verlassen wurde, suchte sich mit dem letztern auszusöhnen, der Vater aber gab dem Bedienten, der sie anmeldete, den Befehl, sie abzuweisen, und nicht vor seine Augen kommen zu lassen. Sie gerieth darüber in eine solche Verzweiflung, daß sie in des Bedienten Gegenwart sich ein Federmesser in die Brust sties. Der Vater wurde über diesen Zufall so gerühret, daß er sie in ein Zimmer bringen, und einen Chirurgum zu ihr rufen ließ, er begab sich hierauf selbst zu der Tochter, verziehe ihr, und versprach ihr, daß, weil die Wunde nicht ganz gefährlich wäre, er sich ihrer wiederum als seines Kindes annehmen wolle. Dazwischen kam seine Gemahlinn, die ohnehin lange mit ihm, wegen der Mißheurath ihrer Tochter, in Verdruß gelebet, machte ihm viele bittere Vorwürfe, und gerieth hiebey in eine solche Wuth, daß sie sich mit einem Messer einen so gewaltsamen Stoß in die Brust gab, daß sie vor seinen Augen todt zur Erden fiel. Der Mann von Schrecken betäubt, begab sich in sein Zimmer, und innerhalb einer halben Stunde fanden ihn die Bediente, daß er sich erhangen. (Nürnb. Zeit. N. 51.)

b) London den 13. Juny. Bey der Einfahrt von Richmond sind 2. kleine, armen Wittwen gehörige Häuschen abgebrannt; die Königinn hat befohlen, dieselbe wiederum aufzubauen, mit allem Nöthigen zu versehen, und zahlt indessen das Quartier an andern Orten für diese Wittwen und derselben Kinder, welche 7. an der Zahl sind, die aber alle schon arbeiten, und zwar sehr fleißig, um sich selbst durch Arbeit zu nähren. o

o Arme Aeltern, wenn sie ihre Kinder zum Fleiße und zur Arbeit erziehen, verdienen allemal, nicht allein in unglücklichen Schicksalen großmüthiges Mitleiden und thätige Hilfe; sondern auch außer denselben kräftige Unterstützung, damit der müßige, schädliche, und oftmals gottlose Bethel durch dergleichen Verunglückte nicht noch mehr anwachse, und die Kräften des Staates und der Unterthanen aussauge. So erhabene und großmuthsvolle Beyspiele, wie obiges ist, sind des ausgebreitesten Ruhmes, und einer edlen Nacheiferung allerdings würdig. —

Artic. X.

Etwas zum guten Geschmack.

Ein gewisser Herr wird von dem Besuche eines Freundes sehr oft geplagt, und um seine Freundschaft angesucht: ohne sich zu äußern, was er eigentlich suche. Da nun der Erste des beständigen Anlaufs dieses Freundes auf eine gute Art gern los werden möchte: so ersuchet er aufrichtige Leute, ihm deßwillen einen guten Rath zu ertheilen. — o

o Ob wir schon das Glück haben, daß wir über unsere ökonomische und andere gemeinnützliche Fragen in diesen Blättern mit Auflösungen und Beantwortungen gar selten geplagt werden; so ist uns doch über obiges eine Antwort schnell eingelaufen. „Man rathet diesem gewissen Herrn, dem lästigen Freunde „ein Dutzend Max d'or zu leihen: Er wird „des zweyten und öftern Besuchs sich in Zukunft gewiß entlediget sehen. —

Supplement ad Artic. IX.

Zweyte Quartals-Rechnung.

Von der Speise der Armen in München.

Vom 7. April bis 30. Juny inclusivè Anno 1771.

Geldeinnahme.

	fl.	kr.
Pro Nota. Die erste dem Publico bis 6. April vorgelegte Quartals-Rechnung wird gegenwärtig mit aufgenommen, also		
Das zum Anfang von einigen Gutthätern frey ohne verlangte Zeichen Vorgeschossene, war — —	43	52
Die im ersten Quartall abgelösten 13111. Tag- und 199. Monathzeichen haben 19081. Portionen in Geld aber à 4. kr. & 1. fl. 30. kr. ausgeworfen — — — — —	1172	34
In dem zweyten Quartall dagegen sind von den Gutthätern, und theils von den Armen selbst abgelöset worden, nämlich:		

	Tagszeichen à 4. kr.	Monathzei. à 1. fl. 30. kr.
Im Monath April	7206	26
Im Monath May	8057	82
Im Monath Juny	6196	65
	21459	173

	fl.	kr.
Ausmachend in Portionen 26649. Zu Geld aber à 4. kr. & 1. fl. 30. kr.	1690	6
Summa der Einnahme	2906	32

Geldausgabe.

	fl.	kr.
Vermög der in offenen Druck gegebenen ersten Quartalls-Rechnung haben die Ausgaben auf das Material und in anderweg sich beloffen, auf — — — —	1155	20
In diesen zweyten Quartall aber sind von hieuntstehenden 26649. Portionen, über die in der Gutthäter, oder der Armen Handen stehende 273. abgeholt worden		
Im Monath April — 8205 —		
Im Monath May — 10206 —		
Im Monath Juny — 7965 —		
26376 Port.		
Auf diese Speise-Portionen sind abgeben worden		
Reis 6831. tt. à 8. kr. —	910	48
Arbes 8. Schäffel 5. Metzen à 26. 27. & 29. fl. — —	239	41
Fleisch 2762. tt. à $5\frac{1}{2}$ & $7\frac{1}{2}$ kr.	327	23
Holz 10. Klafter à 4. fl. 8. kr.	41	20
Salz $5\frac{1}{2}$ Fäßel à 4. fl. 24. kr.	24	12
Schmalz und Butter vor die Fasttäg 80. tt. à 17. 16. & 15. kr.	21	34
Zwiebel und Pory — —	1	—
Liedlohn à monathlich 5. —	15	—
Auf Reparirung des Herds und andern Kuchelgeschirr ist ergangen.	23	22
Summa der Ausgaben.	2758	40

Rest hinein über Abzug der Ausgaben 146. fl. 52. kr.

Davon sind pr. 40. fl. Naturalien vor die noch unabgelangte 273. Portionen vorhanden, das baar Geld aber ad 106. fl. 52. kr. ist auf das Brod, welches zu jeder Speis-Portion abgereicht wird, verwendet worden.

Joan. Mich. Miller, Congreg. Orat. beyder Churfürstl. Hoffpitäller Capellan.

Supplement ad Artic. II.

Zu Traunstein hat (Titel) Peter Joseph Obermayr Burgermeister und Bierbräu 16. Stück große, schwere Mastochsen vor 1300. fl. zu verkaufen. — Nichtminder bietet derselbe dem innländischen Publicum 300. Emmer braunes Merzenbier an, die baierische Maaß à $3\frac{1}{2}$. kr. wer dahin um dergleichen abfahren will, muß das leere Geschirr selbst mitbringen. —

o Einige wollen behaupten, daß das Bier, wenn es geführet wird, um gar viel kräftiger werden solle. Welch ein Vortheil! —

Geh' einst die Menschheit durch: ach! alles, wirst du merken,
Ist voll von Selbstbetrug: — und leer an ächten Werken,
An schönen Hilsen reich, vom Kerne weit entfernt.
Das Gute, so man je zum Zeitvertreib erlernt,
Verdirbt der Eigennuz. —
Withof.

Churbaierisches Intelligenzblatt

Num. XVII.

München den 24. July 1771.

Artic. I.

a) General-Mandat, daß bey den weltlichen Testamenten keine geistliche Person, als Executor ernennet, oder zugelassen werden solle, betreffend. Datirt den 10. December 1760.

Wir Maximilian Joseph, Churfürst ꝛc.

Entbiethen Unseren Hofraths-Präsidenten, Vicepräsidenten, Stadthaltern, Vicedomen, Kanzlern, Rentmeistern, und Räthen, dann sammentlich Unsern Land- und Pfleggerichtsbeamten, Städt- und Marktsobrigkeiten, nicht minder sämmtlichen Ständen Unserer Landen zu Baiern, und der obern Pfalz, Unsern Gruß und Gnade zuvor; Und geben denenselben hiemit zu vernehmen, wasmaßen Uns mehrfältig zu erfahren kommen, daß sich bey Testamentsexecutionen, welche von geistlichen Personen über weltliche Verlassenschaften geführt werden, circa forum allerhand Anstöße ereignet, woraus denen Erben mannigfaltiger Schaden zugegangen, und Unordnungen entstanden, denen aber hinkünftig Wir vorgebogen gnädigst wissen wollen.

Verordnen dahero in Kraft dieß gnädigst, zum Fall hinfüran ein Weltlicher in dessen Testament einen Geistlichen, wessen Standes der immer seyn möge, pro Executore ernennen wurde, einen derley, gleich es auch dem Vernehmen nach bey denen Ordinariaten, wenn ein Geistlicher über seine Verlassenschaft eine weltliche Execution benennet, zu geschehen pfleget, nicht zu confirmiren, oder zuzulassen. In Versehung der allseitig genau- und schuldigsten Darobhaltung. Gegeben in der churfürstlichen Haupt- und Residenzstadt München, den 10. December 1760.

Ex Commissione Ser. Dn. D. Ducis & Elect. speciali. (L.S.)

Marquard Ignaz Roz, churfl. Hofraths Secret.

b) Circulare, die gnädigst erfoderte Anzeigen für Kinder, und wie viele deren sich erarmt in den Städten, Märkten, und Dörfern befinden, und sowohl der

Gemeinde, als dem höchsten ærario dermal zur Last fallen. Dat 8. July 1771.

Maximilian Joseph, Churfürst ꝛc.

L. G. Wir haben zu wissen nothwendig, was in euern Gerichtsdistrict für Kinder, männ- und weiblichen Geschlechts, deren Aeltern theils justificirt worden, und theils in anderweg durch Unglück erarmet, und bereits verstorben sind, verhanden sich befinden, welche sowohl unserm höchsten ærario, als auch den Städt- Märkt- und Dorfsgemeinden zur Last, sohin vermittels abreichenden Geld und Naturalien zur Verpfleg- und Unterhaltung an- und eingeschafft sind, euch dahero gnädigst befehlend, daß ihr ungesäumt, jedoch nur occasionaliter, vermittels Patents behörige Ausschreibung vorkehren, und von jedem in euerm Gerichtsdistricte entlegenen Incorporationsort zweyerley Anzeigen, und zwar eine über die Kinder, welche unserm ærario zur Last liegen, und die andere, so den Städt- Märkt- und Dorfsgemeinden eingeschaffter zu Beschwerden sind, oder, wo derley Kinder nicht verhanden, Fehlanzeigen abfodern, solche Anzeigen aber, soviel euern Gerichtsdistrict concernirt, selbst abfassen, folgsam eine wie die andere zusammengetragener zu unserer gnädigster Einsicht, und fernern Disposition, bis längstens Ende dieß Monaths ad Cameram einsenden sollet, welche Anzeigen aber umständlich enthalten müssen.

1mo. Wie ein jedes solches in Pension oder Verpflegung stehendes Kind mit Tauf- und Zunamen heiße, wie alt, und wo gebürtig seye? —

2do. Wer deren Aeltern, oder Vater, und Mutter mit Tauf- und Zunamen, auch wo hausend, oder ansäßig gewesen, dann warum selbe durch Justification, und in anderweg ins Unglück gerathen?

3tio. Auf was Art, und durch wen selbe in Pension, oder Unterhaltung an- und eingeschafft worden? Endlich

4to. Was, und wie viel ein jedes solcher Kinder jährlich, oder monathlich, oder wochenweis theils in Geld und Naturalien, auch theils Verpflegungsweis genießet; solche zweyerley umständige Anzeigen erwarten wir vorgemeldermassen von euch längstens bis Ende dieß Monaths zu empfangen, wornach ihr also das Gehörige zu besorgen, und den genauesten Vollzug zu beschleunigen wisset. München, den 8. July 1771.

Von der Churfürstl. Hofkammer, An die sämmtliche Gerichter Rentamts Oberlands also abgangen.

c) Verordnung, über das Wein-Commercium zwischen den Churbaierischen und oberpfälzischen Landen, betreffend. Dat. 13. April 1771.

Von demjenigen Wein und Brandwein, welche nur durch Baiern, in die Churfürstl. Oberpfalz gehen, sohin nicht inner dem Land, sondern dort consumirt- und, nachdem von den oberpfälzischen Umgeld- oder Mauthämtern über die jenseitig wirkliche Abstossung die ertheilende Transitopolleten attestirter zurück geliefert werden, ist, von nun an, durch euch kein Consumoaufschlag mehr zu erholen, und sogar dasjenige, was ihr hieran etwan seit ersten May 1769. eingebracht, und uns verrechnet haben möget, auf Anmelden der Partheyen gegen Einzieh- und Beylegung legaler Bescheinungen, denselben wieder hinaus zu geben, und in Abgang zu schreiben.

Hingegen verstehet sich von selbst, daß von elig in die obere Pfalz, wie anderwärtig außer Lands durchpaßirenden Weinen, und allen Gattungen Brandweinen, auch gebränten Wässern und Geistern der mandatmäßige Transito- oder Exitoaufschlag einzubringen, und uns zu verrechnen komme. München, den 13. April 1771.

Von gemeiner Landschaft in Baiern Oberlands. An die sämmtliche Gränz-Aufschlagsämter also abgangen.

d) Generalverordnung, daß jedem des Handelsberechtigten, gegen Entrichtung der treffenden Mauth- und Accisegebühr so viel Rauchtabak, als er will, einzuführen gnädigst bewilliget sey, nebst einer einsweiligen Tariffa oder Satzungspreis. Dat. 1. July 1771.

Pro Nota. Dieß Orts wird zu jedermanns Wissenschaft angemerket, daß gemäß Churfürstl. gnädigster Special-Anbefehlung jedem des Handelsberechtigten, welcher Rauchtabak einführen will, so viel er hievon verlanget,

langet, und bekommen kann, gegen Entrichtung der treffenden Mauth- und Accisgebühr, und Erhohlung des von einem deren nachbenannten Mauthstationen auf Ersuchen gratis, auch unweigerlich auszustellen kommendgefertigten Paß, wovon der Octr. Compag. jederzeit Nachricht zu geben ist, einzuführen dergestalten bewilliget seye, daß der einführende Rauchtaback nirgends anderstwo, dann bey dem Hauptmauthamt München, oder denen Mauthämtern Stadt am Hof, Ingolstadt, Amberg, Straubing, Burghausen und Landshut im Beyseyn eines von der Octr. Compag. bestellten Beamten abgewogen, und besichtiget, mit dem weitern Vorbehalt, daß der etwa darbey sich findende Schnupftaback nach den emanirten Churfürstl. Verordnungen confisciret, und die von jedem Pfund bestimmte Strafe a 2. fl. erholet, auch das Quantum Rauchtaback, was der Paß aufweiset, auf einmal hereingeführt werden, nicht weniger auch ein solcher Paß a die der Ausfertigung nur einen Monath gültig seyn solle. München, den 1. July 1771.

Churfl. Commercien-Collegium.

Kajetan Stürzer Secret.

Tariffa, oder Satzungspreis, nach welchem die Octroyrte Compagnie respective derselben Niederlagen und Grossisten die hinnach benannte Rauchtaback-Sorten (gestalten jene, wovon dieß Orts keine Meldung geschiehet, nebst den Schnupftaback bey der alten Tariff de dato 1. März 1770. verbleiben) von 1. July bis 1. Novemb. Anno dieß an den Handelsmann und Kramer abzugeben, und dieser solche sowohl, wenn er sie von der Octr. Compag. als wenn er sie selbst auf Päße einführet, zu verminutiren hat.

Rauchtaback.	Wie das Pfund von der Octr.Comp. respective derselben Niederlagen, und Großisten abzugeben ist.						Wie solcher durch die Krämer und Minutirer an die Consumenten abgegeben wird.					
	der Cent.	das tt.	fl.	kr.	pf.	—	das tt.	kr.	pf.	¼. tt.	kr.	pf.
Kistengut	——	. . .	—	18	—	—	. . .	20	—	. . .	5	—
Kübelgut hellbraun .	——	. . .	—	17	—	—	. . .	19	—	. . .	4	3
detto . schwarz .	——	. . .	—	16	—	—	. . .	18	—	. . .	4	2
Stemm in Päckeln .	——	. . .	—	18	—	—	. . .	20	—	. . .	5	—
fein Flammentiner . .	——	. . .	—	21	—	—	. . .	23	—	. . .	5	3
Ord. detto . . .	——	. . .	—	19	—	—	. . .	21	—	. . .	5	1
fein Hanauer . . .	——	. . .	—	25	—	—	. . .	27	—	. . .	6	3
Ord. detto . . .	——	. . .	—	21	—	—	. . .	23	—	. . .	5	3

Artic. II.

Feilschaften.

Die bürgerliche Metzgerschaft zu Dietfurth biethet dem inländischen Publiko feil 63. Stück Ochsen- und Kühehäute, davon die erste Gattung das Paar zu 12. fl. die andere aber um 6. fl. zu stehen kommet; weiters 450. Stück Kalb- und Schaaffelle, das Stück zu 48. & 36. kr. mit dem Anhang, daß nach Verfluß eines Monaths obbemeldte Metzgerschaft sich um einen Ausfuhrpaß bewerben müßte, wenn sich kein inländischer Lederer hierzu meldete.

Artic. III.

Beförderungen.

a) Beweis der Handlungs-Avis-Zeitung von Frankfurt vom 6. dieß, sind Se.

Excel-

Excellenz der Herr Graf von Hatzfeld zum böhmischen obersten Kanzler wirklich ernennet, und behalten die Einsicht in das Finanzwesen bey; der Herr Graf Leopold von Kollowrath aber ist zweyter Kanzler.

b) Der Prinz Ludwig von Rohan Coadjutor des Bisthums Strasburg gehet als ausserordentlich französischer Bothschafter an den K. K. Hof nach Wien.

c) Den 25. Juny 1771. ist Herr Cölestin Angelspurger von Augsburg gebürtig, ein gelehrter Mann von 45. Jahren, als würdigster Prälat zu Kaisersheim erwählet worden. — Wir wünschen ihm eine noch längere Regierung als seinem Vorfahrer, der 32. Jahr diese Würde behauptete.

d) Der patriotische Beschützer der englischen Freyheit, Aldermann Herr John Wilkes ist den 25. Juny mit 2315. Stimmen zur Scherifswürde in Westmünster erhoben worden.

e) Zu Amberg in der obern Pfalz ist eine besonders merkwürdige Sammlung auserlesener medicinischer Bücher von 232. berühmten Authoren vor 200. fl. baar zu haben, Liebhaber können den Catalogum im Herrn Mautz Wasserburgerladen hier einsehen, und sich mit der Correspondenz an den aufgestellten Anwald Lic. Martin Ehrensperger Regierungs-Advocaten in Amberg wenden.

Artic. IV.

Innländische Victualien-Preise.

a) Im Markt Hals bey Passau galt den 30. Juny abhin das Schäffel Weitzen münchner Mäßerey 15. fl. Korn 13. fl. Gersten 8. fl. Haaber 5. fl. 30. kr. die Klafter Buchenholz 3. fl. 15. kr. Fichtenholz 2. fl. 15. kr. Rindfleisch 1. u. 5. kr. Kalbfleisch 4½. kr. Schweinfleisch 7½. kr. Schaaffleisch 4½. kr. weiß Bier 15. dn. braunes 18. dn.

Artic. V.

Handlungs-Nachrichten.

a) Die grosse Wärme und Dürre, welche im vorigen Monath May in Italien und Deutschland gewesen, ist auch in Schweden und Pohlen verspüret worden, wobey der Ostwind eine grosse Menge Heuschrecken nach Volhynien und ins Bracklauische gebracht hat, welche Gras und Früchten auf den Feldern, wo sie sich lagerten, aufgezehret.

b) Die Nachrichten aus Amerika geben, daß die grosse Dürre die Zucker-Plantagen sehr verdorben habe.

c) In Altona wird eine öffentliche Bank angelegt werden, die aber unter der zu Coppenhagen stehen soll. Auch solle diese Letztere auf den vornehmsten Handelsplätzen in Norwegen die vermögendsten Kaufleute von der Bank mit Geld zum Ausleihen versehen.

d) Aus allen englischen Gegenden, wo Hopfen wächst, läuft Nachricht ein, daß der Hopfen allem Ansehen nach, heuer sehr gut gerathen, und daß man die Gesetze gegen die Einfuhr des Hopfens aus Flandern und andern Gegenden des festen Landes mit der größten Strenge zur Ausführung bringen werde. Uebrigens hat die Heringsfischerey der Holländer und Niederländer wieder angefangen: und der Heringsfang fället gegenwärtig besonders glücklich aus. Wie dann auch in Holland schon frische Heringe angekommen sind. —

e) Fort Royal auf der Insel St. Martinick. Die Ameisen richten hier noch immer eine erstaunliche Verwüstung an. Wofern dieses noch einige Zeit fortdauert, so wird es das Verderben der ganzen Insel nach sich ziehen. — Hergegen, weil dieses Insect, Schlangen und Ratten anfallt, so sieht man dieser letztern fast keine mehr. — Die Weiber in den Wochenbetten und die Kinder sind von diesem Ungeziefer nicht frey. —

Und von Stockholm wird geschrieben, daß eine anhaltende grosse Dürre alle Früchte des Landes so ausgetrocknet, daß man eine sehr traurige Aussicht auf die Zukunft habe.

f) Hannover den 1. July. Neulich ist eine königliche Verordnung publiciert worden, daß bereits die Veranstaltung gemacht worden, daß das Land sowohl zu dessen Versorgung, als zu Heruntersetzung des Preises mit einer ansehnlichen Quantität auswärtiger Kornfrüchte auf

das

das baldigste wird versehen werden. Daher die Verzeichnisse einzusenden, an was Orten und wieviel von allerley Kornfrüchten bey den Prälaten und Klöstern, bey denen von Adel, Beamten, Pächtern, und Privaten vorräthig ist. So ist auch von Bürgermeister und Rath der königlichen und Churfürstl. Residenzstadt Hannover unterm 6. July a. c. ein Proclama erschienen, vermöge welchem den Kornhändlern oder Fürkäufern verbothen wird, des wucherischen Ankaufs bey Vermeidung der schärfesten Ahndung sich gänzlich zu entschlagen; gestalten derjenige, der zur Bedruckung seines Mitbürgers diesem zuwider handelt, ernstlich bestraft werden solle. o

o So haben die Kornjuden aller Orten einen schlechten Schnitt. Und wozu hat sie denn Natur, Policey und Geschick angeordnet, als allein die Zufuhr auf den Getreidmarkt zu vergrößern, und die Preise zu mindern. Ist ihr Fleiß aber so groß, daß sie sogar das Gegentheil in der Wirkung hervor zu bringen wissen, so verdienen sie wahrlich zur Belohnung, daß man sie beschneide, und in das Buch der Hebräer einschreibe. — Anderer Orten würden sie mit dem Burgerrecht belohnt werden, um die gute Policey recht zu züchtigen. —

Artic. VI.
Nachrichten für die Policey.

a) Koppenhagen den 29. Juny. Durch eine Königl. Verordnung vom 15. dieß ist für alle Einwohner der Stadt Koppenhagen ein allgemeines Hof- und Stadtgericht angeordnet worden, vor welchem alle ohne Unterschied, sie mögen zum Hofe, zur Armee- und zum See-Etat gehören, vom geistlichen, oder Civilstande seyn, belanget werden können, nur daß ein jeder in Ansehung dessen, was sein Amt allein angehet, unter dem Collegio u. s. w. stehet, zu welchem er gehört. So werden z. E. alle geistliche Sachen vor dem Brobstgerichte, alle Dienstsachen, die bey der Garnison oder Marine vorfallen, in den Regiments-Kriegsrechten ꝛc. entschieden; durch das neue combinirte Hof- und Stadtgericht, welches aus einem Justitiarius und 10- bis 12. Rathsbeysitzern, 2 Secretarien und einigen Unterbedienten bestehet, hoffet man prompte Justitz, und die Fortsetzung der bereits angeordneten guten Policey, als der Grund von der ganzen Ordnung in einem Staat. o

o Es ist wahr, man sagt es, die Policey sey das Haupt an dem Staatskörper, Erfahrung, Verstand und Einsicht ihre Beysitzer und die Execution und promte Justitz ihre Unterbedienten. — Gut! wenn aber selbst die Beysitzer aneinander immer vorzuwerfen haben; wenn die Erfahrung mit dem Verstande rauft, und dieser wiederum mit der Einsicht seiner Schwester, zankt; wenn die Unterbedienten mit eingelegten Schlafhauben sachte einher tretten; oder sich auf die Bernhaut legen; — und, wenn es in dem Bauch des Körpers brummet; wenn hysterische Zufälle und Verstopfungen und Blähungen, und ein schlappes Gedärme aus Mangel der rechten policeymäßigen Circulation entstehet: ist es hernach ein Wunder, wenn das Haupt über Kopfschmerzen klagt. —

b) Die in Amsterdam etablirte Societät zum Beßten der Ertrunkenen Personen, hat den dritten Theil ihrer gesammelten Erfahrungen durch den öffentlichen Druck bekannt gemacht. Sie hat bereits 59 ertrunkene Personen wieder zum Leben gebracht, und einen vom Kohlendampf erstickten Menschen.

c) Zur Policey der Gelehrsamkeit können wir noch Anführen, daß Se. Päbstl. Heiligkeit, dessen Fürsorge den Wissenschaften und Künsten seiner Staaten einen neuen Glanz giebt, die Universität zu Ferrara, deren Ruhm bisher sehr verdunkelt gewesen, wieder in die vorige Gestalt gebracht, und solche mit neuen Gesetzen und Gerechtsamen versehen. o

o — — ja! da hätten noch viele Nutzen statt der * * * Platz! In unsern Gegenden? — Nein! sie nehmen das Geld dafür. —

d) So haben auch die in Rom sich dermal aufhaltende Engländer von den ansehnlichsten Familien an den Pabst durch einen Prälaten, der ein Schottländer ist, das Ansuchen machen lassen, daß, weil sie einen durch sein kluges Betragen in Europa so berühmt gewordenen grosen Mann gerne im Bildniß mit nach Enge-

England nehmen, und Sr. Heiligkeit durch einen ihrer Künstler in Busto mit fetter Erde nach dem Leben bilden lassen möchten, solches ja gestattet werden möchte. Der Pabst hatte die herablassende Gnade, dieses zu bewilligen, und die Engelländer, froh über dieses, versicherten, daß nach ihrer Heimkunft wenig Bibliothecken und Kunstsäle in Engeland seyn werden, wo nicht das Bildniß eines so erhabenen Geistes zu sehen seyn, und seinen Ruhm verewigen wird. —

e) Der berühmte Marquis Beccaria, und M. Corsini in Mayland sind von Ihrer K. K. A. Majestät zu wirklichen Räthen des dasigen ökonomischen Raths ernennt worden. Man beschäftiget sich, um den Fluß Adda schifbar zu machen: und die Communication desselben mit dem See Como herzustellen. Man arbeitet auch an der Austrocknung der im Lande befindlichen Moräste: und man hoffet, daß ganz Italien dem erbaulichen Vorgang Sr. Königl. Hoheit des Großherzogs von Toscana nachfolgen werde; als höchstwelche in dem Siennischen (Maremma di Sienna genannt) eine morastige, sumpfige Gegend von 2000. französischen Quadratmeilen in kurzer Zeit mit dem besten Erfolg, und mit Anwendung der sonst dem Gassenbethel überlassenen Leuten zum fruchtbaren Ertrag herstellen lassen. o

o — — schon wieder eine Nulle! — — freylich! — Und wenn wir von Policeywegen alle starken Bethler, müßige Leute, Weiber und Kinder zu lauter Nullen machen, und den Ernst, als die wirkende Zahl, voransetzen dürften; so würden alle unsere Möser in kurzer Zeit ausgetröcknet seyn. —

f) Ein zu Ankona angekommen venetianisches Schif, hat aus Smirna die Nachricht mitgebracht, daß abermal viele Leute daselbst an der Pest sterben, auch die Einwohner sonst wegen der Russen in Furcht und Schrecken leben. —

g) London den 30. Juny. Da der Lord Maior itzo beschäftiget, die Zufuhr der Lebensmittel zu verstärken, und alle Fürkäufe bey den Häusern abzustellen: so wurden auch Prämien für diejenigen ausgesetzet, welche die nöthigsten Artickel in der grösten Menge gen Markt bringen. — Darauf kamen 3. Schiffe mit 10. tausend Makarellfische: die auch den Preis sogleich erhielten. — o

o Ein Patriot machet den Wunsch in dieser Absicht allemal auf Prämien: oder auf Anlegung etlicher neuer Dörfer um eine Hauptstadt: wozu man müßige Leute appliciren könnte. Es müßen es vorher fleißige Leute seyn, die die Victualien in größrer Menge erzeugen, ehe sie zu Markt gebracht werden können. — Sagt Elephas: der auch ein Jünger des Herrn ist. —

h) Folgendes ist uns von unbekannter Hand eingesendet worden: wir liefern es ganz.

Es wird in dem Leipziger Intelligenzblatt (vid. Churbaierisches Intelligenzblatt Nro. XIII. p. 161.) gefragt: was sind die eigentlichen Ursachen, warum in einigen Gegenden die Kirchen-Æraria so stark abnehmen? — — — Die gleich

1mo.) Angegebene nachläßige Betreibung verfallener Zinnsen von Kirchen-Capitalien hat ihren richtigen und guten Grund. Wollte mann aber den weitern Ursachen des Abfalles der Kirchen-Ærarien nachspüren, so würde

2do.) Die Pünktlichkeit in ordentlicher Einrichtung und Führung des Ærarii publici oder cameralis vor diesem nicht außer Augen zu setzen seyn. Ich erkläre mich deutlicher: nicht nur Steuern und Gaben werden hier richtig, und ohne Nachsicht eingetrieben, sondern alle Scheine, Quittungen, Arbeitsconti, Zöhrungen ꝛc. auf den letzten Häller angesetzet, ausgerechnet, decretiret und berichtiget. Wo der Handwerksmann, Taglöhner, Aufseher, noch einen Blinden führen kann, das ist, auf Rechnung des Heiligthums-Kasten. Dieses stehet noch zur Zeit verschiedenen Profanenhänden offen, und hier erhohlet sich jedermann, wer vor Jahren auf herrschaftliche Kösten gelebet hat, und dieses um so freyer, je mehr

3tio.) Noch der Unterschied zwischen geistlich- und weltlichem Gut in dieser oder jener Gegend obwaltet; dann, daher entspringet meines Erachtens

4to.) Die sorglose Verwaltung derley Güter hauptsächlich, weil man selbe, wo nicht pro re derelicta, doch als ein Gut ansiehet, das Händen überlassen ist, die durch einen indirecten Absprung von der weltlichen Gerichtbarkeit oft manches Vorhaben, wo nicht zu vereiteln, doch zu erschweren wissen. Dann sind

5to.) Die Zeiten, in denen wir leben, so beschaffen, daß dem gemeinen Mann nicht viel übrig bleibet, um, etwas in den Schatzkasten der Kirchen zu werfen, und, so sich solche Gelegenheiten ereignen, so finden sich

6to.) Schon viele andere Sollicitanten, die dergleichen Gedanken auf andere milde Stiftungen, und vielleicht nicht ohne Grund zu lenken wissen; ja wer solle sich

7mo.) Zu solchen Werberegen verwenden? der ehrliche Mann ist zu richtig denkend, als daß er durch pias fraudes dem sinkenden Ærario der Kirchen suchete zu Hilfe zu kommen. Andere Schleichwege werden nicht nur

8vo) Von dem tiefeinsehenden Publico gleich entdecket, sondern der gemeine Mann bekommet täglich solche Schriften zu Gesicht, die ihn

9no.) Aufmerksam machen, sein Gut nicht so unbedachtsam, als unsere Voraltern ad redimendam animam hinzugeben. Man denket also:

10.) Cogito ergo sum. Die Kirchen existiret, also muß selbe dotiret seyn. Man bedenket aber nicht

11mo.) Daß vor Jahren die Kirchen-Æraria von Auflagen, Besteurungen frey ausgangen sind; mir kommet demnach diese Frage vor: als wenn ich fragen wollte:

A und B sind beyde Kaufleute.

A wird jährlich durch Kapitalien ohne Zinnse unterstützet, aller Orten bestens empfohlen, erbet und betreibet die Handlung auf das genaueste.

B Muß jährlich Zinnsen von geborgten Capitalien erlegen, hat wenig gute Freunde, Gönner gar keinen; seine Handlungs-Geschäfte sind auch nicht in besten Händen, oder werden schläferig genug getrieben. Sollte es nicht ein Wunderwerk erfodern, wenn die Handlung B vor der Handlung A nicht täglich den Krebsgang nähme?

Artic. VII.

Landwirthschafts-Sachen.

a) Zu Abbach in Baiern hat es im vorigen Monath Juny fast täglich geregnet, so daß sich die fertige Plage der Feldschnecken wieder sehen läßt.

b) Zu Geisenfeld stehen die Feldfrüchten ungeacht der nassen Witterung sehr gut. — — Nur kann man sich nicht genug versichern, daß nicht Diebe ab ein so andern Acker den Zehend vor der Zeit einschneiden. —

c) Ein fleißiges Mitglied der Altenötingischen Landwirthschafts-Societät hat uns einen landesnützlichen Vorschlag zu trockener Einerndnung der Feldfrüchten bey nasser Witterung und die Methode, wie es in Mähren auch üblich ist, beschrieben: hier folget die Erklärung der Fig. I. in Kupfergestochenen hier anliegenden, gar nicht kostbaren Anstalt.

Die sogenannte Harfe ist ein Gerüst, womit man anderer Orten das Getreide, so bald es geschnitten, gleich zu trocknen pflegt, um den Acker also bald zur Spätschmalsaat bestellen zu können. Die größte Benutzung hat man aber bey nasser Erndrezeit davon zu erwarten; da bekanntermassen oft viele tausend Schöber aller angewendten Mühe ungehindert verderben, und zu Grunde gehen, oder die Getreider nasser in die Scheuern oder Städel gebracht werden müssen. Die beyliegende Abbildung weiset jeden leicht an, wie die Harfe mit sehr geringen Unkösten zu bauen, und wie die Garben, oder Bänder zwischen die in dopelten Reihen an die Säulen befestigte Latten oder Stangen nach der Querre eingelegt werden, doch so, daß die Frucht, oder die Aehern, wie auch die Spreitzhölzer gegen Mittag oder Morgen, und keineswegs auf die Wetterseite zu stehen kommen. Die beste Lage ist, wenn das Gerüst seiner Länge nach von Sudwest nach Nordwest

west, von Mittag gegen Mitternacht gehet, daß alle Garben in das Gerüst eingelegter, mit dem untern oder abgeschnittenen Ort der Halme, gegen den Windstoß, oder gegen die Wetterseite; mithin die Aehern alle gegen die Morgenseite in der Richtung erscheinen. — Die Harfe wird mit einigen Brettern oder Stroh bedecket. Es ist eben nicht erfoderlich, die Harfe allzeit stehen zu lassen, sondern nach vollendter Erndte wird solche abgebrochen, und die Hölzer für das künftige Jahr unter einem Dache wohl verwahret.

d) Und, weil es Schif- und Floßleuten so andern Landwirthen in verschiedene Wege dienlich ist, die Schwere des Holzes zu wissen, und sie berechnen zu können: so folget diese nebst dem obbesagten Kupferblatt Fig. II. in folgender Erklärung.

Das Holz ist zu dem menschlichen Leben unentbehrlich.

Von der Nothwendigkeit des Holzes vieles anzuführen, ist dieß Orts der Gedanken nicht, und zwar um so weniger, als weniger dieser Satz keines weiteren Beweises bedürftig ist, da ohnehin jedermann von der Unentbehrlichkeit des Holzes sattsam genug überzeiget ist: man nehme nur den einzigen Aufwand desselben bey dem Brodbacken, ohne im mindesten auf unsere holzfressende Professionisten, Fabricken, Glashütten, Bergwerken, Eisenhämmern, dann Salzwerken, und dergleichen zu sehen; man setze, daß das Churfürstenthum Baiern nicht mehrere Einwohner, dann eine Million zähle, und auf jede Person eine in die andere genommen täglich ein Pfund Brod gerechnet werde, so erfodern diese täglich zu consummirende 10000. Centner Brod, oder 74084$\frac{5}{}$. tt. Mehl bey 352$\frac{1}{8}$. Klafter Holz, mithin in einem Monath zu 30. Tägen 222253$\frac{1}{3}$. Centner Mehl, oder 300000. Centner Brod schon 10563$\frac{3}{4}$. Klafter Holz; also zum Verbacken deren auf ein ganzes Jahr ad 365. Tägen treffende 2704084$\frac{1}{4}$. Centner Mehl, oder zur Erzeigung deren nöthigen 3650000. Centner Brods 128480. Klafter Holz nöthig sind; folglich so auch die Holz-Cultur bessens stünde, und man in einem Jahre aus einem Tagwerk 30. Klafter Brennholz zu schlagen im Stande wäre, nur zu diesen einzigen Artickel Brodbacken schon ein Strich Lande von 4282$\frac{2}{3}$. Tagwerk Waldung erfodert wird. Zu deme ist zu dem menschlichen Leben ein eben so unentbehrlich, und nicht viel geringer anzusehender Artikel das Bauholz; was erfodern nicht die zu unterhaltende so viele tausend Förste? die von Jahr zu Jahr annoch immer neu anzulegende Gebäude und Wohnungen? ja fressen nicht die so vielfältig beträchtige Wassergebäude zu sagen ganze Wälder auf?

Die große Consumtion dessen erfodert eine bessere Haushaltung.

Aus dieser großen Consumtion, und zum menschlichen Leben unentbehrlichen Nothdurft des Holzes folget also von selbst, daß man mit allersinnlichem Bedacht eine bessere Haushaltung künftighin führen. und auf wiederumige Herstellung der entblößten Forsten, und Anlegung neuer Wälder (um unseren Nachkömmlingen ihre Lebensnothdurft nicht vor dem Leben selbst schon zu benehmen) best möglichstens bringen solle.

Die Schwere des Holzes hat eine Verbindung mit der Natur derjenigen Gegend, wo der Stamm hervorgesprossen, gleich auch mit der feuchte und trockenen Witterung.

Die Schwere des Holzes ist wegen des Nutzen, den ihre Kenntniß hat, dieß Orts vorgemerkt worden: Alle Bäume, sie mögen von einer Art seyn, wie sie wollen, nehmen ihre Eigenschaften von der Natur desjenigen Grundes und Gegend her, als wo sie nämlich erwachsen sind; also ist richtig und gewiß, daß das Gewicht des Holzes auch von dem Boden, wo der Baum wächset, große Veränderung ertragen müsse; auch ist weiters sicher, daß die feuchte und trockene Witterung hierinn einen großen Einfluß habe: dahero die in nachfolgender Tabelle dem Holz zugegebene Schwere an ein so andern Ort zwar in etwas differiren kann; allein es sind (da bey Bestimmung dieser Holzarten alles, was eine Gewichts-Differenze verursachen

kann,

Fig. I.
Fig. II.
Fig. III.
Fig. IV.

kann, umständlich beobachtet worden) alle bishero rührende Schwierigkeiten aus dem Wege geräumet, und eben dieses Endzwecks wegen der Unterschied der Holzschwere in vier Classen eingetheilet worden, als: die erste Classe zeiget die Schwere eines baierischen Cubic-Schuhes, eben dem Land- oder Wienergewichte nach, von dem Stamm her; die zweyte Classe beweiset die Schwere eines wohl tüchtig ausgetrockneten Holzes; die dritte Classe belehret das Gewicht von dem nassen und schon einige Zeit hindurch im Wasser gelegenen Holz; die vierte Classe enthältet die Schwere des mittelmäßig ausgetrockneten Holzes, und wird diese bekannt gemachte Schwere von ernannten vier Classen Holzes fast allenthalben sicher anzunehmen seyn.

Tabelle
Von der eigentlichen Schwere verschiedener Holzarten.

Ein baierischer Cubic-Schuh nachstehender Holzarten.	vom Stamm her im Saft.	wohlausgetrocknet.	feucht oder nasser.	mittelm. ausgetrocknet.	ein Klafter zu 126 baier. Cub. Schuh. halb dürr.	ein ganz dürrer Baublock 30 Schuh lang, 1 Sch. ins gev. dick.	Ein runder 100 Schuh langer Baustamm 2 Schuh im stärkern 1 Schuh im dünnern Ort im Diamet.	
wiegt.	tt.	tt.	tt.	tt.	Pfund.	Pfund.	ausgetroknet tt.	halb dürr. tt.
Alte Eiche.	41 1/4.	25 1/4.	37.	33 1/4.	4189 1/2.	757 1/2.	2310 1/2.	3042 1/4.
Knospe treibde Eiche.	44.	24 3/4.	42 2/5.	34 1/2.	4347.	742 1/2.	2264 1/2.	3156 3/4.
Roth-Buche.	32 3/4.	24 1/2.	39.	28 1/4.	3622 1/2.	735.	2241 1/2.	2630 1/4.
Weis-Buche.	35 1/2.	24 3/4.	40.	30 1/4.	3811 1/2.	742 1/2.	2264 1/2.	2767 3/4.
Birke.	33 5/8.	24.	39.	28.	3528.	720.	2196.	2572.
Erlen.	29 1/2.	19 3/5.	38.	24 3/4.	3118 1/8.	590.	1799.	2264 1/2.
Kirschen.	34.	23 3/4.	38 1/2.	28 3/4.	3622 1/2.	697 1/2.	2127 3/4.	2630 1/4.
Nußbaum.	26.	21 3/5.	35.	23 3/4.	2992 1/2.	650.	1982.	217[illegible] 1/4.
Alt Tannen Abies.	30 3/4.	22.	33.	26 1/4.	3307 1/2.	660.	2013.	2401 3/4.
Grünnende Tanne.	33 5/8.	17.	33 5/8.	25 1/2.	3213.	510.	1555 1/2.	2333.
Fichte dicke Pinus.	20 4/5.	16 1/2.	27.	18 3/4.	2362 1/2.	495.	1509 1/2.	1715 1/4.
Schlanken Fichte.	23.	16.	29.	19 1/2.	2457.	480.	1464.	1784.
Kiser Förche Taeda.	24.	19 3/5.	33.	21 3/4.	2740 1/2.	500.	1799.	1989 3/4.
Wachsende Förche.	28 1/2.	21 1/8.	30.	24 3/5.	3108.	635.	1936 2/5.	2256 5/8.
Ahorn.	30 3/4.	22.	33.	26 1/4.	3307 1/2.	660.	2013.	2401 3/4.
Weidenholz.	30.	20.	38 1/2.	25 3/4.	3181 1/2.	—	—	—

Von

Von der Schwere einer Klafter Brennholzes.

Die angesetzte Schwere einer Klafter ist nicht zu verstehen von dem Brenn- oder ausgescheiterten Holz, sondern ist blos auf den körperlichen Innhalt einer Klafter zu nehmen, massen eine Klafter Scheiterholz nicht so viele Pfunden wegen ihren Zwischenräumen wiegt, und kommet auf die Proportion der Scheiter an; denn je kleiner die Scheiter sind, je mehr gehören derselben auf eine Klafter, je mehr also zu einer Klafter Scheiter nöthig sind, desto mehr müssen in einer Klafter Zwischenräume entstehen, und also desto weniger am Gewichte halten; Auf ein Klafter Brennholz aber werden insgemein in Ansehung der Schwere nur 108. bis 110. Cubic-Schuhe nach Proportion der Scheiter, und also hierdurch entstehenden Zwischenräumen nämlich gerechnet; folglich von der ganzen körperlichen Schwere einer Klafter zu 126. Cubic-Schuhe bey mittelmäßigen Scheitern $\frac{1}{7}$. oder 18. Cubic-Schuhe abgezogen werden: also wird z. E. eine Klafter Roth-Buchen Holz in Scheitern nicht 3622. tt. sondern nur 3105. tt. eine Scheiter-Klafter Birkenholz nicht 3528. sondern 3024. tt. ein Klafter Erlenholz in Scheitern nicht 3118. sondern nur 2673. tt. wiegen.

Wie sich der Stamm gegen denen Scheitern der Klafter nach verhalter.

Aus vorgehenden folget also der Schluß, daß aus 6. Klafter Holz an dem Stamm 7. Klafter in das Scheitermaaß kommen; ein Klafter hat in ihrem körperlichen Innhalt 126. Cubic-Schuhe, diese also 6mal genommen geben 756. ein Klafter Brennholz aber, wie vorgehends erläutert, wird wegen ihren Zwischenräumen nur zu 108. Cubic. Schuhe angenommen, diese hiemit 7mal genommen, kommen also eben die obige 756. Cubic-Schuhe heraus; folglich 6. Klafter an dem Stamm 7. Klafter Scheitermaaß geben.

Wie viel Lohe von den Stämmen geschälet werde.

Eine nicht geringere Aufmerksamkeit verdienet auch das Lohe; denn einen grosen Unterschied dem Klaftermaaß nach verursachet das Abschälen deren Bäumen: Johann Friderich Stahl in seines ökonomischen Forstmagazins 9ten Bande Fol. 98. meldet, daß er in seinem Versuch von einer Klafter jung Eichenholz an Lohe den 6ten Theil einer Klafter bekommen habe; folglich nach dieser Erfahrung 126. Cubic-Schuh Eichenholz 21. Cubic-Schuhe Lohe, oder 6. Klafter Eichenholz 1. Klafter Lohe geben also zwar, daß, da man diese 6. Klafter Holz, nachdem solche abgeschälet sind, wiederum in das Eisenmaaß legete, solche nur mehr 5. Klafter messen.

Von dem Wachsthum in die Höhe und Dicke der Bäumen.

Ludwig Gotfrid Klein de aere, agris & locis agri Erbac. S. 58. giebt die Höhe und Dicke der Bäumen, die sie ungefehr zu bekommen pflegen, folgends also an; als

Die Eiche wächset nach baier. Maaß	44	bis 45	Sch. hoch,	2¼	bis	5½	Sch. dick.
„ Buche „ „ „ „	38	„ 66⅔	—	2¼	„	4½	„ „
„ Birke „ „ „ „	22	„ 33⅓	—	1⅓	„	1½	„ „
„ Aspe „ „ „ „	16½	„ 22½	—	½	„	1⅓	„ „
„ Tanne und Fichte „ „	33⅓	„ 55⅔	—	1⅓	„	2½	„ „
„ Erle „ „ „ „	13⅓	„ 16½	—	2¼	„	5½	Zoll.
„ Eschen „ „ „ „	55⅔	„ 66⅔	—	2½	„	3⅓	Schuh.
„ Wacholder. „ „ „	14⅔	„ 16½	—	—	„	5½	Zoll.

Allein, da alle Bäume, sie mögen von einer Art seyn, wie sie mögen, ihre Eigenschaften von der Natur desjenigen Grundes, als wo sie erwachsen, hernehmen, kann also vorgehende Tabelle vor eine Richtschnur niemal angesehen werden; denn alle jene Bäume, welche in einem dürren, trocknen, steinicht oder sandichten Boden aufwachsen, gemeinigmeiniglich hart und stark sind, diejenige aber, die in einem nieder liegenden Grund, und wässerichten Gegend herfürsprossen, bey weitem nicht so gut, fest und stark, sondern viel schwächer sind. Es sind auch die von Abend herkommen nicht so gut, als die, so an der Mittagsseite aufwachsen, weil die Sonne ihre Höhe, Härte und Dicke sehr viel unterstützet und betreibet: ferners ist auch bekannt, daß diejenige Bäume, welche weit voneinander stehen, so, daß der Luft allenthalben durchstreichen könne, weit höher, stärker und härter sind, als die, so mitten in den Wäldern, und eingeschlossenen Oertern, welche der Luft nicht bestreichen könne, aufwachsen: zu deme (da wir in unserm Vaterlande viele hundert und tausend Stämme, die das oben angezogene Wachsthum weit um das alterum tantum sowohl in die Höhe als Dicke übersteigen, zu zählen haben) überweiset uns die Natur also selbst, daß man die Bäume generaliter in Ansehung der zu bekommenden Höhe und Dicke nicht bestimmen könne, sondern daß viel mehr diese Bestimmung von derjenigen Gegend, wo der Baum erwachset, herrühre, als welche nämlich demselben seine nöthige Nahrung und Saft ertheilet: zu diesem kommet noch eine weitere Beschwerlichkeit, die uns ein solches zu bewerkstelligen außer Stande setzet, das hohe Alter der Bäume, da sie uns, nämlich in die drey, viermal überleben, und da dann auch von unsern Voreltern, als welche sich um diesen Artickel wenig bekümmert haben, hievon nichts Gründliches hinterlassen worden; kann also auch von uns dieses nicht verlanget werden. Wir wissen zwar, daß ein Baum nach 100. Jahren in seiner Höhe nicht mehr zunehme, in die Dicke aber bis auf 160. und 180. Jahre immerfort wächset, wie hoch und dick aber die verschiedene Baumarten sowohl in dieser als jener Gegend gemeiniglich zu werden pflegen, hievon ist uns dato noch nichts gewißes bekannt: wir sollen aber der Unwissenheit wegen diese Untersuchung nicht außer acht setzen, sondern uns vielmehr in allen unsern Gegenden von der Saat oder Pflanzung an jede Art der Bäume von Jahr zu Jahre in Ansehung ihrer erhaltenen Höhe und Dicke zu beobachten, und um jedoch wenigstens unsern Nachkömmlingen hievon das nöthige vollkommene Licht zu ertheilen, ordentlich zusammen zu tragen befleissen.

Von der Schwere eines Baublockes oder Stammes, dann dessen Klafter-Berechnung.

Die 6te Rubrick in der vorgehend von der Schwere verschiedener Baumarten handelnden Tabelle zeiget uns die Schwere eines 30. Schuh lang, dann 1. Schuh ins Gevierdte zugehauenen wohl ausgetrockneten Baublockes, die 7te Rubrick aber weiset die Schwere eines runden unzugerichteten 100. Schuh lang, dann a 2. Schuh am dickeren, und 1. Schuh am dünnern Ort Durchschnitt bestehenden wohl, und mittelmäßig ausgetrockneten Baustammes; ersterer hält 30. letzterer aber $91\frac{1}{3}$. Cubic-Schuhe: dahero 1. Schuhe ins Gevierdte dick und 30. Schuhe lange Stämme $4\frac{1}{5}$. auf eine Klafter kommen, 100. Schuhe lang mit einem 2. Schuhe am stärkeren, und 1. Schuhe am schwächern Ort Durchschnitt aber geben $1\frac{1}{3}$. Stamm 4. Cubic-Schuhe eine Klafter ad 126. Cubic-Schuhe; folgends auch nach vorgegangener Erfahrung auf die Zwischenräume der Scheiter (so man solche in Scheitermaaß anschlagen wollte) zu sehen, kommeten von den 30. Schuhe lang, und 1. Schuhe ins Gevierdte dicken Stämmen nur $3\frac{1}{3}$. Stück auf eine Klafter, von den 100. Schuhe langen aber treffen nur $1\frac{1}{7}$. Stamm $3\frac{1}{2}$. Cubic-Schuhe: die angezeigte Schwere selbst aber von derley Stämmen wird ihren besondern Nutzen schaffen bey den Transporten sowohl zu Wasser als zu Lande; um also dieses Nutzens bey allen Stämmen theilhaftig zu werden, will ich hiemit Beyspiele ansetzen, wie man den körperlichen Innhalt der Bäume suchet, und folgends nach diesen die Schwere derselben, wie auch nicht minder die Klaftermaaß finden könne.

Von der körperlichen Berechnung der Bäume.

Die Bäume sind nicht anderst dann wie Kegel anzusehen, weil sie unten an dem Stamm einen

einen Cirkel zur Grundfläche haben, von obenher aber gleichsam einen Punct formiren; um also den körperlichen Innhalt eines Baumes zu erhalten, verfahret man, wie folget: man suchet zuerst den flachen Innhalt des Cirkels, der die Grundfläche des Kegels oder Baums ist, diesen multiplicirt man alsdann durch den dritten Theile der Höhe. Z. E. Der Durchschnitt der Grundfläche eines Baums seye 34. Zoll, die Höhe 150. Schuhe, die Operation ist diese, als

7 giebt 22, was geben 34? mithin nach der Regel Detri verfahren, kommen $106\frac{6}{7}$. Zolle, welche die Circumferenz ausmachen.

Wann man nun die Hälfte der Circumferenz durch den Radium, das ist $53\frac{3}{7}$. durch 17 multipliciret, so bekommt man $908\frac{2}{7}$ Quadrat-Zolle für den Innhalt der Grundfläche des Baums; endlich multiplicire man diese Fläche durch 50. Schuhe, als durch den dritten Theil der Höhe, wo sich also der ganze körperliche Innhalt dieses gegebenen Baums von 454. Cubic-Schuhen, dann $142\frac{2}{7}$. Zollen beweiset. Nun wollen wir setzen, daß dieser berechnete Stamm eine Tanne seye, und also gleich von dem Stamm her weiters transportiret werden müsse, mithin man der Fuhrlohnskösten wegen einen zuverläßigen Ueberschlag von der Schwere gedachten Stammes nöthig habe, ein Cubic-Schuh Tannenholz aber von dem Stamm her vermög vorgesetzter Tabelle $30\frac{3}{4}$. tt. wiege; als verfahret man nach der einfachen Regel Detri, wo man also zum Product als der Schwere dieses berechneten Stammes von dem Stamm her 139. Centner 65. tt. erhaltet, und verfahret man nach dieser Rechnung, um die Schwere eines berechneten Körpers zu finden nicht nur allein bey den ganzen Bäumen, sondern auch nicht minder bey denen abgegupften Sägeblöcken und Baustämmen: will man aber ferners auch die Klafter in dem Stamm wissen, so dividiret man mit 106. um entgegen die Klafter in Scheitern zu erfahren, gehet man wegen den Zwischenräumen nur mit 108. darunter, auf welche Art man also auch dieses erfahret. Diese Berechnung eines Baums kann ferners auch auf eine andere Manier angegangen werden, und zwar durch einen Vortheil, der die Rechnung ziemlich verkürzet: z. E. der Durchschnitt wäre 2. Schuhe oder 20. Zoll, die Höhe des Baums 80. Schuhe, so multiplicire ich den Durchschnitt 20. Zoll in sich selbst, welches 400. giebt, dieses Product multiplicire ich denn mit der Höhe 800. Zoll, so kommen 320000. Zolle heraus; ferners spreche ich sohin 42. giebt 11. was giebt 320000? das hieraus entstehende Product $83809\frac{11}{21}$ zeigt den körperlichen Innhalt des vorgenommenen Baums an; als von 83. Cubic-Schuhen, und $809\frac{5}{8}$ Cubic-Zollen.

Von der körperlichen Berechnung eines Floß- oder Baustammes.

Die abgegupfte Bäume, als da sind die Floß- und Baustämme gleichen abgekürzten Kegeln, und müssen also wie diese berechnet werden; die Berechnungsart der abgekürzten Kegeln aber ist folgende: wir setzen, ein derley Floßbaum habe am dickeren Ort einen Durchschnitt von 21. Zollen, am dinnern Ort aber 7. Zoll, und die Höhe dessen seye 50. Schuhe: erstlich lasse ich, wie die beyliegende Figura II. weiset, die Perpendicular 3. 8. auf 1. 2. fallen, und mache den Kegel völlig aus um die ganze Höhe 5. 7. zu bekommen; um diese zu finden aber sage ich, daß, weil der Radius 3. 6. von $3\frac{1}{2}$, und der Radius 1. 5. von $10\frac{1}{2}$ Zollen ist, die Linie 1. 8. die Differenz der beyden Radiorum 1. 5. und 3. 6. seye; diese Linie 1. 8. ist also von 7. Zollen; nun wegen den ähnlichen Dreyecken 1. 8. 3. und 1. 5. 7. sage ich, da die Seite 1. 8. von 7. Zollen 50. Schuhe vor die Seite 8. 3. giebt, wie viel giebt die Seite 1. 5. von $10\frac{1}{2}$. Zoll vor die Seite 5. 7? diese findet man also von 75. Schuhen: weil man nun die ganze Höhe gefunden, sucht man nunmehro auf in vorigen Svo enthaltene Art den Innhalt des grosen Kegels 1. 2. 7. welcher von 86625. Cubic-Zollen bestehet, und sohin auch den Innhalt des kleinern Kegels 3. 4. 7. der 3208. Zolle begreiffet; die-

ser

ser kleinere Kegel wird nun von dem grossen abgezogen, und das hieraus entstehende Product giebt den körperlichen Innhalt dieses in die Frag gestellten abgekürzten Baustammes oder Kegels von 83. Cubic-Schuhen, und 417. Cubic-Zollen.

Von der körperlichen Berechnung der Bau- und Sägeblöcken.

Die Bau- und Sägblöcke, welche an beyden Enden zween verschiedene Durchschnitt haben, werden auf eben diese Art nach abgekürzten Kegeln (wie von den Floß- und Baustämmen gemeldet worden) berechnet; haben diese Bau- oder Sägblöcke aber zween ähnliche Cirkeln, und Durchschnitte, so werden folgends solche als Cylinder angesehen, und berechnet auf folgende Art: der Durchschnitt eines solchen Sägblockes seye z. E. 14. Zoll, die Länge oder Höhe 20. Schuhe, den Innhalt des Cirkels, der diesem Baublocke oder Cylinder zur Grundfläche dienet, auszurechnen ist das erste; diesen aber findet man, da man die Circumferenz suchet; als 7. giebt 22. was 14? kommen 44. zur Circumferenz; nun wird die Hälfte der Circumferenz durch den Radium, das ist 22. durch 7. multiplicirt, wo also 154. Quadrat-Zolle vor den Innhalt der Grundfläche dieses Baublockes kommen; ferners multiplicirt man diese Fläche durch die Höhe oder Länge 20. Schuh, und werfen sich also vor den körperlichen Innhalt dieses Baublockes 30. Schuh 800. Cubic-Zolle heraus.

Von der körperlichen Berechnung der ins Gevierdte zugehauenen Baublöcken.

Die Baublöcke werden ins Gevierdte also zugehauen, daß ihre zwey gegeneinander stehende Seiten gleich sind, und also eben dieserwegen als Parallelepipeda anzusehen sind: ein solcher Baublock habe zwo gleiche Seiten: z. E. von 14. Zollen, und zwo von 10. Zollen, oder 1. Schuhe, die Länge oder Höhe seye 30. Schuhe; um also den Cubic-Innhalt zu finden, so multiplicire man 14. mit 10. wo also 140. Quadrat-Zolle zur Grundfläche kommen, diese Grundfläche aber mit der Länge 30. Schuhe multiplicirter giebt den körperlichen Innhalt dieses Baublockes von 42. Cubic-Schuhen.

Um aber den Innhalt der Grundfläche bey den Floßbäumen, Bau und Sägblöcken nicht allzeit ausrechnen zu dürfen, habe ich hiemit eine Tabelle berechnet, und dieß Orts mittheilen wollen, in welcher man und zwar in der ersten Rubrick die Circumferenz der Bäume, in der zweyten den aus der Proportion der Circumferenz entstehenden Durchschnitt, und in der dritten Rubrick endlich den Quadrat-Innhalt der Grundfläche findet; wo folglich man, um den körperlichen Innhalt zu erlangen, diese Grundfläche nur mit der bewußten und behörigen Höhe oder Länge des Stammes multipliciren darf.

Tabelle, von dem Quadrat-Innhalt der Grundfläche, als welche ein jeder Stamm nach Proportion seines Cirkels, und Durchschnitts habe.

Wann die Circumferenz eines Baums hält.		So beträgt der Durchschnitt desselben.		Folgsam der Quadrat-Innhalt, oder Grundfläche.
Schuh.	Zoll.	Schuh.	Zoll.	Quadrat-Zolle.
2	—	—	7	35
2	5	—	8	50
3	—	—	$9\frac{1}{2}$	$71\frac{1}{4}$
3	5	1	1	96
4	—	1	$2\frac{3}{4}$	128
4	5	1	$4\frac{1}{4}$	$160\frac{3}{4}$
5	—	1	$5\frac{10}{11}$	$198\frac{3}{4}$
5	5	1	$7\frac{1}{2}$	$240\frac{1}{4}$
6	—	1	9	285
6	5	2	$\frac{3}{4}$	337
7	—	2	$2\frac{1}{4}$	$389\frac{1}{2}$
7	5	2	$3\frac{3}{4}$	$444\frac{2}{3}$

Wann die Circumferenz eines Baums hält.		So beträgt der Durchschnitt desselben.		Folgsam der Quadrat-Innhalt, oder Grundfläche.
Schuh.	Zoll.	Schuh.	Zoll.	Quadrat-Zolle.
8	—	2	5 1/2	510
8	5	2	7	573 1/2
9	—	2	8 2/3	645
9	5	3	1/4	718 3/8
10	—	3	1 4/7	795
10	5	3	3 2/7	885 1/2.
11	—	3	5	962 1/8
11	5	3	6 3/7	1052
12	—	3	8 1/7	1146
12	5	3	9 2/3	1228 5/8
13	—	4	1 1/7	1343 1/3
13	5	4	3	1450 3/4
14	—	4	4 3/7	1561
14	5	4	6	1667 1/2
15	—	4	7 2/3	1787 1/2
15	5	4	9 1/4	1908 1/6
16	—	5	7/8	2035
16	5	5	2 1/2	2165 1/2
17	—	5	4	2295
17	5	5	5 2/3	2435
18	—	5	7 1/2	2576 1/4
18	5	5	8 4/5	2719 1/7
19	—	6	1/2	2873 3/4
19	5	6	2	3022 1/2
20	—	6	3 2/3	3183 1/3

(Die Fortsetzung folgt künftig.)

e) Die besonders brauchbare Art eines neu erfundenen englischen Pflugs verdienet nicht minder unsern Landleuten angepriesen zu werden. Das beyfindige Kupfer, Fig. III. und die in einem Schreiben an den Verfasser dieser Blätter folgende Erklärung desselben dienet ihres grosen Nutzens wegen zu einer forschenden Nahahmung und Versuch. — Vielleicht werden dadurch noch ganz neue Vortheile entdecket. —

Mein Herr!

Sie werden mich verbinden, wenn sie nachfolgender Beschreibung eines sonderbaren Pflugs, zum Besten des Ackerbaues, in dero nützlichen Intelligenzblatt einen Raum gönnen wollen.

Der Abriß des Pflugs sub Fig. 3. & 4. ist die Erfindung des Freyherrn von Brennner, mir aber von Herrn Professor Schreber in Leipzig, dessen grose Fähigkeiten in ökonomischen Wissenschaften ꝛc. ohnehin jedermann bekannt sind, mitgetheilet, und als die beste Art, aller bisher erfundener Pflüge angerühmet worden; wie ich dann selben sowohl in Lothringen, als Elsaß mit grosem Nutzen habe anwenden sehen.

Da es bey einem wohl eingerichteten Pflug hauptsächlich darauf ankömmt, daß die Erde zerschnitten, ausgerissen, und gänzlich umgekehret werde, ohne daß nach dem Pflügen noch grose Erdglotzen vorhanden sind, welches durch die gemeine Art nur gar zu oft geschieht; so darf ich behaupten, daß diesem durch den in Fig. 3. & 4. vorgestellten Pflug am besten abgeholfen wird.

Man betrachte derohalben in der Fig. 3. das Messer A, durch welches die Erde aufgeschnitten, und das dreyeckichte Eisen b, durch welches selbe aufgerissen wird. Man betrachte ferner in c oder vielmehr Fig. 4. in C ein nach einem Winkel von 90. Grad gebogenes Holz, welches hinter dem Brecheisen B angebracht ist, und die aufgeworffene Erdschollen zerdrücket, mithin die Erde um so mehr bearbeitet: welcher wichtige Vortheil bey andern Pflügen wegfällt, diesen aber um so nutzbarer und vorzüglicher macht. Ich

wünsche

wünsche nur, daß sich meine Landesleute dieser Erfindung bedienen, und denjenigen Nutzen davon haben mögen, den schon andere davon gehabt, und noch haben.

Ich werde mir eine Ehre daraus machen, in einem Fach etwas gethan zu haben, welches an Verbesserungen noch sehr leidet.

. J. N. v. St.

f) Es wächst in den Gärten, auch in den Gebürgen wild, das sogenannte Eisenkraut (Napelus) mit blauen Blumen geziert, wer dieses Kraut in die Zimmer und Kämmer, Getreidböden ꝛc. legt; davon sollen die Mäuse eben so sehr, als von dem Rittersporn fliehen: es fragt sich, ob dieses antipathetische Mittel jemand probirt, und bewährt befunden habe: man bittet auch diejenigen, die dergleichen Arcana oder Hausmittel, sie seyen sympathetisch oder antipathetisch, oder sonst bewährt, besitzen, solche hieher fürs Intelligenzblatt einzusenden.

g) Da es bekannt ist, daß in der Churbaierischen Reichsherrschaft Sulzbürg in Erziehung der Obstbäume ein so ausnehmender Fleiß herrschet, daß auch in einem nur mittelmäßigen guten Obstjahr um 3,400. fl. Obst verkauft wird; so fragt ein Landwirth, wo es eigentlich stecke, daß in dem übrigen Theile der obern Pfalz, so wenig Obstbäume zu sehen sind, und welche Mittel anzuwenden wären, den sonst in dem ländlichen Fleiß oder Industrie so berühmten Oberpfälzer zur Baumzucht mehr anzufeuern? indem das stinkende alte Vorurtheil kranker Köpfe bereits aufhöret, daß der Obstzügel dem Bierverschleiß und Ungeld schade: indem sich bereits durch den dermaligen Abgang an Fruchtbäumen just das Gegentheil äusert. o

o — So kostbar sind unsere Vorurtheile. — Welche aber die Herren Finanzer schon zu berechnen wissen werden. — Sie könnten gleich das Schema aus Frankreich hollen: wo es eingeführt ist, daß jeder Bauer alle Jahre 10. neue Fruchtbäume setzen, und mancher deren mehrere hundert halten, und ihnen warten muß: so sind auch in gar vielen Provinzen die Strassen zu beyden Seiten mit Bäumen besetzt. — Wir haben heuer schon oft den Nutzen hievon gezeigt. — Der Himmel verleyhe uns nur ein williges Gehör. —

Artic. VIII.

Von gelehrten Sachen.

In dem Verlag der Gebrüder Wagner in Augspurg ist zu haben: Paralelle der alten Irrthümer mit den neuern unserer Zeiten, zur allgemeinen Warnung der Rechtglaubigen, von einem ächten Wahrheitsfreunde, und wahren Patrioten, in 8vo 1771. mit Approbation. o

o Wir haben zwar in gegenwärtig unserm Jahrhunderte eine Zeit erlebt, wo es unter den Theologen der 3. bekannten Religionen etwas friedsamer hergehet. Und wer sollte sich nicht darüber erfreuen? da bekannt ist, daß aus allzuheftigen Streitigkeiten gemeiniglich wenig Ueberzeugung folget; ja die Wahrheit dadurch vielmehr verfinstert, als an das Licht gestellet wird. Christus ist der Fürst des Friedens. Und er will, daß man wegen seinen Worten nicht zanke, sondern seiner gestifteten alten Kirche glaube: nolli velle judicare, si vos vis errare, sagt der H. Augustin, der doch auch ein gelehrter Mann war, und das Werk verstanden hatte. Selbst Petrus zerschmetterte steinere Herzen der Juden in seiner erst und zweyten Predigt, mit dem sanften Vortrag des Wort GOttes; wo er im Gegentheil mit dem Grimmen seines Schwerdes in dem Garten Gethsemani eben nicht viel ausrichtete, sondern für den Heldeneifer von seinem Meister und Herrn einen derben Verweiß bekam. Der Herr Verfasser scheinet in seiner Paralelle oder Polemik eben dieses zum Grund genommen, und wohl erwogen zu haben. — Denn, obwohl er 12. Irrthümer bestreitet, welche von der heiligen Kirche schon in dem 4ten Jahrhundert sind verdammt worden, und die, die jetzig neumodischen Glaubenslehrer, Libertiner und Kriticker in ihre angeblich gereinigten Glaubenssätze wieder einzuweben für gar fürträglich erachten; so ertheilet er doch neben der Warnung für den Irrthum, allen Glaubigen zugleich jenen weisen Rath, den der Apostel den Corinthern gab: und der für uns auch sehr nützlich und sicher ist: in Captivitatem redigentes omnem intellectum in obsequium Christi: Es erfodert es auch die gegen den Glauben schuldige Ehrfurcht: den Aussprüchen der Kirche in Demuth des Herzens sich zu unterwerfen, und selbe nicht vorwitzig zu durchgrüblen.

Doch, wenn wir dem Herrn Verfasser öffentlich Beyfall geben, wollen wir von ungeübten Lesern nicht vermuthen, daß man uns deswegen für Leute ansehe, die es mit den Conföderirten in Pohlen halten. Nein! das wollen wir demüthig abgebethen haben, weil uns die Scharte in Peters Schwerd abschrecket, und wir lieber dem Feinde für Sanftmuth und Wahrheit zwey Ohren wünschen. — Wir sind auch nicht so frey, ja es wäre wider den Wohlstand gehandelt, gewisse Leute für die dieses Buch eigentlich geschrieben zu seyn scheinet, zu benennen. Aufmerksame Leser werden sie schon selber finden. —

b) Es sind 2. Scartecken: sub Titl. Geschichte der Teufeln in neuern Zeiten: und die Schöne im Gedränge der Liebhaber, oder das glücklich gewordene Bürgermädchen, wegen deren scandalosen und nichtigen Innhalt, zu verkaufen, und zu kaufen oder zu lesen höchsten Orts schärfest verbothen worden, daher wir das Publicum dafür zu warnen uns verbündlich erachten. —

Artic. IX.

Merkwürdigkeiten.

a) In Frankreich macht sich die neue königliche Declaration merkwürdig, die auch in die Register des Parlaments eingetragen werden mußte, Kraft deren alle vom 16. December 1756. bis jetzo gegen die Geistlichkeit, auf Veranlassung der letztern Zwistigkeiten, ergangene Arrets des alten Parlements gänzlich cassiret werden. Es können also alle diejenigen, gegen welche dergleichen Urtheile ergangen, wieder in den vorigen Stand treten, und zu ihren vormaligen Verrichtungen zurück kehren.

b) Paris, den 10. Heumonaths. Die Bücher und Kupferstiche, welche wider den Jesuitenorden verfertigt, und frey öffentlich verkauft worden, sind auf einmal verbothen worden; viele dieses Ordens befinden sich hier und anderer Orten, und verrichten alle geistliche Obliegenheiten, man schließt aus diesem allen, daß diese Väter vielleicht, ehe man sichs vermuthet, die Sonne wiederum über sich werden aufgehen sehen.

c) Eine unlängst ergangene Königl. Dänische Verordnung giebet den außer der Ehe erzeugten natürlichen Kindern die nämliche Rechte, wie den ehelich gebohrnen, also daß ihnen ihre Geburt keineswegs als eine Schande anzurechnen, auch für Taufgebühren für dieselben nicht mehr als für die ehelichen zu entrichten.

d) Se. Majestät der König in Frankreich haben den päbstlichen Herrn Nuntius mit einer reichen Abtey beschenkt, ohne daß man einsehen kann, was Se. Majestät bewogen haben mag, ein so ansehnliches Geschenk einem Fremdling zu machen.

e) In Corsica sind auf Königl. Befehl diejenigen Einwohner, so sich der Französischen Regierung gänzlich unterworfen haben, gezählet worden, und es haben sich derer in allem schon 7000. an der Zahl befunden.

Artic. X.

Etwas zum guten Geschmack.

Ein Advocat begegnete einem Bauern, der mit 4. magern Pferden nebst einem starken am Sattel, Holz in die Stadt führete. Warum Freund! rief der Schriftgelehrte, warum nur ein gemästet Pferd, und morzu so viel Nebengerippe? — Mein Herr! antwortete ihm der Bauer, sehet! Hier, Ich bin der Act: — der starke Sattelfuchs, worauf ich reite, das ist der Schriftensteller: und die 3. magern Postschimmeln sind seine Clienten. — — Und auf so eine Art kann ich auch Proceße führen. —

Gewiß! ein gütiges, mit sich zufriednes Herz
Find Tröstung in sich selbst, und Beyfall anderwärts.
Fragt weise Männer nur, ihr werd sie ja wohl kennen?
Sie pflegen solch ein Herz, ein redlich Herz zu nennen. —
der Author.

Churbaierisches Intelligenzblatt

Num. XVIII.

München den 6. August 1771.

Artic. I.

a) Circulare: An die sämmtlichen nächst Regensburg entlegenen Mauthstationen, die Zufuhr der Victualien betreffend. Datirt den 17. Juny 1771.

Wir Maximilian Joseph, Churfürst rc.

Entbieten unsern sämmtlichen Mauth- und Beymanthämtern Unsern Gruß, und geben denselben zu vernehmen; Wasmassen zu Unsern nicht geringen Befremden bey der allgemeinen Reichsversammlung zu Regensburg debitiert worden sey: ob wäre von Unsertwegen die Verfügung beschehen, die Zufuhr des Getreids und sämmtlicher Victualien nacher Regensburg ohne Rucksicht auf den Reichs-Convent, zu hemmen und zu sperren.

Da uns nun aber so wenig, als all Unsern Stellen von einer gegen die Stadt Regensburg verhängten Victualiensperr etwas bewußt; der Getreidsperr halber aber wohl gar so viel bekannt ist, daß seit Unserem General-Ausfuhr-Verboth, nämmlich seit 1. September bis ult. May die Stadt Regensburg aus Unseren Landen wirklich allschon in die $\frac{12}{m}$ Schäfseln allerley Früchten empfangen, ja noch zur Stund eine unsrige Verwilligung in ihren Handen habe, weiters einige hundert Schäffel aufkaufen zu därfen; in so ferne sie solche auf Unsren Schranen finden würde: So gewärtigen Wir von unseren Mauth- und Beymanthämtern die alsbaldig standhafte Verantwortung: Ob, und in wie weit etwa von demselben wider unsere Willensmeynung zu verstandenem bey der Reichsversammlung angebrachten Ruf einiger Anlaß gegeben; und benanntlich ob, und was für eine Victualien-Sperr, dann auf welcherley Verordnung gegen die Stadt Regensburg eingeführt; wie auch: ob und warum allenfalls die ihr zur Ausfuhr einer Quantität Früchten unter Unserm Handzeichen ertheilte Verwilligung zu respectiren Anstand genommen worden sey? Wir versehen Uns um so mehr eines jeden wahrbegründter Anzeige; als demjenigen, welcher sein allenfalsiges Instructions-widriges Vergehen verhehlen, oder zuwidersprechen suchen will, auf Erfahren des eigentlichen Grundes, unsere höchste Ungnade bevorstehet: davor sich also jeder gleichwohl zu hütten wissen wird. Gegeben in Unserer Haupt- und Residenzstadt München, den 17. Juny 1771.

Ex Commissione Seren. Dom.
D. Ducis Electoris Speciali &c.

An die nächst Regensburg entlegenen Mauth- und Beymauthämter, also erlassen worden.

b) Patent: Die Victualien Zufuhr nach Regensburg betreffend. Datirt den 22. July 1771.

Es haben zwar die hinnach benannt churfürstlichen Mauth- und Beymauthämter auf das unterm 17. elapsi an sie ausgefertigte Patent verantwortlichen herkommen lassen, daß ihnen einige Sperr der Victualien Zufuhr nacher Regensburg, weder jemalen aufgetragen oder anbefohlen worden: noch auch bewußt sey, daß Sie jemanden durch Anhaltung und Zurückweisung, oder auf sonst eine Weise Anlaß gegeben hätten, sie einer eigenmächtigen Hemmung der Marktsfeilschaften zu beschuldigen: mit dem weiteren Anhang, daß nicht minder so viel die Getreidsperr anbelangt, diejenige Päße jederzeit respectiret worden seyn, welche von Sr. churfürstlichen Durchleucht für die Stadt sowohl als Stift und Klöster ausgestellt, und zum Theil noch in derselben Handen, weil das verwilligte Quantum im Lande nicht mehr zu haben gewesen, befindlich seyn.

Nachdem nun aber gleichwohl, obschon ohne Anzeige eines Casus specifici so viel verlauten will, daß bey einigen Mauthämtern, der churfürstlich gnädigsten Intention zuwider verschiedene Victualien: als Schmalz, Eyer, s. v. Schweinvieh, und dergleichen nacher Regensburg nicht paßiert, sondern verschiedentlich angehalten, zuruckgewiesen, oder den Leuten gar abgenommen worden wären: welchem Ruf Sr. Churfürstl. Durchläucht durch Dero Haupt-Mauthamt am Korn Markt behörig auf den Grund sehen zu lassen gedenken, und zu dem Ende verordnet haben, daß diejenigen Mauth- und Beymauthbeamte, Beschauer, Mauthdiener, oder Confinwächter, wider welche dannoch ein dergleichen retrò zu Schulden gebrachter Casus specificus angebracht werden därfte, sich bey ersagtem Hauptmauthamt ohne alle Tergiversation standhaft zu verantworten haben sollen: so wird hiemit diese Churfürstliche Resolution besagten Mauthämtern, und deren untergeordnetem personali der Nachachtungswillen bedeutet, und zugleich alles Ernsts aufgetragen, sich einiger Sperr oder Hemmung der Victualien-Zufuhr nacher Regenspurg; weil die Churfürstliche Intention niemalen dahin gegangen, noch auch eine Anbefehlung hierüber erlassen worden ist, nimmermehr zu unterwinden, folglich sich dießfalls aller Gehäßig- oder Eigennützigkeit bey schwerester Ahndung und wohl gar bevorstehender Cassation gänzlich zu enthalten: für Eins.

Zweytens wollen Sr. Churfürstl. Durchläucht, daß diejenige Marktsfeilschaften, welche nach Regensburg destiniert gewesen, gleichwohl aber etwa wegen begangenen Fürkauf, defraudierten Zoll, oder sonst rechtmäßiger Ursache willen bey je einem Amte angehalten, und in Commißion gezogen werden: von keinem Beamten zuruckbehalten, sondern ex Officio auf den Regensburger Markt zum Verkauf gebracht, und sonach nur das erlößte Geld in die Mandatmäßige Theilung gezogen werde. Und weilen

Drittens die Anzeige beschehen, daß theils Stifter und Bürger von Regensburg; welche im fertigen Herbst, und heurigen Fruhjahr einige zu nächst am Burgfried gelegene Aecker und Wißgründe begailet und besamet, mithin nach dem landsüblichen sogenannten Düng-Recht auch den Fand zu geniessen haben: mit solch lezteren nicht in die Stadt paßiert werden wollen, ohne vonentwegen eine Churfürstliche Verwilligung beyzubringen: so haben Sr. churfürstlichen Durchläucht in Anbetracht, daß dieses Düng-Recht den Landesunterthanen selbsten zu guten gehe, sothane Verwilligung dergestalten zu ertheilen geruhet, daß Dero Mauth- und Beymauthämter dergleichen Feldfrüchten in die Stadt

pasie-

passieren lassen sollen, weil allwegen ein von Dero Hauptmauthamt am Kornmarkt ausgestellte, das Quantum, denen Schöbern nach enthaltende Polette beygebracht wird: als welche Polette eingezogen, und dem Manual, in welches derley Posten ein als andern Wegs einzutragen sind, zu adnumerieren kommt, damit die Unterschleife möglichst präcaviert werden. Uebrigens und schlüßlich werden sammentliche hinnach benannte Aemter auf die genaue Befolgung dessen, was denenselben mittelst Patents von 14. November Anni elapsi ausführlichen bedeutet worden, wiederholter angewiesen; als welchem sie stricte zu inhäriren, in allenfalls vorkommenden zweifelhaften Fällen aber jederzeit demienigen nachzukommen haben, was ihnen von dem Churfürstlichen Hauptmauthamt am Kornmarkt, auf ihre allda zu machen habende Anfragen, provisorie zu beobachten bedeutet werden wird.

Hieran beschiehet Sr. Churfürstlichen Durchläucht gnädigst und ernstliche Meynung, welcher allenthalben nachzukommen, gegenwärtiges Patent aber, der richtig beschehenen Einlieferungswillen retenta Copia zu unterschreiben ist. Signatum in Intimo. München den 22. July 1771.

Ex Commissione Speciali &c.

An die nächst Regensburg entlegenen Mauth- und Beymauthämter, also erlassen worden.

c) Indem einige aus Verstoß beschehene Abdrücke eines nur projectirten Generalis sub dato 6. July 1771. wegen des Getreidvorlehen, hin und wieder ausgestreuet worden; so will man das Publicum hiemit avertiren, damit man so einen irrigen Abdruck, wer dergleichen etwa in Handen hat, für ungiltig erkenne; gestalten es bey der vorigen gnädigsten Verordnung vom 6. Febenar und 20. Märzen dieß Jahrs durchgehends verbleibt.

Artic. II.

Fellschaften.

Adam Werner, Flußsieder zu Häzenacker, Gerichts Voheburg, diethet dem innländischen Publico seil 30. Centner Podaschen, jeden zu 25. fl.

Artic. III.

Standeserhebungen.

Se. Churfürstlichen Durchläucht in Baiern tc. haben, vermög eines ertheilten gnädigsten Decrets vom 12. July dieß Jahrs, Dero frey quittierten Hauptmann, Zeughausverwalter, und Hofkastenamts-Gegenschreiber zu Burghausen, Herrn Johann Georg Libori von Rickauer, in Ansehung seiner in die 17. Jahre unter dem löbl. Herzog Clementischen Infanterie-Regiment geleisteten, treu und distinguirten Diensten, auch daß derselbe von einer niederländisch adelichen Familie abstammet, hinlänglich dargethan, gleich dessen Herren Brüdern, in dem Adelstand, mit dem Prädicate von zu erheben gnädigst geruhet.

Artic. V.

Handlungs-Nachrichten.

a) Aus allen englischen Gegenden, wo Hopfen wächst, läuft Nachricht ein, daß der Hopfen aller Vermuthung nach heuer sehr gut gerathen, und daß man also die Gesetze gegen die Einfuhr des Hopfens aus Flandern und andern Orten, auf das strengste zur Ausführung bringen werde.

b) Der grosse Rath zu Genua hat zum Besten des Commercii eine Verordnung bekannt machen lassen, daß die Abgaben, so bisher auf den genuesischen Damast und Sammet gelegt gewesen, fünf Jahre hindurch cessiren sollen.

c) Nicht weit von Rochelle ist ein Schif, von Martinique kommend, welches 400000 Pfund Caffee an Bord hatte, zu Grunde gegangen. o

o Wenn allen Cafferschiffen ein gleiches Schicksal begegnete: Was für saure Gesichter würden die Caffeemäuler machen? — — Doch laßt sie nur machen, sagt Cleon; wir behielten um so viel mehr Geld im Lande. —

Artic. VI.

Nachrichten für die Policey.

a) Die Perückenmacherkunst im Aufsetzen, Frisiren, u. s. w. steigt in Paris aufs höchste:

ein gewisser Coeffeur, Namens Durand, hält eine ordentliche Coeffurschule: er hat 72. grosse und kleine Puppen, eine jede auf eine andere Manier frisiret, vorräthig, mit geraden und Seitenlocken, boudins, dragonnes, chignons relevès, frisès, nattès, und wie die allerliebsten Namen weiters nacheinander heissen. Wenn Herren und Damen alle 72. Puppen mit einander haben wollen; so kann er sie auf Verlangen auswärts verschicken, indem er sie auf das beste einzupacken weis. o

o Aber, gehören denn die hohen, mittern, niedern, und allerley tausend Frisuren, auch zur Policey? fragt Castulus. — Warum nicht! Wenigst sind sie in Paris keine Eitelkeit. — Denn, nach einem unterm 21. Juny bey dem Parlement zu Paris enregistrirten Edict, sind in dieser Stadt 110. neue Peruquenmacherstellen verordnet worden, welche jährlich dem Caßirer der Zeichenschule eine Summe von 24000. Livres entrichten müßen. — Allda muß man mehrer auf frisirte Köpfe halten, als bey uns! — —

b) Mayland den 29. Juny. Es sind hier alle Bettler, Müßiggänger und Landstreicher in Arrest genommen worden, und sie müssen in 24. Stunden die Stadt und in 14. Tagen den Staat räumen. Diejenigen, welche sich wieder antreffen lassen, sollen mit Staupenschlag und noch größern Strafen belegt werden. o

o — Was wir dazu sagen, oder denken? — — Ey! wir lassen es andern über! — —

c) In dem Leipziger Intelligenzblatt Nro 28. stehet ein neuer Beweis von der Nutzbarkeit der Mühlwage. Wir wollen solchen hier mittheilen, weil man auch bey uns allgemach einsiehet und erkennet, daß man die Bevortheilung der Müller nach dem Gewichte beßer, als nach dem Maaß, aufdecken, und den Schaden oder Abgang viel sicherer berechnen kann.

Folgendes eingeschickte Exempel von der unerlaubten Bevortheilung der Mühler, verdienet gewiß bey gegenwärtigen hohen Getreidpreise alle Aufmerksamkeit.

Ein Wirth im Voigtlande sendete (an $4\frac{1}{4}$. altenburger alten Schäffeln) $6\frac{3}{4}$. dresdner Schäffel des feinsten, meistens dreyjährigen Korns, zum Mahlen in die Mühle. . . netto 1122. Pfund.

Der erlaubte Abgang, nach der Mahltabelle im Intell. Bl. v. J. 1768. No. 30. p. 334. beträgt:

1) Für die den Mühler gebührende Mütze auf den Schäffel $10\frac{5}{16}$. Pfund. . . $70\frac{1}{4}$. Pfund

2) Zur Verstäubung, auf den Schäffel 4. Pfund, . $27\frac{1}{2}$. Pund.

beträgt $97\frac{1}{4}\frac{1}{8}$. Pfund.

Folglich hätte erwähnter Wirth zurück bekommen sollen:

1) An Mehl auf den Schäffel $134\frac{1}{2}\frac{1}{8}$. Pf. . . $915\frac{7}{8}$. Pfund.

2) An Kleyen, auf den Schäffel 16. Pfund . . $108\frac{3}{4}$. Pfund.

netto $1024\frac{3}{4}\frac{1}{8}$. Pfund.

Allein der Mühler liefert nur, in 10. verschiedenen Säcken, brutto:

No. 1.	brutto	$148\frac{1}{2}$	Pfund	gut Mehl.
" 2.	—	$154\frac{1}{2}$	"	gut Mehl.
" 3.	—	145	"	gut Mehl.
" 4.	—	136	"	gut Mehl.
" 5.	—	130	"	gut Mehl.
" 6.	—	$116\frac{1}{2}$	"	gut Mehl.
" 7.	—	41	"	grob Mehl.
" 8.	—	31	"	grob Mehl.
" 9.	—	$60\frac{1}{2}$	"	Kleyen.
" 10.	—	$16\frac{1}{2}$	"	Kleyen.

Summa $979\frac{1}{2}$. Pfund.

Tara $23\frac{1}{2}$. Pfund.

bleibt an Mehl und Kleyen netto 956. Pfund.

Wenn wir nun für die $915\frac{7}{8}$. Pf. Mehl die ersten 7. Säcke, nach Abzug $16\frac{1}{2}$. Pf. Tara, mit 855. Pfund ansetzen: so fehlen . $60\frac{7}{8}$. Pf. Mehl.

Wenn wir ferner für $108\frac{3}{4}$. Pf. Kleyen. die 3. letztern Säcke, nach Abzug der übrigen 7. Pfund

7. Pfund Tara, mit 101. Pfund entgegen rechnen: so fehlen $7\frac{1}{2}$. Pf. Kleyen.

Mithin ist in der Mühle ungebührlich entkommen: . $68\frac{3}{4}\frac{1}{2}$. Pfund.

Beträgt auf jeden dresdner Schäffel $10\frac{27}{77}$. Pfund, welches zu Geld, den Schäffel nach jetzigem Preiße nur a 4. Thlr. gerechnet, über 6. gr. macht.

Artic. VII.

Landwirthschafts-Sachen.

(Beschluß der im vorigen Blatte abgebrochenen Holzberechnung.)

Anwendung zur Floßfahrt.

Da die vorletztere Tabelle von der Schwere verschiedener Holzarten beweiset, daß z. E. ein Cubic-Schuh ausgetrocknet Tannenholz nicht mehrers dann 22. tt. wiege; entgegen aber bekannt ist, daß ein Cubic-Schuh Flußwasser 44. tt. 23. Loth schwer seye, mithin das Holz specifice leichter, dann das Wasser ist, folgsam nur ein Theil des Holzes unter die Oberfläche des Wassers steiget, der andere Theil aber oberhalb derselben verbleibet; dahero, da das Holz leichter ist, als ein ihm gleicher Theil Wassers, siehet man klar, daß es auf der Fläche des Wassers herum schwimmen müsse, und daß nur ein Theil desselben, der den Platz eines Theile Wasser einnimmt, der der Schwere des ganzen Körpers gleich ist, sich in das Wasser senke, dann da z. E. ein Floßbaum Tannenholz nur um die Hälfte so schwer ist, als ein ihm gleicher Theil Wassers, so ist derjenige Theil, der sich unter das Wasser hinein begiebet, die Hälfte des Baumes, und weil das Wasser, dessen Stelle die Hälfte des Baums einnimmet, so schwer ist, als der ganze Baum, so trachten sie mit gleicher Kraft sich gegen dem Mittelpunct der Erde zu bewegen, und stehen sie also miteinander im Gleichgewichte, obschon der Baum nicht von allen Seiten her mit Wasser umgeben ist: also folget hieraus, daß, wann ein Körper leichter ist, als ein ihm gleicher Theil Wasser, sich die gravitas specifica des Wassers zur gravitate specifica des Körpers verhalte, als wie die Massa des ganzen Körpers sich zu demjenigen Theil, der eingetaucht ist, verhalte, und woraus sich also folgende Anwendung zur Floßfahrt machen lässet:

Man solle z. E. einen einfachen Floß zu 20. Stämm Tannenholz brauchen, nun fragt sich, wie viele Centner man hierauf laden könne, bis sich der Stamm nämlich unter Wasser senke? diese Floßbäume wollen wir zu 8. Zoll im Durchschnitt, und 48. Schuhe lang annehmen, mithin ein Stamm hievon 24. Cubic-Schuhe hält, da ich nur den Durchschnitt 8. Zoll in vorgehender Tabelle aufsuchen darf, als welcher zeiget, daß die Grundfläche dieses Baums 50. Quadrat-Zolle betrage, diese 50. also mit 480. Zoll multipliciret giebt den körperlichen Innhalt des Baums von 24. Cubic-Schuhen, und also der ganze Floß a 20. Stämmen 480. Cubic-Schuhe; folglich da das ausgetrocknete Tannenholz um die Hälfte leichter als das Wasser, und ein Cubic-Schuhe nicht mehrers dann 22. tt. der Cubic-Schuh Flußwasser aber 44. tt. 23. Loth wiege; als muß nothwendiger Weise dieser Floß eine Last von 109. Centner tragen, dann da 480. Cubic-Schuhe Tannenholz nur 10560. tt., 480. Cubic-Schuhe Flußwasser aber 21465. tt. wiegen, mithin die Holzschwere von der Wasserschwere abgezogen, zur Ladung des leeren Floßes also 10905. tt. übrig bleiben. Es liesse sich dahero auch (da der leere Floß nur mit der Hälfte unter die Oberfläche des Wassers steigt, die andere Hälfte aber sich ober dem Wasser erhalte) die Ladung eines betauchten Floßes practisch bestimmen. Wir wollen den nämlichen oben in die Frage gesetzten Floß a 20. Stämmen, jeden a 8. Zoll Durchschnitt, und 48. Schuhe lang behalten; man nehme ein Stäblein, worauf der baierische Decimalschuhe getragen ist, messe hiemit den Durchschnitt der Stämmen in Anbetracht ihrer Versenkung; 4. Zolle als die Hälfte des Durchschnitts versenken sich in das Wasser ohne Ladung in Anbetrachtung der Schwere des Stammes, dahero setze man, daß beladener dieser Floß sich 5. Zolle in dem Wasser versenkter befinde, fragt sich also, wie viele Centner der Versenkung nach angeleget sind? und ist die Antwort $27\frac{1}{2}$. Centner; findet man aber, daß die Stämme 6. Zölle versenket sind, so ist der Floß mit $54\frac{1}{2}$ Centner beladen; zeiget sich entgegen die Versenkung von 7. Zollen, so ist der Floß mit $81\frac{3}{4}$. Cent. betaucht; da im Gegentheil die Versenkung von 8. Zollen ist, mithin der ganze Durchschnitt versenket ist, so ist solcher Floß mit 109. Centner (als welche Ladung der ganze Floß zu ertragen vermögend ist) beschweret: es läßt sich aber die nämliche Anzahl Centner der Versenkung von Zoll zu Zoll nach nicht bey jeden Floß anbringen, massen es hiebey nicht nur allein auf die Länge der Stämmen, sondern nicht minder und hauptsächlich auf den Durchschnitt derselben ankommet; dann ein dinn und schwacher, auch von der nämlichen Länge, wie ein dick und starker Stamm ist nicht vermögend die nämliche Ladung, wie letzterer, zu ertragen; dahero ich eine Tabelle berechnet, und dieß Orts mittheilen wollen, vermög welcher man mit einem Stäblein, worauf (wie oben gemeldet) der Landschuh im Decimalmaaß aufgetragen ist, die aufhabende Ladung eines betauchten Floßes von verschiedener Stärke und gewöhnlicher Länge seiner Versenkung nach von Zoll zu Zoll finden könne.

Tabelle, vermittels welcher man die aufhabende Ladung eines betaucht einfachen zwanzigstämmigen Floßes nach Proportion seiner Stärke der Versenkung nach von Zoll zu Zollen finden könne.

Wenn der Durchschnit der Stämmen hält	Und die Versenkung derselben ist von	So ist der Floß ad 20. Stämm beladen, so die Stämme lang sind.	
		48. Schuh	50. Schuh
Zoll	Zoll	Centner	Centner
4	3	$13\frac{5}{8}$	$14\frac{1}{4}$
4	4	$27\frac{1}{4}$	$28\frac{1}{2}$
5	3	$8\frac{1}{2}$	$8\frac{5}{8}$
5	4	$24\frac{5}{8}$	$25\frac{7}{8}$
5	5	$41\frac{1}{8}$	$43\frac{1}{8}$
6	4	$20\frac{1}{2}$	$21\frac{1}{8}$
6	5	41	$42\frac{1}{4}$
6	6	$61\frac{1}{2}$	$64\frac{1}{4}$
7	4	12	$12\frac{1}{2}$
7	5	36	$37\frac{1}{2}$
7	6	60	$62\frac{1}{2}$
7	7	84	$87\frac{1}{2}$
8	5	$27\frac{1}{4}$	$28\frac{3}{8}$
8	6	$54\frac{1}{2}$	$56\frac{3}{4}$
8	7	$81\frac{3}{4}$	$85\frac{1}{8}$
8	8	109	$113\frac{1}{2}$
9	5	$15\frac{3}{8}$	16
9	6	$46\frac{1}{4}$	$48\frac{1}{8}$
9	7	77	$80\frac{1}{4}$
9	8	$107\frac{3}{4}$	$112\frac{1}{4}$
9	9	$138\frac{5}{8}$	$144\frac{3}{8}$
10	6	$34\frac{1}{4}$	$35\frac{3}{4}$
10	7	$68\frac{1}{2}$	$71\frac{3}{8}$
10	8	$102\frac{3}{4}$	$107\frac{1}{8}$
10	9	137	$142\frac{7}{8}$
10	10	$171\frac{3}{8}$	$178\frac{1}{2}$
11	6	19	$19\frac{7}{8}$
11	7	57	$59\frac{1}{2}$
11	8	$95\frac{1}{8}$	$99\frac{1}{8}$
11	9	$133\frac{1}{2}$	$138\frac{3}{4}$
11	10	$171\frac{1}{4}$	$178\frac{1}{8}$

Wenn der Durchschnit der Stämen hält	Und die Versenkung derselben ist von	So ist der Floß ad 20. Stäm beladen, so die Stäme lang sind.	
		48. Schuh	50. Schuh
Zoll	Zoll	Centner	Centner
11	11	$209\frac{3}{8}$	$218\frac{1}{8}$
12	7	41	$42\frac{3}{4}$
12	8	$82\frac{1}{8}$	$85\frac{1}{2}$
12	9	$123\frac{1}{4}$	$128\frac{3}{8}$
12	10	$164\frac{1}{4}$	$171\frac{1}{8}$
12	11	$205\frac{3}{8}$	214
12	12	$246\frac{1}{2}$	$256\frac{3}{4}$
13	7	$22\frac{1}{4}$	23
13	8	$66\frac{3}{4}$	$69\frac{1}{4}$
13	9	$111\frac{1}{4}$	$115\frac{1}{2}$
13	10	$155\frac{5}{8}$	$161\frac{1}{2}$
13	11	$200\frac{1}{8}$	$207\frac{3}{8}$
13	12	$244\frac{3}{8}$	$253\frac{7}{8}$
13	13	$289\frac{1}{8}$	$299\frac{7}{8}$
14	8	48	50
14	9	96	100
14	10	144	150
14	11	192	200
14	12	$239\frac{7}{8}$	$249\frac{7}{8}$
14	13	$287\frac{7}{8}$	$299\frac{7}{8}$
14	14	$335\frac{7}{8}$	$349\frac{7}{8}$
15	8	$25\frac{1}{8}$	$26\frac{1}{4}$
15	9	77	$80\frac{1}{8}$
15	10	$128\frac{3}{8}$	$133\frac{1}{2}$
15	11	$179\frac{5}{8}$	187
15	12	231	$240\frac{5}{8}$
15	13	$282\frac{1}{4}$	$293\frac{7}{8}$
15	14	$333\frac{1}{8}$	$347\frac{1}{4}$
15	15	385	$400\frac{1}{2}$

Erklärung der Tabelle, und derselben Anwendung auf stärkere Flöße.

Die erste Reihe zeiget an die Stärke oder Durchschnitt der Bäumen; die zweyte Reihe aber enthaltet die Versenkung derselben den Zollen nach, nach welcher Versenkung die dritte Reihe einen einfachen Floß ad 20. Stämme, jeden a 48. Schuh lang, der aufhabenden Ladung nach Centnerweis bestimmet, eine gleiche Bestimmung auch die vierte Reihe enthaltet, da die Stämme eines solch gesetzten Floßes 50. Schuhe lang sind: z. E. man fände, daß bey einem 20. stämmigen Floß die Stämme 1. Schuhe oder 10. Decimalzolle im Durchschnitt stark sind, und daß sie sich 8. Zolle im Wasser versenkter befinden, die Länge der Bäumen aber 50. Schuhe sind; so suche man in vorgehender Tabelle den Durchschnitt 10. Zolle auf, sohin die neben diesen stehende Versenkung a 8. Zollen, fahret auf der nämlichen Linie fort in die vierte Reihe unter die 50. schuhige Länge nämlich, so zeiget sich, daß der Floß seiner Versenkung nach mit $107\frac{1}{8}$ Centner beschweret ist: ist es aber um die Bestimmung der Ladung bey stärkern Flößen zu thun, als da sind die Donau- und Innflöße, welche meistentheils zweyflößig, als 2. Stämme lang, und 30. bis 36. Stämme breit sind; so suchet man aus vorgehender Tabelle die Ladung dieser vermittels der Regel Detri: als z. E. es seye ein Donaufloß zweyflößig, das ist, zwey Stämme, jeden zu 48. Schuhe lang, und 30. Stämme breit, jeden a 12. Zoll, oder 1. Schuhe 2. Decimalzolle im Durchschnitt stark, die Versenkung setzen wir von 10. Zollen; man suche also erstlich in der Tabelle die Ladung, die ein 20. stämmiger Floß ad 48. Schuhe lang, und 12 Zoll im Durchschnitt stark mit 10. zolliger Versenkung trage, als welche Ladung von $164\frac{1}{4}$. Centner bestehet, nach diesen setze man die Regel Detri an, und spreche, 20. Stämme zu 48. Schuh lang, 12. Zoll im Durchschnitt stark tragen bey 10. zolliger Versenkung $164\frac{1}{4}$. Centner, was für eine Ladung haben mit eben dieser Versenkung 60. derley Stämme? wo man also die Auflösung, oder vielmehr die Bestimmung der Ladung bekommet von $492\frac{3}{4}$. Centner; auf welche Art man also

die

die Ladung derley Flößen, sie mögen von so viel Stämmen, als sie immer mögen, bestehen, finden kann.

A. K. L. W. B. v. L.

Ein leichtes Mittel wider die Kopfschmerzen.

Wenn man von den Sonnenstrahlen am Kopfe also beschädiget worden, daß man empfindlichen Kopfschmerzen und andere Zufälle davon empfindet, wie denn öfters Leute auf dem Lande durch das Stechen der Sonnenstrahlen in Raserey verfallen, und die Sprache verlieren, so wird folgendes als ein bewährtes Mittel zur Abwendung aller besorglichen Zufälle angegeben: Man nimmt eine Bouteille, die einen starken weiten Hals hat, und füllet sie mit frischen Brunnenwasser. Die Oefnung der Bouteille umlegt man mit einem vierfachen feinen Stückgen leinen Tuch, zieht solches steif an, und bindet es recht fest, damit das Wasser bey der Operation nicht heraus lauffen könne: alsdann nimmt man diese mit Wasser gefüllte Bouteille, stürzet sie, und appliciret die verbundene Oefnung an den Ort des Kopfes, wo der Patient am meisten schmerzhafte Empfindung hat. Man wird wahrnehmen, daß das Wasser in der Bouteille, wenn es an diesem Ort appliciret wird, eine Bewegung macht, als wenn es kochte, und so lang diese Bewegung dauert, muß man auch die Bouteille an diesem Ort lassen, indem dadurch die Hitze heraus gezogen wird. Man kann nach Verlauf von 4. bis 5. Stunden die Operation wiederholen, und wenn der Patient viele Haare auf den Kopf hat, so müssen solche entweder ganz, oder an der schmerzenden Stelle abgeschnitten werden. Dieses Mittel wird in vielen Gegenden Frankreichs gebraucht, und niemals ohne Nutzen. Es können auch diejenigen Personen, die mit Kopfschmerzen behaftet sind, sich dieses Mittels zur gewissen Erleichterung bedienen. Nach geschehener Operation muß man den Kopf jederzeit recht wohl abtrocknen, und bey jeder wiederholter Operation muß man die Bouteille auch mit frischem Wasser anfüllen.

Artic. VIII.

Von gelehrten Sachen.

a) Stockholm den 12. July. Die Universität Upsal hat vor einigen Tagen Deputirte an Se. Majestät geschickt, welche Höchstdenselben für die ausnehmende Sorgfalt, womit Se. Majestät sieben Jahre lang das Kanzleramt bey besagter Academie geführet, Dank abgestattet. Hierauf haben sie sich zum Prinz Karl verfügt, und denselben, nebst Ueberreichung eines Schreibens von der Universität, ersucht, diese Kanzlerstelle, welche, seit der König den Thron bestiegen, erledigt ist, anzunehmen. Der Prinz hat auch die Gnade gehabt, in ihr Suchen zu willigen.

b) Die Königliche Societät zu Lyon, hat für das Jahr 1772. eine goldene Medaille von 300. Livres an Werth, auf die beste Beantwortung der Frage gesetzt: Sind die Kornböden für eine große Stadt vortheilhaft? und wenn sie es sind, welches sind die besten und wohlfeilsten Mittel, das zum Unterhalt der Einwohner nöthige Korn zu erhalten?

c) Die ökonomische Societät zu Rouen, hat eine Prämie von 300. Livres auf die Anzeige der zuverläßigsten und leichtesten Mittel, wie die Maykäfer zu vertilgen sind, ausgesetzet.

Artic. IX.

Merkwürdigkeiten.

a) Zu Saint Gilles in Frankreich hat ein Pfarrer ein rühmliches Beyspiel einer uneigennützigen Denkungsart und wahrer Menschenliebe gegeben. Seit der Zeit, als er sich an diesem Orte als Pfarrer befindet, hat er den armen und bedürftigen Leuten seines Kirchsprengels alle ersinnliche Unterstützung geleistet; er hat für die Erziehung armer Leute Kinder gesorgt, ihnen bey ihrer Verheurathung mit einer Ausstattung anhanden gegangen, auf seine Kosten Häuser für sie bauen lassen, die Kranken mit Arzneyen und Pflege unentgeltlich versorget, und sich durch dieses liebreiche und großmüthige Betragen die allgemeine Liebe seiner Pfarrkinder zuwege gebracht.

bracht. Das Einkommen seiner Pfarre belief sich auf 2000. bis 2500. Liv. Seit kurzem erhielt er einen Ruf zu einer andern Pfarre, die 8000. Liv. einträgt; er war aber großmüthig genug sie auszuschlagen, und zu erklären, daß er lieber bey seinem geringern Einkommen und alten Pfarrkindern verbleiben wolle. Auf diese Nachricht haben seine Pfarrkinder auf alle nur ersinnliche Art ihre Dankbarkeit an den Tag zu legen gesuchet, und Freudenfeuer, Beleuchtungen, und andere dergleichen Freudensbezeugungen mehr veranstaltet, ihm Geschenke gebracht, und auf alle Art und Weise ihre Erkenntlichkeit für seine Liebe zu bezeigen sich bemühet. o

o Aber Frankreich ist es nicht allein, welches uns so ruhmwürdige Beyspiele der Menschenliebe und der Großmuth darstellet. Auch wir können dergleichen aufweisen. — Unsere ehrwürdige Geistlichkeit in Baiern beeifert sich nunmehr, bey gegenwärtigen kummerreichen Zeiten, Wohlthun, Menschenliebe und Freygebigkeit durch alle Grade in die Ausübung zu bringen. — Folgendes Schreiben liefert uns abermal einen neuen Beweis davon. Wir wollen es mit seinem ganzen Innhalte zum Ruhme unserer Zeiten hier einverleiben. Und wir zweifeln gar nicht: es werden noch mehrer dergleichen eben so rührende, als erhabene Beyspiele in unserm Vaterlande angerühmt zu werden verdienen. Nur wir wissen sie nicht alle! —

Hochedelgebohrner, mein hochzuverehrender Herr!

Der menschenfreundliche Trieb zum Wohlthun schien bisher eine von jenen abgestorbenen Tugenden zu seyn, die wir nur den blossen Namen nach kannten. Auf einmal ändert sich die Scene, die so vielen Betrangten die nöthige Hilfe verborgen hat. Die geheiligten Diener der Religion fangen an mehr, als jemals sich durch Wohlthun und Freygebigkeit hervor zu thun; die witzigen Spötter derselben müssen beschämt, das schier eingewurzelte Vorurtheil einer schmutzigen Kargheit bey denselben vertilget, und ihnen die gebührende Hochachtung eingeräumt werden, die ihr geheiligter Stand, und die vorzügliche Ausübung desselben verdienet. Sie, mein werthester Herr! lieferten uns neulich ein Beyspiel einer außerordentlichen Gutthätigkeit gegen die Armuth, und zwar von einem Orden, dem seine unerfahrne Feinde eine zuweit getriebene Sparsamkeit andichteten. Aber wie sehr muß es jetzt demselben zur Ehre gereichen, da er bey diesen, schier einer allgemeinen Hungersnöth ausgesetzten Zeiten seine Speicher eröffnet, betrangte Unterthanen mit Speis und Saamen bis zur künftigen glücklichen Aerndte versiehet, und andere Nothdürftige durch ergiebige Mittel von dem Hungertod zu retten sich eifrig bemühet. Was für Eindrücke muß nicht dieses edle Verfahren auch in die Herzen seiner Feinde machen? Wie sehr müssen nicht andere Orden zur Nacheiferung angefrischet werden! Es gereichet allerdings der Religion zur Ehre, wenn die ihr gewidmeten Diener ihre heiligsten Pflichten in Ausübung bringen: diese Ehre aber würde sehr unvollkommen seyn, wenn sie sich nicht weiter als auf ein einziges Kloster erstreckte. Erlauben sie also, mein innigst verehrter Herr! daß ich ein noch erhabners, ein noch großmüthigeres Beyspiel von dieser Sache anführe. Dieses Beyspiel sehen wir in einem andern Orden, und in einem Kloster, welches dem Ebersperg-münchnerischen weder an Einkünften, noch Reichthümern von weitem nahe kömmt. Das dem hiesigen Marktflecken nahe gelegne Stift der regulirten Chorherren zu Baumburg vergönne es mir, daß ich die außerordentliche Freygebigkeit, die um so feyerlicher ist, als alle würdigen Glieder dieses löbl. Stiftes daran Theil haben, ihnen zum Ruhm, andern zur Aufmunterung, auch wider ihren Willen offenbare. Dieses löbl. Stift war allezeit in dem Ruhm einer willfährigen Gastfreyheit: ihre Grundunterthanen fanden bey betrangten Umständen an diesem wohlthätigen Orte eine sichere Zuflucht, und die Armuth eine ergiebige Beyhilfe. Bey diesen äußerst dürftigen Zeiten scheint sich aber so gar diese großmüthige Freygebigkeit zu vervielfältigen. Den nothleidenden, von Saamen und Speis entblößten Unterthanen wurden die Kornböden willigst aufgethan, und ihnen das Benöthigte mit so liebreicher Hand ausgetheilet, daß das Stift selbst sich in einen Mangel an Körnern versetzte. Dieses wäre doch nicht vermöchte den Eifer zum Wohlthun zu vermindern. Die würdigen Glieder dieses unvergleichlichen Stiftes versammelten sich in vollen Kapitel, und beschlossen einhellig zum Besten der Armuth bis auf gesegnetere Zeiten ihnen selbst einen Abbruch an ihren Speisen zu machen. Es ist eine in Klöstern gewöhnliche Sache, daß man bey jeder Mahlzeit eine Gerste zur letzten Speise aufträgt. Zu dieser war man wochentlich dreyer Metzen benöthiget, und diese bestimmten sie nebst den andern Ueberbleibseln von dem Tische zu einigen Unterhalt für die Arme. Der hochwürdige Herr Prälat, dieser wahre Menschenfreund, ließ sich aber damit noch nicht begnügen. Er legte diesem eine wochentlich noch größere Beyhilfe an Korn und Haaber bey. Diese läßt er sammt der Gerste vermischen, und daraus ein wohlschmeckend und gesundes Brod für die Armuth backen. Zur Mittagszeit versammeln sich sodann nicht nur die hiesig zahlreichen, sondern auch fremde Arme, Reisende, und Handwerksbursche, welche sich öfters auf fünfzig und darüber erstrecken, in einem angewiesenen Zimmer an denen alldort auf sie wartenden Tischen. Hier bekommen sie eine gute Rindsuppe mit darein geschnittenen weissen Hausbrode; alles von dem Herrentisch übergebliebene Gemüs und Fleisch: und ein jeder insbesondere ein ergiebiges Stuck von oben bemeltem Brode: nachhin aber bey der Pforte eine Beyhülfe von 2. Pfenningen für einen gemeinen Armen. Ueberlegen sie einmal, wie viele Arme täglich bey diesen an der großen Heerstraße liegenden Kloster einsprechen: wie viele allda gespeiset, und mit Allmosen versehen werden! Was für große Liebeswerke täglich an diesem einzigen Orte geschehen! Wie viel Segen muß nicht über dieses mildthätige Stift von obenherab träufeln, wohin die dankbaresten Wünsche sovieler gelabten Armen wie ein süßes Rauchwerk aufsteigen. Ich wünsche nichts mehrers, als daß sich der Geruch dieses ausbündigen Beyspieles in das ganze Land verbreite, und durch seine Lieblichkeit viele Nachfolger nach sich ziehe. Wie viel Vortheil würde nicht die Religion daraus zu erwarten haben! und wenn auch keinen andern: so wäre es doch schon genug, wenn dadurch das Zutrauen und die Hochachtung für diesen verehrungswürdigen Stand der Geistlichkeit bey den Burgern unsers Vaterlandes vermehret würde. Das Wolken durchdringende Gebeth der Armen liesse uns sodann hoffen, daß glücklichere Zeiten ihre seligen Flügeln über uns ausbreiten würden.

Es würde überflüßig seyn, wenn ich einen so eifrigen Patrioten, wie sie sind, um Vergebung bäthe, daß ich sie mit Ertheilung dieser Nachricht beschwert hätte. Ich kenne ihr Herz, ich verehre dasselbe, und absonderlich sehe ich in ihren mir so oft überlesenen Schriften die deutlichsten Spuren eines rechtschaffenen Menschenfreundes und redlichen Mannes, der sich es vorgesetzt hat, den Ruhm seines Vaterlandes, oder seiner Mitbürger, als ehrwürdige Denkmäler der Zeiten anzuschreiben, und der allzeit freudig ist, wenn er etwas von dem Lobe seiner Landsleuten, so oft sie es verdienen, in seine Blätter einfließen lassen kann ꝛc. Scheint ihnen diese Nachricht nicht würdig, ein kleines Plätzchen in denselben zu verdienen? Ich bitte sie recht sehr darum, und versichere anbey, daß ich mich mit dem größten Vergnügen in der Welt das erstemal unterschreibe. Altenmarkt, den 15. July 1771.

Euer Hochedelgeborn!

Aufrichtigster Verehrer
N. N.

b) Landshut den 1. August. Vorgestern ließen sich ein Kupferschmied, und ein Maurer in einem an einem Saile angemachten Korbe im großen Stift St. Martins Thurm aufziehen, um ein Dächel zu machen. Allein das Sail brach ab, und beyde fielen samt dem Korbe herab, daß sie sich Arme und Beine zerbrochen, und das Hirn auf dem Boden, und dem andern auf dem Rücken klebte. Beyde waren augenblicklich tod. Dem einen träumte vor etlichen Tagen, wie die Wittwe erzehlet; er sey vom Thurme gefallen. Eine Warnung vom H. Schutzengel. — o

o Dieses Unglück kann auch eine Warnung für andere seyn, welche nicht wissen, daß, wenn ein Sail über 6. Wochen in Regen und Wind in der freyen Luft hängt, wie dieses gebrochene Sail war, ein solches mürb, locker und schwach, folglich gefährlich wird. Man sollte so einen Zugkorb vorher mit doppelter Schwere eines Mannes, mittels etlicher Steine probiren: ehe man es mit Menschen probiret. —

ProNota. Dieses gegenwärtigen und nachfolgenden Artikels halber wird hiemit angemerkt, daß die hierinn ausgesetzten Venalienpreise keineswegs als obrigkeitliche Sätze und Taxen der Feilschaften angesehen werden müssen; indem die Käufe und Verkäufe nur, wie sie sich an den Markttagen von selbst anbegeben, zusammengetragen und bekannt gemacht werden.

Preise von allerley Victualien und Getreide, wie sie in nachstehenden Tagen waren.

Namen der Städt u. Märkt.	Juli.	Ochsenfleisch.		Rindfleisch.		Kalbfleisch.		Schaaffleisch.		12 Eyer	Weißes Bier.		Braunes Bier.		Schmalz	1 kr. Semmel wiegt.		ein Laib gut Roggen-Brod um	wiegt.			Mittlere Getreid-Preis. Waiz Schäf		Korn Schäf		Gerst Schäf		Hab. Schä.	
	T.	kr	pf	kr	pf	kr	pf	kr	pf	fl.	kr	pf	kr	pf	kr	lo	qu	kr.	tt.	lo	qu	fl.	kr	fl.	kr	fl.	kr	fl.	kr
Abbach	8	—	—	7	—	8	—	6	—	18	4	2	3	3	22	—	—	—	—	—	—	—	—	—	—	—	—	—	—
Aichach	16	7	—	5	2	8	—	7	—	15	4	2	4	—	20	—	—	—	—	—	—	—	—	—	—	—	—	—	—
Aybling																													
Abensperg																													
Braunau																													
Voburg	15	—	—	6	—	6	—	—	—	24	4	3	3	3	16	5	—	4	1	—	—	—	—	—	—	—	—	—	—
Camm	1	—	—	6	—	5	—	—	—	18	4	—	4	—	20	2	—	24	3	—	—	—	—	—	—	—	—	—	—
Craiburg																													
Dachau																													
Deggendorf	9	6	—	5	2	6	—	—	—	32	4	1	4	—	18	2	—	—	—	—	—	16	—	14	—	9	—	5	30
Dietfurth	10	7	2	6	2	7	—	6	—	21	4	2	3	3	24	2	—	12	—	24	—	—	—	—	—	—	—	—	—
Dingelfing																													
Dorfen																													
Erding	15	7	—	6	—	5	2	5	—	18	5	1	3	3	18	6	—	5	1	8	1	18	—	16	—	10	—	6	—
Freising	1	7	2	6	2	6	2	5	—	18	5	—	5	—	20	2	2	—	—	—	—	39	—	40	—	—	—	8	—
Friedberg	16	7	—	6	2	8	—	6	—	15	5	—	4	—	24	—	—	—	—	—	—	17	—	15	—	9	—	5	15
Fridburg	2	6	—	5	2	5	—	—	—	30	4	1	4	1	16	4	—	5	2	—	—	16	—	14	—	9	—	5	45
Geisenfeld	6	8	--	7	—	7	--	—	—	15	4	1	3	3	19	—	—	—	—	—	—	—	—	—	—	—	—	—	—
Kelheim																													
Kötzting	11	5	2	5	—	5	—	5	—	24	4	1	4	—	15	2	—	15	2	--	—	45	—	40	—	-	—	16	—
Landau																													
Landsperg																													
Marquartstein																													
Mülldorf																													
Mainburg																													
Mospurg																													
Neuenötting																													
Neumarkt	5	6	2	5	2	5	—	—	—	24	5	—	3	3	17	—	—	—	—	—	—	—	—	—	—	—	—	—	—
Neustadt																													
Passau	14	5	—	4	2	5	—	—	—	18	4	—	4	—	19	2	--	12	8	—	—	—	—	—	—	—	—	—	—
Pfaffenhofen																													
Pfarrkirchen																													
Plätling																													
Reichenhall	13	5	—	6	—	5	—	4	—	18	5	—	4	1	20	3	—	25	3	16	—	—	—	—	—	—	—	—	—
Regenspurg																													
Rhain																													
Ried	2	6	—	5	2	5	—	—	—	30	5	—	4	—	18	4	—	12	2	8	—	15	—	13	—	8	—	5	30
Rosenheim	11	6	2	5	2	5	—	—	—	15	5	1	4	—	17	—	—	—	—	—	—	—	—	—	—	—	—	—	—
Reitenburg	1	8	—	6	2	7	—	6	—	18	4	2	3	3	17	3	—	4	1	—	—	17	—	15	—	10	—	6	—
Schärding																													
Schongau	13	7	—	6	—	7	—	-	—	18	—	—	4	—	12	—	—	—	—	—	—	—	—	—	—	—	—	—	—
Schrobenhausen																													
Stadt am Hof																													
Tölz	1	6	2	5	2	5	1	4	3	30	5	3	4	—	18	—	—	—	—	—	—	22	—	20	—	13	—	6	45
Traunstein	10	6	—	5	2	5	—	—	—	21	4	2	4	—	19	—	—	—	—	—	—	—	—	—	—	—	—	—	—
Trosperg	6	7	—	6	—	5	—	—	—	36	5	—	4	—	16	—	—	—	—	—	—	16	—	14	—	9	—	5	45
Vilshofen	3	6	1	6	—	5	—	—	—	24	4	—	4	—	20	—	--	10	—	—	—	—	—	—	—	—	—	—	—
Wasserburg																													
Weilheim																													
Zwisel	5	6	2	5	—	5	—	—	—	24	4	—	4	—	16	2	1	12	2	—	—	38	—	36	40	30	—	15	—

 Preise von allerley Venalien und Victualien, wie sie im Monath July gestanden.

Venalien und Victualien.	Zahl Maß u. Gewicht.	München d. 27. July.			Landshut d. 18. July.			Straubing d. 20. July.			Burghausen d. 19. July.			Ingolstadt. d. 13 July.			Amberg d. 15. July.		
		fl.	kr.	d.	fl.	kr.	d.	fl.	kr.	d.	fl.	kr.	d.	fl.	kr.	d.	fl.	kr.	d.
Waizen mittler Preis.	1. Schäf.	21	—	—	16	—	—	—	—	—	—	—	—	—	—	—	—	—	—
Korn mittlere Preis.	1. Schäf.	19	—	—	14	—	—	14	—	—	—	—	—	—	-	—	—	—	—
Gersten mittlere Pr.	1. Schäf.	—	—	—	9	—	—	—	—	—	—	—	—	—	—	—	—	—	—
Haber. 7. Metzen.	1. Schäf.	6	45	—	5	45	—	—	—	—	—	—	—	—	—	—	—	—	—
Semmelmehl.	1. Metz.	4	—	—	6	24	—	—	—	—	3	30	—	6	—	—	—	—	—
Ordin. Waitzenmehl.	1. Metz.	2	56	—	5	52	—	—	—	—	3	20	—	4	30	—	—	—	—
Roggenausschlag.	1. Metz.	2	56	—	4	40	—	—	—	—	3	—	—	—	—	—	3	—	—
Ordin. Roggenmehl.	1. Metz.	2	40	—	4	—	—	—	—	—	2	50	—	—	—	—	2	40	—
Ochsenfleisch.	1. Pfund.	—	8	—	—	8	—	—	6	3	—	6	1	—	8	—	—	6	—
Rindfleisch.	1. Pfund.	—	6	2	—	7	2	—	6	2	—	5	3	—	7	—	—	6	—
Kalbfleisch.	1. Pfund.	—	7	—	—	7	—	—	7	—	—	5	1	—	8		—	8	—
Schaffleisch.	1. Pfund.	—	6	—	—	—	—	—	6	—	—	4	2	—	7	—	—	5	—
Schweinfleisch.	1. Pfund.	—	8	—	—	9	—	—	—	—	—	7	—	—	11	—	—	7	—
Gänse.	1. Stuck.	—	50	—	—	24	—	—	30	—	—	36	—	—	36	—	—	28	—
Enten.	1. Stuck.	—	24	—	—	14	—	—	20	—	—	30	—	—	20	—	—	—	—
Kapaun oder Koppen.	1. Stuck.	—	—	—	—	—	—	—	—	—	—	30	—	—	—	—	—	—	—
Hennen.	1. Stuck.	—	18	—	—	18	—	—	16	—	—	14	—	—	16	—	—	—	—
Junge Hünner.	1. Paar.	—	24	—	—	15	—	—	18	—	—	16	—	—	20	—	—	32	—
Hechten.	1. Pfund.	—	36	—	—	24	—	—	20	—	—	22	—	—	18	—	—	16	—
Karpfen.	1. Pfund.	—	18	—	—	[illegible]	—	—	12	—	—	15	—	—	13		—	8	—
Schmalz.	1. Pfund.	—	17	—	—	16	—	—	16	—	—	16	—	—	19		—	20	—
Butter.	1. Pfund.	—	18	—	—	20	—	—	20	—	—	14	—	—	20	—	—	18	—
Eyer.	50. St.	—	33	—	—	32	—	—	33	—	—	22	1	—	40	—	—	40	—
Weiß-Weitzenbier.	1. Maaß.	—	4	3	—	5	—	—	4	2	—	4	1	—	4	2	—	4	—
Braunbier.	1. Maaß.	—	5	2	—	4	1	—	4	—	—	4	—	—	4		—	4	—
Bierbrandwein.	1. Maaß.	—	15	—	—	20	—	—	20	—	—	15	—	—	20	—	—	24	—
Baumöl.	1. Pfund.	—	24	—	—	24	—	—	24	—	—	22	—	—	24	—	—	24	—
Leinöl.	1. Pfund.	—	16	—	—	15	—	—	18	—	—	14	—	—	16	—	—	16	—
Unschlitt außgeschmolz.	1. Centn.	25	—	—	16	—	—	24	—	—	22	—	—	—	—	—	15	—	—
Unschlittkerzen.	1. Pfund.	—	17	—	—	17	—	—	15	—	—	15	—	—	17	—	—	12	—
Der. Baumwolltacht.	1. Pfund.	—	20	—	—	20	—	—	—	—	—	16	—	—	—	—	—	—	—
Seife.	1. Pfund.	—	14	—	—	16	—	—	14	—	—	14	—	—	14	—	—	18	—
Salz.	1. Metz.	1	36	—	1	32	—	1	30	—	1	2	—	1	3[illegible]	—	2	—	—
Jede Kl. zu 36. sch. im □ Scheidl. 3½. sch. Buchenholz.	1. Klaft.	4	30	—	6	—	—	7	—	—	4	—	—	4	20	—	—	—	—
Eichenholz.	1. Klaft.	4	—	—	—	—	—	—	—	—	—	—	—	—	—	—	—	—	—
Birkenholz.	1. Klaft.	3	30	—	4	15	—	6	—	—	—	—	—	—	—	—	—	—	—
Feichtenholz.	1. Klaft.	3	—	—	3	15	—	4	15	—	2	24	—	3	30	—	3	30	—
		kr.	lo.	qu.	kr.	lo.	qu.	kr.	lo.	qu.	kr.	lo.	qu.	kr.	lo.	qu.	kr.	lo.	qu.
Ein Kreutzer Semmelbrod wiegt.		—	4	—	—	—	—	—	3	—	—	4	—	—	—	—	—	—	—
Ein 4. Kreutzerleib. Weißrogg.		—	31	2	—	—	—	—	—	—	—	28	3	—	—	—	—	—	—
Ein 5. Kreutzerleib.		—	—	—	—	—	—	—	—	—	—	—	—	—	—	—	—	—	—
Ein 6. Kreutzerleib.		—	—	—	—	—	—	—	29	—	1	11	1	—	—	—	—	—	—
Ein 8. Kreutzerleib.		1	31	—	—	—	—	—	—	—	—	—	—	—	—	—	—	—	—
Ein 12. Kreutzerleib, Hausbrod.		—	—	—	—	—	—	—	—	—	—	—	—	—	—	—	3	—	—

Nota. Die Lücken hierin? — — — — sehet ihr sie denn noch nicht? — —

Auch in den Feinden noch Verdiensten gütig seyn;
Die Unschuld, eh' sie seufzt, geschwind und gern befreyn;
Der Wahrheit, nicht der Häucheley,
Dem Nahrungsstand, dem Fürsten treu;
Das ist doch wohl das Amt der Redlichen im Lande? —
Gefällts dem Schelme nicht, so leb' er sich zur Schande! —
der Biedermann.

Churbaierisches Intelligenzblatt

Num. XIX.

München den 17. August 1771.

Art. I. vacat.

Artic. II.
Feilschaften.

Anton Lorenz, burgerlicher Metzger in dem Churfürstl. Markt Zwießel, biethet den innländischen Gärbern und Lederern feil: 60. Stücke Ochsenhäute, das Paar zu 10. fl. 300. Stücke Kalbhäute pr. 250. fl. und 200. Stücke Schaaaffelle zu 100. fl.

Und Joseph Jordan, burgerlicher Metzger von Stadt am Hof, hat ebenfalls zum Verkauf 70. Centner geschmolzenes Unschlitt a 25. fl. 70. Centner rohes deto a 20. fl. vorräthig, so dem innländischen Publiko feil stehet.

Joseph Ranffer Wasenmeister von Holzkirchen, Pfleggerichts Wolfertshausen, biethet dem innländischen Publiko feil, 50. theils grosse theils kleine Stücke rohe Pferdhäute, das Paar a 3. fl.

Artic. III.
AVERTISSEMENT.

Von der Nothwendigkeit geschickte Hebammen zu haben, ist ohnehin schon Jedermann überzeuget. Ich habe also dem Publiko nur zu wissen machen wollen: daß, obwohl ich heuer schon allbereit zween Cursus der Hebammen-Collegien fast vollendet habe, ich doch den 1. Herbstmonaths den 3. Cursum anfangen werde, besonders, weil wegen übermäßiger Theurung und Brodmangel, der gegenwärtige nicht zahlreich ist. Zudem, so kann ich den Lernerinnen die zu kennen nöthige Kräuter in meinem Garten zeigen, und also auch auf dieser Seite denenselben den gehörigen Unterricht ertheilen.

Die von mir unterrichteten Hebammen haben (wie ich davon Zeugnisse genug vorweisen könnte) sattsam dargethan, daß nicht nur die Gebährenden, sondern auch die Schwangern, Kindbetterinnen, und Kinder von dem gründlichen Unterrichte beträchtliche Vortheile gezogen haben. Und sollte der Eifer der wahrpatriotisch denkenden Obrigkeiten nicht erkalten; so darf ich getrost hoffen, daß binnen kurzem das ganze Land mit nützlichen und verständigen Hebammen, die zur gehörigen Bevölkerung gewiß ein groses beytragen, versehen seyn werde, welches auch jetzt um so nöthiger ist, als heuer gar viele Unterthanen, wegen Abgang genugsamer und tauglicher Nahrung sind dahin geraffet worden. Altenötting den 25. July 1771.

Johann Martin Strizner, Med. Doct. Churfl. wirkl. Rath, Profeßor, auch Alt- und Neuenöttingischer Physicus m. p.

Citatio.

Demnach eine Churfürstliche Regierung Burghausen nach dem Tode des gewesenen Beymauthners zu Plattenberg, Karl Thomas von Schmöger, in Gefolge der anher erfolgt gnädigsten Hofraths-Resolution über desselben zurückgelassenes sämmtliches Vermögen die Obsignation und Inventur vornehmen lassen, hinnach auch gesammt Schmögerisches Vermögen plus Licitanti verkauft, nach geschlossener Licitation sich aber geäussert, daß der Schmögerische Activ-Stand nur auf 150. fl. dahingegen desselben Passiv-Stand dermalen wirklich auf 3656. fl. sich belaufe, und zu Auseinandersetzung des Schmögerischen Schuldenwesens obgedacht Churfürstliche Regierung auf Montag den 9ten September nächst eintrettenden Monaths eine Regierungs-Commission anher angesetzet haben will. So wird ein solches sämmtlichen Glaubigern, so an ihm Schmöger seel. eine Foderung zu machen haben, hiemit nicht nur behörig kund gemacht, sondern anbey gnädigst aufgetragen, daß sie Glaubiger auf ob präfigirten Tag bey der niedergesetzten Regierungs-Commission sub pœna præclusi um so gewierss erscheinen, und das weitere abwarten sollen, als hinnach Niemand, wer es immer sey, mit solch seiner an ihm Schmöger seel. machenden Prätension gehöret werden wurde. Actum den 20. July 1771.

Churfürstliche Regierungs-Kanzley Burghausen.

c) Se. Churfürstl. Durchl. in Baiern, unser gnädigster Herr rc. haben Dero wirklich geheimen Rath, Salzmayr zu Traunstein, Obristen, Oberkriegs-Commissarium, und Kastnern zu Landshut, Franz Gottlieb Frey- und edlen Herrn von Hofmühlen, in Anbetracht seiner adelichen Familie, und sonsten besitzenden treflichen Eigenschaften, zu Dero wirklichen Kammerern gnädigst zu ernennen geruhet, und denselben hierüber das Decret unterm 24. July dieß Jahrs zufertigen lassen.

Artic. V.

Handlungs-Nachrichten.

a) Nach dem Innhalte der Frankfurter Handlungs-Avis-Zeitung, ist man in Spanien bedacht, die grosen Freyheiten, welche die ausländischen Kaufleute bisher in diesen Reichen genoßen, einzuschränken, um dadurch die einheimischen desto mehr zum Fleiße aufzumuntern.

b) Der böhmische Allaun, welcher zu Commotau im Sazer-Kreise verfertiget, wird in der Qualität immer besser, und da der Abzug davon sich einige Zeit her ungemein vermehret hat, so hat man auch den Preis davon niedriger gestellet, und er kann jetzt von Prag um 11. Gulden auf den Platz gezogen werden, wer eine starke Parthie miteinander nimmt, geniesset noch einen Rabat an diesen Preis.

c) Londen den 19. Heumonath. Aus Virginien hat man die betrübte Nachricht erhalten, daß der Fluß Rappahanoe durch ein vom 27ten May bis den 8. des verwichenen Juny angehaltenen Regen aus seinen Ufern getretten, und 4000. Fässer Taback weggeschleppet, auch sonst viele Verwüstungen angestellet hat, so, daß der dadurch erlittene Schaden auf mehr als 100000. Pfund Sterlinge angeschlagen wird. o

o In Virginien hat diesen grossen Tabackschaden ein Fluß verursachet: dafür kann

kann Niemand. — Wir aber wissen ein Land, wo der seit 2. Jahren herrschende Ostwind einen gleichen Schaden angerichtet hat: und dafür kan! — wer? — die gespickten Beutel. —

Artic. VI.

Nachrichten für die Policey.

a) Zu Folge eines päbstlichen Breve hat der Kaiserl. Königl. Hof zu Wien die Bestätigung zu der Einziehung der Feyertage in den österreichischen Erblanden wirklich erhalten, und zwar, daß außer den Hauptfesten nur die 5. vornehmsten U. L. Frauenfeste, und die des Apostel, Peters und Paul, Johannes des Täufers, wie auch der Patronen jeglicher Stadt gefeyert werden sollen. Diese Bestättigung erstrecket sich nicht auf die österreichische Lombardie, weil in derselben die Ursache, warum es in andern Ländern geschehen, wegfalle. Ferner ist zwischen dem Kaiserlichen und päbstlichen Hofe eine neue Unterhandlung im Werke, welche das Alter der in die Klöster gehenden Personen, ihre Anzahl und noch sonstige die Klosterzucht betreffende Dinge, zum Gegenstande haben soll.

b) Wir haben schon vieles von der Hof- Stadt- Land- und Dorfpolicey geschrieben, daß es sich billig zu verwundern ist, wie man bey so vielen heilsamen Ermahnungen noch ein verstocktes Herz haben kann; und wie wenig man zu Verbesserung derselben geneigt sey. Besonders sieht es um die Dorfpolicey hin und wieder noch sehr schlecht aus. Und es scheint, daß diejenigen, welche auf dem Lande dazu bestellt sind, in ihren untergebenen Gerichts- und Hofmarksgezirken gute Ordnung und Policey zu handhaben, bey der Unordnung und Verwirrung sich immer besser befänden; und daß ihr Eigennutz selbst an dem alten Schlendrian die gröste Ursache sey. — Denn es ist ganz natürlich: wenn in einem Lande allen Fehlern und Mißbräuchen, zum Besten des Unterthanes, durch verfängliche und kluge Anstalten vom Grunde aus und dauerhaft vorgebogen würde; wenn jeder von seinem Nachbar unbekränkt bliebe; und wenn Friede und Einigkeit, Ordnung und Policey immer herrschten; wie viele Verhören, Processen, Bescheide blieben sodann zurücke? — wie viele Accidenzen, Sporteln, Gerichtsgebühren, Abschiedgelder, und wie diese angenehmen Dinger alle heißen, müßte sodann der Beamte, der Verwalter, der Schreiber, der Prokurator ꝛc. entrathen? Wie könnte der Erste, oder der Zweyte die bey dem Antritt seines Dienstes, der ihm so vieles gekostet, gemachten Schulden bezahlen: oder sich seines Aufwandes, den ihm die Bewerbung hierum verursachte, wieder erhollen? — Und wie könnte er sich sodann noch dabey fette mästen, und seine Kinder so hoch anbringen, oder mit reichgespickten Beuteln in die Klöster schicken? — Er muß also dem Unterthan die Gelegenheit nicht nehmen, vielmehr solche selbst verschaffen, wo er sich verfehlen und sodann, eben nicht just gesetzmäßig, bestrafet werden kann. Denn nur dieses trägt Geld: nicht aber die Policey- Verbesserungs- Anstalten. —

Allein an gesitteten und bemittelten Unterthanen ist einem Staate mehr gelegen, als an einzeln ausgeschoppten oder kargen Bauernsch . . n. — Rechtschaffene und kluge Obrigkeiten und Beamte wissen auch ohne solchen niederträchtigen Eigennutz, ihre ihnen anvertraute Unterthanen, durch Weisheit und Bescheidenheit zum Fleiß und Arbeit, zum Frieden und Einigkeit, zu einer gesitteten Lebensart aufzumuntern und anzugewöhnen, ohne die richterliche und oftmals verhaßte und unbillige Strenge zu Hülfe zu nehmen, welche sie nur fühllos, und gegen alle landesherrliche Gesetze und Verordnungen widerwillig macht; wenn diese nicht mit dem Geiste, mit dem sie gegeben worden, sondern mit dem Geiste des herrschenden Eigennutzes, der Unbescheidenheit und in einem verkehrten Verstande ausgeführet und vollstrecket werden wollen. — Nur Menschenliebe, Freundlichkeit und Bescheidenheit sind es, welche rohe und verhärtete Gemüther in gesellige und biegsame umbilden können. — Weise und klug abgefaßte Vorschriften, wornach sich der Landmann in den Dörfern zu verhalten hat, machen ihn noch mehr gesittet und gefälliger, besonders, wenn ein geschickter aus ihnen zum Aufseher hierüber bestellet ist. — Wir haben schon etlichemal den Vorschlag gethan, in jedem Dorfe einen Dorfrichter oder Gemeindevorsteher, wo deren noch nicht vorhanden, aufzustellen. Denn das sicherste Mittel eine recht gute Dorfpolicey einzuführen, bestehet gewiß in Annehmung und Bestellung eines tüchtigen Richters. Da aber dergleichen verständige, aufmerksame, muntere und gesetzte Männer, ohne besondern Unterricht, wie sie sich bey ihrem Amte zu verhalten haben, doch schwerlich nach allen Umständen sich recht gut bezeigen können: so wollen wir die ausbündige Instruction für einem Dorfrichter nach und nach mittheilen, welche in dem Leipziger Intelligenzblatte Nro 30. zu lesen ist. Unsere Obrigkeiten und Beamte können solche bey Aufstellung eines dergleichen nothwendigen Dorfrichters zur Grundlage nehmen, und nach solcher die Dorfpolicey ganz nützlich einrichten. Sie können auch noch mehrere Artickel dazu setzen: z. E. die Aufsicht, daß die armen Unterthanen in der Mühle nicht zur Ungebühr bevortheilt werden; die guten Einrichtungen mit den Hütungen; die verschiedene Art von Viehtaxationen; die Vorsicht bey Gemeindeschmieden, Schäfern; &c. die richtigen Gewichte und Mäßereyen im Dorfe &c. und mehrer dergleichen Gegenstände, welche Zeit Gelegenheit und Ort selbst einem jeden am besten an Handen geben. — Was für Verdienste würde sich so ein Beamter um das Vaterland, um das gemeine Wesen erwerben? wie lobenswürdig würde er sich machen? — Wie gesegnet, wie glücklich würde so ein Land werden, wenn überall in den Dörfern eine solche Instruction vorgeschrieben, und durchgehends genau befolgt, auch von den Obrigkeiten mit Klugheit darauf gehalten würde! Hier folgt sie:

Instruction für einen Dorfrichter.

Da nunmehro N. N. zum Dorfrichter in dem Amtsdorfe *** bestellet, auch dazu mit nachstehendem Eyde:

Ihr sollet geloben und schwören, daß ihr dem euch anvertrauten Richteramte nach eurem besten Vermögen treu und fleißig vorstehen, eure Gemeinde in keinem Stücke wider Recht beschweren, auf alles genau Acht haben; was euch Amtswegen anvertrauet wird, verschwiegen halten, gute Ordnung bey der Gemeinde in Acht nehmen, auch darwider nichts Nachtheiliges einreissen lassen, sowohl dasselbe, als alle Gerichts- und andere strafbare Fälle im Amte anmelden, alles, was euch zur Verwahrung anvertrauet wird, wohl in Acht nehmen, in peinlichen Fällen die Thäter nicht entfliehen lassen, sondern anhalten, in Besichtigungen euch unpartheyisch erzeigen, Gunst, Gab-, Freund- und Feindschaft aus den Augen setzen, dem itzigen und künftigen Herren Beamten allen schuldigen Gehorsam leisten, ihnen nichts verschweigen, und was euch von denselben anbefohlen wird, gebührend zu Werke richten, und im übrigen euch solchergestalt verhalten wollet, wie einem getreuen Richter eignet und gebühret.

Allem demjenigen, was mir jetzo deutlich vorgelesen worden, und ich wohl verstanden habe, dem will ich N. N. stät, fest, und unverbrüchlich, auch treulich und ohne Gefährde nachkommen. So wahr mir GOtt helfe, und sein heiliges Wort!

anheute in Pflicht genommen worden; so will nöthig seyn, daß euch eures künftigen Verhaltens halber, bey diesem Dorfrichteramte, und um alles desto besser ins Gedächtniß zu fassen, eine umständliche Instruction, der ihr genau nachzugehen habt, ertheilet werde.

Wie euch nun, vermöge eures besonders abgelegten Unterthanen Eydes, bereits gebühret,

1) Eurem Durchlauchtigsten Churfürsten und gnädigsten Landesherrn, treu, hold und unterthänig,

2) der Amtsobrigkeit aber gehorsam und diensigewärtig zu seyn. Hiernächst

3) eure Steuern, Getreide- und Geldzinnsen auch andere Onera zu rechter Zeit in den gesetzten Terminen, ohne Rest und Murren, abzugeben, nicht weniger die Dienste, in so ferne dergleichen von euch, als dem Richter, gefodert werden können, richtig und ordentlich zu leisten; Als gehet

4)

4) hierunter, vorzüglich auch in der Gottesfurcht und in guten Sitten, euren Nachbarn und den übrigen Dorfeinwohnern mit einem guten Exempel vor, und haltet dasige Unterthanen gleichfalls dazu, auch zum fleißigen Besuch der Kirche, und daß sie die Kinder die Schulstunden ordentlich abwarten lassen, vom fünften Jahre an bis zum vierzehnten, zur Schule schicken, und solches weder im Winter noch im Sommer, (die einzige Zeit der Erndte von vier Wochen für etwas herangewachsene Kinder ausgenommen,) aussetzen, mit Ermahnen, und, wenn gütliches Zureden nicht helfen will, mit Bedrohen der zu erfolgenden Anzeige, an, gestattet in der Gemeinde kein Fluchen, keine Lügen, noch den Betrug und die Bevortheilung des Nächsten, lasset die Trunkenheit und Völlerey mit übermäßigen Saufen, das, wie euch bekannt ist, verschiedene in gutem Wohlstande gewesene Unterthanen eures Orts und in der Nachbarschaft zu Grunde gerichtet hat, nicht überhand nehmen, meidet das übermäßige und hohe Kartenspielen, und befleißiget euch durchgehends eines anständigen untadelhaften Lebenswandels, damit ihr, wenn ihr eures Amtes halber, diese oder jene Begünstigung gerichtlich zu rügen, euch veranlasset sehet, hierunter nicht selbst zum strafbaren Vorwurf werdet.

5) So oft zur Publication und Eröffnung gnädigster Befehle, landesherrlicher Mandate, Amts- auch wohl anderer Anordnungen, ihr ins Amt gefodert werdet; so findet euch, wenn es euch möglich, und nicht etwa kränkliche Umstände oder unaufschiebliche Ehehaften euch zurückhalten, persönlich ein, oder schicket, wenn dergleichen, jedoch in der Wahrheit beruhende und glaubwürdig zu bescheinigende Umstände eintreten und euch verhindern, einen Gerichtsschöppen, wenigstens, wenn deren keiner zu erlangen seyn sollte, einen andern verständigen ansäßigen Unterthan, nicht aber, wie von einigen geschehen wollen, den Winter über den sonst, jenter Gedenkungsart nach, nicht zu gebrauchenden Keuler oder Pfändemann, auch wohl den Dorfhirten, oder nach der Reihe im Dorfe jemand, es mag sich mit solchen schicken, oder nicht, anhero ab. Bey dem Erscheinen merket wohl auf den Innhalt desjenigen, so euch vorgelesen, vorgetragen und eingeschärfet wird, und weil man sich nicht allemal aufs Gedächtniß verlassen kann, thut ihr am besten, wenn ihr die hauptsächlichsten Befehls- oder Vortragspuncte, in einer Schreibetafel anmerket.

6) Dieses ist denn auch von dem Abgeschickten, der statt eurer herein kömmt, zu beobachten, und habt ihr bey dessen Zurückkunft euch sogleich von den angehörten Vorträgen Relation abstatten zu lassen, darauf das Nöthige ungesäumt anzuordnen, so bald es seyn will, die Gemeinde zusammen zu berufen, und dasjenige, so anbefohlen oder verordnet worden, wenn es nicht Sachen sind, so euch und den Schöppen zu geheimer Expedition allein aufgetragen gewesen, zu publiciren und bekannt zu machen; wenn solches geschehen und wer dabey zugegen gewesen, merket ihr euch in eurem Richterbuche an, indem öfters von den Unterthanen, wenn sie wegen angeschuldigter Contraventionen dieses oder jenen Ge- und Verboths zur Verantwortung gezogen werden müssen, die Entschuldigung gebraucht werden will, daß die ge- oder verbothene Sachen ihnen unbekannt geblieben, und die darüber ergangenen gnädigsten Befehle, Mandate und Amtsverordnungen vom Dorfrichter ihnen nicht publiciret worden.

7) Dergleichen Bekanntmach- und Anmerkung ist denn auch, wenn durch Strichzettel, so vom Dorfe zu Dorfe herumgetragen werden müssen, etwas eilend angeordnet wird, in so fern der Innhalt bey gewissen Fällen nicht von euch geheim zu halten ist, zu bewerkstelligen, hierüber

8) die richtige Fortschickung dieser Strichzettel, damit solche nicht lange, auch wohl ganz und gar liegen bleiben, und darüber endlich zerrissen werden, zu besorgen.

9) Auch sind die erfoderten und abzustattenden Relationes, Anzeigen, Specificationes, Register und andere Eingaben, zu rechter Zeit und behöriges Orts einzureichen, damit nicht zurück zu halten, solche umständlich und pflichtmäßig einzurichten, nicht aber, wie von einigen

gen nachläßigen Richtern geschehen wollen, über alles und jedes, es mag sich damit schicken oder nicht, ein sogenannter leerer Vacatschein zu fertigen und einzugeben.

10) Absonderlich sind die Einrechnungstermine der Land- und Generalaccisgelder, der Land-Pfennig-Quatember- und Personensteuren: auch Brandcassen-Hufen- und Milizgelder, ingleichen anderer Amts- und Gemeindegefälle, nicht zu verabsäumen, vielmehr solche gehörig abzuwarten, auch in Zeiten die dazu nöthigen Register zu fertigen, und damit dergleichen jährlich vorkommende Termine nicht etwa vergessen werden, hernach aber unnöthige Execution erfolge, solche im Hauscalender anzumerken.

11) Wie nun, was die Einsammlung dergleichen Accis- auch wohl anderer Gelder betrift, die Verpflichtung auf die vom neuem unterm 17ten December 1767. eingeschärfte und erläuterte Constitution vom anvertrauten Gute geschehen, euch auch ein Abdruck solches Mandats zugestellet worden; als werdet ihr zu genauer Befolgung desselben und zu richtiger Berechnung sothaner eingesammleter auch anderer eingenommener Gemeindegelder nochmals angewiesen.

12) Hat, wie jezuweilen geschiehet, ein anderer Gemeindemann im Dorfe diese oder jene Einnahme, oder es wird derselbe mit den herrschaftlichen, auch wohl Gemeindegeldern, zur Abentrichtung an die Behörde abgeschicket; so habt ihr dahin zu sehen, daß von diesem Einnehmer die Berechnung ordentlich und richtig erfolge, weshalb ihr bey dessen Zurückkunft sogleich, wenigstens des andern Tages, die Quittungsbücher von selbigem zurück zu fodern und darinnen, ob die Abzahlung gehörig und ohne Rest erfolget, nachzusehen, auch dergleichen Bücher bey euch aufs Dorfgerichte in Verwahrung zu nehmen habt, damit nicht sonst, wie bisher öfters geschehen, die Quittungsbücher von abhanden kommen, wenigstens sich zuletzt bey dem unterlassenen Nachsehen grosse Reste, womit dieser und jener Nachbar, besonders der Einnehmer, hängen geblieben, veroffenbaren, so hernach zum größten Schaden der ganzen Gemeinde nochmals ausgebracht und bezahlet werden müssen.

13) Sind die Brandcasseneinrechnungsregister bisher sehr unrichtig gewesen, und damit verschiedene Termine, wo nicht Jahr und Tag zurückgehalten, nicht weniger alle Contribuenten nicht namentlich aufgeführet, auch die Gemeindehäuser nur überhaupt in einen Ansatz gebracht worden. Richtet euch also nach der dieserhalb besonders erhaltenen Vorschrift, lasset niemand bey Einsammlung der Brandcassengelder zurück, wer in Güte nichts dazu geben will, den merket an, werft auch auf ein jedes Gemeindehaus einen besondern Beytrag aus, und bringet diesen speciel in Ansatz, denn sonst entstehet die Folge, daß, wenn ein Brand geschiehet, derjenige, auf den wegen nicht geleisteten Beytrags keine milde Beysteuer aus der allgemeinen Brandcasse fällt, euch den Vorwurf macht, daß ihm nichts angesonnen oder abgefodert sey, bey Verunglückung eines oder des andern Gemeindehauses aber, wenn überhaupt der Beytrag geschehen, eine beschwerliche Separation oder Ausrechnung geschehen muß, wie viel eigentlich von dem Beytrage auf den entstandenen Brandschaden, daferne solcher nicht alle Gemeindehäuser betroffen, zu rechnen und anzusetzen sey.

14) Gleichermaßen seyd dafür besorgt, daß die Getreidezinnsen, so jährlich vom Dorfe, zum Theil gemeinschaftlich, zum Theil auch von einem jeden Einwohner insbesondere zu erschütten sind, in den gesetzten Terminen, in guten, reinen und nicht aus Bevortheilung angefeuchteten Körnern, so wie solche von guter Aussaat gewonnen worden und die Garbe giebt, gehöriges Orts richtig und ohne Rest erschüttet werden: denn einiger Einwohner Eigennutz, besonders zu Berichtigung der Haferpächte, Rauchhafer auszujäten, oder dergleichen zu kaufen, ist widerrechtlich und nicht zu gestatten.

15) Eure Herren Geistlichen, den Herrn Pfarrer und Schulmeister, befriediget gleichfalls zu rechter Zeit, verkürzet deren Substantialbesoldung und Accidentien nicht, brecht

auch

auch an den Broden und Würsten, wie leider von einigen geschehen wollen, nichts ab.

16) Die Hirten führen an verschiedenen Orten grosse Klage, daß ihnen das Lohngetraide nicht zu rechter Zeit ausgebracht, viele Reste deshalb gelassen und darüber, weil sie davon leben müssen, in Mangel und Dürftigkeit, in Ansehung des Unterhalts ihrer Personen, Familien und Dienstleute gesetzet würden. Dieses hat hernach bey der Viehheerde einen übeln Einfluß, der Hirt wird nachläßig, und erwächset der gesammten Gemeinde daher in verschiedener Art, Schaden. Haltet daher über die ordentliche und richtige Auslohnung der Hirten.

17) Noch eine üble Folge erwächst daraus, wenn die Gemeinden, um den bisherigen gewöhnlichen Hirtenlohn etwas herunter zu bringen und zu erspahren, allerhand unverständiges, beym Hirtenwesen nicht hergekommenes Volk, ja wohl verlaufenes, lüderliches Gesindel und Deserteurs annehmen, diese aber hernach das Vieh verhüten, oder sonst durch Unfug, Dieberey, auch wohl auf andere Art, Untersuchungen und Inquisitiones veranlassen, wie in verschiedenen Dörfern aller Warnung ungeachtet, geschehen ist. Sollte dergleichen bey eurer Gemeinde vorkommen, wird man sich des weitershin daher entstehenden Schadens halber, lediglich an diejenigen halten, so dergleichen schlechte Hirten angenommen, wofür ihr euch also selbst zu hüten, auch die Gemeinde zu warnen habt.

18) So oft fremde Personen ins Dorf ziehen, muß davon zum Amte Meldung geschehen, und das Attestat der vorigen Gerichtsobrigkeit, nebst einer vom Richter und Schöppen beygelegten Erklärung, ob wider die einzunehmende Person und Familie etwas erhebliches zu erinnern, zu Amte eingesendet werden, da denn durch den Ueberbringer, Verordnung, wie es zu halten, ohne Anstand zurück erfolgen soll.

19) Sehet wohl dahin, daß keine verdächtige Personen und Raubgesindel sich mit einschleichen, stellet fleißig und unvermerkt Visitationes an, und wenn letztere vom Amte angeordnet worden, so gehet dabey unverdrossen zu Werke, ziehet zugleich die ganzen Dorfsfluhren, Büsche und abgelegenen Oerter durch, examiniret alle bey euch Durchreisende, besonders diejenigen, so in eurem Gasthofe einkehren und die Nacht über darinnen verbleiben, lasset euch alle Abende von dem Gastwirthe die einlogirten Passagiers melden, und deren Pässe und Kundschaft zur Examination vorzeigen, findet ihr dabey Bedenklichkeit, so ziehet selbst von den Producenten nähere Erkundigung ein, und wo sich verdächtige Umstände eräugnen sollten, setzet Wache und veranstaltet, daß Personen und Sachen, die ihr verdächtig haltet, so lange im Dorfe verbleiben müssen, bis auf euren diesfalls, mit Beylegung der producirten Pässe und Kundschaften, schleunigst zum Amte zu erstattenden Bericht, des weitern Verhaltens halber, Verordnungen ergehen. Wie aber hierbey ein Irrthum vorwalten kann, und besonders angesehene reisende Personen, auch Kaufleute, nicht aufzuhalten sind; so habt ihr diesfalls alle Mäßigung zu gebrauchen, und ehe ihr mit der Anhalt- und Bewachung verfahret, euch nach allen Umständen wohl zu erkundigen.

20) Bettelleute sollten zwar eigentlich gar nicht im Lande herumreisen, vielmehr in ihrer Heymath verbleiben, und daselbst die Versorgung suchen, und, wenn sie deren bedürftig, erhalten. Weil aber jezuweilen arme preßhafte Leute zur Besuchung der Gesundheitsbäder, oder in Erbschafts- auch wohl andern Angelegenheiten, von einem Orte zum andern zu reisen haben, und denselben des Nachts Obdach und die Lagerstatt nicht versaget werden kann; so laßt zwar dieses eine Nacht zu, haltet aber diese Leute den andern Morgen sogleich an, ihren Weg weiter zu nehmen, so daß in eurem Dorfe nicht etwa eine ordentliche Bettelherberge angeleget und von daher eurer Gemeinde auch wohl der Nachbarschaft in Städten und auf dem Lande Verdruß und Schaden zugezogen wird. Ziegeunervolk hingegen weiset sogleich fort, und gestattet nicht, daß selbige unverständige Leute mit ihrem vergeblichen Wahrsagen betriegen.

21) Ueber dasjenige, so sonst in denen, zu Steurrung des überhandgenommenen Betelwesens, ergangenen gnädigsten Mandaten und Befehlen vorgeschrieben und euch von Zeit zu Zeit bekannt gemacht worden ist, haltet aufs genaueste, erbarmt euch aber eurer eigenen Hausarmen und Bedürftigen, auch derjenigen alten schwachen und gebrechlichen Personen, so durch Handarbeit ihr Brod nicht mehr verdienen können, versorget solche nach Möglichkeit mit dem Benöthigten, verschaffet auch denselben ein freyes Unterkommen in einem Gemeindehause, und meldet es, wie ihr dergleichen veranstaltet habt, da denn hernach einiger Zuschuß aus der Armencasse, so weit solche reichen will, von Zeit zu Zeit erfolgen soll.

22) Bey dem mit vorkommenden Herumreisen und die Unterthanen, besonders die Herren von Adel, auch Herren Geistlichen auf dem Lande, äußerst belästigenden Umgang der sogenannten Prinzen und Grafen vom Berge Libanon, welche vor ein paar Jahren auf dem Lande umher grosse Geldsummen erpresset, auch wohl anderer dergleichen Personen, so von Distinction zu seyn sich ausgeben, desgleichen derer zu Ranzionirung in türkische Gefangenschaft verfallenen Sclaven, herumlaufenden Italiäner, der sogenannten Conversen männ- und weiblichen Geschlechts, der wandernden Handwerkspursche, auch wohl anderer betteinden Leute, gebt wohl Acht, was diese Leute für Pässe bey sich führen. Reisepässe, worauf dergleichen Leute gemeiniglich trotzen, geben kein Befugniß, darauf Allmosen einzusammlen, und die Betteley, es mag solche mit einer Art, wie sie nur wolle, verdeckt werden wollen, ist verbothen. Diesen Instructionspunct könnt ihr allen solchen Leuten, die sich nicht weisen lassen wollen, vorzeigen, und wenn sie demungeachtet sich nicht gleich in Güte fortpacken, solche anhalten, und sie zu erwähnter Examination, auch Bestrafung, zum Amte liefern.

23) Das Hausieren der Juden und anderer Personen ist gleichfalls verbothen, nur Victualien können auf Dörfern zum Verkauf herum getragen werden.

24) Das Herumziehen der Commödianten, auch wohl anderer Gauckler, Glücksbüdner, Hüthgensspieler und Riemstecher auf den Dörfern ist ebenermaßen unerlaubt; ihr habt also dergleichen Leute keine Vergünstigung zu geben, im Dorfe, im Wirths- oder einem Privathause Commödie zu spielen, ihre Kunststücke zu zeigen, noch die Leute zum verbothenen Spiel anzulocken.

25) Das Herumführen der Bären, Affen, Meerkatzen und Maulthiere, ingleichen das Herumtragen der Leyer- und Guckasten ist von eben solcher Art und im Dorfe nicht zu gestatten. Das Kartenspiel kann zwar in Wirths- und Schenkhäusern nicht ganz und gar verbothen werden, nur ist, wie bereits vorher vorgekommen, nicht zu hoch zu spielen, es müssen auch bey 20. Thaler Strafe, gestempelte Karten gebraucht werden.

26) Im Dorfe selbst gestattet keine Zusammenkünfte, wobey Ueppigkeit, liederliches Leben, auch wohl Hurerey und Ehebruch getrieben wird, und ob zwar den Einwohnern, auch den jungen Leuten eine erlaubte Ergötzlichkeit, desgleichen freundschaftliche Gesellschaften, nicht weniger, daß im Winter des Abends ein Nachbar mit seinen Kindern und Gesinde zu dem andern gehe, und daselbst, um munter zu bleiben, auch an der Heitzung etwas zu ersparen, gemeinschaftlich gesponnen oder andere Arbeit mit Federschleissen, auch wohl sonst, verrichtet werde, nicht zu verwehren; so müssen doch alle Excesse dabey vermieden werden, und daher keine unerlaubte sogenannte Spinnstuben entstehen, worinnen Knechte und Mägde, wider Willen ihrer Dienstherrschaften, zusammen laufen, statt zu arbeiten, Muthwillen treiben, ihre ordentliche Dienstverrichtungen aber darüber versäumen.

(Der Beschluß folgt.)

Art.

Artic. VII.

Landwirthschafts=Sachen.

a) Schreiben eines Landpfarrers an der Donau — in Baiern: Die Verbesserung des Ackerbaues durch Erfahrung bestättiget, betreffend.

Mein Herr!

Ich habe die münchnerischen Intelligenzblätter mit vieler Aufmerksamkeit durchlesen, und aus denselbigen entnommen, daß die fortgesetzten Anzeigen der täglichen, mithin das Jahr hindurch abwechselnden Witterung für den Landwirth von grossen Nutzen in zukünftigen Jahren seyn könnten.

Erlauben Sie mir zu berichten, daß ich zwar seit dem Jahre 1763. die tägliche Witterung und Luftsabänderungen (so viel es meine pfärrliche Obliegenheiten, und ökonomische Geschäfte zuliessen) genau aufgezeichnet habe; da wir um hiesige Gegend erschröcklichen Schauer zum allgemeinen Schaden ausstehen mußten. Was den Barometer betrift, habe ich nur dessen gar ungewöhnliches Fallen bemerkt. Wollen Sie, mein Herr! mich mit einer förmlichen Tabelle, mit Reaumirischen oder Fahrnheitischen Wettergläsern und Anleitungen beehren, so bin ich erbietig, so viel meine Verrichtungen mir zulassen, jeden Zeitpunkt zu beobachten, das übrige, weil derley Beobachtungen an mehr Orten des Vaterlands, besonders im Gebürge, und zu flachem Lande geschehen sollten: werden die Gelehrten in unsern Klöstern gewißlich zu ergänzen bemühet seyn, wenn sie das Vaterland lieb haben.

Ich lese auch in obbesagten ihren Schriften mehrere in die Landökonomie einschlagende Anecdoten. Halten Sie mir es zur Güte, wenn ich ihnen einige Gedanken von dem Ackerbau eröfne, die ich aus 19. jähriger Erfahrung in der hiesigen Gegend des Donau-Stroms erlernet habe.

Sie wollen doch immer, wie mich dünkt, das wirklich Erprobte wissen, um es anderen empfehlen zu können. — Nämlich: wie man einen Acker zurichten soll, daß er viermal Früchten nacheinander trage, so wie ich selbsten mit Nutzen versucht habe. Man pflüget die Getreidäcker im spaten Herbste, wenn das Vieh ihre Weyde nicht mehr darauf finden kann. Sohin dünget man dieselbe im Winter bey gelegener Zeit, und Witterung mit so vielen Dunget, als man zur künftigen Weitzensaat nöthig findet. Im Frühlinge darauf bauet man solche mit Gersten, Sommerkorn, oder Erbsen an. — Man kann zwar auch türkischen Weitzen aussäen, allein er kostet manchem zu viele Arbeit wegen dem Aushauen; und er geräth nicht allemal, wenn man nicht gutes Wetter hat. —

Sobald nun diese obbesagten Getreider eingeärndtet worden sind, ackert man diese Felder mehrmal um; und bauet zu Ende des Septembers darauf Weitzen an. Nachdem auch dieser eingebracht worden, mähet man die Hälme, oder Stoppeln ab, ackert wiederum um, und bauet zu Ende des künftigen Septembers mehrmal den zweyten Weitzen an: so wird dieser gewiß schöner, als der Erste.

Wenn diese Hälme abgemähet sind, so wird mehrmal umgeackert. Man säet alsdenn weissen Rubensaamen an, welche sohin an Süsse, Güte, Milde, und an dem Geschmacke, an Gröse alle andere übertreffen.

Und wenn auch diese ausgezogen worden, so wird der Acker den Winter hindurch auf ein neues bedünget, und so zu der künftigen Sommersaat abermal hergerichtet. Ein auf solche Weise zugerichteter Acker muß 4. Früchten nacheinander tragen. Ich habe solches in dreyen eingezäunten Pointen schon viele Jahre her also geübet; und zwar jedesmal glücklich, zu meiner besten Zufriedenheit: und zum fruchtbaren Beyspiel meiner Pfarrkinder, die mir die Lehre von besserer Benutzung der Felder anfänglich sauer machten; weil sie auf die alte Hacke verpicht waren; bis ich sie einige Jahre her mit Beyspielen der Möglichkeit überführet habe.

Um die Zäune herum lasse ich Kürbissaamen einlegen, von welchen ich in einem fruchtbaren Jahre oder Sommer öfters mehr als vier spännige Fuhren nach Hause geliefert habe. Die mehr bemittelten Bauern, das ist, die mit mehrern Äckern und Felder versehen sind, erkennen zwar selbst den davon tragenden Nutzen, doch die Mühe will ihnen zu groß seyn. Die kleinen Bauern thäten es gern; allein es mangelt denselben an benöthigten Baugründen: nur in dem Kribisbau habe ich die mehresten Nachfolger gehabt.

Ich werde dergleichen dem gemeinen Wesen nutzbare Nachrichten noch mehrere übermachen, z. E. von Weydenbäumen, Felbern, Albern, Ulmbaum, Eichen u. d. m. wenn damit bedient seyn solle; doch ich bitte meinen Namen nicht zu nennen, denn ich bin wegen derley dem Vaterlande zum Nutzen kommenden, von uneinsichtigen Personen gemeiniglich für verhaßte Neuigkeiten ausgeschrienen Unternehmungen schon öfters hart mitgenommen worden, ich bedauere allemal ihr Schicksal, und den Mangel anderweiter Landwirthschaftsaufseher: da Sie, mein Herr selbst wissen, wie schwer es sey, alte Vorurtheile zu heben. rc.

Ich bin rc.

, , an der Donau den
10. May 1771.

N. N. Pfarrer zu E — g p. t. Mitglied der Churbaierischen Landökonomischen Gesellschaft zu Altenötting. o

o Wir ersuchen den Herrn Verfasser dieser Nachricht, uns mit mehrern practischen Versuchen zu beehren, weil es doch wohldenkende Patrioten thun müssen, wenn es darauf ankommet, zu wirklichen Verbesserungen Anleitung zu geben, und das Landvolk nach und nach dadurch glücklicher oder den Unterthan vermöglicher zu machen. Nicht wahr? Prämien könnten auch viel beytragen: wenn sie zeitig würden. —

b) Bewährtes Mittel wider die Feldschnecken.

Ein sorgfältiger und erfahrner Landwirth, der schon viele wirthschaftliche Beyträge geliefert, Herr Johann Gottlieb von Schönfeld zu Trachenau, hat durch seine Erfahrungen von den Feldschnecken großen Schaden auf seinen Feldern empfunden. Nach vielen vergeblichen Versuchen, dieses schädliche Ungeziefer zu vertreiben, ist es ihm geglücket, eine wohlfeile, aber recht übel riechende Lauge zu bereiten, mit welcher das zum aussäen bestimmte Getreide den Tag vor der Aussaat in Menge und stark eingesprenget wird, dergestalt, daß die Saamenkörner davon aufquellen und bey dem Keimen und Austreiben des jungen Halmes hinlänglichen übeln Geruch und Geschmack behalten, um den Schnecken bis zur Bestockung widerwärtig zu bleiben. Diese Lauge wird folgendergestalt zubereitet. Man nimmt fette Mistlache, rühret Schaaflorbern darein, bis diese zergehen und sich darinnen auflösen. Von dieser Lauge kochet man einen Theil in einem großen Topf mit klein geschnittenen Knoblauchzwiebeln und klein gestossenen Teufelsdreck; wenn dieses verkühlet, rührt man etwas Hirschhornöl darunter, und dieses zusammen vermischt man sodann mit mehrerer Mistlache, so viel zur Einquellung des Saamens vonnöthen. Mit dieser Lauge wird der Saamen zu wiederholtenmalen stark begossen und umgerühret, und den andern Tag halb trocken gesäet; man muß sich aber bey der Aussaat mit dem Wurf darnach richten, wer zumal gewohnt ist, dick zu säen.

c) Als ein bewährtes Mittel in allen bösartigen Fiebern, wenn es so weit gekommen, daß der Patient in Raserey verfällt, wird nachfolgendes einfache Hülfsmittel, welches in solchen Fällen jederzeit mit glücklichem Erfolge gebraucht worden, angepriesen. Man nimmt ein Pfund Sauerteig, und eben so viel Salz, menget es wohl untereinander, machet zwey gleiche Portionen davon, und legt sie auf die Fußsolen des Kranken, welcher sich hierauf in Zeit von drey oder vier Stunden wieder besser befindet. Länger als vier Stunden muß man diesen Umschlag nicht darauf lassen, und ihn alsdann ins Feuer, oder in einen andern besondern Ort werfen.

Artic. VIII.
Von gelehrten Sachen.

a) Von den Directoren und den Mitgliedern der Gesellschaft zu Amsterdam, welche den Wahlspruch: Floreant liberales-artes führt, hat über die Frage: welches ist die beste Heurath zur Erlangung einer guten Haushaltung für das gemeine Volk, den bürgerlichen und vornehmen Stand, so daß sie

dem

dem ganzen menschlichen Geschlechte nützlich werde, die Abhandlung mit dem Wahlspruche:

Fœcunda culpæ sæcula nuptias
Primum ingenuere, & genus, & domus, &c.
Horat.

den Preis erhalten. Der Verfasser derselben ist Herr Wilhelm de Vos, Lehrer der Anabaptisten zu Amsterdam.

Die Frage, welche von der Gesellschaft zur Beantwortung gegen den 1. May 1773. aufgegeben worden, ist folgende: „Was für Tugenden und Untugenden haben die Menschen in allen Zeiten am meisten beherrschet, und ist das Herz der Menschen von Zeit zu Zeit verschlimmert, oder gebessert worden, oder sich allemal gleich geblieben?" Demjenigen, welcher sie nach dem Urtheil der Gesellschaft am besten beantwortet, ist eine Belohnung von 30. Ducaten bestimmt. Die Abhandlungen werden auf die gewöhnliche Art an den Buchhändler Gerrit Warnars in der Kalverstrasse, Postfrey eingesendet.

b) Die Wiener = Realzeitung giebt eine Methode an: wie man auf eine geschwinde Weise alle Gattungen von Pflanzen und Blättern abzeichnen kann, welche Naturliebhabern, so auf Reisen gehen, nicht anders als angenehm seyn kann. Man nimmt zween Buchdruckerballen, und von der nämlichen Farbe, deren sie sich bedienen: einen von den Ballen nimmt man in die linke Hand und legt das Blatt oder die Pflanze darauf, die man sich aufmerken will: man schlägt alsdann ein- oder zweymal mit dem andern Ballen darauf, welchen man in der rechten Hand hält, nur muß man genau acht geben, nichts an der Pflanze zu verrücken. Man nimmt hernach das andere Blatt oder die Pflanze ganz behutsam ab, und leget sie in die Mitte eines Bogen Papiers, legt es auf einem Tisch, der mit einer Tapete bedeckt ist, und fährt mit einer hölzernen Rolle, die mit glatter Leinwand umwickelt ist, recht stark darüber. Sobald man nun das Papier eröffnet, wird man den genauen Abdruck oben und unten von der einen und andern Seite des Blattes oder der Pflanze haben.

c) Bey Johann Karl Mantz, bürgerlichen Buchbinder allhier in der Kaufingergasse im Wasserburgerlädel sind nachfolgende Landkarten zu haben, als:

1. Das jetzige Kriegstheater, auf 4. Karten. 2. Des jetzigen Kriegstheaters erster Theil, auf 3. Karten. 3. detto 2ter Theil auf 3. Karten. 4. Das Kriegstheater auf 2. Karten. 5. detto auf einer Karten. 6. Insula Creta, nunc Candia. 7. Græcia nova & mare ægeum, sive archipelagus. 8. Plan des Schlosses Lemnos, und die Attaque der rußischen mit der türkischen Flotte. 9. Græcia antiqua, auf 2. Karten. 10. Der ganze Donaustrom, auf 3. Karten. 11. Imperium Moscowiticum, auf 2. Karten. 12. Imperium turcicum. 13. Imperium Romano-germanicum. 14. Regnum Moreæ. 15. Regnum Siberiæ, auf 2. Karten. 16. Colossus Monarchicus, auf 4. Karten. 17. Regnum Poloniæ. 18. Regnum Norwegiæ. 19. Regnum Hispaniæ & Portugaliæ. 20. Portugaliæ & Algarbiæ Regna. 21. Regnum Siciliæ. 22. Regnum Hungariæ. 23. Regnum Angliæ, scotiæ & hiberniæ. 24. Regnum Britanniæ sive Angliæ. 25. Regnum Persiæ. 26. Regnum Bohemiæ. 27. Regnum Borussiæ. 28. Regnum Daniæ. 29. Regnum Suecie. 30. Regnum Sinæ. 31. Regnum Scotiæ. 32. Regnum Franciæ & Navarræ. 33. Nova mappa maris assoviensis, vel de zabache & paludis Mæotidis. 34. Meilenzeiger aller berühmten Städte in Europa. 35. Die Churbaierische Mauthkarten. 36. Historia Circuli Bavarici, auf 2. Karten. 37. Circulus Bavaricus. 38. Bavariæ pars superior. 39. Bavariæ pars inferior. 40. Palatinatus Bavariæ. 41. Circulus Rheni superioris. 42. Circulus Rheni inferioris. 43. Circulus suevicus. 44. Circulus Westphalicus. 45. Circulus Franconicus. 46. Circulus superioris & inferioris saxoniæ, auf 2. Karten. 46. Circulus Misnicus, auf 2. Karten. 47. Electoratus Moguntinus. 49. Electoratus Branden-

denburgicus. 50. Electoratus Hannoveranus. 51. Electoratus Trevirensis. 52. Electoratus palatinus ad Rhenum. 53. Postkarten durch Deutschland. 54. Postkarten durch Frankreich. 55. Postkarten durch Welschland. 56. Genua. 57. Der Kirchenstaat. 58. Helvetiæ, Rhætiæ, Valesiæ & partis sabaudiæ tabula. 59. Europa. 60. Asia. 61. Africa. 62. America pars meredionalis. 63. America pars septentrionalis. 64. Comitatus Tirolis. 65. Comitatus Oldenburgici ac delmehorstani. 66. Ducatus Brunswicensis. 67. Ducatus Brabantiæ. 68. Ducatus parmensis & placentinus. 69. Ducatus Geldriæ. 70. Ducatus Cliviæ & comitatus Marchiæ. 71. Ducatus Magdeburgensis & Hallensis. 72. Ducatus Livoniæ & Curlandiæ. 73. Ducatus Juliacensis, Cliviensis & Montensis. 74. Ducatus Magnæ Prussiæ. 75. Ducatus Silesiæ tam superior, quam inferior, auf 2. Karten. 76. Ducatus Stiriæ. 77. Ducatus Carinthiæ. 78. Ducatus Carniolæ. 79. Ducatus Mecklenburgicus. 80. Status ecclesiæ & magni Ducatus Hetruriæ. 81. *Dominium* Venetum. 82. Vtopiæ tabula. 83. Terra sancta sive Palestina. 84. Corsica. 85. Episcopatus Monasteriensis & Osnabrugensis. 86. Calendarium Juliano-Romanum perpetuum. 87. Novissimum astronomiæ, geographiæ, ac gnonomicæ compendium theoreticum æque ac practicum una cum figuris, earum explicatione & usu, in unius Mappæ geographicæ philyram Collectum. 88. Chorographia Argentorati Alsatiæ Metropolitus. 89. Lombardia. 90. Transylvaniæ principatus. 91. Delineatio geographia præfecturæ Dresdensis. 92. Das Königreich Neapel in dessen 12. Hauptprovinzen. 93. Martis Area & Alea per tractum Rheni, Mosellæ, ac Mosæ. 94. Nassoviæ principatus. 95. Carte des Isles de Maiorque Minorque & d'yvice. 96. La plus grande partie de la Manche, qui contient les côtes d'Angleterre & Celles de france les Bords maritimes de picardie. 97. L'Eveche & l'Etat de Liege. 98. Mappa Indiæ Occidentalis. 99. Pensylvania nova Jersey & nova Iork cum regionibus ad fluvium delaware in america sitis. 100. Belgium fœderatum. 101. Marchionatus Lusatiæ superioris & inferioris, auf 2. Karten. 102. Superior & inferior Hassiæ Landgraviatus. 103. Hemisphærium septentrionale globi terrestris. 104. Mappa totius Mundi. 105. Moravia Marchionatus. 106. Italia. 107. Maltha. 108. Campania. 109. Societas Jesu germana. 110. Poliometria Circuli superioris & inferioris saxoniæ, nec non Circuli Rhenani superioris & inferioris. 111. Flaggen aller Seefahrenden Potenzen und Nationen in der ganzen Welt. 112. Vorstellung des Campements der Kaiserlichen und Reichsarmee bey Bruchsall. 113. Stammbaum der griechischen Kaiser. 114. Stammbaum des königlichen Hauses Preußen. 115. Stammbaum des Hauses von Nassau-Eisenburg. 116. Stammbaum des Hauses Braunschweig Lüneburg. 117. Prospect von München. 118. Atlas Minor, bestehend in 20. Karten.

Artic. X.

Etwas zum guten Geschmack.

Nichts ist lächerlicher, sagte einsmals ein langer Rathsherr, in einer Gesellschaft von Hofleuten und kleinen Räthen, als die Art, wie einige Nationen unter den Negern in Indien ihre Berathschlagungen halten. Man stelle sich einen weiten Saal vor, in welchem ohngefehr 8. bis 12. große, halb mit Wasser angefüllte Krüge in der Ordnung herumstehen. Hieher verfügen sich zwölf Staatsräthe, am ganzen Leibe nackend, mit ernsthaften Schritten in den Saal, und ein jeder von ihnen springt sodann in seinen Krug, sitzt im Wasser bis an den Hals, und in dieser Stellung berathschlaget man sich über Angelegenheiten des Staats. — „Und ihr lachet nicht darüber? sagte der große zu einem kleinen, der ihm am nächsten saß? — Nein, antwortete dieser, denn ich sehe alle Tage etwas, das mir noch lächerlicher vorkömmt. — Und was denn? — Es giebt ein Land, wo die Krüge ganz allein Berathschlagungen halten. — —

Von Widersprüchen voll, an Leidenschaften reich,
Ist der verirrte Mensch Pandorens Büchse gleich:
Worinn genau vermischt das Gute mit dem Bösen.
So sucht sie jetzt die Welt vergebens aufzulösen:
Der schwört, der lügt, der weint, der ist ins Geld verliebt;
Der Hahn ist still, — warum? — weils wenig Petrus giebt. —

Churbaierisches Intelligenzblatt

Num. XX.

München den 30. August 1771.

Artic. I.

a) Patent, die erneuerte Getreidsperre betreffend. Dat. 20. Aug. 1771.

Diesorts will man den sämmtlichen Churbaierisch- und Oberpfälzischen Hauptmauthämtern gegenwärtige, in Betreff der von Sr. Churfürstl. Durchlaucht unserm allerseits gnädigsten Herrn Herrn, bis auf das 1773ste Jahr erneuerten, und fest gesetzten Universalgetreidsperre, so andern eine Anzahl im Druck gelegter Exemplarien nicht nur der selbst genauesten Darobhalt- und Afsigirungswillen, sondern auch zu gleichem Ende mit dem gnädigsten Auftrag hiebey communiciren, daß selbe den jeden Orts inclavirten Churfürstl. Beymauthstationen derley erfoderliche Nothdurften fördersamst zusenden lassen, und dabey wohl beobachten sollen, daß nur allein von dieser Sperre die im Verband stehenden Sulzbach- und Notdgauischen Lande ausgenommen sind, weil von daher auch in Reciproco keine Sperre auf die Churbaierisch- und Oberpfälzischen Landen wirket.

Um nun in Sachen rechte Lieferung beschehen zu seyn, wird gegenwärtiges Circular-Patent von jeder Hauptstation unterschriebener wieder zurück gewärtiget. Actum München, den 20. August 1771.

Vom Churfürstl. Kammeralmauth-Directorio, an die sämmtl. Churfl. Mauthämter in Baiern und der obern Pfalz also abgangen.

Joseph Piendl, Churfl. wirkl. Hofkammer- und Mauthdirectorial-Secret.

b) Höchstlandsherrliche Verordnung, die auf die auswärtigen Grund- und Zehendherren moderirte Getreidsperre betreffend. Dat. 6. August 1771.

Nachdem Se. Churfürstl. Durchlaucht allbereits schon unterm 22. Septemb. des letzt abgewichenen 1770sten Jahres, laut eines im Druck erlassenen Generalmandats, dann der hierauf unterm 19. Novemb. dicti Anni über die sich damals geäußerten Umstände ergangenen Leuteration, dem gesammten Publiko sattsam kund gethan haben, wie es Höchstdieselben aus landesväterlicher Sorgfalt in Dero Churlanden bey dermaliger mißlicher Getreidzeit gehalten wissen wollen, anbey unter schon gedachten 19. Novemb. des berührten 1770sten Jahres, vermög der Generalmandatverordnung, und zwar sub puncto 1mo. gnädigst statuiret haben, daß solche Universalgetreidsperre bis zur künftig von GOtt gesegneten Aernde an sämmtlichen Getreidgattungen keineswegs aufgehoben, sondern hiemit bis auf das 1773ste Jahr mit der nämlichen Schärfe der Vorsorge wider alle Getreidausfuhr dermaßen unausweichlich continuiret werden solle, daß Höchstselbe über die vorhin verhängten Strafen hiemit auch noch ferners gegen solche landschädliche Frevler, und Getreidausschwärzer von da an eine zehnjährige Arbeitshausstrafe, Verlurst der Ehren, Confiscirung Haab und Guts, ja wohl gar nach Gestaltsame der Umstände die wirkliche Leib- und Lebensstrafe geschlagen, und verordnet haben.

Und gleichwie Höchstgedacht S. Churfürstl. Durchläucht keineswegs gedenken, bey gegenwärtig noch hochstehendem Getreidsatze, von solchen gnädigsten Verordnungen abzugehen, sondern solche per Mandatum generale unterm 1. dieß, fernerweit erneueren zu lassen gnädigst resolviret haben, damit man nicht auf die Gedanken verfalle, ob hätte das vorige Verboth mit der heurigen Aernde ein Ende genommen; so haben Se. Churfürstl. Durchläucht gegenwärtige höchstlandesherrliche Verordnung hiemit im Druck legen, solche Universalgetreidsperre erneuerten, und die unterm 19. November dann 28. Decemb. 1770. bereits geschlagenen Strafen von neuem statuiren wollen. Zumal sich aber mehr Höchstgedacht Se. Churfürstl. Durchläucht anbey gnädigst erinneren, wie daß Selbe unterm 22. Septemb. 1770. auch die Zehend- und Giltgetreide, welche die auswärtigen Zehend- und Grundherrschaften in den Churbaierischen Landen zu erholen haben, ebenfalls der Getreidsperre soweit unterworfen, daß sie ohne Höchst-speciale Concession, und hierüber ausgefertigten Paß nirgends hinaus gelassen werden sollen; So haben doch Höchstdieselbe in Ansehung der heurig allenthalben anscheinend-gesegneten Aernde solche Getreidsperre gegen die auswärtigen Grund- und Zehendherren dergestalten gnädigst zu relaxiren geruhet, daß ihnen ihre in den diesseitigen Landen einzubringen habende Gilt- und Zehendgetreide, sowohl in Schöbern als Gesströhe, als auch in Körnl unhinderlich ausgefolgt werden sollen: jedoch mit der vorausgesetzten Ordnung, daß

1mo. Die durch Schauer, Mißwachs, so andern verunglückten Landesunterthanen vor allem mit Speis- und Saamgetreide von solch auswärtigen Grundherrschaften hinlänglich versehen, dann pro

2do. Bemeldte Gilt- und Zehengetreide, sowohl in Quanto, als Quali ordentlich angezeigt, nicht weniger pro

3tio. Die mit deren Ausfuhr paßirenden Mauthstationen angedeutet, auch

4to. Anderergestalt nicht, als mittels eines Churfürstl. und unter Höchstem Handzeichen ausgefertigt- doch gratis zu ertheilenden Paß, und zwar solchermaßen exportiret werden, daß man entgegen, und pro

5to. Das Reciprocum in Vorfallenheiten ebenfalls gewärtige. München, den 6. August 1771.

Ex Commissione Ser. Dn. D. Ducis & Elect. speciali. (L.S.)

Karl Anton Müller, Churfürstl. Hofraths-Secret.

c) Verruf, daß der confiscirte Taback nicht mehr an die octroyrte Compagnie, sondern den inländischen Kaufleuten und Landkrämmern verkauft werden dörfe, betreffend. Dat. 9. August 1771.

Welchergestalten von Sr. Churfürstl. Durchläucht in Baiern 2c. Unserm allerseits gnädig-

gnädigsten Herrn, jedem des Handelsberechtigten, die freye Einfuhr des Rauchtabacks, gegen Entrichtung der treffenden Mauth- und Accisgebühr, und Erholung eines von den vorgesetzten Mauthstationen, als München, Landshut, Straubing, Burghausen, Ingolstadt, Amberg, und Stadt am Hof, auf Verlangen gratis, auch unweigerlich auszustellen kommend gefertigten Paß, gnädigst bewilliget worden ist, solches haben sich die sämmtlichen Churfürstl. Mauthämter aus der mittels patentverfügten Generalausschreibung vom 6. July abhin, und der derselben beygeschlossenen Tariffa oder Satzungspreis von selbst gehorsamst zu erinnern.

Da nun aber nach dieser gnädigst beliebten Abänderung, die in dem Generalmandat de dato 26. May 1769. puncto 8vo gnädigst verordnete Auslieferung der in die Confiscation verfallenden Schnupf- und Rauchtabackssorten, an die von Seiten der gnädigst octroneten Compagnie unterhaltende Comtoirs oder Tabacknieederlagen, dermal nicht mehr bestehen kann, noch mag;

So befehlen Höchstgedacht Se. Churfürstl. Durchlaucht sämmtlichen Dero Mauthbeamten hiemit gnädigst, hinfüran, und zwar vom ersten des verwichenen Monaths July an, alle und jede in die Confiscation verfallende Schnupf- und Rauchtabackssorten, es mögen diese viel oder wenig betragen, vorzüglich den inländischen Kaufleuten und Landkrämmern, jedoch aber ordentlich blombirter, zu verkaufen, wenn aber denselben die berechtigte Tabackshändler nicht abnehmen, solchen entweders zurück außer Land hinaus zu verhandeln, oder zum nächst gelegenen Hauptmauthamt, dieses aber, wenn es solchen an die berechtigte Krämmer nicht sollte verkaufen können, zu dem hiesigen Hauptmauthamt einzuliefern; dahingegen solle von den kaufenden Handelsleuten und Krämmern die davon betreffende Mauth- und Accisgebühr, welche sonderbar zu verrechnen kommet, unnachläßlich erholet, und der übrige Geldbetrag, was nämlich über Abzug des Amts, und des Ausbringers Antheil annoch verbleibet, in den mauthämtlichen Rechnungen seines Orts in getreue Verrechnung gebracht werden, wie dann sämmtliche Churfürstl. Gerichtsbeamte, wie auch der Hofmärkten, Städt- und Märktsobrigkeiten, wo nämlich immer ein Tabackconfiscationsfall verhandelt werden mag, gleichergestalten zu Werke zu gehen, und, wo in loco der vorgegangenen Verhandlung kein Mauthamt etablirt sich befindet, das betreffende Geldquantum, nebst dem abgehaltenen Verhandlungsprotocoll, und einer demselben nachzutragen kommenden Anzeige, was nämlich aus den confiscirlich abgenommenen Taback in allem erlöst worden, und wie viel die Mauth- und Accisgebühr abwirft, zu einem nächstgelegenen Churfürstl. Mauthamt, der behörigen Verrechnungswillen, baar zu übersenden haben. Wobey sich von selbsten verstehet, daß von denen Defraudanten neben der Confiscation des Tabacks, allwegen auch die statuirt mandatmäßige Geldbuße, nämlich von jedem Pfund 2. fl. unnachläßlich erholet, und sonderbar verrechnet werden solle.

Se. Churfürstl. Durchlaucht versehen sich des gehorsamsten Vollzugs. München, den 9ten August Anno 1771.

Ad Mandatum Serenissimi Dni. Dni. Ducis Electoris speciale. (L.S.)

Lorenz Severin Morigotti, Churfl. wirkl. Rath, Hofkammer- und Mauthdirectorialsecretarius.

d) **Patent: die verbothene Ausfuhr des Hanfs und dergleichen Sailwerk betreffend. Datirt den 13ten August 1771.**

Nachdem sich aus denen bis daher eingegangenen Berichten veroffenbaret, daß der heurige Hanfwachs in den besten Gegenden der Waldrefier und so weiters, wo man nämlich sich auf dessen Erzüglung meistens verlegt, wegen des lang angehaltenen Regenwetters, sehr umgeschlagen habe.

So wird den Churfürstlichen Mauthämtern hiemit anbefohlen, von nun, nämlich dem Tag der Einlieferung an, weder Hanf- noch derley Werg, viel minder auch, wegen der inländischen selbst Erfodernis, und immer mehr entstehenden Theurung, einiges dergleichen Sallwerk, es mag dieses gros oder klein seyn, worunter auch die hierzu benöthigten Fäden zu verstehen sind, ohne sonderbar hierzu bewirkten Churfürstlichen Paß, außer Lands paßieren zu lassen. Und damit an Seite der inclavierten Beymauthämter auch darob stricte gehalten werde, haben die Hauptmauthstationes denenselben davon uneinstellige Nachricht zu ertheilen, gegenwärtiges Patent aber, der rechts geschehenen Einlieferung halber, behörig zu unterschreiben. München den 13ten August 1771.

Von dem Churfürstl. Cammeral-Mauth-Directorio.

An die sämmtlichen Mauthämter in Baiern, und der obern Pfalz also abgegangen.

Lorenz Severin Morigotti, Churfl. wirkl. Rath, Hofkammer- und Mauthdirectorialsecretarius.

e) **Patent: die wiederholter verbothene Ausfuhr des Biers betreffend. Datirt den 17ten August 1771.**

Nachdem von höchster Stelle unterm 14. dieß die Ausfuhr des Biers wegen dessen im Lande vorwaltenden Mangel neuerdings geschärfest inhibitiert worden; so will man die allschon im Monath Merzen dieß Jahrs ausgeschriebene Bier-Sperre, hiemit nochmalen wiederholet, und sämmtlichen Churbaierischen und Oberpfälzischē Mauthämtern der genauesten Darobhaltungswegen nachdrücklichst anbefohlen haben. München den 17ten August Anno 1771.

Vom Churfürstl. Cameral-Mauth-Directorio.

An die sämmtlichen Churfürstl. Mauthämter in Baiern, und der Oberpfalz also abgangen.

Franz Xaveri Krauß, Secret.

Artic. II.

Feilschaften.

a) Nachdem die beyden von Rechbergischen Fräulen, Maria Magdalena, und Maria Constantia, ihre bisher erbrechtsweis innhabende, zur allhiesigen Churfürstl. Probstey stift-dienst-und raichbare sogenannte Herrn- oder Prammühle allhier, item die dazu gehörige Saag- und Schleifmühle, den Oelstampf, dann zwo Pointen, sämmtliche Wiesgründe, 3. Häuser, und alle andere rechtliche Ein- und Zugehör, aufständlich zu verkaufen gedenken: als will man ein solches dem gegenwärtigen Intelligenzblatte zu dem Ende einverleiben, daß, im Falle sich einer, oder mehrere Liebhaber hervor thun sollten, man von Seiten des Probsteygerichts denenselben alle weitere Auskunft und Eröffnung ertheilen werde. Actum den 16ten August 1771.

Churfürstl. Probsteygericht Altenötting.

Johann Georg Keßner Director, m. p.

b) Johann Jakob Jäcklein, Burger und Handelsmann zu Neumarkt in der obern Pfalz hat an ausgeschirzten Schaafviehe, nämlich 150. Stücke Hämmel, das Paar zu 11. fl., 150. Stücke heurige Lämmer, das Paar à 5. fl. und 120. Stücke Mutterschaafe, das Paar um 7. fl. zu verkaufen, welche er hiemit dem innländischen Publiko feilgebothen haben will.

c) Deßgleichen biethet Franz Huber, bürgerlicher Lederer in der Stadt Fridberg den innländischen Beindrechslern und Beinarbeitern feil: 1000. Stücke Ochsenhörner, das Hundert zu 5. fl. und 1000. Stücke Kühe- oder Schmalhörner das Hundert um 2. fl. 30. kr.

Artic. V.

Handlungs-Nachrichten.

a) Die allgemeine Handlungscompagnie in Koppenhagen hat die Einrichtung gemacht, daß von nun an alle die Schiffe, welche bisher mit ihren Ladungen von Plattfisch- und andern innländischen Produkten, aus Island auf die Elbe bestimmt gewesen, nunmehr directe nach Koppenhagen segeln, und folglich diese Waaren hinsüro an keinem andern Ort aus der ersten Hand zu bekommen sind.

b) Von Schletstadt im Elsaßischen meldet man, daß die Aerndte sehr reichlich ausgefallen, und daß der Preis des Getreides auf einem Markttag um 7. L. niedriger geworden sey. Die Armen auf dem Lande, welche den niedrigen Preis nicht abwarten können, haben indessen die Erdäpfel, ob sie gleich noch nicht ihre behörige Zeitigung und Grösse erlangt, ausgerissen und genossen. Und da dieses nützliche Gewächse in unzähliger Menge gepflanzet worden, so kann dadurch auch der Theurung des Getreides abgewehret werden. o

o Ueberall erkennt man den Nutzen von dem Anbaue der Erdäpfeln: wie denn in allen jenen Gegenden, wo dieses Gewächse angebauet wird, bey der dermaligen allgemeinen Theurung das Getreid nie zu einem so hohen Preise gestiegen ist, wie in anderen Ländern, wo die herrschenden Vorurtheile das Wachsthum derselben hindern. Nur bey unsern Landsleuten wollen sogar auch die nachdrücklichsten Einpfehlungen, und Beweise aus der Erfahrung noch nicht rechten Eingang finden: indem man den aus der Anpflanzung dieser Erdgewächse ziehenden Nutzen, und die Vortheile sich so wenig wünschet, daß man lieber, in einem dummen Vorurtheile, Mangel, Theurung, und Armuth erdulden, als sich nach dem klugen Beyspiele anderer Länder, Ueberfluß und Wohlfeile der benöthigten Nahrung, so wohl für Menschen, als Viehe hierdurch verschaffen will. —

c) Aus Ober-Poitu wird berichtet, daß der Preis des Getreides täglich falle, und die Tonne Getreide, (wiegt 2000. Pfund) die im vorigen Jahre 500. Livres galt, jetzt 180. Liv. gelte, daß, das Vieh wohlfeiler werde, und die dortigen Weinstöcke von der Kälte nichts gelitten hätten; daß die Heuärndte sehr mittelmäßig gewesen, daß man aber noch Vorrath vom vorigen Jahre habe. o

o Nach einer beyläufigen Berechnung, ist also in Frankreich das Münchner Schäffel Getreid von 32. fl. auf 11. fl. 42. kr. herabgefallen. Von den uns angränzenden Gegenden vernimmt man auch gleiche Nachricht vom Fallen des Getreidpreises. Nun wird es ja auch bey uns bald wohlfeiler werden, wenn es anderst der Herr Wucher gütigst erlaubt. — Oder hatten wir vieleicht keine gesegnete Aerndte? —

d) Florenz den 22. July. Zu der Zeit, da die größten Staaten in Europa die Ausfuhr des Getreides, aus Furcht vor dem Mangel, verbiethen oder einschränken, so sucht die Regierung sie in diesem kleinen Staate zu begünstigen, und wir sind von diesem Uebel befreyet, vor welchem man sich fürchtet, und das man fast allenthalben empfindet. Unserem Staate war es vorbehalten, Europa ein Beyspiel von der Freyheit der Handlung und besonders in Absicht auf die nothwendigsten Lebensmittel zu geben. Alle bey der Einfuhr gewöhnlichen Abgaben von diesen letztern sind abgeschaft, so wie die alten Abgaben beym Einkauf und Verkauf des Viehes. Vielleicht wundert man sich nicht darüber, daß hiedurch die Aufname des Ackerbaues sehr befördert wird, aber darüber wundert man sich gewiß, daß ein Regent seinen eigenen Vortheil dem Nutzen seiner Unterthanen aufopfern kann. Doch die Aufname des Ackerbaues wird unsern gnädigsten Souverain mehr als schadlos halten, da er die Unterthanen bereichert, und nur der Regent wahrhaftig reich zu nennen (*), der über reiche Unterthanen herrschet. —

Artic. VI.
Nachrichten für die Policey.

a) In einem Schreiben aus der obern Pfalz an der böhmischen Gränze vom 3. August wird gemeldet: um der Noth und einer abermaligen Theurung in Zukunft vorzukommen, lassen Se. Kaiserl. Königl. Majestät in Dero Königreich Böhmen auf ihre eigene Kösten in allen Städten und Märkten ansehnliche Magazine aufrichten, und große Quantitäten allerley Getreides aufkaufen, welches sodann um den nämlichen Preis, wie solches erkaufet worden, wiederum an die Bedürftigen abgegeben wird, außer daß dem, der die Aufsicht und die Besorgung über dergleichen Magatzine hat, von jedem böhmischen Strich Getreides (so bey uns 2½ münchner Schäffel beträgt) 3. kr. darüber für seine Bemühung bezahlet werden muß. o

o Eine gleiche Anstalt kunte bey uns eben auch nicht schaden, damit der gemeine arme Mann nicht immer auf die willkührliche Barmherzigkeit und Billigkeit der Herren Kornjuden ängstlich hoffen dürfte. — An Magazinen oder Getreidkästen sollte es gewiß nicht fehlen: indem deren genug im Lande leer stehen.

hen. Aber am Nervo rerum gerendarum möchte etwan ein Mangel erscheinen. Allein auch diesen würden kluge Kameralisten abzuhelfen wissen. — Wir selbst wüßten so etliche praktische Mittel, wenn man es sagen dürfte, und uns fragte. —

b) Paris den 29. July. Das Finanz-Conseil untersucht dem Vernehmen nach mit vieler Genauigkeit die Pensionen, womit der Staat beschweret ist. Alle, welche dergleichen haben, müssen die Art und Weise angeben, wie sie dazu gekommen, und worinn die Verdienste, wodurch sie selbige erlangt, bestehen.

Obschon der König erklärt haben solle, daß bey seiner Regierung die Söhne des heiligen Lojola nicht wieder nach Frankreich zurück kommen sollen: so hat doch die Policey seit kurzem alle anstößige Schriften, alle satyrische Kupferstiche u. s. w. worinn dieselben durchgezogen werden, zu verkaufen auf das schärfeste verbothen, wie sie denn aus den Buchläden gleichsam schon alle weggeblasen sind; wobinter man eine höhere Hand erkennt: da selbst schon einer aus ihrer Gesellschaft vor dem Könige von Frankreich selbst, unerkannt zu predigen die Ehre hatte. Es haben sich auch schon große Gönner in diesem Staate hervor gethan, worunter die älteste Tochter des Königs, Madame Adelheide an der Spitze stehet.

c) Noch eine nagelneue — wichtige Neuigkeit dörfen wir unsern süßen Herrchen — etwan auch unsern Schönen? — nicht unbekannt lassen. Sie ist gar zu allerliebst für sie! Wir wissen gar wohl, wie sehr diese unschuldigen und zarten Geschöpfe unter den geschäftigen Händen der Herren Haarkünstler die grausamsten Torturen oftmals zwey und drey Stunden lang erdulden müssen, wenn sie anderst den bewundernden Blick Cupidischer Augen auf sich lenken wollen, oder die Weisheit der gekräuselten Locken den mangelnden Verstand ersetzen solle. Bald schreckt die zärtliche Haut ein brennendes Eisen, welches die Haare in die Runde zwingt; bald zerren und reissen die unbarmherzigen Zähne des Kammes fast die Haare aus dem Kopf, und die empfindliche Haut wird wiederum entsetzlich gemartert; bald möchten sie im Puderstaube ersticken, und können kaum athmen, ohne eine Menge davon in sich zu ziehen, wovon sie hernach so sehr über Magen- und Kopfwehe klagen. — Aber nur ein wenig Geduld, ihr zuckersüßen Kinder! bald werden eure Peiniger selbst euch um Gnade und Barmherzigkeit anflehen. Denn eben ist ein Perrucker zu Utrecht angekommen — aber woher? — aus Frankreich! das versteht sich ja selber! — Leset nur, er hat ja einen französischen Namen, und heißt Monsieur Beaumont. Nun dieser Herr Beaumont macht die allerniedlichsten unter allen niedlichen Perrucken. Sie haben eine Krause, die aller Gewalt des Wassers, und allen Strapatzen der Reise widerstehet; sie bleiben immer ordentlich und galant. Und das Rareste dabey ist: sie dauren eine vollkommene französische Ewigkeit aus; das ist bey nahe drey Jahre; wehrend dieser Zeit braucht man so wenig den Friseur dazu, als den Todtengräber. — o

o Diese Nachricht hat uns so sehr entzückt, daß wir sogleich eine extra Staffete an diesen Herrn Beaumont haben abgehen und ersuchen lassen, diese verwunderungswürdige Kunst noch einmal in seinem erfinderischen Kopf die Musterung passiren zu lassen, und solche auch, des allgemeinen Bestens wegen, auf unsere lebendige Menschenhaare anzuwenden. Denn, wie glücklich würden wir seyn? — Und was könnte nicht dabey ersparet werden? Zeit, Geld, Aergerniß und Langeweile! — Ja, was das Hauptsächlichste ist, wie viele Zuhörer würde nicht der Prediger mehrer zehlen; — wie vielen ganzen GOttesdiensten könnte man eher beywohnen, da man sich jetzt oft nur mit einem halben, oder höchstens zweydrittel begnüget, oder doch sehr frühe, noch mit halbgeschwollenen Augen, und dickem Kopfe, das sanfte Federbett baumelnd verlassen muß; — und, was noch mehr ist, um wie viel früher könnte man in die so nothwendigen Visiten gehen, wenn man sich nur alle drey Jahre einmal frisiren lassen dürfte. —

Fort-

Fortsetzung der im vorigen Blatte abgebrochenen Instruction für einen Dorfrichter.

27) Ueber gute Policey haltet bey dasiger Gemeinde mit aller Strenge. Lasset die Kleiderpracht, woran besonders das Weibsvolk auf dem Lande sich gewöhnen will, nicht überhand nehmen; mit den Kindtaufs- und Hochzeit- auch guten Montags- und Kirchmeßausrichtungen haltet Maaße, verschwendet dabey nicht das nachgehends bey Betreibung der Wirthschaft besser anzuwendende Bedürfniß unnöthig, übernehmet euch auch nicht mit Pathen- und Hochzeitgeschenken, und sehet besonders dahin, daß kein Knecht oder Magd zu ihrer Kleidung andere, als in den hiesigen Landen fabricirte Tücher, oder andere wollene, baumwollene, oder leinene Zeuge tragen, auch bey Gevatterschaften mehr, als acht Groschen, einbinden, und bey Hochzeiten über zwölf und höchstens sechszehn Groschen geben. Deßgleichen gestattet den verbothenen Austritt und das Schiessen bey Einholung der Bräute und auf Hochzeiten nicht, es stehen darauf 10 Thlr. Strafe; ihr wißt auch sonst, was bey solchen Gelegenheiten, da man sich gemeiniglich mit dem Trunke übernommen hat, für Unglück erfolgen kann.

28) Die Sabbathsfeyer lasset von der Gemeinde fleißig abwarten. An den Sonn- Feyer- und Bußtagen alle Hand- Roß- und andere Vieharbeit, so auf Werkeltage gehörig, außerhalb fürfallender Noth, welche doch dem Amte zuvor angemeldet werden muß, einstellen, auch in den Schenken und Wirthshäusern eher nicht, als nach gänzlich geendigten Gottesdiensten, denen, so es begehren, einen dürftigen Trunk reichen, desgleichen Kegelschieben und auf der Peilckenbank spielen; an den allgemeinen Fast- Beth- und Bußtagen aber muß solches gänzlich unterbleiben; und an Sonn- und hohen Festtagen eher und anders nicht, als von Ostern bis Michaelis von fünf bis zehn Uhr, und von Michaelis bis Ostern von vier bis neun Uhr, nachgelassen; hierbey auch alles Tanzen unter freyem Himmel, Absingen ärgerlicher Lieder, Fluchen, Schreyen, Jauchzen, Tumultuiren, Völlerey und andere Ueppigkeit eingestellet werden.

29) Die neuerläuterte und verbesserte Gesindeordnung vom 16. Novemb. 1769. lasset euch und der ganzen Gemeinde zur beständigen Richtschnur dienen, und solcher entgegen nicht handeln, leset auch den euch davon zugestellten Abdruck alljährlich 14. Tage vor Michaelis der gesammten Gemeinde, und besonders auch dem Dienstgesinde, deutlich vor.

30) Sorget dafür, daß, wenn Sterbefälle vorkommen, und unmündige Kinder hinterbleiben, solche in Zeiten behörig bevormundet werden, macht auch, wenn einiges Vermögen, so dergleichen Kindern gehörig, vorhanden, sofort Anstalt, daß solches, bis zu fernerer Verfügung des Amts, in Sicherheit gebracht werde. Wenn auch Personen verstorben, welche Heergeräthe oder Gerade hinterlassen, dazu aber weder Heergeräths oder Gerade- fähige Erben vorhanden, ist solches ungesäumt zum Amte zu melden.

31) Weil auch daher große Unrichtigkeit und Streit zu entstehen pflegt, wenn verwittwete Ehegatten, bevor sie sich mit den Kindern der vorigen Ehe auseinander gesetzet, zur anderweiten Ehe schreiten; so lasset eure richterliche Sorgfalt dahin gehen, daß dießfalls jedesmal ein Erbvertrag oder anderer Vergleich errichtet, auch nach Wichtigkeit des Vermögens, zur gerichtlichen Confirmation gebracht werde.

32) Das Emigriren außäßiger oder anderer im Lande sich bisher aufgehaltener Unterthanen ist zwar überhaupt verbothen, und habt ihr dergleichen nicht zuzulassen, vielmehr, wenn ihr dergleichen Vorhaben merket, unverzüglich darüber zum Amte Anzeige zu thun. Wenn aber Fälle vorkommen, daß Erbschaften in fremde Gerichten, auch wohl außerhalb Landes gehen, oder auf andere Art einiges Vermögen wegtransportiret werden soll, habt ihr wegen des, dem hohen Churfürstl. Fisco, gebührenden Abzugs, unverzüglich Anstalt zu treffen, daß solches berichtiget werden müsse, auch alle dergleichen Abzugsfälle sogleich anhero anzuzeigen.

33) Die Gränzen und Rainungen habt ihr beständig in guter Richtigkeit zu halten, wo es dießfalls noch fehlet, das mangelnde

vollends

vollends in Ordnung zu bringen, mit euren Feldnachbarn euch dießfalls zu vernehmen, und die Gräntzen behörig zu beziehen, und jährlich zu erneuern, wegen der Rainungen und Ackerfahren hingegen dahin zu sehen, daß solche nicht von einem eigennützigen Nachbar ab- oder wohl gar weggepflüget werden, sodann aber darüber groser Streit entstehe.

34) Die Gräben und Wasserläufen, auch Wasserfahren, müssen öfters und zu rechter Zeit gehoben, geräumet, auch frisch ausgestochen, deßgleichen Gehege und Zäune tüchtig gehalten und vermachet werden: wer sich hierbey in der Gemeinde säumig finden lässet, und eurer Anordnung nicht gehorchet, den nehmet in eine kleine, zum allgemeinen Nutzen, nicht aber zum Vertrinken, anzuwendende Gemeindestrafe.

35) Die Anordnung des Amts wegen der Baumcultur, Anpflanzung fruchtbarer und anderer Bäume, Aussäung aller der Holzarten, so nach dortigem Boden sich schicken, und daselbst guten Wachsthum zeigen, deßgleichen der mehrmals empfohlenen Futterkräuter, weiter wegen Anlegung lebendiger Zäune und Hecken, junger Baumschulen, Maulbeerplantagen, auch Seiden- Flachs- Hanf- und Krappbaues, ingleichen der Tabackscultur, befolgt pünktlich, besonders haltet darüber, daß jährlich eine gewisse Anzahl Eicheln gesteckt, auch nach der Amtsvorschrift, eher kein Eichenbaum gefället werde, ehe nicht derjenige, so dergleichen umhauen, und sich zu Nutze machen will, vier andere junge Eichen selbst gezogen, sie euch vorgewiesen, und ihr, daß solche in gutem Wachsthum stehen, selbst wahrgenommen. Haltet auch die Einwohner an, daß bey jeder Verehelichung die vorgeschriebene Baumzahl nicht nur gesetzet, sondern auch weiter hin fleißig cultiviret werde, lasset zu rechter Zeit raupen, und dieses, auch anderes Ungeziefer im Dorfe nicht überhand nehmen, euch auch nicht allererst durch Amtsverordnung erinnern, wenn die wilden Schößlinge und sogenannten Räuber von den Obstbäumen und Weiden abgeschnitten werden sollen.

36) In Ertheilung der Attestate seyd vorsichtig, und richtet solche, wenn ihr dergleichen ausstellet, der Wahrheit gemäß ein.

37) Wenn Soldaten oder Beurlaubte in euer Dorf kommen, oder im Wirthshause einsprechen, lasset euch ihre Päße und Urlaubscheine zeigen, und arretiret diejenigen, so ihr vor Deserteurs haltet, lasset euch hierbey auch nicht belistigen, wie einem andern Richter nur kürzlich geschehen, dem ein mit Compagniegeldern desertirter Fourier zwar einen ausgefüllten Paß vorgewiesen, worauf aber, statt des Siegels, sich lediglich ein runder Siegellackfleck, ohne allen Petschaftsausdruck, befunden.

38) Mit dem Aehrenlesen ist bisher groser Misbrauch geschehen. Kinder und alte Leute, auch wohl andere unvermögende Personen eures Orts sind dazu zu lassen, wenn aber erwachsene, starke und gesunde Leute, auch mit unter Fremde, so ihr Brod mit Aerndtearbeit reichlich verdienen könnten, sich mit einschleichen, und wohl darüber unter sich Händel anfangen, oder sonst Excesse stiften, diesen gebet keine Erlaubniß, weiset solche vielmehr zum Fleiß und Arbeit an, und, wenn sie excediret, habt ihr solche zu arretiren, und zum Amte zur Bestrafung einzuliefern.

39) Mit Feuer und Licht gehet vorsichtig um, und lasset dießfalls im ganzen Dorfe die gröste Behutsamkeit anwenden, ausser den Wohnstuben, auf den Gehöften, noch weniger in den Scheunen und Ställen, Heu- Stroh- und Getreide- auch Flachsböden, noch auf den Holzställen, ingleichen bey der Einfuhre des Getreides und Heues, auch wo sonst mit brennbaren leicht feuerfangenden Sachen zu handthieren ist, keinen Taback rauchen; es darf auch innerhalb der Gehöfte kein Schießgewehr, dergleichen ein Unterthan auf dem Lande ohnedieß nur zu seiner Sicherheit zu gebrauchen, und dießfalls bey der Hand zu halten hat, losgebrannt, noch weniger Schießpulver angezündet, oder ein Lustfeuer gemacht, und Raqueten in die Luft gelassen werden. Sehet wohl darnach, daß kein einziger in der Gemeinde auf dergleichen, oder andere Feuerschaden anrichtende Sachen verfalle, nehmet solche weg, und schicket sie mit der Meldung des unerlaubten Vorgangs ins Amt.

40) In den Ställen zu Beschickung des Viehes, oder sonst, wo es bey dunkeln Tagen besonders im Winter die Nothdurft erfordert, gebraucht eine wohlverwahrte mit Glas- oder Hornscheiben versehene Laterne, diejenigen aber, wo das Blech zum Durchschimmern des Lichtes, nur mit Löchern durchstochen ist, haben, weil Feuerfunken durchdringen können, Schaden angerichtet.

41) Bey brennendem Lichte, wenn man auch solches in der Laterne, in der Scheune an einem vermeyntlich unschädlichen Orte halten lassen oder anhängen wollte, darf nicht gedroschen werden; die Erfahrung hat gezeiget, daß auch dadurch eine Feuersbrunst veranlasset worden.

42) Mit brennendem Kiehn, statt eines Lichtes oder Lampe, im Hause umher zu gehen, ist gleichfalls verbothen.

43) Das Speckbraten in der Küche, wo dergleichen aus dem Schorstein heraus fliegen und auf die Strohdächer fallen kann, ist mit der größten Vorsicht vorzunehmen, und darf die Person, so sich damit beschäftiget, davon nicht hinweg gehen.

44) In denen im Dorfe nahe bey Gebäuden stehenden Backöfen darf kein Flachs gedörret werden.

45) Zu viel trockene Spähne, Kiehnäpfel, Kohlen und dergleichen dürft ihr nicht in den Küchen, noch dergleichen, oder auch Kiehn und nasses Holz zum Trocknen auf den Heerd oder Ofen, noch ins Ofenloch selbst legen zu lassen verstatten.

46) Die Asche muß nicht in einem hölzernen Gefäße, sondern in Töpfen oder Kesseln, wo möglich im Keller, bis zum Gebrauch oder Verkauf aufbehalten werden, auf dem Boden unters Strohdach dürft ihr die Asche nicht setzen lassen, ein Wind kann die darunter etwa noch glimmenden Kohlen wiederum anblasen, und ein davon in die Höhe steigender Feuerfunke das Strohdach anzünden.

47) Im Dorfe selbst muß nicht zu viel an Brennholze und Reisbunden auf- auch dieses den Gebäuden nicht zu nahe gesetzet werden. Die Holzhaufen, so ihr zum Verkauf zusammen schaffet, und nach und nach in die Städte zu Märkte bringet, sollten zwar gar nicht ins Dorf gebracht werden, vielmehr in den Gebüschen stehen bleiben, und daraus zum Verkauf abgefahren werden: weil solche aber vor Dieberey darinnen nicht sicher sind, bey großem Wasser mit weggerissen werden können, auch vielmals zur Winterszeit bey Wasserfluthen und Eißfahrten daraus nicht zu erlangen sind, ist der Gemeinde zwar zu verstatten, solche auf eines jeden Gehöfte zu nehmen; es müssen aber die Holzplätze, wo dergleichen Holzhaufen zu stehen kommen sollen, in den Gärten entfernt von Gebäuden, und wo auch der Nachbar davon keine Gefahr zu befürchten hat, ausgesucht, und von euch dem Richter, mit Zuziehung der Schöppen, angewiesen werden.

48) Gehet nach GOttes Verhängniß ein Feuer auf, so verfahret ihr nach der dießfalls bereits habenden Anweisung.

49) Ist im dortigen Dorfe die Feuersbrunst zur Winterszeit bey hartem Frost ausgebrochen, so haltet heisses Wasser in Bereitschaft, um die Feuerspritzen, so theils an eurem Orte selbst befindlich sind, theils euch werden zu Hülfe zugefahren werden, damit aufzuthauen; auch müssen,

50) Wenn in dasiger Gegend an einem andern Orte Feuer aufgegangen seyn sollte, und euch der Weg trifft, vier angeschirrte Pferde sogleich vors Dorf heraus gezogen werden, und auf einem freyen Orte stehen bleiben, um wenn die Amtsspritze kömmt, ohne Aufenthalt, zum untergelegten frischen Vorspann gebraucht zu werden.

51) Sonst wartet die Visitationes des Feuergeräths und der Rauchfänge fleißig ab, sehet nach, ob die Schornsteine reinlich sind, und der Ruß abgekehret, desgleichen bey einem neuen Bau, ob auch an Orten, wo Feuer gehalten werden soll, tüchtige steinerne Feuermauern gefertiget, nicht aber nur das Gebälcke mit Steinen oder Leimwerk überzogen werden; fehlet es woran, thut anfänglich gütliche Erinnerung, wo aber diese nicht hilft, meldet es zum Amte, da denn obrigkeitlicher Beystand erfolgen soll.

52) In Würderungen und Besichtigungen bezeiget euch unpartheyisch, und stattet darüber pflichtmäßige Berichte ab.

53) Ergehen Amtsverordnungen, wornach ihr in kleinen Schuld- auch wohl andern geringfügigen Sachen, diesen oder jenen Nachbar zur Bezahlung anzuermahnen, oder auch sonst den Beklagten zu bedeuten habt, den Kläger klaglos zu stellen, so gebt euch alle Mühe, daß ihr die Sache noch zu Hause in Güte schlichten könnet, so, daß die Sache nicht einmal zu weiterer gerichtlichen Verabhandlung komme, und Unkösten erspahret werden.

(Der Beschluß folgt im nächsten Blatte.)

Artic. VII.

Landwirthschafts-Sachen.

a) In No. XVII. unserer Blätter, Seite 223. haben wir gefragt: ob das Kraut Napellus, oder Eisenkraut, wie auch die Rittersporen, als ein antipathetisches Mittel wider die Mäuse, von Jemand probiert, und bewährt befunden worden sey? Darauf ist Folgendes an uns eingesendet worden.

Beyde Stücke sind Arcana, von denen ich zwar weis, mir aber außer acht gekommen sind, sie der Zuverläßigkeit wegen zu untersuchen. So viel aber kann ich mit Grunde der Wahrheit dienen, daß dasjenige, was das Eisenkraut anbetrifft, zuverläßig seyn solle. Denn derjenige, der mir dieses Arcanum entdeckte, sagte mir, die Mäuse hätten ihn und den Koch dermaßen geplaget, daß sie fast keine Ruhe, wegen diesen nagenden Gästen, noch etwas sicher haben aufbehalten können. Sobald aber er und der Koch das Napellum floræ cæruleæ, das Eisenhütlein mit der blauen Blühe, in die Zimmer, Speisekammer, und Gewölbe geleget, so hätten sie keine Mäuse weiters vermerket. Es ist dieser mein Herr Lehrmeister vieleicht noch bey Leben, und sein Stand bringet es mit sich, daß man seinen Worten trauen darf, folgsam, da er mir bey seiner Ehre und Würde versicherte, daß dieses ein richtiges Mittel gegen die Mäuse, und von ihm selbst probiret sey. Kann ich also sagen: Eisenhütlein mit der blauen Blühe, in die 4. Ecken des Zimmers gelegt, vertreibt die Mäuse. Beweiset sich dieses nicht also, so ist mein Herr Autor ein verlegner — dessen Namen P. V. und der Meinige

p. H.

D. — den 8. August 1771.

R. Sch. Mit der Consolida regali, oder blauen Rittersporn, soll die Sache auch zuverläßig seyn: aber es sind Umstände dabey, welche sie mir verdächtig machen. Denn a) muß es Rittersporn aus einem Kornacker seyn. b) diese an Margarethen Tag vor der Sonnen Aufgang eingesammelt werden, und c) darf man solche nicht legen, sondern in die Zimmer, Stallungen ꝛc. aufhängen.

b) In dem Leipziger Intelligenzblatt Seite 381. wird gefragt: Man findet in unterschiedenen Kirchen die Stühle ganz weiß mit Leim und Kreide oder Kalk angestrichen, und hernach poliret, daß die Farbe glänzet, und sich nicht abwischen läßt. Wie wird dieses Anstreichen bewerkstelliget, da viele Maurer und Tischler die damit verbundenen Vortheile nicht kennen? o

o Wir erbiethen uns, die allenfalls aus unsern Gegenden einlaufende Beschreibung, oder Antwort diesen Blättern einzuverleiben, und öffentlich bekannt zu machen.

b) Vortheile alte große Oefen, mit Ersparung vielen Holzes, zum Gebrauch nützlich einzurichten. (Aus obigem Leipziger Intelligenzblatte.)

Der größte Vortheil bestehet in einem in den gewöhnlichen Kachelöfen angelegten kleinern, oder Kernofen, den der Erfinder einen Wolf nennet, und also beschreibet: Es werden an jeder Seite etwa 3. Zoll von den Kacheln, absonderlich dazu gebrannte Steine, einen halben Fuß breit, 3 Zoll dicke und 15 Zoll hoch, dergestalt auf die hohe Kante gesetzt, daß zwischen jedem Paar Steinen ein guter Zoll Raum ist. Drey Zoll davon sind in den Herd, zwischen die Steine, die den Herd bedecken, eingesenkt, und 12 Zoll stehet der Stein frey in die Höhe. Die Zahl dieser Steine ist, nach der Länge des Ofens, willkührlich. Je länger man aber den Wolf anlegen kann, desto besser ist er. Damit indessen die Steine genugsame Haltung haben, sind

sie

sie oben mit einer Stange Eisen zusammengefügt. Zu dem Ende wird schon bey Streichung dieser Ziegeln oben eine Fuge hinein geschnitten, darinnen die Stange liegen kann; und diese hat an jeder Seite des Steins eine spitzige Zinke, um ihn damit zu fassen. Alles in der Absicht, den sogenannten Wolf für dem Stoße beym Einheitzen zu sichern.

Ueber diese beyden Reihen Ziegeln wird, als auf zwo Wände, ein zugespitztes Dach dergestalt gesetzt, daß wieder eigene Ziegel dazu geformet, und solche so weit von einander gelegt werden, daß zwischen jedem Paar ebenfalls ein guter Zoll Raum gelassen wird.

Wenn nun eingeheitzt wird, macht man das Feuer in diesen Wolf. Seine Structur giebt ihm einen starken Zug und zertheilet die Flamme, daß sie sich, als lange Spitzen, mit Gewalt gegen die Seitenwände des Ofens, durch die Ritzen der Ziegeln, heraus arbeitet, und alle mögliche Wärme in großer Geschwindigkeit demselben mittheilt.

Weil nun durch diesen Wolf zugleich der Vortheil erreicht wird, daß die untersten Kacheln von dem Anstossen des Holzes so sehr nicht leiden dürfen, können dieselben ganz dünne mit Leimen gefüttert seyn. Damit aber der Ofen doch auch länger warm bleibe, verdickt man gleich über dem Wolf die Wände, so viel als möglich, welches vermittelst des alsdenn folgenden Gesimses gar leicht ist, und noch den Vortheil hat, daß die oben aus dem Wolfe heraus spielenden Flammen sie desto eher und näher berühren können.

Um aber, ehe die Wände des Ofens sich durchwärmen können, die erste Hitze des Feuers, welche sonst gemeiniglich mit dem Rauche aus dem Rauchloch gehet, zu sammeln, hat man die Erfindung unserer Vorfahren wieder hervorgesucht, und oben auf die Decke des Ofens eine hohle Kugel, nach ihrem äußern Durchschnitte meist 3 Fuß, setzen lassen. Diese ist ganz glatt, mit Leimen gefüttert, und hat inwendig gegen das Feuer eine Oefnung, von etwa 5 Zoll im Durchschnitte, daß man mit der Hand und dem Arm hineinfahren kann. Die Kugel sammlet die erste Hitze, und wenn der ganze Ofen noch kalt ist, so theilet sie schon der Stube ihre Wärme mit, die, ob sie gleich in der Höhe bleibet, noch dazu dienet, daß hernach das Zimmer desto eher mit Feuertheilchen angefüllt wird.

Durch Hülfe eines solchen Ofens hat der ungenannte Erfinder derselben einem Zimmer, in welchem man sonst keinen Fuß erwärmen konnte, wenn auch das Feuer den ganzen Tag brannte, so weit geholfen, daß es mit einmaligen Einheitzen, wozu noch dazu weniger Holz, als zuvor, erfodert wurde, auf einen ganzen Tag warm genug war.

Die königl. preußische Akademie der Wissenschaften hat diese Erfindung, nach genauer Prüfung, mit ihrem Beyfalle beehret, und erkannt: „daß durch dergleichen oben beschrie„benen Wolf, nicht nur viel Holz ersparet „werde, sondern auch derselbe, ohne beträcht„liche Unkosten, und in einem jeden schon auf„gerichteten Stubenofen, (wenn nur der Ka„sten nicht allzuenge wäre,) angebracht wer„den könne, ohne daß man nöthig habe, den „Ofen einzureissen.“

Artic. VIII.

Von gelehrten Sachen.

Sind alle vacat.

Artic. IX.

Merkwürdigkeiten.

a) Kopenhagen den 13. July. Die regierende Königinn giebt jetzt in ihrem Wochenbette unsern Damen ein eben so rühmliches, als heilsames Beyspiel. Sie reichet nämlich der neugebohrnen Prinzeßinn selbst die Brust, und befindet sich dabey vollkommen wohl. Der Taufactus soll so lange ausgesetzet werden, bis Ihre Majestät das Bette verlassen, und die Prinzeßinn selbst über der Taufe halten können. o

o Ey! wie schön würde es auch unsern Damen anstehen, wenn sie diese Dännemarkische Mode nachahmten! — Müßen es denn lauter französische Moden seyn? — oder giebt es in andern Ländern nicht auch schöne, gute Moden? — Wenigst ist diese Mode der Menschlichkeit und der gesunden Vernunft weit gemäßner, als jene, da man, aus allzugroser Weichlichkeit des Leibes, aus allzuübertriebener Eitelkeit und Bequemlichkeit, den Früchten einer von GOtt gesegneten Ehe nicht einmal die mütterliche Brust vergönnet, sondern selbe sogleich nach der Geburt solchen Säugammen zur Wartung und Erziehung anvertrauet, welche oftmals aus dem schlechtesten, niederträchtigsten und ungesittesten Pöbel heraus genommen sind, die diesen jungen und zarten Sprossen ihre verdorbene Neigungen und Gemüthsart schon mit der Muttermilch, wie es die Physici behaupten, einflössen, und sie dadurch zu einer erhabenen und ihrer Geburt angemessenen Erziehung oft ungeschickt machen. — Aus solchen unnatürlich erzogenen Kindern, deren Natur alle Unarten und Niederträchtigkeiten des Pöbels an sich hat, und die durch eine, obschon sehr mühsame Erziehung doch nicht haben vertilget werden können, — aus diesen sollen nun weise und geschickte Staatsmänner, kluge und tapfere Kriegsmänner, rechtschaffene und wohlgesittete Bürger und Obrigkeiten werden, die dem Staate regieren, schützen, dienen, und allzeit nützen sollen? — — Ja — wenn es die Erfahrung nicht anderst lehrte. — —

b) Dresdner Nachrichten geben: des Churfürsten zu Sachsen Durchlaucht hätten aus ökonomischen Absichten den Entschluß gefaßt, vierzehen untergeordnete Officiersstellen in Dero Regimentern zu vermindern, und die dermal damit versehene anderswo zu gebrauchen. o

o Gut! — Man will da auch mehr Soldaten, als Officiere haben. —

c) London den 23. July. Zu Dower ward vor einigen Tagen von den Zollbedienten eine artige Entdeckung gemacht. Es kam ein Küstchen aus Frankreich, welches ein Duzend Straussen-Eyer zu enthalten angegeben wurde, sie argwohnten und eröffneten solches, und fanden wie angegeben; allein bey näherer Betrachtung bedünkte dem einen in der Mitte eines derselben einen kleinen Riß zu bemerken, dies vermehrte den Argwohn, endlich entschlossen sie sich dasselbe zu eröffnen, und fanden in demselben, statt Dotter, von den feinsten Spitzen; dies brachte sie auf die Gedanken, daß alle von gleichem Innhalte seyn würden, sie waren aber alle so künstlich wiederum geschlossen worden, daß man weder die oben und unten gemachten Löcher, durch welche der Dotter pflegt aus demselben geblasen zu werden, noch den Durchschnitt, um die Spitzen darein zu thun, bemerken konnte, sondern dieselben für vollkommen ganz ansah. Allein da eines war eröffnet worden, so wurden es auch diese, und befanden sich alle mit dieser kostbaren Waare angefüllet, die nun für den Eigenthümer verlohren, und eine stattliche Beute für die Zollbedienten ist, welche diese Entdeckung gemacht haben.

Artic. X.

Etwas zum guten Geschmack.

Das Project unter den Thieren.

Der Aff kam neulich in den Rath,
Den König Löw gehalten hat;
Nahm sein Project, und ließ es lesen,
Der Innhalt dessen war gewesen:

„Ich eifre für die Reinlichkeit,
„O grosser König unsrer Zeit!
„Die, so jetzt mit dem Rüssel fressen,
„Laß künftig mit den Pfoten essen.

Der Aff, der diesen Vorschlag that,
Hieß gleich der allerbeste Rath:
(Denn wer ein Lob für seine Sachen
Verlangt, der muß Projecte machen)

Kurz! dieser Vorschlag war sehr fein;
Denn er gieng allen Thieren ein.
Und nur das Schwein war ungehalten,
Und rief, und schrie: es bleib beym Alten!

Denn meine Ahnfrau und ihr Mann,
Die haben dieses nie gethan.
Ich soll der Väter Brauch vergessen? —
Nein! — ich will mit dem Rüßel fressen! —

* * *

Wen geht wohl diese Fabel an? —
Dem, der es nicht errathen kann,
Dem muß ich es mit kurzem sagen:
Er soll darum sich selbsten fragen. —

Den klugen Menschen trift man selten,
Der Wahrheit = Gunst weit seltner an. —
Vielleicht sind sie in andern Welten,
Wo äußres wen'ger blenden kann. —
C. G.

Churbaierisches Intelligenzblatt

Num. XXI.

München den 14. September 1771.

Artic. I.

a) Patent: die wegen den Salzkarnern bey Erkaufung des Getreids gemachten Verordnungen betreffend. Datirt den 16. August 1771.

Nachdem denen hienach benannten Churfürstlichen Mauth= und Beymauthämtern noch allerdings erinnerlich seyn muß, was mit gutem Vorbedacht schon unterm 19ten October abgewichenen Jahrs per generale und zwar in specie §vo 5to. der Salzkarner halber gnädigst verordnet; dagegen aber anderseits missfällig wahrzunehmen gewesen: daß dieses höchste Lands = Geboth aus sträflicher Connivenz der Obrigkeiten wieder in Vergessenheit zu kommen anfange, auch von denen Mauthämtern derley Salzkarner mit ihrem Getreid = Ladungen und Salzpolleten ganz ungescheut durch das Salzburgische zu fahren gestattet, mithin keineswegs über Altenmarkt den Weg zu nehmen angewiesen werden.

So will man all und jede hinnach benannte Churfürstliche Mauth = und Beymauthstationen mittels gegenwärtigen Patents (welches von ihnen gewöhnlich zu unterschreiben ist.) auf die genau und pflichtmäßige Beobachtung dessen was voralegiertes gnädigstes General = Mandat §vo cit. in sich hält, dergestalt nachdrucksamst angewiesen haben, daß sie nicht nur auf dergleichen von der vorgeschriebenen Strasse abweichende Salzkarrner aller Orten genaue Spech bestellen, und gegen die Uebertretter dem Mandat gemäß verfahren sollen, sondern es haben auch die Mauthämter Traunstein und Reichenhall die Salzpolleten selbst jedesmal einzuziehen, und mit den abgehaltenen Manualien anhero einzuschicken. München den 16. August 1771.

Vom Churfürstlich Cammeral = Mauth = Directorio, An alle sämmtliche Mauth = und Beymauthämter als Strafwalchen, Gebertsheim, Ettenau, Wildshut, Burghausen, Plattenberg, Waldt, Trospera, Altenmarkt, Traunstein, und Reichenhall, also abgangen.

Karl Dorner, Churf. wirkl. Hofkammer Secretär.

b) Verruf: wie es nach dem nunmehr aufgehobenen Getreidsatze auf den Schranen gehalten werden solle; und die verbothenen Getreidanschitten betreffend. Datirt den 30. August 1771.

Nachdem mit Ende gegenwärtigen Monaths der Getreidsatz sich endet, und sich Se. Churfürstl. Durchl. ꝛc. ꝛ. gnädigst entschlossen haben, nicht nur allein fernerhin die Getreidsperr genauist beobachten zu lassen, sondern auch in so lange keinen weiteren Satz zu bestimmen, als lange die Getreidverkäufer eine solche Bescheidenheit gebrauchen werden, welche den Umständen des Landes, dann des laufenden Armen, und gemeinen Publikums gemäß scheinen wird; Als wird dieß zu jedermanns Wissenschaft, und nebstbey kund gemacht, daß man sich im Kaufen, und Verkaufen nach der Churbaierischen Landes- und Policeyordnung 2ten B. 2. Titel zu halten habe. Nur wollen Se. Churfürstl. Durchl. ꝛc. ꝛc. die Anschütten, welche blos des Vorkaufes wegen von den Kornkäuflern, Getreidhändlern, und all anderen, welche das Getreid bloß zum wiederumigen Verkaufen auf Schranen, oder in anderen Orten einhandlen, etwa an 3ten Orten oder unterweges gemacht werden wollten, keineswegs gestattet: somit allerdings und solchergestalten verbothen haben, daß im Fall diesem gnädigst- und zum Besten des Landes wohlmeynenden Gebothe widerstrebet werden würde, den Uebertrettern das aufgeschüttete Gut zum erstenmale gänzlich abgenommen, und den Armen des Orts zur Halbscheid, die übrige aber dem Aufbringer gratis zugetheilt werden solle. Zum zweytenmale aber derley Uebertreter ohne alle zu hoffen habende Gnade mit dem Strange hingerichtet: Jene Beamten, und Gerichtsdiener aber, welche derley Uebertrettung gestatten, begünstigen, oder hiebey conniviren wurden, mit der Cassation, und Landesverweisung immediate angesehen werden sollen. München, den 30. August 1771.

Ad Mandatum Serenissimi Dni. Dni. Ducis Electoris speciale. (L.S.)

Johann Baptist Strohmayr, churfl. Hofraths-Secretär.

Artic. II.

Feilschaften.

a) Johann Jacob Jäcklein, Burger und Handelsmann zu Neumarkt in der obern Pfalz hat an ausgeschirzten Schaafviehe, nämlich 150. Stücke Hämmel, das Paar zu 11. fl., 150. Stücke heurige Lämmer, das Paar a 5. fl. und 120. Stücke Mutterschaafe, das Paar um 7. fl. zu verkaufen, welche er hiemit dem innländischen Publiko feilgebothen haben will.

b) Die burgerlichen Rothgärber in der Stadt Rain, biethen dem innländischen Publico 11. Centner gutes Leimleder feil, jeden Centner zu 3½. fl.

c) Georg Grueber, burgerlicher Weißgärber alldorten, hat ebenfalls 12. Centner weißes Leimleder jeden Centner a 6. fl. zu verkaufen, so er ebenfalls den innländischen Liebhabern angebothen haben will.

d) Johannes Kopsgueter, burgerlicher Sailer zu Tölz hat beym Churfürstl. löblichen Mauthamt Vilshofen 5. Centner 20. tt. Roßhaare anliegend, welche derselbe dem innländischen Publiko um einen billigen Preis zu verkaufen gedenket.

e) Die sämmtlichen Metzger auf dem Rindfleisch zu München haben 900. bis 1000. Stücke Schmalhäute zum Verkauf vorräthig, welche den innländischen Lederern, das Paar zu 9. und 10. fl: feil stehen.

f) Johannes Mühldorfer, burgerlicher Metzger zu Schönberg, Churfürstl. Landgerichts Bernstein, biethet gleichfalls dem innländischen Publiko feil, 200. rohe Kalbfelle, das Stück a 50. kr. 170. Schaaffelle, das Stück zu 30. kr. 50. Bockhäute eine um 2. fl. 45. kr. 80. Stücke Ochsenhäute, das Paar um 10. fl. und 20. Schmaulhäute, das Paar zu 6. fl.

g) Niclas Nunk Pechler zu Ettal hat an die Bierbräuen zu verkaufen 50. Centner Pech, jeden a 8. fl. 20. kr. und 10. Centner Gallerpech a 11. fl.

h) Johann Thomas Kößler, oberpfälzischer Lehenpapierer zu Oed-Kürrieth bey Waidhausen, hat bey 100. Ballen Schreib-

und anderes Papier um einen billigen Preis zu verkaufen.

i) Der Churfürstl. Regierungs Advokat zu Amberg Lic. Anton Ritt läßt sein unterm 12. August ihm erblich zugefallenes Tafernwirthshaus zum goldenen Löwen, sammt den dazu gehörigen Aeckern, Wiesen, Weyhern und anstossenden Fischwasser in dem oberpfälzischen Markt Mitterteich dem Publiko feil biethen.

k) Sebastian Kiermayr Papierer zu Mehring hat 30. Ballen weiß Druckpapier jeden Ballen zu 9. fl. und 40. Ballen schwarzes deto a 7. fl. dann 40. Ballen schlechteres dergleichen a 6. fl. zu verkaufen, so er hiemit feil gebothen haben will.

Artic. III.

AVERTISSEMENT.

Franz Xaveri Zwick, resignierter burgerlicher Bierbräu in Oberdorf zu Lauffen nächst Salzburg sel. hat allschon im Jahre 1768. in seiner letztwilligen Disposition seinem Herrn Bruder Franz Joseph Zwick, Rentschreiber in Weissenburg nächst Scheibst, oder desselben Kinder ein Legat vermacht. Weil man aber diesen Ort seit dessen im Monath May 1770. erfolgten Todfall nicht hat erfragen können, auch des Erblassers sel. Stiefgeschwister bishieher ihrem Vorgeben nach, der vielfältig gehaltenen Nachfragen ungehindert, nichts an die Hand geben mögen: als wird ein solches mit dem in öffentlichen Druck gegeben, daß sich Herr Zwick, oder seine Erben in Zeit von 3. Monathen bey dem Stadtmagistrat Lauffen melden, und rechtlicher Ordnung nach, in forma legali sich zu solcher Erbschaft legitimiren sollen, wo sodann die Gebühr verhandelt werden wird, was Rechtens ist. Lauffen den 2. September 1771.

Hochfürstl. Stadtmagistrat Lauffen.

AVERTISSEMENT.

Es dienet dem Publikum hiemit zur Nachricht, daß bey mir Endesgesetzter um billigen Preis zu haben ist: eine extra zubereitete Seife, womit man Parterres, Damast, Grisette, und Bänder, sie mögen Farben haben, wie sie immer wollen; wie nichtweniger Kalamang, Kamelot, Perse, und dergleichen Zeuge, von allem Schmutze und Wagenschmiere auf das schönste putzen und reinigen, und dabey im mindesten der Farbe keinen Schaden verursachen, sondern solche vielmehr recht gut, erfrischt und erhalten werden kann. Die Anleitung dazu wird in einem gedruckten Zedel gratis mitgetheilt: bey Josepha D'landerinn Churfürstliche Pastell-Mahlerinn in München in der Schwabingergassen im Schmädlischen Hause im hintern Stock über 3. Stiegen.

Artic. IV.

Innländische Victualien-Preise.

a) In dem Churfürstl. Markt Hals bey Passau galt im Monath August die Klafter hartes Holz 3. fl. 15. kr. und das Weiche 2. fl. 15. kr. das Pfund Rindfleisch 5. kr. Kalbfleisch 4. kr. 2. pf. Schweinfleisch 7. kr. 2. pf. Bock- und Schaafleisch 4. kr. 2. pf. die Maaß Weißbier 15. pf. und Braunbier 10. pf.

b) In der Churfürstl. Stadt Schongau stand den 13. August im Preise: Flachs der schönste, das Pfund 26. kr. der Mittere 22. kr. der geringere und kurze 19. kr. der Centner Hanf vom feinsten 40. fl. 45. kr. der gröbere 16. fl. der Centner einschürige Schaafwolle 37. fl. zweyschürige deto 42. fl. rohes Unschlitt der Centner 23. fl. grüne Ochsenhäute das Paar 14. fl. Kühehäute 8. fl. rohe Kalbfelle das Stück 1. fl. 30. kr.

c) Im Monath August galt	Zu Burghausen.		Ingolstadt.		Landshut.		Amberg.	
	fl.	kr.	fl.	kr.	fl.	kr.	fl.	kr.

Artic. V.

Handlungs = Nachrichten.

a) In Afrika soll ein so grosser Vorrath von Getreide vorhanden seyn, daß man Europa etliche Jahre reichlich damit versehen könnte: und die Holländer sind Willens, diese Gelegenheit zu benutzen, und grosse Quantitäten von daher kommen zu lassen, wie sie dann auch aus den Liefländischen ungeheure Quantitäten dermalen wirklich ziehen.

b) In Spanien ist die Aerndte sehr reichlich ausgefallen. Die Gerste, womit man daselbst anstatt des Habers, die Pferde und Maulesel füttert, ist im Preise so gefallen, daß ein Gemäß, welches sonst 10. Realen und darüber gegolten, jetzt nur 8. gilt, und dem Vermuthen nach noch niedriger gehen wird: Man hat sie länger als in 10. Jahren nicht um so wohlfeilen Preis gekauft. Der Weinstock fähret ebenfalls gut fort; Die Oel - Recolte aber wird dem Anscheine nach nur mittelmäßig ausfallen. Das Commerz = Collegium zu Saragosa hat eine Verordnung ergehen lassen, vermöge welcher denen von auswärts gezogenen Wechseln 15. denen inländischen aber 10. Respect=Tage verwilliget werden, und diese Verordnung ist von Sr. Majestät bestättiget worden.

c) In Engelland ist das erste Schif von Mißißipi angelangt, und die Ladung so dasselbe an Pelzwerk mitgebracht, wird auf 30000. Pfund Sterling geschätzt. Der Capitain hat auch einen so vortheilhaften Bericht von der Beschaffenheit des Landes abgestattet, daß man daselbst ein bürgerliches Gouvernement niederzusetzen entschlossen ist.

d) Aus Nord = Amerika lauten die Berichte, wegen der daselbst gehabten häufigen Ueberschwemmungen, sehr kläglich: in Carolina haben sie besonders grosse Verwüstungen angerichtet, viele 1000. Morgen Ackerlandes mit Sand und Steinen angefüllet, Häuser weggeschwemmet, die Korn und Reißmagazine weggeführet, die Kanäle zum Theil verstopft, und den Lauf der Flüsse verändert. Diese Nachrichten sind Schuld, daß die aus diesen Gegenden nach Europa kommenden Waaren, als Reiß, etc. seit kurzem im Preise gestiegen, und noch höher gehen werden, weil man sich für das künftige Jahr von allen eine schlechte Aerndte versprechen kann.

Hingegen klagen die Briefe von Jamaika und andern Inseln daiger Gegenden, über die grosse und allgemeine Dürre, die daselbst regieret, und welche alle Früchte und Producte des Landes, so man von da nach Europa bringet, in ihrem Wachsthume erstaunlich zurück setzet. Man rechnet, daß voriges Jahres von Jamaika an Zucker, Rum, Baumwolle etc. für den Werth von 932. tausend Pfund Sterling ausgeschiffet worden, dieses Jahr aber wird die Ausfuhr kaum 130. tausend Pfund Sterling betragen. Da man nun nicht die Hälfte des Zuckers, so man um Europa zu versorgen, erhalten kann; so wird dieses den Preis desselben sehr erhöhen, und die Holländer kaufen solchen schon wirklich aller Orten auf.

e) In den französischen Niederlanden, unweit Dünkirchen, ist eine neue Lederfabricke angeleget worden, die das gewichste Leder auf englische Art zubereitet, die Schwärze und die Wichsung des Leders soll ungemein gut ausfallen.

Artic. VI.

Nachrichten für die Policey.

a) In allen Provinzen Frankreichs sind die Getreidepreise sehr herunter gegangen, und durch eine wachsame Policey, der Armuth zum Besten auch andere Victualien auf einen sehr mäßigen Preis herunter gesetzt worden. Zu Nantes ward das Pfund Rindfleisch auf 5. S. 6. d. das Pfund Kalbfleisch auf 5. S. 3. d. das Pfund Hammelfleisch auf 6. S. 6. d. taxieret. *

* 1. Sous ist 1. kr. 1. Pfenning, nach dem 24. f: Fuß.

b) Wien den 10. August. Die Namen der in den österreichischen Landen aufgehobenen Feyertage sollen hinführo auch nicht mehr in die Kalender gedruckt werden, sondern die Pfarrer sollen die noch beybehaltenen Feste,

jedes.

jedesmal wenn sie kommen, von den Kanzeln verkündigen.

Und da es bisher in dieser kaiserlich königlichen Residenzstadt an einer Börse gemangelt, und öfters die Verkäufer der öffentlichen Wechselbriefe und Zahlungsbillets sich durch Negotiationen, welche insgeheim ohne Zuthun erfahrner und beeidigter Sensalen geschlossen worden, um den wahren Werth ihrer verhandelten Papiere verkürzt gesehen, wodurch nicht nur den Eigenthümern dieser Papiere, sondern dem öffentlichen Credit ein empfindlicher Nachtheil erwachsen: So haben Ihre Kaiserlich Königliche Majestät die Einrichtung einer Börse zu Wien für nothwendig erachtet, und nachdem Dero unterm 14. August 1761. an das Publicum erlassene Einladung, sich auf der dazumal vorgehabten Börse einzufinden, den Endzweck nicht erreichet hat: Also haben Sie einer Seits zum wahren Besten der Handlung, und der gesammten Staatsgläubiger, andern Theils zu Steuerung des so schädlichen Geldsmonopolii und Wuchers, die einem jeden durch diese Einrichtung zugedachte Förderung durch Ergreifung kräftiger und hinlänglicher Maasregeln allergnädigst versichern wollen. Es soll daher vom 1ten nächstkünftigen Novembris anzufangen, eine öffentliche Börse errichtet, diese durch einen eigends anzustellenden K. K. Commissarium ordentlich eröfnet, und durch denselben eine genaue Aufsicht auf alle daselbst vorgehende Handlungen immerhin beobachtet werden. Alles dasjenige, was die Policey und gute Ordnung desselben betrift, soll von der Niederösterreichischen Regierung abhangen, und durch bemeldten Commissarium, welcher sich allemal gegenwärtig finden wird, ohne einige Ausnahme provisorie vorgekehret werden. Die Verordnung hierüber ist unterm 1. August angeschlagen worden, und bestehet in 3. Bogen, welche 31. Artickeln enthalten.

Beschluß der im vorigen Blatte abgebrochenen Instruction für einen Dorfrichter.

54) Gehen grobe Vergehungen und Uebelthaten, als Dieberey, Kindermord, Todtschlag, vorsetzliches Feueranlegen und dergleichen im dortigen Dorfe vor, so arretiret unverzüglich die Thäter, ingleichen diejenigen Fremden, so daselbst durch Schlägerey oder sonst, Excesse anfangen, stattet darüber anhero Bericht ab, da denn der Amtslandknecht zu Herbeyholung der Missethäter, Frevler und Excedenten unverzüglich abgeschicket werden soll, immittels läßt solche nicht entfliehen, verhindert auch alle Communication derselben unter einander, auch mit andern dabey zuträgenden Leuten, weil sonst die Untersuchung und Inquisition sehr erschweret wird.

55) Eure Dorfwege und dazu gehörige Brücken, auch Stege, haltet in gutem Stande, laßt solche fleißig bessern und bauen, so daß nie die Passage und das Fortkommen dadurch sich behindert finden möge.

56) Die Gemeindehäuser nehmet jährlich nebst den Gerichtsschöppen, auch wohl sämmtlichen Dorfeinwohnern, einigemal in Augenschein, und veranstaltet sogleich die nöthige Reparatur, laßt es ja nicht so lange dahin hängen, bis ein kostbarer Hauptbau daraus entstehe.

57) Ueberhaupt müßt ihr auf alle und jede Wirthschaften, Gebäude, Schiff und Geschirr, auch die Viehinventaria, ingleichen, ob und daß die Felder tüchtig und vollständig bearbeitet, gedünget und besäet werden, ein beständiges Augenmerk haben, wo ihr Mangel und Abnehmen findet, erinnern, bey nicht wahrzunehmender Besserung und Abänderung aber es zum Amte anzeigen, damit zu Verhütung einer völligen Verwüstung des Guths, und daher zu erfolgender Caducität, weitere behufige Veranstaltung getroffen werden könne.

58) Lasset ferner eure vorzügliche Sorge mit seyn, daß das Fischmandat genau beobachtet, keine verbothene Fischnetze, Hamen und Nachtleuchten gebrauchet und die kleinen Fische, auch Eyer- und andere Krebse, so mit Kopf und Schwanz noch keinen Finger lang sind, wiederum ins Wasser geworfen werden.

59) Die Hunde lasset ungeklöppelt nicht herumlaufen; es kostet sonst beym Forstamte

te vor jeden ein Neuschock Strafe, entstehet euch noch sonst daher Schaden und Verdruß.

60) Bey Wasserfluthen dammet fleißig, lasset euch zur Wache unverdrossen finden, und gebt den zur Dammung etwa nöthigen Mist, Stroh, Bretter, Sand und Erde unverweilt her, weshalb euch, und dasiger Gemeinde nach Befinden, billige Vergütung geschehen wird.

61) Die Hofedienstbestellung zum Amte, und wohin sonst dergleichen nach dem Herkommen geleistet werden müssen, besorget richtig, lasset zu rechter Zeit die Anspänner abfahren, und die Handfröhner fortgehen, und gestattet durchaus nicht, daß, statt der letztern, Kinder geschickt werden.

62) Verspühret ihr etwas Straffälliges, oder brächtet etwas in Erfahrung, daß eurem durchlauchtigsten Churfürsten und gnädigsten Landesherrn, oder dem Land und Amte zum Schaden gereichen könnte, davon thut gehörigen Orts eilende Meldung.

63) Wenn Dorfwachen bey contagiösen Zeiten und Unsicherheit halber, angeordnet werden, so stellt solche ordentlich aus, sorget vor die richtige Ablösung, und visitiret fleißig, welches ihr auch bey dem ordentlichen Nachtwächter zu thun habt, wogegen ihr als Richter vor eure Person, von Leistung der Wache selbst frey bleibet.

64) Sollte wiederum, da GOtt vor sey, eine Rindviehseuche entstehen; so gehet der in der ausgestellten Instruction enthaltenen Vorschrift genau nach, und verhütet dabey alle Communication mit denen mit der Viehseuche bereits inficirten Orten, nehmet auch daher kein Vieh, noch lasset dergleichen bey euch durchtreiben.

65) Gebt euch alle Mühe eine Dorfordnung mit den übrigen Einwohnern zu verabreden, und zu Stande zu bringen, denn dadurch können viele Processe, so öfters wegen Viehhaltens und Austreibens auf die Gemeindeweide entstehen, vermieden werden.

66) Die Anlegung ordentlicher Gemeindebacköfen, und die Abschaffung der vielen Privatbacköfen ist euch und der Gemeinde so oft angerathen worden; setzt doch diese gute Sache bey der Gemeinde einmal durch, und befleißiget euch mehr der Holzmenage, als bisher zu verspühren gewesen, es möchte euch und euren Nachkommen sonst zuletzt gewiß an der unentbehrlichen Holzung fehlen.

67) Mit der Holzung gehet überhaupt nicht unpfleglich um, und schonet, besser als bisher geschehen, die von euren Vorfahren angezogenen Eichen.

68) Sorget mit dafür, daß nur Leuten, so über 60 Jahre alt sind, wo nicht besondere Umstände ein anderes anrathen, Auszüge ausgemacht und verschrieben werden, denn es wollen die auf lange Zeit hinausdauernden Auszüge den Wirthen, wegen ihrer übrigen vielen Lasten, unerträglich werden.

69) Bey Einquartierungen der Miliz gehet gleich durch, lasset nicht hierunter Partheylichkeit vorwalten, und machet die Einquartierungsbillets, damit nicht ein anderer hierbey eigennützig verfahren kann, selbst.

70) Der euch vorgesetzten Landgerichtspersonen Anordnungen befolget, und widerstrebet mit dasiger Gemeinde ihren guten Veranstaltungen nicht.

71) Nach Absterben einer Wehmutter habt ihr keine andere anzunehmen, als welche vorhero von dem jedesmaligen Herrn Amtsphysico behörig examiniret, auch beym Amte verpflichtet und darüber ein Schein beygebracht worden. Sollten an dasigen Orte jetzo unexaminirte und nicht verpflichtete Wehmütter sich befinden, sind solche namentlich beym Amte anzuzeigen.

72) In Krankheitsfällen ziehet selbst einen ordentlichen Medicum zu rathe, lasset auch bey der Gemeinde sonst keinen andern Arzt gebrauchen. Marktschreyer, Wasserträger, und dergleichen herumziehende Leute bringen euch um euer Geld und Gesundheit, und Apothecker, Chirurgi, Bader, Feldscherer, auch Scharfrichter dürfen keine innerliche Curen verrichten, der Apothecker darf nur die von dem Doctore Medicinæ geordneten und verschriebenen Medicamente bearbeiten und verkaufen,

die

die übrigen aber sind nur zum Aderlassen, Schröpfen, bey offenen Wunden und andern Leibesschäden, auch bey Beulen, Buckel, und Verrenkungen zu gebrauchen. Giebt es eures Orts arme und unvermögende Leute, so keinen Medicum bezahlen können, so weiset solche an den bestellten Herrn Amtsphysicum, welcher solche Personen unentgeltlich zu berathen, nie entstehen wird.

73) Endlich seyd der Vorschrift und der Anordnung eingedenk, die euch 1769. gegeben worden, wie ihr nämlich, wenn eures Orts ertrunkene, erfrohrne oder erhenkte Personen gefunden werden, verfahren und denselben eilends Rettung verschaffen sollt, lasset den alten wunderlichen Wahn, als wenn man sich durchs Angreiffen dergleichen verunglückter Leute eine Schande zuziehe, fahren, ihr thut vielmehr ein christliches und lobwürdiges Werk, habt auch zum Theil bald nachher noch in dem Jahre 1769. gesehen, daß ich, der Beamte, bey dem Vorfall mit dem ertrunkenen Bauer aus N. bey und zu D. selbst mit angefasset, und alle ersinnliche Mittel angewendet habe, dem Menschen wiederum zum Odem zu verhelfen, so damals nicht zu bewerkstelligen gewesen, jedoch sind durch die Erfahrung an andern Orten bereits mehr als ein Exempel vorhanden, daß dergleichen geschwind angewandte Rettungsmittel die gewünschte Wirkung gethan haben.

74) Sollte sonst noch etwas vorkommen und mit dem Richteramte eine Verbindung haben, auch das gemeine Beste betreffen, so in dieser Instruction noch nicht enthalten; so zeigt es an, damit es noch künftig inseriret werden könne. Amt, den * * *

Artic. VII.

Landwirthschafts-Sachen.

a) Herr Pastor Schirach in Sachsen hat einen Versuch gemacht, aus den stachlichten Körnern der sogenannten Hanebutten oder Hagebutten ein Mehl zu bereiten, und der Versuch ist ihm auch gelungen: er ließ die Körner an der Sonne oder am warmen Ofen recht abtrocknen, rieb und säuberte sie von den kleinen Stacheln, mittels eines kleinen Staubsiebes, und schickte sie alsdenn in die Mühle; er erhielt ein ziemlich weißes Mehl davon, so gelbartig wie das Mittelmehl vom Weitzen aussah; er ließ Wasserbrey davon kochen, und fand ihn wohlschmeckend. Das Mehl wurde auch zu Milchsuppen und Eyerkuchen angewandt, und wohlschmeckend befunden: man wirkte Brodteig davon aus, und fand das Brod sehr gut, obgleich der Hanebuttengeschmack vorschmeckte, aber doch gar nicht widrig, und das Mehl quoll auch ungemein schön. Der Erfinder ist entschlossen künftig aus allen dergleichen Körnern Mehl zubereiten zu lassen, wenn es auch nur vor das Vieh statt geschrotenen Trespe gegeben würde.

b) Ein fleißiger Landmann hat durch eine langwürige Erfahrung bewährt befunden, daß es sehr zuträglich sey, wenn man das Saamengetreide bis zur Saatzeit in seinen Hülsen stehen lasse, und alsdann erst ausdresche; dabey er denn jederzeit sein Saamenkorn zwey auch drey Stunden lang in einem Geschiere mit Wasser stehen lassen, was sodann vom Korn in die Höhe des Wassers geschwommen, hat er als unnütz weggethan, und nur das schwere, so sich auf den Boden gesetzt, zum Aussäen genommen. Bey diesem Verfahren ist ihm seine Aerndte immer reichlicher ausgefallen, als den andern. Es kommet aber immer auf die Probe an.

c) Von Angouleme aus Frankreich wird berichtet, daß das Getreide in dortigen Gegenden hin und wieder den Brand habe, ob man es gleich gekalket hatte. Bisweilen ist ein Theil eines Feldes davon angesteckt, und der andere ist gesund, da doch der Saamen auf einerley Art zubereitet worden. Das Brachen und Pflügen im abnehmenden Monde: und die Ausführung eines Alkali oder Mergel, auf festen Böden, wie auch reiner Saamen, der nicht auf den nämlichen Acker gewachsen, sondern von einer weit entfernten Gegend ist, dürften die besten Verwahrungsmittel wider den Brand seyn.

d) Aus Tyrol berichtet man, daß die dasigen Gegenden durch die Vorsorge und Bemühunmühungen der ökonomischen Gesellschaft immer mehr verbessert und fruchtbarer gemacht werden. Mehr denn 6000. Morgen Landes die man zeither zu Viehweiden verwendet, sind in tragbare Felder und nützliche Wiesen verwendet worden, die anjetzo vieles Geld eintragen, und man hat neuerdingen bey 3000. Morgen abgezeichnet, um sie ebenfalls in nützliche und tragbare Felder umzuarbeiten.

Mittel, das Korn im Felde gegen das Auswachsen zu verwahren.

Der betrübte Anblick, wenn bey regenhafter Witterung die Feldfrüchte in den aufgestellten Hausen auswachsen, sollte billig schon längst sorgfältige Hauswirthe belehret haben, auf Mittel zu denken, um diesem Uebel abzuhelfen. Das Mittel, worauf man hierbey am natürlichsten fallen muß, ist so wenig umständlich, daß man sich wundern muß, warum es nicht überall eingeführt ist. Man bedient sich desselben in den Oberrheinischen Gegenden. Es werden nämlich zehn Garben in die Spitze gegen einander aufgesetzt, und diese werden mit der eilften, wie mit einem Dache, bedeckt. Das erste ist leicht. Eine Garbe wird gerade in die Höhe, und die übrigen werden um sie hergestellt. Auch kann man, um den Hausen gegen den Wind fester zu stellen, zuerst drey Garben gegen einander richten, und darnach die übrigen um sie her stellen. Hauptsächlich aber kömmt es auf die letzte Garbe an, die das Dach ausmachen soll. Diese wird ein wenig dicker gemacht als die übrigen; man bindet sie mit einem starken Seile nahe gegen das untere Ende so fest zusammen, als es nur möglich ist, und es pflegt solches gemeiniglich durch zwey Leute zu geschehen, die das umgeschlagene Seil durch Hilfe der gegen die Garbe gestelleten Füße fest ziehen. Darauf drehen sie dasselbe in einen Knoten, und nunmehr wird diese Garbe gebrochen. Dieses geschieht auf folgende Art: man faßt über dem Seile nach der Seite der Aehren zu eine Handvoll Halme nach der andern, und bricht dieselbe auswärts über das Seil; wenn man herum ist, so verfährt man weiter, eben so, bis man in die Mitte kömmt. Darauf wird die Garbe oben auf den Hausen gedecket, und zwar so, daß die Aehren hinunter hängen, die Stoppel-Enden aber in die Höhe stehen: man streicht die Halmen mit der Hand unter den Hausen herum, damit nirgends Oeffnung bleiben, und bieget das obere Ende etwas nach Westen, damit die Stürme in dieser Jahrszeit, welche gemeiniglich aus der Gegend kommen, das Dach nicht so leicht abwerfen, imgleichen damit der Regen queer durch die Halme seitwärts abziehen könne. In dieser Stellung ist ein Kornhausen im Felde für dem Auswachsen ganz sicher, von oben kann kein Wasser durch das feste Band dringen, und zur Seiten läuft es an den herabhängenden Halmen ab. Gesetzt auch, daß etwas Wasser durch das Band zöge, so folgt dasselbe dennoch denen seitwärts hangenden Halmen, und kömmt nicht in die Aehren des Kornhausen. Selbst die Aehren der obern Garbe bleiben unbeschädigt, und der ablaufende Regen dringt nicht so tief an die Körner der umgekehrten Aehren, daß sie davon auswachsen könnten; es wäre sonst, daß der Regen sehr lang anhielte, und alsdenn geht nichts weiters verlohren als die oberste Garbe. In dieser Stellung läßt der Bauer das Korn, welches er nicht zur nöthigen Consumtion zu dreschen braucht, oft bis gegen Michaelis stehen, bis er die nöthigere Feldarbeit abgethan hat; es giebt sogar einige Gegenden, wo der Bauer durch obrigkeitlichen Befehl gehindert wird, früher als im September einzuscheuern, wenn die Gefahr der Gewitter vorüber ist, welche oft durch ihre Entzündungen die ganze Erndte eines Hofes mit einmal in die Asche gelegt, und zu dieser Vorsicht Anlaß gegeben haben.

Artic. VIII.

Von gelehrten Sachen.

a) Bey Johann Karl Mauß bürgerl. Buchbinder allhier in dem sogenannten Wasserburgerladen ist zu haben: Versuch in deutschen Briefen von Ignatz Hübner und Ignatz Ströller. Ingolstadt 1771. in 8. Mit Begnehmigung des Churfürstl Büchercensur-Collegiums. o

* Die Verfasser dieser nach des Herrn Brauns Mustern sehr wohlgerathenen Briefe sind zween muntere Herren Studenten zu Ingolstadt, bey denen der gute Geschmack in Briefen, zur Nacheiferung für andere ihres gleichen, reif zu werden anfängt. Mehrere Richtigkeit in der deutschen Sprache hätte zwar beobachtet werden können; allein wir sind durch manchen guten Einfall, und durch den Witz in den Gedichten darüber schadlos gehalten. Hier ist eine Probe.

Das Vaterland.

Es heißt: man kann sich nie ein größre Ehr erwerben,
Als wenn man mit dem Schwerd fürs Vaterland kann sterben.
Allein ich glaub, es kann kein größre Ehre geben,
Als wenn man mit dem Kiel fürs Vaterland darf leben.

b) Paris den 12. August. Der Herzog von Chaulnes, dessen Geschmack an den Wissenschaften bekannt ist, hat verschiedene Versuche über die Electricität und deren Wirkungen gemacht. Zu mehrerer Kenntniß und Richtung derselben hat er einen grossen fliegenden Drachen verfertigen, und denselben electrisiren lassen, damit er in der Atmosphäre alle electrische Particken an sich ziehe. Verschiedene geschickte Physicker arbeiten an seinen Versuchen, und hoffen durch ihre Wahrnehmungen diesen für unser Jahrhundert noch neuen Theil der Physick zu erläutern.

c) Die Akademie Françoise hat die beyden Preise, welche sie in ihrer Versammlung am St. Ludwigstage austheilen muß, dem Herrn de la Harpe zuerkannt. Dieser Fall war vorhin unerhört. Der erste Preis war eine prosaische Lobrede auf den verstorbenen Fenelon, der andere in Reimen stand in des Verfassers Willkühr. Herr de la Harpe hatte zum Gegenstande gewählt, den Einfluß der Seelenkräfte auf das gesellschaftliche Leben und die Wissenschaften.

d) Da der Kaiser von China vor einiger Zeit verschiedene Zeichnungen von Schlachten, die er gewonnen, nach Paris geschickt, um sie von unsern besten Künstlern in Kupfer stechen zu lassen; so hat der König, als er davon Nachricht erhalten, die Kosten davon auf sich genommen, und durch den Herrn Marigni die Arbeit, so viel als möglich, beschleunigen lassen. Man hat auch bereits die Kupfer abgezogen, und wird sie nebst den Platten, deren 14. sind, mit den ersten Schiffen, so nach China gehen, an den Kaiser schicken.

Artic. IX.

Merkwürdigkeiten und vermischte Nachrichten.

a) Auerbach in der obern Pfalz den 24. August. Dieser Tagen hat sich folgende merkwürdige Begebenheit allhier eräuget. Ein lediges Bettelmensch zu Eybenstock hiesigen Landgerichts gebahr den 15. dieß Monaths ein Mägdlein zur Welt, welches sie noch diesen nämlichen Tag nach Hopfenohe selbst zur heiligen Taufe trug; des folgenden Tages frühe aber solches Kind, in einem schwarz Zeugenen alten Weiberrock eingewickelter, in dem nächsten Walde unter ein Gebüsch legte, und mit Tangelstreu oder Gesträusse bedeckte. Als sie Sonntags den 18ten darauf von den Gerichtsdienern auf dem Kirchwege um den Aufenthalt ihres Kindes befragt wurde, blieb sie in der Kirchen in Freyheit, bis sie das Landgericht von der Pfarrgeistlichkeit zur wahren Bekänntniß absoverte, wo sie zwar ihr Vergehen gestund, aber einen andern Ort in dem Wald, wo sie ihr Kind hingelegt haben solle, beschrieb: deßwegen solches auch durch die suchende Personen nicht gefunden werden konnte. Nach 4. Tagen aber geschah es, daß der Hüther von Eybenstock in eben diesen Wald trieb, und bald darauf etliche Kühe um ein Gebüsch herum plärend bemerkte. Er näherte sich demselben, und fand das Kind obbeschriebenermassen eingewickelter noch lebend, und ächzend, aber die Aeuglein, Lefzen, und am übrigen Leibe von den Ungezieser angefressen. Er eilte damit nach Hause, reinigte es, versah es mit gewöhnlicher Speise, und über-

 gab

gab es sodann dem Landgerichte, wo solches izt verpfleget wird. — Hieben ist die Frage: wie hat dieses zarte Kind vom 16. bis 22ten dieß, mithin 7. Tage lang bey dem immer angehaltenen nassen Regenwetter, ohne Speise und Nahrung bestehen, — von wilden Thieren sicher seyn können? — die beste Antwort ist: ein Findelhaus. —

b) Aus der Churfürstl. Gränzstadt Reichenhall wird unterm 24. August berichtet, daß sich die dortigen Churfürstl. Herren Beamten, durch ihre Menschenliebe und gute Anstalten bey diesen betrangten Zeiten besonders hervorthun, indem sie, auf erhaltene Höchstlandesherrliche Bewilligung, von dem Kasten jedem Bedürftigen so viel Getreid, als er bis zur Aerndtezeit (wo solches gelegenheitlich in natura wieder zurück gegeben werden kann) nöthig hat, abgegeben, und vorgeliehen, und noch dabey besonders wochentlich zweymal das Korn mahlen, und verbacken, und das Brod um einen weit wohlfeilern Preis unter eine Anzahl arbeitsamer Armen, haben austheilen lassen, folglich zur executiven Policey das Beste erwählt, auch damit anderen Städt- und Marktsobrigkeiten, welche noch auf keine Magazine bedacht sind, ein erbauliches Beyspiel gegeben haben. —

Artic. X.

Etwas zum guten Geschmack.

Die Lerche. — Die Wachtel. —

Als einst die Lerche ihre Lieder
Schon mit dem früh'sten Morgen sang,
Und durch ihr flatterndes Gefieder
Sich singend in die Wolken drang;
Rief eine Wachtel in der Nähe,
Ihr ängstlich in die Höhe nach:
„O Freundinn! thue doch gemach!
„Denn du versteigst dich, wie ich sehe. —
„Was hast du Noth, dich mit Gefahr
„In solche Höhen aufzuschwingen:
„Du kannst bey uns das ganze Jahr
„In Ruhe deine Lieder singen."
O! rief die Lerche ganz erfreut
Herab aus ihrer blauen Höhe:
Verstöre mich nicht! denn ich sehe
Nicht die geringste Schwierigkeit!

* * *

Wenn kleine Geister judicieren
Was oft ein Philosophe wagt:
So sey ihr dummes Raisonnieren
Durch diese Fabel untersagt!

Supplement ad Artic. III.

Nachricht.

In nächst kommender Dult, und darauf bis längst zu Ende Octobris sind bey dem Churfürstl. gnädigst specialprivilegirten Hof-Saamen- und Blumen-Lieferanten und Negotianten, Johann Leonhard Dietz allhier in München, in der Behausung des Edlen von Zinsmaister am Rindermarkt, in sehr billigen Preisen zu haben, verschiedene der neuversammelt- und frisch angekommenen holländischen Blumen-Zwibeln, in einfach- und gefüllten Hyacinthen, und dergleichen Tulipanen, vielblumigten Früh-Tazetten, Jonquillen, und vielen andern Arten und Sorten bestehend: wovon das Verzeichnis, so täglich gratis zu haben, nebst den beygesetzten Preisen, auch zugleich die völlige Anzeige giebt, was von denen frisch- und besten Arten deren Gartensaamen, wie auch verschiedenen Sorten, Ranunkel und Annemonen, daselbst das ganze Jahr hindurch aufrichtig zu bekommen; deren Schönheit überhaupts weiters anzurühmen, da es ohnehin sattsam bekannt, vor überflüßig geachtet wird. Man versichert nebst schleunigster Expedition den resp. Herren Liebhabern lauter trachtbare und gesunde Zwiblen, wie auch selbige, mit einer Zulage (à Proportion der Abnahme) von besondern neu und schönen Arten, wohl verwahrt zu liefern.

Pro Nota. Dieses gegenwärtigen und nachfolgenden Artikels halber wird hiemit angemerkt, daß die hierinn ausgesetzten Venalienpreise keineswegs als obrigkeitliche Säze und Taxen der Zeitschaften angesehen werden müssen; indem die Käufe und Verkäufe nur, wie sie sich an den Markttagen von selbst anbegeben, zusammengetragen und bekannt gemacht werden. (271)

Preise von allerley Victualien und Getreide, wie sie in nachstehenden Tagen waren.

Namen der Städt u. Märkt.	Tag	Ochsenfleisch		Rindfleisch		Kalbfleisch		Schaaffleisch		12 Eyer	Weißbier		Braunbier		Schmalz	1 kr. Semmel wiegt		ein Leib gut Roggen-Brod um	wiegt			Mittlere Getreid-Preis. Waiz Schäf		Korn Schäf		Gerst Schäf		Hab. Schä.	
	T.	kr	pf	kr	pf	kr	pf	kr	pf	kr	kr	pf	kr	pf	kr	lo	qu	kr	tt	lo	qu	fl.	kr	fl.	kr	fl.	kr	fl.	kr
Abbach	10	7	—	—	—	—	—	—	—	18	—	—	—	—	—	—	—	—	—	—	—	—	—	—	—	—	—	--	—
Aichach	17	7	2	6	—	7	—	—	—	18	4	3	4	—	20	4	3	8	2	4	—	19	—	17	—	--	--	5	45
Aibling																													
Arnsperg	1	7	2	6	—	8	—	—	—	15	4	1	3	3	20	—	—	—	—	—	—	—	—	—	—	—	—	—	—
Braunau																													
Boburg	12	—	—	6	—	6	2	5	—	24	4	3	3	3	16	4	—	4	1	4	—	—	—	—	—	—	—	—	—
Camm	7	—	—	6	1	5	2	5	—	9	4	—	4	—	20	—	—	12	1	12	—	—	—	22	—	—	—	—	—
Craiburg																													
Dachau																													
Deggendorf																													
Dietfurth	10	7	2	6	2	7	—	6	—	18	4	2	3	3	24	3	—	12	1	16	—	—	—	—	—	—	—	—	—
Dingolfing																													
Dorfen																													
Erding	14	7	—	6	—	5	2	5	—	18	5	1	3	3	18	6	—	5	1	1	8	18	—	16	—	10	—	6	—
Freysing	24	7	2	6	2	7	—	6	—	15	4	2	5	2	20	2	2	—	—	—	—	40	—	36	—	—	—	8	—
Friedberg	9	7	—	6	—	7	—	6	—	12	5	—	5	—	20	4	3	4	1	4	2	19	—	17	—	—	—	—	—
Fridburg	3	6	—	5	2	5	2	—	—	30	4	1	4	1	16	4	—	5	2	—	—	16	—	14	—	9	—	5	45
Geisenfeld	6	7	--	—	—	—	—	—	—	15	4	1	5	—	18	3	8	—	—	—	—	—	—	—	—	—	—	—	—
Kelheim																													
Kötting	8	—	—	5	2	6	—	5	—	24	—	—	4	—	16	—	—	10	2	8	—	—	—	16	—	-	—	16	—
Landau																													
Landsperg																													
Marquartstein																													
Mühldorf																													
Mainburg																													
Mosburg																													
Neuenötting																													
Neumarkt	6	7	—	6	—	5	2	5	—	24	5	—	3	3	16	4	—	1	—	5	2	16	—	14	—	9	—	5	45
Neustadt																													
Passau	16	5	—	4	2	5	—	4	2	18	4	—	4	—	20	2	—	12	3	—	—	—	—	—	—	—	—	—	—
Pfaffenhofen																													
Pfarrkirchen																													
Plärling																													
Reichenhall	16	6	—	6	—	5	—	4	—	18	5	—	4	1	20	3	—	16	3	—	—	—	—	—	—	—	—	—	—
Regensburg	28	7	1	5	3	8	—	—	—	15	3	1	3	1	21	4	2	12	2	28	—	15	—	13	—	8	—	5	30
Rhain	31	7	2	6	—	—	—	5	2	15	6	—	3	2	22	4	—	8	2	12	—	19	—	17	—	11	—	5	45
Ried	8	6	—	5	2	5	—	—	—	30	5	—	3	3	19	5	—	6	1	12	—	15	—	13	—	8	—	5	30
Rosenheim	12	—	—	6	—	6	—	—	—	16	5	1	4	—	16	—	—	—	—	—	—	—	—	—	—	—	—	—	—
Rottenburg	1	7	—	6	2	7	2	6	—	24	4	2	3	3	17	4	—	4	1	—	—	17	—	15	—	10	—	6	—
Schärding																													
Schongau	13	7	—	6	—	7	—	—	—	18	5	2	—	—	22	—	—	—	—	—	—	—	—	—	—	—	—	—	—
Schrobenhausen																													
Stadt am Hof																													
Tölz	1	7	—	6	—	6	—	5	—	18	5	3	4	—	17	—	—	—	—	—	—	20	30	18	30	12	—	7	15
Traunstein	8	6	—	5	2	5	—	4	—	18	4	2	4	—	19	—	—	—	—	—	—	—	—	—	—	—	—	—	—
Trosperg	6	—	—	5	—	6	—	5	—	27	5	—	4	—	16	—	—	—	—	—	—	16	—	14	—	9	—	5	45
Vilshofen	7	6	1	5	2	5	2	4	2	24	4	—	4	—	20	7	—	6	1	24	—	—	—	—	—	—	—	—	—
Wasserburg	14	—	—	6	2	5	2	—	—	24	4	2	4	—	16	2	2	8	2	—	—	—	—	16	—	—	—	—	—
Weilheim																													
Zwiesl																													

Preise von allerley Venalien und Victualien, wie sie im Monath Aug. gestanden.

Venalien und Victualien.	Zahl Maß u. Gewicht.	München d. 26. Aug.			Landshut d. 17. Aug.			Straubing d. 23. Aug.			Burghaus. d. 20. Aug.			Ingolstadt. d. 9. Aug.			Amberg d. 17. Aug.		
		fl.	kr.	d.	fl.	kr.	d.	fl.	kr.	d.	fl.	kr.	d.	fl.	kr.	d.	fl.	kr.	d.
Waizen mittler Preis.	1. Schäf.	21	—	—	17	—	—	16	—	—	14	—	—	19	—	—	—	—	—
Korn mittlere Preis.	1. Schäf.	19	—	—	15	—	—	14	—	—	12	—	—	17	-	—	—	—	—
Gersten mittlere Pr.	1. Schäf.	—	—	—	10	—	—	10	—	—	7	—	—	—	—	—	—	—	—
Haber. 7. Metzen. =	1. Schäf.	6	45	—	6	—	—	—	—	—	5	15	—	—	—	—	8	—	—
Semmelmehl. =	1. Metz.	4	—	—	2	56	—	—	—	—	3	28	—	3	—	—	6	40	—
Ordin. Waizenmehl.	1. Metz.	2	56	—	2	22	—	—	—	—	3	12	—	2	45	—	4	20	—
Roggenausschlag. =	1. Metz.	2	56	—	1	36	—	—	—	—	3	—	—	3	—	—	—	—	—
Ordin. Roggenmehl.	1. Metz.	2	40	—	1	46	—	—	—	—	2	50	—	2	30	—	3	—	—
Ochsenfleisch. = =	1. Pfund.	—	8	—	—	7	—	—	7	1	—	6	1	—	8	—	—	7	—
Rindfleisch. = =	1. Pfund.	—	6	2	—	6	—	—	—	—	—	5	3	—	7	—	—	7	—
Kalbfleisch. = =	1. Pfund.	—	7	—	—	5	2	—	7	—	—	5	3	—	8		—	8	—
Schaffleisch. = =	1. Pfund.	—	6	—	—	5	—	—	6	—	—	4	2	—	17	—	—	6	—
Schweinfleisch. =	1. Pfund.	—	8	—	—	9	—	—	—	—	—	7	—	—	12	—	—	7	—
Gänse. = = =	1. Stuck.	—	50	—	—	30	—	—	36	—	—	—	—	—	36	—	—	28	—
Enten. = = =	1. Stuck.	—	24	—	—	18	—	—	24	—	—	15	—	—	24	—	—	24	—
Kapaun oder Koppen.	1. Stuck.	—	—	—	—	12	—	—	—	—	—	30	—	—	—	—	—	—	—
Hennen. = = =	1. Stuck.	—	18	—	—	14	—	—	18	—	—	15	—	—	18	—	—	18	—
Junge Hünner. =	1. Paar.	—	24	—	—	18	—	—	30	—	—	14	—	—	26	—	—	20	—
Hechten. = = =	1. Pfund.	—	36	—	—	24	—	—	20	—	—	24	—	—	18	—	—	16	—
Karpfen. = = =	1. Pfund.	—	18	—	—	24	—	—	12	—	—	16	—	—	13	—	—	8	—
Schmalz. = = =	1. Pfund.	—	17	—	—	18	—	—	17	—	—	16	—	—	19		—	21	—
Butter. = = =	1. Pfund.	—	18	—	—	20	—	—	20	—	—	14	—	—	22	—	—	18	—
Eyer. = = =	50. St.	—	33	—	—	32	—	—	28	—	—	25	—	—	40	—	—	40	—
Weiß- Weitzenbier.	1. Maaß.	—	5	—	—	5	—	—	4	2	—	4	1	—	4	1	—	4	—
Braunbier. = = = =	1. Maaß.	—	6	—	—	4	1	—	4	—	—	4	—	—	5		—	4	2
Bierbrandwein. =	1. Maaß.	—	15	—	—	20	—	—	20	—	—	13	—	—	20	—	—	—	—
Baumöl. = = =	1. Pfund.	—	24	—	—	24	—	—	24	—	—	22	—	—	24	—	—	24	—
Leinöl. = = =	1. Pfund.	—	16	—	—	16	—	—	16	—	—	14	—	—	16	—	—	16	—
Unschlitt ausgeschmolz.	1. Centn.	25	—	—	20	—	—	24	—	—	22	—	—	—	—	—	15	—	—
Unschlittkerzen. =	1. Pfund.	—	17	—	—	17	—	—	15	—	—	15	—	—	16	—	—	13	—
Ord. Baumwolltacht.	1. Pfund.	—	20	—	—	20	—	—	—	—	—	16	—	—	—	—	—	—	—
Seife. = = =	1. Pfund.	—	14	—	—	16	—	—	14	—	—	14	—	—	15	—	—	18	—
Salz. = = =	1. Metz.	1	36	—	1	32	—	1	30	—	1	2	—	1	30	—	2	—	—
Jede Kl. zu 36. sch. im □ Scheidl. 3½. sch. { Buchenholz.	1. Klaft.	4	30	—	5	40	—	7	—	—	4	—	—	4	10	—	—	—	—
Eichenholz.	1. Klaft.	4	—	—	—	—	—	—	—	—	—	—	—	—	—	—	—	—	—
Birkenholz.	1. Klaft.	3	30	—	4	50	—	6	—	—	—	—	—	—	—	—	—	—	—
Feichtenholz.	1. Klaft.	3	—	—	3	40	—	4	30	—	2	24	—	3	—	—	3	30	—
		lt.	lo.	qu.	lt.	lo.	qu.	lt.	lo.	qu.	lt.	lo.	qu.	lt.	lo.	qu.	lt.	lo.	qu.
Ein Kreutzer Semmelbrod wiegt.		—	4	—	—	5	3	—	5	—	—	4	3	—	4	2	—	—	—
Ein 4. Kreutzerleib. Weißrogg.		—	31	2	1	3	—	—	—	—	1	3	1	—	—	—	—	—	—
Ein 5. Kreutzerleib. = =		—	—	—	—	—	—	—	—	—	—	—	—	—	—	—	—	—	—
Ein 6. Kreutzerleib. = =		—	—	—	—	—	—	—	—	—	1	20	2	—	—	—	1	16	—
Ein 8. Kreutzerleib. = =		1	31	—	—	—	—	—	—	—	—	—	—	—	—	—	—	—	—
Ein 12. Kreutzerleib, Hausbrod.		—	—	—	2	16	—	3	24	—	—	—	—	—	—	—	3	—	—

Nota. Die Lücken hierin? — — — — sehet ihr sie denn noch? — —

Das allergrößte Gut, das diese Welt dir gönnt,
Das ist die Wissenschaft von allen deinen Kräften,
Und der Gebrauch davon in nützlichen Geschäften.
Der Wohnplatz ist das Herz, das Christenthum das Licht,
Vernunft die Lehrerinn, und Redlichkeit die Pflicht.
W..

Churbaierisches Intelligenzblatt

Num. XXII.

München den 28. September 1771.

Artic. I.

1) Höchstlandesherrliche Verordnung: die verbothenen Winkelkäufe die Salzkarner und wie es auf dem Schranen künftig gehalten werden solle so anders betreffend. Datirt den 5. September 1771.

Se. Churfürstl. Durchl. in Baiern ꝛc. ꝛc. unser gnädigster Herr Herr, haben nicht nur durch die höchstlandesherrliche Verordnung vom 6ten verwichenen Monaths August, Dero fürsorgliches Geboth wegen der weiteren Getreidsperr, und was in Ansehung deren auswärtigen Gilt- und Zehendgetreidern zu beobachten ist, dem gesammten Publikum kund machen lassen, sondern auch durch den hierauf erfolgten Verruf vom 30ten dieß, Dero gnädigste Willensmeynung wegen Unterbleibung des ferneren Getr[illegible]satzes, in so lange man nämlich einer billigen Mäßigung und Bescheidenheit sowohl in Kauf- als Verkauf des Getreides sich gebrauchen wird, zu erkennen gegeben; auf diese so nothwendig- als der dermaligen Lage der Zeit und Umständen angemessene Verordnungen wollen Höchstdieselbe gegenwärtig jedermänniglich nachdrucksamst angewiesen, und sonderbar jenes wiederhohlter eingeschärfet haben, was in solch letzterem Verruf des verbothenen Getreides An- oder Aufschüttens halber enthalten ist. Damit aber jedannoch

Erstens durch die Abschaffung all- dergleichen Auf- oder Anschütten überhaupts, der Getreidhandel besonders an denen Wasserströmen und Flüssen, in soviel solcher zu Beschlagung deren innländischen Schranen oder Getreidmärkten dienlich und beförderlich ist, nicht gehemmet, oder erschweret werde; so wird denen ordentlich aufgestellt- und berechtigten Schifmeistern hiemit zwar gestattet, daß sie

auf

auf denen Schiffen, oder sonst auf einem in der Nähe befindlich- nicht aber anderwärtig oder auf mehreren Kästen, sowohl das für sich selbsten, als auch für jemand andern auf Bestellung erkaufte- oder nur bloß zur Lieferung übernommene Getreid aufschütten dürffen, dahingegen sollen selbe zu Vermeidung aller Gefährde und Mißbrauches von 14. zu 14. Tagen eine genaue Anzeige von solchen auf- oder angeschütteten Getreiden mit Benennung der Gattung und des Quanti, auch was selbe von Zeit zu Zeit, und wohin, dann wie theuer verkauffet, oder geliefert, bey dem churfürstl. Land- und Pfleggerichte, worinn sie entlegen, übergeben, welche hierauf behörige Obsicht zu tragen, und sie Schiffmeister ex Officio anzuhalten haben, daß diese Getreider nicht zu lange liegen gelassen, sondern sobald möglich, auf die Schrannen abgeführt oder anderer gehöriger Orten ausgeliefert werden, zu dessen mehreren Sicherheit von jener Schrannen- oder Ortsobrigkeit, wohin sie das Getreid geliefert, jedesmalen Attestaten (die gratis zu ertheilen) mit Hineinsetzung der Quantität und des Verkaufspreises beyzubringen, und sodann nebst bemeldten Anzeigen durch das Gericht alle Quartal zum Churfürstlich geheimen Rath einzusenden seynd. Und damit auch

Zweytens bey denjenigen Getreidern, welche zu Wasser entweder transitiren, oder aber auf Churfürstliche Specialpäße an auswärtigen Gilt- und Zehenden auffer Landes- verführet werden, fernerhin destoweniger Unterschleif geschehen möge; So wollen, und befehlen Se. Churfl. Durchl. hiemit sammentlich Dero Gränzgerichts- und Mauthbeamten, derley Getreider auf denen Schiffen anderergestalten nicht mehr paßiren zu lassen, außer, selbe seyn in halb- oder ganze Schäffelsäcke eingefüllet, welche bey dem Churfürstl. Mauthamt, in wie viel, und was für Gattungen, solche Getreide bestehen, anzugeben sind, im übrigen ist dabey wegen Verschnür- und Obsignirung, dann Beschau- und Gegenbeschau jenes zu beobachten, was die Churfürstl. Mauthinstruction diessfalls mit sich bringet.

Drittens gedenken Se. Churfürstl. Durchläucht zu Erleichter- und Begünstigung der einem jeden insbesondere angemessenen Unterhalts- oder Gewerbsnothdurft, den Einkauf des Getreides auch bey denen ungefreyten Häusern in seiner Maaß, und nur in soweit Dero Ständen und Unterthanen, dann Aemtern, Klöstern, milden Stiftungen, Waisenhäusern, und dergleichen, bis auf weitere Verordnung hiemit für dermalen gnädigst zu erlauben, als sie das erkaufende Getreid erweislichermaßen zu Beschlagung ihres Bräuwesens, Bisaamung der Felder, und zur eigenen Hausnothdurft, oder berechtigten Gewerbschaft nöthig haben, nicht aber zum Handel und Widerverkauf, oder übermäßigen Vorrathmachen gebrauchen, welchenfalls gegen dergleichen mit confiscirlicher Abnahme des Getreides, und gestalten Umständen nach mit schärferen Leibesstrafen verfahren werden würde.

Viertens, bey denen Schrannen hingegen, oder öffentlichen Getreidmärkten, wie auch bey denen gefreyten Orten ist jedermänniglich zu kaufen, und zu verkaufen erlaubet, jedoch solle das Getreid, welches bey denen gefreyten Orten in einer mehrern Quantität erkaufet wird, nicht zu lange liegen gelassen, sondern dessen Abführung nach Möglichkeit beschleiniget werden, weßwegen sich Se. Churfürstl. Durchl. zu Dero lieb- und getreuen Ständen zuvorderst gnädigst versehen, daß sie sich außer aller Verantwortung setzen, und von selbsten zu Beförderung des allgemeinen Besten den billigen Bedacht dahin nehmen werden, damit solche bereits verkaufte Getride von denen Getreidhändlern nicht etwa bis zur höher- hinaussteigenden Theurung zuruckgehalten, und die von dem Publikum so sehnlich erwartende Wohlfeile durch deren suchend- unmäßigen Uebergewinn nicht noch weiter verdrungen werde.

Fünftens, verwilligen Se. Churfürstlichen Durchläucht zum vorzüglichen Faveur und mehrerer Zufuhr, sonderheitlich zur hiesigen Hauptschranne hiemit gnädigst, daß diejenige berechtigte Schifmeister und Fuhrleute, welche mit eigenen Fuhrwerken versehen seynd, und zu Beschlagung deren Schranen sich wollen gebrauchen lassen, zu diesem Ende, nicht nur auf den Schranen und Getreidmärkten nach abgeworfenen Schäd, und bey denen gefreyten

Orten,

Orten, sondern auch bey denen Pfarrhöfen einkaufen mögen, jedoch sollen sie solch erkauftes Getreid länger nicht, als bis zur completirten Ladung liegen lassen, und selbes alsdann ohne Unterwegs etwas davon abzustossen, oder an einem dritten Orte zusamm zu führen, geradenwegs auf diese oder eine andere Schrane überbringen, und hierauf von denen Beamten so anderen Ortsobrigkeiten genaue Obsicht getragen werden.

Sechstens, die Salzkärner hingegen betreffend, sollen, so lang die Getreidsperr dauert, gar keine ausländische, sondern nur inländischansesige Unterthanen zur Salz- gegen Treidladung auf salzmayramtische Polleten gebraucht werden, und diesen mit Ausschluß deren ungefreyten Häusern, dann deren Pfarrhöfen nur allein auf offent Schranen und bey denen gefreyten Orten dergestalten kaufen zu dürfen erlaubet seyn, daß sie in dem Zurückwege keinen ausländischen Ort betretten, sondern über Traunstein und die Insul auf dem Neuweg nacher Reichenhall ihre Getreidladung überbringen, und die beschehene Einliefferung in der neuen Salzpollete sich müssen anmerken lassen, bey Verwirkung jener Strafen, die derentwillen vorhin in denen Mandatis statuiret sind. Auf gleiche Art wollen.

Siebentens mehr Höchstgedacht Se. Churfürstlichen Durchlaucht in Kraft dieß alle sowohl hiesig- als anderwärtige Kornkäufler in soweit ein- für allemal abgeschaft, und reformiret haben, daß denenselben ungeachtet ihrer prätendirenden Gerechtsame weder hier noch anderwärtig einiges Getreid mehr aufzuschütten gestattet, sondern selbe, wenn sie einiges Getreid auf hiesig- oder eine andere Schrane liefern wollen, lediglich an jenes, was hievor §vo. praecedente 5. deren Getreidfuhrleuten halber enthalten ist, angewiesen werden sollen. Schließlichen und

Achtens, lassen Se. Churfürstl. Durchlaucht hiemit sammentliche Schranenortsobrigkeiten, und Oberinspectionen ihrer Pflichten und schuldigen Sorgfalt in Abstellung deren wucherischen Getreidverkäufen und Preißsteigerung, welche auch auser dem Getreidsatz niemalen ungestraft zu lassen sind, dermassen gemeßnest erinneren, daß sonderheitlich in der ersten Zeit, nach gegenwärtig aufgehobenen Satz, bis der Bauersmann mehrers zum Dröschen, und folglich zahlreicher zur Schranne kommen kann, selbe den Bedacht nehmen, und Sorge verfügen sollen, damit nicht complotirte Winkelkäuf den Preis an den Schranen anstatt hoffender Herabfallung neuerlich, und etwa gar über den verlassenen Satz hinantreiben dürfen, weichenfalls solche Händler zu warnen, und bey nicht habenden Verfang denen Land- und Policeyrechten gemäs gestrafet werden sollen. Wie dann jede Ortsobrigkeiten derentwillen bey denen ertheilenden Tariffen dahin angewiesen werden, daß sie denen Bäcken und Meldern, dann andern Mehlverkäufern, welche sonst ohne Rucksicht auf das arme Publicum ohne alle Sorg ihres Gewerbs in die theure Käuf greifen mögten, keine den vorigen Satz merklich übersteigende derley Tariffen ertheilen. Im übrigen solle es bey denen in den übrigen Mandatis von 16. Jänner Anno 1768. 22. Sept. 19. Nov. & 28. December Anno 1770. dann deren in der Land- und Policeyordnung 2. B. 2. Titl. gemachten Fürsehungen und Pöensätzen in soweit sein ungeändertes Verbleiben haben, als weit nicht gegenwärtig ein anderes vorgeschrieben und verordnet ist. Datum München, den 5ten September Anno 1771.

Ad Mandatum Serenissimi Dni. Dni. Ducis Electoris speciale. (L.S.)

Karl Anton Müller, Churfürstl. Hofraths-Secretär.

Artic. II.

Feilschaften.

a) Zu Hörzhausen im Churfürstlichen Pfleggericht Aichach, ist auf Absterben Niclassen Rauschers gewesten Leerhäuslers, und Schmids alldort dessen besessenes zum Churfl. Kastenamt Aichach gehöriges Leerhäusel, Schmidtstadt, nebst einen Biesgärtel zum Verkauf vorhanden. So hiemit denen hierzu Lust tragenden feil gebothen, und dabey erinnert wird, das zwar dieses Leerhäusel baufällig- und stark überschuldet; in Ansehung dessen

sen aber, wax einen solchen leidentlichen Kauf dahin abzumachen gesinnet sey; damit ein künftiger Besitzer nicht zu hart eingesetzet, sondern selben dahin verholfen werde, daß er die Baufälle wenden: sofort leichtlichen forthausen könne.

Artic. III.

Citatio.

a) Nachdem von des Albrecht Erhard gewesenen bürgerlichen Tischlers zu Traunstein, und Maria Barbara seines Eheweibs beyde seel., hinterlassenen 2. Söhnen, benanntlich Albrecht Balthasar, und Oßwald Egid, welche schon über 30. Jahre abwesend sind, bisher nichts zu vernehmen gewesen, ob sie sich noch wirklich im Leben befinden oder nicht? So will man ersagte 2. Erhardtische Söhne, Kraft dieß, mit dem edictaliter citiren, daß selbe in einer Zeit von 60. Tagen peremptorie, vom heutigen Tage angerechnet, sich dießorts um so gewisser stellen sollen, als im widrigen Fall man die ihnen erblich angefallene Tischlers Gerechtigkeit ohne weiters verkaufen, und das Weitere, was Rechtens ist, verhandeln würde. Traunstein den 9. September 1771.

Burgermeister und Räthe der Churfürstlichen Gränzstadt Traunstein.

Artic. IV.

Münzsachen = und Victualien = Preise.

a) Es sind allhier einige falsche 24. Kreuzer = oder sogenannte ganze Kopfstücke mit dem Brustbilde Ihrer Majestät der verwittweten Kaiserinn Königinn, und auf der andern Seite mit dem österreichischen Wappen, und der Jahrzahl 1770 zum Vorschein gekommen. Sie sind ganz von Bley, und lassen sich sowohl an der Farbe und Klang, als an dem Gepräge sehr leicht erkennen; indem sie nur gegossen sind, und gar keine Randierung haben. Man will daher das gesammte inn- und ausländische Publicum vor der Einnahme dergleichen falschen Münzen, und vor Schaden hiemit gewarnet haben. München den 28. September 1771.

Frankfurter Waaren = Preiße den 11. September 1771. alles contant.

	Rthlr.	Batzen
Allaun . . . Cent.	$7\frac{1}{4}$	
Anies	12	
Baumwolle	37 = 38	
Blauholz ganz . . .		
= gemahlen . . .		
Bley in Blocken . .	$6\frac{1}{4}$	
= Tafelbley . . .	$9\frac{1}{4}$	
= Schrod . . .		
= Bleyweiß . . .	$9\frac{1}{4}$	
Brandwein Rheinisch . Ohm		
= Frucht		
Butter Schmalz . Cent.		
Caffe Mocca . das Pf.	. .	14
= Java	. .	$9\frac{1}{2}$
= Martinique . .	. .	$8\frac{1}{2}$
= Bourbon . . .	. .	$9\frac{1}{2}$
= Dominico . .	. .	$7\frac{1}{4}$
= Surinam . . .	. .	
Conchenille . das Pf.	$10\frac{1}{4}$	
Crapp beraubt . Cent.		
= unberaubt . . .	36	
Dochtgarn		
Eßig . . 1 Tonne		
Fischbein . 8 à 1$\frac{0}{2}$ das Pf.		
= ditto . $\frac{4}{4}$ . .		
= ditto . $\frac{3}{4}$ . .		
Firnebock ganz . Cent.	19	
= gemahlen . . .		
Gallus blaue . Cent.	44	
= ditto Aleppische .	32	
= ditto Schmirnische .		
Gelbholz ganz . . .	4	
Grünspan	60	
Gummi Senegal . .	$59\frac{1}{2}$	
Hering . B. B. Tonne.		
= ditto . $\frac{1}{1}$ B. .		
Hanft lang . . Cent.		
= ditto Steen . .		

Honig

	Rthlr.	Batzen
Honig . . . Tonne		
Ingber . . . Cent.	12	
Indigo Dominico das Pf.	. .	61
Juchten 10. Häut . Cent.	50/52	
; 6 Häutige fein . .	43	
; Mittel ditto . .	40	
Käß Edammer . Cent.		
; Ember		
Kupfer	36½	
Lapperdan . 1 Tonne		
Leim, Cöllnischer . Cent.	22	
Lorbeern		
Mandeln, Provencer . Cent.		
; Valenz .	28½	
; Barbarische . .		
Menning . . . Cent.	10	
Macis . . . das Pf.	. .	104
Nuß . .	. .	57
Näglein . .	. .	65
Nägleinköpf	. .	
Oel Baumöl . Cent.	22½	
; Rüböl . Ohm	36	
; Leinöl . Ohm		
; Bergthran . Tonne		
; Hellthran . Quarteel		
Orlean . . das Pf.	. .	
Pfeffer . . Cent.	40¼	
; ditto Staub . .	16	
Potasche	11	
Quetschen		
Reiß, Mayländer . .		
; Caroliner .	9¼	
Rosinen kleine . . .	12	
; grosse	13	
Rothholz ganz . .		
Saffran Gattin . das Pf.	10	
; Orange . . .	9	
; Maglian . . .		
; Contat . . .	8½	
Salpeter . . . Cent.	22½	
Sandelholz ganz . . .	22½	
; gemahlen . .	4½	

	Rthlr.	Batzen
Seife, Spanische . .	7¼	
Senft . . der Sack		
Schwefel . . . Cent.	6½	
Schmack . . .	6	
Silberglätt . Faß	29½	
Stärk, Leipziger . Cent.		
Schmalten . .		
Stockfisch, Cöllnische . Cent.		
; Dietlinge . .		
Thee ; Boy . .	. .	20/50
; Grüner . .	. .	30/60
Victriol, Salzburger . Cent.	24	
; Admunter .	9½	
; Englischer .	5½	
Wachs, Gelbes .	61	
; Weisses . das Pf.	. .	
Weyd . . . . 1 Faß	7	
Weinstein weiß . Cent.	14	
Weinstein roth . Cent.		
; Fluß ditto . .	7	
Zucker Canari . Cent.		
; Boyerbrod . .	27½	
; Raffinat . .	25½	
; kleine Melis . .	23½	
; grosse Melis . .	22½	
; nackende ditto . .	22½	
; Lompen . .	21½	
; Moscovade . .	17/19	
; Candit weisser .	26/30	
; ditto braüner .	22/24	
Zimmet kurz . das Pf.	. .	88
; ditto fein und Mit. .	. .	90
Zinn englisch in Block . Cent.	30	
; ditto in kl. Stang. .	29½	

Diese Preise der Waaren verstehen sich alle gegen gleiche baare Bezahlung, und in Partien, nicht aber zu einzelnen Pfunden, wenn gleich der Preiß verschiedener feiner Waaren in dem Courant nach Pfunden gestellt ist.

Denjenigen Herren, die an das Comtoir das Verlangen geäussert haben, daß sie den

Frankfurter Waaren-Preys-Courant gerne alle Woche in dieser Zeitung zu lesen wünschten, dienet zur Nachricht, daß solches wegen des Raums so derselbe einnimmt, und da die Preise ohnehin sich nicht alle 8. Tage so sehr verändern, nicht wohl thunlich sey; man wird denselben aber künftig alle 3. Wochen wenigstens einrücken.

Artic. V.

Handlungs-Nachrichten.

a) Wien den 8. July. Hier und zu Brünn werden seit einiger Zeit sehr schöne Papiertapeten von allen Gattungen in wohlfeilen Preise gemacht. Dieses hat Anlaß gegeben, die Fremden mit einem höhern Zolle zu belegen. Es werden von der Rolle, die ungefehr 14. Wiener Ellen hält, 54. kr. abgenommen. *

* Wir wünschen übrigens die Preise dieser Tapeten ebenfalls bekannt zu machen.

b) Von Avignon wird gemeldet, daß man in dortigen Gegenden mit dem Seidenbau heuer nicht glücklich gewesen ist. Auf dem Markte zu Beaucaire ist auch von dieser Waare nicht soviel, als im vorigen Jahre verkauft worden. Die spanischen Barken haben diesem Mangel nicht abhelfen können, da in den Königreichen Valentia und Murcia gleichfalls nicht viel Seide gewonnen worden, sondern kaum so viel vorräthig ist, als man im Lande verbraucht. Man hört nicht, daß die fremdem Schiffe bey ihrer Rückkehr von Beaucaire durch barbarische Schiffe beunruhiget worden sind, welche sonst in einiger Entfernung von der Mündung der Rohne auf sie zu lauren pflegen.

c) Aus verschiedenen Gegenden des Königreichs Engeland ist die Nachricht eingelaufe, daß die Weitzen-Aehren von außerordentlicher Größe, aber zum Abmähen noch nicht reif genug sind, daß man aber mit der Rocken-Aerndte fast allenthalben einen glücklichen Anfang gemacht habe.

d) Im Herzogthum Mayland hat man auf Befehl der Regierung eine Untersuchung angestellt, wie viel sowohl altes als neues Getreide vorräthig ist. Die Ursache davon ist unbekannt. In der Stadt Mayland schüttet man sehr viel Getreid auf. Die Aerndte ist in dortigen Gegenden ungemein gesegnet gewesen: wiewohl sie im Kirchenstaat nicht so ergiebig ausgefallen ist.

e) Die Gebrüder Leboißier, und die Herren Lemande und Andre zu Genua, haben von den Directeurs der königlichen Spiegelfabrick zu Paris Erlaubniß bekommen, in Genua einen Laden von dieser Waare zu eröffnen, wodurch man den Absatz der französischen Spiegelgläser und anderer in gedachter Fabricke verfertigten Waaren zu befördern hoffet.

f) In den K. K. Erblanden ist durch eine Verordnung den ausländischen Kaufleuten mit Erbländischen Waaren und Manufacturen sowohl auf den Hauptmessen, als außer denselben en gros zu handeln, vom 1. Jänner 1772. an, gänzlich verbothen worden. Zugleichen ist auf alles aus fremden Landen in gedachte Staaten kommendes wollenes Garn, so darinn verbraucht wird, zum Besten der innländischen Wollenspinnereyen, noch 5. pro Cent Zoll geleget worden.

g) Dieses Jahr sind 44. holländische Schiffe nach der Strasse Davids auf den Wallfischfang ausgelaufen, davon sind 40. wieder zurück gekommen, welche 38. Wallfische und 3. Cachelotten gefangen, davon man 1803. Faß Speck erhalten hat.

h) Die Staaten der Provinz Westfriesland haben die Ausfuhr des Rindviehes wieder frey gegeben, doch mit dem Beding, daß das Vieh, so ausgeführet wird, wenigstens 2. Jahre alt seyn soll, daß die Ausfuhr nur in den 3. Häfen, Harlingen, Workum, und Lemmer gestattet werden, und daß endlich die Einschiffung desselben bey Tage, und unter Aufsicht der dazu bestellten Leute geschehen soll.

i) In Italien, und besonders in den Staaten der Republick Venedig, sind die Maulbeerbäume von einer besondern Krankheit angegriffen worden, dadurch ihrer eine grose Anzahl zu Grunde gegangen. Es hat sich daher eine für das gemeine Beste wohlgesinnte Gesellschaft herfürgethan, die ein Prämium von 120. Sequinen demjenigen zuerkennen will, der das sicherste und leichteste Mittel angeben wird, dieser Krankheit der Maulbeerbäume zu steuren.

Artic. VI.

Policey-Nachrichten, und auswärtige Verordnungen.

a) Rom den 21. August. Auf Befehl Sr. Heiligkeit sind alle Bettler und Müßiggänger dieser Hauptstadt aufgehoben, und durch die Sbirren an die Gränze des Kirchenstaates gebracht worden.

b) Von Petersburg aus wird gemeldet, daß sich eine ziemliche Anzahl fremder Professionisten, Künstler und anderer Leute in dieser Stadt befinden, die sich auf das mühseligste behelfen müssen, weil sie die Stadt nicht verlassen können. Es ist in Petersburg bekanntlich eingeführt, daß ein jeder Fremder, der aus der Stadt reisen will, seine Abreise zuvor dreymal hintereinander in den öffentlichen Blättern bekannt machen lassen muß, damit diejenigen, denen er etwa wehrend seines Aufenthalts was schuldig geworden, sich bey ihm melden, und ihr Geld erst empfangen. Wer dieses nicht thut, wird nicht aus den Stadt gelassen. Da nun diese Avanturiers diese Ordnung nicht befolgen können, so können sie auch aus der Stadt nicht fortkommen, *

* Eine trefliche Einrichtung! —— nicht wahr, Herr von Abadaghal ——

c) Der König von Dännemark zeigt, wie genau seine Sorgfalt für die Zufriedenheit seiner Unterthanen, und wie scharfsichtig sein Aug auf die Austheilung der Gerechtigkeit, auch bis in die geringste Fächer, sey. Er ahmet seit einiger Zeit dem Beyspiele der asiatischen Monarchen nach, die sich verkleidet und unerkannt mitten unter ihr Volk begeben, um da frey und ohne Zwang das sagen zu hören, was oft der Höfling mit der größten Sorgfalt vor ihnen verbirgt. Hiedurch kann sich der Fürst von vielen Misbräuchen in seinem Staate, die er nicht weis, unterrichten, und seine Diener werden vorsichtiger werden. Durch diesen Weg erhält auch der König von Dännemark Einsichten, die er sonst nur sehr langsam oder gar nicht erhalten hätte, und man sagt, daß der größte Theil der Veränderungen, die er in der Administration des Staates nöthig gefunden hat, eine Folge dieser geheimen Spatziergänge sey, die ihm viel Neues gelehrt, und so viel Stoff zum Nachdenken verschafft hätten. So wacht er über alle Stände seiner Bürger; erfährt die kleinen Misbräuche, wie die großen, und hilft ihnen auf der Stelle ab. Er hörte neulich Klagen über gewisse Mängel der Policey: er ließ also die Magistratsperson, die damit beladen ist, kommen, und ermahnte sie zu mehrerer Sorgfalt. Man versprach solches, entschuldigte sich aber zu gleicher Zeit mit der Schwierigkeit, allen Unordnungen vorkommen zu können. Der König schwieg, er wußte, daß man sich seit einiger Zeit über das verfälschte Maaß eines gewissen Weinhändlers beklagte; er gieng also selbst auf den Abend verkleidet zu demselben, ließ sich von unterschiedenen Sorten geben, und wurde von dem Manne gleichfalls, so, wie das ganze Publicum, vervortheilt. Tags darauf fragte der König den Policeyrichter, ob er nichts von den Betrügereyen und von dem schlechten und gleichwohl kostbaren Wein dieses Weinschenkens entdeckt hätte? aber dieser war wirklich so geschickt gewesen, seine Streiche vor den Augen der Gerichtsperson zu verbergen. Ich habe gestern euer Amt verrichtet, sagte hierauf der König, ich bin von der Unredlichkeit dieses Mannes versichert, denn ich bin selbst Zeuge davon geworden; strafft ihn, und wachet künftig besser. Ohne Zweifel wird diese seltne und interressante Lection den besten Nutzen verursachen. (Siehe die Erlang. Zeit.)

d) Der sogenannte blaue Montag, der schon so manchem Handwerkspurschen ein blaues Aug und leeren Beutel verursachet hat, soll in dem jüngsthin den 19. July erstatteten Reichsgutachten bey Strafe den Handwerkspurschen nicht nur verbothen, sondern auch derselben Aufnahm und Beherbergung

an

an diesen Tägen allen Wirthen, Gastgeben, Schenken rc. durchgängig untersaget werden. Gewiß eine allgemein nützliche Verfiegung. *

* Alles kann man in der Welt haben, nur nicht das verlohrne Alterthum, keine verlohrne Zeit, und keinen alten Kalender!

Artic. VII.

Landwirthschafts-Sachen.

a) In dem Fürstenthume Göttingen hat sich bereits seit vorigem Herbste, mit Begnehmigung der königlichen Landesregierung, eine Gesellschaft patriotisch Gesinnter zusammen gethan, die den bedrängten Landmann im Herbste und Frühjahre unentgeltlich mit dem reinsten und besten Saamenkorn, und zum Theil also versehen, daß er das erhaltene Quantum zum beständig fortdauernden Gebrauch des Landes jedesmal nach der Aerndte wieder zurück giebt. Dieß Quantum ist im heurigen Frühjahre bis auf tausend Malter Sommer- und Wintergetreides vermehret worden, die man wirklich unter die armen Bauersleute ausgetheilet hat. Es sollen auch von diesem Institut, nach Maßgabe des bescheinigten Fleißes und der daher erzielten reinen Frucht, Belohnungen ausgetheilet werden, und die königliche Kammer und Kalenbergische Landschaft haben versprochen, der Gesellschaft zu diesem Entzweck in den nächsten 3. Jahren alljährlich 400. Thaler auszahlen zu lassen.

b) Unweit Vilshofen in Baiern wurde durch den Herrschafts-Jäger zu Hilgartsberg auf einer Wiesen, neben einem kleinen Graben, ein Kranich geschossen, welcher nach empfangenen Schuß eine Menge Frösche von sich gab. Er war bey nahe ¾ Ellen hoch, dessen ausgespannte Flügel aber länger, als eine Klafter; das Fleisch von selben wog 4. Pfund. In dieser Refier ist dieser Vogel eine Seltenheit; doch berichten einige alte Bauern, daß sie es noch denken, dergleichen gesehen zu haben, und solle deren Erscheinung einen schönen lang anhaltenden Herbst bedeuten, welches sie ohnehin anheuer behaupten wollen, und sagen, wer allzufrüh anzubauen anfange, wird wenig Nutzen ziehen: indem sich bey der noch nachkommenden, und bis in den Advent daurenden Wärme, das zu früh gebaute Getreide zu stark verschiessen wird. Letzthin hat man auch den sogenannten Kaiservogl daselbst gesehen, so einen guten Herbst bedeuten soll.

c) Indem nach einigen Nachrichten, sich in theils Gegenden, wegen des heurigen nassen Jahrgangs, die Viehseuche zu äußern anfange: so wollen wir zu Verhütung und Abwendung derselben, eine gründliche Abhandlung und den Unterricht für den Landmann bey einer Viehseuche, unsern Blättern nach und nach einrucken, welcher uns von einem patriotischen Arzneygelehrten der Residenzstadt München zu diesem Endzweck behändiget worden, damit der Landmann einem dergleichen Uebel, durch die vorgeschriebenen Mittel bey Zeiten vorzubauen, sich im Stande befinden möge: Und wir bitten diejenige die davon Gebrauch machen, den Erfolg weiter anher anzuzeigen.

d) **Gründlicher Unterricht, wie ein Landmann bey einer Hornvieh-Seuche sowohl zu Verhütung, als auch zur Dämpfung derselben sich zu verhalten habe. München im Jahr 1771.**

Vorrede.

Es ist die Hornvieh-Seuche ein dem gemeinen Wesen so höchst schädliches Uebel, daß man mit großem Eifer dahin trachten solle, wie, und auf was Art dem erkrankten Viehe geholfen, das gesunde aber vor aller Ansteckung (Contagion) sorgfältig befreyet werden könnte. Wenn auch ja in unsern mit Rindviehe sehr gesegneten Vaterlande öfters dergleichen schädliche Viehkrankheiten von Zeit zu Zeit sich einfinden, welche dem Landmanne schon öfters sehr großen Schaden verursachet haben; eine gründliche Vieheordnung aber nicht vorhanden ist, wornach sich der Landmann zu richten hätte: so habe ich mich entschlossen eine kurze, sowohl in der Vernunft, als der Erfahrenheit gegründete Ordnung anzuzeigen, wie diesem so schädlichen Uebel mit göttlichem Beystande abgeholfen, und vorgebogen werden könne, und zwar in möglichster Kürze: obschon Stoff genug vorhanden wäre, diese Abhandlung von den Krankheiten des Rindviehes mehr ausbreiten zu können; da aber der Landmann ohne dies nicht gerne lieset, und alle Weitläuftigkeiten verabscheuet, auch das lange Lesen denselben nur verdrießlich und verwirret machet, so habe ich mich, so viel möglich der Kürze beflissen, jedoch nichts ausgelassen, was zur Wesenheit dieser Vieh-Ordnung gehöret, und erfordert wird.

Erste Abtheilung
Von der Wesenheit der Vieh-Seuche, oder Von dem Umfall des Horn-Viehes.

Es hat die Erfahrung, als die beste Lehrmeisterinn, und Wegweiserinn noch allzeit bestättiget, daß die Viehseuche im Hauptwerk einerley, nämlich ein ansteckendes, hitziges, bösartiges, und zur Entzündung sehr geneigtes Fieber sey, das nur in den Zufällen unterschieden ist. Indem diese manchmal vornehmlich das Haupt betreffen, und durch ein starkes Rinnen einer salzig, und schleimigen Feuchtigkeit, aus den Augen, Nasenlöchern und Maul, mit oder ohne Blasen, oder auch Geschwüre um das Maul, und auf der Zunge, auch derselben Entzündung sich offenbahret.

(Die Fortsetzung folgt.)

Artic. VIII.
Von gelehrten Sachen.

a) Es hat die naturforschende Gesellschaft in Danzig, den 28. Februar dieses Jahres, über die bestimmte Aufgabe von der Art, wie in einer grossen und eine blühende Handlung treibende Stadt, da täglich die schwersten Lasten und Wägen geführet werden, die Pflasterung der Strassen am besten, bequemsten und dauerhaftesten eingerichtet, zugleich mit solcher die nothwendige Unterhaltung verbunden, und dabey die unumgängliche Reinlichkeit der Gassen, besonders in den schlechtesten Jahrszeiten, durch die wohlfeilesten und geschwindesten Mittel bewerkstelliget werden könnte, den Preis von 25. Ducaten der Abhandlung zuerkannt, welche den Herrn Christian Heinrich Thickel, Regimentsquartiermeister bey dem Königlich Preußischen Infanterieregiment von Rothkirch, zu Neiße in Oberschlesien, zum Verfasser hat.

b) In der Bayerischen Buchhandlung zu Regensburg ist zu haben: Alles umsonst, Brod zum Brey, oder Widerlegung und Beurtheilung der bekannten Schrift: Anleitung, wie man bey diesen theuren Zeiten wohlfeil und gut leben könne, welcher Beantwortung das Schweitzerische Mittel vorgedruckt worden, ausgefertiget von einem baierischen Landmanne, und wahren Menschenfreunde 1771. in 8vo.

Nachricht.

Nächste Ostermesse 1772. wird der 1ste Band in gros Octavo etlich und 30. Bogen stark mit einem niedlich gestochenen Titul-Kupfer die Presse verlassen:

Onomatologia Botanica completa, oder vollständiges botanisches Wörterbuch, worinn nicht nur alle Kunstwörter übersetzt und erklärt, die bekannte Pflanzen nach der Lehrart des Ritters von Linne beschrieben, ihre verschiedene Namen nach den berühmtesten Schriftstellern angeführt, und eine kleine Lebensgeschichte der vornehmsten Kräuterkundigen beygefügt, sondern auch die Heilokräften, und der Nutzen, den die Landwirthschaft, Färberey, Vieharzney- und Scheidekunst aus denselben ziehet, aus den besten Schriften dieser Art und eigener Erfahrung erläutert wird; von einer Gesellschaft erfahrener Pflanzenkundiger.

Die Verfasser werden sich bemühen, dieses Werk sowohl Gelehrten, als Ungelehrten gemeinnützig und angenehm zu machen: Jene werden als Aerzte, als Pflanzenkundiger, und als Landwirthe befriediget werden; man wird die Heilkräfte der Pflanzen immer beyfügen, wo sie nur bekannt sind; aber nicht weitläuftig, sondern nur nach allgemeinen Grundsätzen; wo sich nicht eine Pflanze in dieser oder jener Krankheit besonders berühmt gemacht, und zu eigenen Abhandlungen und Streitigkeiten unter den Aerzten Gelegenheit gegeben hat; in diesem Fall wird man eine kleine Geschichte derselben erzählen, einen kurzen Innhalt der davon handelnden Schriften liefern, und dem Leser die Beurtheilung derselbigen, oder ihrer Verfasser überlassen.

 Man

Man hat es für dienlich erachtet, der Lehrart des Ritters von Linne zu folgen; nicht nur, weil sie, so unvollkommen sie auch seyn mag, doch noch unter den bekannten eine der vollkommensten ist; sondern auch, weil sie am meisten bekannt, und am meisten befolgt wird; man wird aber, diesem ungeachtet, niemals unterlassen, die Eintheilungen und die Benennungen, welche andere berühmte Pflanzenkenner, als: die Herren von Haller, Adanson, Bergrath Jaquin, Ludwig, Burmann, Schwenke, von Ronen, Prof. Gleditsch, Hofrath Schreber, Hill, Rath Schäfer, Gouan, S. G. Gmelin, Tournefort, Boerhaave, Treu, Commelin, Brown, Claone, Seba, J. G. Gmelin, die beyde Bauhine, Sauvage, Vaillant, Jussieu, Ifnard, Magnol, Rupp, Siegesbeck, Rudbeck, Lobel, Clusius, Theodor, Dodonaeus, Dalechamp, Pena, C. Gesner, Petiver, Plukenet, Brunfels, Tragus, und andere ihren Classen, Ordnungen, Gattungen und Arten von Pflanzen, ja auch ihren Kunstwörtern gegeben, anzuführen, und auf die Linnäanische zu beziehen; auch wo man einige Gewißheit hat, die Pflanzen der ältern Aerzte und Naturkundigen, eines Dioscorides, Hippocrates, Plinius rc. nicht unberührt lassen; und auch solche Gewächse beschreiben, welche der Ritter von Linne nicht beschrieben, oder nur als Spielarten anderer angegeben hat; und, wo die Beschreibung dieses grossen Naturkundigen etwas unvollkommen oder dunkel geschienen hat, sie durch eigne Anmerkungen, oder mit Hilfe anderer Schriftsteller erläutern.

Was die landwirthschaftliche Beobachtungen betrift, so haben wir solche aus den besten Quellen zu schöpfen gesucht; die Abhandlungen der königlich schwedischen Gesellschaft der Wissenschaften, die Schriften eines Linne, eines Münchhausen, eines Schreber, eines Gleditsch, eines J. Gesner, eines Erhard, eines Beckmann, eines Scopoli rc. haben uns Stoff genug gegeben, unser Werk gemeinnützig zu machen; wir werden auch die Gärtnernamen nicht ganz aus der Acht lassen; doch uns dabey ziemlich einschränken; so wie wir es auch bey der Art, mit den Pflanzen, besonders mit ausländischen, umzugehen, thun werden.

Unsern Vortrag werden wir so faßlich zu machen suchen, als es die Natur der Sache erlaubt; wir werden den Kunstwörtern nicht nur deutsche Namen geben, welche freylich zum Theil in manchen Ohren etwas fremd klingen werden; sondern auch dieselbige so deutlich, als möglich, erklären; wir werden grösstentheils bey den Pflanzen selbst die deutsche Namen eines Theodors, Schäfers, Schrebers, Planers, Dietrichs und anderer beybehalten, auch, wo möglich, alle anführen; aber, um die Verwirrung zu vermeiden, die aus einer Benennung entstehen möchte, welche zerschiedene Gewächse mit einander gemein haben, so werden wir diejenige besonders auszeichnen, die uns am tüchtigsten vorkommen wird; diejenige Benennungen, welche ihren Ursprung einem grossen Naturkundigen oder Pflanzenkenner zu danken haben, werden wir auch in unserer Muttersprache beybehalten, und bey dieser Gelegenheit eine kurze Lebensgeschichte dieser Männer, nebst einer Meldung ihrer vornehmsten Schriften, beyfügen.

Wir wissen zwar wohl, daß schon die meiste Theile unsers Plans von grossen und verdienten Männern bearbeitet sind; wir wissen, daß Herr Prof. Dietrich in Erfurt das ganze Pflanzenreich nach der systematischen Ordnung des Ritters von Linne in deutscher Sprache geliefert hat; allein da wir nicht nur auf das Systematische, nicht nur auf die Ordnung des Ritters von Linne, sondern auch auf die Kunstwörter, auf die Lehrarten anderer Pflanzenkenner, auf ihre unterschiedene Benennungen, auf die Uebereinstimmung derselben unter einander, auch auf die Namen, welche die Gewächse in dem gemeinen Leben haben; nicht nur auf die Kräuterkunde an sich, sondern auch auf die Hauswirthschaft, und Arzneykunst unser Absehen gerichtet haben, so hoffen wir durch diese Vereinigung der Welt keinen unangenehmen Dienst zu erweisen.

Die Verlags-Kosten werden von uns selbsten übernommen, und der erste Theil dieses Werkes an diejenige, so von dato bis Ende dieses Jahres 2. fl. Reichs-Münze voraus entrichten, auf Ostern 1772. ohne weitere Nachzahlung pünktlich ausgeliefert, bey Empfang des ersten werden wieder 2. fl. auf den 2ten und letzten Band, der 6. Monath darauf fertig erscheinen soll, angenommen, wer aber den Weg des Vorschusses nicht einschlagen will, zahlt jeden fertigen Theil alsdann mit 2. fl. 45. kr.

Gönner und Freunde, so diese billige Bedingnisse goutiren, können sich bey dem Kaiserl. Reichs-Oberpost-Zeitungs-Expeditions-Amt zu Regenspurg melden, und die Pränumerationsgebühren an dasselbe einsenden.

Artic. IX.

Vermischte Nachrichten.

a) In der Nachbarschaft von Marseille befindet sich ein Knabe, der die besondere, und so zu sagen eingebohrne Fähigkeit besitzet, allenthalben, wo Wasser unter der Erde befindlich, es sogleich zu entdecken. Man hat verschiedene Versuche mit ihm angestellet, und er hat sich nie geirret. Man grub eine Tonne Wasser tief in die Erde, und ließ die Erde auf allen Seiten eben machen; man führte ihn, wie von ungefehr in diese Gegend, und wie er an den Platz kam, blieb er wie ein Spurhund gerade über der Wassertonne stehen. Es ist schwer, die Ursache dieser besondern Fähigkeit des Knaben zu ergründen, indem er, wie es scheint, hierinn nach einem blinden Instinct handelt. *

* Findet sich hier Landes ein derley Brunnen-Kenner, so wollen wir ihn bekannt machen. —

b) In Smirna und dasiger Gegend wüthet die Pest noch immer auf das grausamste; binnen 4. Tagen sind an einem Orte 400 Einwohner dahin gerast worden. Die meisten Türken und andere Einwohner zu Smirna sind bereits an der Pest gestorben, die übrig gebliebenen haben sich anderwärts hinbegeben, diesem Uebel zu entfliehen. Der allda residirende holländische General-Consul hat sich, wie auch die übrigen Consuls und der türkische Commandant gethan, auf das Land begeben, wo sie den Bericht erhalten, daß aus Mangel der Leute die todten Körper in den Häusern und auf den Strassen der Stadt unbegraben liegen bleiben; mit einen Worte, die Noth und das Elend in dieser Stadt sey unbeschreiblich, und so, daß es ohne Exempel sey.

c) Zu Paris hat der Abbee Delepee seit einiger Zeit eine neue Schule für Taube und Stumme errichtet, und ist auch in seinem Unterrichte so glücklich gewesen, daß er bereits 30. dergleichen unglückliche Personen dahin gebracht, daß sie vier verschiedene Sprachen mit Fertigkeit reden können. Er hat erst kürzlich in Beyseyn vieler Personen, eine öffentliche Probe mit einigen seiner Schüler abgeleget.

d) In Irland ist die löbliche Gewohnheit, sich zu Duelliren, so gemein geworden, daß sich neulich zu Dublin ein Schuflicker, Namens Carr, und ein Barbier, mit Namen Kelly, miteinander herumgeschossen. Es waren aber die Secundanten so vorsichtig gewesen, die Pistolen nur mit Pulver zu laden, und also kamen beyde Helden mit ganzer Haut davon. Nun muß das Duelliren doch wohl aus der Mode kommen, da es bis zu den Schuflickern und Bartscherern herab gesunken ist: anderer Orten wird mit Haselstecken oder mit drockenen Fäusten gefochten: und die Frauen Duelliren mit Haarlocken und Handschuhen. Wie es in der Mode immer was neues giebt. —

Artic. X.

Etwas zum guten Geschmack und zwar des Frauenzimmers.

Das Glücke durch die Erziehung: in dem Bild der Theodora von Proba.

Unter den bildenden Händen, und dem sorgenden Geiste ihrer rechtschaffenen Aeltern war Theodora schon ein Muster einer tugendhaften Jungfer. Mit vieler Geschicklichkeit wußte sie einem angenehmen und artigen Umgang mit der Welt mit einer reinen, ungeheuchelten Gottesfurcht und Frömmigkeit, ohne den geringsten Uebelstand, genau zu verbinden. Dieses und ihre wohlgebildete Gestalt, ohne Schminke, erwarb ihr viele Liebhaber. Ihre vernünftige Aeltern liessen ihr freye Wahl, weil sie bemerkten, daß Theodora ihre eigene sowohl, als ihrer Liebhaber Gemüthsart sehr genau untersuchte. Sie sah zwar gerne, daß man sie verehrte; allein die Narren, welche um sie seufzeten, liebäugelten, lächelten, tanzten, schmäuchelten und ihr flatirten, ließ sie gänzlich und mit Verachtung fahren. Nur derjenige, der ihr seine Zärtlichkeit recht bescheiden widmete, und ihr am wenigsten schmäuchelte, erwarb ihre Gunst: und sie achtete diesen ihren Liebhaber nur deßwegen hoch, weil er es redlich meynte, und sie begegnete ihm so, wie es ein Mann, der Tugend, Wahrheit, und Ehre liebt, verdienet. Sie vergalt seine ungescheuete Redlichkeit mit einer treuen Liebe, und heurathete diesen redlichen Freund, der ihr sein Herz mit so vieler Aufrichtigkeit angetragen und gezeigt hatte. War sie vorhin ein Muster einer tugendhaften Jungfer; so war sie jetzt noch ein besseres Beyspiel aller jungen Ehefrauen. Sie und ihr Mann gründeten ihre Glückseligkeit auf eine ununterbrochene zärtliche Freundschaft und Eintracht; und sie wußten, daß die Liebe nicht bloß eine sinnliche Leidenschaft seyn darf, wenn sie dauerhaft seyn soll. Sie bemühete sich mit allem Eifer, ihm das Vergnügen zu gewähren, das in ihrer Macht stund, um ihm je mehr und mehr zu gefallen, und das Band, welches sie beyde vereinigte, immer vester zu knüpfen.

Die stärksten Waffen, womit sie das Herz ihres Freundes gefangen hielt, waren ein holdes Lächeln, und ein sittsames Wesen, das stets in ihrem Betragen herrschte. Immer bezeigte sich dieses Ehepaar gegen einander liebreich, munter und artig, und verletzten nie denjenigen Wohlstand, der so besonders auf das menschliche Herz wirket. Wollte er sich übereilen, so erhielt sie durch ein ungezwungenes Stillschweigen den Sieg über ihn, und räumte sorgfältig alles Mißvergnügen aus dem Wege, um sein Herz nicht zu bekümmern. Denn sie suchte kein Vergnügen in seiner Quaal, ungeachtet sie von andern Frauen gehöret hatte, daß es ein ganz besonderes Vergnügen sey, und eine süsse Kunst, den Mann sinnreich zu quälen. Sie wußte, daß dieser Sieg niederträchtig, und dieser Ruhm von kurzer Dauer sey, und sah jene mit Entsetzen für ihr Vergnügen büßen. Ihre Kleidung, ihre Blicke, ihre Worte, alle ihre Handlungen richtete sie nach seinem Geschmack ein. Besorgte er die Geschäfte seines Standes und Amts, so war sie unermüdet, ihr Hauswesen ordentlich und regelmäßig einzurichten, ohne sich in seine Geschäfte einzumischen, und ihm darinn Unordnung und Verwirrung zu verursachen. Bey ungefehr zustossenden Verdrießlichkeiten, wußte sie mit dem Balsam ihrer zärtlichen Liebe alle Schwermüthigkeiten aus seinem Gemüthe zu verscheuchen. Er erkannte die Schönheit ihrer Seele, und sie gewann doppelt dabey. Sie empfieng ihn stets mit holden Blicken, und hütete sich, daß er sie nie anders als aufgeräumt sah, und niemals etwas Verdrießliches aus ihrem Munde hörte. Sie war stolz auf den guten Character ihres Mannes, und glaubte aus zärtlicher aber gerechter Einfalt, daß er seines gleichen nicht haben könnte. Seine Hochachtung war für sie von grösserer Wichtigkeit, als die Hochachtung der ganzen Welt, und alle ihre Glückseligkeit hieng allein von seiner Liebe ab. Hieraus entsprang ihr der Nutzen einer wahren Zufriedenheit und einer guten Ehe. Denen Kindern, so sie zeugten, suchten sie mit vereinigten Kräften die Grundsätze des Christenthums einzupflanzen, und ihnen eine anständige Lebensart mit guten Sitten beyzubringen, wobey immer ihr Beyspiel in den zarten Gemüthern das Beste wirkte: daraus floß die schöne Freude, eines nach dem andern wohl versorgt zu sehen, und jedermann lächelte über die gründliche Wahrheit ihres Glücks. Doch bald hätte ich ihres thätigen Mitleids gegen die Armen vergessen. Nie ließ sie einen Betrangten und Elenden hilflos von sich. Oftmals war ihre freundliche Leutseligkeit, mit der sie ihre Gabe reichte, schon ein süsses Labsal für den Armen; und Freudenthränen waren öfters der Dank für ihre Milde. So endigte Theodora ihr rühmliches Leben in einem Alter von 60. Jahren, in den Armen ihres treuen Gemahls, welcher nach einer kurzen Zeit, ganz gelassen in sich selbst gekehrt, ihr nachfolgte, und ihr im Grabe beygesellet ward. Jedermann, ja die ganze Stadt, rief mit einmüthiger Stimme eine gerechte Klage über den Verlurst zweyer tugendhaften, die durch ihr edles Verhalten ein Muster guter Ehen gegeben und die bey dem gesitteten Theil dadurch unsterblich geworden sind:

J. F. Pauer.

Die Habsucht ist ein unheilbares Laster,
Dafür hilft weder Saft, noch Mithridat, noch Pflaster.
Sie frißt sichs Herze ab, wird nie vergnügt, noch satt,
Weil sie der andern Gut nicht all's beysammen hat.

L'Esope.

Churbaierisches Intelligenzblatt

Num. XXIII.

München den 11. October 1771.

Artic. I.

a) Churfürstlich gnädigste Resolution: die angesperte Getreidzufuhr nach Regensburg betreffend. Datiert den 20. August 1771.

Maximilian Joseph, Churfürst. rc.

Wir haben denen von Regensburg gnädigst bewilliget, zu deren eigenen Consumtion monathlich Eintausend Münchner Schäffel allerley Getreid in unseren Landen allenthalben; nämlich: nicht nur auf den Schrannen und Wochenmärkten, dann bey den gefreyten Orten, sondern auch bey den Pfarrhöfen, und Unterthans-Häusern aufkaufen, und sich diesen Betrag durch unsere Unterthanen sowohl, als eigene ihre Fuhren liefern zu lassen.

Befehlen euch demnach, denenselben an sothanen verwilligten Getreid-Kauf, auf jedesmalige Vorzeigung gewöhnlicher Bürger-Polleten, welche von Unserem Hauptmauthsamte in Regensburg recognosciret, und contrasigniret seyn müssen, keinen Einhalt zu erzeigen: und sind rc. München den 20. August 1771.

Ex Commissione Seren. Dni. Dni. Ducis & Electoris Speciali. (L.S.)

An die Churfürstl. Regierungen Landshut und Straubing also abgangen.

b) Patent: Nachtrag und Erläuterung wegen Freypaßirung der auswärtigen Gilt- und Zehendgetreider. Datiert den 25. September 1771.

Nachdem Se. Churfürstl. Durchlaucht in Baiern, unser gnädigster Herr Herr, über die unterm 6ten August, wegen Paßirung der auswärtigen Gilt- und Zehendgetreider ergangene Verordnung, vermög der von einer gnädigst angeordneten geheimen Hof-Commißion unterm 17. Currentis anher erfolgten Signation, noch weiters nachgetragen: und erläutert wissen wollen: wasmassen obverstandene gnädigste Bewilligung eigentlich dahin abzielet, daß zwar all dergleichen Gilt- und Zehendgetreider, sie mögen hernach im Sommer, oder Winterlichen bestehen, unhinderlich ausgefolgt; jedoch solche allwegen vorgängig ausgedroschen, und hinnach nebst dem etwa mithinausführen wollenden Geströhe von dem Winterlichen in Schöbern, und den Sommerlichen Fuder weis, ordentlich und separirter angezeigt werden sollen, um hiernach den erfoderlichen Paß aussertigen lassen zu können. Als wird ein solches mittels gegenwärtigen Circular-Patent, den sämmtlich baierischen und oberpfälzischen Gränz-Mauthämtern zu ihrer genauen Darobhaltung und neben bey zu dem Ende hiemit kund gethan, damit man sich auch von Seite der auswärtigen-Zehend-Herren hiernach zu regulieren wissen; sohin an Ueberkommung sothaner Getreider durch Mißdeutung berührter Stelle nicht etwan selbsten verzögerlich, oder hinderlich seyn möge, einfolglich inzwischen die Pässe für die heurigen Dienst- oder Giltgetreider hiedurch nicht abgehalten werden. Mehrbesagt churfürstl. Gränz-Mauthämter haben sich also hiernach gehorsamst zu achten, und damit sich, dieses gnädigst beangenehmten Nachtragshalber, keine Station einer Unwissenheit entschuldigen könne, so will man beynebens dieses Patent jeden Orts unterschriebener wieder zurück erwarten. München den 25. September 1771.

Von dem Churfürstl. Cameral-Mauth-Directorio: An die auch Churfürstl. sämmtlich baierischen und oberpfälzischen Gränz-Mauthämter also abgangen.

Joseph Pindl, Churf. würkl. Hofkammer- und Mauth-Directorial Secretarius.

Artic. II.

Feilschaften.

a) Joseph Gröbel, Weinschreiber allhier in München hat 80. Stücke Schmalhäute, das Paar a 5. fl. zu verkaufen, welche er dem Publiko hiemit feil biethet.

b) Die Sebastian Pichlerische Erben in München, biethen einem hieländischen Publiko 130. Centner Leinöl feil, den Centner a 25. fl.

Artic. III.

AVERTISSEMENT.

Vermög einer vom Churfürstl. hochlöbl. Cameral-Mauth-Directorio München unterm 11. September dieß Jahrs ausgefertigten gnädigsten Resolution, ist auf des bürgerlichen Magistrats zu Stadt Eschenbach in der obern Pfalz unterthänigstes Anlangen, gnädigst bewilliget worden, daß der bisher alle Mittwoche alldort gewöhnlich abgehaltene Wochen- und Viehmarkt, zu sicherer Emporbringung und Verbesserung des dortigen Nahrungsstandes, künftighin am Samstage in gemeldter Stadt Eschenbach gehalten werden soll. So hiemit dem Publiko bekannt gemacht wird.

Artic. V.

Handlungs-Nachrichten.

a) Vermöge eines Arrets des königlichen Staatsraths zu Paris vom 11ten September sollen von allen gedruckten Büchern, sie mögen gebunden, oder ungebunden seyn, die von aussen ins Reich kommen, vom Centner 60. Livres an Eingangs-Rechten bezahlet werden.

b) In Dännemark ist der Zoll von der in des Königs deutschen Staaten fabricirten Waaren, die in die Königreiche eingeführet werden, auf 7 ½. vom Hundert herunter gesetzt worden.

Artic. VI.

Nachrichten für die Policey.

a) Von Rom aus kann man die Noth und den Mangel, in welchem sich die Landleute dasiger Gegenden befinden, nicht genug beschreiben. Der Getreidvorrath ist von dem römischen Kornamte überall aufgekauft worden, und das zu einem geringen Preis, wie es das Amt selbst taxiret hat: Und nun wird es um einen Preis verkauft, welchen der Mittel- und

der

der geringe Mann nicht erschwingen kann. Der arme Landmann, welcher im vorigen Jahre von dem Amte Vorschuß erhalten, soll diesen gewöhnlicher massen jetzt auch ersetzen. Von Menschenliebe für diese Elende gerührt, haben Se. päbstl. Heiligkeit verordnet, daß sie in diesem Jahre nur die Hälfte des empfangenen Vorschusses, und die andere Hälfte nach der Aerndte künftigen Jahres ersetzen sollen. Es ist in Italien die Aerndte gesegnet (nur dem Nimmersatt und Wucher nicht reichlich genug) ausgefallen; man schreibt den Vorrath auf, man schätzet den Preis, speichert Magazine auf, und anstatt, daß die Einwohner den Segen geniessen sollten, leiden sie Mangel. —

b) Zu Stockholm wird eine Gesellschaft zur Verbesserung und ernstlichen Ausübung des wahren Christenthums errichtet, davon bey dem auf jetzigen Reichstag versammelten Priesterstande die Anzeige geschehen, und dieser Schritt von denselben mit Wohlgefallen angesehen worden. *

* Das wäre also ungefähr eine Bruderschaft von der praktischen Christenlehre, dergleichen an vielen Orten noch mangelt: ob es schon der Bruderschaften sonst genug hat. —

c) Zu Wien ist von einem erzbischöflichen Consistorio allen Bruderschaften angedeutet worden, daß sie alle Jahre Rechnung ablegen, und den Ueberschuß, der ihnen über die gewöhnlichen Ausgaben verbleibet, zu Handen des ersagten Consistorii erlegen sollen, wovon ein Fundus zu besserer Belehrung der Jugend in den Schulen errichtet werden soll.

d) Kopenhagen den 7. September. Der Professor Basedow, dem von dem Fürsten zu Anhalt Dessau der Antrag geschehen, das Schulwesen in dessen Landen auf einen bessern Fuß zu setzen, hat zu dem Ende von dem Könige die gesuchte Erlaubniß erhalten, ein Jahr ausserhalb der königlichen Lande zubringen zu dörfen. *

* Ja! — aber, wenn wird sein Elementar-Buch gar fertig werden? —

e) Vermöge eines Schreibens von der böhmischen Gränze vom 27ten September, ist in dem Königreich Böhmen eine allerhöchste Kaiserl. Königliche Verordnung ergangen, Kraft deren das Militaire die Anbefehlung hat, aller Orten eine unpartheyische scharfe Stadel-Visitation vorzunehmen, und sodann eine ordentliche Beschreibung zu verfassen, wieviel jedes Kloster, Pfarrer, Herrschaft, und Unterthan, von allen Sorten Getreids, an Schöbern anheuer eingefechset hat. Nach diesem solle z. E. einer- oder ein halber Schober von jeder Sorte Getreides in Beyseyn der Miliz ausgedroschen, das Maaß der hieraus erhaltenen Körner aufgezeichnet, und alsdann die Ausrechnung gemacht werden, was jeder Eigenthümer an Getreide wirklich erbauet hat, davon das benöthigte Saam- und Speisgetreide, nebst einem halbjährigen Vorrathe abgezogen, das übrige aber, als ein Landesvorrath aufgezeichnet wird.

f) Ueber die in unserm heurigen Blättern N. X. pag. 122. eingerückte Frage einer betagten Person: *Zu was für einem allgemeinen nützlichen Gebrauche sie ihr gar ansehnliches Vermögen vermachen soll?* hat uns ein unbekannter Freund folgende Gedanken zugesendet, welche ihres wohlgefaßten Innhaltswegen hier einen Platz verdienen.

„Mit Stipendien, Convictorien, Realschulen und dergleichen guten Einrichtungen, ist es in unsern Zeiten schon ziemlich weit gekommen, so, daß dieses Fach der Versorgung gegen andere, fast wollte ich sagen, noch nothwendiger, ganz besonders, bedacht worden.

Schon öfters habe ich bey mir überdacht, warum nicht auf solche Arme gesehen wird, die Stand und Geburt zwingt, sich so lange des Bettelns zu enthalten, als sie können; mittlerweile aber samt den Ihrigen das kummervolleste Leben führen. Ich meyne die sogenannte Hausarmen im hohen und niedern Stande.

Was ist wohl elenders anzusehen, als eine Wittwe, welcher ihr verstorbener Mann nichts hinterläßt, und die noch für die Erziehung und den Unterhalt vieler Kinder sorgen muß? so viele Millionen Seufzer eine so Unglückliche gegen dem Himmel in ihrer Bedrängniß geschickt; so vielfachen Dank würde sie einer solchen Person haben, wenn diese durch einen anzulegenden Fond, die Stifterinn zu einer Wittwen-Casse würde.

Zwar sind dergleichen zur Ehre der Menschlichkeit und unserer aufgeklärten Zeiten, schon wirklich vorhanden; und hat von allen die in den Churfürstlich Hannöverischen Landen zu Calenberg, vor einigen Jahren errichtete Wittwenverpflegungs-Gesellschaft den Rang; allein es wäre doch zu wünschen, daß dergleichen Veranstaltungen noch häufiger wären.

Noch bejammernswürdiger aber sind Kinder, welche in der Jugend ihre Aeltern einbüssen, und deren sich so zu reden kein Mensch annimmt.

Wie preiswürdig müßte es seyn, wenn man durch Herbeyschießung eines ansehnlichen Capitals zu Anlegung einer Waisen-Casse die Veranstaltung machte.

Gemeiniglich erhält ein jedes Kind ein Pathengeschenk. Könnten die Eltern solches Geld besser anwenden, als ihr Kind sofort in die Waysen-Casse zu kaufen? ganz arme Eltern, dürften soviel zusammen betheln, um ihre Kinder einkaufen zu können.

Eine weitere Art die Glückseligkeit des Menschen auf eine ergiebige Weise zu befördern, wäre eine Leib-Renten-Casse, in welche sich jedermann, so wie nur einige bey Stiftern und Canonicaten, ein kaufen könnte.

Ich setze bey allen diesen Vorschlägen voraus, daß ein richtiger Plan müßte verfaßt werden, welchen vorzulegen es wenig Zeit sollte kosten.

Neben diesem müßte auf die gänzliche Sicherheit einer Casse gesehen werden, und nicht anders zu errichten seyn, als in einem Lande, wo die ganze Landschaft die Gewährleistung auf beständig nähme, und die Landes-Einkünfte zum Unterpfand verhypothecirt wären.

Sollten meine gethane drey Vorschläge über kurz oder lang in die Erfüllung kommen, so stelle ich mir Vater, Mutter, und Kinder vor, die alle sich in diese Cassen, nach dem Verhältniß ihres Vermögens eingekauft.

Wie glücklich und zufrieden kann ein solches Geschlecht leben, da die Aussicht auf künftige Zeiten ihnen nicht bange machet.

Ein Mann dienet und ernährt sich, seine Frau und Kinder. Er stirbt. Die Wittwe genießt ihren Wittwen-Gehalt. Die Kinder werden durch Einbüssung ihrer Mutter endlich gar zu Waysen: sie erhalten ihren Theil aus der Waysen-Casse.

Ein Fall ist noch übrig, der Mann als Haupt dieses Geschlechts, kommt durch Krankheit, oder andere Umstände in die leidige Verfassung nicht mehr dienen zu können, und den Seinigen Brod zu schaffen; hat er sich in eine Leib-Renten-Casse gekauft, so bekommt er auch da Hilfsmittel.

Wie kann also ein Geld besser angewendet werden, als zu solchen Absichten? und wenn die so großmüthige Person durch ihr Vermögen, den Fond nur zu einer solchen, in Wahrheit wohlthätigen Casse stiftet, so muß ihr das ein ganz unaussprechliches, und beynahe himmlisches Vergnügen verursachen, wenn sie voraus sieht, wie viele Personen und Geschlechter sie in das unendliche hinaus zu frieden macht. „Was gehet wohl in der Welt über das Bewußt seyn Wohlthaten erzeugt zu haben?„ L.

Artic. VII.

Fortsetzung der im vorigen Blatte abgebrochenen Abhandlung von der Hornviehseuche, und den Mitteln dagegen.

Manchmal stecket es die Brust mehr an, und machet einen schweren, und ängstigen Athem, ein Rasseln und heftiges Husten; daher hat man bey dem todten Viehe die Lungenflügel von einem entzündeten brandigen Geblüte angefüllet befunden. Ferners hat auch diese Krankheit bisweilen die Eingeweide des Bauches, und unter demselben sonderbar die Leber, oder das Milz entzündet, zu welchen sich bey einigen ein Durchfall, bey andern eine Verstopfung des Leibs geschlagen hat; dahero ist bey einigen die Gallenblase einigermaßen groß, und mit einer wässerichten Galle angefüllet, bey andern aber schlapp zusammen gefallen, und größtenstheils leer, auch die Galle schleimig und zähe befunden worden.

Zwey-

Zweyte Abtheilung.

Fernere Kennzeichen der Viehkrankheiten.

Daß die Hauptkrankheit in einem hitzigen Fieber bestehe, ist desto gewißer, da einige ganz genau beobachtet haben, daß der Anfall der Krankheit mit einem Schaudern und Zittern, besonders an den hintern Füssen sich zeige, wobey die Haare sich aufborsten, die Hörner, und bey dem Kühevieh die Zapfen an dem Eyter beständig, oder wechselweis kalt sind, auf welches (sonderbar, wenn das Viehe im Stalle warm gehalten wird) ein ganzen Leib, und besonders am untern Theile der Hörner nahe bey dem Kopf ein merkliche Hitze, und auf diese ein Schweiß erfolget. Dieses kann auch von denen, die es beobachten wollen, aus einem stärkern und schnelleren Schlag der Pulsadern am Halse wahrgenommen worden.

Weiters bemerket man auch bey dem erkrankten Viehe einen heftigen Durst, die Zunge ist bey einigen aufgeschwollen, und mit Schleime überzogen, öfters trocken, rauhe und im Grunde mehr oder weniger entzündet, der Athem stinket. Das Vieh ist furchtsam, hat allen Lust zum Futter verlohren, und widerkauet wenig, oder gar nicht. Es läßt die Ohren, und den Kopf hangen: es schüttelt denselben öfters, es fällt nieder, und da man selbes aufrichten will, kann es nicht stehen; bey Kühheviehe wird das Eyter schlapp, die Milch verliehret sich, oder wird bisweilen dick und zähe.

Dritte Abtheilung.

Was bey einer grassirenden Viehseuche zu beobachten.

Zwey Stücke erscheinen erfoderlich zu seyn bey einer grassirenden Viehseuche: Erstens, daß das noch gesunde Viehe präserviret, und gerettet, zweytens, daß das schon wirklich erkrankte wiederum gesund hergestellt werde.

Man soll demnach jederzeit sorgfältig dahin trachten, daß einer so schädlichen Seuche vorgebogen, und wenn schon wirklich eine verspühret wird, solche sobald möglichst getilget werde, damit nicht auch benachbarte Oerter hievon zum größten Nachtheil des Publici ergriffen, und angestecket werden.

Die Bewahrung von einer bösen Seuche bestehet in diesem, daß die für das Viehe bestellte Leute, soviel möglich ist, trachten sollen, dem Viehe gutes Bach- oder Flußwasser zu geben, dahero das Viehe, so viel es sich nur thun läßt, stillstehendes Wasser zu trinken abgehalten werden solle: weil dergleichen Wasser zur Fäulniß die Körper des Viehes bereiten, und faule Fieber, das ist, dergleichen Seuche verursachen. Bey wirklich grassirenden Viehkrankheiten ist wohl zu beobachten:

Erstens, daß gesunde Viehe solle von der Weyde, Wasser, Heu, Stroh, und allem Hausrath, so dem kranken Viehe schon zum Gebrauch diente, abgehalten werden.

Zweytens, dem gesunden Viehe muß alle Gemeinschaft mit dem kranken sorgfältig benommen, auch müssen die Leute und Thiere, die bey dem kranken waren, niemals zu dem gesunden gelassen, sondern sehr weit davon abgesöndert werden.

Drittens, die Krippen und Vieheställe müssen sehr reinlich gehalten, und fleißig von allem Unrath gesäubert werden.

Viertens, es ist durch vielmalige Erfahrung bekannt, daß zur Bewahrung des gesunden Viehes, damit es nicht erkranke, und angesteckt werde, nichts Vortreflichers seye, (von welchem die berühmteste Schriftsteller, als Ramazin, und Lancisius in Welschland, dann Friederich Hofmann in Deutschland können nachgeschlagen werden) als das Ziehen der sogenannten Haarschnur; die Ursach hievon ist, daß die böse ansteckende Feuchtigkeit (Materia) auf diese Weise sich in dem Körper nicht fest setzen kann, sondern durch diese Oeffnung von dem Blut abgesöndert wird. Eben darum ist auch sehr vorträglich, wenn das Viehe täglich fleißig gestriegelt, und gerieben wird, um die so nothwendige, und ansonst gleich zurückgehende Ausdünstungen (Transpiratio) zu befördern. Wenn die Vieheseuche in einer Gegend einmal um sich gegriffen hat, so ist es entweder sehr schwer, sie zu dämpfen, oder gar nicht möglich; denn da die Arzneyen gegen ihre Heftigkeit wegen Kürze der Zeit gar wenig vermögen, so muß man aufrichtig gestehen, daß man sich auf jene nicht gar zu grosse Hoffnung machen könne. Es wäre auch zu wünschen, daß man statt vieler hitzigen und sehr schädlichen Mitteln zum wenigsten nur dem Viehe solche unschuldige Arzneyen eingäbe, welche gewiß weniger Vieh, das von der Seuche ergriffen ist, wegraffen würde.

Das meiste, was man mit einer guten Wirkung hin und wieder noch genutzet hat, und mit einem gleichen Erfolg nutzen kann, und soll, bestehet darinn, daß man seine Sorgfalt auf solche Anstalten richte, welche im Stande sind, diesem grossen Uebel, soviel nur immer möglich, Einhalt zu thun, damit die Seuche für das Künftige nicht wieder eindringen, und aus Nachläßigkeit zum größten Nachtheil des Landmannes befördert werde.

Vierte Abtheilung.

Ursachen der Viehekrankheiten.

Was die Ursache der Contagion, oder Ansteckung des Viehes anbelanget, so ist hiebey voraus zu setzen (wie es auch an sich gewiß ist) daß das gesunde Rindviehe von dem Gift der Seuche insgemein durch die Nase, und das Maul angestecket werde.

Am ersten und geschwindesten geschieht das Anstecken durch das Athem hollen, da das feine und flüchtige Gift zugleich zu der Lunge, und dem Blut selbst eindringet, von da es weiter in alle körperliche, flüßige, und feste Theile verbreitet wird, so verursachet es die heftigste Entzündung, Fäulniß, den heißen und kalten Brand.

Dringet aber dieses höchst wirksame Gift vornehmlich durch das Maul, Rachen, und Schlund in den Magen, so ist gleich der Speichel nebst all den übrigen Säften der Drüsen, die zur Befeuchtung dieser Theile, und zur Vermischung und Auflösung des Futters dienen sollen, dadurch auf einmal verdorben; da nun diese Säfte sich mit dem Futter nothwendig vermischen, und sich mit demselbigen im Magen befinden, so stecken sie alle übrige eben so geschwind an, als sie die Gedärme selbst angreiffen.

Fünfte Abtheilung.

Heilungsart der Viehseuche.

Um nun diese ansteckende Viehseuche zu heilen, so ist dahin zu trachten, daß man suche dieses Gift so geschwind, als möglich, aus dem Blute und ganzen Körper auszuführen, oder wenigst doch nach ander solchen Theilen hinzubringen, wo es weniger schädlich seyn kann.

Zu Erreichung dieser Absichten werden zum Theil der Fäulniß widerstehende, und ganz gelind abführende Mittel erfodert, zum Theil andere, die die bößartige Materie gegen die Oberfläche und die äussere Theile des Körpers abführen, deren die letztere sonders bestehen in dem Haarseile, wie schon oben gemeldet worden.

Man hat kein Beyspiel, daß zu Pestzeiten diejenige davon sind angegriffen worden, welche Fontanellen, Wunden, oder alte Geschwäre gehabt, ob sie gleich an Orten gewohnet, wo die Pest grassirte. Weil nun die Erfahrung bewiesen hat, daß diese zu rechter Zeit gemachte Fontanellen das kranke Vieh geheilet haben; was kann man nicht davon erwarten, wenn man sich ihrer, als eines Verwahrungsmittel bedienet. Es werden aber die Fontanellen oder Einschnitt folgendermassen gemachet.

Man muß nämlich die Haut, welche unter dem Halse des Hornviehes hanget, mit einer grossen stählernen Nadel durchstechen, worinn ein kleines Stricklein eingefädelt ist.

Man muß dieses Stricklein mit Baumöl bestreichen, dann des Tags zwey- oder dreymal in dem Einschnitt hin- und her ziehen, und also viele Tage ja Wochen damit fortfahren; und versichert uns der grosse Frieterich Hofmann in seinen Consiliis, daß kein Vieh umgefallen sey, bey dem man diesen Einschnitt bey Zeiten vorgenommen hat.

Das Haarseil soll nicht allein am Halse, sondern auch an beyden hintern Füßen nahe am After gesetzet werden, und ist dieses bey einem angesteckten Viehe desto nothwendiger, weil einige bemerket haben, daß bey den wieder genesenden an dem vordern, und hintern Füßen geschwülste sich äußern, und welches schäbicht wird, und die Haare fallen läßt, mithin also dieser Umstand zu erkennen giebt, daß die Natur selbst, wenn sie kräftig genug ist, oder gestärket wird, durch Austreibung der bösen Feuchtigkeiten von innen nach außen sich helfe.

(Die Forsetzung folgt.)

Artic. VIII.

Von gelehrten Sachen.

a) Bey Maximilian Hagen Stadt- und Landschafts-Buchdrucker zu Landshut ist zu haben: Quæstiones Codicis Juris Bavarici Judiciarii, cum Notis & Supplementis. Allen und jeden Churfürstl. und Landständischen Stadt- und Marktsobrigkeiten, Procuratoribus, Repetitoribus, auch Practicis, und jener, so bey Gerichtern in Civil-Processen hangen, oder wider Verhoffen darein gerathen, zum ersprießlichsten Nutzen und leichtesten Begrif, von F. B. M. Wagner. 8. 1771. 2. Alphabet stark.

b) Bey dem goldenen Almosen: oder katechetischen Bibliothek allhier in München, ist ein neues gemeinnützliches Werk erschienen, unter dem Titel: Lehrreiche Gedanken mit kleinen Begebenheiten, zur Bildung eines edlen Herzens in der Jugend: von R. P. Mathias Schönberg der Gesellschaft Jesu, 1771. 12. Bogen in Octav. mit dem Motto: Gebet dem Jünglinge alles, nur die Tugend nicht, und ihr werdet nichts zu seinem Glücke gethan haben. * Plato.

* Es erfreuet uns jedesmal, wenn wir von guten Anstalten zur Verbesserung der Erziehung etwas hören; wenn die Erde wohlgepflüget, und zu bereitet wird, worein der evangelische Saamen der heiligen Religion, der Gottesfurcht, und der guten Sitten gestreuet wird, die aufkeimenden Genie als nützliche und würdige Pflanzen des Staats, vor dem schädlichen Reife der Untugenden und jungen Laster zu bewahren: Und, damit wir unser Vergnügen kurz erklären, wenn wir die wirkenden Mittel der Lehrer, die Aufmerksamkeit der Aeltern, und die Lehrbegierde der sittsamen Jugend wahrnehmen, daß es uns wirklich Ernst ist, dem Vaterlande nützliche Bürger zu bilden.

Man weiß, wie die Jugend vom glücklichsten Genie durch ein angenommenes unartiges Wesen, vom falschen Scheine geblendet, hernach im männlichen Alter oft zu den widerwärtigsten unerträglichsten Leuten erwachsen, oder zu den lächerlichsten Phantasten geworden sind. Bey denen, wenn es einmal in der Jugend übersehen worden, man immer Mühe hat, ihren Humor auszubessern; wenigst ihrem versäuerten Gemüths-Character das galligte oder läppische zu benehmen. Obrigkeiten, Vorsteher, Väter, und Ehefrauen werden uns schon verstehen. — Der Author liefert uns sowohl in Absicht auf die erwachsene Jugend, als auf das gesetzte Alter, hiemit ein Buch, welches wir jederzeit, und in mancherley Vorfällen zu Hand nehmen können und sollen: als eine bewährte Arzeney, die Krankheit unserer Leidenschaften am rechten Ort und zu rechter Zeit zu curiren. Denn das Werk ist durchaus unterrichtend: anbey mit so reizenden Zügen, mit solch vortreflichen Beyspielen grosser Geister ausgeschmücket, daß, wer nur ein Gefühl vom Schönen und Nützlichen hat, er es gewiß nicht ohne Rührung, ohne Geschmack durchlesen wird. Unsere Jugend ist durch alberne Gewohnheiten, durch falsche Begriffe und lächerliche Maximen bisher so verdorben worden, daß eben diejenige boßhafte, verkehrte, eigennützige Welt, die wucherischen, falschen, und, mit einem Worte, im Grund und Boden verdorbenen Sitten daher ihren Ursprung haben. Wollen wir aber eine bessere Welt haben, so müßen wir wenigst für die zweyte Generation sorgen. —

Aber auch bey dem Unterricht hat es seine Kunstgriffe: damit derselbe der Jugend nicht eckelhaft werde. „Junge Leute müssen denken lernen (sagt der Author in der törnigten Vorrede) und sie lernen es niemals leichter, niemals begieriger, als durch Beyspiele die ihren Vorwitz reitzen, ohne dieß sind oft die kernhaftesten Lehrsätze, wie eine ungesalzene Speise, wenigst bey der Jugend, welche den inneren Werth eines obschon auserlesensten Denkspruches, zu erwögen sich nicht gerne Mühe giebt. Man muß ihnen also die Grundsätze mit Begebenheiten würzen, und auf so eine Weise muß man ihnen die Gedanken, wie das Brod vorschneiden, damit sie denken lernen." Wir wollen zur Rechtfertigung unserer Anzeige hier ein Paar Proben liefern, und zwar den Verehrern gesunder Begriffe.

"§. 1. Vom Adel. Es giebt Leute, die den Adel verdienen; es giebt andere, die ihn nur erben; und wieder andere, die ihn erben, und zugleich verdienen. Denn, obschon der Adel erblich ist, so sind es doch nicht die Verdienste: die in Ansehung jenes, eben das sind, was der Kern gegen die leere Schaale ist. Lächerlich wäre es also, wenn jemand wegen hoher Ahnen allein sich groß dünken wollte; eben so lächerlich, als es ein junger Stutzer ist, der mit entlehnten Kleidern sich auf der Gasse brüstet, die er doch weder zu bezahlen, noch zu verdienen im Stande ist. — (Giebt es denn keine, die den Adel weder erben noch verdienen? läßt er sich nicht auch erkaufen? —)

"Mir ist mehr daran gelegen, daß ich "gelehrte und geschickte, als daß ich adeliche Leute um mich habe," sagte die einsichtvolle Königinn von Schweden, Christina, diese würdige Tochter des großen Gustav.

Ein junger Mensch bath einst den Antigonus um eine besondere Gnade, weil seine Voraltern sich um das gemeine Wesen besonders verdient gemacht hätten. Antigonus fragte ihn; ob er denn nicht selbst im Stande sey, durch eigene Verdienste sich der gesuchten Gnadenbezeugung fähig zu machen? weil es doch auf einen jungen Menschen sehr übel stunde, wenn er es bloß auf die Verdienste seiner Voraltern wollte ankommen lassen."

§. 2. Vom Alter. Wer gerne eines dauerhaften Alters geniessen will, der muß bey Zeiten anfangen, gleichsam alt zu werden. Und dieß geschieht auch wirklich, wenn man nur bey Zeiten anfängt, die Weisheit zu lernen, und seine bösen Anmuthungen mit allem Ernste zu bezwingen; denn der Sieg über sich selbst, ist das Höchste der Weisheit, wie Diogenes sagt. Ein lasterhaftes Leben aber ist ein frühzeitiges Grab der späten Jahre, und eine traurige Vorspanne des herzu eilenden Todes.

Von dem berühmten Bacon, nachmaligen Kanzler in England, sagt die Geschichte: daß man die Spuren eines ehrwürdigen Alters, die Vorzüge des Schriftstellers, des Philosophen, und des guten Bürgers, schon vor der gewöhnlichen Zeit auf seiner Stirne gelesen, und bey ihm wahrgenommen habe; weil er sich bey guter Zeit, schon in seiner Jugend nämlich, mit allem Ernste um selbe beworben hatte. Die kluge Antwort, die er, als ein Knab, der Königinn Elisabeth gegeben, trift gar wohl zu. Die Königinn fragte den Kleinen, wie alt er wäre? worauf er mit großer Bescheidenheit antwortete: "Mein Leben beträgt zwey Jahre weniger, als die glückliche Regierung Eurer Majestät."

§. 24. Vom Eigennutze. Der Eigennutz ist schier das allgemeine Laster; nicht nur das Laster des Mannes, sondern auch oft schon der noch zarten Jugend; so, daß ein Mensch ohne Eigennutz eine kostbare Seltenheit ist, die alles menschliche Lob weit übersteigt. — Der Eigennutz schleicht sich fast überall in alle Gattung der Dienstbezeugungen unter hundertfältig-geschminkten Vorwande ein, ohne daß er für dieß, was er wirklich ist, will angesehen seyn; und diese knechthafte Leidenschaft, nur diese ist gleichsam die Triebfeder alles Thuns und Lassens. Doch, sie ist es nur bey niederträchtigen Gemüthern, nur bey schwachen Geistern, denen keine Empfehlung gut genug ist, wenn sie nicht handgreiflich ist. Ihr Character bringt es also mit sich, denn

sie

sie sind Geizhälse, kriechende Seelen, schäbigte Leute. —

Der Herzog von Montmorenci gab einst dem Herzoge von Enguien, seinen Neffen, der nachmals unter dem Namen des grossen Condé bekannt wurde, einen Beutel mit hundert Douplonen, die der Prinz zu seinem Vergnügen anwenden sollte. Einige Tage darnach fragte er ihn, was er mit den 100. Douplonen gemacht habe: und der junge Prinz zeigte mit grosser Freude den Beutel, der noch ganz voll war. Der Herzog von Montmorenci nahm ihn alsdann wieder, und warf alles dieß Geld zum Fenster hinaus, mit den Worten: „Lernet mein Vetter, daß ein großer Herr, wie ihr seyd, das Geld nicht so eigennützig lieben muß; ihr hättet Freygebigkeiten damit ausüben können. *

* Aber Freygebigkeiten gegen verdienstvolle Leute, gegen leidende Arbeiter, Künstler, Gelehrte und Verehrer des Vaterlands.

Artic. IX.

Vermischte Nachrichten.

a) London den 13. September. Bey Brampton in Cumberland lebt eine Frau, Margaretha Forster, die 139. Jahre alt ist, und eine Tochter hat, welche bereits ihr 107tes Jahr erreichet hat.

b) Die junge und liebenswürdige Herzoginn von Rochefoucault, welche unlängst im 2:sten Jahre ihres Alters gestorben, wird von Jedermann bedauert. Sie war im Reiten sehr geübt, und liebte die Jagd vorzüglich: und dieß war ihr Unglück. Sie setzte sich zu Liancourt einem ihrer Landgüter auf ein englisches rasches Pferd, welches ausriß, so daß man es auf keine Art und Weise einholen konnte. Man fand endlich am Eingange eines Gebüsches die unglückliche Herzoginn, am Kopfe gefährlich verwundet, auf der Erde liegen. Und ungeachtet sie sogleich trepaniret wurde; so war doch keine Hofnung zur Wiederherstellung. Sie hinterläßt ihrer Schwester, der Herzoginn von Lauraguais 130000. Livres jährlicher Renten, und hätte also Armuthswegen nicht nöthig gehabt, zu sterben. *

* Dieses Unglück kann allen muthigen Damen zur kräftigen Warnung dienen: außer, es kommet das Pariser Project zu Stande: sich der italienischen kleinen grauen Pferde zu bedienen, welche sanft gehen, und viel tragen können. —

c) Es ist seltsam genug, was uns die Erlanger Zeitung auf einen andern Schlag erzählet. Zu London in Oxfortstreet erhiengen sich den 9ten September 2. 00 Kaufmannsprinzeßinnen. Und warum? — Die Ursache ist zwar nicht wichtig, aber bedeutend genug, die sie zu Ausführung dieses Trauerspiels bewegte: Es war ein heftiger Streit über ihren Kopfbutz, den sie des Abends vorher mit einander bekamen. — — Aber lustiger ist eine andere Nachricht, die wir von eben daher haben: Zu Newmarket hat unlängst ein Metzger einem Gärber, der ihm alle seine Häute abgekauft, zuletzt auch seine Frau mit Haut und Haar, das Pfund zu 5½ Pence (beyläufig 13. Kreutzer 2. Pfenning) verkauft. Der Contract wurde von einem öffentlichen Notarius vollzogen, und ein Theil des Kaufschillings deponiret; die Frau aber hatte ihren eigenen Willen und weigerte sich. Nun will der Metzger, nach redlichem Handwerksgebrauch, das einmal eingenommene Geld nicht wieder heraus geben. Es kommt zum Proceß; und dieser lächerliche Rechtshandel wird wohl zu Westmünster anhängig gemacht werden. *

* Wie mancher zahlte die halbe Pence, noch auf das Pfund, um den Bruch ganz zu machen! — Wenn die Sache nur nicht nach Westmünster käme. —

Artic. X.

Etwas zum guten Geschmack für baierische Patrioten.

Unlängst kam uns von unbekannter Hand ein Schreiben zu, worinne der Wunsch geäussert wird, daß doch jeder burgerlichen Gemeinde unsers Vaterlandes, die obere Pfalz mit begriffen, an dem höchsterfreulichen Namensfest unsers Durchläuchtigsten Beherrschers jedes Jahrs ein Freudenfest vergönnet und gehalten, am Vormittag aber unter einem hoch feyerlichen Gottesdienste und Predigt von der Liebe des Vaterlandes, und von der landeskindlichen Liebe gegen den gnädigsten Regenten, dem Allerhöchsten ein Solennes Dank- und Bittopfer von allen treugesinnten Herzen abgestattet werden möge. Wir glauben berechtiget zu seyn, diesem redlichen Wunsche Beyfall zu geben, und sowohl alle hochwürdige Pfarrherren und Zechpröbste, als die Landobrigkeiten im Namen aller Patrioten zu dieser angenehmen Schuldigkeit aufzufodern, ja wir hoffen, daß nebst andern Feyertagen, auch die zween Festtage höchster Landesherrschaft auf die Sonntage verlegt werden; um die Arbeit weniger zu versäumen, und an diesem Tage landeskindliche Freuden, unschuldige Ergötzungen von Jedermann genießen zu dürfen. Ein gerechter Wunsch, der in Erfüllung gehen kann, wenn keine niederträchtige Seele ein Privat-Interesse beflecket! — Laßt uns aber vorläufig aus einem von Treu und Liebe brennenden Herzen die Trostgründe unsers Vergnügens, und unsrer wahren Freude anstimmen:

Singt eurem Herrscher heut, ihr Baiern, meine Brüder!
Bey Seinem Namensfest stimmt Dank- und Freudenlieder!
Jauchzt frohen Dank Ihm zu: Ermuntert eure Pflicht!
Säumt, eure Lieb' und Treu Ihm heut zu weihen, nicht!
Preist Seine Gütigkeit, lobt Seiner Sorgfalt Proben,
Wodurch Er euch versorgt, wenn Noth und Mangel toben.
Da schwebend um uns her des Hungers Elend dräut:
Hat Seine Vorsicht uns dieß Jahr davon befreyt.
Wie sehr war nicht Sein Herz, Sein Vaterherz gerühret;
Als uns des Miswachs Frucht den Mangel zugeführet.
Und Er, der gütige, der mitleidsvolle Fürst,
Dem nur nach wahrem Glück der Unterthanen dürst,
Ruft fremden Vorrath her, und öffnet Seine Schätze,
Und schaft Genügsamkeit durch heilsame Gesetze.
Schaut andre Länder durch, ihr Baiern, und erschreckt,
Was für Verwüstungen der Hunger ausgeheckt;
Wie die Getreidefrucht in Böhmen, Mähren, Sachsen,
In Schwaben, an dem Rhein, der Hofnung ist entwachsen!
Indeß ihr glücklich seyd beym mäßigen Genuß.
Dankts eurem Fürsten stäts! Er folgt des Solons * Schluß:
Nur jener Fürst ist reich, (laßts euch zur Regel dienen!)
Bey dessen Unterthan des Fleißes Früchte grünen;
Wo man dem Mittelstand, dem Bürger viel vergönnt,
Und jede Wissenschaft des Künstlers Arbeit krönt;
Wo überall des Lands gesellschaftlichem Leben,
Bey guter Policey, wird Sicherheit gegeben.
Und dieß gewehret uns des Fürsten weise Macht,
Den unser günstig Glück vom Himmel hat gebracht.
Drum schenkt Ihm euer Herz! und unsre Pflicht zu zeigen,
Laßt uns dankbare Knie in Gottes Hallen beugen!
Fleht für Sein Wohl zu GOtt! der Wunsch steig Himmel an:
Es lebe Baierns Trost in Maximilian!

* Solon, der weise Gesetzgeber, einer von den sieben Weisen im Griechenlande, beschämte die falsche Glückseligkeit der entlehnten Reichthümer des Crösus mit dem Ruhme des Cleobis und Bitons, zweener arbeitsamen und tugendhaften Bürger, als der wahren Zierde des Mittelstandes.

Pro Nota. Dieses gegenwärtigen und nachfolgenden Artikels halber wird hiemit angemerkt, daß der hierinn aufgesetzten Venalienpreise keineswegs als obrigkeitliche Sätze und Taxen der Feilschaften angesehen werden müssen; indem die Käufe und Verkäufe nur, wie sie sich an den Markttagen von selbst anbegeben, zusammengetragen und bekannt gemacht werden.

Preise von allerley Victualien und Getreide, wie sie in nachstehenden Tagen waren.

Namen der Städt u. Märkt.	Tag.	Ochsen-Fleisch.		Rind-Fleisch.		Kalb-Fleisch.		Schaaf-Fleisch.		12. Eyer	Weizen-Bier.		Braun-Bier.		Schmalz	1 kr. semel wiegt.		ein Laib gut Roggen-Brod um	wiegt.			Mittlere Getreid-Preis. Weiz Schäf		Korn Schäf		Gerst Schäf		Hab. Schäf	
	T.	kr	pf	kr	pf	kr	pf	kr	pf	fl.	kr	pf	kr	pf	kr	lo	qu	kr.	tt.	lo	qu	fl.	kr	fl.	kr	fl.	kr	fl.	kr
Abach	12	7	—	—	—	—	—	5	—	15	4	2	3	2	22	4	—	6	1	16	—	21	—	20	—	—	—	—	—
Aichach	16	7	2	6	—	7	—	—	—	15	4	3	3	2	20	3	3	8	1	18	—	24	—	22	30	19	--	7	—
Aibling																													
Abensperg																													
Braunau																													
Boburg	12	—	—	7	—	8	—	6	—	21	4	1	3	3	16	3	—	4	1	4	—	20	—	16	—	13	—	6	—
Camm	5	—	—	6	1	—	—	5	—	12	—	—	—	—	17	2	—	12	2	—	—	18	—	—	—	--	—	—	—
Craiburg																													
Dachau																													
Deggendorf	3	6	1	5	—	6	2	—	—	21	4	1	—	—	17	—	—	—	—	—	—	16	—	14	—	9	—	5	30
Dietfurth	16	7	2	6	2	—	—	6	—	15	4	2	3	3	24	2	2	12	2	4	—	—	—	--	—	—	—	—	—
Dingelfing																													
Dorfen																													
Erding	14	7	—	6	—	5	2	5	—	21	5	1	5	2	17	3	3	5	—	29	—	23	—	23	—	17	—	6	—
Freysing																													
Friedberg	14	7	2	6	—	8	--	6	—	12	5	—	3	2	24	3	2	4	—	23	—	25	—	23	45	17	—	7	30
Fridburg	3	6	—	5	2	5	2	4	2	30	4	1	4	1	16	4	—	5	2	—	—	16	—	14	—	9	—	5	45
Gaisenfeld	7	8	--	7	—	8	--	—	—	15	4	2	3	1	18	4	24	9	3	20	—	19	—	17	—	—	—	—	—
Kelheim	5	7	—	6	—	—	—	5	—	18	4	—	—	—	20	—	—	—	—	—	—	—	—	—	—	—	—	—	—
Kötzting	10	5	2	5	2	6	—	5	—	24	5	—	—	—	16	4	—	10	3	—	—	20	—	15	—	16	—	6	—
Landau																													
Landsperg	31	7	3	6	3	8	—	6	—	15	5	—	4	—	22	4	3	4	—	28	—	18	30	20	—	13	—	—	—
Marquartstein																													
Mühldorf																													
Mainburg																													
Mosburg																													
Neuenötting																													
Neumarkt	7	7	—	6	—	5	2	5	—	24	5	—	3	3	17	5	—	1	—	6	—	20	—	15	—	—	—	—	—
Neustadt																													
Passau	14	5	—	4	2	6	—	4	2	18	4	—	4	—	20	2	-	12	2	16	-	-	-	-	-	-	-	--	-
Pfaffenhofen																													
Pfarrkirchen																													
Plätling																													
Reichenhall																													
Regenspurg																													
Rhain																													
Ried	3	6	2	6	—	6	—	—	—	48	4	2	3	1	19	6	—	12	2	6	—	18	—	16	—	13	30	7	—
Rosenheim	12	7	2	6	—	6	2	—	—	15	5	1	4	—	17	3	—	4	—	18	—	27	—	20	—	17	—	10	20
Rottenburg	2	7	2	6	2	8	—	6	—	18	4	2	3	3	18	4	1	4	1	—	—	17	—	15	—	10	—	6	—
Schärding																													
Schongau																													
Schrobenhausen																													
Stadt am Hof																													
Tölz	1	7	—	6	—	6	—	5	--	18	5	3	4	—	18	—	—	—	—	—	—	—	—	—	—	—	—	—	—
Traunstein	8	6	1	5	2	5	—	4	2	15	4	2	—	—	19	3	1	4	—	29	—	27	—	22	48	—	—	8	—
Trosperg	9	—	—	5	2	6	—	4	2	18	5	—	4	—	16	--	--	—	—	—	—	16	—	14	—	9	—	5	45
Vilshofen	4	6	1	6	—	6	—	5	—	21	4	—	4	—	20	4	1	6	1	12	—	19	—	14	24	—	—	—	—
Wasserburg	10	7	—	6	—	5	2	—	—	18	4	2	3	3	16	3	—	[illegible]	1	23	—	24	36	15	30	—	—	7	30
Weilheim																													
Zwiesel	6	—	—	5	2	6	—	5	2	24	4	—	—	—	16	4	—	12	2	4	--	20	—	16	—	—	—	—	—

 Preise von allerley Venalien und Victualien, wie sie im Monath Sept. gestanden.

Venalien und Victualien.	Zahl Maß u. Gewicht.	München d. 28. Sept.			Landshut d. 19 Sept.			Straubing d. 14. Sept.			Burghaus. d. 25. Sept.			Ingolstadt. d. 14. Sept.			Amberg d. 7. Sept.		
		fl.	kr.	d.	fl.	kr.	d.	fl.	kr.	d.	fl.	kr.	d.	fl.	kr.	d.	fl.	kr.	d.
Waizen mittler Preis.	1. Schäf.	23	30	—	21	—	—	18	30	—	—	—	—	23	30	—	—	—	—
Korn mittlere Preis.	1. Schäf.	22	30	—	21	—	—	19	—	—	—	—	—	23	30	—	—	—	—
Gersten mittlere Pr.	1. Schäf.	17	—	—	18	—	—	14	30	—	—	—	—	14	30	—	—	—	—
Haber. 7. Metzen.	1. Schäf.	7	—	—	7	—	—	7	45	—	—	—	—	7	15	—	—	—	—
Semmelmehl.	1. Metz.	3	44	—	2	12	—	—	—	—	3	41	—	3	45	—	5	18	2
Ordin. Waitzenmehl.	1. Metz.	3	12	—	2	10	—	—	—	—	3	24	—	3	—	—	4	45	—
Roggenaufschlag.	1. Metz.	3	12	—	3	—	—	—	—	—	2	50	—	3	45	—	—	—	—
Ordin. Roggenmehl.	1. Metz.	2	54	—	2	—	—	—	—	—	2	8	—	3	—	—	3	30	—
Ochsenfleisch.	1. Pfund.	—	8	—	—	7	2	—	7	1	—	6	1	—	8	—	—	7	—
Rindfleisch.	1. Pfund.	—	7	—	—	6	2	—	—	—	—	5	3	—	7	—	—	7	—
Kalbfleisch.	1. Pfund.	—	7	—	—	8	—	—	8	—	—	5	3	—	8		—	8	—
Schaffleisch.	1. Pfund.	—	6	—	—	6	2	—	6	—	—	4	2	—	7	—	—	5	—
Schweinfleisch.	1. Pfund.	—	8	—	—	12	—	—	—	—	—	7	—	—	12	—	—	8	—
Gänse.	1. Stuck.	—	30	—	—	44	—	—	50	—	—	36	—	—	40	—	—	28	—
Enten.	1. Stuck.	—	24	—	—	24	—	—	36	—	—	16	—	—	24	—	—	24	—
Kapaun oder Koppen.	1. Stuck.	—	50	—	—	28	—	—	36	—	—	30	—	—	—	—	—	—	—
Hennen.	1. Stuck.	—	14	—	—	17	—	—	20	—	—	12	—	—	20	—	—	18	—
Junge Hünner.	1. Paar.	—	15	—	—	17	—	—	32	—	—	16	—	—	33	—	—	18	—
Hechten.	1. Pfund.	—	36	—	—	20	—	—	20	—	—	24	—	—	14	—	—	16	—
Karpfen.	1. Pfund.	—	16	—	—	16	—	—	12	—	—	15	—	—	12	—	—	8	—
Schmalz.	1. Pfund.	—	17	—	—	20	—	—	18	—	—	16	—	—	20		—	20	—
Butter.	1. Pfund.	—	18	—	—	20	—	—	20	—	—	14	—	—	22	—	—	18	—
Eyer.	50. St.	—	40	—	—	32	—	—	33	—	—	28	2	—	50	—	—	50	—
Weiß: Weitzenbier.	1. Maaß.	—	5	—	—	4	2	—	5	—	—	4	1	—	4	1	—	—	—
Braunbier.	1. Maaß.	—	4	—	—	4	3	—	3	2	—	4	—	—	3	2	—	4	—
Bierbrandwein.	1. Maaß.	—	15	—	—	16	—	—	20	—	—	13	—	—	22	—	—	24	—
Baumöl.	1. Pfund.	—	22	—	—	24	—	—	24	—	—	22	—	—	24	—	—	24	—
Leinöl.	1. Pfund.	—	14	—	—	16	—	—	16	—	—	14	—	—	16	—	—	16	—
Unschlitt ausgeschmolz.	1. Centn.	25	—	—	28	20	—	26	—	—	22	—	—	—	—	—	15	—	—
Unschlittkerzen.	1. Pfund.	—	16	—	—	17	—	—	15	—	—	15	—	—	16	—	—	13	—
Der. Baumwolltacht.	1. Pfund.	—	20	—	—	18	—	—	—	—	—	16	—	—	—	—	—	—	—
Seife.	1. Pfund.	—	14	—	—	16	—	—	14	—	—	14	—	—	15	—	—	18	—
Salz.	1. Metz.	1	30	—	1	30	—	1	30	—	1	2	—	1	30	—	2	—	—
Jede Kl. zu 36. sch. im □ Schreibl. 3½. sch. — Buchenholz.	1. Klaft.	5	—	—	6	—	—	7	—	—	4	—	—	4	15	—	—	—	—
Eichenholz.	1. Klaft.	4	—	—	—	—	—	—	—	—	—	—	—	—	—	—	—	—	—
Birkenholz.	1. Klaft.	4	—	—	5	—	—	6	—	—	—	—	—	—	—	—	—	—	—
Feichtenholz.	1. Klaft.	3	—	—	3	20	—	4	30	—	2	24	—	3	10	—	4	—	—
		tt.	lo.	qu.	tt.	lo.	qu.	tt.	lo.	qu.	tt.	lo.	qu.	tt.	lo.	qu.	tt.	lo.	qu.
Ein Kreutzer Semmelbrod wiegt.		—	3	2	—	5	—	—	4	3	—	4	3	—	4	1	—	5	—
Ein 4. Kreutzerleib. Weißrogg.		—	29	2	—	—	—	—	—	—	1	3	1	—	—	—	—	—	—
Ein 5. Kreutzerleib.		—	—	—	—	—	—	—	—	—	—	—	—	—	—	—	—	—	—
Ein 6. Kreutzerleib.		1	4	—	—	—	—	1	11	—	1	20	2	—	—	—	1	18	—
Ein 8. Kreutzerleib.		1	27	—	—	—	—	—	—	—	—	—	—	—	—	—	—	—	—
Ein 12. Kreutzerleib, Hausbrod.		—	—	—	2	24	—	—	—	—	—	—	—	—	—	—	3	4	—

Nota. Die Lücken hier? — — — Könnt ihr sie denn noch nicht sehen? —

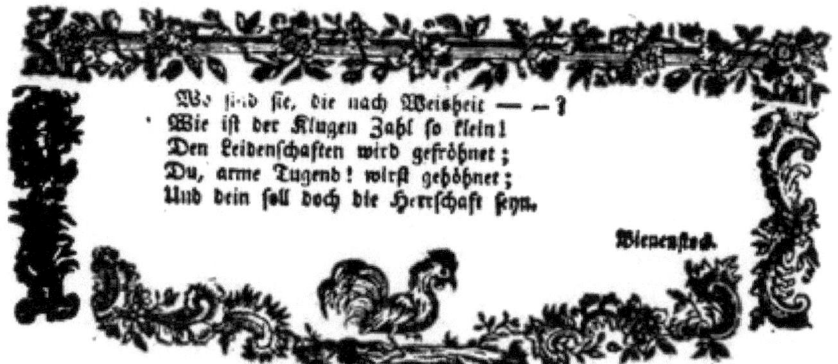

Wo sind sie, die nach Weisheit — — ?
Wie ist der Klugen Zahl so klein!
Den Leidenschaften wird gefröhnet;
Du, arme Tugend! wirst gehöhnet;
Und dein soll doch die Herrschaft seyn.
Bienenstock.

Churbaierisches Intelligenzblatt

Num. XXIV.

München den 26. October 1771.

Artic. I.

a) Circular-Patent: Die ungesperrte Zufuhr der Victualien aus Baiern nach Regensburg, so anders betreffend. Datirt den 14. September 1771.

Se. Churfürstl. Durchl. in Baiern, unser allerseits gnädigster Herr rc. rc. haben zur Verhütung der bey Dero eigenen Hofhaltung sich darzustellen beginnenden Mangels der täglich benöthigten Victualien, zu gleich auch zur Erleichterung der Subsistenz des Reichs-Convents zu Regensburg gnädigst zu resolviren geruhet, daß zur sothanen beyderseitigen Aushilf, mithin bloß aus diesem einzigen Bewegungsgrunde, und ohne all andere weitere Consequenz, in den Landen des Herzogthums der Oberpfalz gegen Regensburg die Ausfuhr aller zum Lebens-Unterhalt gehörigen Bedürfnissen an Getreide, Viehe, Victualien, und dergleichen, in gewisser Maaß zugestanden, und bewilliget seyn solle, welche höchstgedacht Dieselbe hiemit erklären, daß nämlich und

1mo. Die von Regensburg (massen es wegen denen von den Comitial-Gesandten auf den Ankauf und freyen Ausgang der zu ihrer eigenen Consumption erfoderlichen Lebensbedürfnissen überhaupt auszustellen pflegenden: mit der zu Verhütung der dabey unterlaufenden mehrfältigen Falsification, des Churfürstlichen Hauptmauthamts am Kornmarkt zu Regensburg erscheinenden Urkunden ohnehin seine ausgemachte Richtigkeit, und gute Wege hat) in den sämmtlich oberpfälzischen Landen mit alleiniger Ausnahme und schärfester Verbiethung des Für- und Auflaufs bey den Häusern und Städten, folglich allein auf offenen Schranen, Jahr-Wochen- und Viehmärkten alle zum Lebensunterhalt gehörige Bedürfnissen an Getreid, Vieh, Victualien, und der-

glei-

gleichen erkaufen, und nach Regensburg über- bringen dürfen, doch dergestalten, und in der Maaß, und Weise, daß

2do. Die von Regensburg, weil selbe Respectu der obern Pfalz kein jus incolatus zu gaudieren haben, ab denen aus der obern Pfalz beziehenden Landsproducten, zu Sicherstellung der sonst aus dieser sonderbaren gnädigsten Bewilligung ziehen mögenden Consequenzen, die Verordnungs- und Supplementmäßige Tarifgebührenißen unweigerlich bezahlen, und daß auch nebst dem

3tio. Der Kauf der oberpfälzischen Producten, außer der Reichsgesandschaft, denen von Regensburg anderer Gestalten nicht zugestanden seyn solle, als daß dazu ein von dem Churfürstl. Hauptmauthamt am Kornmarkt zu Regensburg unter dessen Unterschrift, und Fertigung ausgestelltes Patent vorgewiesen werden könne, worinn der Namen, und die Condition des Käufers, dann das quantum und quale des zum Kauf suchenden Products, und das Ort, allwo zu kaufen gedenkt wird, ausführlich enthalten seyn, und zum Beweis einer beym Einkauf nicht unterlossenen Gefährde, oder Mißbrauchs, und daß die vorgesezte Bedingnißen erfüllet, und weder ein, noch anderwegs überschritten, oder excedieret werden, die Patenten von der Orts Obrigkeit, in dessen District erkauft wird, à tergo allmalen unterschrieben, und gefertigter zurückgeliefert, und bey wiederholtem Hauptmauthamt in Regensburg abgegeben werden müssen, wobey ein für allemal fest, und unbeweglich darauf bestanden wird, daß von dem Policeywidrigen Für- und Aufkauf bey den Häusern, und Ställen keineswegs abgegangen, sondern hierauf allenthalben stricte, und sub poena confiscationis gehalten werden solle. Es hat aber

4to. Dieser in den oberpfälzischen Landen zugestandene Kauf, soviel das Getreid betrifft, keinen andern Verstand, noch Meynung, als daß dasjenige, was aus der obern Pfalz gezogen wird, an dem besagter Stadt zur benöthigten Consumption monathlich einzuführen accordirten Getreid-Quanto abgeschrieben werde, gleich auch das aus Baiern Mezen weis dahin gehende Getreid anderer Gestalten nicht, als auf eben verstandene Weis nach Regensburg paßiert werden kann. Wohingegen man aber

5to. Geschehen lassen will, daß Erbsen, Linsen, Brein, und Hirsen, soviel hievan aus Baiern zu offenen Markt von einer Person getragen werden kann, nach Regensburg unaufgehalten zu gehen verstattet seyn soll, doch in dem Versehen, daß diese gnädigste Bewilligung nicht allzu sehr, und etwa auf Hintersteckung beträchtlichen Vorraths zum Nachstand der eigenen Bedürfniß, und Landconsumption mißbraucht, oder gar excedirt werde. Weiters und

6to. Haben Se. Churfürstl. Durchlaucht aus besondern Gnaden, mithin ohne alle Consequenz, und auf allmaligen Versuch, und Widerruf gnädigst bewilliget, daß in Rucksicht des bey allen Pfennwerthen gestiegenen Preises, und zur Erleichterung der reichstagsgesandtschaftlichen Subsistenz, ungeachtet der entgegenstehenden bisherig recesmäßigen Uebung, welche sich nur auf Freypaßirung der unter einem Gulden stehenden kleinen Victualien für die Reichsstadt Regensburg beschränket, jenen Marktsfeilschaften, und Victualien, so den jetzigen Werth von 2. fl. nicht vollkommen erreichen, und aus Baiern nach Regensburg gen Markt gehen, eine durchgehende Freypaßirung zu statten kommen; mithin hiefür bey den betreffenden Churfürstlichen Mauthämtern lediglich nichts eingefordert werden soll, herentgegen aber ist

7mo. Von jenen Victualien, und Marktsfeilschaften, welche den Werth von 2. fl. einmal erreichen, oder darüber gehen, nach Vorschrift der churbaierischen Mauth- und Accisordnung de Anno 1765. §vo 22. & 23. die bloße Mauthgebühr mit Nachlaß der Accis einzuheben, und zu verrechnen. Wie schon gemeldet, verstehet sich diese Begünstigung bloß allein auf das Baierische-Estado, in einen ganz andern Verhalt, stehet aber

8vo. Dasjenige, was an Victualien, und Marktsfeilschaften überhaupt aus der Oberpfalz gezogen, und nach Regensburg zu Markt gebracht wird, denn von allen diesen ohne Ausnahme, kommen die Verordnungs und supple-

ple-

Rechtenmäßige Esito, Mauth- und Accisgebühreniſſen ex defectu juris incolatus von den Churfürſtlich oberpfälziſchen Mauth- und Accisämtern unnachläßig zuerholen, und getreulich zu verrechnen. Wenn übrigens

yoo. Der Fall ſich ergeben ſolle, daß ein baieriſch- oder oberpfälziſcher Unterthan ein in dem Nordgau- oder Sulzbachiſchen Landen erkauftes, und mit dem Recesmäßigen-Genuß der 3. quarto Effito Accise-Nachlaſſes an ſich gebrachtes Product nach der Hand nach Regensburg verkaufte, ſo iſt der Churfürſtlich gnädigſte Befehl, daß von den Mauthämtern vor allen die 3. quart Accis-Nachlaß ad ærarium nachgeholt, und bezogen, nachhin aber von ſothanem nach Regensburg gehenden Product die bloſſe Tranſitogebühr nachgeholet werde. In dieſen nun beſtehet die Churfürſtlich gnädigſte Verordnung, und Willensmeynung, welche die ſämmtlich nachgeſetzten Churfürſtlichen Mauth- und Accisämter in Angeſicht dieß in gehorſamſten Vollzug zu bringen, und den incorporirten Beymauthſtationen der gleichmäßigen Beobachtungswillen davon ungeſäumte Nachricht mitzutheilen, und ſich gleichwohl die mindeſte Contravention ohne alle ſtatt findende Einwendung, oder Exculpation bey Vermeidung der Churfürſtlich höchſten Ungnade, und geſtalter Dingen nach zu befahren habend empfindlichſter Beſtrafung nicht zu Schulden kommen zu laſſe, gegenwärtiges Patent aber der rechtsbeſchehenen Vorweiſungswillen in dem jedes Orts gelaſſenen Raum zu unterſchreiben haben. München den 14. September 1771.

Ex Commiſſione Speciali.

An die ſämmtlichen Churfürſtlich Baieriſchen und oberpfälziſchen Mauth- und Accisämter also abgangen.

b) Churfürſtl. gnädigſte Reſolution: die wiederholter erneuerte freye Einfuhr der Victualien, ohne alle Mauth- und Accis-Entrichtung, und was hierunter für Artickel verſtanden werden, betreffend. Datirt den 3. October 1771.

Maximilian Joſeph, Churfürſt ꝛc.

L. G. Die mehrfältig und von verſchiedenen Gegenden Unſerer Landen eingeloffenen Berichten haben Uns einen merklichen Abgang angedeutet, in welchem einige Ortſchaften durch Schaur, oder in anderweg an ihren Feldfrüchten, und von daher nehmenden Lebensbedürfniſſen anheuer mehrmalen ſind verſetzet worden. Dieſes veranlaſſet Uns den bereits unterm 14. Märzen h. a. in öffentlichen Druck gelegten Verruf, wegen der freyen Einfuhr der auswärtigen Victualien, zu Behuf und Erleichterung der innländiſchen Conſumption gegenwärtig in ſeiner Maaß und dergeſtalten wiederum zu erneuren, daß ſowohl den inn- als ausländiſchen Handelsleuten, oder wer immer ſonſt derley Lieferung zu machen gedenket, frey ſtehen ſolle, nicht nur alle Gattungen vom Getreid überhaupts, ſondern auch Brod, Mehl, geroſſte Gerſten, dann Reiß, und Grütze, item Erbſen, Linſen, Breun, Hirſch, Bohnen, Erdäpfel und dergleichen, auch alle Gartengewächſe und Kräutelwerk, denebſt den Feldruben, durchgehends ohne mindeſte Abgabe einer Mauth- oder Accisgebühr in Unſere Lande zu Baiern und der obern Pfalz frey hereinführen, und aller Orten in Städten und Märkten unhinderlich verkaufen zu dörfen, wegen denen übrigen in obigen Verruf enthaltenen Victualien hingegen, als welche von gegenwärtiger Erneuerung ausgeſchloſſen ſind, hat es bey der in der Mauth-Tarif hierauf geſetzten Gebühr ſein Verbleiben. Worüber ihr alſo in euren Regierungsdiſtrikt die förderliche Ausſchreibung zu machen, und den Beamten anbey aufzutragen habet, daß ſolches zu jedermanns Wiſſenſchaft durch öffentlichen Verruf kund gemacht, und an den gewöhnlichen Orten affigirt werden ſolle. München den 3. October 1771.

Ex Commiſſione Speciali &c.

Von der Churfürſtlichen geheimen Hofcommiſſion. An die Regierungen Landshut, Straubing, Burghauſen, Amberg, und unterm 10. dieß an die Mauthämter in Baiern und der obern Pfalz mutatis mutandis alſo abgegangen.

AVERTISSEMENT.

a) Es ſucht ein gewiſſer Landcavalier auf ſein beſitzendes Fidei-Commiſs-Gut ein Anleben pr. 4000. fl. zu 4. pro Cento aufzunehmen, worzu er auch mit vorheriger Einverständniß der nächsten Agnaten den gnädigst landesherrlichen Consens bereits in Handen hat. Es belieben also der, oder diejenigen, welche Gelder auszuleihen, und sicher anzulegen gedenken, hievon in dem hiesigen Intelligenz-Comtoir die Anzeige zu machen, wo man sodann das weitere vernehmen kann.

Hohe Beförderungen.

Se. Churfürstl. Durchl. in Baiern ꝛc. ꝛc. unser gnädigster Churfürst und Herr! haben Sich huldreichest entschlossen, den nunmaligen Pfarrer zu Schongau, Priester Felix Siedler, in gnädigster Erwägung desselben besitzender sonderbarer Gelehrsamkeit, und sonst vorzüglichen guten Eigenschaften, als Höchstdero wirklichen geistlichen Rath zu ernennen, und hierüber unterm 12. October a. c. das Decret unter gnädigsten Handzeichen ausfertigen zu lassen; wornach also wohlbemeldten Herrn Pfarrers Hochehrwürden den 19. dieß Monaths hierauf bey dem Churfürstl. hochlöblichen geistlichen Rath in solcher Qualität vorgestellt, und in die Pflicht genommen worden ist.

Artic. V.

Handlungs-Nachrichten.

a) Zu Wien sind die Banco-Billets bis auf 12. Million Gulden vermehret, und in verschiedene Classen von 10. 25. 50. 100. 500. und 1000. fl. eingetheilt worden. Diese Billets sollen nicht allein im gemeinen Handel, sondern auch in den öffentlichen Cassen des Landes jederzeit wie baar Geld gelten, und von dem Banco bey der Präsentirung jedesmal baar bezahlet werden. Doch ist Niemand absolut gezwungen, sie in Zahlung anzunehmen. Auf die Verfälschung dieser Billets ist die unnachläßliche Todesstrafe gesetzt, und der Angeber, wenn er gleich einer von den Verfälschern selbst wäre, soll eine Belohnung von 10000. Gulden erhalten.

b) Von der allgemeinen Handlungs-Compagnie zu Kopenhagen, sind die Preise von den innländischen Platt- oder Flachfischen, wie solche zu Kopenhagen verkauft werden, bekannt gemacht worden: Wenn solche gleich auf einmal aus dem Schiffe in Empfang genommen werden, die erste aber die beste Sorte, bey die 50. Schifpfund, und darüber, das Schifpfund 18. Thaler, unter 50. Schifpfund 19. Thaler. Die zweyte oder geringere Sorte bey die 50. Schifpfund und darüber per Schifpfund 13. Thaler unter 50. Schifpfund 14. Thaler. Wenn aber die Fische schon in den Magazinen der Compagnie aufgesetzt worden, 1. Thlr. per Schifpfund mehr.

c) Von Mayland wird gemeldet, daß die Ausfuhr des Getreides von der Obrigkeit verbothen worden, und daß diejenigen Schiffe, welche ihre Ladung bereits eingenommen hatten, wieder haben ausladen müssen, obgleich die Aerndte nicht schlecht gewesen ist.

d) Der Großherzog von Toscana suchet seine Unterthanen zum Anbau des Rübensaamens zu ermuntern, und hat zu dem Ende einen ansehnlichen Vorrath davon, wie auch einen fremden Ackerbauverständigen kommen lassen, der eine Schrift über die Art gedachten Saamen anzubauen, und Oel daraus zu pressen, durch den Druck bekannt gemacht hat, welche Schrift in der großherzoglichen Druckerey in Florenz zu haben ist.

Artic. VI.

Zur Policey.

a) Folgende zwo allerhöchste Kaiserlich Königliche Verordnungen, so jüngstens zu Wien bekannt gemacht worden, entlehnen wir aus der Münchnerzeitung, und theilen sie ihres wichtigen Innhalts wegen unsern Lesern gegenwärtig mit.

Wir Maria Theresia ꝛc. ꝛc.

Entbiethen allen und jeden Unsern geistlichen und weltlichen Obrigkeiten, auch Unsern treu gehorsamsten Ständen und Unterthanen in Unsern gesammten Erbkönigreichen und Landen Unsere Gnade, und alles Gutes; und geben euch hiemit sammt und sonders gnädigst zu vernehmen: Unsere höchste landesmütterliche Gesinnung ist jederzeit auf das wahre Wohl Unserer getreuesten Unterthanen in allen ihren Handlungen gnädigst gerichtet. Gleichwie nun die letztwilligen Dispositionen hierunter einen vorzüglichen Gegenstand um so mehr ausmachen, als sie die Erfüllung der von allen Völkern heilig geachteten letzten Anordnungen der Menschen über ihr auf dieser Welt zurückgelassenes Vermögen, und die davon grosentheils abhangende künftige Wohlfahrt und Aufnahme ihrer Familien, Kinder und Anverwandten betreffen: So finden Wir Uns verpflichtet, genauest darauf zu wachen, und fürzusorgen, daß hierunter allen hiezu von Rechtswegen fähigen Menschen eine vollkommene unbeschränkte Freyheit gelassen werde, und auf keinerley Weise weder den Versterbenden eine Hinderung in ihrer freyen Anordnung, noch den auf ihre Erbschaften Anspruch habenden Kindern oder Anverwandten, durch Ueberreden, oder zudringliches Anrathen bey dem Erblasser, von wem das immer sey, einige Beeinträchtigung wiederfahren möge.

Da Uns nun glaubwürdig beygebracht worden, daß hin und wieder auf dem Lande bey Absterben der Bauern, und zuweilen auch in Städten bey wohlhabigen Burgersleuten, die zum letzten Beystande für den Kranken herbeygeholten Geistlichen sich zur Verfertigung der Testamenten gebrauchen lassen, und solchenfalls, hauptsächlich, wenn nachmals, wie es nicht selten geschieht, in Absicht auf das ruckgebliebene Vermögen, grose die Erben beschwerende fromme Vermächtnisse, Stiftungen, oder Legaten für das Kloster desjenigen Geistlichen, der das Testament verfasset hat, herauskommen, viel Klagen deßhalben wider die Geistlichkeit hervorbrechen.

So wollen Wir hiemit, in Kraft dieser Unserer höchsten Anordnung, von nun an allen sowohl Welt- als was immer für Ordensgeistlichen, zu allen Zeiten, und auch in allen Casibus Summæ necessitatis, wo gar keine andere des Lesens und Schreibens kundige Personen zu haben sind, die Confiscirung Testamenti alieni überhaupt, und zwar sub nullitate actus ein für allemal verbothen haben, allermassen denn, wenn sich irgendwo ein so dringender Fall ereignen sollte, daß keine andere des Lesens und Schreibens kundige Personen, als der anwesende Geistliche zu finden wären, der Sterbende, wenn er noch so viele Zeit und Kräften übrig hat, dem Geistlichen sein Testament in die Feder zu dictiren, viel leichter, oder doch eben so geschwind seinen letzten Willen vor zween ehrbaren Männern, wenn selbe auch nicht schreiben könnten, erklären, und also ein Testamentum nuncupativum errichten kann.

Wir wollen auch aus gleicher Ursache ebenfalls, sogar in gleicherwehnten Casu necessitatis alle, was immer für Ordensgeistliche, jedoch nicht die Weltgeistliche, hiemit für unfähig zur Zeugschaft bey einem Testament, und ihre dießfällige Handlung dergestalt für ungiltig erklären, daß selbe von Unsern nachgesetzten Gerichten und Obrigkeiten nirgends, und in keinerley Fällen attendirt, ein dergleichen von einem Geistlichen verfertigtes Testament aber ipso facto caßiert, und der Erblasser als decedens ab intestato betrachtet, folglich dessen Verlassenschaft dem hæredi necessario, oder, wenn keiner vorhanden, dem nächsten Anverwandten ganz, wie sie liegt, nach Ordnung der Rechten, als ob gar kein Testament vorhanden wäre, eingeantwortet werden solle, doch bleibet, so viel es die Zeugenschaften bey Testamenten belanget, den Weltgeistlichen unbenommen, mit solchen, wie selber, giltig einschreiten zu können.

Wornach also Unsere sämmtliche Unterthanen, insonderheit aber die Geistlichkeit sich künftighin genauest zu achten hat. Gegeben in Unserer Haupt- und Residenzstadt Wien den 4. September 1771. Unserer Reiche im 31ten Jahre.

Die zweyte ist folgenden Innhalts.

Wir Maria Theresia 1c. 1c.

Entbiethen allen und jeden unsern geist- und weltlichen Obrigkeiten, auch unsern treugehorsamsten Ständen, und Unterthanen in unsern Erbkönigreichen und Landen, Unsere Gnade und alles Gutes, und geben euch hiemit zu vernehmen: Obwohlen zwar ohnehin schon die geschärfftesten Generalien bestehen, Kraft welcher, ohne unsern höchsten Consens, baare Geldsummen in beträchtlichen Quanto, außerhalb unserer Erbstaaten nicht verführt, oder verschickt werden dörfen; so müssen wir doch mißfällig vernehmen, daß unserm dießfälligen höchsten, zum Besten unserer Erblanden abzielenden Verboth mehrfältig zuwider gehandelt, und hin und wieder ansehnliche Geldsummen von unsern Unterthanen außerhalb Landes in fremde Banken angelegt, oder sonst zu andern Absichten verschickt, und dem inländischen Handel und Umlauf entzogen werden.

Zu möglichster Abstellung dieses zum Nachtheil unserer Königreiche und Landen gereichenden Unfugs, wiederholen wir demnach alle unsere wegen derley Geldausschleppungen schon bestehenden Anordnungen überhaupt, und gebiethen insbesondere auch allen in unsern Erblanden befindlichen Klöstern und geistlichen Orden beyderley Geschlechtes, exempti vel non exempti ordinis, daß selbe künftighin, ohne vorher Unsern höchsten Consens eingeholt zu haben, sich nicht beygehen lassen sollen, einiges Geld in Natura, oder durch Wechsel außerhalb unserer Erbländer anzulegen, zu verschicken, oder zu verwenden, oder ihren außerhalb unserer Staaten wohnenden Ordensgeneralen, unter was immer für einem Vorwande, zuzusenden; allermassen wir denn im widrigen das außer Landes zu verschicken angetragene Geldquantum unnachsichtlich confisciren, oder, wenn dasselbe vor der Entdeckung über die Gränze unserer Erbstaaten schon ausgeschwärzt worden wäre, den schuldigen Orden, oder Kloster, zu Erlegung eines eben soviel ausmachenden Betrags zur Strafe seines Ungehorsams das erstemal anhalten, bey wiederholten Uebertrettungen aber ein solches sich unsern höchsten Gesetzen nicht fügendes Ordenshaus gar aufheben lassen würden.

Gleichwie wir Uns denn von einem jeden Ordensgeneralen ganz gewiß versehen, daß er, soweit es die in unsern Staaten liegende Klöster betrift, sich diesen unsern Verordnungen gerne fügen, dawider durch fernere Anbegehrung einiges Geldes von seines Ordens Klöstern selbst nicht handeln, noch gedachte Klöster zu einem sträflichen Ungehorsam gegen unsere höchste landesherrliche Gebothe, und folgsam in die Verschuldung unserer Ungnade und schweren Ahndung verleiten werde.

Dieses unser höchstes Verboth erstrecket sich nicht nur auf diejenigen, welche selbst eigene Gelder außerhalb unserer Länder verschicken, oder verwenden, sondern überhaupt auch auf alle diejenigen, die zu einer dergleichen Geldverschickung, von der Geistlichkeit in natura, oder mittels eines Wechsels sich gebrauchen lassen, oder hiezu mitwirken, welche im Betrettungsfalle mit empfindlichen Geld- und auch nach Gestalt der Umstände mit gemessenen Leibesstrafen angesehen werden würden.

Wornach also unsere sämmtliche Unterthanen, insonderheit aber die Geistlichkeit, sich künftig genauest zu achten, und für Schaden zu hüten wissen wird. Gegeben Wien, den 4. Septemb. 1771.

Artic. VII.

Landwirthschafts = Sachen.

Bewährtes Mittel, die Kornwürmer in Magazinen zu tödten.

Man grabe einen Ameisen-Haufen mit einem Spaten behutsam aus, und lege ihn in eine Ecke des Kornmagazins, oder Getreidbodens. Die Ameisen verzehren die Kornwürmer unfehlbar in einem Monathe. Sollten nach dieser Zeit noch einige übrig seyn, welches selten geschicht, so bringe man einen neuen Ameisen-Haufen statt des alten ins Magazin.

Die Motten zu vertreiben.

Man darf nur die Niederlagen, Kammern, und Behältnisse, wo Pelz und wollene Waare aufbewahret werden, mit gröblich gestossenen Pfeffer durchräuchern, und frische Spänne von Kien, oder Forchen einlegen.

Fortsetzung der Abhandlung von der Hornviehseuche, und den Mitteln dagegen.

Nicht weniger wird als ein sonderliches Bewährungs (Präservativ) Mittel angerühmet, in die gesunde sowohl, als angesteckte Ställe einige Pferde zu stellen, und kann diese Vermengung ohne einige Gefahr geschehen. Dann man hat zuverläßig bemerket, daß der Dampf von Pferden den Fortgang der Seuche des Hornviehes hindere; die

die Zusammenstellung der Pferde mit kranken Hornviehe ist nicht nur nicht förchterlich, sondern es ist durch die Erfahrung bewiesen, daß die Seuche des Hornviehes weder auf Pferde, Schaafe, oder Schweine sich fortpflanze, und obwohlen uns die Ursachen hiervon gänzlich unbekannt sind, so ist doch die Beobachtung wahr, und richtig: mithin soll, und kann ohne Anstand die Zusammenstellung der Pferde mit dem Hornviehe geschehen. Ueber das ist zur Erhaltung des Viehes, damit es gesund bleibe, und nicht erkranke, solches des Morgens nüchtern nicht auf das Feld zu schicken, wenn ein Thau oder Nebel gefallen ist, sondern zu warten, bis die Sonne sowohl ein, als das andere aufgezogen, oder aufgelecket hat. Während dieser Zeit muß man dem Viehe was zu fressen geben, wenn es auch nur klein geschnittenes Strohe (Häckerling) wäre; denn es ist nur gar zu gewiß, daß der Hönig- oder Mehlthau, der in Gestalt eines Nebels fällt, die Seuche der Vegetabilien sey, denen er eine Art kalten Brands verursachet.

Dieser schädliche Thau ist nichts anders, als ein Haufen Dämpfe und Dünste, die sich am Tage von der Erde erhoben, bey der Nacht durch die Kälte sich verdicken, und also auf die Erde zurück fallen: wenn das Viehe was davon geniesset, so erkranket es, und bekommet die Seuche.

Die Zeichen eines giftigen und schädlichen Mehlthaues sind, wenn die Blätter oder Bäume gleichsam verbrennet, fleckicht, und angegriffen werden: nächstdem auch, wenn auf solchen Thau bey folgender Sonnenwärme vieles Ungeziefer erscheinet.

Sechste Abtheilung.

Heilungs-Art des wirklich erkrankten Rindviehes.

Was nun die Curart des wirklich erkrankten und angesteckten Viehes anbelanget, so ist dahin zu trachten.

Erstens, der Entzündung sogleich vorzukommen, welche aus dem öftern und gewaltsamen Schlagen der Pulsadern, schweren Athem, rothen Augen, Verstopfung des Leibs, hart und schwarzen s. v. Koth, grosen Durst, wohl abzunehmen ist.

Zweytens, das zur Fäulung und Auflösung geneigte Geblüt zu reinigen, dann

Drittens, das Unreine durch die gehörige Wege aus dem Leibe zu schaffen, und den übrigen Zufällen abzuhelfen.

Wenn dann aus den oben angezeigten Zeichen und Umständen eine Entzündung besorget, oder schon gegenwärtig zu seyn wahrgenommen wird, soll man dem auf solche Art erkrankten Viehe gleich mit einem grosen Einschnitt am Halse oder an der Brust, oder an beyden Orten zugleich zur Ader lassen.

Es soll aber die Aderläß auser dem Stalle geschehen, und das Geblüte in eine tief gemachte Grube laufen, welche hernach mit Erde wohl bedeckt werden soll.

Man kann auf ein einzigesmal 5. 6. ja bis 10. Pfund (versteht sich Apotecker Gewicht, dessen 3. Pfund eine hiesige Maaß betragen) Blut weglassen, je nachdem das Thier alt, und stark ist; den ander Tag nach der Aderläß, wenn die Zufälle merklich nachlassen, wird man aus derselben, oder einer wiederholten Oefnung noch eine gleiche Menge Blutes weglassen müssen.

Sollte nach dieser zweyten Aderläß die Stärke des Uebels noch eine dritte erfodern, so soll man sie ohne Anstand vornehmen.

Wenn aber der dritte Tag vorüber ist, so soll nicht mehr gelassen werden, indem die Erfahrung bezeiget, daß die Aderläß den dritten Tag vorgenommen gänzlich unnütz, wo nicht gar tödtlich ist. In einer dringenden Noth kann man auch zweymal des Tags aderlassen; wenn nämlich die Hitze bey dem erkrankten Thiere stark, der Athem schwer, und das Blut dick und speckigt befunden wird.

Nach geschehener und vorgenommener Aderläß soll man das oben bemerkte Haarseil ziehen, und alsdann, wenn das Viehe verstopfet, oder hart und verbranntes Koth von sich giebet, so muß man ihm Morgens und Abends ein halb Pfund und nicht mehr frisches Leinöl etwas laulecht geben.

Man kann, und soll ihm auch ein Klistier setzen, von 2. Pfund Leinöl, und ein, oder anderthalb Unzen gemeines Küchelsalz, welches in einem guten Quartel Weinessig zergangen ist. Andere Reinigungsmittel sind in diesen Umständen allzeit schädlich, die Arzneyen, die man gebrauchen soll, sind folgende:

Man soll nehmen gereinigten Salpeter, rohen Weinstein (Tartarus crudus) jedes 1. Pfund, präparirten Weinstein, 4. Unzen (das ist 8. Loth) dann Kampfer 2. Unzen oder 4. Loth.

Von diesem macht man ein feines Pulver, wovon man alle drey Stunden eine halbe Unze, das ist, 1. Loth in einem guten Quartel Brunnenwasser, oder so noch besser, Käswasser eingiebet. Man muß dem Viehe den Kopf in die Höhe halten, und ihm mittels eines Trichters die Arzney eingiessen, und den Kopf nicht ehender niederlassen, als bis man gewiß weis, daß es das Eingegebene hinunter geschlicket hat.

Wäre die Hitze, das Fieber, der schwere Athem, und eine Schlaflosigkeit merklich zu verspühren, so sollte man anderthalb Stunden nach jeder Dosis Pulver von folgenden Mittel 2. gewöhnliche Eßlöffelvoll in ein wenig lauem Trank eingeben. Nehmet Weinessig, ungeläutertes Hönig, jedes ein Pfund, pulverisirten Salpeter ein halbes Pfund, sauren Vitriolgeist (Spiritus vitrioli) 1. Loth. setzet diese Speccereyen zusammen in einen glasirten Hafen auf ein sehr kleines Feuer, rühret diese Mischung eine Viertelstund lang ohne Aufhören um, und gebet wohl Acht, daß sie nicht koche. Nehmet hernach den Hafen vom Feuer, lasset ihn kalt werden, und gebrauchet dieses Mittel nach obiger Vorschrift.

Von Anfang der Krankheit bis zum Ende muß man grosse Sorge haben, das Maul, das Zahnfleisch, und die Zunge des kranken Viehes mit folgender Mischung zu waschen, und zu reiben.

Nehmet vom besten Essig, Brandwein, und Leinöl, von jedem gleich viel, lasset ein wenig Saliterzelter darinn zergehen, und gebrauchet euch dieser Mischung, wie gemeldet.

Man kann sich auch dieser Mischung, Vermög eines kleinen an das Ende eines kleinen Stocks befestiglen Schwammes, bedienen, und man muß diese sehr wichtige Hilfe nicht unterlassen.

Wäre das Viehe von einem starken Durchfall angegriffen, so müßte man sich wohl hüten, ihm Leinöl zu geben, welches noch mehr laxiert; man muß auch alsdenn die obige Mittel mit Vorsicht gebrauchen, und davon nur ein Drittel, oder die Hälfte geben. In dergleichen Fällen ist nichts bessers, als eine grosse Menge Käswasser mit Mehl oder Kleyen gemengt laulecht gegeben.

Sonst ist auch bey dem Durchlauf nach Zeugniß des berühmten Fridrich Hofmann in suis consiliis de Lue Boum grassante sehr gut den weissen Thon, oder Hafnererde in Wasser kochen, und davon laulecht zu saufen geben, da man ein Pfund unter einem Eymer Wasser mischet. Dieses schlechte Mittel ist der Erfahrung gemäß von grossem Nutzen.

Ebenfalls ist gut alsdann von dem Leinzelten, auch von Weitzenmehl trinken zu lassen, welches die scharfe Feuchtigkeiten überaus lindert, und reiniget.

Man muß sich auch wohl in Acht nehmen, dem kranken Viehe Heu zu geben, denn dieses ist gefährlich, es bleibt ihnen in Magen, dörret da aus, und verdirbt.

Auf bemeldte Weise soll fortgefahren werden, bis zur merklichen Besserung. Man muß aber auch alsdann mit den Arzneyen nicht gleich aufhören, sondern man muß ihren Gebrauch verlängern, und nach und nach damit abnehmen. Man soll auch die Dosis und das öftere Eingeben vermindern, und nur die Hälfte, ein Drittel, oder den vierten Theil zwey oder dreymal des Tags eingeben.

Die Zeichen, woraus man am sichersten schliessen kann, daß das Viehe wieder genesen, sind diese: Es fängt wieder an das Futter zu nehmen, und solches zu wiederkauen, am ganzen Leibe eine gleiche und natürliche Wärme mit einem gelind anhaltenden Schweiß zu bekommen.

Bey dem Küheviehe findet sich die Milch mehr und mehr ein, dessen ungeacht aber soll man die Milch noch fernerß des Tags etlichemal ausmelken, vergraben, und nicht verkaufen, noch Butter daraus machen. Man soll auch mit dem warmen Tränken von Mehl oder Weitzenkleyen noch einige Täge anhalten, und wenn auch ein solches Vieh von der Krankheit völlig befreyet ist, so soll man es doch vor einem viertel Jahr nicht unter das gesunde mengen.

Man muß auch zweymal des Tags das Vieh mit einem eisernen Striegel butzen. Es werden dadurch die Schweißlöcher der Haut eröffnet, der Schweiß erleichtert, und die Feuchtigkeiten gehen zum Theil durch diesen Weg fort.

Man muß das kranke Vieh, so sauber, als möglich halten, dahero den Stall zweymal des Tags, säubern. Man muß wegen den s. v. Mist davon zuschaffen, und von dem Stall zuentfernen.

Wenn die Luft heiter ist, oder ein Ostwind gehet, so kann man auch die Stallfenster aufmachen. Von 6. zu 6. Stunden, bey Tag und Nacht soll man den Stall mit Eßig räuchern, den man auf glühende Steine, oder Ziegel spritzet; man kann auch wechselweis eine Handvoll einer Mischung darinn verbrennen, die aus Schießpulver, Kuchensalz, und gedruckten Wachholder oder Lorbere bestehet. Dieses ist ein sichere und einfache Heilungs-Art, die man in verschiedenen Orten (sowohl in den Chur-Sächsischen, als Brandenburgischen Ländern) mit besten Nutzen angewendet hat. Sie ist allen den kitzelenden, scharfen, heißen, entzündenten Mitteln weit vorzuziehen, derer sich das Volk bedienet. Es sind dann die Landsleute wohl zu unterrichten, daß sie sich sorgfältig hüten, derley unanständige Mittel zugebrauchen, als da sind Knoblauch, Brandwein, Schwefel, Theriac, Assa foetida, Bibergeil, Stein-Oel, Agtstein, Wacholderöl, und dergleichen, als welche den Umfall begünstigen, und fortpflanzen, dahero man ihren Gebrauch durchaus verbannen muß.

Wenn man indessen, was die Kur der Viehseuche betrift, die Kraft und Wirkungen aller bekannten Arzneyen (auch die beste nicht ausgenommen) mit der Natur, Schädlichkeit, und Heftigkeit der wahren Viehseuche wohl vergleichet, und die kurze Zeit, und wenige Gelegenheit betrachtet, die dabey den Aerzten gelassen wird, Hülfe, und Linderung zu verschaffen, so muß man gestehen, daß man sich bey einem so fürchterlichen Feinde auf ihren Gebrauch nicht sicher verlassen könne. Man hat vielmehr seine Zuflucht außer der Kur zu solchen Verwahrungsmitteln zunehmen, die bey einer guten Einrichtung, und Vorsicht im Stande sind die Seuche glücklich abzuhalten. Gleichwie oben in der 3. und 5ten Abtheilung mit mehrern abgehandlet worden.

Zum Beschluß dieser Abtheilung ist zuerinneren nöthig, daß man dem Landmanne und Bauer anfrische, das angeordnete fleißig zu besorgen, denn sie vernachläßigen gar gerne dem zufolgen, was man ihnen vorschreibet, und sie werden kleinmüthig, wenn sie eine zeitlang heilsame Mittel angewendet, und nicht den Augenblick die gehofte Hülfe und Wirkung erhalten. Diese Nachläßigkeit aber und Unbeständigkeit ziehet viele Umfälle nach sich.

Siebende Abtheilung.

Was bey dem gefallenen Viehe zu beobachten, und ob dessen Fleisch zum Genuß kommen könne?

Es soll das gefallne Vieh, ehe es außer dem Stall geschleppet wird, an den Oertern des Leibs, wo Speichel, und anderer s. v. Unflat abfallen könnte, mit Strohe verbunden, und mit diesem Stroh, und vorhero kreutzweis zerschnittenen Haut tief in die Erden eingegraben werden, und zwar an solchen Oertern, welche weit von den Häusern oder Dorfschaften abgelegen sind.

Es ist auch sehr schädlich, und ein übelgegründetes Vorurtheil ungelöschten Kalch in die Grube zuwerfen, und Aäser damit zu bestreuen; denn durch dessen scharfe und brennende Theile wird die Faulnus noch mehrers befördert, und wirket, daß das faule und flüchtige Salz (Sal volatine) desto eher in der

Luft, allda sich verbreitet, mithin die ansteckende giftige Seuche beförderet.

Ist von den l. v. Unflat etwas auf die Erde gefallen, so soll es alsobald mit einer Schaufel nebst der Erde weggenommen, und mit vergraben werden.

Man soll auch das todte Vieh gar nicht lang liegen lassen, sondern gleich einzuscharren trachten, damit durch dessen Gestank, und schädlicher Ausdünstung die Luft nicht mehrers verunreiniget, und angestecket werde.

Wenn ein Stall leer gemacht worden, so ist das sicherste, alles Geschirr, welches bey dem kranken Viehe gebraucht worden, nebst all andern Holzwerk zu verbrennen, und sich alsdann wiederum alles neu anzuschaffen; den Stall auch öfters zu räuchern, und nicht ehender, als nach 3. Monathen gesundes Vieh darein zu stellen: zumalen in dergleichen traurigen Begebenheiten nicht vorsichtig genug kann gehandelt werden. Es müssen auch alle Leute, welche mit dem kranken Viehe umgegangen, die dabey gebrauchte Kleider nothwendiger Weise ablegen, und sich neue anschaffen, weil sich das ansteckende Gift gar zu lang, bevorab in wollenen Zeugen aufhaltet, und die Seuche gar leicht auf ein neues kann fortgepflanzet werden.

Sollte es aber bey einer manchmal armen Bauerschaft nicht möglich seyn die Kleider wegzulegen, und sich neue anzuschaffen, so ist doch höchst nöthig, die bey dem erkrankten Viehe getragene oft mit Schwefel, oder mit obig angezeigter Mischung von Schießpulver, Salz, und Wachholderbeeren durchzuräuchern, und sie hernach unter dem Dach an die Luft zu henken.

Was die Verspeisung des erkrankten Viehes anbelangt, so sind zwar einige der übeln Meynung, daß solches von Menschen ohne Schaden könne genessen werden, wenn das Thier gleich geschlachtet wird; und zwar aus dieser irrigen Ursache, weil die Rindviehe-Seuche weder eine andere Art Viehe, noch die Menschen von außen, das ist, per Contagium anstecket.

(Der Beschluß folgt.)

Artic. VIII.

Von gelehrten Sachen.

a) Bey Johann Nepomuck Fritz, Buchhändlern nächst dem schönen Thurme, und in dem sogenannten Wasserburgerladen hier in München ist zu haben: Abhandlung von dem Einfluße eines wohlangeordneten Ackerbaues in die Glückseligkeit eines Staates, welche an dem höchsterfreulichen Namensfeste Seiner Churfürstlichen Durchleucht in Baiern rc. rc. abgelesen worden: von Herrn Siegmund Franz des H. R. R. Grafen von Haßlang, Ritter des hochadelichen Churbaierischen St. Georgs Ritterorden, Churfürstlichen Kammerer, und Hofrathe, auch Mitgliede der Churbaierischen landwirthschaftlichen Gesellschaft zu Altenöttingen, den 12. Weinmonaths im Jahre 1771. *

* Wir kündigen dergleichen zur Aufnahm der Landescultur abzweckende Abhandlungen jedesmal mit Freuden an, weil sie nie ohne wesentlichen Nutzen zum Vorschein kommen, und weil die Früchte der Bemühungen für das Landesbeste eine allgemeine Empfehlung verdienen. Wenn der Ackerbau nach dem Sprichworte, die Quelle des vaterländischen Reichthums: und der Reichthum der Unterthanen die Schatzkammer der Fürsten ist; so muß es gewiß das erste Augenmerk der Regierung verdienen, die wesentlichen Mittel zu Verbesser- und zu Vergrößerung des Ackerbaues, welches der hochadeliche Herr Verfasser hier sehr gründlich durchgehet, mit allem Ernste anzuwenden, um die Unterthanen in den Stand des besseren Vermögens, und in der Folge auch die landsfürstliche Schatzkammer in gute Umstände zu versetzen. Wer anderst zu Werke gehet; spannet den Pflug hinten an: so, wie der Fleiß des Unterthans, und die Landes-Industrie niemal zu nehmen würde, wenn man ihm seine erzeugende Producte abschäzen, und taxiren wollte oder gar zu enge Schranken setzte, wie theuer er sie verkaufen dürfte; denn aller Zwang ist hierinnfalls schädlich: so wie die Sperren vieler Artikel gemeiniglich eine Theuerung verursachen, oder eine widrige Wirkung hervorbringen: folglich nur

im äuſerſten Nothfall vorgekehrt zu werden pflegen.

b) Akademiſche Rede von der natürlichen Antipathie zwiſchen dem Geometriſchen und Pedantengeiſte, welche an obgedachtem höchſten Namensfeſte Sr. Churfürſtlichen Durchleucht in Baiern u. ꝛc. auf dem akademiſchen Saale in München gehalten worden den 10. October 1771. von Peter von Oſterwald, Churfürſtl. geheimen Rath, geiſtlichen Raths-Director, und Mitglied der Churbaieriſchen Akademie der Wiſſenſchaften. Bey obbeſagten Verlegern zu haben. *

* Wir wiſſen dieſer ſchönen, gelehrten, und mit einem beſondern Geſchmack abgefaßten Rede nichts weiters, als den Wunſch beyzufügen, daß die hochanſehnlichen akademiſchen Mitglieder von der phyſicaliſchen Claſſe, deren verdienſtvolle Bemühungen mit der Aufzeichnung der täglichen Wetterbeobachtung zu vermehren gefällig ſeyn möchte, damit, weil man in Danzig, Wittenberg, Göttingen, Stockholm und Paris auf dieſen Gegenſtand genau ſicht hat, auch im ſüdlichen Deutſchlande ein gleiches geſchehen möge; indem, wie uns vorkommt, die Aſtrologie mit allen ihren Sternen nicht ſoviel Einfluß auf unſeren Ackerbau und Aerndte hat, als die einmal in ein ganzes gebrachte Regeln der Wetterbeobachtung, und die Richtung des Landmanns nach denenſelben in der Folge der Jahren nutzen können. Dem Bauersmann iſt es gleichgültig, ob ein Pedant, oder ein Aſtrolog den Mond beobachte: ob der Abſtand deſſelben von unſerer Erde durch die Palaxe: oder durch die baieriſche Elle abgemeſſen werde; wenn er nur beyläufig in Erfahrenheit bringen mag, ob? und was der Mond von einem Neulicht zum andern für Wirkung auf unſere Atmoſphäre habe, ob er fruhe oder ſpat ſäen, oder mähen ſolle oder durch welche Zeichen und Regeln gut Wetter erwarthen könne. Es muß eine mathematiſche und phyſicaliſche Obſervation doch nicht gar leer und ohne Frucht ſeyn, weil man in Auswärtigen gelehrten Geſellſchaften ſo fleiſſig darauf hält, wie wir es alle Wochen z. B. von der Univerſität in Wittenberg in dortigen Intelligenz-Blättern leſen können: davon wir hier eine Probe liefern, wie ſehr gemeinnützlich auf die Witterung, und auf die Fruchtbarkeit der Erde überhaupt ſich verwendet, und mit welchem Eyfer dem Vaterlande gedienet wird.

1. Morgen- und Abendbemerkungen der Luft.

Spt.-Tage		Schwere.		Temperat.		Feuchtigkeit.		Regen.		Winde.		Wetter.	
28.	♄	28, 05.	8, 00	45,8	48,8	386,1.	387,5	0.	0	NNW. 1.	NNW. 2	trübe 2.	klar 1.
29.	☉	27,117.	7,106	41,0.	49,6	384,6.	408,7	0.	0	WgN. 2.	WgS. 3	nebel 3.	klar 2.
30.	☽	27, 85.	7, 86	47,2.	47,5	391,3.	384,7	0.	24) 0	W. 1.	WgN. 2	trübe 2. r. 1)	kl. 1.
Oct. 1.	♂	27,107.	7,109	34,1.	45,7	393,6.	416,2	0.	0	NO. 1.	OgN. 2	klar 3.	trübe 1.
2.	☿	27, 96.	7, 85	39,3.	49,1	400,8.	422,6	0.	0	NW. 2.	W. 2	klar 2.	trübe 2.
3.	♃	27, 78.	7, 58	47,3.	47,8	376,2.	377,5	0.	0	W. 1.	NW. 2	klar 1.	klar 2.
4.	♀	27, 37.	7, 34	39,8.	50,2	379,7.	385,9	0.	0	OgS. 1.	NNO. 1	klar 1.	klar 2.
Im Monath September.		größte 28, 08 kleinſte 27, 48 Unterſ. 0,80 Gr.		gr. 48, 1 kl. 41, 0 Unt. 43, 1 Gr.		gr. 463,7 kl. 362,0 Unt. 101,7 Grade		S. 1455. Gr = 3. Z. 4 L. 15. G.		(O.NO. ● SW.W. ☽ OgN. NgW. ☉ OgN.W.		10 kl. 5 trübe 15. gem. 17 trockne. 13 naſſe Tage.	

Anmerkungen über die Witterung des Septembers und deren Wirkung.

Während dieſes Monaths hat ſich das Queckſilber im Barometer nur an drey Tagen unter der mittlern Höhe gehalten, die übrige ganze Zeit hindurch iſt es höher geweſen. Wir haben daher immer ſchwere Luft, obgleich bey meiſtens trübem Himmel, gehabt: eine Erfahrung, die ſich öftermals bey uns zuträgt. Indeſſen iſt doch das Gewicht der Luft niemals weder recht ſchwer, noch recht leicht, und die Veränderungsſcale nur von 8. Linien ausgefallen. Dieſe Luftſchwere ſtimmt mit der Kühlheit der Atmoſphäre recht wohl überein: denn es hat, auſer der anfänglichen Wärme des Monathes, die nur ein paar Tage gedauert,

durch-

durchgängig eine kalte Luft und ein rechtes Herbstwetter angehalten. Schon den 10ten war ein recht kalter, und den 27sten ein noch kälterer Morgen, von 41. Fahr. Graden. Die übrige Zeit Morgens und Abends allemal eine Temperatur von 50 bis 57 solcher Grade. Da indessen der 1ste September eine starke Wärme, Mittags von 84. Graden, brachte, so ist die Abwechselung der Temperatur für diesen Monath doch an 43. Grade gestiegen.

Etwas weniges über eine Umdrehung habe ich am Hygrometer bemerket, zum Beweise einer nicht zu starken Feuchtigkeit in der Luft. Aber doch hat es dabey nicht an Regen gefehlet; wenn gleich etliche Tage durch trocknes Wetter eingefallen ist. Der meiste Regen ward in der Nacht vom 23 — 24sten heruntergeschüttet, der Abends mit starkem Ostwinde anfieng, und bis gegen Morgen anhielte. Er brachte von 12. Stunden 586. Gräne, das ist, 1. Zoll 4. Linien, Wasser. Das ist in so kurzer Zeit ungemein viel. Es ward auch dadurch das Erdreich überaus erweichet, und die Gräben und Lachen sehr angeschwollen. Doch aber ist zur Zeit die Elbe, die nur etwas wenig zu steigen anfieng, weder ausgetreten, noch ferner gewachsen. Wäre nicht dieser einige starke Regen gefallen, so hätten wir überhaupt wenig Wasser bekommen.

Ein paarmal sind mittelmäßige Stürme eingetrofen. Einer den 9ten und der andere den 23sten. Beyde mit ziemlichen Regen begleitet. Die übrigen Tage hatten nur mäßigen Wind, und diesen ziemlich unbeständig. Denn bald blies er aus Osten, bald aus Westen und andern Gegenden. Diesemnach konnte das Wetter nicht anders, als gemischt, ausfallen, und der eigentlich trüben Tage nur wenige werden. Von Gewittern haben sich diesen Monath noch zwey hören lassen, doch in der Entfernung. Das am 2ten Abends blitzte unaufhörlich in SgW und W, und zu gleicher Zeit ein anderes in O. Das am 14. Abends um 8. Uhr stand in N, und gab nur ein paar sehr ferne Donner. Aber desto stärker waren etliche Blitze; daß ich mich auch nicht entsinne, entfernte Blitze so heftig und so stark gesehen zu haben, als diese. Ich vermuthete bald, daß sie ihres Orts gefährlich seyn würden; und man hörte gleich folgenden Tag, daß sie 2. Meilen von hier in einem Dorfe durch einen gewaltig feurigen und gleichsam mäßigen Strahl gezündet hätten. Denn 16. Morgends hatten wir bey 43. Fahr. Graden schon dicken Reif; eben wie den 29sten am Michaelstage, bey einem sehr dicken fallenden Nebel. Auch ist am 22sten Abends nach 9. Uhr ein sehr grosser weisser Hof um den Mond, im Halbmesser fast 45. Grade, bemerket worden, der sich einige Stunden erhalten hat. Uebrigens sind wir, dem Himmel sey Dank, doch von einer Elbüberschwemmung verschonet geblieben.

Die landwirthschaftlichen Anmerkungen über den September aus der bekannten freundschaftlichen und gelehrten Feder sind folgende: Dieser ganze Monath beschäftigte noch den Landmann mit rückständig gebliebener Aerndtearbeit. Der Haber kam nur sehr spät zu seiner Reife; er ward nun vollends eingebracht, und ist an den meisten Orten so ziemlich gerathen. Dagegen desto mehr Ausfall bey dem Heidekorne. Es hatte zwar in der Blüthzeit genug, aber der vielen Regen halber größtentheils nur taube, Blüthe. Die Herbstwiesen wurden gemähet. Sie gaben recht vieles, ja zweymal mehr Heu, als in andern Jahren; obwohl viele Hofnung in Ansehung derselben und des Grummets, durch eine abermalige Ueberschwemmung, von der Nacht des 24sten d. M. und die folgende Tage hindurch, vereitelt worden. Die Ackerbestellung zur Saat ward durch gedachte Ueberschwemmung der niedrigen Felder sehr zurückgesetzet. Auch hochgelegene strenge Aecker wurden durch den unablässigen Regen ganz flüßig und zum Pflügen untüchtig gemachet. Man muß sich deshalb so lange gedulden, bis Sonne oder Wind die Nässe wieder abtrocknen werden. Vor dem 24sten hatten wir einige anhaltende trockne und windichte Tage, welche von denjenigen Wirthen, die mit der Heuärndte fertig gewesen, zur Reinigung des Ackers von Quecken und Graswurzeln, recht wohl sind genützet worden. Die Sandäcker haben eine ganz ausserordentliche Festigkeit gewonwonnen, und beschäftigen die Eggen mehr als jemals. Wo klares Waßer im Sommer einige Zeit gestanden, da sind die Quecken, die sonst immer der Näße widerstehen, völlig vergangen, dagegen ihrer auf hohen Sandäckern, wo sie sonst in trocknen Jahren nicht anzutreffen, desto mehr geworden. Um unsere Felder wohl zu bestellen, werden wir eines gelinden Herbstes und späte kommenden Frostes oder Winters nöthig haben. Es ist Hoffnung dazu, wenn anders in einem so außerordentlichen Jahre, wie das gegenwärtige ist, folgende Regel der Alten nicht trügt: daß der Winter nur spät komme, wenn die Bäume sehr fruhzeitig ihr Laub fallen lassen. Man hat aber schon vor einigen Wochen ganz gesunde Birnbäume, als Muskateller, Marvasier, Bergamotten u. s. w. gesehen, die ihr Laub früh genug abgeworfen, und um Michael ganz nackend und kahl da stehen.

Die Obstärndte ward nunmehr auch allgemein, und ist, ungeachtet die Hälfte derer Oerter, ins Mittel gerechnet, nichts gehabt, doch ein großer Vorrath von Obst eingewonnen worden. Dieserwegen ist auch, da alle übrige Eßwaaren in hohem Preise stehen, der Preis der Baumfrüchte noch erträglich. Der Scheffel Pflaumen wird hier mit 18. bis 20 gr. auf den Dörfern von den Aufkäufern mit 16 gr. bezahlet; Birnen 20 gr. bis 1. Rthlr. Aepfel nach Verschiedenheit ihrer Art, 1 Rthlr. ½, auch 2 Rthlr; die Borsdörfer aber 2 Rthlr. 8 gr. Man hat bisher geglaubt, die Erdäpfel (Artoffeln) würden in Jahren des Miswachses der Theurung Einhalt thun können; gerade als ob diese Frucht den allgemeinen Ursachen des Miswachses weniger, als andere, unterworfen wäre. Dieses und das vorige Jahr hat den Irrthum sattsam widerlegen können. Eher und stärker kann man auf die Fruchtbäume Rechnung machen. Voriges Jahr war Obst, auch etwas Eicheln. Dieses Jahr ist mehr von beyderley Art. Es ist daher einem Lande die Vermehrung der Fruchtbäume auf alle Weise heilsam und erspriesslich. Die Belziger Chronik, deren letztes in diesem Blatte Erwähnung geschehen, meldet an einem Orte, daß vor einigen Jahrhunderten zwey Misjahre auf einander gefolget sind, in dem letztern aber ein so großer Ueberfluß an Obste geworden: daß damals der Scheffel Aepfel 3. gr. 6. pf. gegolten; man habe einen Scheffel gekochte Aepfel unter einen Scheffel Mehl gemenget, und gutes wohlschmeckendes Brod daraus gebacken, welches in vorgedachtem Verhältnisse so viel gewogen, als Brod von 1½. Scheffel Mehl. Und hierdurch habe sich die damalige große Theuerung geleget. Ich kenne Dörfer, die den Erdäpfel- oder Artoffelbau aus allen Kräften betreiben, und sonst wohl an die 30. Wispel erbauet haben. In diesem und vorigem Jahre haben sie, bey gleich starker Aussaat, noch nicht den dritten Theil; dagegen aber wohl 30 bis 40 Wispel Obst, und besonders allein auf 20 und mehr Wispel Pflaumen, wie einige Oerter im Belzigschen, gewonnen. Wie wenig kostet nicht die Wartung und Pflege eines Obstbaumes, und wie weit nützlicher könnte der Acker oder Garten zu andern und bessern Gewächsen, als zu Erdäpfeln, angewendet werden? Da es mir eine wahre Freude ist, vaterländischen Haushaltungen nützlich zu seyn, so kann ich den Artikel vom Obste nicht verlassen, ohne eine gute Methode anzuzeigen, wie man den Pflaumenmus, dessen anitzt recht viel gekochet worden, viele Jahre ohne Schimmel und Verderbniß erhalten könne. Wenn dieses Mus ein paar Wochen auf dem Boden (nicht in Kellern) gestanden, so schicket man die Töpfe in den Backofen, nachdem das Brod herausgezogen worden, und läßt das Mus so lange darinnen stehen, bis sich oben auf der Oberfläche desselben eine derbe und feste Rinde gesetzet hat. Nachdem man die Töpfe hierauf wieder kalt werden lassen, leget man auf das Mus gut getrocknete Blätter von Wälschnußbäumen, auf diese weichen Lehm, Thon, oder Letten, und stellet die solchergestalt wohl verlehmten Töpfe in eine trockne Kammer. Auf diese Weise dauert das Mus einige Jahre durch, und bleibt so gut und wohlschmeckend, als ob es erst gekochet wäre. Noch ist zu bemerken, daß die irdenen Töpfe (denn vor kupfernen wird sich ein jeder wohl hüten, weil das Mus, mehr als alles andere, den Grünspan an sich ziehet, und augenblicklich Kolicken, wo nicht etwas schlimmers, erreget) nicht ganz mit

Muße

Mutze angefüllet werden müsse; damit der Letten, der Fingersdick aufgetragen werden muß, Platz behalte. Auch muß der Letten, mit etwas Spreu oder Kaff, von Gersten, vermengt, und hiedurch dessen Aufbersten verhütet werden.

Mit den Viehweiden sieht es auf niedrigen Plätzen eben so gefährlich aus, wie im Herbste des vorigen Jahres. Die letzten Regen haben alles überschwemmet, und alle Hoffnung benommen, daß das Oberwasser wieder vertrocknen könne; da das Grundwasser nun dazu kömmt. Die Schafe, wo sie zweyschürig sind, wurden vieler Orten, um die Mitte des Monaths, bereits mit Vortheile geschoren. Wo aber dieses noch nicht geschehen ist, da wartet man noch auf warmes und trocknes Wetter. Die Schweine wurden auf Michael in die Eichelmast, woran es dieses Jahr fast keiner Waldung hier herum fehlet, getrieben. Auch ist viel wildes Obst in manchen Revieren, zur Vermehrung der Schweinemast, geworden. Man hoffet daher, daß es überall fette Schweine, um mäßigen Preis, gegen Weihnachten geben, und das Schweineschmalz den Abgang der Butter entweder ersetzen, oder ihren, wegen abermaliger Ueberschwemmung merklich angestiegenen Preis, wieder heruntersetzen werde.

Die Jagd ward mit Anfange des Monaths zwar geöffnet, und es sollte der Hirsch in seiner Feiste gewesen seyn. Allein man hat sein Wildprät nicht sonderlich feist befunden. Viele fanden sich, an denen nicht einmal etwas weißes, oder die allererste Anlage zur Feiste, zu sehen war. Eine Folge des von der vielen Nässe unkräftig gewordenen Grases! Die Sauen waren bisher zu starken Rotten in die Kornfelder getretten, und kehren nun allmälig in die Wälder zurück, wo das wilde Obst, die Eicheln und Buchnüsse abzufallen beginnen. Wo man Erdäpfel in den Feldern gehabt, da halten sie sich noch, und brechen selbige gewaltig um. Keine Frucht scheint das Schwarzwild so sehr in die Fruchtfelder zu locken, und länger darinnen zu erhalten, als gedachte Erdäpfel. Denn sie werden niemals ganz rein aus der Erde herausgebracht, sondern es bleibt immer etwas davon zurück. Eine abermalige Ursache, weswegen man diese Frucht aus den Feldern weglassen sollte! Der Krammetsvogelfang, der sonst 14. Tage vor und 14. Tage nach Michael der beste seyn sollte, ist bisher gar nicht beträchtlich gewesen. Die wenig gefangenen Vögel sind so mager, als man sie in vielen Jahren nicht gesehen hat. Der Waydmann folgert hieraus gewöhnlichermaßen einen mehr gelinden, als harten, Winter. Die Bienen wurden um Kreutzerhöhung von den Haiden nach Hause gehohlet. Da in diesem Monathe noch einige warme Tage mit unter eingefallen waren, so haben sie noch so ziemlich eingetragen, und haben die Fütterung nun nicht eben nöthig. Am besten sind sie da gerathen, wo sie ihren Stand im Walde selbst gehabt, und nicht von draußen haben hineinfliegen dürfen. Im Walde berühret sie kein Wind, daher sie auch bey den größten Sturmwinden unter den Bäumen ihre Nahrung mit Friede suchen können. Wo sie endlich noch vor Laurentii auf die Haide kamen, und die Blüthe des wilden Thymias oder Quendels haben nützen können, da geben sie dieses Jahr die allerreichste Ausbeute..

Wenn man endlich auch beym Schlusse der landwirthschaftlichen Anmerkungen des vorigen Monaths erwähnet, daß der itzige so hoch angestiegene Preis des Getreides lediglich eine Folge eines übel gehandelten Gewerbes und noch kein wahrer Mangel des Korns vorhanden sey: So kann man dieses sogleich mit der angränzenden Mittelmark contrastiren. Se. Preuß. Majestät hatten, bey Gelegenheit letzter Revüe, den Magistråten allerhöchst anbefehlen lassen, zu sorgen, daß kein Mangel, oder zu hoher Preis, des Korns verspüret werden möchte, widrigenfalls Sie sich an dieselben halten würden. Hierauf ist so viel Korn aus Magdeburg, Pommern und der Neumark verschrieben worden, daß der Roggen in Potsdam gegenwärtig wirklich nicht nur für 2. Rthlr. 14. gr. gekauft, sondern auch gehoffet wird, da noch vieler Vorrath unterwegens ist, ihn ehestens für 2. Rthlr. zu haben. Ein Beweis, wie ein einziger gefürchteter und genau befolgter Befehl mehr vermag, als viele Rieße von Einberichtungen, Klagen und Vorschlägen. In Städten, z. E. Treuenbrietzen u. s. w. die von den schiffbaren Strömen abgelegen sind, sorgen die Magisträte eifrig und rühmlichst, daß das Korn auf Wagen von den Schiffen abgeholet und ihre Städte versorget werden; welche kluge Veranstaltung um so nöthiger ist, als der Landmann bis Martini mit der Saat zu thun hat, und vor solcher Zeit von seinem eignen Gewinnste nichts zum Verkaufe in die Städte wird bringen können.

Die Anzahl der Kranken hat diesen Monath gar merklich abgenommen. Auf dem Lande sind hin und wieder einige mit krämpfigen Zufällen, und andere mit faulen Fiebern, beschweret; in der Stadt aber kalte oder Wechselfieber, und sogenannte kalte Fluß- oder Gliederschmerzen Mode gewesen. Der Husten hat bey Kindern noch häufig und heftig getobet.

b) Die hamburgische typographische Gesellschaft hat die neue Auflage des berühmten Tissotischen Werkes, die Anleitung zur Gesundheit für den gemeinen Mann, angekündiget, und zugleich die Preisaufgabe bekannt gemachet, welche die gedachte Gesellschaft den Gelehrten für künftiges Jahr zur Ausarbeitung gegen die Belohnug einer Schaumünze von 30. Ducaten vorschlägt. Sie bittet die Abhandlung in französischer, deutscher, oder lateinischer Sprache, noch vor Johannis 1772. an sie nach Hamburg postfrey einzusenden. Die Aufgabe ist folgende: Wie kann man am besten eine Realschule also einrichten, daß die Lehrlinge in selbiger fast lauter solche Uebungen und Fertigkeiten erhalten, welche ihren besondersten Verrichtungen ihrer nachherigen besondersten Lebensart oder besondersten Profeßion am gleichförmigsten sind? Sollten die an die Gesellschaft eingeschickten Abhandlungen wider Vermuthen dieser Aufgabe kein völliges Genüge thun, so soll dennoch derjenigen Abhandlung der Preis zuerkannt werden, die bloß überhaupt am besten zeiget, wie wenig auch die allerbeste, und den besondersten Fähigkeiten und Umständen einer gewissen Person angemessenste Anweisung die durch selbige zu erwirkende beziehliche besondere Tugend hervor zu bringen vermag, wenn man in Zukunft nicht mehr, wie bisher, auf die nothwendigen Ausübungen solcher nämlichen Anweisung halten will.

Artic. IX.

Vermischte Nachrichten.

a) Braunau den 13. Weinmonaths. Gestern, als am hohen Namensfeste unsers Durchleuchtigsten Churfürsten und gnädigsten Herrn, wurden allhier die Fahnen des churbaierischen Daunischen Regiments zu Fuß, in Gegenwart Sr. Excellenz des Herrn Generals und Regiments-Innhabers, Karl Wilhelm Stanislaus, des H. R. R. Grafen und Herrn von und zu Daun, auf das feyerlichste geweihet. Diese Händlung nahm Vormittag ihren Anfang mit einer Anrede des Herrn Dechants von Ranshofen, die vom besten Geschmacke war, und so gut auf dieses Geschäfte gieng, daß man sie, zum Ruhme des Redners, unter die bestgerathenen zählen darf. Den Herren Officieren erklärte er die ächte Tapferkeit: und der gemeinen Mannschaft machte er das Laster des Meineids gräßlich. Wollte GOtt, es hätten sie alle die Religionslosen Helden gehöret, die nur bey Friedenszeiten ein tapferes Maul haben; und jene hurtigen Krieger, die eben nicht wegen Heiligkeit des Eides Wunden auf dem Rücken tragen! Man war bemühet, diese Rede geschriebener zu bekommen, um sie öffentlichen Blättern einschalten zu können; allein man mußte erfahren, daß dieser Redner zwar wie Cicero gesprochen, aber nicht wie Cicero denket, der vielmal nur zu seinem eigenen Lobe geredet zu haben scheinet. Das übrige Kirchengepränge wurde durch Se. Excellenz des H. R. R. Grafen von Spauer, Dechant des Churbaierischen hohen St. Georgii Ritterordens, und infulirten Probsten zu St. Wolfgang und Mattighofen, verrichtet. Unter dem feyerlichsten Hochamte wurden drey Salven gegeben, und zum Beschluße der Weihung das Ambrosianische Lobgesang Te Deum &c. unter Abfeurung dreyer Salven abgesungen. Nach verrichtetem Gottesdienste gab der Herr General und Regiments-Innhaber ein sehr prächtiges Diner von 60. Converts, wozu die sämmtlichen Herren Offi-

ciere

cirte sich einfanden. Die Gesundheit Sr. Churfürstl. Durchleucht hatte dabey am meisten zu thun, worunter Trompeten und Paucken von den Thürmen beständig erschallten; und der Commandant Herr General von Herbst ließ 24. Stücke von dem Walle donnern. In angehäuchelten patriotischen Wünschen folgte einer dem andern nach, welche um ein tausendjähriges Daseyn eines Fürsten bathen, der eine grose Landschaft mit Gutthaten anfüllet. — Ein fröhliches doch artiges Jauchzen ertönte im Speissaale, welches sich nach und nach mit dem Tage verlor. Abends lud das Corps der Officiere ihren Herrn Generalen auf ein groses Soupee ein, so in 80. Couverts bestand. Nach diesem folgte ein Baal, der sich und die ganze Feyerlichkeit mit dem Anbruche des Tages, unter einer allgemeinen Zufriedenheit, beschloß.

b) Vilshofen den 9. Weinmonaths. Eines hiesigen bürgerlichen Tuchmachers 9. jähriges Töchterlein war seit 4. Jahren durch die Bocken auf einem Auge, vermittels eines darüber gewachsenen Fehles, blind geworden, ob · das die dagegen angewendeten Hilfsmittel · as fruchteten. Unlängst spielte es mit andern Kindern, wovon ihm eines ein Messer aus Unvorsichtigkeit in dieses blinde Aug stieß: sogleich wurden Ueberschläge gebraucht, und als man nach kurzer Zeit nach den Augen sahe; lachte das Kind seine Aeltern freudig an, und sagte, daß es auf diesem verletzten Auge wiederum sehe, welches die angestellten Versuche bestärkten. Das Fehl verschwand nach und nach, und das Kind kann jetzo so gut, wie auf dem gesunden Auge, sehen, als wenn es durch den künstlichsten Augenarzt wäre geheilet worden. So glücklich ist ein Zufall, welcher von dem Auge des höchsten Meisters der Natur geleitet wird. —

c) Paris den 30. Septemb. Aus Rochelle vernimmt man, daß das Schif, der Glückliche, bey der Insel St. Thomas einen Windstoß bekommen, wovon der Capitain, der Wundarzt, und ungefähr der dritte Theil der Schiffsleute das Gesicht verloren, so viel sich nämlich eben auf dem Verdeck gefunden. Man glaubt aber, daß dieser Zufall, wovon man mehr Exempel hat, wieder vorbey gehen werde. Vor zwey Jahren trug sich eine ähnliche Begebenheit mit einer Heerde Rindvieh, von mehr als 80. Stücken, bey Rochefort zu, welche plötzlich auf der Weide blind wurden, und bey jedem Schritte stolperten, so daß man sie mit Mühe in die Ställe brachte. Ein erfahrner Bauer ließ ihnen ein Pulver von getrockneten Knochen in die Augen streuen, wodurch sie nach und nach wieder sehend wurden. In Egypten giebt es Wirbelwinde, wovon die Reisenden, wenn sie sich bey dessen Annäherung nicht gleich mit dem Angesicht auf die Erde legen, stockblind werden. *

* Was für Schaden die Winde sonst auch in andern Gegenden anrichten, weis jedermann; ausgenommen die Windmacher, welche davon zu leben wissen.

Artic. X.

Etwas zum guten Geschmack.

Moralische Gedanken.

§. 1. Es fällt dem menschlichen Herzen leichter, zehen wichtige Wahrheiten aufzuopfern, als einen einzigen angenehmen Irrthum fahren zu lassen.

§. 2. Ein verstellter Freund ist gefährlicher, als ein offenbarer Dieb: vor diesem verschließt man sein Haus, jenem eröffnet man sein Herz.

§. 3. Vor allem Ungeziefer ist der Verläumder das giftigste, der Schmeichler das gefährlichste, und der Geldsieche das unverschämteste.

§. 4. Eine Wohlthat bleibt nie unbelohnt, und wer für das Vaterland wohl denket, der verlieret niemal, wenn ihm gleich Leute, von Privat-Interesse beflecket, die Füsse abschlagen.

§. 5. Ein bloses Schwerd in der Hand eines Rasenden ist weniger zu förchten, als ein feiner Verstand bey dem schwarzen Herzen eines Lasterhaften.

§. 6. Wer da wünschet, daß gut von ihm gesprochen werde, der hütte sich, von andern übel zu sprechen: denn die Strafe der Wiedervergeltung ist noch nicht aufgehoben.

§. 7. Hütte dich, einen kriechenden Schmeichler abzugeben; denn das verräth eine kleine niederträchtige Seele. Willst du aber je der Welt mit Schmeicheln dienstbar seyn: Ey! so schmeichle das Gute, und niemals schädliche Unternehmungen: so bist du ein Mann.

Was spricht der Hahn? — Nicht viel! —
Dem wird ein Ehrenamt sein ganzes Himmelreich;
Den macht der Uebermuth den Götter-Söhnen gleich;
Der hat ein üppig Weib nunmehr sich beyzulegen;
Der sucht Joch-Ochsen aus; der wünscht sich Güter-Regen ...
Und Demuth und Zufriedenheit, weis die Ruh' in Gold zu prägen. —
Der Hahn.

Churbaierisches Intelligenzblatt

Num. XXV.

München den 9. November 1771.

Artic. I.

a) Generale: die weise Verordnung des zu einer systematischen Landesverfassung in Policey- und Regierungssachen nöthigen Universal-Conspects über den Nähr- und Zehrstand der Churbaierischen Landen betreffend. Datirt den 30. September 1771.

Wir Maximilian Joseph, Churfürst ɛc.

Ertheilen hiemit folgende Instruction, wornach sich alle in Unsern Churlanden zu Baiern, und der obern Pfalz sich befindliche Gerichter, und Kastenämter, dann deren Incorporationsorte, Hofmärken, Klöster, Städte, und Märkte schuldgehorsamst, und fördersamst zu achten haben.

1mo. Nachdem Wir in Churmildester Absicht auf eine allgemeine Landeswohlfahrt zur Ausführ- und endlichen Exequirung systematischer Landesverfassungen in Policey- und andern Regierungsvorfällen einen Universalconspect des Nähr- und Zehrstandes in Unsern Landen unumgänglich nothwendig ermessen, und die Art zu dessen Erholung in voraus bey theils Gerichtern und Märkten in die wirkliche Probe, und sattsame Prüfung gesetzt haben. So ergehet an alle, welchen Wir gegenwärtige Verhaltungsinstruction zufertigen lassen, Unser Landesherrlich gnädigst und gemessenster Befehl, daß selbe die hierzu erfoderliche Beschreibung, in der hinnach vorgeschriebenen gleichförmigen Ordnung mit behöriger Verläßigkeit um so aufmerksamer abzufassen bedacht seyn sollen, als Wir bey dieser nicht so viel Uns selbst, als in den Folgen dem ganzen Vaterlande nützlichen Einsicht einigen Unstriß, oder ungleiche Angaben nicht gleichgiltig ansehen, sondern dort und da unentran-

 so

te Nachfrage bestecken, auf erfahrende Unverlässigkeit durch Commißionen auf Unkösten der fehligen Theilen die Untersuchung in loco vorkehren, gegen saumige unsere Beamten in höchsten Ungnaden mit Suspensionen, und Amotionen, gegen andere Obrigkeiten bey Incorporationsorten mit exemplarischen Strafen verfahren, falschangebende Hausväter aber, wenn selbe bemittelt, um 12. Reichsthaler zur Hälfte für den Ausbringer, und zur Hälfte für die Armencasse jeden Orts bestrafen, Unbemittelte hingegen mit der Arbeithausstrafe ansehen lassen würden.

2do. Da Wir ganz wohl erkennen, was über dieses Geschäft für Zeit und Mühe ergehen, und das mancher bis zur wirklichen Handanlegung diese Arbeit sich beschwerlicher, als sie in der That ist, machen dörfte. So haben Wir einerseits der gegenwärtigen Jahrszeit abgewartet, in welcher bey den meisten Beamten die Rechnungsarbeit vorbey, und der zu vernehmende Unterthan vermög seiner Feld- und Hausarbeit minders gehindert ist, anderseits aber haben Wir zur gar merklichen Ueberhebung dieser Arbeit tabellirte Bögen, und meistens theils brauchbar gesetzte Rubriquen solchermassen vordrucken lassen, das anstatt ungleicher und weitläufiger Protocollirung nur gleich zum voraus die Hauptnämen, sodann die Ziffer in ihre gehörige Stelle, oder Fach eingesetzet, und was von solchem Papier, über die der gegenwärtigen Instruction gleich beyschliessende proportionirte Anzahl, noch weiters erfoderlich seyn möchte, von Unser hierzu verordneten Commißion unentgeltlich verabfolgt werden solle. Dabey Wir den Verfassern auch im voraus das allenfallsig widrige Vorurtheil, und die Beysorge, als ob diese mühsame Arbeit alljährlich kommen dörfte, mit der gnädigsten Aeusserung benommen haben wollen, daß dieses Werk nur einmal zum fürdaurenden Fundament zu bearbeiten, die Zu- oder Abgänge in künftigen Jahren ohne sondere Mühe unschwer zu ersetzen stehen. Wessentwegen auf jeder Seiten das erste Fach des Translatus unersetzt belassen werden solle. Es haben also sammtliche Beamten von jedem Hause, oder Familie eine Hauptperson, welche für alle zu ihrer Haushaltung gehörige junge und alte Personen, Kinder und Ehehalten Red und Antwort geben kann, vor sich kommend zu machen, darüberhin alle andere, in Häusern sitzende sich selbst nähreude ledige Leute vor sich zu rufen, und um soviel mehrers persönlich zu vernehmen, als man die Probe hat, daß durch die persönliche Vernehmung niemand verschwiegen wird.

3tio. Gleichwie man die einlaufenden Beschreibungen ohnedem nicht auf einmal, sondern nach und nach in dem Universalconspect, oder Haupttabelle eintragen, und zu dieser endlichen Zusammensetzung (so zu sagen) nur eine Feder sich abgeben kann, so wollen Wir anmit die Terminen zur Einsendung wohl proportionirlich gegen jeden Verfassers zu ermessenden Arbeit, und wie gleich folget, bevorstellen, den Ort zur Einsendung aber dahin verordnet haben, daß gleichwie Wir die endliche Verfassung des Hauptconspects Unserm Kammerer und Regierungsrath zu Landshut Herrn von Dachsberg zugetraut, also auch zu Vermeidung des mehrfachen Hin- und Herschickens dieser vielblätterigen Arbeiten gleich recte an ihn von jedem Verfasser die Einsendung verschloßner mit der gleichförmigen Aufschrift geschehen solle: Den Churfürstl. Kammerer und Regierungsrath, dann zur Beschreibung des Nahr- und Zehrstandes in Churbaiern gnädigst verordneten Commissario Johann Nepomuck Freyherrn von Dachsberg einzuliefern.

Und also werden recte dahin ihre Beschreibungen einsenden

Die Stift- und Klöster in 4. Wochen.
Die Städt- und Märkte in 6. Wochen.
Die Hofmärken, und Sitze in 8. Wochen.
Die Gerichter und mit der Jurisdiction begabten Kastenämter in 12. Wochen.

Alles zu verstehen von dem Tage der Vorweisung des Circular-Patents, welches mit dieser Instruction die Gerichter an die Incorporationsorte auszuschicken, und nach dessen Zurucklauf, und Producirungs-Unterschrift mehrgedachten Unserm Commissario zuzusenden haben, welcher von Uns somit gnädigst befehlet ist, nach Auslauf solcher Terminen die

moromerose Theile mit eignen auf deren Kösten abzusendenden Bothen auf das verfänglichste zu betreiben.

4to. Belangend nun die Art dieser Beschreibung, wie solche den Personalstand im voraus, und nachhin gewiß zu wissen nothwendige Realnebendinge zum Gegenstande hat, so haben die auf dem Lande entlegenen Stift- und Klöster nach den Fächchen der Tabellen ihr Personale sowohl weltlich- als geistlichen Stands einzusetzen: z. E. 1 Probst, 1 Decan, 8 Canonici, oder 1 Prälat, 1 Prior, oder Quardian, 12 Patres, 6 Clerici, 2 Novitzen, 4 Layenbrüder, 8 männliche, und 3 weibliche Dienstbothen, und also von Frauenklöstern zu verstehen; dahingegen jene Columnen oder gedruckte Rubriquen, so sie nicht betreffen, mit Fehlstrichen auszufüllen sind. Zum leichtern Begrif lieget ein Formularbogen sub lit. A. hieben.

Was aber derenselben besitzende Hofmärken, und Grundunterthanen betrifft, solches haben sie mit der klösterlichen Beschreibung nicht zu vermischen, sondern darüber auf Art, als hinnach folget, wie andere Hofmärken separirter ihre Beschreibung abzugeben, von aussen aber wird überschrieben: Real. & Personal Stand des Rentamts N. Gerichts N. Kloster N.

5to. Die Städte und Märkte überschreiben hingegen ihre Tabelle: Real. & Personal Stand der Stadt, oder Markt N. Rentamts N. Gerichts N., und setzen somit in einem Fache, nach dem andern die treffende Personal und Realien, doch in folgender Ordnung, vor allen die Gotteshäuser, Filialen, und consecrirten Kapellen, jedes in specie in ein Fach, das Ziffer, somit in jene Columnam, wohin die Zwerchrubrique den Platz anweiset.

Nachhin wird das geistliche Personale, Klöster, Pfarrer, Beneficiaten, und andere Geistliche, auch milde Stiftungshäuser, und sogleich auch das hierzu gehörige weltliche Personale, Schulmeister, Meßner, Kirchendiener, Todtengraber, jedes namentlich in sein Fach eingetragen: Alsdann werden die zur Stadt nicht gehörigen sondern nur innwohnenden, sie sind Adelich- In- oder ausländische Personen, churfürstl. landschaftl. oder privat vor sich lebenden besold- oder pensionirten Diener, oder Provisonen, Studenten, Schreiber, und andere derley Insassen vorgeschrieben, endlich vom Burgermeister an, bis zu den letzten Burger, und Beysitzer nach den Stadtsviertein, wo derley sind, außer dem aber nach den Gassen, mit all jenen Umständen, Professionen, Kindern, und Domestiquen, eingestellet, wie schon der Vordruck der Rubrique die Weisung giebt, welche, wenn von der eingedruckten Gattung nicht vorhanden, in der Columna mit Fehlstrichen bezeichnet, wenn hingegen über die vorgedruckten noch andere Gattungen der Handwerker, oder Innsassen sich zeigen, mit der Feder in sein Fach eingesetzet werden, dergestalt jedoch, daß bey jeder unterschiedner Gattung des Personals eine Summe gezogen, und diese zum Unterschied mit rother Dinte eingestellet, folglich der aufmerksame Bedacht genommen werde, daß nicht einige Personen, sonderlich bey den Kindern in mehrfachen Ansatz oder Zahl durch jenen Unterscheid der Summen bey der Hauptsumma kommen dürfen, alles nach klärerm Anweis des Formularbogens lit. B. hieben. Und gleichwie

6to. Die in dem unten am Bogen stehenden letzten Fach zusammen gezogenen Partialsummen in einer jeden Rubrique nur pro Latere dienen, solch mehrere Summen, respective Latera hingen bey jedem Handwerk oder Stand die Hauptzahl abwerfen müssen, so sind auch gleichfals die anderwerts verheurathete oder in geistlichem Stande sich befindlichen Kinder, weil sie in loco habitationis, oder in jenem Orte, wo sie exponirt sind, allschon angezeigt werden, auszulassen.

7mo. Und da weiters die entworfene Tabel zwey Hauptsummen begreifen, als nemlich den zu jedem Hause gehörigen, und den sich in jedem Hause wirklich befindlichen Stand, so sind in der Rubrick: Summa der zu diesem Hause gehörigen Seelen, sammentliche Kinder, es mögen sich solche in Diensten, in oder außer Baiern befinden, nebst dem Stande, und Ehehalten zusammgezogener vorzumerken, in der Rubrick: Summa der allda wirklich sich befindlichen Seelen, hingegen nur allein jene Seelen vorzutragen, welche sich wirklich in den dasigen Häusern befinden: damit man aber leicht abnehmen kann, wie viel Innwohner jedes Haus haltet, so sind die Viertel oder Gassen abzusondern, und die Häuser zu numeriren, die im Hause wohnenden hingegen den nemlichen Nro. des Hausinnhabers zu adnumeriren, z. E. nach vorgemachten Absatz: Erstes Viertel, Nro 1. Heilmair Apothecker mit dessen ganzem Personale durch alle Rubriquen, den im Apotheckerhaus wohnenden Schneider aber also vorzutragen: ad Nrum. 1. Ostermayr in Hailmair Apotheckerhaus.

8vo. Da bey Städt- und Märkten die letzten zwo Rubriquen die Häuser und Herdstätte schon anzeigen, so sind bey dem Hausinnhaber das Haus, und dessen Herdstatt, bey dessen Innwohner aber das Fächel der Häuser mit Leerstrichen ersetzen zu lassen, und die betreffende Herdstätt fleißig vorzumerken, und zwar nach den Mandaten vom 22. Sept. 1761. und Generalmandat de Anno 1762. §vo 2do auf welchen §phum sich sämmtliche Obrigkeiten genauest zu halten, außer dessen man gegen die Nachläßigen, oder geflissentlich verschweigenden Conscribenten, und Obrigkeiten Eingangs bedrohte Untersuchung und Bestrafung unmittelbar wahr machen wurde.

9no. Unsere Gerichter, und alle Hofmärkten haben sich beynahe auch obiger Umständen in ihrer Verfassung zu gebrauchen, und leiten selbe die gedruckten sonderheitlichen Tabelbögen von selbst meistentheils zur Behörde ein, wie sub Lit. c. in welchen, was selbe nicht betreffen mag, an Rubriquen bereits übergangen ist. Doch ist in jedem Orte der Conscription die Hofmark, Sitz, Dorf, oder Einöde, mithin bey jedem Orte zu benamsen, in line hinnach in der Haupttabelle zwo Rubriquen zu ziehen, wie viel sich Dörfer, und Einöden, in jedem Gerichte, Herrschaft, oder Hofmark bezeigen, wo auch in den Fächchen bey jedem Besitzer der Nrus des Hofanlagsbuch, oder wo solches noch nicht vorhanden, der Nrus der Anno 1752. Güterconscription, nebst dem Hof, und Zubaugütern, welche er besitzet, namentlich, und mit Ziffern in ihre hierzu bestimmte Fächchen einzusetzen, sogleich aber die Zubau- oder öde Güter in den vorhandenen Fächeln sonderbar wieder vorzumerken sind, mit diesem Beysatz, daß die Hofmärken jederzeit den Eigenthümer zu benamsen, und falls solcher in einem andern Orte schon beschrieben ist, vorzumerken: z. E. Hofmark N. dessen Besitzer N. Rentamts N. Pfleggerichts N. dessen Personale in München, oder Landshut schon beschrieben: wohnet aber der Innhaber auf der Hofmark, so ist sein Personale nebst dem dortfalls wohnenden Beamten vorzutragen. Gleichwie aber bey den letzten drey Rubriquen auch die Frage um die Zahl der Häuser, Herdstätt, und Schutzgelder geschieht, so haben diese unsere Beamten, und sämmtliche Obrigkeiten in den gehörigen Fächchen überall separirter vorzutragen, und zwar nicht, wie sie etwann ein oder andern Orts die Zahlen der Herdstätt und Schutzgelder irrig angezeigt haben, sondern wie sich solche nach der Lage gegenwärtiger Conscription, gemäß obangeführter Generalmandaten zeigen werden, dessentwegen sämmtliche Obrigkeiten obigen §phum 2dum im Generalmandat wohl zu lesen, und diesem genauest zu befolgen haben.

10mo. Da nun endlich die Summen bey jedem Stande in der Conscription geschlossen sind, so muß auf gleiche Art nach Proportion der vielerley Ständen eine Tabelle leniret, in diese als einen Calculum nebst sonderbarer Entwerfung jeden Stands sowohl in Capite, als ex Transverso alle Summen von der Conscription, und zwar folgender Ordnung nach, als anfangs die Gotteshäuser, sämmtliche Geistlichkeit, Klöster, geistliche Häuser, arme und andere milde Stiftungshäuser, Schulmeister, Meßner und Kirchendiener, dann Todtengräber, weiters die Churfürstl. und ständischen Schlößer, Gebäu und Wohnungen, landschaftlichen Gebäu, churfürstl. und ständischen Amtswohnungen, Adelsstand mit oder ohne Chargé, churfürstl. Räthe, ausländischer Adel, churfürstl. landschaftl. und ständischen Beamten, Advocaten, Medici, churfürstl. und landschaftl. Kanzleyverwandte, churfürstl. respective gerichtische oder ständischen Schreiber, Hofschutzverwandten mit oder ohne Dienst, chur-

fürstl.

fürstlichen Officianten, ständischen Hausofficianten, auswärtigen oder zur Stadt gehörigen Studenten, churfl. oder andere Musikanten, churfürstlichen oder ständischen Jäger, churfl. oder ständischen Livreybedienten, die zur gemeinen Stadt gehörigen Gebäu, adelich unbewohnt, und burgerlichen Nebenhäuser, Burgermeister, inn- und äußere Rathsfreunde, nebst den zum Magistrat gehörigen Officianten, Apothecker, Bäcken, Bader, und sofort sämtliche Handwerker, und übrige Stände dem Alphabet nach, endlich aber die Austrägler, Innleute ohne Profeßion, Tagwerker, item Naderinnen, angenommenen und unehelichen Kinder, Bettelleute, Scharfrichter, Schergen, dann Wasenmeister, nach bey jedem Orte ergebenden Gattungen vorstehender Personen ersetzet, dann endlich ein Summarum gezogen werden, wobey wohl zu beobachten ist, daß in den vordern Rubriquen die Personen des Stands, die Kinder, Ehehalten, so andere dazu gehörige Personen die erste Summa ergänzen, die zweyte Summa hingegen mit den vom Haus abwesenden Kindern wieder die vorige Summa ausmache, sofort jeden Orts männlich und weiblichen Geschlechts vollkommene Probe halte.

11mo. Zu gleichförmiger Erzielung des gnädigsten Verlangens sollen jedoch diejenige Conscribenten, welchen vorstehende Instruirung nicht klar genug wäre, an Unsern Kammerer und Regierungsrath zu Landshut Baron von Dachsberg sich correspondendo wenden, welcher ihnen die Anstände nicht nur erläutern, sondern auch entweder andere schon verfertigte derley Conscriptionen zur Absehung gegen Remißion ihnen abfolgen, oder wenigst mittels einigen vorgearbeiteten Formularbögen die Anstände durch Exempeln erleichtern wird.

12mo. So ungnädigst Se. Churfürstl. Durchl. allen Saumsal in dieser Arbeit Eingangs gedachter massen anzusehen gedenken, eben so gnädigst gedenken Höchstselbe den Fleiß, Mühe und Eyfer der Beamten bey dieser Arbeit dermassen gnädigst aufzunehmen, daß nach Gestalt der Wirkung, und Folge dieser landesnützlichen Arbeiten denen sich besonders distinguirten fleißigen Beamten ohne Anhalten ein der Nutzensvermehrung proportionirlicher Recompens, oder anderweite Churfürstliche Gnade zugewendet werden solle. Wir versehen Uns daher Unsere, so gnädigst- als ernstliche Willensmeynung wirksam zu machen. Gegeben in Unserer Haupt- und Residenzstadt München, den 30. September 1771.

Ad Mandatum Serenissimi Dni. Dni. Ducis Electoris speciale.

(L.S.)

Mathias Präntl.

b) Patent: die wiederumige Aufhebung der freyen Einfuhr des Rauchtabacks, so anders betreffend. Datirt den 14. October 1771.

Demnach Se. Churfürstl. Durchleucht unser allerseits gnädigster Herr Herr, Dero unterm 6. July Anno dieß, in Tabackswesen ex Commissione Speciali ausgefertigt gnädigste Resolution, Kraft welcher sowohl dem Particulair, als jedem des Handelsberechtigten die freye Einfuhr des Rauchtabacks in gewisser Maaß Churmildest zugestanden worden ist, aus seinen besondern Ursachen gänzlich widerrufen, und dahin abgeändert haben wollen, daß der Particulier, wie der Handelsmann von fernerer Einfuhr des Rauch- und um soviel mehr von Hereinbringung des Schnupftabacks à die publicationis an, sub pœna Confiscationis sich enthalten, sohin in Zukunft verstandene Taback-Einfuhr niemand andern, dann der gnädigst privilegierten Compagnie, und auch dieser anderergestalten nicht erlaubt seyn solle, als daß selbe in Conformität eingangs allegiert gnädigster Resolution die ab den hereinführenden Rauch- und Schnupf-Taback treffende Accisgebühr à 6. & 13. fl. vom Centner, neben der Mauth ad 9. kr. bey der Einfuhrstation nach Verfluß jeden Monaths ordentlich berechnen, und das abwerfende Quantum baar bezahlen, beynebens soviel den Schnupftaback betrift, dergleichen ohne einem von mehrbesagt Sr. Churfürstlichen Durchleucht höchst eigenhändig unterzeichneten Paß einzuführen sich nicht untersange.

Als wird ein solches den hernach benamst Churfürstlichen Mauthämtern mit dem Anf-

Auftrag zur Nachricht angefügt, daß solche nicht nur von selbsten sich hiernach gehorsamst achten, sondern auch die alldahin incorporirten Beymauthämter auf die genaue Befolgung gegenwärtig gnädigster Anbefehlung mittels abschriftlicher Communicirung dieses durch eigene Bothen abgehend, und der richtig beschehenen Vorweisung halber zu unterschreiben kommenden Circular-Patents, welches behörig zu publiciren, und an den gewöhnlichen Orten zu jedermanns Wissenschaft zu affigieren ist, ernstlich anweisen sollen.

Uebrigens wollen es mehrgedacht Se. Churfürstl. Durchl. bey der occasione Eingangs bemeldt gnädigster Resolution für die in solcher benannten Rauchtaback-Sorten in Druck gelegten Tarif noch fernershin belassen, dargegen aber auch anbefohlen haben, daß der von nun an confiscirt werdende Rauch- dann Schnupf-Taback von dem verhandlenden Amte zur nächst entlegenen Niederlag, oder Haupt-Mauthamt, sofort nicht mehr an Particuliers, gegen baare Bezahlung des wahren Preises, mit Ausschluß des Accis, so die Compagnie besonders zu vergüten, gelegenheitlich übermachet werde, als wornach sich Mauthamtsseits ebenfalls zu achten, und den incorporierten Beymauthämtern die Weisung zu geben ist. München den 14ten October Anno 1771.

Ex Commissione Speciali. &c.

Vom Churfürstlichen Cammeral-Mauth-Directorio. An die sämmtlichen Churfürstlichen Mauthämter in Baiern, und der obern Pfalz also abgangen.

Sec. Stürzer.

Artic. II.

Feilschaften.

a) Niclas Runk, Pechler zu Ettal hat 60. Centner geläutertes Pech um einen billigen Preis zu verkaufen, so er dem inländischen Publico hiemit feilbiethet.

b) Johann Jakob Jäcklein, Burger und Handelsmann zu Neumarkt in der obern Pfalz hat an ausgeschirzten Schaafviehe, nämlich 150. Stücke Hämmel, das Paar zu 11. fl., 150. Stücke heurige Lämmer, das Paar à 5. fl., und 120. Stücke Mutterschaafe, das Paar um 7. fl. zu verkaufen, welche er hiemit dem inländischen Publico feilgebothen haben will.

Artic. III.

AVERTISSEMENT.

Gleichwie Anno 1770. allschon beschehen: also wird dem gesammten Publico hiemit ferners zu wissen gemacht, daß die in der churfürstlichen Haupt- und Regierungsstadt Burghausen auf Simon und Judä, dann Nicolai-Tag eingeführte Ochsenmärkte, noch ferners abgehalten werden, hierauf auch anderes Hornvieh zum Verkauf gebracht wird, mithin sich sowohl Käufer, als Verkäufer desto zahlreicher einfinden möchten. Actum den 25ten October 1771.

Churfürstl. Hauptstadt Burghausen.

Notification.

Nachdem durch Ableiben Leopold Eggaßner, gewesenen Churfürstl. Bildhauer in der hiesig Churbaierischen Gränzstadt Reichenhall, dessen Bildhauer-Gerechtigkeit nebst dem Werkzeug und einer eigenen wohlgebauten Behausung feil geworden, und demjenigen Künstler dieser Art gegen leidentliche Bedingnisse überlassen werden solle, welcher Proben seiner besitzenden Kunst bey dem burgerlichen Magistrate vorweiset. Als wird dieses hiemit kund gethan, daß sofern sich ein Liebhaber in dieser volkreichen Stadt niederlassen, und obiges Eigenthum an sich bringen wollte: derselbe sich bey dem Küsterer oder Pfarrmeßner allda als Innhaber obiger Stücke, vorläufig zu melden hätte. Actum den 18. October 1771.

Churfürstl. Gränzmauthamt Reichenhall.

Hohe Beförderungen.

1) Den 14. August a. c. wurde das vacante Pflegs-Commissariat Friedburg im Rentamt Burghausen dem gewesenen Pfleggerichts-Commissario zu Traunstein (Titl.) Herrn Maximilian Wider gnädigst verliehen.

2)

2) Den 2. September ist (Titl.) Herrn Anton von Waizenbeck Churfürstl. Hofkammerrath, mit dem Charactere eines Landrichters, das erledigte Pflegs-Commissariat Teyspach gnädigst verliehen worden.

3) Den 2ten October wurde (Titl.) Herr Caspar Zarimarii gewesener Mauthner zu Dorfen, auf das ledig gewordene Gränzmauth- und Salzamt Rosenheim gnädigst übersetzt.

Artic. V.

Handlungs-Nachrichten.

a) In Absicht auf die Weinlese berichtet man von Orleans, daß die Trauben zwar groß sind, und man sich also in Ansehung der Qualität des Weins gute Hofnung mache; hingegen über die Quantität klagt jedermann, und eben diese Nachricht ist auch aus andern französischen Plätzen eingelaufen.

b) Vermöge eines Arret deß königlichen Staatsraths vom 24. August ist die Ausfuhr von Korn, Gersten, Haber, Bohnen, u. s. w. aus den Provinzen Franche-Comte, dem Elsaß, dem Lande Messin, Lothringen und Baar verbothen worden.

c) Die Viehseuche hat in den Niederlanden wiederum überhand genommen, und richtet in verschiedenen Provinzen grosse Verwüstungen an.

d) Von Rochelle meldet man, daß die Amerikanischen Colonie-Waaren sich noch immer in den nämlichen Preisen erhalten, so wie diejenigen von den Landes-Producten selbst keine sonderliche Veränderung die Zeit über erlitten.

e) Zu Metz sind die Kornpreise ziemlich herunter gegangen, und das Fleischwerk ist auch auf einen ziemlich niedrigen Preis taxieret worden: das Ochsenfleisch gilt das Pfund 3. S. 3. pf. das Kalb- und Hammelfleisch 5. S. 9 pf. das Kuh- und Lämmerfleisch 4. S. 9 pf.

f) In Holland ist unter dem 2. Sept. eine Verordnung der Generalstaaten, in Absicht auf die ein- und ausgehenden Rechte der rohen und rafinirten Zuckern bekannt gemacht worden. Vermöge dieser Verordnung sollen vom Centner roher oder rafinirter Zuckern außerhalb Europa, nach Abzug 15. pro Cent. für die Tonne, und von 20. pro Cent. für die Küsten, 6. Stüver eingehende Rechte und 15. Stüver ausgehende Rechte zur See oder über Seeland erleget werden, von Fuhrwerken zu Lande, oder durch die Kanäle 30. Stüver. Alle rafinirte Zuckern in den Staaten der Republick sollen innerhalb einer bestimten Zeit von allen Abgaben frey seyn; von allem rafinirten Zucker in andern europäischen Ländern aber, in Küsten oder in Brodten, sollen ohne Thara vom Centner 15. Stüver eingehende, und 30. Stüver ausgehende Rechte erlegt werden.

g) Kraft der Nürnberger Zeitung Nro. 86. ist die Ausfuhr der Getreidesorten im Königreiche Böheim sehr scharf verbothen; und sind deswegen Cordons an den Gränzen hier und dort gezogen: gestalten bey der heurigen Aerndte das Korn kaum 2 drittel und theils nur die Hälfte dessen gegeben, was es andre Jahre war. Der Waitzen ist zwar ziemlich wohl gerathen, auch der Haaber, alles übrige, als Gersten, Erbsen, Linsen war schlechter als sonsten. Daher, weil der alte Vorrath leer geworden, das Korn, gleich dem Waitzen das Strich über 8. fl. die Gerste über 5. fl. der Haaber 2. fl. 24. kr. jetzo verkauft wird. Die Ursache der schlechten Aerndte ist die Naßkälte, in welcher Sommer- und Winterkorn, (wie in benachbarten hiesigen Landen) sehr lange geblühet hat: wobey die Mehlthaue österts gefallen, daß die Blüthe, wie aufgeleimt, auf den Aehren gefunden worden. In Sachsen beklagt man nebst den erlittenen Ueberschwemmungen über das harte Schicksal der Theurung; daher die weise Vorsorge Sr. Churfürstlichen Durchleucht einen Vorrath am Getreide von Hamburg nach Dreßden kommen lassen, um solches an die Nothdürftigen um den laufenden Preise abzugeben.

Artic. VI.

Nachrichten für die Policey.

a) Zu Kopenhagen ist eine königliche Cabinetsordre sowohl an die Chefs der Regimenter,

ter, als an den Divisions-Chef bey der Marine ergangen, daß jeder Chef für die Tauglichkeit derer, die er zur Beförderung vorschlägt, stehen, und wenn unter seinem Commando solche befindlich, die ihren Posten vorzustehen nicht fähig sind, solches einberichten sollen; und werde daher ein jeder Chef für die Fehler und Unordnungen, die von seinen Untergebenen begangen werden, Rechenschaft zu geben haben.

b) In Engeland soll bey der nächsten Sitzung des Parlements in Berathschlagung gezogen werden, auf die Ausführung der englischen Pferde eine starke Taxe zu legen. Die Ausdringung der Pferde ist Schuld, daß der Bauer das Feld nachläßig bauet, und sich mehr auf die Pferdezucht leget, welche ihm mehr eindringet. Man sagt auch, daß auf jedes Reitpferd, welches zum Vergnügen gehalten wird, eine Taxe von 2. Pfund Sterling gelegt werden soll.

c) Nach den Listen des Accouchier-Hospitals zu Londen, sind seit den 7ten December des 1749. Jahrs, bis auf den 17ten July dieses Jahres 9962. Soldaten-Matrosen-Handwerks- und Taglöhners-Weiber in denselben niedergekommen, und in den Wochen verpfleget worden.

d) Folgendes lesen wir in der hamburger Zeitung Nro. 161. Stockholm den 27. September. Se. Majestät der König fahren noch immer fort, auch die niedrigsten Ihrer Unterthanen zu hören, und selbigen Gerechtigkeit wiederfahren zu lassen. Eine sehr beschwerliche Sache, welche nicht leicht ein anderer übernehmen würde, besonders in unserm Jahrhundert, da so viele Menschen für die Gesellschaft unnütz, blos deswegen leben, weil sie nicht sterben können, und noch dazu bey einem Alter, da gemeiniglich eitle Ergötzlichkeiten das Herz beherrschen. Wie viel Achtung und Ehrfurcht für die Gesetze ließ dieser erhabene Monarch nicht blicken, als er neulich Meublen, welche man so verwegen gewesen war, unter dem Namen des Königs, weil das Einbringen derselben verbothen ist, von auswärts kommen zu lassen, den Zollbedienten zurück schickte, um dergleichen Mißbräuchen vorzubeugen, und kein böses Exempel zu geben. Die Sorgfalt, in seiner Gegenwart im Senat alle Arten des Brods wägen zu lassen, welches Höchstselbiger durch unbekannte Personen in den Läden der Bäcken holen läßt, die nach einer gewissen Taxe verkaufen müssen, rühret ebenfalls die Herzen seiner Unterthanen, und macht sie ihm eigen. *

* Ein starker Beweiß, daß neben der Policey-Direction, auch eine Policey-Execution, ohne Ansehn der Person fürzufahren, so nothwendig als nützlich sey. Die rühmlichen Beyspiele würdiger Regenten verdienen es auch, ihnen zu folgen. —

e) In dem Herzogthum Sulzbach ist unterm 11. September eine Churfürstliche Regierungs-Verordnung bekannt gemacht worden, Kraft welcher für heuer und bis zur künftigen Aerndte alles schwarze Brod aus einem Theil Weitzen, zween Theil Korn, und zween Theil Gersten bestehen, welche Theile zusammen gemahlen und vermischet, sofort aber solch vermischtes Getreidmehl aller und jeder Orten in dem Herzogthum Sulzbach nach der bereits commissionaliter vorgenommenen Mehl- und Backprobe, zu Laiben Brod, wovon jeder Laib vier Pfunde nach dem Frankfurthergewicht halten muß, von den Becken abgebacken, und inclusivè ihrer Provision, für acht Kreuzer, zween Pfenninge an das Publikum verkauft werden solle. *

* Dieses ist immer die beste Brodtarif: wenn das Gewicht pro basi fundamento genommen, und hernach erst der Preiß desselben, in Absicht auf den mutuellen Getreidpreiß, von der Obrigkeit alle Monath (und nicht alle 8. Tage) gesetzt wird, um wieviel in Geld das Brod erkauft werden därfe. — Folgende Tabelle so von der churfürstlich hochlöblichen Regierung Sulzbach deßwegen dieses Monath herausgegeben worden, machet der Policey dortiger Landen viel Ehre.

Tarif.

Wie hoch ein Laibel Roggenbrod, so nach der im Herzogthum Sulzbach auf Commissarie geschehenen Einrichtung, vier Pfund Frankfurtergewichts halten muß, in den verschiedenen Getreidpreissen in jedem Amte zu stehen kommet, mithin von den Bäcken verkaufet werden dörfe und müsse.

Weñ ein Achtel* Getreid zum Roggengebäck kostet:		So kostet das Laibel ad 4. Pfund zu Weyden		Schloß, Vohenstraus, u. Pleystein aber.	
fl.	kr.	kr.	pf.	kr.	pf.
3	—	4	3	4	2
3	15	5	1	4	3
3	30	5	3	5	1
3	45	6	1	5	2
4	—	6	2	6	—
4	15	6	3	6	1
4	30	7	1	6	2
4	45	7	2	6	3
5	—	8	—	7	1
5	15	8	1	7	2
5	20	8	2	8	—
5	30	8	3	8	1
5	45	9	1	8	2
5	50	9	1	8	2
6	—	9	2	8	3
6	15	10	—	9	1
6	30	10	1	9	2
6	45	10	3	10	—
7	—	11	1	10	1
7	15	11	2	10	3
7	30	12	—	11	—
7	45	12	1	11	2
8	—	12	3	11	3
8	15	13	1	12	1
8	30	13	2	12	2
8	45	14	—	13	—
9	—	14	1	13	1
9	15	14	3	13	3
9	30	15	1	14	—
9	45	15	2	14	2
10	—	16	—	14	3
10	15	16	1	15	1
10	30	16	3	15	2
10	45	17	1	16	—
11	—	17	2	16	1
11	30	18	1	16	3
12	—	19	1	17	2
12	30	20	—	18	1
13	—	20	3	19	—
13	30	21	2	19	3
14	—	22	1	20	2
14	30	23	1	21	1
15	—	24	—	22	—

* Ein dergleichen Achtel hält 8. Näpfe, und ein Napf 12. gewöhnliche Maaß, wovon beyläufig 2. Achtel 1½ Napf auf ein Münchner-Schäffel gehen.

Artic. VII.
Landwirthschafts-Sachen.

a) Mittel wider den Seitenstich.

Kühemilch recht warm gesotten, in eine gedrecknete Schweinsblase gegossen, und solche so warm, als der Patient leiden kann, über die schmerzhafte Seite geschlagen, mit einem gewärmten Tuch darnieder gebunden, und so lang darauf gelassen, bis selbes anfanget lau zu werden. Hilft es nicht gleich das erstemal, so geschieht solches auf das zweyte mal gewiß.

b) Wider den Schwindel, wobey Kopfschmerzen.

In der Gegend um Vilshofen griff es vergangenen 1770ten Herbst verschiedene und mehrentheils alte Leute mit außerordentlichen Kopfschmerzen an, worauf ein so heftiger Schwindel erfolgte, daß sie in den Zimmern zu Boden fielen: Hierwider hat nichts anders geholfen, als Bäcken-Säuer, oder Uerr, mit zerdrückten Kronwetbeeren, Brodbröseln, und etwas Salz vermengt, in ein leinen Tuch geschlagen, und über die Stirn gebunden.

c) Ein gelehrter Freund, und Oeconomus, (wir wollen es zur Ehre unsers Vaterlands, und zur Aufmunterung für andere, nur gleich gestehen, es ist der Churfürstl. Regierungs-Hof- und Rentkammerrath, Hofkastner und Hauptmauthner in Amberg, Herr von Schmauß) hat einen Versuch gutes Hausbrod aus Erdäpfeln zu backen gemacht. Er ließ 2. drittel Kornmehl nehmen, und da das Dampf bereits gegangen, und der Sauerteig vermischt ward: so wurden 1. drittel Erdäpfel gesotten, geschälet, und zerrieben darunter gemengt: mit Kimmel und Anis vermischt, und wie gewöhnlich abgebacken. Dieses Brod ist von mehreren Wohlgeschmack als pur vom Rockenmehl, wenn gar arme Leute Haabermehl zu essen genöthiget: so geben die Erdäpfel eben so, wie die grünn geriebenen Feldruben dem Brod mehr Saft, und Gedeyhen. Durch den Gebrauch der Erdäpfel erspart man also wenigst 1. drittel am Korn: welches eben so viel heißt: als eine Menge M[illegible]n, die 3000. Schäffel Korn brauchte, jetzo mit 2000. Schäffel befriedigen, daß sie gesund bleiben und ihre Arbeiten versehen können. Es wäre zu wünschen, sagt der Author: daß, weil sich der Pfälzer dieses Jahr, wegen mißlungener Aerndte, meist mit Gersten, Haaber, und Erdäpfel fortbringen muß, auch in Baiern sich mehrers auf den Erdäpfelbau verlegt werden möchte, besonders an solchen gebirgigten Gegenden, welche entweders gar nicht benutzet, oder sonst zum Getreidbau nicht die besten sind.

Eben in der obern Pfalz hat eine forschende Landwirthinn, und Beamtensfrau erfunden, aus Erdäpfel Grieß oder Grieze zu mahlen, und mit Vortheil zu benutzen: welch eine Ehre für das schöne Geschlecht! —

Artic. VIII.

Von gelehrten Sachen.

a) Die königliche Akademie der Wissenschaften der Aufschriften und schönen Künste zu Toulouse, hat folgende Preisfrage für das Jahr 1772. ausgesetzt: „ Wie und auf „ was Art die Vortheile und beste Methode, „ die Blattern zu inoculiren, zu bestimmen sey? “ Der doppelte Preis für das Jahr 1773. ist für die Auflösung der Frage bestimmt: „ Die Staatsveränderungen festzusetzen, wel„ chen die Tectosages (ein Volk, welches ehedessen aus Gallien nach Asien gezogen) un„ terworfen waren, ihre Regierungsform, „ und der Zustand ihres Landes, so wie bey„ de nach und nach unter der Herrschaft der „ Römer und Westgothen beschaffen gewesen, „ ferner ihre Gesetze und ihren Character, „ unter der Herrschaft der Römer.

b) Neulich haben wir über das schöne Buch: Lehrreiche Gedanken zu Bildung eines edlens Herzens in der Jugend, noch nicht gar ausgeredet. Lasset uns zum guten Geschmacke noch etwas sagen.

Vom Patriotismus.

Ja, man muß jungen Leuten frühzeitig eine vorzügliche Liebe zum Vaterlande einflössen. Man muß sie aber auch in ihrem hierüber oft ganz unächten Begriffe nicht immer nur fortlaumeln lassen. — oder wie? kann man wohl ein Patriot seyn, wenn man interessirt, wenn man eigennützig ist? — gewiß nicht; auf ein so schädiches Gemüth passet der schöne Name des Patrioten eben so wenig, als der reiche Goldborden auf den schmutzigen Baurenkittel. Wer als ein ächter Patriot das Beste des Vaterlandes wahrhaft suchet, der suchet nur dieses, und nicht unter diesem glänzenden Vorwande seinen eigenen Vortheil. Er ist uneigennützig; und er ist es nicht nur ein oder andersmal, sondern er ist es allezeit, und standhaft ist er es, in allen Umständen; weil er allezeit das Beste des Vaterlandes selbst seinen Eigenen vorzieht.

„ Das Publicum versaget mir das „ Lob; — man lohnet mir meine Arbeit „ nicht; — — so will ich dann an meinem „ Vaterlande mich rächen: ich will immer „ fortfahren auf eigene Kosten dem Publico „ zu dienen, und ihm nützlich zu „ seyn. „ — Dieß ist die Sprache, und die Denkensart des ächten Patrioten.

Die Bürger von Urbino kamen eines Tages zusammen, ein wichtiges, und, wie sie glaubten, patriotisches Project auszuführen, durch welches sie den Einwohnern auf dem Lande verbiethen wollten, Häuser in der Stadt zu besitzen, weil die Stadt, wie sie sagten, nur für die Bürger seyn müßte. „ Ihr „ habt Recht, antwortet ihnen Graf Frie„ drich, ihr Herr; aber saget mir, ehe ich „ dieses Decret ausfertige, was ich den „ Einwohnern vom Lande antworten „ solle, wenn sie ein gleichmäßiges De„ cret von mir verlangen, und zum „ Grunde anführen, daß, gleichwie die „ Stadt für die Bürger sey, so müsse „ auch das Land nur für Leute auf dem „ Lande seyn; und wie diese keine Häu„ ser in der Stadt haben können, so „ dörften auch diese keine Baugüter auf „ dem Lande besitzen? „ Die vermeynten Patrioten wußten nichts darauf zu antworten, und sie hatten das Herz nicht, weiter ein Decret zu verlangen, welches einer andern Classe von Unterthanen so sehr zum Nachtheile gereichte.

ProNota. Dieses gegenwärtigen und nachfolgenden Artikels halber wird hiemit angemerkt, daß die hierian ausgesetzten Venalienpreise keineswegs als obrigkeitliche Sätze und Taxen der [illegible] angesehen werden müssen; indem die Käufe und Verkäufe nur, wie sie sich an den Markttagen von selbst aubegeben, zusammengetragen und bekannt gemacht werden. (323)

Preise von allerley Victualien und Getreide, wie sie in nachstehenden Tagen waren.

Namen der Städt u. Märkt.	Eyer.	Ochsen-Fleisch.		Rinder-Fleisch.		Kalb-Fleisch.		Schaaf-Fleisch.		Tal. Cent.	Weißes Bier.		Braun-Bier.		Schmalz	1 kr. Semmel wiegt.		ein Laib gut Roggen-Brod um	wiegt.			Mittlere Getreid-Preis. Weiz Schäf		Korn Schäf		Gerst Schäf		Hab. Schä.	
	T.	kr	pf	kr	pf	kr	pf	kr	pf	fl.	kr	pf	kr	pf	kr	lo	qu	kr.	tt.	lo	qu	fl.	kr	fl.	kr	fl.	kr	fl.	kr
Abbach	10	7	—	—	—	—	—	6	—	15	4	2	3	2	22	4	—	6	1	16	—	21	—	20	—	18	—	8	—
Aichach	12	7	2	6	—	7	—	—	—	15	4	2	3	3	22	4		8	1	26	—	24	—	21	--	16	20	6	50
Aibling	5	7		6		7		5		21	5	2	4	1	17	3		4	1	4	1	24		21		20		7	17
Abensperg																													
Braunau																													
Vohburg	10	—	—	6	2	10	—	5	—	21	4	2	3	2	17	4	—	4	1	4	—	22	—	20	—	16	—	6	—
Cham	5	—	—	6	1	—	—	5	—	18	3	1	3	2	20	4	—	12	2	—	—	22	—	20	—	--	—	—	—
Craiburg																													
Dachau																													
Deggendorf	8	6		5	2	6		—	—	24	5		3	2	19	—	—	—	—	—	—	20	—	20	—	16	—	7	42
Dietfurth	10	7	2	7		7	—	6	—	15			3	2	24	4		12	2	16	—	24	—	22	—	18	—	7	30
Dinglfing																													
Dorfen																													
Erding	15	7		6		5	2	5	—	18	5	1	3	2	19	4	1	5	—	29	1	22	—	22	—	18	—	6	—
Freysing	19	7	2	6	2	7		6		15	4	2	4		22	3	2	12	2	24		21		23		19		7	
Friedberg	17	7	2	6	6	8	--	6	—	14	5	1	3	3	24	3	2	4	—	27	—	23	30	22		18	30	7	—
Friedburg	2	6	—	5	2	12	2	4	2	30	4	1	3	3	16	4	—	5	2	—	—	16	—	14	—	9	—	5	45
Geisenfeld	6	8	--	7	—	9	--	—	—	15	4	2	3	2	19	—	—			—	—	—	—	—	—	—	—	—	—
Kelheim	10	7	—	6	—		—	5	—	15	4	2	3	2	20	4	2	5	1	4	—	20	—	17	—	15	—	8	—
Kötzting	10	5	2	5	2	6	—	5	—	21	4	2	3	2	17	4	2	10	3	16	—	23	—	20	—	14	—	7	—
Landau																													
Landsberg	31	7	3	6	3	8	—	6	—	15	5	—	4	—	22	4	3	4	—	28	—	18	30	22	—	13	—	—	—
Marquartstein																													
Mühldorf																													
Mainburg																													
Mosburg																													
Neuenötting																													
Neumarkt	7	6	2	5	2			5	—	21	5	—	3	2	16	4	—	3	—	16	1	22	—	18	—	14	—	6	32
Neustadt																													
Passau	11	5	—	5		6	—	4	2	15	4	—	4	—	19	2	—	12	2	16	—	—	—	—	—	—	—	—	—
Pfaffenhofen																													
Pfarrkirchen																													
Plattling																													
Reichenhall	18	6		5	2	5		5		15	5	2	4		20	3		36	8			24	36	22		17		10	30
Regenspurg																													
Rhain	15	8		6	2			6		15	6		3	3	24	4	1	8	2	6		22		20	30	18			
Ried	2	6	2	5	2	5	2	—	—	21	5		3	1	19	4	—	6	1	8	—	18	—	15	—	11	—	6	—
Rosenheim	17	—	—	6	2	6	2	—	—	15	5	2	3	3	17	3	—	4	—	16	—	24	—	19	—	13	—	6	25
Rottenburg	1	7	2	6	2	8	—	5	2	15	4	2	3	2	17	4	2	4	1	—	—	23	—	22	—	17	—	6	30
Schärding																													
Schongau	10	7	2	6		7				15	3				22	3		8	1	2	2	24	30	27		17	40	9	
Schrobenhausen																													
Stadt am Hof																													
Tölz	1	7	—	6	—	6	2	5	--	20	5	3		—	17	—	—	—	—	—	—	25	—	25	—	18	—	—	—
Traunstein	6	6	1	5	2	5	2	4	2	12	4	2	3	3	14	4		4	—	30	3	24	—	20	24	—	—	6	48
Trosperg	7	—	—	5	2	6	—	5		21	5	—	3	2	15	—	--	—	—	—	—	16	—	14	—	9	—	5	45
Vilshofen	2	6	1	5	—	6	2	5	—	18	4	—	3	3	25	4	1	6	1	7	—	22	—	18	—	12	—	9	—
Wasserburg	9	7	—	6	2	5	2	—	—	18	4	2	4		16	3	—	8	1	28	—	25	—	21	—	16	—	7	15
Weilheim																													
Zwiesel	6	—	—	5	2	—	—	4	2	24	—	—	4	—	18	4	—	6	1	—	—	25	30	22	—	15	—	8	—

 Preise von allerley Venalien und Victualien, wie sie im Monath Sept. gestanden.

Venalien und Victualien.	Zahl Maß u. Gewicht.	München d. 26. Oct.			Landshut d. 19. Oct.			Straubing d. 19. Oct.			Burghaus. d. 21. Oct.			Ingolstadt. d. 12. Oct.			Amberg d. 12. Oct.		
		fl.	kr.	d.	fl.	kr.	d.	fl.	kr.	d.	fl.	kr.	d.	fl.	kr.	d.	fl.	kr.	d.
Waizen mittler Preis.	1. Schäf.	25	—	—	22	—	—	20	—	—	—	—	—	20	30	—	—	—	—
Korn mittlere Preis.	1. Schäf.	24	—	—	22	—	—	22	—	—	—	—	—	21	—	—	—	—	—
Gersten mittlere Pr.	1. Schäf.	19	30	—	18	—	—	15	—	—	—	—	—	16	45	—	—	—	—
Haber. 7. Metzen.	1. Schäf.	7	30	—	7	—	—	7	30	—	—	—	—	6	30	—	11	—	—
Semmelmehl.	1. Metz.	3	50	—	6	56	—	3	30	—	3	41	—	3	40	—	3	44	—
Ordin. Waizenmehl.	1. Metz.	3	15	—	5	52	—	—	—	—	3	24	—	3	—	—	2	48	—
Roggenausschlag.	1. Metz.	3	12	—	3	40	—	—	—	—	2	50	—	3	36	—	—	—	—
Ordin. Roggenmehl.	1. Metz.	2	54	—	3	20	—	—	—	—	2	8	—	2	45	—	—	—	—
Ochsenfleisch.	1. Pfund.	—	8	—	—	8	—	—	6	3	—	6	2	—	8	—	—	7	—
Rindfleisch.	1. Pfund.	—	7	—		7	2	—	6	3	—	5	3	—	7		—	—	—
Kalbfleisch.	1. Pfund.	—	7	—	—	8	2	—	—	—	—	5	3	—	8		—	8	—
Schaffleisch.	1. Pfund.	—	6	—	—	6	2	—	7	—	—	4	2	—	7	—	—	6	—
Schweinfleisch.	1. Pfund.	—	8	—	—	17	—	—	6	—	—	7	—	—	11	—	—	12	—
Gänse.	1. Stuck.	—	30	—	—	44	—	—	8	—	—	30	—	—	44	—	—	40	—
Enten.	1. Stuck.	—	24	—	—	24	—	—	50	—	—	16	—	—	24	—	—	36	—
Kapaun oder Koppen.	1. Stuck.	—	50	—	—	36	—	—	30	—	—	30	—	1	12	—	—	—	—
Hennen.	1. Stuck.	—	14	—	—	18	—	—	36	—	—	12	—	—	15	—	—	10	—
Junge Hünner.	1. Paar.	—	15	—	—	15	—	—	16	—	—	—	—	—	32	—	—	36	—
Hechten.	1. Pfund.	—	36	—	—	24	—	—	30	—	—	25	—	—	14	—	—	16	—
Karpfen.	1. Pfund.	—	16	—	—	16	—	—	12	—	—	16	—	—	12	—	—	8	—
Schmalz.	1. Pfund.	—	17	—	—	20	—	—	12	—	—	16	—	—	19		—	22	—
Butter.	1. Pfund.	—	18	—	—	20	—	—	18	—	—	14	—	—	20	—	—	18	—
Eyer.	50. St.	—	40	—	—	28	—	—	18	—	—	33	1	—	40	—	—	40	—
Weiß-Waitzenbier.	1. Maaß.	—	5	—	—	4	2	—	40	—	—	4	3	—	4	1	—	4	—
Braunbier.	1. Maaß.	—	4	—	—	4	2	—	5	2	—	3	3	—	3	3	—	5	—
Bierbrandwein.	1. Maaß.	—	15	—	—	24	—	—	3	3	—	16	—	—	28	—	—	24	—
Baumöl.	1. Pfund.	—	22	—	—	24	—	—	24	—	—	22	—	—	24	—	—	24	—
Leinöl.	1. Pfund.	—	14	—	—	16	—	—	18	—	—	14	—	—	14	—	—	16	—
Unschlitt ausgeschmolz.	1. Centn.	25	—	—	—	22	—	26	—	—	23	—	—	—	—	—	15	—	—
Unschlittkerzen.	1. Pfund.	—	16	—	—	18	—	—	15	—	—	15	—	—	18	—	—	16	—
Det. Baumwolltacht.	1. Pfund.	—	20	—	—	24	—	—	—	—	—	16	—	—	—	—	—	13	—
Seife.	1. Pfund.	—	14	—	—	18	—	—	14	—	—	14	—	—	18	—	—	18	—
Salz.	1. Metz.	1	30	—	1	32	—	1	30	—	1	2	—	1	30	—	2	—	—
Jede Kl. zu 36. sch. im □ Scheibl. 3½. sch. Buchenholz.	1. Klaft.	5	—	—	6	—	—	7	—	—	4	15	—	4	20	—	4	—	—
Eichenholz.	1. Klaft.	4	—	—	—	—	—	—	—	—	—	—	—	—	—	—	—	—	—
Birkenholz.	1. Klaft.	4	—	—	5	—	—	6	—	—	—	—	—	—	—	—	—	—	—
Feichtenholz.	1. Klaft.	3	—	—	3	30	—	4	30	—	2	24	—	3	20	—	3	30	—

	lt.	lo.	qu.	lt.	lo.	qu.	lt.	lo.	qu.	lt.	lo.	qu.	lt.	lo.	qu.	lt.	lo.	qu.
Ein Kreutzer Semmelbrod wiegt.	—	3	2	—	3	1	—	4	3	—	4	1	—	4	1	—	4	—
Ein 4. Kreutzerleib. Weißrogg.	—	29	2	—	19	—	—	—	—	1	—	1	—	—	—	—	—	—
Ein 5. Kreutzerleib.	—	—	—	—	—	—	—	—	—	—	—	—	—	—	—	—	—	—
Ein 6. Kreutzerleib.	1	4	—	—	—	—	1	16	3	1	16	2	—	—	—	1	18	—
Ein 8. Kreutzerleib.	1	27	—	1	6	—	—	—	—	—	—	—	—	—	—	—	—	—
Ein 12. Kreutzerleib, Hausbrod.	—	—	—	2	6	—	—	—	—	—	—	—	—	—	—	3	4	—

Nota. Die Lücken hiernt? — — — Könnt ihr sie denn noch nicht sehen? —

Der Wahrheit nackend Bild? — o, nein! das geht nicht an.
Wie keusch ist doch die Welt! — spricht unser Moralist,
Der Hahn.

Churbaierisches Intelligenzblatt

Num. XXVI.

München den 16. November 1771.

Artic. I.

1) Generalmandat: Die in den Churlanden zu Baiern zu errichtenden Haupt- und Filial-Getreidmagazine, so andere landesväterliche Vorkehrungen und fürsorgliche Behelfe betreffend. Datirt den 5ten October 1771.

Von Gottes Gnaden Wir Maximilian Joseph, in Ober- und Niederbaiern, auch der obern Pfalz Herzog, Pfalzgraf bey Rhein, des H. R. R. Erztruchseß und Churfürst, Landgraf zu Leuchtenberg ꝛc. ꝛc.

Entbiethen allen und jeden, wessen Standes, und Würde selbe sind, und in Unseren Churlanden zu Baiern mit Hofmarken, Sitzen, oder andern Gütern begabet, oder einige Getreidgilten, und Zehenden beziehen, Unsern Gruß, und Gnade zuvor, und geben denenselben zu vernehmen, wasgestalten Wir aus der sowohl für Unsere lieb- und getreue Stände, als Unsere Landen insgemein stetshin tragenden Landsfürstlichen Obsorge in Erwegung gezogen, wie nothwendig seyn wolle, daß in Unseren Landen eine solche zeitliche Vorsorge gemachet werde, wodurch ohne habende begründete Beschwerde ein ergiebiges Getreidquantum in der Absicht zusammen gebracht, und geleget werden möge, damit hiervon in jenem Falle, da sich bis zum Eintritt einer weiteren Aerndte hieran einiger Mangel, gleich solcher von einigen Unseren Churfürstlichen Pfleggerichtern, und denenselben inclavirten Hofmarken bereits unterthänigst einberichtet worden, erzeigen wurde, den Nothleidenden mit dem erfoderlichen Speis- zum Theil auch Saamgetreide in leidentlichen Preis ausgeholfen werden könne, mithin man nicht gemüßiget sey, fremdes Getreid mit unerschwinglichen Kosten, um der ansonsten zu befahren kommenden Hungersnoth, und anderen bedrangten Folgen abzuhelfen, anderwärtig herbeyzuschaffen.

Wir haben Uns daher in dieser das gesammte Land sonderbar betreffenden Vorfallenheit mit Unserer ohnehin versammlet gewesenen lieb- und getreuen Landschaft vernommen, sohin auf derselben beschehene vollkommene Erkanntniß dieser nöthigen Landsvorsorge gnädigst entschlossen, daß von allen und jeden, welche in Unseren Landen zu Baiern entweders ein selbstiges Bauwesen führen, oder aber Getreidgilt oder Zehenden beziehen, zu diesem gemeinnutzlichen Getreidvorrath in solcher Maaß beygetragen werde, daß

Erstlich alle und jede in Unseren Landen, zu Baiern mit dem Getreidbau versehene Unterthanen, und zwar vom ganzen Hofe bis auf ein Achtlergut inclusive gerechnet, daß jedem betreffende Getreidquantum, und dessen Gattung in die denenselben nächstgelegene Haupt- und Filialmagazine zu der hinnachstehenden Zeit gewiß, und unfehlbar liefern sollen. Damit aber

Zweytens jedermann wisse, an was für Orten Wir sowohl die Haupt- als Neben- oder Filialmagazine angeordnet: So wird hiemit jedermänniglich kund gemacht, daß die Hauptmagazine in Unseren 5 Hauptstädten, nämlich zu München, Landshut, Straubing, Burghausen und Ingolstadt, dann ein gleichmäßiges Hauptmagazin zu Stadt am Hof bestimmet, die Neben- oder Filialmagazine aber zu mehrerer Bequemlichkeit, und Erleichterung dieser Universal- zum wahren Besten Unserer gesammten Landen zu Baiern bestimmten Getreidlieferung, und zwar zum Hauptmagazin München, die Städte Landsperg, Pfaffenhofen, Wasserburg und Tölz; zum Hauptmagazin Landshut die Orte, und Kästen Neumarkt, Griesbach, Landau und Vilshofen; zum Hauptmagazin Straubing, die Kästen zu Deckendorf, und Közting; zum Hauptmagazin Burghausen die Kästen zu Schärding, und Mattigkofen; und zum Hauptmagazin Ingolstadt, der Kasten zu Riedenburg gesetzet seyen, also zwar, daß

Drittens jedem frey gelassen seyn solle, seine betreffende Getreidlieferung an das ihm nächstentlegene, oder zu seinem treibenden ansonstigen Fuhrwesen bequeme Haupt- oder Filialmagazin, jedoch solchergestalten zu machen, daß sothane Lieferung nicht nur allein in der bestimmten Zeit vollbracht sey, sondern auch in dem Falle, da erdeute Lieferung in ein anderes, als das in jenem Rentamte, wo die Hofmark, geist- oder weltlicher Stand, dann Pfarrer oder Unterthan entlegen ist, angeordnete Haupt- oder Filialmagazin geschehen würde, solches bey dem ihm ansonsten vermög seines Klosters, Schloß- Haus- oder Hofsinnhabens betreffenden Hauptmagazin zugleich angezeiget werde.

Viertens haben Wir nöthig zu seyn gefunden, daß die Lieferung bey den Unterthanen von jedem ganzen Hofe, mit einem Schäffel schweren Getreid, nämlich an Kern oder Weizen, oder auch Korn bey jenen Orten, wo, und wie diese Getreidsgattung gebauet werden, bey jenen Orten hingegen, wo fast gar kein Winter- und das obbenannte schwere Getreid, sondern nur Sommergetreid angebauet wird, von jedem ganzen Hofe mit zwey Schäffel Haaber, einfolglich von jedem halben Hofe die Hälfte in den vorentworfenen Getreidsgattungen, und so weiters fort bis auf das Achtlergut inclusive (nach Proportion jedes Guts Einhöfung) geschehen solle.

Fünftens sollen von dieser Universal-Landvorrathslieferung nur die ödliegenden, und jene gandmäßigen, auch anheuer mit solch schweren Schauerschlägen, auch Hauptmißwachs betroffenen Güter, mithin keineswegs ganze Hofmarks- oder wohl gar Gerichtsbezirke frey gelassen werden, da nämlich bey den letzteren Dreyen, zu verstehen bey den auch mit Hauptmißwachs, gandmäßigen, und mit Schauer betroffenen Gütern, die Unthunlichkeit dieser Lieferung offenbar ist. Damit aber

Sechstens diese Universal-Getreidlieferung mit desto mehrerer Richtig- und Zuverlässigkeit bewerkstellet werde. So wollen Wir deren Beschreib- und Verfügung den jedortigen Jurisdictions-Obrigkeiten, wie solche Gerichtbarkeit Unseren Gerichts- zum Theil auch Kastenbeamten, dann den Hofmarks- und Sitz-Innhabern, und nichtweniger den mit

der

der Edelmannsfreyheit begabten vom Ritter- und Adelstande zustehet, in solcher Maaß gnädigst übertragen haben, daß selbe unverzüglich eine solche Beschreibung verfassen, in welcher jeder in diese Getreidlieferung gehöriger, seiner niedern Gerichtbarkeit unterworfener Unterthan mit seinem Tauf- und Zunamen, auch dem Ansäßort, und wie dieses eingehöfet ist, ordentlich entworfen, sofort hierbey angezeigt sey, was selber an Getreid dem Schäffel, und Metzen nach zu liefern habe.

Siebendens sollen gedachte Jurisdictions-Beamte, über die in die Abschreibung kommenden Oede: und gnadmäßigen, auch durch den Schauer, und sonderheitlichen Mißwachs auf die obstehende Weise außer dem Lieferungsstande erfundenen Unterthanen, eine besondere Designation mit ebenmäßiger Ausdruckung jedes solches Unterthans Tauf- und Zunamen, auch des Guts Entlegenheit, und dessen Einhöfung selbsten, dann der Ursache, warum solche Abschreibung geschehe, fördersamst entwerfen: und diese Designation zu Unserer in Getreidsachen gnädigst verordneten churfürstlichen geheimen Hofcommision ohne Zeitverlurst pro ratificatione einsenden; wobey aber sie Beamte den vorzüglichen Bedacht dahin zu nehmen, daß jene Unterthanen, so die hinlängliche Speise mittels ihrer Aerndte zwar erhalten hätten, bloß aber aus Gewinnsucht, und mittels des theuren Preises Geld zu erobern, solche unzeitig verkaufen, und am Ende hieran Noth leiden, ganz nicht unter den wahr Nothleidenden zur Ausgabe von den Magazinen begutachtet, sondern unmittelbar zur weiteren Anschaffung derley Getreids, zu den offentlichen Schrannen verwiesen, und zugleich die Veranstaltungen verfügt werden sollen, daß von den in die Lieferung beschriebenen Unterthanen die betreffenden Getreidsquoten, und Sorten gebührends hergerichtet werden, damit solche zu der verordneten Zeit in die Magazine zugeführet werden können, anbey sich aber in Verfassung der Beschreibungsdesignation alles Eigennutzes, oder anderer Privatabsichten um so gewisser zu enthalten, als diese Universal-Getreidlieferung zum allgemeinen Landsbesten, und nöthiger Vorsorge für einen sich allenfalls bis zur weiteren Aerndte ergebenden Brodmangel, angeordnet ist, und Wir einen gegen die eingeschickte Designation, sich durch die vornehmende Untersuchung darlegend widrigen Befund, gegen den betreffenden Unseren Beamten unnachläßig ahnden, auch gestalten Dingen nach mit wirklicher oder auch schimpflicher Dienstamotion verfahren lassen würden, gegen Unsere liebe und getreue Stände Uns gnädigst versehend, daß selbe auf gleiche Art gegen deren Hofmarks-Beamte um somehr sich achten werden, als Wir im widrigen Falle den Regreß wegen dem, dem Publico hierdurch zugefügten Schaden unmittelbar an selbe nehmen müßten.

Achtens wollen, und befehlen Wir hiemit gnädigst, daß sothane von dem Unterthan beschehende Getreidlieferung längstens bis zur Hälfte des künftigen Monaths November vollbracht sey, zu welcher Lieferung dann

Neuntens, die betreffenden gerichtisch-kastenämtisch-oder hofmarkischen Jurisdictions-Beamten, die sub puncto Sechstens verordnete, in duplo verfassende Beschreibung, in welcher zu Ende die liefernde Getreidsgattungen summarisch mit den zusammen betragenden Schäffeln, und weiteren Metzen anzuzeigen sind, dem zur Getreidlieferung abordnenden Dorfsführer, Schreiber, oder Amtmann zu dem Ende mitzugeben, anvor aber, und wenigstens acht Tage vor der wirklich beschehenden Getreidlieferung zu jenem Haupt- oder Filialmagazin, allwohin seiner beschriebenen Unterthanen betreffendes Getreid werde gebracht werden, behörige Nachricht zu insinuiren haben, damit von sothanen in duplo mitgebenden Beschreibungen, und Lieferungsanzeigen ein Original bey dem Magazinsamte zur Belegung der von dem hierbey gebrauchenden Unseren: und dem landschaftlichen Beamten abzulegen habenden Rechnung, sofort zur Verificirung des Empfangs, und Magazinseinnahme beybehalten, und die andere von beyden Magazinsbeamten unterschreibende und fertigende Beschreibung oder Anzeige dem Jurisdictions-Beamten zu seiner Legitimation ruckgebracht, im übrigen aber auch in jenem Falle, da die Magazinsbeamten erfahren, daß bereits anvor von einem Jurisdictions-Beamten bey dem Magazin der nämliche Tag, an welchem von einem weiteren Jurisdictions-Beamten die ebenmäßige Getreidlieferung beschehen wollte, notificiert worden, und mehrere Lieferungen an solch nämlichen Tage nicht übernommen, und befördert werden möchten, solches alsbalden ruckvernachrichten; und einen anderen Lieferungstag benennen können, damit die erfolgende Lieferung bey der Uebernahme nicht aufgehalten: und hierdurch dem Unterthan unbillige Unkosten verursachet werden.

Zehendens sind die zur Ueberbringung des Getreids erlaufenden Fuhrlohns- und Lieferungskösten durch die von denen in die Lieferung getroffenen sämmtlichen Unterthanen machende Concurrenz zu erholen, hierbey aber alle Uebermaaß zu beseitigen, welche wir niemalens ungestraft hingehen lassen wurden. Sollte aber

Eilftens die zu einem mit der Edelmannsfreyheit begabten Landsassen gehörigen und genießenden einschichtigen Unterthanen solchermassen weit aus einander entlegen seyn, daß denenselben sonderbar beschwerlich fallen wurde, zu jenem Magazin, allwohin dessen habende Hofmarks-Unterthanen ihr Getreid gelegentlich bringen, seine Quotam abzuführen, kann die Veranstaltung von dergleichen Landsassen selbsten gemacht werden, daß solche von seiner Hofmark oder Sitz allzuweit entlegene Unterthanen, die ihnen betreffende Lieferung entweder seinen Hofmarks- und Sitz oder denen dabey sich befindlichen Gerichtsunterthanen angedungen, und nebst einem hierzu ertheilenden Vorweis mitgegeben werde. Und Wir wollen endlichen geschehen lassen, daß solche von des Landsassens-Hauptsitz, und Hofmark, worzu dergleichen einschichtige Unterthanen genossen werden, und mit der niedern Gerichtbarkeit angewiesen sind, entfernte Unterthanen diese ihnen betreffende Quotam gleich directe an das denenselben nächstentlegene Haupt- oder Filialmagazin abgesöndert liefern mögen, jedoch anderer Gestalten nicht, als daß deren Jurisdictions-Beamte solchen einschichtigen Unterthanen nicht nur allein einen besonderen, von dem Beamten unterschriebenen und gefertigten Vorweis, worinnen der Unterthan mit Tauf- und Zunamen, auch dem besitzenden Gut und dessen Einhösung, dann der von dem zu liefern habenden Getreidsgattung, und Quantität, wie auch dem hierzu angewiesenen Magazin anweisende Unterthanen entlegen, auswerfenden Getreid-Geld-Ansatz ordentlich anzuzeigen, zur anderwertigen Lieferung mitgeben, sondern auch in ihrem zu dem für die ganze Hofmark betreffenden Haupt- oder Filialmagazin verfaßten Beschreibungen die Vormerkung, bey was für einem Magazin von solchen Unterthanen die Lieferung geschehe, samt der Abschreibung von dem sämmtlichen ihre Jurisdictions-Unterthanen betreffenden Quanto machen, damit hierdurch allen Irrungen, und ansonstigen ungebührlichen Folgen behörig vorgebogen werde: welche zu einem anderwertigen Rentamts-Magazin bringende Getreider von Unseren, und den landschaftlichen Magazins-Beamten in ihren zu verfassen kommenden Magazinsrechnungen mit einer besonderen Rubrique eingetragen werden müßen, nämlich Einnahme an den aus dem Rentamte N. N. hieher gelieferten Getreidern, wovon der Preis ab dem Schäffel Weitzen fl. und sofort von anderen Gattungen betraget.

Zwölftens: solle diese Begünstigung auch auf Unsere Urbars- und pfleggerichtische Jurisdictions-Unterthanen von selbsten gemeynet, beynebens dahin extendiret seyn, daß dergleichen Lieferung in anderweitige Magazine beschehen könne, wann auch diese Magazine in einem anderen Rentamtsdistrict, als wo dergleichen Unterthanen entlegen, begriffen sind. Da nun

Dreyzehendens die Lieferung mit der oben gemeldeten in duplo verfaßten Beschreibung oder Vorweis bey dem bestimmten Haupt- oder Filialmagazin ankommet, wollen Wir gnädigst, und haben Unseren hiebey bestellten churfürstlichen und landschaftlichen Magazinsbeamten, welchen Wir sowohl die cumulative Kasten- als Cassasperr gnädigst anvertrauen, die ernstgemessene Anweisung ertheilen lassen, daß selbe das in sothaner Beschreibung, oder

Vor-

Vorweis ausgeworfene Getreidsquantum, da solches in kastenmäßigen Gut bestehet, unaufhaltlich in die ihnen anvertrauten Magazine, welche, solang diese Lieferung andauret, alltäglich, außer der Sonn- und Feyertage, von 8. Uhr Morgens an, bis 11. Uhr, dann von 12. Uhr Mittags bis Abends nach 4. Uhr offen seyn sollen, alsbalden übernehmen, und durch die hiebey bestellten Tagwerker auf die Magazinskästen unverzüglich bringen, sofort daselbst in Beyseyn des Ueberbringers behörig abmessen, und einen allenfalls sich hiebey ergebenden Ueberschuß eben so gewiß zuruckgeben, als den Abgang alsbalden ersetzen lassen, einfolglichen eben gedachten Ueberbringer, es sey sodann ein Dorfsführer, oder anderer Unterthan, oder auch ein abgeordneter Schreiber, oder Amtmann, nicht nur allein die in duplo mitgebrachte Beschreibung, oder Vorweis der richtig beschehenen Lieferung willen, ungesaumet unterschreiben, und fertigen, sohin eine solche von beyden Magazinsbeamten unterschriebene und gefertigte Beschreibung dem Ueberbringer zustellen, sondern auch demselben auf dem gleich hinnach bestimmten Getreidswerth die angeordneten Magazinscheine, oder Haftbillets ertheilen, und letztbesagten Ueberbringer, ohne daß dieser weder für die Getreidsübernahme, noch dessen Aufziehung auf die Kästen, und Abmessung, noch auch für die Unterschreib- und Fertigung der mitgebrachten Beschreibung, nicht weniger für die ertheilten Haftbillets, oder in anderweg das geringste zu bezahlen haben solle, hierdurch vollständig abfertigen.

Vierzehendens: haben Wir den Werth, oder Preis sothanen auf diese Landesmagazine liefernden Getreids mit Vernehmung, und Einverständniß Unserer lieben und getreuen Landschaft dahin gnädigst bestimmet, daß für jedes im Rentamt München, folglich mit Einschluß des Bezirks Ingolstadt, lieferendes Schäffel Kern, oder Weizen vierzehen Gulden, für jedes Schäffel Korn zwölf Gulden, und für jedes Schäffel Haaber fünf Gulden; in den weiteren dreyen Rentämtern Landshut, Strauding, und Burghausen aber, für jedes Schäffel Kern, oder Weizen zwölf Gulden, für jedes Schäffel Korn zehen Gulden, und für jedes Schäffel Haaber vier Gulden angesetzet, und berechnet, sofort hiernach die Magazinsscheine, oder Haftbillete nach der hiebeygehäften Form in solcher Maaß ertheilet werden, daß

Fünfzehendens: ein dergleichen Haftbillet nicht über 500 fl. lauten, sondern, da eine gerichtische oder hofmärktische Getreidlieferung sich höher im Werthe erstrecken wurde, mehrere dergleichen auf 500 fl. dann auf das weiters betreffende Quantum, und respective den Rest eingerichtete Haftbillete ausgestellet werden sollen. Diese Haftbillete hat

Sechszehentens: der Getreidüberbringer der Jurisdictions-Obrigkeit, von welcher die Lieferung verfüget worden, alsbalden sammt der unterschriebenen, und gefertigten Beschreibung zuruck zu bringen, und zu behändigen, diese aber sothane Haftbillete in so lang bis selbe zu Abführung der landsfürstlichen Hofanlagen, oder der Steuer- und Aufschlagsschuldigkeiten bey der hienach bestimmten Zeit anstatt baar Geld eingeschickt werden können, beym Amt zu behalten, und zu bewahren, immittelst aber jedem seiner niedern Gerichtsbarkeit untergebenen Unterthan um den Geldbetrag dessen geleisteten Lieferung, wie sich solcher mit dem in dem vorstehenden Puncto 14. ausgezeigten Preis nach dem Schäffel oder Metzen, oder noch geringerer Mässerey seiner Lieferung herauswirft, einen Amtsschein gratis zu ertheilen; und da Wir

Siebenzehentens nicht nur allein Uns selbsten churmildest entschlossen, sondern auch mit ersagt Unserer lieben und getreuen Landschaft dahin vernommen, daß sothane von den verordneten Magazinsbeamten ausgestellte Haftbillette ohne Unterschied an den vom ersten künftigen Monaths September des 1772ten Jahrs betreffenden Hofanlags- dann Steuer- und Aufschlagsschuldigkeiten, sowohl bey Unserer churfürstl. Haupt-Cassa, und den Rentzahlämtern, als auch bey den landschaftlichen Steuer- und Aufschlagsämtern an statt baar Geld angenommen werden sollen; Also auch wollen, und befehlen Wir hiemit gnädigst, daß bey Einschickung erdeuter Magazinsscheinen und Haftbilletten nicht der geringste Anstand bezeiget, sondern alle solche Billete, wie bey den landschaftlichen Steuer- und Aufschlagsämtern, also auch bey Unseren Rentzahlämtern, und der churfürstl. Haupt-Cassa selbsten in Abführung der vom 1ten September des 1772ten Jahrs betreffenden Hofanlags-Vorspanns- und Scharwerks- oder Steuer- und Aufschlagsgebühren ohne Unterschied angenommen werden. Die Jurisdictionsbeamten haben aber sodann

Achtzehentens: von den ihnen untergebenen Unterthanen die denenselben vorbemeldtermassen entzwischen zugestellten Amtsscheine bey denen zu Eindringung der Hofanlagen, oder Steuern haltenden gewöhnlichen Amtstagen einzuziehen, und in deren Steuer- oder Anlagsbüchlein einzuschreiben, daß gegen Einziehung der um die beschehene Getreidlieferung auf das hiebey entwerfende Geldquantum ausgestellten Amtsscheine die Hofanlage, Steuer- oder Aufschlagsschuldigkeit vergütet, und hierüber noch weiters an baar Geld die betreffenden Gulden oder Kreutzer erlegt worden.

Neunzehntens: halten Wir Uns zwar ohnehin gesichert, daß die in Unseren Landen zu Baiern befindliche Pfärrer, Vicarien, und Beneficiaten, welche bey ihren Pfarreyen, und Pfründen selbstigen Feldbau, Zehenden, oder Getreidgilten haben, sich selbsten beeifern werden, zu diesen für das gesammte Landsbeste angeordneten Magazinen eine ergiebige Getreidlieferung um so beflissener beyzulegen, jemehrers hierdurch den ihrer Seelensorg anvertrauten Pfarrkindern mit dem erfoderlichen Speisgetreide ausgeholfen werden kann, und es hiebey die nämliche Meynung hat, daß ihnen das lieferende Getreid eben, wie den Unterthanen vorangezeigtermassen geschiehet, richtig vergütet werden wird; Wir wollen aber zu dessen mehrerer Berichtigung denen Jurisdictionsbeamten, deren Gerichtsdistriet diese Pfarreyen und Pfründen einverleibet sind, hiemit specialiter gnädigst übertragen haben, daß selbe den in ihren Gerichts- oder Hofmarksdistriet befindlichen Pfärrern und Vicarien, auch Kaplänen, diese Unsere landsfürstliche Obsorge, und zugleich eröffnen, wie die Billigkeit, und deren pro publico habender Eifer erheische, daß sie von ihren zum Verkauf habenden Getreidern wenigstens den 20ten Theil beyliefern, mithin sich gegen ihren Jurisdictionsbeamten schriftlich zu erklären hätten, wie viel, auch was Gattungen Getreids sie zu den ihnen nächstgelegenen Haupt- und Filialmagazinen lieferen werden.

Da nun die Jurisdictionsbeamten eine billige und nach ihrem führenden Bauwesen, auch beziehenden Zehenden, dann anderen Getreidgilten, proportionirte Erklärung, wie Wir ohnehin von selben verhoffen, erhalten; haben ebengedachte Jurisdictionsbeamte ihnen Pfärrern, Vicarien, und Beneficiaten die alsbaldige Anweisung zu geben, daß sie das zu lieferen sich erklärte Getreid zu dem anzeigenden Magazin auf ihre Kösten längstens bis zur Hälfte des künftigen Monaths Novembris bringen lassen, woselbst ihnen um das in kastenmäßigen Gut zu bestehen habende Getreid nach dem in denen Rentämtern, wo die Pfarreyen, und übrige Pfründen entlegen sind, oben entworfenen Getreidpreis vom den Magazinsbeamten die Hafbillets ohne geringsten Aufenthalt, oder weiteren Kösten werden abgefolget werden, und sie solche Haftbillete an denen, selbe betreffenden Widums-Steuern, und anderen Beyträgen vom 1ten September des künftigen 1772ten Jahrs gleichermassen anstatt baar Geld beylegen, den Ueberrest aber bey ihren Jurisdictionsbeamten erheben können, allermaßen Wir gnädigst wollen, und den Jurisdictionsbeamten hiemit ausdrücklich auftragen, daß diese solche Hafscheine von den zur selben Zeit eingebrachten Steuer- und Aufschlags- oder auch Hofanlagsgeldern baar vergüten, und einlösen, sohin zu den Rent- und Steuer- auch Aufschlagsämtern, oder auch Unserer churfürstlichen Haupt-Cassa bey ihren einschickenden Steuer- oder Aufschlags- oder anderen Amtsgefällen beylegen. Wurden aber

Zwanzigstens gedachte Pfärrer, Vicarien, und Beneficiaten sich wider Vermuthen zur Billigkeit nicht fügen, haben die Jurisdictionsbeamten denenselben solches nachdrucklich zu erinneren, und zugleich zu bedeuten, was Getreidquantum und Gattungen selbe billigst beyzuliefern, und, da solches wider alle Ju-

stiz.

versicht nicht erklecken sollte, hierüber bey Unserer gnädigst verordneten geheimen Hofcommission die pflichtschuldige Amtsanzeige zu machen, worüber sodann die betreffende weitere Verordnung erfolgen wird.

Ein und zwanzigstens wollen Wir zwar Unseren sämmtlichen lieben und getreuen geist- und weltlichen Ständen, aus dem zu selben tragenden churmildesten Vertrauen überlassen haben, was deren jeder in Anerkanntniß dieser gemeinnützlichen und wohl gar nothwendigen, bey der eben versammelt gewesenen landschaftlichen Verordnung überlegten Vorsorge, zu dem ihm nächstangelegenen Magazin lieferen werde.

Wir versehen Uns aber gnädigst gegen selbe, sie werden amore publici ihren schuldigen Eifer darlegen, sohin am mindesten den 20ten Theil von dem ihnen zum Verkauf übrig verbleibenden Getreide zu gedachten Magazinen lieferen, und hiebey wohl bedenken, daß sich von diesem zusammenlegenden Vorrath der Stände Grundholden bey ereignenden Nothfall der möglichen Aushilfe zu erfreuen haben, da die Stände nach der Billigkeit, und Proportion ihrer habenden Gilt und Zehenden, auch anderen beziehenden Getreidern concurriren.

Besagte Unsere liebe und getreue Stände werden daher die Verfügung machen, daß von selben die proportionirte Lieferung längstens bis in die Hälfte des künftigen Monaths Decembris, an die jedem nächst angelegenen Magazine wirklich vollbracht, zu Unser gnädigst verordneten churfürstlichen geheimen Hofcommission aber, die schriftliche Anzeige auch längstens bis zur Hälfte des vorgehenden Monats Novembris gemacht sey, was jeder derselben für ein Quantum, und Gattung Getreids, auch zu was für einem Haupt- oder Filialmagazin lieferen lassen werde, damit den angestellten Magazinsbeamten die behörige Anweisung ertheilet werden könne. Wobey wiederholet wird, daß das von ihnen Ständen in anderweitige Rentamtsmagazine, als worinnen selbe angesessen, und begütert sind, lieferende Getreid allerdings angenommen, und von den Magazinsbeamten in der puncto 11mo verordneten besonderen Einnahmsrubrique vorgetragen werden sollen. Wie dann

Zwey und zwanzigstens die geist- und weltliche Stände bey Auslieferung deren kastenmäßigen Getreids, nicht nur allein die ebenmäßigen Hastbillete nach dem Rentamtspreis, worinnen deren Stift und Klöster, oder Hofmärken, wegen welchen deren Lieferungen geschehen, entlegen sind, unaufhaltlich erhalten werden, sondern auch solche deren Hastbillete an ihren vom Anfange des Monaths Septembris 1772. abzuführenhabenden Standanlagen, und Aufschlagsschuldigkeiten einschicken können, gleich solche auch anstatt baar Geld unweigerlich bey den Steuer- und Aufschlagsämtern werden angenommen werden. Ja Wir wollen

Drey und zwanzigstens, auch gnädigst zugeben, und haben Uns mit deren anwesenden Verordneten, und Rechnungsaufnehmern dahin vernommen, daß jene geist- oder weltliche Stände sothane Hastbillette, zu der Abführung ihre beyzutragen habende Standanlagen nicht hinlänglich seyn wurden, von den einbringenden Hofanlagen, und Unterthanssteuern beziehen, und solche Hastbillete anstatt baar Geld beylegen dürfen. Und gleichwie

Vier und zwanzigstens: hiemit die Stände Unsere Churmilde befahren, also auch versehen Wir Uns gnädigst, sie werden solche zu behalten, und weiters treu- devotest zu verdienen sich beeifern, sohin nicht selbsten eine anderweitige Bemüßigung veranlassen.

Fünf und zwanzigstens: hat es auch in Ansehung der in Unseren Landen vorhandenen milden Stiftungen allerdings die Meynung, daß von denenselben gleichermassen ab ihren zum Verkauf habenden eigengebauten, dann Gilt- und Zehendgetreidern am mindesten der 20te Theil zu den ihnen nächst entlegenen Haupt- oder Filialmagazinen die Lieferung längstens bis zur Hälfte des künftigen Monaths Novembris vollbracht sey; zu dessen Befolgung dann die betreffenden Jurisdictionsbeamten gleichergestalten ernstgemessen ange-

wie-

wiesen, und hiebey all-jenes hiemit wiederholet wird, was hieoben sub punctis 19. & 20. respectu der Pfarreyen, und anderen Pfründen umständlich enthalten, und ausgedrucket ist.

Sechs und zwanzigstens ist Unsere eigentliche, aus landesfürstlicher Vorsorge genommene gnädigste Willensmeynung genugsam angezeiget, wie Wir diesen Getreidvorrath lediglich zur Versehung der bedrangten Unterthanen, und deren nöthig findenden Aushilfe zusammenschütten lassen.

Wir werden demnach jenen Unterthanen, so anderen in Unseren Landen anwesenden und ansäßigen Bedürftigen das erfoderliche Speisgetreid, und allenfals den zur Saat nöthigen Haaber, da sie bey Unser gnädigst verordneten geheimen Hofcommißion solche Umstände vor- und belegen werden, daß ihnen die Aushilfe unumgänglich sey, nach der findenden Thun- und Möglichkeit aus sothanen Haupt- und Filialmagazinen, jedoch andererstalten nicht, als gegen baare Bezahlung abfolgen lassen, derentwillen dann hiemit

Sieben und zwanzigstens zur vorläufigen Wissenschaft unverhalten bleibet, daß jedes aus den sämmtlichen Magazinen abzugeben anweisendes Getreid der Ursachen um 45. Kreuzer theurer, als solches alldahin übernommen ist, verkaufet werden müße, weil die bey solchen Magazinen erlaufende Aufziehung, und Messung der Getreider, auch der hiebey nöthigen Personen treffende billige Kosten, nebst der sich ergebenden unvermeidentlichen Kastenschwand diesen Zusatz unmittelbar erfodern. Gegeben in Unserer churfürstlichen Haupt- und Residenzstadt München, den 5ten October Anno 1771.

Ad Mandatum Serenissimi Dni. Dni. Ducis Electoris speciale. (L.S.)

Mathias Prändtl, churfl. wirkl. Rath, und geheimer Raths-Sec.

Ad Sphum 14.

Zum Churfürstlichen Magazinsamt ist geliefert worden, von dem Churfürstl. Pfleggericht, oder Kastenamt, oder der Hofmark nach dem Innhalt der unterm November dieses 1771sten Jahrs verfaßt- und gefertigten Beschreibung, oder Vorweis

An Weitzen	Schäffel	Metzen.
An Kern	Schäffel	Metzen.
An Korn	Schäffel	Metzen.
An Haaber	Schäffel	Metzen.

So nach dem im gnädigsten Generalmandat bestimmten Preis betraget Gulden, und Kreutzer.

Wofür dieses Billet bey den Churfl. und landschaftl. Cassen an den vom 1sten September künftig 1772sten Jahrs alldahin abzuführen treffenden Churfürstl. Hofanlagen, auch Scharwerkgeldern, und nicht minder an den Steuer- und Aufschlagsgebühren ohne Ausnahme angenommen, und hierbey vollständige Vergütung geleistet werden wird. Actum den Anno 1771.

Magazinsamt.

Churfürstl. Magazins-Beamter.
Landschäftl. Magazins-Beamter.

b) Decretum: Die von der churfürstlichen geheimen Hofcommißion in Getreidvorfallenheiten und dahin einschlagenden Geschäften treffenden Verfügungen sollen von den churfürstlichen Mauthämtern, auch ohne Mauthdirectorial-Ausschreibung, ungesäumt vollzogen werden, betreffend. Datirt den 23ten October 1771.

Se. Churfürstl. Durchl. wollen, daß zu Beförderung der von Dero geheimen Hofcommißion verfügenden Anstalten von diesem Departement die erlassenden Resolutionen alsogleich an die Mauthbeamte ergehen, und von solchen ohne zu erwartende Weisung des Churfürstlichen Cameral-Mauth-Directorii behend vollzogen werde, was immer in Getreidvorfallenheiten, und dahin einschlagenden Geschäften, von besagter Dero geheimen Hofcommißion verfüget wird. Zu welchem Ende Se. Churfürstl. Durchl. diese gnädigste Entschließung Dero Hofkammer mit dem gnä-

dig-

digsten Befehl hiemit zukommen lassen, solche durch das Mauthdirectorium ungesäumt auszuschreiben, und alle Mauthbeamte an diese gnädigste Resolution gemessenst anzuweisen, wovon sub hodierno der geheimen Hofcommißion Nachricht ertheilt, und zugleich derselben befohlen worden, von allen an die Mauthbeamten erlassenden Verfügungen die gehörige Nachricht an das Cameralmauthdirectorium ergehen zu lassen. Se. Churfürstl. Durchl. verbleiben anbey 2c. Haag den 23. October 1771.

Unter Churfürstl. gnädigsten Handzeichen. An die churfürstl. Hofkammer also abgangen.

Ausschreibung hierauf.

Se. Churfürstlichen Durchleucht Unser allerseits gnädigster Herr Herr 2c. 2c. wollen vermög deß zu höchst Dero Cameral-Mauth-Directorio unterm 23. currentis erledigten Decrets hiemit gnädigst, daß zur Beförderung der von Dero geheimen Hofcommißion verfügenden Anstalten von diesem Departement die erlassenen Resolutionen von den sämmtlichen churbaierischen und oberpfälzischen Mauthämtern ohne zu erwartende Weisung des churfürstl. Cameral-Mauthdirectorii behend vollzogen werde, was immer in Getreidvorfallenheiten, und dahin einschlagenden Geschäften von mehr besagter geheimen Hofcommißion verfüget wird. Als will man solche gnädigste Entschließung mehr recensirten sämtlich churbaierischen und oberpfälzischen Mauthämtern ungesäumt, und zwar mit der gemässensten Weisung hiemit unverhalten lassen, daß von denselben dieses gnädigste Geschäft jederzeit bey schwerem Einsehen schuldigst befolgt, und behend vollzogen werde. Wornach sich selbe also gehorsamst zu achten, und jede Station gegenwärtiges Patent der Rechtsbeschehenen Vorweisung- und Einlieferung halber um sich einer Unwissenheit nicht entschuldigen zu können, zu unterschreiben hat. München den 30. October 1771.

Vom Churfürstlichen Cameral-Mauth-Directorio. An die sämmtlichen Churbaierischen und oberpfälzischen Mauthämter also abgangen.

Joseph Pindl. Churfl. würkl. Hofkammer- und Mauth-Directorial-Secretarius.

Artic. II.

Feilschaften.

a) Zu Amerthal, der Baron Griesenbeckischen Hofmark in der obern Pfalz, ist ein 7. jähriger Eisenschimmel, so ein Wallach, um einen sehr billigen Preis zu verkaufen. Liebhaber mögen sich des mehrern beym Churfürstlichen Hauptmannschaftamt Amberg, oder in den Pfarrhof zu gedachten Amerthal erkundigen.

Artic. III.

AVERTISSEMENT.

a) Zu Stadt Kemnath in der obern Pfalz ist das alldortige weiße Bierbräuhaus, welches mit einer kupfernen Pfanne, mit den benöthigten Bräurequisiten, mit einlaufenden Wasser, Brandweingezeug, und anderen, nebst einem bequemen Wohnhause, worinnen zwey Stuben, und Kammer, versehen, ferners in Bestand zu verlassen. Wer dazu Belieben trägt, kann sich beym dortigen Stadtmagistrat, oder bey dem Verwalter Johann Baptist Lins melden, wo man sowohl wegen des Bestandgelds als andern, einen favorablen Pacht zu schliessen, alle Bereitwilligkeit finden wird.

b) In der Hofschwäbingergassen hier in München, sind alsogleich 4. meublirte, und zum Haitzen hergerichte lichte Zimmer, mit Kuchel, Holzlage, s. v. Stallung, sammt allen Nothwendigkeiten, entweder für ein Absteig-Quartier, oder auf beständig zu verlassen. Liebhaber, und zumalen die vom Stande, für die es eigentlich bequem hergerichtet ist, können im hiesigen Intelligenz-Comtoir nähere Auskunft erhalten.

Hohe Beförderung.

Beyde K. K. Majestätten haben den Herrn Joseph Reichs Freyherrn von Ried, Herrn der Herrschaften Rauder, Quoos, und Borniz, des hohen Militarischen Marien Theresienordens Ritter, General Feldmarschall-Lieutenant, Obersten über ein Regiment zu Fuß, und General-Director über gesammte Kaiserliche Werbungen im Römischen Reich, in allermildester Erwägung seines von Jugend an dem allerdurchläuchtigsten Erzhause unermüdet geleisteten ersprießlichen Kriegsdiensten, dabey erprobten ganz besonderen Tapferkeit, und klugen Kriegserfahrenheit, wie auch in allergnädigster Ruckerinnerung jener ausnehmenden Verdienste, welche sich derselbe bey dem ihm aus besondern allerhöchsten Vertrauen zu seiner ganz besondern Klugheit, und Geschicklichkeit anvertraut gewesenen wichtigen Posten, eines Römisch Kaiserlichen und Kaiserlich Königlichen Gesandtens am Königlich Preussischen Hofe zur Wohlfahrt des gemeinsamen deutschen Vaterlands erworben hat, endlich in allerhuldreichester Beherzigung seiner grossen Klugheit, Geschicklichkeit, und unermüdetem Diensteifers, womit er seit mehreren Jahren die General-Direction der kaiserlichen Werbungen mit einem allgemeinen Beyfall ausübet, nicht nur allein die ansehnliche Stelle eines Kaiserlichen, auch Kaiserlich Königlich bevollmächtigten Ministers in dem schwäbischen Kreiß allergnädigst zugetheilet, sondern auch um ein offenbares Zeichen Ihrer allergnädigsten Zufriedenheit mit dessen Verdiensten, an den Tag zu legen, ihn zu Dero wirklichen Kaiserlich auch Kaiserlich Königlich geheimden Rath aus Höchsteigener Bewegung zu ernennen geruhet, wie dann Sr. Excellenz die allerhöchste Decrete darüber bereits zu gefertiget worden, um sich vermittels deren aller jener Ehren, Freyheiten, Rechte, und Vorzüge, aller Orten ohne jemands Widerspruch prävalieren zu können, welche dieser hochansehnlichen Würde ankleben.

Artic. IV.

Münz-Sachen.

Man hat zuverlässig in Erfahrung gebracht, daß unter sträflichst nachgeahmten Herzoglich Braunschweig-Lüneburgischen Münzstempel, falsche Conventions-Thaler vom Jahre 1765. unter dem Publiko im Lauf zu kommen beginnen wollen, solche aber daran, daß a) sowohl die Brustbild- als Wappenseite, nebst dem Buchstaben, ziemlich seicht ausgedruckt sind, b) die äußere Rändelung, anstatt Laubwerk, nur länglicht mit Querschnitten durchgezogene Striche vorstellet, auch c) diese Thaler anstatt Zirkel- nur Ovalrund in die Augen fallen, leichtlich zu erkennen sind, im Werthe aber d) nur 21. Kreutzer 1 $\frac{5}{8}$. Häller betragen. Das Publicum wird also hiemit vor deren Einnahme und Ausgabe gehörig gewarnet, um sich vor Schaden hüten zu können.

Artic. V.

Handlungs-Nachrichten.

a) Man erwartet viel Nutzen von einer neuen Art Hanfkörner, die Herr Banks, und Solander von ihrer Reise mitgebracht haben. Der Hanf giebt einen zweymal stärkeren Faden, als der bey uns bekannte Hanf.

b) Aus Böhmen meldet man, daß die Krankheiten zwar nachgelassen, die Lebensmittel aber noch hoch im Preise sind, doch so, daß noch keine Hungersnoth ausgebrochen, da man aber befürchten müsse, daß vieles Korn in dem Lande aufgekaufet, und gegen höhere Preise über die Gränzen möchte geschleppet werden, auch wirklich über 100. Pferde mit Frucht erhaschet worden, so ist hierauf das Standrecht geschlagen worden. Die Confiscirung der Körner soll dem Militaire zufallen, und die Uebertreter durch das Standrecht nach aller Schärfe bestrafet werden.

Artic. IX.

Merkwürdigkeiten und vermischte Nachrichten.

a) Der kunstberühmte Orgeln- und Instrumentenmacher, Johann Andreas Stein zu Augsburg, hat ein neues Instrument, so er Melodica nennet, erfunden. Es hat, wie es in seiner Art ganz eigen ist, die äußerliche Gestalt eines Flügels, und liegende, mit besonderer Kunst zugerichtete Flöthen. Die Zusammensetzung aber ist ganz einfach, mithin auch nicht kostbar. Der Ton nähert sich am meisten der Flöthe, hat aber dabey etwas ganz besonders. Musik und Mechanik wird daran sehr gerühmet, wie ohnehin seine verfertigten Orgelwerke in ganz Deutschland den Preis erhalten haben.

b) Von Paris meldet man, daß der Herr von Berinetes einer von den 4. General-Controlleurs der Brücken in Frankreich, dem König zu Choisy eine Kutsche von seiner Erfindung präsentieret; die so eingerichtet ist, daß sie weder sinken noch umfallen kann: er hat in Gegenwart des Königs verschiedene Proben damit angestellet, welche zur vollkommenen Zufriedenheit ausgefallen.

Artic. X.

Etwas zum guten Geschmack.

Project — die Menschen glücklich zu machen, wenn sie wollen.

oder

Das Recept für die kranke Welt: Ein Traum. *

O! Cives, Cives, quaerenda pecunia primum!
Virtus post nummos. — —

In

Zu Deutsch:

Es bleibts noch immer wahr, was jener Weise sagt:
Des Menschen-Herz ist schlau, ist trotzig und verzagt;
Setzt Wollust, Ruhm und Geld, setzt alles auf das Spiel,
Und selten hat es das, was es doch haben will.

Als ich neulich über die Schicksale der Menschen, über ihr Unglück, worein sie sich immer durch ihre ungezäumte Begierden, durch ihren Trotz, und durch ihre Zagheit selbst, stürzen, etwas reifer nachgedacht: so fand ich verschiedene Wahrheiten. Sie lagen aber in dem Grunde so tief, daß ich meine Kräften zu schwach sah, sie ohne Flaschenzug herauf zu bringen. Und weil kurzsichtige Leute, und kleine Seelen sehr oft Seile, und Stränge abhauen, wenn man die Wahrheit im Gallawagen in die Welt führen will: so wollte ich mich auch nicht weiter in die Gefahr geben. Daher, um meine vertraute Freundinn von aller Mißhandlung zu retten, bath ich die Götter, das reizende Bild meiner Schönen im Traume sehen zu lassen. —

Ich bin gewohnt, da die halbe Welt im ungestörten Schlummer liegt, oftmal zu wachen und mich dem Nachdenken zu überlassen. Meine Lampe ist mir Zeug. Endlich, aus Verdruß über die verderbte Welt schlief ich ein. — Und, wie beglückt! Jupiter selbst, von der Wahrheit zur Rechten begleitet, sitzend auf seinem glänzenden Throne, erschien mir in dem durchleuchteten Himmel. Ich erbath mir seine liebreizende Gefährtinn zur Braut; um durch sie recht glücklich zu werden, und damit ihr Geschlecht nicht aussterbe. Jupiter lachte von Herzen über mein Begehren. „Du gutherziger Narr! sprach er; meynst du dann, „daß die Wahrheit sterblich sey? — und weißt „du nicht, du Dreyachtel-Philosoph, daß sie „eine häßliche Tochter zur Welt bringe, und „daß dieses ungerathene Kind all dein Glück „stören würde; indem sie es mehr mit der „Welt, als mit ihren Aeltern haltet? — doch „deinen Wunsch, den du zum Besten der all„gemeinen Wohlfahrt thust, einigermaßen zu „erfüllen; so will ich jene Menschen glücklich „machen, welche verstehen, ein dauerhaft Glück „zu begehren." Ich schwieg, ungeachtet der * ersten Aufwallung über den Beruf und das Wesen der Gerechtigkeit: und der Patriotismus seufzte mit ein. Doch zu frieden, weil ein göttlicher Ausspruch in Austheilung der Glückseligkeit nothwendig auf Verdienste gehen müsse. Jupiter lächelte abermal. Allein, warum er dießmal lachte, habe ich nicht erfahren können. Der ganze Himmel war offen: Apollo bekam den Befehl, seine 9. Musen in die Welt abzuschicken und die Glückseligkeiten unter die Menschen austheilen zu lassen.

Nun, wie es oft verborgene Ursachen hat, warum das Geboth der Großen, wenn sie auch noch so gut denken, von den Nachgesetzten in der Vollziehung wieder eine andere Gestalt bekömmt: so behielt auch dießmal Apollo eine von den neun Musen bey sich. Von diesen acht Musen bekam jede einen Kasten auf den Rücken, worinn die Mittel zur menschlichen Glückseligkeit eingepackt waren. Sie giengen zugleich von ihrem Berge herab, und begaben sich in eine Stadt, die man mit Philadelphia nannte: eben zur Zeit, da Jahrmarkt gehalten wurde. Jedermann sah sie für drollige Tyroller Mägdchen an, und eine Menge Käufer kam ihnen schon von weitem entgegen. Insonderheit war die Anzahl junger Mannspersonen sehr groß, welche sie umgaben, um zu erforschen, was sie zum Verkaufe daher trugen. Bey dem Thore machten sie Halt; indem nur eine nach der andern in die Stadt zu gehen gesinnet war: weil doch die Sterblichen alle Glückseligkeiten auf einmal zu empfangen unfähig, und diese ihnen nur desto gefährlicher wären. — Die Erste, die in die Stadt kam, schrie: kaufts Verstand! — — meine Herren! — Verstand! — Ich sehe es euch an, daß ihr ihn benöthiget seyd. — Ihr gaffet die keuschen Mägdchen auf der Gasse so unvorsichtig an, daß jede größere Vernunft sehr oft auf die Flüchtigkeit eures Gemüthes, und auf den Mangel der Behutsamkeit schließen kann. Kauft Verstand! denn dieser ist, wenn ihr ihn gut anwendet, die beste Empfehlung. — Kaufts, kaufts Verstand! — eine rare Waare! eine delicate Frucht! — kaufts meine lieben jungen Herrchen! Gesetzt, daß ihr euch gedünket, schon Säuglinge der Wissenschaften, schon deutsche Griechen, lateinische Deutsche, oder gar Studenten und Lehrer von Athen zu seyn. Gewißlich, ihr sollet bey mir keinen Schaden haben. Nehmet von meinem

* Herr Doctor Gottlob Krieger machte

nen Gut, so braucht ihr nicht meinen Schwestern etwas abzukaufen; denn es findet sich das übrige hernach von selbst. Kauft Verstand; so seyd ihr schon Männer in der Jugend, und ihr werdet Jünglinge seyn in dem Alter. — Unter den Zuschauern entstund hierüber ein lautes Gelächter. Dieses muß ein lustig Mägdchen seyn, sagten sie: nur Schade, daß es nicht mehr jung ist. Als sie nun sah, daß ihr Niemand abkaufte, und keiner sich die Mühe gab, der Qualität der Waare ernstlich nachzudenken; so gieng sie durch die Strassen, und schrie aufs neue: wer kauft Verstand? — Die Kuchen-Mägde liefen die Stiegen herab, und vermeynten, man rufe: weißen Sand. Jedermann sah zum Fenster heraus, und fieng an zu lachen.

Da nun auch dieses nicht helfen wollte, so entschloß sie sich, in die Häuser zu gehen. Die Muse begab sich daher in ein sehr ansehnlich Haus. Der Thürhüter sagte ihr: meine liebe Jungfer, komm sie später, etwa nach 10. Uhr, die Herrschaft ist noch nicht aufgestanden; aber komm sie gewiß, denn es ist schon Nachfrage gehalten worden: und der Herr Informator ist eben ins Caffee-Haus, die Zeitung zu lesen. Vielleicht wird es ihn erfreuen sie zu sehen.

Die Muse gieng dahin, woselbst sie ihren Kasten niedersetzte, weil ihr der viele Verstand zu schwer zu werden anfieng. Sie sah eine Menge wohlgekleideter, gepuderter, und solcher junger Herren, die bey schönen Wetter Halbstiefeln tragen, um mit Hilfnehmung weißer und gefütterter Strümpfe ihren Waden ein Ansehn zu verschaffen. Sie both ihnen ihre Waare an, die sie draußen stehend hatte, und ihr feil wären. Man gab ihr kein Gehör. Meine Herren, sprach sie, sittsam still an einem Winkel stehend, wenn sie, wie es um halb 10. Uhr etwa schon Zeit seyn möchte, in die Kanzley, oder sonst zu ihren Verrichtungen zu gehen haben; Ey! so nehmen sie von meiner Waare etwas mit, es wird ihnen sehr wohl, ja der ganzen menschlichen Gesellschaft zu statten kommen. Es seufzen, wie ich mir habe sagen lassen, wirklich schon etliche Partheyen um ihre Abfertigung, denen der Aufenthalt kostbar ist. — Indessen hörte sie über zwo Treppen hoch so etwas, als wenn man ihr rufte: Sie gieng hinauf. Zu allem Unglücke aber zankte sich die Frau des Hauses mit der Köchinn, und hatte eben das Gesind geprügelt, weil eine Caffee-Schaale zerbrochen worden. Als sie die Muse erblickte, so fragte sie mit Ungestümme: Mensch! was wollt ihr? Madam! sprach sie, ich wollte vernehmen, ob sie belieben, Verstand zu kaufen. Kaufen sie in der Zeit, so haben sie ihn in der Noth. Ich möchte sobald nicht wieder in ihr Haus kommen. Meine Waare wird sie gut kleiden; denn sie haben soviel liebenswürdiges an sich, und sie machen eine so schöne Person aus, daß ich gestehen muß, es fehle ihnen nichts als meine Waare, nämlich: der Verstand. — — Schert euch fort, ihr alte Bestie! sagte sie, ihr werdt mich nicht zum Narren machen! — — Hierauf griff die junge Frau nach dem Pantoffel: und sie würde der guten Muse gewiß den Verstandskasten zerschlagen haben, wenn diese sich nicht auf das eiligste davon gemacht hätte.

Kaum war sie die Treppe herunter; so kam der Thorschreiber hinter ihr hergelaufen, und schrie: Deutscherl! was hast du in deinem Kasten? Du mußt die Gebühr bezahlen! Ihnen zu dienen, mein Herr! es ist Verstand. — Verstand? antwortete der Thorbediente; Verstand? was ist das für ein Zeug? Ich habe doch auch gehandelt, ehe ich Thorschreiber ward, welches Amt ich, ohne Ruhm zu melden, schon in das 25te Jahr verwalte, und ich weis mich nicht zu erinnern, daß diese Waare in die Stadt gekommen sey, außer was etwa, ohne mein Vorwissen, wäre herein geschwärzet worden. Komm her, ich will deinen Kasten versigiliren, bis ich mich erkundiget habe: ob der Verstand nicht unter die verbothenen Artickel gehört? — Der Thorschreiber lief hin, und zeigte es der Unterobrigkeit an, welche den Spruch ergehen ließ; die Tyrollerinn sollte wieder aus der Stadt geschaft werden. Denn sie an ihren Theil hätten schon selbst Verstand genug: dort im schwarzen Kasten hätten die ältern Vorfahrer etwas dergleichen zurück gelassen, und man brauche dieser selten: Im übrigen sey den Bürgern, und gemeinen Leuten so eine entbehrliche Waare eben nicht nutz: ja es wäre wohl gar wider ihren Stand, und aus mehrern Ursachen nicht rathsam, daß man fur dergleichen das Geld aus dem Lande schleppen ließ. — Die Muse ward also aus der Stadt geschaft, und ihr bedeutet, so bald nicht wieder zu kommen.

(Die Fortsetzung folgt.)

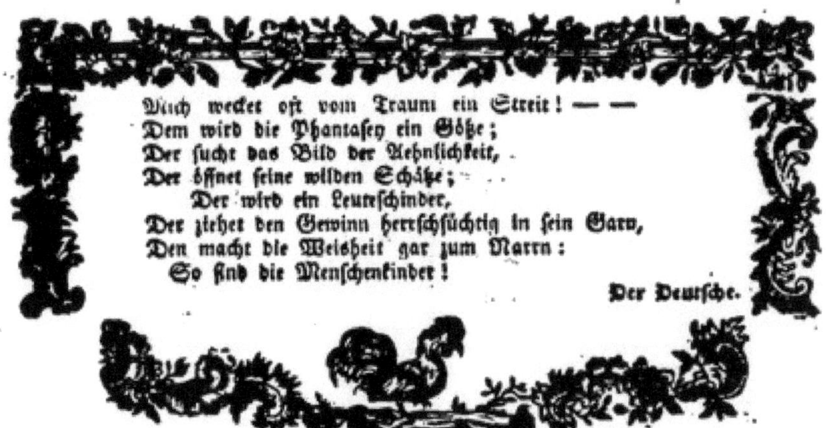

Mich wecket oft vom Traum ein Streit! — —
Dem wird die Phantasey ein Götze;
Der sucht das Bild der Aehnlichkeit,
Der öffnet seine wilden Schätze;
Der wird ein Leuteschinder,
Der ziehet den Gewinn herrschsüchtig in sein Garn,
Den macht die Weisheit gar zum Narrn:
So sind die Menschenkinder!
Der Deutsche.

Churbaierisches Intelligenzblatt

Num. XXVII.
München den 23. November 1771.

Artic. I.

a) Ordonanz: daß keine Confinwächter über die Landgränze, ohne Inspections- oder mauthämtlichen Vorweis, paßiren zu lassen. Datirt den 30ten September 1771.

Nachdem sich aus den bis daher eingegangenen Berichten mehr als zu viel gezeigt hat, daß nicht nur schon theils Mauthämtliche Confinwächter mit den Montours- und Bewehrungs-Stücken desertiret, sondern auch theils derselben von ihrem angewiesenen Posto eigenmächtig weg, und viele Tage ihrer Gelegenheit nachgegangen sind; so hat man eben heut an den Churfürstl. Hofkriegs-Rath die Nothdurft erledigen lassen, fürohin keinen Confinwächter mehr durch ein Garnisons- oder anders Ort weniger über die Landgränze paßiren; sondern gleich in instanti arretiren, und in das verhandene oder nächste Amt- oder Stockhaus übersetzen zu lassen, wenn er nicht seiner erhaltenen Beorder- und weiteren Verwechslung halber, entweder von der aufgestellten Confininspection, oder einem Churfürstl. Mauthamte einen beglaubten Vorweis wird aufzeigen können. Welches den Churfürstl. sämmtlichen Mauth- und Beymauthämtern zur Wissenschaft, und der gleichmäßigen Darnachachtungswillen hiemit notificirt wird. München den 30. Sept. 1771.

Von dem Churfürstl. Cameral-Mauth-Directorio: An die ach Churfürstl. Mauthämter in Baiern und der obern Pfalz also abgangen.

Morigotti Secret.

b) Fünf Churfürstliche gnädigste geheime Raths-Resolutionen, verschiedene Verbesserungen, und Einrichtungen bey der hohen Schule in Ingolstadt, dann die künftige Feyer des dritten Jubeljahrs seit der Stiftung derselben, betreffend. Datirt den 4. September 1771.

Wir Maximilian Joseph Churfürst ec.

Unsern Gruß zuvor, Würdige, Edle, Ehrsame und Hochgelehrte, liebe Getreue! Nachdem wegen Besuchung Unserer Universität zu Ingolstadt die vorhin erlassenen Generalien von den Landeskindern noch immer außer Acht gelassen worden; so haben Wir sub hodierno Unserm Churfl. Hofrath gnädigst anbefehlen lassen, dergleichen Generale in Conformität der vorigen anwiederum, und zwar mit dem Zusatz zu erneuern, daß künftighin das Privat- und Winkeldociren ausser den Vacanzzeiten durchaus abgeschafft, und keines von baierischen, und oberpfälzischen Landskindern zu Geist- oder Weltlichen Bedienungen sich Hofnung machen solle, die nicht ihre Studia altiora bey Unserer Churfürstl. Universität ordentlich absolvirt, und Proben ihrer erlangten Wissenschaften daselbst werden abgelegt haben, gestalten dann weder auf der hohen Schule, noch sonsten die Attestata von in- oder ausländischen Privat-Docenten angenommen, und zum absolviren hinlänglich geachtet werden sollen. Ihr werdet demnach darob genau zuhalten, und dieser Unser gnädigsten Verordnung um so gewisser nachzukommen wissen; als Wir die Facultäten, und Professores zur Verantwortung ziehen, wann selbe hierinnen nachsehen, und untauglichen, oder seichtgelehrten Studenten offentliche Attestata ertheilen wurden, die bey genauer Prüfung unwahr, und falsch befunden werden, wornach Ihr Euch gehorsamst zu achten, und seynd Euch anbey mit Gnaden gewogen. München den 4. Sept. 1771.

An die Churfürstliche Universität zu Ingolstadt also abgangen.

Wir Maximilian Joseph Churfürst ec.

Unsern Gruß zuvor, Würdige, Edle, Ehrsame, und Hochgelehrte, liebe Getreue! Demnach sich Unser wirklicher geheimer Rath Vice-Präsident, und Director Unserer Churfürstl. Universität zu Ingolstadt mit Unserer gnädigsten Genehmhaltung entschlossen, das Directorial-Amt zu Ingolstadt in loco personlich zu verrichten; so haben Wir auch gnädigst bewilliget, daß er qua Director, und perpetuirlicher Churfürstl. Commissarius allen Consiliis, sonderheitlich des gesammten Corporis Academici beywohnen, und seinen Sitz auf einem separirten Sessel nehmen, und nach geschehenem Vortrage des Rectoris das erste Votum abgeben, wo aber in Parthey- und Justitz-Sachen von dem Consilio Decanico ad Plenum appellirt wird, in letzteren so, wie bisher, das Præsidium führen solle, welches Euch hiemit zur Nachricht, und gehorsamsten Nachachtung mit dem Annexo gnädigst unverhalten wird, daß Ihr eure Lectiones publicas fleißig zu geben, und die Auditores mit Honorariis nicht zu übernehmen habt, sonderheitlich, wo die Vorlesungen ein- oder anderen Theils der zu tradirenden Rechts- oder anderen Lehren in einigen Monathen zu Ende gebracht werden können.

Uebrigens habt Ihr euer vorschlägliches Gutachten anher gehorsamst abzugeben, mit was für Solennitäten das instehende dritte Jubeljahr von Errichtung der Universität begangen werden solle. Sind Euch anbey mit Gnaden gewogen. München den 4ten September 1771.

Ex Commissione Seren. Dom.
D. Ducis Electoris Speciali &c.

An die Churfürstl. Universität zu Ingolstadt also ergangen.

Wir Maximilian Joseph Churfürst. ec.

Unsern Gruß zuvor: Edler, lieber, Getreuer! Was Wir wegen mehr, und besserer Besuchung Unserer Universität zu Ingolstadt von den Landskindern, sub hod. Unserm Churfürstlichen Hofrath gnädigst anbefehlen lassen, das hast du aus der Anlage des mehrern zu ersehen, wie Wir Uns nun auch deines Orts gnädigst versehen, daß du die schuldige Vollstreckung dieser Unserer gnädigsten Verordnungen Dir deinen Pflichten nach angelegen seyn lassen werdest, so hast du die Uebertretter zu warnen, auch gestaltensachen nach bey Unserer höchsten Stelle anzuzeigen. Und da du mit Unser gnädigsten Genehmhaltung dich entschlos-

[illegible], das Directorialamt zu Ingolstadt in Loco persönlich zu verrichten, so wollen Wir auch gnädigst, daß du qua Director, und perpetuirlicher Churfürstlicher Commissarius allen Consiliis, sonderheitlich des gesammten Corporis Academici beywohnen, und deinen Sitz auf einem separirten Sessel nehmen, und nach geschehenem Vortrage des Rectoris, das erste Votum abgeben, wo aber in Partheyen und Justitzsachen von dem Consilio Decanico ad plenum appellirt wird, in letzteren so, wie bisher, das Præsidium führen sollest, im übrigen wollen Wir dich auf deine Instruction, und in specie auf Unsere gnädigste Universitäts-Verordnungen dahin verwiesen haben, Uns alljährlich, und wo es vonnöthen auch öfters von dem Zustande Unserer Universität, nicht weniger von dem Fleiß der Professoren, und Auditoren unterthänigsten Bericht zuerstatten. Sind dir anbey mit Gnaden wohl gewogen. München den 4ten September Anno 1771.

Ex Commissione Seren. Dni. Dni.
Ducis & Electoris Speciali.

An Freyherrn von Ickstatt 2c. zu Ingolstadt also abgangen.

Maximilian v. Vogl.

Signatur.

Da Se. Churfürstl. Durchleucht mißfällig vernehmen müssen, wie wegen Besuchung der Universität zu Ingolstadt die vorhin erlassenen Generalien von den Landskindern noch immerhin außer Acht gelassen worden; so befehlen höchstdieselbe Dero Churfürstlichen Hofrath dergleichen Generale in Conformität der vorigen anwiederum, und zwar mit dem Zusatze zu erneuren, daß künftighin, daß Privat und Winkeldociren außer den Vacanzzeiten durchaus abgeschafft, und keines von baierischen und oberpfälzischen Landskindern zu geist- oder weltlichen Bedienungen sich Hofnung machen solle, die nicht ihre studia altiora auf der churfürstlichen Universität ordentlich absolvirt, und Proben ihrer erlangten Wissenschaften daselbst werden abgelegt haben, gestalten dann weder auf der hohen Schule, noch sonsten die Attestaten von inn- oder ausländischen Privatdocen[illegible] angenommen, und zum [illegible] hinlänglich geachtet werden sollen. Signatum in Intimo den 4ten September 1771.

An den Churfürstl. hochlöblichen Hofrath also erlassen worden.

Wir Maximilian Joseph Churfürst 2c.

Unsern Gruß zuvor, Edler, Lieber, Getreuer! Nachdem Wir Uns gnädigst entschlossen haben, diejenigen von der Universität zu Ingolstadt in Druck zu geben vorhabenden Schriften, welche in das Jus Publicum & Civile einschlagen, durch dich als zu dieser Classe gnädigst ernannten Censorem, zu der Zeit, als du dich zu erwehnten Ingolstadt aufzuhalten hast, der Beförderungswillen gleich daselbst censiren zu lassen; doch so, daß sothane Manuscripten nebst deiner beygelegten Censur vor dem wirklichen Druck zu Unserem nachgesetzten Bücher-Censur-Collegio um das gewöhnliche Imprimatur (welches man jederzeit baldmöglichst ertheilen wird) eingeschickt werden müssen; also haben Wir dir dieses Unser auf deine Person gesetzte gnädigste Zutrauen hiemit bekannt machen, aber zu gleicher Zeit auch unverhalten lassen wollen, daß im Fall du deines Orts einige Schriften in Druck zu geben vorhabens wärest, du gleich das Manuscript allforderst ad Censuram zu Unserem Büchercensur-Collegio behörig einsenden, und die Genehmigung von da aus gewärtigen sollest. Sind dir anbey mit Gnaden gewogen. München den 7ten September 1771.

Wilhelm Wodiczka Secret.

Artic. III.

Citatio Edictalis.

Nachdem Johann Georg Hueber, Burger und Fleischhacker allhier, allschon zum zweytenmale dessen innhabige Fleischhackersbehausung und Gerechtigkeit, mithin auch Weib und Kinder verlassen, und davon heimlich entwichen, ohne daß dessen Aufenthaltsort bekannt ist; hingegen aber dessen Creditores immer um die Bezahlung deren Foderungen andringen: Als wird ersagter Hueber in Kraft dieß, von hierunterstehenden Magistratswegen edictalier dermassen peremptorie citirt, daß, wenn sich derselbe in Zeit 2. Monath à dato hodierno angefangen, allhier nicht stellen, und mit seinen Creditoren die Sache rechtlich abmachen wird, man von obrigkeitswegen, nach solchen Terminverlauf, ohne weiters nach den Gandtrechten verfahren würde. Actum den 9ten November 1771.

Kammerer und Räthe des Churfürstl. Panmarkts Pogen.

Weitere Citation.

Demnach der Leopold Hueber Burger und Buchbinder allhier, und Ursula dessen Eheweib deren diesorts besessene Buchbinders-gerechtigkeit verlassen, und heimlich davon entwichen, ohne daß bisher deren beyder eigentlicher Aufenthalt auszukundschaften gewesen, mithin sothane Gerechtigkeit bis daher leer stehet: Als werden sie Hueberisch-Eheleute in Kraft dieß von burgerlichen Magistratswegen dergestalten peremptorie hiemit citiret, daß, wenn selbe binnen 2. Monath à dato hodierno angefangen, allhier nicht erscheinen, und dem Rechtlichen abwarten werden, man nach Verlauf obiges Termins mit der Verkaufung solcher Gerechtigkeit den Rechten nach fürschreiten würde. Actum den 9ten November 1771.

Kammerer und Räthe des Churfürstl. Panmarkts Pogen.

Artic. V.

Handlungs = Nachrichten.

a) Aus allen Gegenden Frankreichs heist es, daß die Weinlese höchst mittelmäßig gewesen sey. In dem Gouvernement von Aunis ist kaum so viel Wein, als zum eigenen Gebrauche in gedachter Provinz nöthig ist. Viele Eigner haben kaum die Hälfte der aufgewandten Kosten wieder vergütet bekommen. Auf den Inseln Re, und Oleron geht es nicht besser. Zu Cognac steigt der Brandwein im Preise.

b) Wie man aus Böhmen vernimmt, so steigt die Theurung noch immer, und es ist schlechte Hofnung zu einer künftigen guten Aerndte daselbst, indem sich in den neuangebauten Feldern eine Menge Würmer, die eines Daumes lang und dicke sind, eingefunden haben, und die schönste Saat dergestalt zerfressen, daß fast nichts mehr davon zu sehen ist; wodurch viel Leute veranlaßt worden, ihre Felder lieber nicht anzubauen, als den Saamen diesen Ungeziefern Preis zu geben. Ihre Kaiserl. Königl. Majestät sind durch diese betrübten Aussichten bewogen worden, die freye Einfuhr aller Arten Getreides aufs neue zu verstatten. Da man sich auch von den von Sr. Majest. dem Kaiser zu Prag theils schon getroffenen theils noch bevorstehenden Verfügungen die beste Wirkung zu versprechen hat, so ist zu hoffen, daß durch Gottes Gnade einer allgemeinen Hungersnoth noch werde vorgebeugt werden.

c) Die Jüdischen Pachter der Tabacksgefälle zu Prag haben sich eine scharfe Untersuchung zugezogen, so daß man sich dieserhalb ihrer sämmtlichen Briefschaften, Cassee- und Tabacksvorräthe bemächtiget, und in gerichtlichen Beschlag genommen hat. Es soll hierzu ein von ihrer Seite gespielter, sowohl dem Hofe als dem Publico nachtheiliger Betrug Anlaß gegeben haben.

Artic. VI.

Nachrichten für die Policey.

a) Zu Lyon hat man vor einiger Zeit, um die aufgefangenen Bettler in Arbeit zubringen, eine baumwollen Fabrik angelegt, und dieselbe seither in sehr gute Aufnahme gebracht; es wird die Baumwolle in derselben nach 10. verschiedenen Nummern, und auf das feinste gesponnen, es wird davon bey dem dasigen Kaufman Farges immer eine ansehnliche Niederlage gehalten, aus welcher man sie in sehr billigen Preisen ziehen kann.

b) Im Venetianischen sind 21. Klöster aufgehoben worden, nämlich 7. Olivetaner. 4. Camaldulenser, 5. Lateranenser, 5. Nachetiner, worunter auch das von Charita begriffen ist, welches 50000. Ducaten Einkünfte hat. Den einzeln Gliedern ist der Familientax ausgesetzt worden; übrigens

müssen

müssen sie der Regierung Rechenschaft ablegen.

c) Se. Majestät der Kaiser, werden sich bey dero Anwesenheit in Böhmen, einige Wochen daselbst, und besonders in Prag verweilen, um durch die allerhöchst persönliche Gegenwart der Errichtung einer Anzahl Korn-Vorrathshäuser den gehörigen Nachdruck zu geben. In diese Magazine, sollen sowohl die Herrschaften als Unterthanen ihren habenden Vorrath in den gesetzten Preis gegen baare Bezahlung so lange zu lieferen gehalten seyn, bis ein solches Quantum beysammen, daß auf einen etliche Jahre folgenden Mißwachs keine Hungersnoth mehr zu befürchten seyn dörfe.

Uebrigens können einige Berichte nicht genug rühmen, wie sehr sich Se. Kaiserliche Majestät, auch insbesondere bey der von Allerhöchstderoselben durch Mähren und Böhmen angestellten Reise, das Wohl des Unterthans angelegen seyn lassen. Es war rührend, diesen Monarchen auch in den schlechtesten Bauernhütten den allergnädigsten Zuspruch machen zu sehen, um ihren dermaligen Zustand, und um den Grund ihrer jetzigen schlechten Umstände sich aufs genaueste erkundigen zu können: und wenn es dem Gerüchte nach gehet, so dörften Allerhöchstdieselbe bereits zu dem allergnädigsten Entschluß gebracht worden seyn, die in Böhmen und Mähren noch obwaltende Leibeigenschaft, vermöge welcher kein Bauer etwas eigenes vor sich haben, oder seinen Kindern zuruck lassen kann, gänzlich aufzuheben. Diese Berichte fügen noch hinzu, daß Seine Majestät an einigen herrschaftlichen Beamten, welche mit den Unterthanen gar unmenschlich umgegangen, exemplarische Bestrafungen, sogar am Leben, vornehmen zu lassen allergnädigst bewogen worden wären. Folgende Anecdote (die wir in einem gewissen auswärtigen Blatte lesen) ist ein Beweis davon: Wehrend der Reise trafen Se. Majestät der Kaiser einen Bauern an, der in Ketten arbeiten mußte. Auf befragen, berichtete derselbe, er müßte diese Strafe 6. Wochen lange tragen, weil er einen Hasen erschlagen hätte. Hierauf befahl ihm der Kaiser, den er nicht erkannte, ihm in das Dorf zu folgen; und als er daselbst im Wirthshause angelangt war, seinen Amtmann zu rufen. Weil aber der Herr Amtmann zugleich Kaiser in seinem Dorfe war, so ließ er den fremden Cavalier, für diesen hielt er den Kaiser, sehr trotzig antworten: es hätte jeder gleich weit zu dem andern; und kam also nicht. Der Kaiser gieng also selbst zu Fuße mit seinem Clienten zu dem grossen Amtmann, und — doch unsere Leser werden nunmehr, auch ohne weitere Erzählung, sich selbst überzeugen, daß der Bauer seine Fessel nicht lange mehr behalten hat

d) Neapolis den 22. Weinmonaths. Folgende Geschichte hat sich erst ganz kürzlich zugetragen: Ein armer Handwerksmann war in einem kleinen, einem hiesigen Kloster gehörigen Häußchen zur Miethe; er hatte eine Frau und 6. unerzogene Kinder, war 7. Monathe krank gelegen, daß er nichts verdienen können, und nun hatte er sich seit einigen Wochen wieder erholt, und auch seit dem wieder fleißig gearbeitet: indessen war seit 8. Tagen der Hauszins verfallen, und der Frater Einzüger kam, denselben zu foderen. Der arme Handwerksmann stellte seine erlittene lange Krankheit vor, und begehrte nur einigen Aufschub; allein er erhielt zur Antwort, wenn er nicht bezahle, so könne er sich auf den Schuldthurn gefaßt machen. Die Frau verkaufte ein Kleid für 20. Carliner (ungefähr 8. kr. 2. pf. nach dem 24. f. Fuß) und brachte sie dem Einzüger, der nahm sie, und gab ihr alles Flehens ungeachtet mehr nicht, als noch bis morgen den Rest zu bringen, oder den Mann im Kerker zu sehen; da sie nun das Geld nicht aufbringen konnte, ward der Mann ins Gefängniß geworfen. Die Frau vor Betrübniß ausser sich, lief thränend zu dem Pfarrer ihrer Gemeinde; dieser setzte ihr eine Bittschrift an den König auf, und gab ihr 6. Carliner auf den Weg nach Portici, sie begab sich sogleich dahin, und wartete in dem Garten von Caserito auf Se. Majestät. Die Königinn kam zuerst, deren sie ihre Schrift, fußfällig und thränend übergab; sie wurde sehr lieb-

liebreich angenommen, gelesen, und der Frau ein Geschenk gegeben; allein sie bath auch um des Mannes Freyheit. — Hier, sagte die Königinn sehr liebreich, hier kömmt der König, von Ihm müßet ihr sie begehren. — Der König hörte sie an, las die Schrift, ließ sich sogleich Dinte und Feder bringen, setzte sich an der gleichen Stelle auf dem Rasen nieder, und schrieb unter die Bittschrift folgenden Befehl an D. Gennaro Pallante, königlichen Fiscal: „Man lasse den Mann sogleich frey, er soll lebenslang und künftig, ohne einigen Hauszins zu bezahlen, in diesem Häuschen gelassen werden, und bis auf weitern Befehl solle ihm noch täglich von dem Kloster ein Karliner bezahlt werden.„ Alles dieß ist sogleich dem Pater Prior des Klosters angezeigt, und auch sogleich befolgt worden.

Artic. VII.

Landwirthschafts-Sachen.

a) Die königliche Landhaushaltungsgesellschaft zu Koppenhagen hat bekannt gemacht, daß eines ihrer Mitglieder aus eigener bey 34. Fischteichen angestellten 10. jährigen Erfahrung wahrgenommen habe, wie es gar nicht nöthig sey, daß man im Winter die Teiche aufeise, um den Fischen frische Luft zu schaffen, indem man versichert seyn könne, wenn die Teiche 6. Fuß Wasser haben, und die Fische nicht durch Schlittenfahrten, Schrittschuhlaufen, und dergleichen beunruhiget würden, sie im Frühjahre alle lebendig wieder zu finden.

b) In den österreichischen Landen wendet die Regierung grossen Fleiß an, den Anbau der Felder zu befördern, und zumal die bisher üblich gewesenen Gemeindplätze, und Heiden urbar zu machen; es ist ein eigner kaiserlicher Commissarius in der Person des Grafen von Heldenstamm, ernennet, welcher alle Jahre 4. mal die niederösterreichischen Lande bereisen soll, und über den anbefohlenen Anbau die nöthigen Untersuchungen anstellen.

c) Dresden den 18. October. Zufolge eines gnädigsten Mandats vom 7ten dieß, ist das Brandweinbrennen aus allen Arten des Getreides, an Korn, Weitzen, Gersten, Haber, Erbsen, Linsen, Heydekorn, und Wicken, deßgleichen aus Erdäpfeln, und Erdbirnen, bey Strafe der Confiscation in den churfächsischen Landen ganz untersagt worden. Hingegen bleibt nachgelassen, aus Obst, Honig, und Hefen Brandwein zu brennen; auch ist das in dem Generale vom 27ten Merz 1765. enthaltene Verboth des Einbringens ausländisches Brandweins bis auf andere Anordnung darinn aufgehoben.

d) Aus Tartoffeln, oder Erdäpfeln Käse zu machen.

Man nehme soviel Tartoffeln, als man für hinlänglich hält; man zieht, nachdem sie gekocht worden, die Haut ab, und zermalmet sie darauf so lange mit den Händen, bis ein Teig daraus wird. Man vermischet diesen Teig alsdann mit halb soviel oder noch etwas weniger Käsemilch, das ist mit der geronnenen Milch, woraus der Käse verfertiget wird. Man mischt beydes so lange, bis es eine gewisse Consistenz bekömmt. Alsdann thut man Salz, Lorbeerblätter, und etwas gestossene Gewürz Näglein hinein. Man bedeckt diesen Teig wohl, und läßt ihn einen Tag stehen, ohne ihn zu berühren, damit er Zeit habe, etwas zu gähren. Alsdann machet man kleine Käse nach der gewöhnlichen Art daraus. Sie werden immer besser, je länger man sie aufbehält. Die Tartoffeln milderen den Käs ungemein, und machen daß man ihn mit besonderen Vergnügen ißet. Man wird es kaum glauben können, daß dergleichen Gemengsel ein so gutes, gesundes, und angenehmes Lebensmittel giebt. Der aus Tartoffeln verfertigte Coffee hat einen Nußgeschmack, macht, wenn er auch noch so stark und fett zugerichtet wird, nicht die geringste Wallung, sondern dient vielmehr zur Beförderung des Schlafes.

e) Folgendes ökonomisches Mittel, das Brod durch Absonderung des Mehls von den Kleyen zu vermehren, verdient bey jetzigen theuren Zeiten bekannter gemacht zu werden.

Man

Man setzt die von Mehl, das man zum Teig abrühren will, abgesonderten Kleyen in einem grossen Kessel aufs Feuer. Man thut zu dieser Kleye die Hälfte mehr Wasser, als nöthig ist, um ihn anzurühren, und läßt ihn gut damit kochen. Die Theilchen, welche sich in der Kleye befinden, werden dadurch aufgelöset, und geben eine Art Kleister, oder dünnen Brey, den man in ein Haarsieb thut, und hernach mit dem Brodteig vermischet. Aus verschiedenen Versuchen hat man befunden, daß das Brod dadurch um den fünften Theil, und zwar ohne merklichen Verlust an der Kleye, vermehret werde. Man thut die Kleyen in den Backofen, nachdem das Brod herausgenommen worden, und trocknet sie, worauf sie dem Vieh zur Nahrung gegeben werden kann. Jedermann sieht, wie gut und nützlich diese Methode ist. Man vermischt das Brod nur mit Kleyen, um die Mehltheilchen in denselben, die man ausziehen kann, zu nutzen, nicht aber um der Kleye selbst willen. Man bekömmt eben so viel Brod, als wenn man die Kleyen darunter läßt, das Brod wird besser, und feiner, und man gewinnt die Kleye, welche, indem sie dem Vieh zur Nahrung dient, die Kosten für das Holz zum Kochen hinlänglich vergütet.

f) Mittel wider den Bienenstich.

Man nimmt einen weissen Mohnkopf, schneidet ihn ein wenig ein, und drückt aus dem Einschnitt, sogleich nach dem Stiche einige Tropfen von dem Milchsafte auf die verletzte Stelle. Der Schmerz wird hierdurch augenblicklich gelindert, und es erfolgt keine Geschwulst.

g) Fürsicht gegen verderbte Luft in den Zimmern der Kranken.

Man muß niemals daselbst die Feuchtigkeit des Munds verschlucken, denn der Speichel nimmt das Ansteckende am leichtesten an, und wenn dasselbe in den Magen gebracht wird, so durchdringt es von daraus den ganzen Körper.

Artic. VIII.

Von gelehrten Sachen.

a) Stockholm den 15ten October. Es verlautet, daß Se. Majestät bey Dero Krönung einen neuen Ritterorden, Nahmens Wasat zu stiften gesonnen sind, welcher den Fleiß, und die neuen Entdeckung in der Landesökonomie belohnen soll.

b) Ein geschickter Astronom in Baiern, Herr Schulen, welcher im vorigen Jahre eine Nachricht von einer bemerkten Erscheinung an den Sonnenflecken herausgegeben, hat seine Beobachtung darüber seitdem eifrig fortgesetzt, und befunden, daß die Sonne, besonders im vorigen Jahre, so sehr bedeckt gewesen, daß er öfters über 50. grosse, und kleine, niemals aber weniger als 10. Flecken wahrgenommen. Mehr als 100. dergleichen Beobachtungen haben ihn aufs gewisseste überzeugt, daß diese Flecken wirkliche Vertiefungen in der Sonne sind, welche durch das auf der Oberfläche befindliche Feuermeer nach der inneren Masse des Sonnenkörpers zugehen.

c) Zu Manheim hatte die churfürstliche Akademie bey ihrer halbjährigen öffentlichen Versammlung den 16ten October die besondere Gnade nebst des Herrn Pfalzgrafen Carls von Zweybrücken Hochfürstl. Durchläucht, auch Ihre königliche Hoheit die verwittibte Churfürstinn von Sachsen, als Ehrenglieder beysitzen zu sehen. Der Präsident, Se. Excellenz, Herr General, Freyherr von Hochenhausen mit dem Director, Herrn geheimen Rath von Strengel, und sämmtliche Mitglieder empfiengen Höchstdieselbe an dem Eingang der churfürstlichen Bibliotheck, als dem zu dergleichen Versammlungen bestimmten gewöhnlichen Orte. Der beständige Secretarius, Herr Hofrath Lanney, hielt gleich Anfangs eine kurze lateinische Rede, worinn er theils den neulich durch den Tod ihres würdigen Ehren-Präsidenten, Herrn Professor Schöpflins erlittenen Verlust, theils das ausnehmende Glück der Akademie zu schildern suchte. Nach Endigung dieser Rede verlas eben derselbe, die auf das nächstkommende, und folgende Jahre aufgegebenen Preisfragen. Jene, eine gründliche genealogische Ausführung der Voraltern Otten des Grossen, gebohrnen Pfalzgrafen von Wittelspach, betreffend, welcher im Jahre 1180. den herzoglichen Thron von Baiern bestiegen, ist schon voriges Jahr

bekannt

bekannt gemacht worden. Letztere Frage aber auf das Jahr 1773. lautet also: „Welches sind in den Farrenkräutern die wesentlichsten Kennzeichen beyder Geschlechter, vorzüglich in dem *equiseto arvensi, palustri, osmunda regali,* und in der *Petri aquilina Linnai.* Kann man mit ächten Gründen, und Erfahrungen entweder das Keimen, des in dem Kügelchen, oder sonstigen Vertiefungen befindlichen Saamenartigen Stands, ohne fernere Befruchtung beweisen, oder ist derselbe alles Keimens unfähig.„ Auf beyde obige Fragen müssen die Beantwortungen zu Anfang des Heumonaths an dem beständigen Secretarius eingesandt werden, und auf beyde ist eine Preißmedaille von 50. Ducaten gesetzt. Nach diesem las Herr geheimer Secretarius Colini in französischer Sprache eine Abhandlung von der Verbindung der Wissenschaften, mit der bürgerlichen Staatsverfassung, wobey er zum Beweis den Zustand der italiänischen, französischen, und deutschen Gelehrsamkeit zum Vergnügen eines anwesenden sehr zahlreichen und vornehmen Umstands, besonders abgeschildert hat.

d) Von Florenz vernimmt man, es sey bemerkt worden, daß nach Stürmen, und Stoßwinden, ohne Donner die Spitze der electrischen Stange, die vor der Citadelle von Arezza aufgerichtet ist, nicht mehr vergoldet gewesen, sondern weiß, wie Zinn geworden sey, oder als wenn das Gold mit Quecksilber amalgaviert geworden wäre. Dieser Umstand giebt starke Ursache zu glauben, daß eine Menge electrischer Materie sich nach der Stange vermittels des Ableiters, gezogen, und sich ohne einige Wirkung in der Luft hervorzubringen, in der Erde verlohren habe. Es ist auch wahrscheinlich das die innerlichen Ausdünstungen, welche damit vermischt waren, die Vergoldung weggenommen, oder ausgelöschet haben. Aus dieser Bemerkung entstehet ein starkes Vorurtheil für die Kraft der electrischen Stange, die Gebäude vor den Wirkungen des Blitzes zu beschützen.

Artic. IX.

Vermischte Nachrichten.

a) Der berühmte Theologus, Rev. P. Kampmüller, S. J. Ihrer Majestät der Kaiserinn Königinn, in das 37ste Jahr Beichtvater, und der österreichischen Armee aus apostolischer Gewalt Capellanus Major, hat das Jubiläum seiner 50. jährigen Priesterschaft erlebt. Den 14ten October begaben sich Ihre K. K. Majestät mit des Erzherzogs Maximilian, wie auch der beyden Erzherzoginnen K. K. H. H. nach dem Profeßhaus der Gesellschaft Jesu, und wohnten der zweyten Primiz dieses angesehenen Geistlichen bey, zu welcher Höchstdieselbe einen von Dero eigenen Händen kostbar verfertigten Ornat ihm verehrten. Der Gottesdienst war wegen dessen hohen Alters in der Stille in dem Oratorio des Profeßhauses gehalten, wobey Se. K. H. der Herr Erzherzog aus angebohrner Andacht ministrirt, und R. P. Provincialis Probst, nebst 3. R. P. P. Rectoribus der Gesellschaft aßistirt haben. Nach der Primiz haben Ihro K. K. Majestät, den Herrn Primizianten, und die übrige Aßistenten mit goldenen Medaillen beehrt. Mittags wurde der ganze ehrwürdige Convent des Profeßhauses auf Kosten des allerhöchsten Hofs gespeiset.

b) Von Rouen kann man die Stille, so in den Handlungsgeschäften herrschet nicht genugsam beschreiben; daher auch die Manufacturen, und Fabriquen in keiner solchen Activität sind wie sonsten, und also viele Leute ausser Arbeit, und Verdienst gesetzt werden. In dieser Stadt ist die in dasigen Gegenden so berufene Maria Groulard von Mortagne in Poitou gebürtig, welche seit 18. Jahren keine Zunge mehr hat, und dennoch fertig reden, singen, essen, trinken kann, angekommen.

c) Die Caffeehäuser in Paris, werden jetzt wenig, oder gar nicht besucht, und die Caffetiers sind darüber sehr verlegen. Einer von ihnen hat sich so zu helfen gewußt. Er hat ein Courier-Concert aus lauter blinden Musicanten eingerichtet, und zu dem Ende

viel

viel blinde Bethler, die singen, und spielen, von der Strasse genommen, sie Grotesk gekleidet, und neben einander auf ein besonders erbautes Orchester hingestellt, und einen Bogen Noten hingelegt. Hier singen sie wechselweis Gassenlieder, und wenn einer singt, so accompagnieren ihn die andern alle. Ob nun dieses Concert gleich eben nicht sehr schön für das Ohr ist, so ist es doch lustig fürs Auge, und hat grossen Zulauf. Ein anderer Caffetier hat diese Erfindung nachahmen wollen, und ein Concert von lauter bucklichten angelegt, allein mit mindern Beyfall; das Publicum dort, sieht lieber einen der keine Augen hat, als einen der einen Buckel hat.

d) Genua den 19ten Weinmonaths. Laut Briefen aus Madrit, hat der König statt Feuerwerke, oder dergleichen, welche oft mit Unglücken sich endigen, seine Freude wegen der beglückten Niederkunft, der Prinzessinn von Asturien zu bezeigen, arme Mägdchen ausgesteuert, und andere dergleichen Hilfs- und Liebeswerke veranstaltet, und diesem guten Exempel wird nun im ganzen Königreiche nachgefolgt. — Soviel vermag das Exempel der Grossen, und so sehr steht es in ihrer Macht, gutes zu thun.

Artic. X.

Etwas zum guten Geschmack.

Fortsetzung des im vorigen Blatte abgebrochenen Traums.

Die zweyte Muse, welche in einem abgetheilten Kasten die Standespflichten, die Zufriedenheit, und das wahre Vergnügen zu verkaufen hatte, gieng eben zum Thore herein, als jene ihr ganz betrübt begegnete. Schon in der ersten Gasse rufte sie, kaufts, kaufts Standespflichten, kaufts Zufriedenheit, das übrige will ich euch darein geben. — Jedermann, den sie anschrie, schlich sich mit einem ernsthaften Schritte, tiefsinnig vorbey, und murmelte bey sich selbst, frag anderswo! das erste brauch ich nicht, das zweyte kostet mir zu viel, und wenn ich auch von dem letztern kaufe, so dürfte ich doch nicht bestehen. — Ein einziger grosser langer Herr sah ihr in den Kasten, musterte eins ums andere, und wollte aus dem dritten Fache etwas kaufen. — Mein mein Herr, sprach die Muse, das wahre Vergnügen, kann ich auch um baar Geld nicht weggeben, wenn sie nicht von den zwo ersten Sorten zuvor nehmen. Nicht wahr? sie suchen etwa ein Rath? wie wenn sie, zum Exempel, den halben Vormittag die Calliope solteren; wenn sie, vor allen Geschäften, die Tauben füttern, und einem vielbedeutenden Nichts abwarten, daneben aber ihre Berufsgeschäfte versäumen; wenn sie Abends 3. und 4. Stund spielen, trinken, spazieren gehen, und (ich will es aber nicht glauben) etwa gar auf den Acten den Staub wachsen lassen, da inzwischen die Thränen bekränkter Partheyen um Ordnung und Recht den Himmel bestürmen. O! meynen sie wohl, sie verdienen meine Gabe, die ich nur Verdienstvollen Männern hinzugeben Befehl habe, um ihren Eifer in Erfüllung der Standespflichten zu belohnen. —

Da sie nun vor dem Rathsstüben ihren Kasten absetzte, und sich melden ließ; so brachte sie zwar wider ihr Vermuthen etwas mehr an den Mann: doch ihr Kasten ward nicht halb ausgeleert; indem die meisten nicht einmal um den Preis fragten, was Pflichten und Zufriedenheit kosten. — — Eine arme Dienstmagd, die sich müde gelaufen hatte, und für geringe Kost dem Himmel demüthig dankte, begegnete der Muse. Diese gab ihr von der Zufriedenheit doppelte Portion, und aus dem dritten Fache des Kastens ein Billiet, worinn sie an einen arbeitsamen frommen Bürger angewiesen wurde, seine belohnende zweyte Hälfte zu werden: weil sie beyde gelernet hatten, mit Zufriedenheit ihren Pflicht ein Genüge zu thun. —

Die dritte Muse, welche die Tugend und wahre Frömmigkeit in die Stadt trug, stolperte gleich unterm Thore, als frühe Morgens eine verliebte Parthey unter Scherz und Lachen an sie anstieß, der sie nicht sogleich ausweichen konnte. — Allein dieß waren nur Leute, davon die meisten vom Ackerbaue weg, zum bequemlichen Leben bieaber desertiret, und in dem Bewußtseyn des einträglicheren Gassenbethels sich vor die Stadt gelagert hatten. — So bald sie nun in die Gassen der Stadt kam; so fanden sich sehr viele Käufer von allen Ständen. Weil aber darunter sehr viele waren, die schielende Augen hatten, so warnete sie die Muse, ihre erkaufte Waare besser zu verwahren, damit sie es nicht zerbrechen.

Von Philadelphia gieng die Muse nach Luxuriata, einer andern Stadt. Als sie nun alda mehrere Gassen durchgelaufen, und ihre Waaren ausgeruffen hatte, ohne einen Käufer zu finden, weil man glaubte, daß sie verrückt wäre; so begegnete ihr ein alter verständiger Mann, und redete sie folgendermassen an: Meine liebe Tochter! eure Waare ist hier nicht im Commercio. Man spricht, sie sey zu alt; und unsere Damen und Frauen halten die Zierrathen für lächerlich und dumm, welche ihre ehrbaren Großmütter getragen haben. Mit eurem Kramladen werdet ihr schlechte Ehre aufheben; denn hiemit läßt sich wenig Staat machen, als an welchen doch, wie viele behaupten, alle zeitliche Glückseligkeit gelegen ist. Und wenn es nach der neuern Lehrart der starken Geister richtig ist, daß der Mensch, nach den Lehrsätzen des Weltweisen Epicurs, alle ersinnliche Vergnügungen sich zu erlauben allerdings berechtiget; die Religion aber eben nur als ein Zaum für niedere Seelen gehörig; und die so nothwendig ist, als die Policey bey den Metzgern und Bäcken: so werdet ihr sehr wohl thun, wenn ihr euch nicht vergeblich bemühet, eure alte Waare zu verschleißen. Wisset! die Moden verändern sich, wie die Sitten: und was man vor Alters eine Ehren- und Tugendreiche Jungfrau hieß, das heißt jetzo :gnädiges Fräulein, Mademoiselle — — Die alten Ehren - sind jetzo zu Schimpfswörtern geworden. — Zwar, ich kann nie ohne innerliches Vergnügen die alten Correspondenzen durchlesen, wenn ich gleich oben an, den auf den Mann wirklich passenden Gruß erblicke: Ehrengeachter und bescheidener Herr! meine willige Dienste, und alles, was euch lieb und gut ist, wünsch ich euch zuvor. Aufrichtiger in Gott herzlich geliebtester Freund! Wie schön läßt nicht die Begrüßung eines Unterthans vor 100. Jahren an seinen Vorgesetzten, wenn er sagt: „Eure Herrlichkeit „werden von einem rechtschaffenen Manne „um Beförderung einer gerechten Sache de„müthig gebethen. —„ Und wenn sich hernach diese Herrlichkeit ein Gewissen daraus macht, diesen nur eine Stunde unnöthig aufzuhalten. — — Nun aber hat man es mit Wohl- und Hochedelgebohrn, Gestreng, und Edelvesten, und zu weilen auch mit Weisheiten zu thun, die ihnen lediglich gebühret, weil es Gewohnheit, oder Eitelkeit, und neue Mode zu Recht erkennet: welche aber doch nunmehr zu einer so hohen Giltigkeit erwachsen, daß manches Vergehen wider diese Formalität nicht anders, als durch einen schweren und kostbaren Proceß kann ausgelöschet werden. Es ist wahr, meine liebe Muse! eure Tugend und wahre Frömmigkeit wurde das gesellschaftliche Leben ungemein versüssen, Frieden und Liebe unter den Menschen erhalten, die Gewinnsucht, wie den Hochmuth vertilgen; sie wurde die alte deutsche Redlichkeit, und die alten wohlfeilen begnüglichen Zeiten wieder einführen; Allein seitdem die Kinder der Finsterniß klüger geworden sind, als die Kinder des Lichts; so hat man auch gelernet, dem Eigenthumsherrn des Weingartens die jährliche Gilt, und Reichniß auf eine geschickte Weise zu entziehen, nach der neuen practischen Lehrart: amor incipit ab ego, mehr für sich selbst, als für andere zu sorgen. — Die Muse seufzte, und Thränen waren die Antwort. Endlich erholte sie sich, und sprach zu dem alten ehrwürdigen Bürger: Mein Freund! so bald die Liebe unter den Menschen, und die Pflicht des Wohlthuns unter ihnen aufhöret; so bald das gesellschaftliche Leben zerstreuet, der Nährstand geschwächet, der offentliche Credit verletzet, und die Tugend verhöhnet, oder um Geld verkaufet wird: so denket an mich: der Segen des Himmels weichet von ihnen. — Und die Sterblichen werden ihre eigene Strafruthe binden. — Ja! wahrhaftig, ich besorge mich dessen, sagte der alte Biedermann. Ich förchte, ich förchte: — — Und ich finde, bey so vielen in die Augen leuchten-

dem

den täglichen Beyspielen, das Verdienst der Häuchler, die manchem Frommen die Zinsmünze weisen, und um die Billigkeit der Abgaben fragen, um nur Gelegenheit zu finden, daß sie sagen könnten, man habe verbothen den Kaiser den Zins zu geben. So oft ich eine Dornstaude sehe, so erinnere ich mich der Regel der Natur, daß ich weder Trauben von den Dörnern, weder Feigen von den Disteln sammlen könne. — Da es nun gegenwärtig zweifelhaft geworden ist, ob hier oder dort mehr Pharisäer, oder mehr Publikanen sind: so rathe ich ihr, meine liebe Muse: gehe sie nach Hause! Denn da es viel leichter ist, an dem Platz eines reichen Pharisäers vor dem Herrn sich mit guten Werken zu pralen, als sie mit Herablassung, Liebe, und Demuth auszuüben: so ist die Tugend in die Wettergläser gestiegen, wo sie oft bis auf den Gefrierpunct herabfallet. Ich will sie, mein Schatz! nicht länger aufhalten, damit sie noch vor der Sperre zum Thore hinaus kömmt. Denn heute ist zu Ehren der harten Zeiten eine Freynacht, wo sie unter dem Gedränge der Musikanten und Tänzer, mit all ihrer Waare mishandelt, — — — oder wohl gar über die Stiegen hinab geworfen werden könnte. — Die gute Muse eilte mit ihrer vollen Bude. Und da sie unter das Thor kam, schrieb sie an das Fußgestelle desselben das Gedächtniß des Thurms zu Syloa, welcher achtzehen von denen bedeckte, die nicht von ganzen Herzen Buße thun.

Die vierte Muse, welche die Gesundheit ausrufte, bekam zwar einige Käufer: allein es waren fast lauter solche Personen, die sich durch ihr unordentliches Leben, besonders in der Jugend, und durch ein weichliches Wohlleben, dergestalt verdorben hatten, daß es unmöglich war ihnen zu helfen. Die Muse schutzte gegen ein so starkes Corpo von Invaliden und siechen Menschen die Achsel; griff ihnen die Puls, und sagte ihnen, gleich Guarinons Beweisen, „daß weder eine Pest zur „Verderbung der natürlichen Leibeskräfte, „noch einige Krankheit zur Schwächung der „Jugend, oder zur Abkürzung des menschlichen Lebens überhaupt so viel beytrage; „als eben nur die geile Liebe. Gleichwie im „Gegentheil auch kein besseres Mittel ist, die „Kräfte des Leibes, die Dauer der erwünschten Gesundheit, die Stärke, und „die Blüthe des besseren Alters lange zu erhalten, als eben nur die Mäßigkeit, und „die Unschuld eines keuschen Lebens.“

Zu allem Unglücke trat eben ein Marktschreyer auf das Theater, worauf alle Patienten die Muse verliessen, und sagten: kommt! last uns zu dem Doctor gehen, der so viele Bediente, einen Schalks-Narren, zween Affen, und eine Meerkatze hat: der muß das Ding nothwendig besser verstehen. Wie manchem hat er nicht schon das Bauchgrimmen durch sein Lebenswasser vertrieben: und die Trägleriun, dieß närrische Mensch, will uns weiß machen, daß wir frisches Brunnenwasser trinken, uns frühe nüchtern die Zunge abreiben, diät und keusch leben sollen. — Daher ward die Muse gezwungen, ihren Kasten zuzuschliessen: und es waren kaum zwo Personen, welche durch ihre Arzney gesund wurden, weil die übrigen die Lebensordnung nicht halten wollten, die sie ihnen dabey vorschrieb. Sie wollte zwar einige Wahrheiten von den Krankheiten eines Staatskörpers reden; allein es gab ihr ein unbekannter Mann, welcher gelb und grün, wie ein Finanzer aussah, eine so derbe Ohrfeige, daß sie in Ohnmacht zu Boden fiel. — Worauf die gute Muse von barmherzigen Leuten selbst in das Krankenhaus gebracht werden mußte.

Es erschien die fünfte Muse, und rufte langes Leben aus. Kaum hatte sie dieses das erstemal gesagt, da es dem Marktschreyer gieng, wie dem Homer, indem ihn Gesunde und Kranke auf einmal verliessen, und sich zu der Muse drängten, welche das lange Leben zu verkaufen hatte. Einige reiche Capitalisten wollten ihr halbes Vermögen dafür geben. Weil sie aber nicht durch das Volk dringen konnten, so holten sie die Wache, um den Pöbel hinweg zu jagen. Allerliebste Muse! sprach ein 70. jähriger Greis, ich habe (dem Himmel sey Dank) ein Vermögen von 600000. Thaler mit meinem sauren Schweiße erworben, und ob ich gleich die

schwe-

schwere Sorge auf den Hals habe, wie ich mein bißgen Vermögen sicher unterbringen könne; so wollte ich doch nicht gerne sterben: denn es kränkt mich, daß mein sauer verdientes Geld nach meinem Tode durch meine Kinder etwa sollte verschleudert werden. Was wollt ihr also haben, sprach er zur Muse, wenn ihr mir etwas gebt, dadurch ich mein Leben noch auf 80. Jahre fristen kann? — 80000. Thaler, war die Antwort. — 80000 Thaler! ist das euer Ernst? 80000. Thaler? wenn es aber nur 8000. wären? Man muß ja leben, und leben lassen! — Mein Herr, sprach die Muse, wisset, daß das Geld, welches ich aus meiner Waare löse, zur Verpflegung für verständige und tugendhafte Leute, welche durch die Härte des Schicksals verarmet sind, bestimmet ist: und daß ich den Armen nichts vergeben kann. — Ey! was zu viel ist, das ist zu viel, sprach der Alte, ich lege noch 100. zu, das sind 8100. und alles in feiner Münz. Ich bitte, besinnet euch. — Was ist hier viel zu besinnen! rief ein anderer Capitaliste, indem er einen Beutel hervorzog: hier sind 80000. Reichsthaler. — Sehr gut, mein Herr! sprach die Muse, ich bin bereit ihnen zu dienen. Ich muß ihnen aber melden, daß sie ihr Geld bereuen werden, wenn sie nicht von meinen drey ältern Schwestern Verstand, Tugend, und Gesundheit gekauft haben. Denn ohne diese drey Dinge würde meine Medicin entweder gar nicht anschlagen, oder ihnen unaufhörliche Schmerzen erregen, und ihnen also das Leben nur zur Last werden. — Wo sind denn diese drey Schwestern? fragte der Capitaliste. — Laßt sie nur suchen, war die Antwort: sie sind eben, wie ich in die Märkte und Städte verreiset. — Die Capitalisten ließen Haussuchung anstellen, man schickte Boten aus, sie auf den Dörfern zu suchen: aber auch da waren sie nicht mehr zu erfragen.

Die sechste Muse, welche die Ergötzlichkeiten ausrief, ward von einem ganzen Schwarm junger Leute, beyderley Geschlechts, die nach ihrer Waare begierig waren, dergestalt überfallen, daß sie zu Boden fiel, und ihr Kasten zerbrach. Sie fielen mit solcher Hitze über die Ergötzlichkeiten her, und rissen sie einander mit solcher Gewalt aus den Händen, daß nichts vollkommen blieb. Und wer ja ein kleines Stück davon bekommen hatte, der ärgerte sich darüber, daß es nicht ganz wäre; und war auf den neidisch, der das hatte, was ihm noch fehlte. Gleichwohl wollte keiner dem andern von dem Seinigen mittheilen. — Die Muse verwies den Leuten ihre allzu große Hitze, als die Ursache, wodurch sie sich die Ergötzlichkeiten verdorben hatten, die sie ihnen zu überlassen willens gewesen wäre. Einige liefen ihr beständig auf dem Fuße nach, um ihre Waare zu erschleichen; allein die Muse, um sich stillschweigend wegen dieser Unbesonnenheit zu rächen; strafte sie mit der Faulheit, als die Mutter aller Krankheiten.

Die siebende von diesen Musen rufte die wahre Ehre aus. Man ware so begierig nach ihrer Waare, daß es von dem Drängen zum Schlagen, und von dem Schlagen zum Morden kam. Die herzu eilende Wache verschaffte ihr Sicherheit, und befreyte sie von den blitzenden Degen, die um ihren Kopf herum flogen. Bey dieser rasenden Aufführung der Einwohner öfnete sie unvermerkt ihren Kasten, nahm die wahre Ehre heraus, und erfüllte ihn mit lauter leeren Titeln. Nachdem sie dieses gethan hatte, rief sie: ich bitte euch, ihr Leute, seyd doch bescheiden, und bedenket, daß sich die wahre Ehre euch von selbsten anbiethen muß. — Aber man kehrte sich nicht daran; die Wache ward überwältiget, man riß den Kasten auf, und zankte sich um die leeren Titel, welche darinnen waren. Jetzt wunderte ich mich, als ich Leute darunter erblickte, welche sonst gewohnt waren, von lauter Demuth zu sprechen. Die Muse mußte über ihr Betragen lachen, und dachte, laßt die Narren mit ihren Titeln hinlaufen, ich will die ware Ehre dem Apollo wieder bringen, daß er sie einem Sterblichen ertheile, welcher ihrer würdig ist. Denn wer seine Handlungen Berufsmäßig einrichtet, den Fleiß, Kunst und Arbeit krönen; der hat ohnehin den ersten Zuspruch, ein Jus quaesitum auf den ganzen Werth meiner Waare. —

(Den Beschluß über 8. Tage.)

Der Träumer schläft — die Wahrheit wacht;
Die Tugend siegt: Ihr Häuchler — —
gute Nacht!

Churbaierisches Intelligenzblatt

Num. XXVIII.

München den 2. December 1771.

Artic. I.

a) Generale: die Abwendung der Wildschäden, das verbothene Wildschiessen, und die Bestrafung der Wildprätschützen, so anders betreffend. Datirt den 2ten November 1771.

Wir Maximilian Joseph Churfürst ꝛc.

Entbiethen Unsern Gruß und Gnade hiermit männiglich bevor: Unserm Unterthan sind die Mittel und Wege, wodurch er sich, seine Felder, und Grundstücke vor dem Wilde sicher stellen mag, schon durch mehrere Generalverordnungen, sonderbar von 22. Jan. 1757. & 14. Octob. 1762. soweit angewiesen, daß er der Wildschäden halber eine Schadloshaltung mit Fug zwar nimmermehr begehren kann: Da Wir aber dem ungeachtet mit dergleichen unstatthaften Gesuch mehr als jemal angegangen werden; so wiederholen und erneuern Wir hiemit Unsern vorigen Befehl, also, und dergestalt, daß

1mo. Jedermann seine Felder und Grundstücke, so gut es immer seyn kann, nicht nur mit Zäunen und Gräben zu verwahren, sondern auch das Wild sowohl bey Tage als Nacht mit Geißlen, Rätschen, Kläppeln, Schreyen, Feueraufmachen, ja sogar mit Hunden abzutreiben befugt seyn solle. Nur das Schiessen allein ist, und bleibt

2do. Bey Vermeidung der hierauf geschlagenen statutenmäßigen Strafe ein- für allemal verbothen, und sind hiernächst

3tio. Unter den Hunden, womit man das Wild abzutreiben sucht, keine Ried- oder große Fang- sondern nur gemeine Bauern- oder Feld- und Hüterhunde mittlerer Gattung verstanden, welche wenigst bey dem Abtreiben allzeit mit Brügeln, und zwar nicht nach der Quer, sondern nach der Länge behängt seyn sollen. Jäger, Forstbediente, und andere dörfen

4to. Einen gebrügelten Hund weder auf dem Felde, noch in dem Holz, wenn gleich solcher noch in Verfolgung des abgetriebenen Wilds begriffen wäre, vielweniger im Dorfe, oder zu Hause, und wie es schon öfters unter dem leeren Vorwand einer Wuth geschehen ist, gar im Stalle todt zu schiessen, bey Cassations- und anderer exemplarischer Strafe sich nicht unterstehen. Was aber

5to. Von dem abgetriebenen Wild durch die Hunde gefangen wird, das sollen die Hüter oder andere, so den Fall am ersten entdecken, sich weder zueignen, noch verbergen, oder verschweigen, sondern alldort, wohin die Jagdbarkeit selbigen Orts gehört, oder in churfürstlichen Wildfuhren dem nächst gelegenen Gejaidamt also gleich anzeigen, damit man sie nicht widrigenfalls, wegen des auf sich geladenen Verdachts, für Wildschützen oder Helfer ansehen und bestrafen müße. Niemand, wer der immer sey, soll sich

6to. Anmassen den Unterthan, an der gejaidordnungsmäßigen Hundhaltung zu hindern, ihm obige Rettungsmittel schwer zu machen, oder darinn Einhalt zu thun, am allerwenigsten aber die Zäune mit Fleiß auf- oder niederzureissen, zu verderben oder zu beschädigen, alles bey unvermeidentlicher Wiedererstattung des dadurch verursachten Schadens, dann Cassation, und anderer exemplarischer oder nach Gestalt der verübten Bosheit, und Größe des Schadens, gar malefizischer Strafe. Dafern nun

7mo. Die Anzahl des Wilds irgendwo dergestalt überhand nehme, daß sich auf obverstandene Weise, nicht mehr dagegen zu retten wäre, so hat man bey der höchsten Stelle, und soviel die Jagdberechtigten Stände betrifft, bey den Justiz-Dicasteriis die Anzeige darüber zu thun, damit gebührende Einsicht davon genommen, dem Befund nach die Abstellung vorgekehrt, und insonderheit bey dem schwarzen Wildpret, wodurch der meiste Schaden zu geschehen pflegt, die Uebermaaße vermindert, und eingeschreukt werden möge. Wir glauben dadurch

8vo. Den Grund von allem weitern Schadloshaltungsgesuch völlig gehoben zu haben, und gedenken daher in Zukunft Niemand mehr eine Veranlaßung dießfalls zu thun, vielweniger die Wildschützen mit so vieler Gelindigkeit, als es eine Zeit her geschehen ist, mehr behandeln zu lassen, denn diesen ist es ohnehin nicht um die Abtreibung des Wilds, und Abwendung der Feldschäden zu thun, sondern sie sind viel schädlicher und gefährlicher als das Wild selbst, hangen nur mit Beyseitigung der Feld- und anderer nützlicher Arbeit ihrem unzuläßigen Gewerbe, und verderblichen Müßiggang nach, setzen sich selbst, und andere fast täglich und stündlich der grösten Lebensgefahr aus, schlagen nicht nur Haab und Gut, Weib und Kind, sondern auch Seele und Leib schlechterdings in die Schanz, und werden aus Wildschützen nichts als Rauber, Mörder, und öffentliche Friedensstörer, wie es die Erfahrung durch so viele zum Theil noch ganz frische und offenkündige Beyspiele sattsam belehret.

Leute von solcher Art sind eines gelinden Tractaments am allerwenigsten würdig. Sie verdienen vielmehr nach aller Schärfe, und so behandelt zu werden, wie es die schon unter den vorigen Regierungen in ann. 1615. 63. 74. 77. 1705. & 35. ergangenen, und seither sowohl durch den Codicem criminalem als die Resolutiones und Mandata von 18. Jan. 1766. 24. Decemb. 1770. & 27. Maii ann. curr. erneuerten Verordnungen deutlich und gemessen vorschreiben, wornach sich also

9no. Unsere nachgesetzte Justitz-Dicasteria und Obrigkeiten um so genauer zu achten wissen werden, als wir schon öfter declariert haben, und hiemit nochmal declariren, daß all dieses nicht bloß zum Schrecken, sondern im wahren Ernste, und aus wohl überlegten genugsamen Gründen also verordnet worden sey. Mit Carbatschstreichen ist

10mo. Bey so verwegenen Leuten nicht viel ausgerichtet, deßwegen man sich in Zukunft keineswegs mehr damit zu begnügen, sondern gegen Confessos vel Convictos gleichwohl mit der statutenmäßigen, gegen Suspectos aber nach Gestalt des Verdachts mit willkührlicher doch proportionirter Strafe, und zwar unter allemaliger Beobachtung des sonstigen guten Leumuths, und der schon in den Statutis vorgeschriegeschriebenen Gradum pœnæ, sohin gegen jene, welche mit schwerem Verdacht beladen, oder schon einmal abgestraft, sohin incorrigibel sind, allezeit schärfer als gegen andere, insonderheit nach Ausweis obbemeldter Verordnungen mit Enrollierung unter die Miliz, und soviel die Ansäßige betrift, mit Verkaufung ihrer Güter, und der Gerichts- oder Rentamtsverweisung zu verfahren hat. Jene, welche nach den Statutis bereits ad opera publica qualificiert sind, soll man

11mo. Weder in dem Arbeitshaus noch sonst feyrend und müßig sitzen lassen, indem der angewohnte Müßiggang vielmehr dadurch genähret, als bestraft und abgewöhnt wird. Dahero sie entweder zum Strassenbau, oder nach Innhalt der Resolution vom 18. Jan. 1766. mit angehängten Hirschgeweihen zur Gassensäuberung, Gräbenraumung, oder anderen harten Arbeit, und zwar sowohl der Sicherheit, als mehreren Züchtigung willen, allemal mit anhabenden Fußschellen, angehalten werden sollen. Was ferner

12mo. Unser Codex criminalis sowohl gegen die Helfer, Unterhändler und Unterschleifgeber, als die Weißgärber, Büchsenschifter, Schlosser, und Tändler von Verkaufung oder Verfertigung des Schußgewehrs, dann dem heimlichen Wildprethandel, und respective Verarbeitung oder Verhandlung der Wildhäuten statuiert, soll ebenfalls ad Litteram exequiert, von den Obrigkeiten allenthalben mit mehr Sorgfalt und Aemsigkeit auf die Uebertreter hierinn nachgeforscht, und die verwirkten Geldstrafen, oder verursachten Proceßkösten von den vermöglichen Delinquenten und complicibus fleißig beygetrieben werden, damit Wir die beschwerlichen Auslagen, welche in Proceßirung unvermöglicher Wildschützen als Onera Jurisdictionis auf Unser Ærarium fallen, desto leichter bestreiten mögen. Gleichwie hiernächst

13tio. Das Schußgewehr vermög mehr erwehnter Statuten regulariter keinem Unterthan, denenjenigen aber, welche im Walde oder auf Einöden, und an abseitigen Orten wohnen, nur soweit gebühret, daß sie sich eines Hausgewehrs nach Nothdurft gegen schlimme Leute allenfalls bedienen mögen; so hat es hiebey noch ferner sein Verbleiben, und haben die Obrigkeiten ihren Untergebenen kein mehreres hierinn zu gestatten, auch deßwegen sowohl mit Gelegenheit der Feuerbeschau, als sonst durch die Amtleute öfter visitiren, und das erfundene Gewehr bey anscheinendem Verdacht alsogleich abzunehmen, und berichtlich anzuzeigen, ohne anscheinenden Verdacht aber einsweilen zu beschreiben, und anher einzuberichten, um den Befund nach weitere Disposition damit machen zu können. Das Scheibenschiessen mit der Flinte, welches

14to. Auf dem Lande erst eine kurze Zeit her sehr stark im Schwang gehet, und zum Wildschiessen vielen Anlaß giebt, schaffen Wir hiemit gänzlich ab, und soll derjenige, welcher die Schießstadt nicht mit der Kugelbüchsen, sondern nur mit der Flinte besucht, nebst der Verwirkung des Gewehrs ipso facto auch in willkührliche Strafe verfallen seyn.

15to. Versehen Wir Uns endlich zu Unseren Justiz-Dicasteriis und subordinierten Obrigkeiten, sie werden Unseren gnädigsten Befehl nicht nur in allen obigen Punkten mit pflichtschuldigstem Diensteifer auf das genaueste zu befolgen, sondern auch in Proceßierund Bestrafung der Wildschützen alle unnöthige Weitläufigkeiten und Verzögerungen, soviel immer möglich, zu vermeiden, und sich auch sonst allenthalben möglichst dahin zu bestreben suchen, daß das höchstschädliche Wildschützenhandwerk, welches in der Folge soviel Uebels nach sich ziehet, endlich ganz und gar niedergelegt, und aus Unseren Landen völlig vertilget werden möge. Gegeben in Unserer Residenzstadt München, den 2. November Anno 1771.

Ex Commissione Ser. Dn.
D. Ducis & Elect.
speciali.

(L. S.)

Franz Anton Widmer,
Churfürstl. Hofrathssecretair.

b) Generalmandat: den bey Lebensstrafe neuerdings verbothenen Getreidvorkauf bey den Häusern, so andere dieß-

falls

falls geschärfte Verordnungen betreffend. Datirt den 8ten November 1771.

Wir Maximilian Joseph, Churfürst ic.

Entbiethen allen und jeden Unseren lieben und getreuen Ständen, Innsassen und Unterthanen Unsere churfürstl. Huld und Gnade zuvor, und geben denenselben hiemit zu vernehmen, wasmaßen Uns der gemeine Mißbrauch des bisher tollerirten Häuserkaufs, und die allzugroße Anzahl der auf den Getreidhandel sich verlegenden sogenannten Getreidführer, dann der unleidentliche Wucher sowohl dieser, als der aller Orten befindlichen Getreidklauberer, und Kipperer, von welchen das kaufende und arme Publicum bisher mißhandelt worden, veranlasset habe, zur Steuerung des allgemeinen Wohls folgende Verordnung ergehen zu lassen.

1. Der Häuserkauf zum blossen Wiederverkauf ist bey ungefreyten Häusern und Pfarrhöfen von nun an gänzlichen abgeschaffet, nicht minder sollen auch alle bis anher auf dem Stock oder im Kernl beschlossene, oder vielmehr abgeredete Käufe, wobey das Getreid noch nicht abgeführet, somit der Contract per Extraditionem nicht adimpliret ist, ungehindert aller Daraugaben von nun an annulliret seyn, jener Verkäufer aber, so von nun an künftighin darwider handlet, sofern er weltlichen Standes, an dem Leben bestrafet, sofern er aber geistlich ungefreyten Standes, nebst Confiscirung seines weltlichen Eigenthums, nicht mehr im Lande geduldet, und in diesen beyden Fällen die Inquisitiones Summarissimè tractiret werden, somit die Strafe dem Uebertreter auf dem Fuße folgen solle.

2. Bey gefreyten Häusern ist zwar der Verkauf zum Wiederverkauf jedoch nicht anderst, dann also gestattet, daß die Käufer von ihrer Obrigkeit ein glaubwürdiges Attestat erhalten, dieses dem verkaufenden gefreyten Kasten einliefern, von letzteren aber ein Certificat, welches sich auf das beygebrachte obrigkeitliche Attestat beziehen, und dasselbe mit seinem Dato allegiren muß, überkommen sollen; welcher Getreidführer oder Käufer ohne dergleichen betretten wird, solle ohne alle Gnade aufgehoben, und nach vorläufigen summarischen Proceß, mit der Todesstrafe belegt werden.

3. Der Kauf zum blossen Gewerb, und Nothdurft solle fürohin sowohl bey gefreyten als ungefreyten Häusern jedoch ebenfalls nicht anderst, dann gegen Attestat, und darauf sich beziehendes Certificat unter eben solcher Strafe im Uebertretungsfalle gestattet seyn, wie Wir dann auch

4. Diejenigen Gebläufer, so dieses unterlassen, soferne sie Gefreyten- Prälaten- oder Ritterstands sind, Unsere Ungnade in Angesicht des Publici empfinden; die Priesterschaft des ungefreyten Stands aber, dann den gemeinen Burger und Bauersmann nach der Juris Antecedentibus enthaltenen Art gleichfalls bestrafen lassen werden.

5. Haben sämmtliche Unsere churfürstl. und ständische Beamte, ohne Ausnahme jene Leute, welche vor Anno 1770. mit keinem Menath versehen gewesen, und solches sich erst beygeschaffet haben, ja zum Theil gar unangesessen sind, in Angesicht dieß abzuschaffen, und die Vollziehung dessen inner 3mal 24. Stunden zu vollbringen, widrigen selbe ihrer Connivenz und Saumsal halber in allhiesigen Neuthurn manu militari transportiret werden würden, derentwillen Wir die behörige Nachsicht bereits verfüget, somit Sie Beamte vor dergleich. Bestrafung ernstlich gewarnet haben wollen, und solle jedes Gericht inner 14. Tagen à dato der Publication gegenwärtiger Verordnung an, wozu Wir den 30. des einlaufenden Monaths November hiemit bestimmen, zu Unserer geheimen Hofcommißion einberichten, was diesetwegen allda verfüget worden, und wie viele Getreidführer über diese annoch in dessen District verhanden seyn, wie dann sie Beamte und alle Obrigkeiten hiemit absonderlich ermahnet werden, sowohl mit Ertheil- als Untersuchung der Attestaten und Certificaten wohl behutsam umzugehen, die dabey unterlaufenden Umstände der Personen, Zeit, Quantität des Getreids, Hauswesens, und Profeßion des Käufers wohl zu erwegen, und im Fall ihnen geringstes dabey verdächtig vorfallet, den Kauf auch auf Attestaten nicht zu gestatten, sondern zur geheimen Hofcommißion einzuberichten, wie nicht weniger

gen die Uebertretter dieser Unserer Verordnung, ohne Rucksicht wessen Standes, und Würden Sie seyn, ungesäumt um so gewisser anzuzeigen, als solche von Uns selbsten befehliget ist, jene Beamten, die hierinnen saumselig erfunden werden, ohne all weiters auf deren Kösten hieher in den Neuthurn überliefern, und gestalten Dingen nach procediren zu lassen. Und zumalen Unsere gnädigste Intention auch dahin gehet, daß diese Unsere landesherrliche Verfügung an derjenigen Verwilligung, so Respectu der Stadt Regensburg geschehen, nichts alteriren, und folglich besagter Stadt der Kauf bey den gefreyten und ungefreyten Häusern, dann auf den Schrannen, mit und beynebst der Zufuhr auf dem dasigen Kornmarkt, in soweit ein- so anderes das accordirte Quantum nicht übersteiget, allerdings zugestanden, und hieran keinerley Einhalt, oder Verhinderung gemacht werden solle;

Als hat es dieserwegen, wie auch allforderst wegen des den Comitialgesandten in Regensburg auf deren Urkunden zustehenden Getreidankaufs sein Bewenden, übrigens aber bey der in den vorigen Generalien sub pœna mortis verbothenen Getreidausschwärzung, oder auch Versteckung der Getreider, Anschütten, und anderweitig in Getreidsachen getroffenen Verordnungen, in soweit in Gegenwärtiger davon nichts abgeändert worden ist, sein unverändertes Verbleiben. Gegeben in Unser Haupt- und Residenzstadt München, den 8. November Anno 1771.

Ad Mandatum Serenissimi Dni. Dni. Ducis Electoris speciali. (L.S.)

Joseph Anton Perchthold, churf. Hofrathssecretär.

Artic. II.

Feilschaften.

a) Niklas Federl burgerlicher Metzger zu Sulzbürg in der obern Pfalz, samt seinen Mitmeistern, biethet dem innländischen Publico feil, 95. Stücke Ochsenhäute, 75. Kühhäute, 190. Kalbfelle, und 200. Stücke Schaaffelle, welche alle um einen sehr billigen Preis zu haben sind.

b) In dem Churfürstl. Markt Wolfertshausen und in dasiger Refier sind bis 2000. Stücke magere Schweine um einen billigen Preis zum Verkauf vorhanden. Wer von diesen zu kaufen Belieben trägt, und sich hiemit versehen will, der kann sich bey Martin Wilde burgerl. Schweintreiber in Wolfertshausen melden.

c) Franz Vögtel burgerl. Rothgerber in der Churfürstl. Stadt Aichach hat 160. Paar loheroth gearbeitete Schmalhäute, das Paar um 8. fl., 20. Paar schwere Schmalhäute à 12. fl. und 100. Stücke loheroth gearbeitete Kalbfelle, das Stück um 1. fl. 4. kr. zum Verkauf vorräthig, welche er dem innländischen Publico angebothen haben will.

d) Xavier Meißer und Niklas Stemmer, beyde Rothgerber in gedachter Stadt Aichach, biethen den innländischen Kammmachern, und andern Beinarbeitern feil, 1500. Stücke Ochsen- und Kühehörner, das Hundert Ochsenhörner um 7. fl. die Kühehörner aber für 2. fl. Item 70. Centner Leimleder, den Centner zu 4. fl. dann 150. Stücke loheroth gearbeitete Schmalhäute, das Stück um 4. fl. geringere deto für 3. fl., und 30. Paar loheroth gearbeitete Kalbfelle, das Paar um 2. fl.

e) Weiters hat Anton Gall, burgerl. Metzger in gemeldten Aichach, an ein innländisches Publicum zu verkaufen 15. Centner rohes Unschlitt, jeden Centner für 26. fl.

f) Item hat Mathias Schilt burgerl. Weißgerber allda zum weiteren Verkauf vorräthig: 40. Decher samisch gearbeitete Kalbfelle, den Decher, zu 10. Stück, um 12. fl. mittere dergleichen pr. 11. fl. geringere deto zu 10. fl. dann 50. Decher so gearbeitete Schaaffelle, den Decher für 8 fl., 7 fl. 30 kr., und 7 fl., und 10 Decher Stiefelschäfte, jeden um 12 fl.

g) Zu Hörzhausen im Churfürstlichen Pfleggericht Aichach, ist auf Absterben Niklasen Rauschers gewesenen Leerhäuslers und Schmieds alldort, dessen besessenes, zum Churfürstl. Kastenamt Aichach gehöriges Leer-

 häu-

häusel, Schmiedstatt, nebst einem Wiesgärtel zum Verkauf verhanden: So hiemit den hiezu Lusttragenden feil gebothen, und dabey erinnert wird, daß zwar dieses Leerhäusel etwas baufällig, und stark überschuldet sey; in Ansehung dessen aber, man einen solchen leidentlichen Kauf dahin abzumachen gesinnet ist, damit ein künftiger Besitzer nicht zu hart eingesetzt, sondern selben dahin verholfen werde, daß er die Baufälle wenden, sofort leichtlich forthausen könne.

Artic. III.

Citation.

Von der Confinwache ist den 25. Octob. zweyen unbekannten Mannspersonen ein neunjähriger Wallach nächtlicher Zeit weggenommen und zum Churfürstl. Gränzbeymauthamt Au gebracht; auch der Verhandlungswillen behörige Anzeige gemacht worden. Nachdem aber die Defraudanten wehrend solchen Vorgangs sich auf flüchtigen Fuß gesetzet haben; so, daß sich bishero deswillen Niemand gemeldet, oder excipiendo eingekommen ist: So werden gemeldete 2. Personen, oder wer an solchen Pferd Antheil hat, nach Anleitung der Mauth- und Accisordnung puncto 36. §. 3., zur Abgebung ihrer Verantwortung anher citiret, und denenselben der Erscheinungswillen ein Termin sub pœna præclusi & confessari von 6. Wochen mit dem anberaumt, daß man im Ausbleibungsfalle in Contumaciam sprechen werde. Actum den 16. November 1771.

Churfürstliches Gränzbeymauthamt Au.

Johann Nepomuck Windrich, Gränzbeymauthner alda.

Denenjenigen, so sich den Rechnungs, Handlungs, und Bauwesens, oder andern freyen Künsten zu widmen gedenken, dienet zur Nachricht, daß Herr Beuther in Augsburg wohnhaft, dermalen in der Schleifergasse hinter der Pfründ bey Mr. Pohlemann, Unterricht giebt, in folgenden Wissenschaften, und Künsten, nämlich in deutscher und französischer Sprache, als in allen Theilen der Rechenkunst, nöthigen Anfangsgründen der Algebra, in Aufreissung der practischen Figuren, in der Feldmeßkunst, wie auch die Plane aufzunehmen. Bey demselben kann man ebenfalls den Nutzen, und Gebrauch der Himmels- und Erdkugel, Sonnen-Uhrkunst, wie auch die Fortification, und hauptsächlich die Wissenschaft, gehörige Plans zum Bauwesen aufzureissen, und Bauanschläge darüber zu machen, erlernen.

Artic. IV.

Waaren-Preise.

1) In der Churfürstl. Stadt Aichach sind an dem, den 27ten verwichenen Octobris abgehaltenen Simoni- und Judä-Markt, die Landsproducten und Venalien in folgenden Preisen gestanden, als

	fl.	kr.
Ein Paar gemaste Ochsen mit 8. Centner für	146 fl.	— kr.
Ein Paar Mehnochsen . .	100	— —
Geringere deto	90	— —
Eine Kälberkuh	30	— —
Eine Mänzkuh	24	— —
Eine dergleichen geringere .	15	— —
Ein Paar Hammelschaafe .	12	— —
Mittere deto	10	— —
Ein Paar geringere Mutterschaafe	9	— —
Ein Ziegenbock	7	— —
Eine Geiß	4	— 30
Mastschweine, das Stück zu 1 und halben Centner . .	25	— —
Mittere dergleichen zu 60. Pfund	12	— —
Ein leerer Frischling zu 30. Pfund	5	— 30
Ein mitterer dergleichen . .	5	— —
Ein geringerer	4	— —
Hanf, vom schönsten der Centner	30	— —
Mitterer	28	— —
Geringerer	26	— —
Dergleichen Werch, der Centner	15	— —
Flachs der Centner	21	— —
Mitterer Gattung . . .	19	— —
Geringerer	17	— —
Dergleichen Werch . . .	10	— —
Leinöl, der Centner . . .	27	— —
Ungesottene Roßhaare, der Centn.	20	— —
Dergleichen gesottene . . .	27	— —
Unschlitt, rohes, der Centner .	26	— —
Unschlittkerzen, das Pfund .	—	— 21

Augs-

	fl.		kr.
Ungeläutertes Wachs, der Centn.	100	fl. —	kr.
Geläutertes dergleichen, das Pfund	1	—	4
Innländischer Hopfen, der Centn.	30	—	—
Ungarische Mühlsteine, der Zoll	1	—	30
Ungarische feine Schaafwolle, der Centner	48	—	—
Dergleichen Wallachische . . .	46	—	—
Mittere Gattung	43	—	—
Macedonische Rauswolle, der Cent.	39	—	—
Mittelmacedonische Wolle . . .	35	—	—
Pergamenter Wolle, der Centner	41	—	—
Innländische einschürige Schaafwolle	38	—	—
Zweyschürige, oder Zaubelwolle	34	—	—
Braune Wolle	52	—	—
Geringere dergleichen . . .	48	—	—
Weißgärber Rauswolle . . .	35	—	—
Lohe, eichenes, das Münchner Schäffel	1	—	30
Feichtenes	1	—	12
Ungelöschter Kalk, das Schäffel	1	—	—

Artic. V.

Handlungs = Nachrichten.

a) Aus Triest wird berichtet, daß daselbst viel Oel ankomme, selbiges aber gleichwohl hoch im Preise sey, weil viel nach Portugal, Spanien und der Levante geht, wo es heuer nicht gerathen ist. Die im türkischen Gebiethe wohnenden Griechen, Armenianer, Nestorianer, Jacobiten, und andre christliche Secten machen, wegen ihrer langen und strengen Fasten, starken Gebrauch davon. Die Mandeln sind dießmal nicht gut gerathen; die Getreide-Aerndte aber ist ziemlich gut gewesen, und das Getreide ist von guter Art. Genua, Livorno, Cadix und Lissabon ziehen viel Getreide aus Triest.

b) In den österreichischen Erblanden ist der Getreidepreis seit dem August sehr verschieden gewesen. In den Districten unter der Taxe für Wien galt die Metze * nach dem Mittelpreise 2 ½. fl. In Böhmen ist der höchste Preis gewesen 4. fl. 26. kr. und in Oberösterreich 4. fl. 12. kr. In Mähren, Schlesien, Niederösterreich, Steuermark, Kärnten, und Crain ist sie mit 3. fl. bis 3. fl. 47. kr. bezahlt worden. In dem Gebiethe von Görz und Triest galt sie 2. fl. 27. bis 48. kr. an der Gränze des Bannats aber und in Sclavonien nur 1. fl.

* In Oesterreich gehen 30. solche Metzen auf eine Muth. eine Metze hält 4. Viertel, 1. Viertel 2. Achtel, 1. Achtel 2. Mäßel. Eine Muth hält nach dem baierischen kubischen Decimal-Maaß, 79. Schuh, 104. Zoll, 606. Linien, und 158 $\frac{3}{32}$. Scrupel: mithin nach dem baierischen Kornmaß, 8. Schäffel, 4. Metzen, 1. Viertel, 3. Mäßel, 2 $\frac{3}{11}$. Dreyßiger. Wo also nach einer genauen Ausrechnung das baierische Münchner-Schäffel in Conventionsgeld, oder nach dem 24. fl. Fuß, zu stehen kömmt, nämlich in den Wiener Districten auf 10. fl. 12. kr.; in Böhmen nach dem höchsten Preis auf 18. fl. 5. kr. 2. pf.; in Oberösterreich auf 17. fl. 8. kr.; in den übrigen Ländern nach dem Mittelpreis, die Metze zu 3. fl. 30. kr., auf 14. fl. 17. kr.; zu Görz und Triest nach dem höchsten Preis auf 11. fl. 25. kr.; und endlich in Sclavonien nur auf 4. fl. 5. kr.

Artic. VI.

Nachrichten für die Policey.

a) Wien den 2ten Wintermonaths. Gestern, als am Festtage Allerheiligen, ist die päbstliche Bulle wegen Abstellung einiger Feyertage von allen Kanzeln abgelesen und zu gleicher Zeit auch ein allerhöchstes kaiserlich königliches Patent an den gewöhnlichen Orten affigiret worden, nach welchem künftig alle Apostelltage auf das Fest Petri und Pauli, alle Festtage der übrigen heiligen Märtyrer aber auf das Fest des heiligen Stephani verleget, dann alle den aufgehobenen Festtagen vorhergegangene Fasten, wie auch die Schuldigkeit in Anhörung einer heiligen Meße aufgehoben, erstgedachte Fasten auf die 4. Mittwochen in der Adventszeit verleget: dagegen aber die Feyer der Sonntage, Ostern, Pfingsten, und des darauf folgenden Tags, Weyhnachten, Neujahrs, drey Königen, Christi Himmelfahrt, Fronleichnams- und der 5. Frauentagen, wie auch des heiligen Leopoldi, und eines jeden Landes Schutzpatrons, um so nachdrücklicher

an-

anbefohlen worden, als sonsten diejenigen, welche in diesen Gott geheiligten Tagen sich des vor- und nachmittägigen Gottesdienstes entziehen, und sich in Wirthshäusern, oder andern öffentlichen Orten betretten lassen würden, mit exemplarischer Strafe beleget werden sollen.

Artic. VII.

Landwirthschafts-Sachen.

a) Mittel das Gesicht vor den Pocken-Narben zu bewahren.

Doctor Schütte, der jüngere in Cleve, giebt ein eben so besonders als leicht zu habendes Mittel an die Hand, das Gesicht vor Blatternarben zu sichern. Man macht von einem wollenen Lappen, welcher auf den Seiten mit sanften Leinen besetzt ist, und an den Stellen vor dem Mund und den Augen ausgeschnitten wird, eine Maske, welche man den Kindern vor dem Gesicht festbindet, und so lange sitzen läßt, bis die Vereiterung vorüber ist. Man weis, sagt er, daß die Blattern nicht sowohl auf dem bedeckten Leibe, als in dem Gesichte, welches beständig der Luft bloß gestellet ist, unangenehme Merkmale nachlassen. Daher muß man sich wundern, daß man nicht eher darauf bedacht gewesen ist, die Angesichter der Patienten vor der Luft zu bewahren.

b) Unfehlbares Mittel wider alle Arten von Wechselfiebern.

Eine halbe Tasse Caffee und eben soviel Citronensaft macht die ganze Zusammensetzung dieses leichten und schmackhaften Mittels aus. Die Zubereitung davon geschieht auf folgende Art: Man nehme von gebrannten und gemahlenen Caffee so viel, als zu zwo Tassen nöthig ist, nämmlich ungefehr 6. Quentchen, und lasse diese in einer Tasse reinem Wasser so lange sieden, bis die Hälfte eingekocht ist. Hierauf giest man diesen gekochten Caffee in eine Tasse, oder in ein Trinkgeschirr klar ab, und drückt von Citronensaft eben so viel darunter, als man Caffee abgegossen hat. Beydes wird untereinander gemischt, und am Zwischentage des Morgens nüchtern, oder zu einer bequemen Stunde, da der Magen nicht mit der Verdauung beschäftiget ist, heiß getrunken. Eine Stunde hernach nimmt der Kranke eine Bouillon, oder Fleischsuppe, und bleibt die übrige Zeit des Tages ruhig im Bette liegen. Beym erstenmal Einnehmen dieses Mittels bleibt das Fieber, von welcher Art, und so eingewurzelt es auch seyn mag, zuverläßig aus, ohne daß man seine Zuflucht zum zweytenmale zu diesem schätzbaren Mittel nehmen dürfe.

Ein ordentlicher Eßlöffel voll Schwefelblüthe in einem Glas Wein gerade zu der Zeit genommen, da man das Fieber erwartet, soll ein sehr zuverläßiges Mittel wider das kalte Fieber seyn. Zur Vorsorge, wenn die erste Dosis nicht gleich ihre Wirkung vollkommen thäte, kann man sie beym folgenden Anfall noch einmal nehmen. Viele Personen haben noch vor kurzem durch eigne Versuche bestättiget, daß dieses Mittel niemals, auch sodann nicht fehl geschlagen, wenn sie schon unterschiedene Monathe mit dem Fieber geplagt gewesen, und eine Menge anderer Mittel ohne Erleichterung versucht hatten.

Artic. VIII.

Von gelehrten Sachen.

a) Zu Leipzig wurde bey der am 15. und 16. October gehaltenen gewöhnlichen Versammlung der ökonomischen Societät, die Verlängerung folgender 2. Preisaufgaben bewilliget. „Hundert Thaler für denjenigen, welcher in „den beyden Jahren 1772. und 1773. funfzehen Centner des dem Rheinischen an Güte „und Länge gleichkommenden Hanfes erbauet, „und zwar dergestalt, daß demselben zu Michaelis 1772. 33. Thaler für 5. Centner, „und zu Michaelis 1773. die übrigen 67. „Thaler für die andern 10. Centner dergleichen Hanfes ausgezahlt werden sollen.„ In der zweyten Aufgabe: „Funfzig Thaler zu „Michaelis 1772. für eine vollständige Abhandlung über die in den besten sächsischen „Weingegenden gewöhnliche Wartung der „Weine am Stocke und im Keller; in welcher die bey derselben annoch vorfallenden „Fehler und deren Verbesserung nach richtigem

„ den physicalischen Gründen und Erfahrungen hinlänglich dargelegt werden.“

b) Zu Koppenhagen verbreiten sich die schönen und nützlichen Wissenschaften immer mehr und mehr; die Vorurtheile und die Unwissenheit fangen an bey vielen zu fliehen, und Gelehrsamkeit sich an deren Stelle zu drängen. Gelehrte und muntere Köpfe beeifern sich mit vielem Ernste, die Glückseligkeit, die aus gesitteten und Weisheitbegierigen Bürgern und Unterthanen entspringet, und die Regierungslast erleichtert, überall zu befördern. Es sind daher seit der Zeit des königlichen Edicts vom 14ten September 1770, in Betreff der Freyheiten der Presse, schon über 140. sehr merkwürdige Werke, theils über die öffentlichen Angelegenheiten, theils über die Wissenschaften, Künste, und die Handlung zum Vorschein gekommen: ohne welche Freyheit diese Werke in ihrer Geburt erstickt, und der Nutzen davon dem gemeinen Wesen verborgen geblieben seyn würde.

c) Folgende, auf nichts geringers, als die möglichste Beförderung einer allgemeinen Glückseligkeit abzweckende Fragen sind von der hamburgischen typographischen Gesellschaft zur gründlichen Beantwortung öffentlich vorgelegt und empfohlen worden.

1) Sind die Grundsätze des Rechts durch die Natur bestimmt, oder sind sie in Absicht auf jeden besondern Menschen bloß willkührlich?

2) Können in einem Staate Wissenschaften und Gewerbe blühen, so lange die (bürgerlichen) Gesetze selbst die natürlichen Bestimmungen des Rechts unmittelbar zerstören?

3) Sind die Grundsätze des Rechts bey den griechischen Philosophen, und besonders beym Aristoteles bereits so vollständig, daß man nichts erhebliches weder hinzu, noch davon thun kann?

Die der Preisschrift, über die Erleichterung ächter Tugendschulen: nach Nro. XXIV. S. 311. unsers heurigen Intelligenzblatts, bestimmte Preismünze wird $\frac{1}{4}$. Pfund des feinsten Goldes schwer seyn, und wird auf der einen Seite das Bildniß auf der andern aber die Krönung des höchstsel. Königs von Schweden zeigen.

Artic. IX.

Vermischte Nachrichten.

Warschau den 4. Nov. Hier liefere ich Ihnen die ausführliche Nachricht von dem intendirten Königsmorde. Am 3. dieses waren Se. Königl. Maj. des Abends zu einer Unterredung bey Seiner Durchl. dem Groskanzler von Litthauen, Fürst Czartoryski. Abends gegen halb 10. Uhr fuhren Se. Kön. Maj. von da ab nach Hause, und waren in 2 Kutschen mit einiger Begleitung etwan gegen 20 Mann in allem. Wie sie noch in derselben Gasse zwischen der Capuciner-Kirche und dem Krakauer Palais waren, so fiel ein Haufen von 20 Mann zu Pferde aus dem Gäßgen gegen über der Capuciner-Kirche, welche man die Capitul nennet, und ein anderer Haufen eben so stark aus dem auf die Capuciner-Strassen im Durchschnitt der Senatoren-Straße stoßenden Ziegen-Gäßgen, auf die Kutsche und das Gefolge Se. Königl. Maj., und schossen gleich viele Ladungen auf einmal auf die Kutsche von beyden Seiten los, daß man noch die Kugeln in den Mauren des Palais des Bischofs von Krakau und des Hintergebäudes des Krongroßfeldherrlichen Branickischen Palais sehen kann. Zu gleicher Zeit fielen sie selbst die Kutsche, worinn der König saß, von beyden Seiten an, aus welcher sowol der Generaladjutant des Königs, der Oberste Poniatowski, für sich, als auch der König selbst durch Hülfe zweyer Kön. Haydücken, welche das Herausreissen des Königes den Mördern wehrten, und darüber so tödlich geschossen wurden, daß einer davon gleich eine Viertelstunde darauf verstorben, der andere aber noch auf den Tod lieget, entkamen. Ein Hofpole, Osmialowski, bekam auch zwey Hiebe über beyde Arme, und sein Pferd ward geschossen, daß es fiel, daß er weiter nichts übrig hatte, als da er sich erhohlte und keinen König mehr sah, es melden zu gehen. Der Kön. Unterbereiter, Page und die Ordonanz-Officiers, welche vor der Kutsche ungefehr 30 Schritte und

 die

die 4 mit Fackeln leuchtenden Ulanen noch weiter zum voraus waren, sahen sich, da sie um die Ecke der Capuciner-Strassen nach dem Schloße zu sich bereits gewendet hatten, damals schon durch den aus den Ziegengäßgen ausgeplatzten Haufen, von dem Könige abgeschnitten, und eilten nur ins Schloß um Hülfe zu ruffen, und der etwan noch übrige Rest, betäubet von dieser ausserordentlichen Begebenheit, wußte auch nichts zu thun, als stille zu seyn und zum Theil das Pförtchen am Hintergebäude des Großfeldherrlichen Palais zu erreichen. Der König im Finstern, uneingedenk dieses Pförtchens, durch welches er allem Unglücke auf einmal hätte entgehen können, zog sich nur längst den Häusern so fort, daß Er wieder das Palais des Fürsten Groskanzlers erreichen wollte. Allein die Mörder verfolgten ihn zu boßhaft, als daß sie ihn nicht hätten zu packen bekommen sollen, da sie Ihn mit Schiessen verfolgten, bis sie Ihn verruchterweise bey den Haaren faßten, bunden und Ihn auf ein Pferd quer über schmissen, auf Ihn mit Säbeln hieben, und so mit Ihm eben des Fürst Groskanzlers Palais vorbey rannten, vor welchen 2 Schildwachen standen, und entkamen mit dem unglückseligen Könige durch die Heustrasse beym Zeughause vorbey, nach der Maliwke, an die unlängst aufgeworfenen Linien, welche schon von ihnen an einigen Stellen eingerissen und einigermassen zum Uebersetzen verschüttet waren. Es ist unbegreiflich, wie dieß alles geschehen können, ohne daß Menschen auf den Strassen, Wachen in denselben Gassen, und Leute vom Gefolge nicht wenigstens Gewalt geschrien und Lerm gemacht haben, sondern alles selbst bey den erfolgten starken und verdoppelten Schiessen so ohne Auflauf sich ereignen können, um so viel mehr, da, ehe diese schreckliche That wirklich geschah, die Mörder alles was in den Gegenden zu Fuß, Wagen und Pferde sich sehen ließ, aufhielten und zurücke wiesen, so daß auch im Ausbruch dieser Frevelthat ein Pferd von einer Herrschaftlichen Kutsche nieder und die Kutsche solcher Herrschaft etlichemal durchgeschossen wurde, welche eben vorbeyfuhr. Man kann sich leicht die Bestürzung an verschiedenen Orten vorstellen, die sich denn zeigte. Die Russen zogen gleich alles zusammen, stellten Piquets aus, schickten Patrouillen herum, und ein gleiches ward von den Kron- und Lithauischen hier befindlichen Truppen gethan. In des Ambassadeur Palais-Thor ward ein Einhornstück gestellet und ein Kanonier fertig dabey und auch Truppen dazu geordnet. Der Rußische Generallieutenant Bibikow ritt selbst mit einem Trupp Reuterey aus, den unglücklichen König zu retten. Ein gleiches that der Kronkammerherr, Fürst Poniatowski, der Kronstallmeister Wielepolski mit einiger Reuterey. Man gab alle Hofnung auf, den König mehr lebendig zu sehen, als man nach einiger Zeit, auf mehrgedachter Capucinerstrasse den Haarbeutel des Königs von Streifschüssen kenntbar und den Huth des Königes mit Blut besudelt fand. Auch der Kronkammerherr erlebte den schrecklichen Anblick an dem Ort, wo die Mörder des Königes mit dem Könige übergesetzt hatten, zwey gestürzte Pferde in den Graben der Linien, und darüber weg nicht weit davon des Königes Pelz zu finden. Alles war ausser sich, inzwischen herrschte doch solche Stille in allen Strassen und überall, daß es recht was seltenes ist, solche Thathandlung geschehen und dabey alles todt und einsam zu sehen. Endlich auf einmal durch die wunderbare göttliche Vorsehung, welche über die Gesalbten wachet, kam unser theuerster König heute früh um 4 Uhr wieder nach Warschau zurück. Da selbst der König, so viel seine Schwachheit es zugelassen, das, was mit ihm vorgegangen, erzählet, so wollen wir es aus solcher Nachricht mittheilen. Wie die Mörder Sr. K. Majestät mit Allerhöchst denenselben, welche sie inzwischen auf ein besonder Pferd gesetzet, aber schon des Ordensbandes, Sterns, Pelzes, der Uhr, Börse und so weiter beraubet hatten, und gebunden mitführeten, über die Linie herübersetzten, stürzte das Pferd worauf Sr. Majestät saßen mit dem Könige, und das Pferd brach zugleich den Fuß. Der König wurde also von den Bösewichtern zu Fuße fortgeschleppet, dabey Er seine Schuhe verlohr. Dieser Vorfall machte eine Verweilung, und man rathschlagete, ob man nun den König hier tödten oder leben.

bendig weiter mit schleppen sollte, um die Ordres, die man hatte, den Schwur auszuführen, so wie von Pulawski 4 Personen ganz besonders unter dieser Bande dazu ausgeschicket waren, nemlich den König todt oder lebendig zu bringen, zu erfüllen. Die Bösewichter bedungen aber, wenn sie den König gleich ermordeten und liegen liessen, daß denn ihnen desto eher nachgesetzet und sie ertappet werden möchten. Sie wollten also mit ihm weiter bis an den nicht allzuweit stehenden Trupp ihrer Blutcameraden an 300. Mann stark. So giengs mit dem Könige weiter in stockfinsterer Nacht fort in den Bielauer Wald, eine kleine Meile von hier, und man hielt ihm beständig an jede Seite des Kopfes eine geladene Pistole, die allein von den dabey hin und her schwankenden Stössen dem Könige das Gesicht beschädiget und braun und blau gestossen haben. Da sie inzwischen schon um einige Rußische Posten herumgehen mußten, die von den in dortigen Gegenden stehenden Detachements sich befanden, und auch hinter sich her Stimmen und Geräusch nachsetzender Völker vernahmen, so verlief sich einer nach dem andern bis auf diejenigen 4. welche den verruchten Schwur gethan, den Gesalbten des Herrn zu ermorden. Hier wollten sie nun die teuflische That ausführen, als einer von ihnen mit Namen Kosinski sagte: man müßte sich aber auch mit dem Fortkommen gut versehen, sie sollten nur bey Seite sich umthun, ob nicht wo jemand ihnen auf den Hals käme, er wollte denn schon seinen Schwur erfüllen und sein Pferd laufen lassen und sich zu Fuß forthelfen. Die andern schärften ihm seinen Schwur ein und thaten, wie sie sich gedachtermaßen es haben gefallen lassen. Der König noch gebunden und zu Fuß geschlept, wie er sich allein mit dem einen so herum irren, und endlich auf das im Walde gelegene Camedullen-Kloster kommen sah, sagte zu demselben: er sollte doch hier ihn unterbringen. Er antwortete aber trotzig: Nein, ermorden werde ich dich. Und so gieng er immer weiter fort mit dem gebundenen Könige, bis der König selbst ihm sagte, was er denn machte, er führte ihn ja näher nach der Stadt zu, er sähe, er wisse nicht einmal die Gegend und kenne keinen Weg. Der Mensch antwortete: Was geht dich das an, ich werde dich doch todt schlagen. Der König frug ihn darauf, was er ihm denn je zu leide gethan? Der Mensch antwortete: du hast mir nichts zu leide gethan, aber ich habe geschworen, daß ich dich muß todt schlagen. Nach einigen Wortwechseln über die Beschaffenheit des Eides, redete der König ernstlich, so wie er rührend sprechen kann, und auf einmal fiel der Mensch vor ihm nieder, da gerade der König dachte, nun würde er ihm das Leben nehmen, und sprach zum Könige: Allergnädigster Herr, ihr Leben ist in meiner Hand; aber wenn sie mir mein Leben schenken, so schenke ich ihnen das ihrige. Ja sagte der König zu diesem Kosinski: auf mein königlich Wort schenke ich dir das Leben: hier band Kosinski dem Könige die Hände los und der König sagte zu ihm, nun gehe und laß mich, ich werde schon nach der Stadt kommen. Nein, sagte Kosinski und wenn sie mir nun auch den Kopf abschlagen lassen, so verlasse ich Ew. Majestät nicht, nahm den verfrornen, ohne Huth, Schuhe und Pelz herum geschlepten, und an Händen und Füssen zerrissenen, braun und blau mißhandelten, und mit ganz verrissenen Haaren, am Kopfe verwundeten und erbärmlich gestalteten König auf seinen Rücken, und trug ihn bis in die nächste Bielaner-Mühle. Hier ward angeklopft gegen 2 Uhr früh, und man wollte nicht aufmachen bey der Unsicherheit, die jetziger Zeit allenthalben ist, bis daß, da es gerade ein deutscher Müller war, der König deutsch sagte; Er wäre auf der Jagd verirret und beraubet worden, er möchte ihn doch einnehmen, ohne daß sich jedoch der König zu erkennen gab. Man machte auf, und der König foderte nur Licht. Wie erschrack der Müller seinen König so schrecklich zugerichtet bey sich zu sehen, der König befahl stille zu seyn, und fand noch seine Schreibtafel in seiner Tasche, da schrieb er gleich an den in den nach dortiger Gegend zu hinaus liegenden Kroncasernen commandirenden Generalmajor Cocceji, daß man ihn holen sollte. Coccesi ließ dieß sogleich im Schloß melden, und nahm auch seine Chaise und einige Mannschaft nebst dem Major Witte mit, und kam beym König an. Hier fand er inzwischen den König auf

einer

einer Bank schlafen, und Kosinski bewachte Ihn nur mit blossem Säbel, und wollte nicht weder jemand ihn stöhren, oder ohne zu wissen wer es sey, an Ihn kommen lassen. Der König erwachte und man kann sich nichts rührenders vorstellen, als wie der König und Cocceji sich sahen und alle die, welche mit dabey waren. Dem Könige ward gleich des Coccesi Huth und Pelz gegeben und Er in die Chaise gesetzt und so mit der Begleitung heute um 4. Uhr frühe in die Stadt gebracht, und ins Schloß, wo die vornehmsten Dames und Herren den König aus dem Wagen mit Thränen hoben, da inzwischen der ganze Schlosplatz vom Vivatgeschrey ertönete. So mishandelt am Kopf und ohne Schuhe, wie der Monarch entkräftet und mit gebrochenen Augen aussah, so sah der König die innigste Bewegung mit Schrecken in den Augen derer, die um Ihn waren, und sagte matt, doch einen nach dem andern leutselig ansehend: Sehet dieß haben mir meine Kinder gethan, und in dem er fort getragen ward nach oben zu in Seine Zimmer, sprach er: nun sehe ich wohl, daß nicht Freyheit, nicht Religion die Nation bey ihren Unruhen zum Gegenstande hat, sondern meine Person. Nun weis ich also, was ich zu thun habe. Er befahl sogleich dem Kosinski nichts zu thun, frug auch nach den Heyducken, welche Ihn fast allein bey der Kutsche den Händen der Mörder zu entreissen suchten, und da Er erfuhr, daß der eine bereits todt sey, erkundigte Er sich gleich, ob er Frau und Kinder hätte, und da man ihm antwortete: er hätte niemand als seine alte Mutter hier auf der Vicliene, so sagte Er: die soll auf Zeitlebens reichlich versorgt seyn. Man hat dem Könige hierauf gleich Ader gelassen und nach der Wunde gesehen, welche zwar gros genug ist, jedoch nur bis auf den Knochen geht, ohne den Knochen zu berühren. Se. Königl. Majestät befinden sich anjetzt zwar matter wie bey Ihrer Ankunft, aber außer Gefahr. Sie haben auch diesen Vormittag einige Stunden sanft geschlafen. Des Kronmarschalls Fürst Lubomirski Durchl. nebst den übrigen Grosen und Ministern des Reichs haben sogleich veranstaltet, daß noch diesen Mittag nach 12. Uhr das Te Deum laudamus unter beständiger Abfeyrung der Kanonen in der Pfarrkirche gesungen worden, dabey der Krongroßkanzler Bischof von Posen und Warschau das hohe Amt gehalten. Gedachter Fürst Kronmarschall will auch den vom Könige begnadigten Kosinski aus dem Schlosse in seine Gerichtsbarkeit abgeliefert haben. Er ists, welcher auf den König hier in der Stadt geschossen, ihn aus dem Wagen reissen wollen, ihn gegriffen, aufs Pferd geschmissen, gehauen und gebunden hat. Diesen Nachmittag ist der an Schieß-Hau- und Stichwunden verstorbene Hayduck George Biczow, so wie auch der andere Hayduck Simon Mikulski, die Kutsche und Pferde, an welchen die Zeichen des mörderlichen Angrifs zu sehen, im Kronmarschallsgericht zur Besichtigung aufgeführet worden. So eben vernimmt man auch, daß die Russen 5. von den Bösewichtern bereits im Nachsetzen bekommen haben, welche bey dem verruchten Haufen der Königsmörder gewesen sind.

b) Vilshofen den 10. Nov. Zu Paßau ist dem bürgerlichen Kaufmann Lehner in sein Waarengewölbe nächtlicher Zeit eingebrochen, und nebst den besten Waaren, auch das Geldtrücherl mit ungefehr 350. fl. Losung diebischerweise entwendet worden, ohne bisher den Thäter auszukundschaften.

Deßgleichen wurde einem bemittelten Schuhemacher zu Osterhofen in Baiern, etliche Tage darauf, dessen sämtliche Baarschaft von 750. fl. gestohlen. Wer von diesen beyden Diebstählen einige zuverläßige Nachricht weis, und solche den beschädigten Theilen anzeigt, soll eine gemessene Belohnung erhalten.

c) Wien den 2. November. Den 26. erstabgewichenen Monaths Octobris ist in Beyseyn Se. Königl. Hoheit des Erzherzogs Maximilian und einiger hohen Minister mit einem Kellhamer Schif die Probe wider den Donaustrom ohne Pferde aufwärts zu fahren, auf besagtem Strome in der Spittelau gemacht worden. Dieses Schif war mit einer Schwere von 1000 Centner beladen, wurde durch eine Machine getrieben, und machte seine Wirkung den Strom ab- und aufwärts, wie auch mit der Wendung, und auf einmal stille zu stehen.

Kennt ihr die Weisen nicht? — die Kinder der Westgothen? —
Bald sind sie stark, bald schwach; bald Meister der Despoten.
Seht nur die Ueberschrift, das Monument von Holz!
Die Armen in dem Geist, die Reichen — in dem Stolz. — —
Der Splitterrichter.

Churbaierisches Intelligenzblatt

Num. XXIX.

München den 9. December 1771.

Artic. II.

Feilschaften.

a) Die bürgerlichen Metzgermeister zu Regensburg biethen dem inländischen Publico, besonders den bürgerlichen Lederern in den Churlanden zu Baiern und der obern Pfalz, um einen sehr billigen Preis an: die auf dem Lager zum Verkauf vorräthige 1000. grosse rohe Ochsenhäute, darunter viele vom ungarischen, böhmischen und pfälzischen Vieh; dann über 1500. grosse Kalbhäute, und 4000. Hammelfelle.

Artic. III.

AVERTISSEMENT.

Nachdem von der Churfürstl. höchstpreislichen geheimen Hofcommission in München unterm 23ten des abgewichenen Wintermonaths, der Burgerschaft des Churfürstl. Markts Fronenhausen die gnädigste Bewilligung ertheilet worden, allwochentlich einen öffentlichen Getreidemarkt am Erchtag abhalten zu dörfen; Als wird ein solches dem gesammten Publico hiemit bekannt gemacht: und die herum liegende Ortschaften zur Besuchung dieses Getreidemarkts eingeladen.

Artic. V.

Zum Dienst der Handlung.

a) Extract - Schreiben aus Hamburg den 15. November. „Ich beklage nur das a** Baiern, daß es iezt bey der allgemeinen Getreidnoth in Deutschland so vieles mitleiden muß. Doch die guten Anstalten, die man durch Anlegung der Kornmagazine darinnen trift, lassen eine baldige Aenderung hoffen. Und künftig wird man wohl vorsichtiger werden. — Wir haben hier starke Zufuhr aus Rußland, Holland rc. vom Getreide; dem ungeachtet ist das Getreide Paß noch einmal so theuer, als sonst; weil sehr vieles nach Deutschland versendet wird. Es sind aber noch viele Schiffe, besonders aus Archangel, unter Weges, so daß die Preise nothwendig fallen müssen, und wir noch ganze Provinzen damit versorgen können. In der That fällt es auch (im Preise) schon wieder. — Ich ersuche sie auf das freundschaftlichste (fährt der Freund weiters fort) ich lese ihre Briefe sehr gern: sie schreiben wie ein Deutscher. Fahren sie dabey fort, sich um ihr Vaterland verdient zu machen. Und lassen sie sich nichts abhalten, alles, was von ihnen abhängt, zur Verbesserung der Menschen beyzutragen. Aber, daß nur eine zu große Verfeinerung der Nation dem redlichen Charakter derselben nicht schade. — "

b) Aus Wien vom 16. November (s. A. Z. N. 192.) gleichwie aus Böhmen, unerachtet der allerhöchster Seits dagegen machenden Vorkehrungen, das Lamentiren über die anhaltende Theurung, noch immer continuiret, so lassen auch nunmehr die Berichte aus Ungarn einfliessen, daß daselbst ebenfalls alle Lebensmittel auf einen ungewöhnlich hohen Preis, wegen der allzugrossen Ausfuhr, zu steigen anfangen; massen der Metzen Korn schon auf 3 fl. zu stehen komme.

c) Zum Magazingeschäfte, und zur Speculation des Kornhandels von, und nach verschiedenen Plätzen, dürften folgende Anmerkungen und Berechnungen der Mässereyen nicht undienlich seyn: so verläßig wir sie anher bringen können.

Nota: Der baierische Schuh hält auf dem französischen, oder sogenannten Pied du Roi, 10. Zoll 9. Linien $7\frac{3}{3}\frac{1}{1}\frac{1}{7}$ Scrupeln, nach der Decimaltheilung genommen: oder, wenn der französische Schuh in 12 Zoll oder Pouces; ein Zoll in 12 Linien; jede Linie in 10 Theile, mithin der ganze Schuh in 1440. Theile getheilet wird; so machen 1282. solche Theile einen baierischen Schuh aus, daß also dieser um 158. dergleichen Theile kleiner ist, als der französische Schuh. Mithin hält ein Schäffel baierische Getreidmaaßes $6\frac{1}{2}$ französische Decimalkubikschuhe, und $2\frac{1}{1}\frac{8}{7}$ dergleichen Kubickzoll; oder 8 baierische Decimalkubickschuhe, 965 Zoll, und 500 Linien. Nach welchem baierischen Kubickschuh folgende Vergleichung der verschiedenen Getreidmaaße in Europa berechnet ist.

Vorerinnerung.

Das Getreide wird eben, wie die Getränke, dem kubischen Innhalte nach bestimmet, und wird das Maaß, womit in dem ganzen Churfürstenthum Baiern die Getreidfrüchte gemessen werden, ein Schäffel genennet.

Dieses baierische oder Münchner-Schäffel wurde im Jahre 1733. durch das ganze Land eingeführet; Es wird aber ein dergleichen Schäffel in Waitzen, Korn, und Gersten in 6. Metzen, oder 12. Viertel, 48. Mässel, oder 192. Dreysiger: oder aber der Metzen in 4 Vierling, und der Vierling in 4. Sechzehentheil getheilet: Ein Schäffel hingegen, um den Haaber zu messen, theilet man in 7. Metzen, 14. Viertel, 56. Mässel, oder 224. Dreysiger, mithin das Haber-Schäffel um einen siebenden Theil grösser, dann das Waitz-Korn- oder Gersten Schäffel ist: Die Prüfung oder Aichung eines solchen Schäffel kann geschehen, durch die kubische Berechnung und Ausmessung, oder auch durch die baierische Getränk-Maaß. Da das Waitz-Korn- und Gersten Schäffel $208\frac{1}{3}$. derley Maaße und also 8. Schuhe, 965. Zoll, 500. kubische decimal Linien; das Haaber Schäffel aber $243\frac{1}{4}$. Maaß; folglich 10459750. kubische Decimal-Linien haltet: Woraus sich ergiebet, daß ein Münchner-Metzen $34\frac{3}{4}$. Maaß, oder 1494250. kubische Decimal-Linien; ein Viertel $17\frac{3}{8}$ Maaß oder 747125. kubische Decimal-Linien, ein Mässel aber $4\frac{1}{3}\frac{1}{4}$. Maaß, oder 186781. Linien, 250. kubische Decimal-Scrupeln, und ein Dreysiger endlichen $1\frac{1}{1}\frac{1}{2}\frac{1}{8}$ Maaß, also $46695312\frac{1}{2}$. kubische Decimal-Scrupeln halten müsse.

Im übrigen hat noch manches Amt, Stadt, und Markt besondere alte Maaße, wornach die Getreidegülten annoch erhoben werden: Es wird daher nicht unnütz seyn einige dieser alten Mässereyen anzuführen.

Die

Abbach, ein Schaaf in Waitz, Korn oder Gersten hat 28. Metzen; ein Schaf Haber aber 44. Metzen, und betraget diese alte Mäßerey an dem Münchner-Schrannen Maaß, und zwar ein Waitz-Korn-oder Gersten Schaf $2\frac{1}{11}$ Schäffel; ein Haber-Schaf hingegen $3\frac{1}{11}$ Schäffel eben an dem Münchnerischen Haber Schäffel.

Abensperg, ein Schaf Waitz, Korn und Gersten hat 32. Metzen, 1. deto altes Haber Schaf aber 32. Metzen, betraget aber ersteres $3\frac{1}{3}$, und letzteres $3\frac{3}{4}$ Schäffel Münchner Schrannen-Maaß.

Braunau, ein Schaf hat 9. Metzen, 1. Metzen Waitz und Korn 4. Viertel; 1 Metzen Gersten und Haber, aber 6. Viertel; betraget demnach dieses alte Braunauer Maaß an der Münchnerischen Schrannen-Mässerey, und zwar ein Schaf Waitz oder Korn $3\frac{9}{12}$ Scheffel, 1 Schaf Gersten oder Haber an Korn, Waitz, oder Gerstenmaaß 5 Scheffel, an Münchner Haber-Maaß aber $4\frac{2}{7}$ Scheffel.

Cammer, ein Car, in Waitz und Korn hält 16. Metzen, in Gersten 19, und in Haber 22. Metzen; ein Car Waitz oder Korn gabe an Münchner Maaß $1\frac{5}{27}$ Scheffel, 1 Car Gersten $1\frac{1}{8}$, und 1 Car Haber $1\frac{4}{48}$ Scheffel.

Dietfurt, ein Schaf Waitz, Korn, Gersten und Haber hat 16. Metzen; es betraget demnach ein Schaf Waitz, Korn oder Gersten an unseren dermaligen Münchner Maaß 3. Scheffel $2\frac{2}{3}$ Metzen.

Deckendorf, hat in Waitz, Korn, Gersten und Haber ein Schaf 24. gleiche Metzen, und giebet ein derley Schaf 15 Münchner Metzen oder $2\frac{1}{2}$ Scheffel.

Donauwerth, ein Scheffel Waitz, Korn, Gersten und Haber hat 8. Metzen, an Münchner Maaß giebet solches $1\frac{1}{17}$ Scheffel.

Ingolstadt, ein Schaf Waitz oder Korn hat 48, Gersten 52, und Haber 54 Metzen, und betraget dieses alte Schaf Waitz oder Korn an der Münchner Mässerey 2 Scheffel 4 Metzen 1 Viertel; ein Gersten Schaf aber 2 Scheffel 5 Metzen 1 Viertel 3 Mäßel; ein Haber Schaf hingegen, das ist eben auch an dem Münchner Habermaß, 2 Scheffel 4 Metzen 1 Viertel.

Kellheim, ein Schaf Waitz, Korn oder Gersten ward allda in 28, das Haber Schaf aber in 42 Metzen getheilet, und giebt ein solch Waitz, Korn oder Gersten Schaf an dem Münchner Maaß $3\frac{1}{12}$ Scheffel; das Haber Schaf aber 3 Scheffel $6\frac{2}{37}$ Metzen.

Landau, allda hat ein Schaf Waitz und Korn 24, ein Schaf Gersten und Haber aber 32 Metzen, und thut demnach ein Landauer Schaf Waitz, oder Korn $2\frac{1}{2}$ Münchner Scheffel; ein Schaf Gersten $3\frac{1}{3}$ Scheffel, und 1 Schaf Haber 2 Scheffel 6 Metzen.

Landshut, dießorts wurde das alte Schaf sowohl an Waitz, Korn, Gersten, als Haber in 20 Metzen getheilet; der Haber Metzen aber war grösser dann die anderen Frucht Metzen; betraget, demnach ein derley Schaf Waitz, Korn oder Gersten zu München 2 Scheffel 4 Metzen 2 Mäßel, das Haber Schaf hingegen $3\frac{1}{2}$ Scheffel.

Mainburg, ein Schaf Waitz oder Korn hat 24, an Gersten 25, und an Haber 36 Metzen; es begreift aber ein derley Schaf Waitz oder Korn an dem Münchner Maaß 2 Scheffel 4 Metzen 1 Viertel, das Gersten Schaf 2 Scheffel 4 Metzen $1\frac{1}{8}$ Viertel, und das Haber Schaf 4 Scheffel $1\frac{1}{2}$ Viertel.

Neustadt, ein Schaf Waitz, Korn, Gersten, und Haber hat im alten Maaß 32 Metzen, jedoch mit diesem Unterschied, daß der Habermetzen in der Größe von dem anderen Fruchtmetzen unterschieden ist; und thut daher ein solch Schaf Waitz, Korn, oder Gersten 3 Scheffel $\frac{14}{17}$ Metzen; dieses alte Haberschaf aber 24 Münchnermetzen oder 3 Scheffel 3 Metzen Haber.

Pfaffenhofen, ein Scheffel Waitz, Korn, Gersten und Haber hat 13 Strich, 4 Vierling, an dem Münchnermaaß betragete demnach ein Pfaffenhofer Scheffel Waitz, Korn oder Gersten $6\frac{6}{23}$ Metzen; das Haberscheffel aber ist gleich, fehlt gar ein geringes.

Rhain,

Rhain, ein Schaf Waitz oder Korn hat 19, Gersten 20, und das Haberschaf 22 Metzen; begreift demnach ein derley Schaf Waitz oder Korn zu München 2 Scheffel $2\frac{1}{4}$ Metzen, das Gerstenschaf 2 Scheffel 3 Metzen, und das Haberschaf 2 Scheffel $2\frac{1}{2}$ Metzen eben auch Münchner-Habermaaß.

Straubing, diesorts hielte das alte Fruchtmaaß, und zwar ein Schaf Waitz oder Korn 20 Vierling, oder 20 Metzen, ein Schaf Gersten 22, und ein Schaf Haber 24 Metzen; es betragt aber ein derley Schaf Waitz oder Korn zu München 2 Scheffel, 2 Metzen, das Gerstenschaf 2 Scheffel $3\frac{2}{3}$ Metzen, und das Haberschaf eben auch an dem Münchner Habermaaß 2 Scheffel $2\frac{2}{3}$ Metzen.

Vilshofen, allda hat ein Schaf Waitz, Korn oder Gersten 30 Metzen, und giebet dieses Schaf zu München $2\frac{1}{2}$ Scheffel; das Haberschaf aber begreift 24 gegupfte Landauermetzen, 8 derley Landauer geben 12 Vilshofer Metzeln; mithin betraget ein Vilshofer Schaf Haber an dem Münchner Habermaaß 2 Scheffel 4 Metzen.

Da aber kein unbeständigeres Maaß, als das Fruchtmaaß, in specie in Deutschland, gefunden wird; als werden auch diesorts die Eintheilungen der Fruchtmaaße von auswärtigen Oertern und Ländern angemerket:

Fruchtmaaß in fremden Provinzen.

Amsterdam und Holland, das Getreide wird diesorts nach Scheppel gemessen; es wird aber ein Scheppel in 4 Vierdevat, 1 Vierdevat in 8 Koppen getheilet; 4 Scheppel machen eine Mudde, und 27 Mudde, 36 Sack, 108 Scheppel, oder $21\frac{3}{4}$ Tonnen werden auf eine Last gerechnet.

Augspurg, ein Scheffel hält 8 Metzen.

Basel, das Fruchtmaaß wird daselbst Mudde oder Scheffel genennet, und geben 8 Mudde einen Sack.

Barcelona, wird nach Quartera gemessen, und wird ein Quartera in 12 Cortas getheilet; auf ein Carga werden $2\frac{1}{2}$, und auf ein Salma 4 Quartera gerechnet.

Bern, 1 Mütt hält 12 Maaß, 48 Immi, 96 Achterli, 192 Sechzehnerli.

Bergamo, das Getreidmaaß heißet Soma, ein Soma aber hält 8 Satari.

Bologna, 1 Corba wird getheilet in 2 Stari oder 8 Quarteroni, item in 32 Quartiecini.

Braunschweig, 1 Last hält 100 Himten, ein Wispel 40 Himten, 1 Scheffel 10 Himten, ein Malter 6 Himten, und eine Himte 4 Löcher oder Spint; ferners wird auch ein Scheffel, und zwar im Waitzen und Rocken in 2 Faß, in Gersten und Habern aber in 3 Faß getheilet.

Bremen, dieß Orts wird gemessen nach Viertel, und wird das Viertel getheilet in 4 Spint; 4 Viertel geben ferners 1 Scheffel; 10 Scheffel aber 1 Quart; 4 Quart oder 40 Scheffel hingegen eine Last.

Breslau, 1 Malter giebt 12 Scheffel; 1 Scheffel 4 Viertel; 1 Viertel 4 Metzen; 1 Metzen 4 Mäßel.

Cassel, daselbst misset man das Getreide nach Metzen.

Coburg, und in der Gegend von Franken wird ein Malter getheilet in 2 Simmer, 1 Simmer in 4 Viertel, 1 Viertel in 2 Achtel, 1 Achtel in 4 Metzen.

Constantinopel, das Fruchtmaaß heißet Fortin, und wird 1 Fortin getheilet in 4 Quillots, 1 Quillot wieget 22 Okas.

Corsica, 1 Stajo giebt 2 Mezzini, 1 Mezzini 6 Bacini, 4 Bacini geben zu Genua 1 Mine.

Dännemark, das Fruchtmaaß Toende oder Tonne ist 4 Quartier hoch, und hat von oben $3\frac{1}{2}$, von untenher aber 3 Quartier in der Weite, man theilet solche Tonne in 8 Stiappe oder Scheffel, und diese ferners in halbe und viertel, 12 Tonnen oder 96 Scheffel, oder 384 Viertel thun eine Last.

Dresden, 1 Scheffel hat 16 Metzen, 1 Metze 4 Mäßgen, 1 Mäßgen 64 Theile.

Eichstätt, daselbst wird gemessen nach Muth, und Metzen.

Elsaß,

Elsaß, daselbsten misset man nach Regel, ein fast an jedem Orte abwechslendes Maaß, welches im Waitzen an einigen Orten 158 bis 160, an andern Orten aber 170 bis 184 ℔. wieget.

Eisenach, 1 Scheffel hält 4 Viertel, oder 16 Maaß.

Emden, das Getreidmaaß wird dies Orts Toñe genañt, und hält 1 Toñe 4 Verps 1 Verps 2 Scheffel, ein Scheffel hingegen wird in 18 Kruers getheilet, 15 Tonnen geben eine Last.

Engeland, 1 Last hält 2 Weys, 10 Quarters, 20 Carnok, 40 Strickes, 80 Buschel oder Himte, 320 Peks oder Metzen, 640 Gallons, 1280 Pottles, 2560 Quarts, 5120 Nößel, Pints, 174240 Londner Zoll.

Ferrara, 1 Moggio hält 20 Staja.

Florenz, 1 Moggio dies Orts wird getheilet in 8 Sacci, oder 24 Staja.

Frankreich, 1 Muid wird abgetheilet in 12 Septier oder Malter, in 24 Mines, in 48 Minots oder Himmten, in 144 Boisseau oder Metze, in 576 Quarts, in 2304 Litrons, in 36864 Mesurettes, in 93830$\frac{1}{16}$ Pariser Poucet.

Freysing, ist dem Münchner Fruchtmaaß ähnlich.

Gent, und Löwen so andern Gegenden von Niederlanden heisset das Getreidemaaß Halster oder Haster, und geben 8 Halster eine Mudde, 27 Mudde aber eine Last.

Genua, 1 Mina hält 8 Quarte, 1 Quart aber 12 Gombette.

Gotha, 1 Malter giebt 2 Scheffel oder 4 Viertel; 1 Scheffel 2 Viertel, 1 Viertel 4 Metzen, 1 Metze 4 Mäßlein.

Griechen, 1 Metretes hält 12 Choas; 600 Choas aber rechnet man auf eine Amsterdamer Last.

Hamburg, 1 Last wird getheilet in 3 Wispel, oder 30 Scheffel, 60 Faß, 120 Himten, 480 Spint oder 1920 gr. Maaß.

Holstein, daselbsten giebt es zweyerley Fruchtmaaße, als Königsmaaß, und Junkermaaß: zu Königsmaaß und zwar im Waitz, Rocken, Bohnen, Erbsen, und Rapsaat hält eine Last 3 Wispel, 1 Wispel 9 Tonnen, 1 Tonne 4 Himten, 1 Himte 4 Spint, 1 Spint 4 Kannen; im Gersten eine Last 2 Wispel, 27 Tonnen, 108 Himten; im Habern aber eine Last 24 Tonnen, 96 Himten, 384 Spint; An dem adelichen oder Junkermaaß hingegen hält eine Last 3 Wispel, 1 Wispel 8 Tonnen, 1 Tonne 4 Himten, 1 Himte 4 Spint; der Unterschied dieser beyden Maaße ist, daß 8 Tonnen Junkermaaß 8½ Tonne Königsmaaß geben.

Livorno, daselbst werden die Fruchtmaaße Rubbi, Ruggi, Sacci, und Stara oder Staja genannt, man rechnet auch nach Moggio, jeden zu 7½ Sacca, oder 22½ Staja, oder 2880 Busoli.

Losanne und Orben, hat man Maaß oder Scheffel, Quateron oder Boisseau; es hält aber um $\frac{1}{17}$ weniger als die Berner Maaß.

Lucca, siehe oben Livorno, 119 Stara aber zu Lucca geben eine Amsterdamer Last.

Madagascar, dies Orts wird der Reiß mit Voule gemessen, welches Maaß ohngefehr 14 Loth 1$\frac{7}{18}$ Achtzehntel baierischen Gewichts fasset; 12 Voules betragen eine Troubahonache oder Monta, 100 Voules geben ein Zaton, welches ein Wort ist, so 100 anzeiget.

Minorca, 1 Mut hat 6 Bersella, 36 Muts betragen eine Quartera.

Neuburg, 1 Schaf Waitz oder Korn hat 25, Gersten 27: und Haber 20 Metzen.

Nürnberg, 1 Simmer an Waitz, Korn, Erbsen, Linsen, Haidl und Wicken wird getheilet in 4 Viertl; 1 Simmer Dinkel, Gersten und Haber aber in 32 Metzen: 1 Viertel Waitz oder Korn rc. hat 4 Metzen.

Osnabrück, 1 Himte hält 4 Metzen.

Oesterreich, 1 Mut 30 Metzen, 1 Metzen 4 Viertel, 1 Viertel 2 Achtel, 1 Achtel 2 Mäßel.

Passau, 1 Schaf wird getheilet in 24 Maaß.

Picardie, und besonders zu Amiens, misset man nach Piquets, deren 4 ein dasiges Septier von 50 tt. schwer machen, ein Piquet hält also $12\frac{1}{2}$ tt, und auf ein Pariser Septier gehen $19\frac{1}{5}$ Piquets, oder $4\frac{4}{5}$ Septiers von Amiens.

Pohlen, klein Pohlen und Rothreussen wird eine Kloda oder Maca in 4 Scheffel oder Quarten getheilet, und schätzet man eine solche Maca zu 32 Römische Urnas, deren man sich in Istrien bedienet.

Portugal, 1 Möda oder Mud Korn und Salz hat 60 Alquieres, 4 Möda oder 240 Alqueres thun eine Amsterdamer Last, in Setubal wird die Möda noch fernes in 15 Fanequas getheilet.

Prag, dies Orts misset man nach Strich, und hat ein Strich 4 Viertel, oder 192 Seidel.

Regensburg, 1 Schaf Waitz, Korn und Gersten hat 4 Meß, 1 Meß 4 Vierling, 1 Vierling 2 Metzen, also das Kornschaf 32 Metzen; das Haberschaf aber wird zwar auch in 4 Meß, 1 Meß aber in 14 Metzen, also 1 Haberschaf in 56 Metzen getheilet.

Rom, 1 Rubbio giebt 4 Quarte, 12 Staja, oder 16 Starelli, und soll 1 Rubbio Waitz 592 baierische Pfunde wiegen.

Rotterdam, 1 Hód hält 18 Razieres, 1 Raziere 2 Schreppel.

Rußland, 1 Czetwer, Tzetwer, oder Kuhl wird getheilet in 2 Osmini, 1 Osmini in 2 Pajak, 1 Pajak in 2 Czetwerik, 1 Czetwerik in 8 Garnitzen.

Sardinien, 1 Resiere hat 3 Starelli, 1 Starelli 16 Imbuti.

Schlesien, 1 Malter wird getheilet in 8 Achtel, 1 Achtel in 2 Maaß, 1 Maaß in 2 Metzen, 1 Metzen in 2 Mäßgen.

Schwaben, 1 Simmer 2 Malter, 1 Malter 8 Metzen, bey rauhen Getreide aber nimt man das doppelte. 1 Metzen hat ferners 4 Diethausen, 1 Diethausen 2 Diethäuslein, 1 Diethäuslein in 2 Maaß. Man hat auch Schaf, jeden zu 8 Metzen, 1 Metze 4 Vierling, 1 Vierling 4 Viertelein.

Schweden, 1 Tonne 2 Spann, 1 Spann 2 halbe Spann, 1 halb Spann 2 Viertel, 1 Viertel 4 Kappen, 1 Kappen $1\frac{3}{4}$ Kannen, 1 Kanne 2 Stoop, 1 Stoop 4 Quarter, 1 Quarter 4 Ort: 1 Tonne hält $5\frac{1}{4}$ Kubikfuß, 1 Kanne aber 100 Schwedische Kubikzoll.

Siam, 1 Cohi hat 40 Sestes, 1 Sestes 40 Sats.

Sicilien und Palermo, man hat dieser Orten doppelte Salma, als Salma grossa, und Salma generale: die Salma grossa hält $1\frac{1}{5}$ von der Salma generale, und werden nach dieser die Hülsenfrüchten verkauft; Es hat aber diese Salma grossa 16 Tomoli, 1 Tomoli 4 Quarti: die Salma generale aber hat $11\frac{3}{4}$ Staja, 17 Tomoli, 68 Mondili.

Smirna, 1 Fortin wird getheilet in 4 Quillots.

Spanien, 1 Fanegas hält 12 Almudes, 1 Almude 4 Quartillos; 12 Fanegas geben 1 Cahiz oder eine Last.

Triest, 1 Staro hat 3 Polloniki oder Polinicchi.

Tripoli, 1 Caffiso wird dies Orts getheilet in 18 Weabs zu 12. Saws.

Turin, 1 Sacco hat 3 Staja, 1 Staja 2 Mine, 1 Mine 8 Copelli.

Tyrol, 1 Muth 30 Stär.

Ulm, 1 Imi wird getheilet in 4 Mitlen, 1 Mitle in 6 Mezl.

Ungarn, 1 Mut 30 Metzen.

Valencia, 1 Caysise hält $10\frac{1}{2}$ grosse Arrobas.

Venedig, 1 Star oder Staja hat 4 Quarti.

Verona, dies Orts heist das Getreidmaaß Minelli, 100 Minelli aber geben $45\frac{1}{2}$ Venetianische Staja.

Wien, 1 Mut 30 Metzen ohne Unterschied der Frucht.

Wittenberg, 1 Scheffel hat 8 Simri, 1 Simri 4 Vierling, 1 Vierling 2 Achtelein, sowol in Waitz, Korn, Gersten, und Haber.

Zante,

Zante, der Orten wird derley Mach Bazzilio genennet.

(Die Forsetzung folgt.)

Artic. VII.

Landwirthschafts-Sachen.

Beschluß der in Nro. XXIV. pag. 306. abgebrochenen Abhandlung von der Hornviehseuche.

So ist aber wohl zubetrachten, daß von der Ansteckung, die von aussen durch Communication der schädlichen Ausdünstung geschieht, und von demjenigen Schaden, welcher durch Geniessung des würklich corrumpirt, und zur Fäulniß geneigten Fleisches erfolget.

Es hat auch die wiederholte Erfahrung gelehret, daß viele, die von dergleichen Fleisch genossen haben, mit einem L. v. Durchfall, und hitzigen Fieber befallen worden sind, nach Zeugniß des Lancisius, da er in Wälschland von der Anno 1711 biß 1713. grassirenden Viehseuche seine gründliche Anmerkungen aufzeichnete.

So melden auch die Breslauischen Sammlungen Anno 1723. fol. 633. daß zu Mietau in Kurland unter den Menschen eine allgemeine Seuche daher entstanden sey, weil hin und wieder unter den Bauern das angesteckte Rindvieh geschlachtet, und das Fleisch genossen wurde.

Es ist also von der Obrigkeit das Schlachten des angesteckten Rindviehes auf das schärfste zu verbieten, und nur soviel endlich zu erlauben, das Vieh alsogleich zu schlagen, wenn solches nur ein wenig aufzustossen anfängt, und das Futter nicht so begierig, wie ansonst fressen will, dieses Fleisch dann könnte annoch zum Gebrauch kommen.

Achte Abtheilung.

Es giebt auch noch eine Vieh-Krankheit, die zwar viel seltner, dessen Eigenschaft auch in keinem Schriftsteller, so viel mir wissentlich aufgezeichnet zu finden ist (ausser dem Columella de re rusticana, welcher Schriftsteller von dem Kaiserl. ersten Leib-Arzt Herrn Baron van Swieten in dessen zweyten Tomo fol. 762. angezeiget wird.) von mir aber Anno 1742. in dem Hochstift und Fürstenthum Passau bemerket worden.

Dieses sehr gefährliche und schädliche Uebel bestehet in diesem:

Wenn der Ochs stark, bevorab zu später Herbstzeit mit der Arbeit sehr angegriffen wird, (so bey damaligen Kriegsläufen mit der Vorspann nur gar zu oft, und viel erfolget ist) und alsdann, da er noch abgemattet, schwitzet, bey nassen Wetter sich erkältet; so klebet die Haut dermassen fest an dessen Rücken, daß selbe von den Rippen mit den Händen nicht kann abgelöset werden.

Wenn dann nicht zeitliche Hülfe geschaft wird, so pfleget der Ochs nach und nach auszuzehren und zu fallen.

Diesem seltsamen Uebel nun abzuhelfen ist nöthig, daß man etliche Handvoll Lorbeer zuvor ein wenig zerquetschet mit genugsamen Wasser eine halbe Stund lang kochet, dann mit dem abgeseigten warmen Wasser, worinn ein grosser Schwamm, oder auch Tücher einzunetzen, den ganzen Rücken damit eine halbe Stund lang bähe, alsdann aber gleich mit einer Mischung von zween Theilen Lein-Oel, und einem Theil weissen Wein warm, bevorab an der Sonne wohl reibe, und nochmalen suche die Haut mit beyden Händen zu ergreifen, und ledig zu machen.

Durch diese Handlung, so etwelche Tage lang zweymal des Tags soll wiederholet werden, ist diesem schädlichen Uebel bald abgeholfen worden. Wo anfänglich viele Ochsen zum grossen Schaden umgefallen sind.

Dieses ist nun alles, was ich sowohl aus den besten Vieh-Ordnungen entlehnet habe, auch von eigener langwierigen Erfahrung belehret worden bin, und jetzt dem Landmann zum Nutzen habe aufzeichnen wollen.

Der Allmächtige segne meinen guten Willen, und bewahre unser gesegnetes Vaterland vor dergleichen schädlichen Uebeln.

München den 22. Jänner 1770.

Johann Caspar Ruef, Churfürstl. wirkl. Rath und Leibmedicus.

Artic. VIII.

Von gelehrten Sachen.

a) Ankündigung eines neuen Werks zum Dienst der Handlung. Daß es bey dem Waaren-Handel auf eine genaue und richtige Berechnung gar sehr ankommet, wird niemand, der nur die geringste Kenntniß von diesem Handel hat, in Zweifel ziehen. Wenn ein Kaufmann nur deswegen eine und andere Waare von einem Orte ziehet, weil er höret, daß andre dergleichen von daher unterwegs haben, ohne daß er weis, was dort der Preis und was die Unkosten betragen, so wird er gar oft anstatt eines verhoften Gewinnes sich einem ansehnlichen Verlust ausgesetzt sehen. Und wie manche Conjunctur geht ihm nicht verlohren, wenn er bey einem Vorschlage, der ihm von einem auswärtigen Correspondenten gethan wird, entweder eine Waare zu bestellen, oder dahin zu versenden, erst eine Conto finto kommen lassen muß. Vernünftige Handelsleute sehen dieses hinlänglich ein, und gewöhnen daher ihre Lehrlinge und Bediente postäglich, die Preise der Waaren an fremden Oertern aus den erhaltenen Briefen zu calculiren, und genau zu berechnen. So viel also an einer richtigen Berechnung gelegen ist, so gros hoffet man wird der Dienst seyn, den man der Kaufmannschaft überhaupt, und insonderheit jungen Leuten, die sich der Handlung widmen, dadurch erweiset, wenn man ihnen eine Sammlung von Waaren-Calculationen in die Hände giebt, von deren Richtigkeit man überzeugt ist; und dazu hat sich ein Freund der Handlung entschlossen. Der Herausgeber verhoffet, man werde dieses Unternehmen nicht so auslegen, als ob er Geheimnisse der Handlung bekannt machen wolle, die einige Kaufleute, selbst für diejenigen gern geheim halten möchten, die bey ihnen die Handlung erlernen: sondern der patriotisch denkende Handelsmann werde die Sache von der besten Seite ansehen; zumal man in Amsterdam an dem Herausgeber der beliebten und mit dem größten Beyfall aufgenommenen Schrift de Koopman, davon ein Theil bereits im Deutschen übersetzet worden, bereits einen Vorgänger hat, indem derselbe viele Calculationes beybringet. Auch sind die Hamburgischen Calculations-Tafeln des Herrn J. C. Kruse mit Beyfall aufgenommen worden, und behaupten einen Ruhm, den man ihnen nicht im geringsten abzusprechen sucht, ob man gleich der Meynung ist, daß wenn man Ursache hat, eine ganz genaue Berechnung zu machen, und es z. Ex. so wie beym Fallen der Waare, schon auf ½ p. C. ankommt, sich hie und da eine Abweichung finden möchte; ob sie gleich dem ohnerachtet sehr bequem und brauchbar bleiben.

Man hat also, wie gesagt, die Absicht eine Sammlung Hamburgischer Waarenberechnungen heraus zugeben, welche sämmtlich von würklichen Factis hergenommen, und daher vollkommen richtig sind. Da man aber nicht voraus sehen kann, wie viel Liebhaber sich zu diesem Werke finden möchten, und wie stark man die Auflage zu machen hätte, auch der Druck mit vielen Kosten verbunden ist, so hat man den so gewöhnlichen Weg der Pränumeration erwählet, und solche auf dem Hamburgisch. Kayserlich privilegirten Addreß-Comtoir eröffnet, wo man von heute an bis zu Ende des Jahres auf die erste Sammlung mit 3 Mk. Cour. pränumeriren kann; wofür man längstens auf Ostern und vielleicht noch eher, nachdem sich hinlänglich Pränumeranten finden, ein Exemplar auf fein Schreibpapier in groß Octav abgedruckt erhält, und zugleich für den 2ten auf Johannis zu liefernden Theil wiederum 3 Mk. Vorschuß zahlet.

Da man Hofnung hat, verschiedene wichtige Beyträge zu diesem Werke zu erhalten, so kann man nicht genau bestimmen, aus wie viel Theilen das ganze bestehen werde. Ein jeder aber wird leicht einsehen, daß es um desto vollständiger werden muß, je stärker es wird.

Wer auf 12. Exempl. pränumerirt, erhält das 13. umsonst.

Sollten sich Handlungs-Freunde finden, die dem Werke durch brauchbare Beyträge eine mehrere Vollkommenheit zu geben belieben wollen, als welches man mit Dank aufnehmen wird, so ersuchet man sie, solche versie gelt im Addreß-Comtoir abzugeben, und an den Herausgeber des Hamburgischen Waarenberechnungs-Buchs zu adreßiren.

Ausser den Pränumeranten werden nur wenig Exemplare auf Druckpapier abgedruckt, und solche nachher nicht unter 4 Mk. verkauft werden.

Die Namen der Herren Pränumeranten werden, wie gewöhnlich, vorgedruckt. *

* Das Intelligenz-Comtoir in München nimmt die Pränumeration, wer von diesem nützlichen Buche ein- oder mehr Exemplarien verlangt, auf beyde Theile mit 6. Mark an, welche nach dem 24. fl. Fuß betragen, inclus. des Porto 4 fl. 48. kr. Dagegen beyde Theile bis Jacobi oder Ende July 1772. allda erheben zu können angehoft wird.

b) Bey Franz Karl Mauz im Wasserburgerlädel allhier ist zu haben: Die bey der Wahl der Aerzte herrschenden Vorurtheile, in gebundener Schreibart von Georg Neuhofer, der A. G. Doctorn. Augsburg 8vo *

* Man weis es schon, wie sehr mächtig der Leichtsinn des gemeinen, und jenes noch um einen oder zween Grade höher stehenden Pöbels ist, worunter so viele ihr Leben und Gesundheit den tollkühnen Versuchen der Titularärzte anvertrauen. — Hier wird eine hübsche Schilderung angebracht. Man muß aber den Author recht verstehen: Er meynet nicht die Aerzte, die durch Empfehlung des schönen und witzigen Geschlechts ein Physicat erlangen; nein! Er meynet den kranken Pöbel, der sich lieber einem Pfuscher und Arzneykrämer, als einem gelehrten und versuchten Manne anvertrauet. Wir wollen etliche Strophen hieher setzen:

„ Verblendte Sterbliche! ihr irret hundertmal.
„ Und doch niemal so sehr, als bey der Aerzte Wahl ....
„ Das hirnlose Volk, der Menschen größte Zahl,
„ Ein lustiger Hannswurst, ein Horn, das niedlich klinget,
„ Macht, da ich dieses schreib, daß es zum Stand sich dringet,
„ Auf den mit einer nie erhörten Dreistigkeit,
„ Ein Bergmann voller Gold, aus vollem Halse schreyt:
„ ... Ich fand, ihr Herren schaut!
„ O mächtige Natur! dieß wundervolle Kraut. ...
„ Für diesem hütet euch, denn sonst wird euer Leben,
„ Wenn ihr im Ernst erkrankt, der Dummheit preis gegeben. —
„ Ein theoretischer gelehrter Medicus,
„ Ist, wie ein jeder weis, ein schlechter Practicus.
„ Ob ihm die Frauen gut, das ficht uns wenig an —
„ Erfahrung nur allein, Erfahrung macht den Mann ꝛc.

Was er weiter sagt? — Ey, kauft euch nur das Pflaster selber. — —

Artic. IX.

Vermischte Nachrichten.

a) Vilshofen den 29. November. Unlängst ist zweenen benachbarten Bauern in der Gegend Osterhofen, jedem sein bestes Pferd entwendet worden. Der Thäter ein in Vilshofen gewesener Lehnkutscherknecht, welcher schon einmal wegen eines diebischen Verbrechens corrigiert worden, ist mit beyden Pferden hierdurch, und wie man glaubet, ausser Landes geritten, um selbe unter die Stuckpferde zuverkaufen. Und da er schwerlich hievon abgemauthet haben wird, so hätte dieser Passagier eine gute Prise für das Freybataillon, oder für jene Consumwächter abgegeben, welche da postiert stehen, wo dieser allenfalls über die Gränzen hinaus ist.

b) Die allenthalben in Wien eingehenden Nachrichten, wohin nur Sr. Majestät des Kaisers Reise getroffen, können GOtt nicht sattsam danken, daß er einen solchen Mo-

 nar-

narchen gesetzet, der mit vieler Bemühung in Beywohnung der Rathsversammlungen, Audienz geben, und Anordnung der heilsamsten Hilfsmittel zur Erhaltung der Bedrängten Unterthanen, so landesväterlich sorget. Zu Prag thut sich eine Versammlung des hohen Adels hervor, die für die Versorgung der Armen sich beeifern wird, womit Se. Durchl. der Fürst von Fürstenberg, als Gouverneur in dem Königreiche Böhmen, den Anfang gemacht.

* * — * * * —

2) Rom den 9. Wintermonaths. Künftigen Montag wird das grosse Consistorium gehalten werden, und ganz Rom wünschet die Offenbarung der bisher geheim gehaltenen Namen der zur Cardinalswürde bestimmten Personen zu erfahren. Se. Päbstl. Heiligkeit haben Dero Geburtsfest vom 31ten October, da Hochdieselbe das 67ste Jahr angetretten, zu feyern, folgende Gnadenbezeugungen ertheilet: Erstlich haben Sie den Marchese Androvilla aus seinem Exilio zurück berufen, und in seinen vorigen Stand und Verrichtungen eingesetzt, und zweytens alle diejenigen, welche wegen Glücksspielen auf die Galeeren verurtheilt waren, derselben entlassen.

Artic. X.

Etwas zum guten Geschmack.

Beschluß des in N. XXVII. abgebrochenen Traums.

Mit diesen Gedanken verließ sie die Stadt, als sie ihre jüngste Schwester, welche das Geld getragen hatte, vor dem Thore in einer Ohnmacht liegend fand. Sie rief ihr zu: Liebste Schwester! was machst du? wie jammert es mich, dich in einem so elenden Zustande anzutreffen. — Endlich erholte sich die fast sterbende Muse, und rief mit einem tiefen Seufzer: Ach! wie glücklich bin ich, daß ich dich wieder sehe, du giebst mir mein Leben wieder, das ich verloren zu haben schien. Nimmermehr hätte ich es geglaubt, daß die Menschen so rasend, und so hungerig nach meiner Waare wären. Komm, laß uns diese Ungeheur fliehen, und sey mich in Sicherheit; denn ich besorge alle Augenblicke wieder von ihnen überfallen zu werden. — Und was haben sie dir denn gethan? fragte ihre Schwester. — Stelle dir tausend Wölfe vor, antwortete sie, welche acht Tage gehungert hätten, und unter welche ein Mensch käme, der ein Lamm auf den Rücken trüge, so hast du ein Bild davon, was mir mit meinem Geldkasten wiederfahren ist. Denn so bald ich in das Thor trat, und sagte, daß ich Geld trüge, welches ich denen geben wollte, die daran einen Mangel hätten: so kam eine ganze Fluth Menschen über mich her. Die in den Häusern waren, sprangen zu den Fenstern heraus, sie rissen mich mit meinem Geldkasten auf die Erde, und in dem Augenblick schmissen sie ihn auch entzwey. Die Lotteristen waren die Unbändigsten dabey: denn da sie unter dem frommen Vorwand, das Geld unter das Volk aufs gewissenhafteste auszutheilen, sehr viel bethörten, auch von dem Enthusiasmus uneinsichtiger Leute zu profitiren gelernet hatten; so rissen sie auch alles zu sich, und was sie mit den Händen nicht fassen konnten, darnach schnappten sie mit dem Maule. Nun da sie nichts mehr in den Kasten fanden, so rissen sie mir die Kleider vom Leibe, und durchsuchten selbe, um zu wissen, ob ich nicht etwa Geld in der Tasche hätte. Wie sie auch hier nichts fanden, so verliessen sie mich zwar; allein, weil diejenigen, welche nichts bekommen hatten, den andern das Geld mit Gewalt wegnehmen wollten; so geriethen sie sich einander dergestalt in die Haare, daß ich glaube, es ist keiner mit einem ganzen Kopfe davon gekommen, und je mehr einer Geld bekommen hatte; desto ärger ward er zugerichtet.

Nachdem diese Nachrichten den Göttern hinterbracht worden, und sie sahen, wie begierig die Menschen nach Ergötzlichkeiten, Ehre, und Reichthum wären; so beschlossen sie, diese drey Stücke künftig nur denen zu geben, welche Verstand, Tugend und Rechtschaffenheit besässen. Ob dieser Ausspruch hernach erfüllet worden, oder ob es damit ins Stecken gerathen: kann ich weiter nicht sagen. — —

Pro Nota. Dieses gegenwärtigen und nachfolgenden Artikels halber wird hiemit angemerkt, daß die hierinn ausgesetzten Venalienpreise keineswegs als obrigkeitliche Sätze und Taxen der Herrschaften angesehen werden müssen; indem die Käufe und Verkäufe nur, wie sie sich an den Markttagen von selbst anbegeben, zusammengetragen und bekannt gemacht werden. (371)

Preise von allerley Victualien und Getreide, wie sie in nachstehenden Tagen waren.

Namen der Städt u. Märkt.	Holz	Ochsenfleisch		Rindfleisch		Kalbfleisch		Schaffleisch		1 Z. Heu	Weißes Bier		Braunes Bier		Unschlitt	1 kr. Semmel wiegt		ein Laib gut Roggen-Brod kost	ein Laib gut Roggen-Brod wiegt			Mittlere Getreid-Preis: Weiz Schäf.		Korn Schäf.		Gerst Schäf.		Hab. Schäf.	
	T.	kr	pf	kr	pf	kr	pf	kr	pf	fl.	kr	pf	kr	pf	kr	lo	qu	kr.	lb.	lo	qu	fl.	kr	fl.	kr	fl.	kr	fl.	kr
Abbach	12	7	—	—	—	—	—	6	—	15	5	—	3	2	22	3	3	6	1	11	—	24	—	26	—	20	—	9	—
Aichach	18	7	2	6	2	—	—	—	—	15	5	2	3	3	22	3	3	8	1	24	—	24	35	21	30	16	30	7	15
Aibling	4	—	—	7	—	—	—	6		15	5	3	3	3	20	3	—	6	—	18	—	26		20		18		7	30
Abensberg	4	7	2	6	—	—	—	—	—	15	5	—	3	2	20	4	2	18	4	8	—	21	—	19	30	18	—	6	30
Braunau																													
Coburg	15	—	—	6	2	10	—	5	2	18	5	—	3	2	17	4	—	4	—	23	3	22	—	20	—	16	—	7	—
Cham	7	—	—	6	1	—	—	5	—	12	4	2	4	—	22	2	—	12	2	—	—	—	—	—	—	—	—	—	—
Craiburg	6	7	—	6	—	7	—	5	—	18	5	2	3	2	16	3	—	5	1	1	2	22	—	19	—	16	30	7	30
Dachau																													
Deggendorf	12	6	2	5	2	—	—	—	—	18	5	—	3	2	17	—	—	—	—	—	—	18	—	19	—	16	—	8	—
Dietfurth	10	7	2	6	2	7	—	6	—	12	4	2	3	2	25	5	—	6	1	16	—	22	—	22	—	16	—	7	30
Dingolfing																													
Dorfen																													
Erding	14	7	—	6	—	5	2	5	—	15	5	4	3	2	19	4	2	5	—	27	2	23	—	23	—	19	—	6	30
Freysing	28	7	2	7	—	7	—	6	—	12	3	—	4	2	22	3	2	12	2	22	—	24	—	25	—	21	—	7	15
Friedberg	17	7	2	6	2	—	—	—	—	12	4	—	3	3	24	3	2	4	—	27	—	24	45	22	15	18	30	7	30
Friedburg	3	6	—	5	2	5	2	4	2	30	4	3	4		16	4	—	5	2	—	—	20	—	18	—	15	—	6	—
Geisenfeld	6	8	—	7	—	—	—	—	—	15	5	—	3	2	20	4	2	—	—	—	—	22	—	24	—	20	—	7	—
Kellheim																													
Kötzting																													
Landau																													
Landsberg	19	7	3	7	—	8	—	6	—	15	5	2	3	3	20	3	2	4	—	21	—	22	—	23	30	20	—	7	30
Marquartstein																													
Mühldorf																													
Mainburg																													
Mosburg																													
Neuenötting																													
Neumarkt	8	—	—	6	—	—	—	5	—	18	5	2	3	2	16	5	—	3	—	19	3	22	—	20	—	15	—	5	30
Neustadt																													
Passau																													
Pfaffenhofen																													
Pfarrkirchen																													
Plätling																													
Reichenhall	18	6		5	2	5		5		15	5	2	4		20	3		36	8			24	36	22		17		10	30
Regenspurg																													
Rhain																													
Ried	5	6	—	5	2	5	3	—	—	18	5	2	4	2	19	4	—	12	3	—	—	20	—	19	—	14		8	
Rosenheim	7	7	2	6	—	6	2	—	—	15	5	2	3	3	18	3	—	4	—	18	—	25	30	20	—	16		[illegible]	
Rottenburg	2	7	2	6	2	10	—	6	—	15	5	—	3	2	18	5	2	4	1	8	—	22	—	22	—	17		[illegible]	
Schärding																													
Schongau	10	7	2	6		7				15	3				22	3		8	1	5	3	24	30	26		20	30	6	45
Schrobenhausen																													
Stadt am Hof																													
Tölz																													
Traunstein	11	6	—	5	2	6	—	4	2	12	4	3	3	3	19	3	3	4	—	30	3	26	—	21	—	—	—	8	24
Trosberg	7	—	—	5	2	6	—	4	2	19	5	1	3	3	16	—	—	—	—	—	—	23	—	20	—	1	—	7	
Vilshofen	6	4	1	1	—	6	2	5	—	18	4	2	3	3	20	4	1	5	1	16	—	21	—	19	—	15	—	5	
Wasserburg	13	7	—	6	—	5	2	—	—	15	5	—	4	—	16	3	—	8	1	20	—	26	—	21	30	16	—	7	45
Weilheim																													
Zwiesel	6	—	—	5	2	—	—	5	—	18	5	—	4	—	16	4	2	6	1	4	—	25	—	24	—	15	—	9	—

 Preise von allerley Venalien und Victualien, wie sie im Monath Nov. gestanden.

Venalien und Victualien.	Zahl Maß u. Gewicht.	München d. 23. Nov.			Landshut d. 17. Nov.			Straubing d. 16 Nov.			Burghaus. d. 19. Nov.			Ingolstadt d. 9. Nov.			Amberg d. 9. Nov.		
		fl.	kr.	d.	fl.	kr.	d.	fl.	kr.	d.	fl.	kr.	d.	fl.	kr.	d.	fl.	kr.	d.
Waizen mittler Preis.	1. Schäf.	24	15	—	24	—	—	20	—	—	24	—	—	25	—	—	—	—	—
Korn mittlere Preis.	1. Schäf.	24	—	—	21	—	—	20	30	—	20	—	—	24	40	—	—	—	—
Gersten mittlere Pr.	1. Schäf.	20	30	—	18	—	—	17	—	—	16	—	—	20	—	—	—	—	—
Haber. 7. Metzen.	1. Schäf.	8	—	—	7	30	—	7	45	—	7	30	—	8	—	—	—	—	—
Semmelmehl.	1. Metz.	3	32	—	3	12	—	—	—	—	4	12	—	3	30	—	5	20	—
Ordin. Waitzenmehl.	1. Metz.	3	20	—	2	40	—	—	—	—	4	—	—	3	30	—	4	19	—
Roggenanschlag.	1. Metz.	3	42	—	3	12	—	—	—	—	3	36	—	3	45	—	—	—	—
Ordin. Roggenmehl.	1. Metz.	2	40	—	2	56	—	—	—	—	3	—	—	3	20	—	4	—	—
Ochsenfleisch.	1. Pfund.	—	7	2	—	7	2	—	7	1	—	6	1	—	8	—	—	7	—
Rindfleisch.	1. Pfund.	—	7	—	—	6	2	—	—	—	—	5	3	—	7	—	—	7	—
Kalbfleisch.	1. Pfund.	—	7	—	—	10	—	—	—	—	—	6	—	—	10		—	8	—
Schaffleisch.	1. Pfund.	—	5	2	—	6	2	—	6	—	—	4	2	—	7	—	—	6	—
Schweinfleisch.	1. Pfund.	—	8	—	—	10	—	—	8	—	—	7	—	—	10	—	—	10	—
Gänse.	1. Stuck.	—	45	—	—	28	—	—	50	—	—	28	—	1	8	—	—	36	—
Enten.	1. Stuck.	—	30	—	—	20	—	—	30	—	—	20	—	—	26	—	—	24	—
Kapaun oder Koppen.	1. Stuck.	—	40	—	—	36	—	—	36	—	—	32	—	1	—	—	—	—	—
Hennen.	1. Stuck.	—	16	—	—	24	—	—	18	—	—	15	—	—	20	—	—	18	—
Junge Hünner.	1. Paar.	—	36	—	—	20	—	—	30	—	—	18	—	—	36	—	—	—	—
Hechten.	1. Pfund.	—	30	—	—	16	—	—	12	—	—	24	—	—	18	—	—	16	—
Karpfen.	1. Pfund.	—	16	—	—	16	—	—	12	—	—	15	—	—	13	—	—	8	—
Schmalz.	1. Pfund.	—	17	—	—	18	—	—	18	—	—	16	—	—	20		—	22	—
Butter.	1. Pfund.	—	18	—	—	19	—	—	20	—	—	15	—	—	22	—	—	20	—
Eyer.	30. St.	—	50	—	—	40	—	—	40	—	—	33	2	—	50	—	—	40	—
Weiß-Waitzenbier.	1. Maaß.	—	5	—	—	5	—	—	5	2	—	4	3	—	4	3	—	4	—
Braunbier.	1. Maaß.	—	4	1	—	4	—	—	3	3	—	3	3	—	3	3	—	4	2
Bierbrandwein.	1. Maaß.	—	15	—	—	14	—	—	24	—	—	16	—	—	30	—	—	24	—
Baumöl.	1. Pfund.	—	22	—	—	24	—	—	24	—	—	22	—	—	24	—	—	24	—
Leinöl.	1. Pfund.	—	14	—	—	20	—	—	22	—	—	14	—	—	20	—	—	16	—
Unschlitt ausgeschmolz.	1. Centn.	25	—	—	18	—	—	26	—	—	23	—	—	—	—	—	15	—	—
Unschlittkerzen.	1. Pfund.	—	16	—	—	18	—	—	15	—	—	15	—	—	17	—	—	13	—
Der. Baumwolltacht.	1. Pfund.	—	20	—	—	19	—	—	—	—	—	16	—	—	—	—	—	20	—
Seife.	1. Pfund.	—	14	—	—	16	—	—	14	—	—	14	—	—	16	—	—	18	—
Salz.	1. Metz.	1	36	—	1	32	—	1	30	—	1	2	—	1	30	—	2	—	—
Jede Kl. zu 36. sch. ins □ Schmel. 3½. sch. — Buchenholz.	1. Klaft.	5	30	—	5	30	—	7	—	—	4	15	—	4	25	—	4	30	—
Eichenholz.	1. Klaft.	5	—	—	—	—	—	—	—	—	—	—	—	—	—	—	—	—	—
Birkenholz.	1. Klaft.	4	30	—	5	—	—	6	—	—	—	—	—	—	—	—	—	—	—
Feichtenholz.	1. Klaft.	3	50	—	3	40	—	4	20	—	2	24	—	3	30	—	4	—	—
		kr.	lo.	qu.	kr.	lo.	qu.	kr.	lo.	qu.	kr.	lo.	qu.	kr.	lo.	qu.	kr.	lo.	qu.
Ein Kreutzer Semmelbrod wiegt.		—	3	1	—	5	2	—	4	—	—	3	2	—	4	—	—	4	2
Ein 4. Kreutzerleib. Weißrogg.		—	28	—	1	28	—	—	—	—	—	24	3	—	—	—	—	—	—
Ein 5. Kreutzerleib.		—	—	—	—	—	—	—	—	—	—	—	—	—	—	—	—	—	—

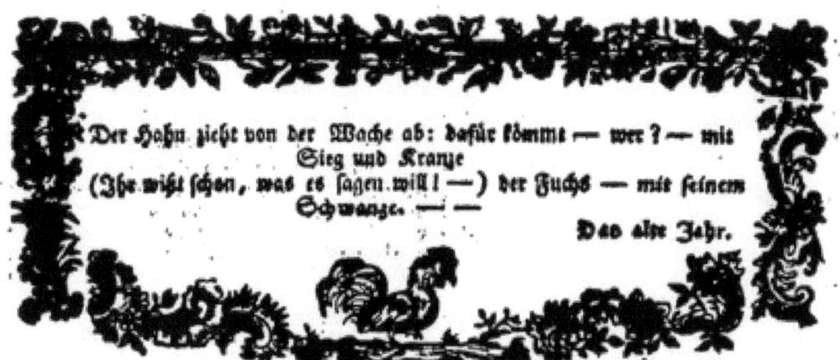

Der Hahn zieht von der Wache ab: dafür kömmt — wer? — mit Sieg und Kranze
(Ihr wißt schon, was es sagen will! —) der Fuchs — mit seinem Schwanze. — —
Das alte Jahr.

Churbaierisches Intelligenzblatt

Num. XXX.

München den 23. December 1771.

Artic. I.

a) Generalmandat: die Besuchung der Universität Ingolstadt von baierischen Landeskindern, und die Abschaffung des Privat- und Winkeldocirens betreffend. Dat. den 18. Octob. 1771.

Von GOttes Gnaden Wir Maximilian Joseph, in Ober- und Niederbaiern, auch der obern Pfalz Herzog, Pfalzgraf bey Rhein, des H. R. R. Erztruchseß und Churfürst, Landgraf zu Leuchtenberg ꝛc. ꝛc.

Nachdem Wir mißfällig vernehmen müssen, wie wegen Besuchung der Universität zu Ingolstadt Unsere durch die vorhin unterm 21. Octob. 1746. 19. Septemb. 1747. dann 21. May 1749. im Druck gelegten Generalien erlassene landesfürstl. Gebothe noch immerhin sträflichst außer Acht gelassen werden;

Als wollen Wir erstgedachte Generalien anwiederum alles Ernstes, und zwar mit dem Zusatz erneuert haben, daß künftighin das Privat- und Winkeldociren, außer den Vacanzzeiten, durchgehends abgeschaffet, und keines von baierischen und oberpfälzischen Landeskindern zu geist- oder weltlichen Bedienungen sich Hoffnung machen dörfe, welches nicht ihre Studia altiora auf Unserer Universität ordentlich absolviret, und Proben ihrer erlangten Wissenschaften daselbst werden abgeleget haben. Gestalten dann weder auf Unserer hohen Schule, noch sonsten die Atteste von in- oder ausländischen Privatdocenten angenommen, und zum Absolviren hinlänglich geachtet werden sollen.

Wir befehlen demnach Unseren Hofraths-präsidenten, Vicepräsidenten, Vicedomen, Kanzler und Räthen gnädigst, gegenwärtiges Mandat zur männiglichen Wissenschaft allenthalben an gewöhnlichen Orten publiciren, und affigiren zu lassen, damit sich seiner Zeit

Niemand mit der Unwissenheit entschuldigen möge.

Gegeben in Unserer Haupt- und Residenzstadt München, den 18. Octob. 1771.

Ex Commissione Ser. Dn. D. Ducis & Elect. specîali. (L.S.)

Johann Andreas Pöhl, Churfl. Hofrathssecretär.

Artic. II.

Feilschaften.

a) Die sämmtliche bürgerliche Metzgerschaft zu Neumarkt in der obern Pfalz hat 1000. Stücke rohe Kalbfelle zum Verkauf vorräthig, welche sie dem gesammten inländischen Publico um einen sehr billigen Preis, das Stück zu 40. kr. anbiethet.

b) Bey dem diesortigen Churfürstl. Hofkastenamte werden bis zur künftigen Faßnachtzeit, gleich ferten, in die 60- bis 80. Centner Churfürstl. Hofschmalz plus licitanti verkäuflich angelassen. Man will demnach ein solches hiemit öffentlich bekannt machen, daß sich vorzüglich die inländischen Liebhaber bis Montag den 10. Februar des nächst eingehenden 1772. Jahres allhier frühzeitig ad licitandum peremptorie melden mögen; da man im widrigen dieses Churfürstl. Schmalz für das höchste Interesse auch den meistbiethenden Ausländern zu überlassen, pflichtschuldigsten Bedacht nehmen müßte. Amberg den 27. Novemb. 1771.

Churfürstl. Hofkastenamt Amberg.

F. J. v. Schmauß, Hofkastner.

G. Anton Sarve, Gegenschreiber.

c) Bey Johann Karl Schmidt Papierern der hochgräfl. Töringischen Hofmark Jettenbach stehen zum Verkauf vorräthig, 50. Ballen Flußpapier, jeden zu 6. fl. und 24. Ballen groses Packpapier, den Ballen zu 25. fl. und offeriret sich, solche 5- bis 6. Stund weit auf einer gemachten Strassen zu liefern.

d) In der Churfürstl. Haupt- und Regierungsstadt Burghausen ist eine bürgerliche Behausung, nebst der hierbey zu gandirenden Riemersgerechtigkeit, zum Verkauf vorhanden. Wenn also ein seiner Profeßion wohlerfahrner Riemergesell, oder jemand anderer, hierzu Lust tragen sollte, der kann sich dieserwegen bey dem bürgerlichen Stadtmagistrat allda melden, und das weitere vernehmen.

e) Die bürgerliche Metzgerschaft in der Churfürstl. Gränzstadt Schärding hat 390. Stücke rohe Schaaffelle zu verkaufen, und zwar jedes Stück zu 30. kr., welche die dasigen Weißgerber nicht zu behalten gedenken, und daher einem gesammten inländischen Publiko feil gebothen werden.

f) Von der bürgerlichen Metzgerschaft zu Vilshofen werden dem inländischen Publico 175. Paar rohe Ochsenhäute feil gebothen, das Paar zu 13. fl. und 50. Pfund schwer, auch darüber.

g) Franz Sigel bürgerlicher Metzger in dem Markt Ditling der hochgräfl. Taufkirchischen Herrschaft hat zu verkaufen, so er an die Innländer hiemit feil biethet, 60. Stücke Ochsenhäute, das Paar zu 13. fl., 24. Stücke Küh- oder Schmalhäute, das Paar um 7. fl., und 100. Stücke rohe, ungearbeitete Schaaffelle, das Paar für 1. fl.

h) Zu Freysing in der Stadt stehet eine bürgerliche Lederergerechtigkeit, mit der Behausung, Stadel, und einigen Grundstücken sammt allen Ein- und Zugehörungen zum freyen Verkauf feil. Wer hierzu Lust tragt, und sich in dieser bischöfl. Residenz ansetzig machen will, kann sich bey Daniel Bauer bürgerlichen Lederern alldorten melden, und einen leidentlichen Kauf abzuschließen sich getrösten.

Artic. III.

Citatio.

a) Zum derortigen Hauptmauthamt sind den 13. abgewichenen Monaths November von der Militarwache beym allhiesigen Salzachthor zween Crainer, Namens Mathias Facklitsch, und Johann Krinsteter, nebst ihren bey sich gehabten, mit Waaren beladenen

...ladenen 2. Krächsen gebracht, und dieserts von darum angehalten worden, weil sie sich zwar mit einem von der fürstl. Auerspergischen Grafschaftsverwaltung Gottschen unterm 23. October dieß Jahrs ausgestellten, jedoch den Austritt aus den K. K. Erbländern bereinschränkenden Paß; keineswegs aber mit einer an der Churbaierischen Gränze zu erholen gewesenen Mauthpollete legitimiren können.

Da nun beyde obbenannte Wetzsteinträger über die mit ihnen vorgenommene ämtliche Verhör, und Ohnverhaltlassung, daß auf den Nichtbefund ihrer vorgewendeten, auf das Zeugniß des Churfürstl. Gränzmauthamts Ried sich berufenden Ausflüchten mit denenselben, als Mauthdefraudanten, nach dem Straflibell verfahren werden müßte, sich auf flüchtigen Fuß gesetzt, und die Krächsen, sammt den Wetzsteinen im Stich gelassen haben: So wird wiederholter Facklitsch und sein Mitgespann, nach dem Gesetze der neuen Mauth- und Accisordnung, hiemit peremptorie citiret, daß dieselben sub termino 6. Wochen, und zwar sub pœna praeclusi & confessati beym allhiesigen Hauptmauthamt erscheinen, und in der Sache ihre gebührende Verantwortung abgeben, sohin die endliche Verbescheidung erwarten; im Ausbleibungsfalle aber den Contumacial-Spruch zu befahren haben sollen. Actum den 3. December 1771.

Churfürstl. Hauptmauthamt Burghausen.

P. P. Fr. v. Höck, Churfl. Regierungsrath, und Hauptmauthner.

Citatio.

b) Nachdem beym allhiesigen Hauptmauthamt von dem allda gnädigst angestellten Beschaupersonale allbereits den 22. Novemb. vorigen 1770sten Jahres, gegen Adam Edelmann und Paul Mayr, beyde Ertstaller, dann Michael Mayr Schärlern zu Laufen, angebracht worden, daß sie kurz zuvor, mittels deren gegengeführten Hollaschen, oder Salzschiffen, auf 3. von dem Churfürstl. Salzfertiger dann hochfürstl. Umgeheramt zu erwehnten Laufen cumulative ausgestellte, aber radirter erfundene Polleten, oder Ladscheine, 5. Schäffel Waitzen, unangesehen der hauptmauthamtlichen Anbefehlung, nicht abgeladen, sondern eigenmächtig mit sich auser Lands geführt hätten; auch von dem Churfürstl. hochlöbl. Commercien Collegio in München dem derortigen Amte, mittels gnädigsten Befehls vom 14. November abhin wiederholter aufgetragen worden, solchen wegen damaliger Abwesenheit des Hauptmauthners unverhandelter verbliebenen Confiscationsfall ohne weiteren Verzug ordentlich ad Protocollum zu instruiren, und, wie Rechtens ist, zu verbescheiden.

So werden obige 3. laufnerische Salzschiffleute, benanntlich Adam Edelmann, Paul und Michael Mayr hiemit edictaliter ad comparendum solchergestalten vorgeladen, daß, wenn sie in Zeit von 6. Wochen diesorts nicht erscheinen, und in Sachen behörige Rede und Antwort geben werden, man von Amtswegen wider dieselben contumacialiter verfahren werde. Actum den 5. December 1771.

Churfürstl. Hauptmauthamt Burghausen.

P. P. Fr. v. Höck, Churfürstl. Regierungsrath, und Hauptmauthner.

Gnädigstes Privilegium, so dem Sebastian Mößmer Buchhändlern zu Freysing, auf den freyen Buchhandel in Baiern ertheilet worden ist. Datirt den 23. November 1771.

Von Gottes Gnaden Wir Maximilian Joseph in Ober- und Niederbaiern, auch der Oberpfalz Herzog, Pfalzgraf bey Rhein, des H. R. R. Erztruchseß, und Churfürst, Landgraf zu Leuchtenberg rc. rc. Demnach Uns Sebastian Mößmer privilegirter Buchführer zu Freysing gehorsamst zu vernehmen gegeben, wie selber mittels Kaiserl. Privilegii, und bey Unserem Bücher-Censur Collegio übergebene in 8. Tomis Pater Oberndorffers Ordinis sancti Benedicti historisch-theologische Werk in Druck gefertiget: Uns daher unterthänigst belangend, ihm dieses Werk nebst anderen seiner verschiedenen Büchern in Unseren Churlanden zum Verkauf zu bringen gnädigst erlaubt werden möchte. Als haben Wir ihm Mößmer in sein unterthänigstes Gesuch gnädigst bewilligen, und hiemit Unser gnädigstes Privilegium ertheilen wollen, daß er dieß obersagte Werk, nebst an-

anderen selbst approbierten führenden Büchern in Unseren Churlanden frey, und ungehindert, jedoch gegen jedesmalig abstattender Mauth- und Accisgebühr hereinbringen, und verkaufen möge. Zu dem Ende haben Wir ihm Mösmer gegenwärtiges Patent, und hierauf ertheiltes Privilegium unter Unseren gnädigsten, und höchsten Handzeichen, und anhangenden geheimen Kanzleysecret gnädigst ausfertigen lassen. So geschehen in Unserer Churfürstl. Haupt- und Residenzstadt München den 23. Monathstag November 1771.

Max. Jos. Churfürst.

Max. von Vogl.

Artic. IV.

Innländische Waaren- Venalien- und Victualien-Preise.

Nothwendige Erinnerung.

Es ist zwar wahr: die Preistabellen haben wir heuer sehr unvollständig geliefert: Allein, wir können nichts davor. Denn von theils Aemtern sind die Preisanzeigen oftmals so spat eingeloffen, daß man sie auch im künftigen Monath nicht mehr hat einrücken können: die meisten aber sind gänzlich ausgeblieben, ungeachtet die Nota bey jeder Tabelle eine stillschweigende Erinnerung und Bitte an die säumigen Aemter war. Dieses ist ein Zeugniß, daß man entweder die Intelligenzblätter da, wo sie nothwendig gelesen werden sollen, wenig oder gar nicht liest: oder daß man von dem Werthe, Gebrauch und Nutzen dieser Preistabelle zu wenig Einsicht, mithin auch zu wenig patriotische Empfindung hat, um sich durch eine so geringe und leichte Bemühung die Nachwelt, und diejenigen, so daran Antheil nehmen, und für die es in vielen Betracht wichtig ist, verbindlich zu machen. — Wir haben schon einmal, und erst in dem letzten Blatt Nro XXIX. erkläret, daß wir die Bemühung derjenigen, welche uns diese Preiszetteln alle Monath richtig ersetzter und bey Zeiten einsenden, mit einer gemessenen Erkenntlichkeit vergelten und belohnen wollen: und wir wiederholen es hiemit nochmal, mit dem Beysatze, daß man sich nur deswegen bey dem Intelligenzcomtoir gebührends melden möge. Nach diesem wird es also erlaubt seyn, alle diejenigen Aemter, bey welchen dieses Jahr hindurch die Lücken in der Preistabelle immer leer gestanden, nochmal zu bitten, künftiges Jahr die Preisanzeigen, durch [illegible], oder jemand andern nach den hier angeschlossenen tabellirten Zetteln, alle Monath, und zwar so, daß sie vor den 20. jedesmal richtig einlaufen, unter der Aufschrift: Zum Churfürstl. gnädigst privilegierten Intelligenzcomtoir in München einzuliefern, (und unter keiner andern Aufschrift, wie es bisher von theils Aemtern geschehen, wo sie am unrechten Ort allhier abgegeben worden, und sodann lange liegen geblieben:) auf der Post directe allhieher sicherer und gewisser einzusenden. Sie werden sich hiedurch, nebst der oben versprochenen Belohnung, auch den Dank unserer Nachkommen verdienen. Denn wir schreiben ja auch für die Nachwelt! — —

Artic. V.

Zum Dienst der Handlung.

a) Paris den 18. Wintermonaths. Briefe aus Madrid melden, daß man in Californien eine Mine entdeckt habe, welche nur bey zween Schuh tiefer Grabung bereits eine grosse Menge gediegener Goldkörner liefere, so daß man in gar wenig Zeit tausend Mark Goldes und andere unschätzbare Kostbarkeiten aus derselben erbeutet habe.

b) In Portugal ist die Getreidehandlung mehr, als jemals eingeschränkt. Man darf kein Getreide ohne Paß, der sehr schwer zu bekommen ist, ausführen, und dennoch nimmt der Mangel immer zu.

c) In Spanien ist der Taback aus der Havana, über die gewöhnlichen Abgaben, mit einer neuen Auflage von 8. Realen beschweret worden.

d) Vermöge der in den Venetianischen Staaten neulich ergangenen Verordnung ist der Getreidehandel völlig frey gegeben, so daß man selbiges ohne Bedeckung, ohne Mandat,

ohne

ohne Paß von irgend einer Obrigkeit fort ausführen kann, doch mit der einzigen Einschränkung, wenn der Waitzen nicht über 22. Liv. und das türkische Korn nicht über 11. Liv. gilt. Aber auch in diesem Falle soll die Ausfuhr so lange frey bleiben, bis sie durch einen ausdrücklichen Befehl des Senats verboten wird. Diese Verordnung geht auch auf das geringere Getreide.

e) Aus Frankreich hat man von Semür im Artois Nachricht, es sey in dortiger Gegend, wo sehr viele Weinberge sind, die Weinlese so schlecht ausgefallen, daß man von acht Morgen kaum $2\frac{1}{2}$ feuillette Wein bekommen hat. Man macht daselbst sonst viel Brandwein, der nach der Schweiz, nach Deutschland und Rouan gehet; aber jetzt ist daran nicht zu gedenken: und da das Getreide in den meisten Provinzen auch noch sehr hoch im Preise ist, so haben die dortigen Brandweinbrenner nichts zu thun.

f) Kopenhagen den 23. November. Auf Veranstaltung des Finanzcollegii werden ins künftige alle Wochen 400 Tonnen Rocken à 4. Rthl. in halben und ganzen Tonnen an arme Hausväter verkauft, und damit am nächsten Montage der Anfang gemacht werden. *

* Ey, wie schön! — und vielleicht aus den Magazinnen? — — freylich! — —

g) Von Cadix wird berichtet, daß in Zeit von 8. Tagen in diesem Haven 26. mit Getreide beladene, aus Afrika kommende Schiffe eingetroffen seyen, so wie auch noch 5 andere, gleichfalls mit Getreide von verschiedenen Orten: und daß hierauf sich ein so großer Ueberfluß an Korn gezeiget habe, daß man keine Vorrathshäuser mehr finden können, um dasselbe aufzuschütten. Es ist leicht zu erachten, daß hierdurch der Preis des Getreides ganz außerordentlich gefallen seyn müsse. *

* Ohne geringste Maßgabe: Könnte nicht die Ladung von ein Paar Dutzend Schiffen so etwan auf Luftschiffe gepackt, und damit nach Deutschland in unsere Gegenden herüber geschifft werden. Denn der Weg nach Cadix ist ein wenig zu weit: und das Ding gieng so viel geschwinder. — Das afrikanische Korn sollte sich doch wohl mit unserem Magen bald vergleichen, und nicht schaden. —

h) Fortsetzung der im vorigen Blatte abgebrochenen Vergleichung der auswärtigen Getreidmässereyen, zum Dienst der Handlung.

Folgende Tabelle über die Vergleichung der Getreidmässereyen nachstehender Plätze gegeneinander, ist zu erst von Hrn. Kruse in dem hamburgischen Comtoristen, der eine Hamburger Last zum Grundsatz angenommen, berechnet, nunmehr aber auf 1000. Münchner Schäffel abgeändert worden.

Der Gebrauch dieser Tabelle ist folgender. Z. B. Man will wissen, wie die Augsburger und Münchner Mässerey sich gegen einander verhalte, so findet sich, daß 1000. Schäffel Münchner gleich sind 1015 Augsburger Schaf, oder 100 Münchner sind gleich $101\frac{1}{2}$ Augsburger Schaf; oder 10. Münchner Schäffel sind gleich $10\frac{3}{20}$ Augsburger.

Item Basel mit Bern zu vergleichen, thun
1723 Baßler Säck, 1404 Berner Mutt; oder
172 . . . . . 140 . . . . ; oder
17 . . . . . 14 . . . . in der kleinsten Verhältniß.

Tabelle.

1000. Münchner Schäffel betragen in nachfolgenden Plätzen.

Namen der Oerter.	Namen der Mässereyen.	Betrag derselb.
Zu Alicante. . .	Cassises.	902
	Barsellas.	10824
Amsterdam. . .	Tonnen.	1646
	Scheppel.	8230
	Salzmaaten.	3622
Ancona. . . .	Rubbi.	835
Antwerpen. . .	Viertel.	2883
Archangel. . .	Tzetwer.	1166
Augsburg. . . .	Schaaf.	1015
Barcellona. . .	Quarteras.	3235
Basel.	Säcke.	1723

Namen der Oerter.	Namen der Mässereyen.	Betrag derseld.
Berlin.	Scheffel.	4303
Bern.	Mutt.	1404
Bilbao.	Fanegas.	3692
Bologna. . . .	Corbe.	3009
Bourdeaux. . .	Boisseaux.	2897
Braunschweig. .	Scheffel. Himten.	715 7150
Bremen.	Scheffel.	3126
Breslau.	Scheffel.	3179
Brüssel.	Säcke.	1906
Cadix.	Fanegas.	3889
Cassel.	Metzen.	24964
Cleve.	Malter.	1238
Cölln.	Malter.	1371
Colberg. . . .	Scheffel.	4472
Copenhagen. . .	Tonnen.	1698
Dännemark. . . .	Tonnen.	1698
Danzig. . . .	Scheffel.	4570
Dreßden. . . .	Scheffel.	2103
Elbingen. . . .	Last.	76
Emdden. . . .	Tonnen. Verps.	1163 4652
England. . . .	Quaters. Buschels.	778 6223
Ferara. . . .	Stari.	7356
Flensburg. . .	Tonnen.	1622
Florenz. . . .	Staja.	9388
Frankfurth am Mayn.	Malter.	2058
Geneve. . . .	Coupes.	2863
Genua.	Mine.	1906
Glückstadt. . .	Tonnen.	1554
Halle an der Saale.	Scheffel.	2799
Hamburg. . . .	Last. Scheffel.	$70\frac{3}{10}$ $2109\frac{4}{10}$
Hannover. . .	Himten.	7149
Königsberg. . .	alte Scheffel.	4571
Leipzig. . . .	Scheffel.	1690
Lille.	Razieres.	3126
Lion.	Anees.	1159
Lindau im Bodensee.	Malter.	1501
Lissabon. . . .	Alqueires. Salz Moyos.	16396 277
Livorno. . . .	Saccas. Staja.	3129 9388
London. . . .	Quaters.	878
Landmaaß Buschels. . . .		6273
Wassermaaß dito.		4979
Lucca.	Staja.	9072
Lübeck Rocken Maaß in Scheffeln.		6454
Malzmaaß dito.		5706
Habermaaß dito . . .		5665
Lüneburg. . . .	Himten.	7150
Lüttich.	Setiers.	7426
Magdeburg. . .	Scheffel.	4303
Malaga. . . .	Fanegas.	3667
Marseille. . . .	Charges.	1406
Memmingen. . .	Malter.	1217
Messina siehe Sicilien.		
Modena.	Staja.	3164
Montpellier. . .	Setiers. Emines.	4346 8692
München. . . .	Schäffel.	1000
Nantes. . . .	Setiers.	1552
Napoli. . . .	Tomoli.	4346
Narva.	Tonnen.	1371
Nürnberg. . . .	Simmern.	668
Palermo siehe Sicilien.		
Paris.	Setiers. Boisseaux. Haver Setiers.	$862\frac{1}{2}$ 10531 431

Namen der Oerter.	Namen der Mässeregen.	Betrag derselb.
Piemont.	Sacca.	2088
Polen.	Last.	72½
Prag.	Strich.	2356
	Viertel.	9423
Auf dem Lande Strich.		2430
Reval.	Tonnen.	1879
Riga.	Loof.	3411
	Tonnen.	1705½
Rochelle.	Tonneaux.	161
	Boisseaux.	6785
Rom.	Rubbi.	812¼
	Quarte.	3249
Rostock.	Scheffel.	6266
Rotterdam.	Höden.	207
	Sacks.	2210
	Achtendeelen.	6631
Rouen.	Muids.	103½
	Setiers.	1241
	Mines.	2482½
	Boisseaux.	9930
Rußland.	Czetwerts.	1060
	Czetwerick.	8481
Sardinien.	Starelli.	4536
Schleswig.	Tonnen.	1691
	Kappar.	48513
Sevilla.	Fanegas.	3889
Sicilien.	Salme grossi.	668
	Salme gener.	835
Stettin.	Scheffel.	4303
Stockholm.	Tonnen.	1516
Stralsund.	Scheffel.	5706
Straßburg in Elsaß.	Land Sester.	11758
	Stadt Sester.	12131
Toscana.	Moggia.	417
Toulon.	Charges.	438
	Emines.	2173
Turin.	Sacci.	1984
	Staja.	5801
	Mine.	11602
Valencia.	Caffises.	1113½
	Barsellas.	13361
Venedig.	Staja.	2745
Verona.	Minelli.	6020
Wismar.	Scheffel.	5808
Wien.	Mutt.	225
Zürch.	Mutt.	2686

i) Nachdem wir hier die Vergleichung der Getreidmässeregen von auswärtigen Orten mitgetheilet haben; so wollen wir sogleich auch Gelegenheit zur nützlichen Anwendung derselben geben, und die Getreidpreise, wie sie den 18. und 22. November zu Amsterdam, Hamburg, und in Sachsen gestanden, aus den Hamburgischen Addreß-Comtoir-Nachrichten hier einrücken. Ein jeder Rechnungskündiger wird hieraus leicht berechnen können, wie hoch, nach dem baierischen Münz- oder 24 fl. Fuß, das Münchner Schäffel Getreid an obigen Orten zu stehen kommet.

Getreide-Preise in Amsterdam, vom 18. November.

Roggen,	Danziger	192 - 198	fl.
	Königsberger	182 - 196	fl.
	Getrockneter	176 - 186	fl.
	Moscany.	174 - 182	fl.
Weitzen	Polnis. weisser	170 - 204	fl.
	Rother	166 - 180	fl.
	Elbinger	166 - 176	fl.
	Königsberger	172 - 180	fl.
	Getrockneter	175 - 182	fl.
	Moscowiti.	———	fl.
	Friesischer	182 - 194	fl.
	Seeländis.	———	fl.
Gerste,	Sommer	96 - 114	fl.
	Friesischer Winter	104 - 120	fl.
	Seeländis. Winter	112 - 120	fl.
	Gröninger Winter	100 - 116	fl.
	Vorländ. Winter	100 - 120	fl.

Ha-

Hafer, besten Futter u. Brau. 76 : 80 fl.
weisser Eider u. Futter 52 : 70 fl.
Buchweitzen . . . . . 92 : 95 kr.
Bohnen der Sack . . . 31 : 32 fl.

Kornpreise im Hamburg, vom 22. November.

Die Last von 60 Faß in Curant.

Rogken, Moscov. trocken 140 : 142 Rthl.
Vorländ. 115 : 116 Rthl.
Weitzen, Vorländis. gelber 98 Rthl.
Eyder weiß 112 : 115 Rthl.
gelber 105 : 110 Rthl.
Danziger weiß 152 Rthl.
Archangelscher 130 Rthl.
Königsberger 140 Rthl.
Gärste, Eyder, Sommer 64 Rthl.
Winter 70 Rthl.
Vorländ. Sommer 60 : 63 Rthl.
Winter 68 Rthl.
Haber, Eyder 42 : 46 Rthl.
Haber Stück Futter 40 : 42 Rthl.
Bohnen 80 : 85 Rthl.

Getreide in Sachsen nach dem Dresdner Scheffel.

		Weitzen		Rogken.		Gersten.		Haber.	
Den 4. Nov.	in Dresden	8 Rthlr.	12 ggr.	8 Rthlr.	— ggr.	5 Rthlr.	12 ggr.	3 Rthlr.	— ggr.
	in Torgau	7 :	12 :	7 :	22 :	4 :	12 :	2 :	12 :
Den 7. —	in Gorlitz	8 :	— :	7 :	16 :	5 :	16 :	2 :	16 :
Den 9. —	in Altenb.	8 :	21 :	8 :	10 :	6 :	3 :	3 :	9 :
	in Langens.	5 :	10 :	5 :	— :	3 :	20 :	2 :	2 :
	in Luckau	6 :	6 :	6 :	6 :	4 :	4 :	2 :	4 :
	in Magdeb.	4 :	18 :	4 :	22 :	3 :	6 :	2 :	— :
	in Naumb.	6 :	7 :	6 :	11 :	4 :	10 :	1 :	20 :
	in Nordh.	6 :	6 :	6 :	— :	3 :	20 :	2 :	2 :
	in Plauen	7 :	12 :	7 :	12 :	5 :	4 :	2 :	16 :
	in Prag	5 :	— :	5 :	— :	3 :	14 :	1 :	6 :
	in Wittenb.	7 :	— :	6 :	20 :	4 :	12 :	2 :	20 :
Den 12. —	in Zwickau	9 :	6 :	9 :	4 :	6 :	8 :	3 :	— :
Den 16. —	in Leipzig	7 :	12 :	7 :	12 :	4 :	20 :	2 :	16 :

der Leipziger Scheffel.

Artic. VI.

Policey Nachrichten, und neue Erfindungen.

a) Hannover den 6. November. Vermög einer unterm 28. vorigen Monaths ausgefertigten Königlichen Regierungsverordnung, wird der Eintritt der Betheljuden und anderen verdächtigen Gesindels, in die Churfürstl. Braunschweigischen und Lüneburgischen Lande auf das schärfste verbothen, und dabey den Obrigkeiten, wenn sie diesfalls ihre Schuldigkeit nicht genau erfüllen, die nachdrücklichste Strafe angedrohet. Wie dann dergleichen Betheljuden und Gesindel, wenn sie in den Gränzen der dortigen Lande angetroffen werden, sogleich an die Criminal-Jurisdictions-Obrigkeit ausgeliefert, von dieser mit Gefängniß bey Wasser und Brod beleget, sodann aus dem Lande fortgeschaft; das zweytemal aber in die Karre gespannet, und zu schwerer Arbeit angestrenget werden sollen.

b) Herr le Noble, Canonicus der Collegiatkirche zu Vernon verfertiget künstliche Magnete, die alle Eigenschaften des natürlichen Magneten an sich haben. Er hat sie zu $6\frac{1}{2}$ Zoll lang, 2 Zoll 11. Linien breit, und 23 Linien dick. Armirungen und Lastträger stehen mit der Masse dieser Magneten, die mit glattem Kupferblech überzogen sind, in einem gewissen Verhältnisse. Bey der ersten Probe ziehen sie bis 109. Pfund und darüber. Er schickt sie denenjenigen zu, welche sie begehren, und begehret nichts dafür, als die Er-

setzung

setzung der Kosten, und die Briefe Postfrey einzusenden. Die Kraft des Magneten, das Zahnweh zu vertreiben, ist bekannt; Herr le Noble verrichtet täglich erstaunliche Kuren damit, und vertreibt innerhalb 4. Minuten die heftigsten Schmerzen.

c) Herr Hoden, Pumpenmacher zu Rouen hat eine neue Pumpe oder Spritze erfunden, die bey Feuersbrünsten und zum Ausschöpfen gebraucht werden kann, und in einer Stunde 900 Tonnen Wasser schöpfet, und auswirft. Vier Menschen sind hinlänglich, sie in Gang zu bringen, und sechs können lange pumpen, ohne sich zu ermüden. Man könnte sich derselben mit Vortheil, eine grosse Menge Wasser auszuschöpfen, bedienen, und es würde weniger kosten, als wenn es mit Paternoster Werken und Pumpen, deren man sich sonst zu bedienen pflegt, geschähe. Bey Feuersbrünsten ist sie als Zubringer zu gebrauchen, die andern Spritzen mit Wasser zu versehen, da es selbigen, der grossen Menge Leute, die es herzuschleppen, ungeachtet, öfters daran fehlt. Es ist auch diese Maschine so leicht, daß sie bequem von einem Orte zum andern gebracht werden kann.

d) Herr Prichard, der zu Paris kupferne Pumpen verfertiget, hat gleichfalls eine neue Feuerspritze erfunden, die sehr leicht und bequem ist, und mehr Kraft hat, als andere bekannte Spritzen. Er bedient sich dabey der vom Wasser zusammen gedrückten Luft, und das wechselseitige Bestreben dieser beyden Elemente, wovon sich das eine zusammen pressen läßt, das andere aber nicht, weis er so genau zu gebrauchen, daß er einen Strahl 6. Linien im Durchschnitte zuwege bringt, der bis auf 80. Schuh hoch steiget.

Artic. VII.

Landwirthschafts-Sachen.

a) Ein gewisser fleißiger Landpfarrer zu E... in Bayern, und Mitglied der altenöttingischen Landwirthschafts-Gesellschaft, der uns schon öfters mit seinen ökonomischen Erfahrungen beehret, hat uns neulich seine Beobachtungen über die Baumcultur, von der wir schon so oft in unsern Blättern gesprochen haben, in einem Schreiben mitgetheilet. Wir wollen solche zum Unterricht für die Liebhaber der Baumpflanzung, und zur Aufmunterung für andere seines gleichen Standes, damit sich auch diese um das Verdienst, dem Landmanne mit guten Beyspielen des Fleißes und der Erfindungen in der Landwirthschaft voranzugehen, mehrer bewerben, und ihre Beobachtungen und neue Entdeckungen uns ebenfalls mittheilen mögen, in einem Auszuge hier einrücken:

„Wenn die Weiden, Felber, Alber und Palmbäume am gewissesten zu grünen anfangen sollen; so müßen sie so hoch abgehauen werden, daß sie von dem Vieh unbeschädiget verbleiben. Man macht sodann ein über eine Elle tiefes Loch in die Erde, füllt dieses mit guten, weichen Gassenkoth und Mistlackenwasser an, steckt die Stecken, oder Zweige hinein, und füllt es mit gutem Koth wiederum zu. Auf diese Art werden die wenigsten verdorren, sondern ungemein in die Höhe treiben. Es sollen aber NB. die untenher austreibende Schößlinge immerzu fleißig abgebrochen, oder abgeschnitten werden. Bey den Flüssen oder Bächen aber muß ebenfalls ein Ellen tiefer Graben nächst dem Wasser hin, wann selbes am kleinsten und niedrigsten ist, gemacht, kleine grünende Felberruthel, nicht auswärts gegen dem Wasser, sondern abwärts schief hineingelegt; und darzwischen auch zwo Ellen weit voneinander große Felberstecken hineingesteckt werden: alsdann den Graben mit Flußsand, oder besser mit Koth zugefüllet, daß die Rüthel bey 2. Spann hoch über der Erde heraus stehen, wo sie sehr gerne grünen, und das beste Mittel sind, das Einreissen der Gewässer von Winden und Eisstoß zu verhindern, und abzutreiben. Indem auch das Wasser auf diese Felber ꝛc. beständig mehr Koth anschüttet, so machen sie das beste Gestatt, welches viel besser hält, als wenn mit großen Unkösten und vieler Mühe dicke Pfeiler eingeschlagen wurden; weil die lebendig eingewurzelten Beschlächte die Erde viel besser zusammen halten, und den Ausspülungen des Wassers länger wi-

 derverstehen, als die todten: wie noch heut zu Tage in A. zu ersehen, wo die Hochwässer von der Donau, die heftigen Winde und Eisflösse wohl den halben Pfarrhofgarten hinweggerissen hätten, wenn derselbe nicht mit diesen grünenden Beschlächten bepflanzet gewesen wäre. Die benachbarten Bauern haben zwar mit Verwunderung bekennet, daß sie dieses niemals geglaubt hätten ꝛc. Allein dieses überzeugende Beyspiel hätte sie doch noch nicht bewegen können, ihre eigenen Häuser und Gründe auf gleiche Weise zu versichern, wenn sie nicht durch die obrigkeitliche Gewalt des Klostergerichts Niedernaltaich darzu angehalten worden wären. Und gewiß würden diese Gründe von der Donau ebenfalls so weggerissen worden seyn, wie es im Jahre 1762. geschehen, da 13. Firste von Häusern, Ställe und Städel durch das Wasser untergraben, und in die Donau gestürzet worden. Jetzt aber sind sie gesichert, wenn sie die jährliche Ausbesserung dieser Beschlächte nicht unterlassen.

Was die Eichen anbelanget, hab ich gar oft mit Schmerzen sehen müssen, daß die größten Heiden und Wälder auf viele Stunden weit mit eichenen Stauden überwachsen seyen, die sowohl im Herbst, als im Frühjahre von dem Vieh abgefressen werden. Wenn diese nur ein wenig aufgebutzt, das übrige Staudenwerk bey den Wurzeln hinweg gehackt, und was vor dem Viehe in Gefahr stunde, mit Dörnern ein wenig befriedet würde; so könnte mit der Zeit das schönste Eichholz nicht allein für Baiern, sondern auch für andere Länder im Ueberfluß hergepflanzt werden, so, wie ich in A.. um die Wiesen herum die schönsten Eichen, alle Jahre aufgebutzter, stehen gesehen habe. Allein, wer nimmt sich um solche Sachen an? — Diejenigen, denen dergleichen Verbesserungen oblägen, und die es thun könnten, sehen oftmals den für künftige Zeiten daraus erzielenden Nutzen nicht genugsam ein, oder wollen ihn nicht einsehen. — Ihre Kinder und Kindskinder mögen sich gleichwohl helfen, wie sie können; wenn jetzt nur sie genug haben; um die Zukunft bekümmern sie sich am wenigsten. Ich weis zwar wohl, die Herrschaften, Obrigkeiten, Privatbauern und Gemeinden, sind mit ihren Amtsverrichtungen, Haus- Feld- und Ackerarbeiten überflüßig beschäftiget, um für sich und die Ihrigen bey jetzigen drückenden Zeiten das Brod zu gewinnen. Allein, es gäbe doch noch Mittel, dergleichen landesnützlichen Endzweck auszuführen, und zu erreichen, wenn man es sich nur im Ernste angelegen seyn läßt. Es giebt ja so überhäufte Bethler und Müßiggänger, welche mit starken Gliedmaßen die Thüren der Bürger und Unterthanen um ein Allmosen fast belagern, und sich beschweren, daß sie bey dieser Nahrungklemmen Zeit keine Arbeit bekommen können. Man könnte nämlich die Tüchtigsten hiervon zu Aufsehern, oder Ueberstehern aussuchen, die andern aber zur Arbeit anstellen, welche auf den Heiden die eichenen Stauden verfrieden, diese und die Bäume ab- und ausbutzen, lebendige Zäune und Hecken anpflanzen, an den Flüßen und Bächen mit Felber, Erlen, und dergleichen, lebendige Beschlächte anlegen, und dauerhafte Gestade zu Verhütung alles Wasserschadens herstellen, Moräste austrocknen, öde und unfruchtbare Gründe in fruchttragende umarbeiten, und mehr andere dergleichen gemeinnützliche Arbeiten verrichten müßten, wofür sie von den Herrschaften, Obrigkeiten, Gemeinden, und Eigenthümern etwas gewisses zu empfangen hätten, wovon sie sich ernähren könnten. Den Eigenthümern, und andern würden dergleichen Abgaben nicht schwer ankommen: da sie das Allmosen, welches ihnen dermal fast abgedrungen wird, und wofür lediglich nichts geschieht, nur in einen Arbeitslohn umändern dürften. ...

b) Ein gewisser Herr zu Kilmarnock in Schottland hat im verwichenen April in seinem Garten drey Körner sibirischer Gerste zwey Fuß voneinander gepflanzet; eines davon trieb 72. Halme, welche 2585. Körner gaben, einige Halme, die nicht zur Vollkommenheit kamen, ungerechnet.

c) Mittel gegen den Brandschaden.

Das beste Mittel gegen Brandschaden ist, etwas gelb Wachs mit Baumöl zusammen geschmolzen, auf einen leinen Lappen gestrichen,

und

und sofort auf die verbrannte Stelle gelegt. Man kann zwar auch blosses Baumöl darauf legen, weil selbiges aber zu geschwind vertrocknet, und daher oft wiederholet werden muß, so ist jenes besser. Dinte auf die verbrannte Haut zu schmieren, ist nicht gut.

d) Das 92. Stück der H. N. E. Nachrichten giebt zwar ein sympathetisches Mittel wider die Warzen an Händen oder im Gesichte an: Man nimmt nämlich den Kopf eines frisch zugemachten Aales, bestreicht mit dem Blute desselben die Warzen, und läßt es darauf eintrocknen, doch mit der Sorgfalt, nichts davon abzuwischen, bis der bestrichene Fleck völlig trocken ist. Den Aalkopf selbst gräbt man in der Stille an einem solchen Orte ein, wo er bald verwesen, und von muthwilligen Leuten, zum Nachtheil der Cur, nicht wieder ausgegraben werden kann. Zu mehrerer Sicherheit sey es gut, sich dieses Mittels etliche mal kurz hintereinander zu bedienen. — Allein, da der Aal nicht überall leicht zu bekommen ist, viele ihn auch nicht einmal kennen, und sich doch manche von diesen verunstaltenden Warzen befreyet sehen möchten: so wird es erlaubt seyn, die vielmals erprobte Erfahrung beyzufügen, daß es eben nicht just ein Aalkopf, oder dessen Blut seyn muß, die Warzen zu vertreiben; indem andere ölichte oder fette Sachen auf gleiche Art eben diese sympathetische Wirkung thun. Z. B. man reibe nur mit der Haut oder Schwarten von einem schweinenen geselchten oder gedörrten Schunken, gesottner oder roher, die Warzen wohl damit ein, und vergrabe hernach solche Schweinshaut in ein Ort, wo sie bald verfaulet; so werden die Warzen nach und nach eben so verschwinden, als die geriebene Haut verweset, bis endlich nicht die geringste Spur ihres Daseyns zurück bleiben wird. Eine etlichmalige Wiederholung dieses Einreibens und Vergrabens kurz nacheinander, kann ebenfalls nicht schaden.

e) Die Belziger Chronick (Belzig ist eine kleine Stadt in Sachsen, im Churkreise gelegen:) meldet, daß vor einigen Jahrhunderten zwey Mißjahre aufeinander gefolget sind, in dem letztern aber ein grosser Ueberfluß am Obst geworden, daß der Scheffel Aepfel 3. Gr. 6. pf. gegolten. Man habe einen Scheffel gekochte Aepfel unter einen Scheffel Mehl gemengt, und gutes wohlschmeckendes Brod daraus gebacken, welches so viel gewogen, als Brod von $1\frac{1}{2}$ Scheffel Mehl. Und dadurch hat sich die damalige grosse Theurung geleget. *

* Auch in Baiern ist in den Jahren 1570. und 1571., mithin just vor 200 Jahren, eine gleiche Theurung, wegen Mißwachs, gewesen, daß sogar der dortmals regierende Herzog Albrecht bewogen worden, in zweyen General-Mandaten, eines vom 3. September, und das andere vom 3. November 1571. (worinn die dortmalige ausserordentliche Hungersnoth, und die dagegen vorgekehrten Aushülfsmittel beschrieben sind) alles weisse und braune Biersieden von innländischem Getreide durch das ganze Land auf das schärfeste zu verbiethen. Im Jahre 1572 aber findet man Spuren von viel bessern Zeiten.

Artic. VIII.

Von gelehrten Sachen.

a) Die Akademie der Wissenschaften zu Brüssel, welche den 16. Octob. ihre Versammlung hielt, hat die ausgesetzten Preise für die aufgegebenen 3. Fragen ausgetheilet. Die erste Frage war: welches sind die besten und nützlichsten Pflanzarten des niederländischen Bodens, und wie sind solche in der Arzneykunst am nützlichsten zu gebrauchen. Den Preis der Beantwortung hat ein gewisser Herr Beunie, Chirurgus der Stadt Anvers erhalten. Die zweyte Frage war: wie man das Leinengarn und andere Art Stoffe am besten und dauerhaftesten schwarz färben könne; hierüber hat ein gewisser Herr Devonbean den Preis erhalten. Die dritte Frage war: was in den 5. und 6. Jahrhundert für eine Verfassung in dem geistlichen und weltlichen Stande gewesen. Den Preis davon hat ein gewisser Herr Michel ebenfalls von Anvers erhalten.

Ferner hat obige Akademie der Wissenschaften auf das Jahr 1772. folgende drey Preisfragen zur Beantwortung ausgesetzt: 1) Welcher war der Zustand des Ackerbaues, der Handlung, der Künste, der Sprache, und die Kleidungen der Einwohner von Niederland in den 7. Jahrhundert? 2) Auf was Art sind die Raupen von den Blumen und Pflanzen am sichersten zu vertilgen; und kann man sie wohl durch wohlfeiles Rauchwerk, welches den Gewächsen nichts schadet, zerstören? 3) Was giebt es für schädliche Pflanzen in den Niederlanden, die dem Menschen und Vieh nachtheilig sind; was für schädliche Wirkungen bringen sie zu wege, durch welche Mittel ist denenselben auf das nachdrücklichste zu steuern? Der Preis, so auf die beste Beantwortung einer jeden Frage gesetzt ist, bestehet in einer goldenen Medaille von 25. Ducaten an Werth, und die Abhandlungen können in lateinischer, französischer und flämischer Sprache vor den 16. July 1772. an den Secretair der Akademie, Herrn Gerhard, eingesendet werden.

b) Die königliche Akademie der Innschriften und schönen Wissenschaften zu Paris, hielt den 12. Nov. ihre öffentliche Versammlung, bey welcher der beständige Secretär Mr. le Beau ankündigte, daß die Abhandlung des Mr. l'Abbe le Blond, Subbibliothecarius der Mazarinischen Bibliothek, den Preis über die von der Akademie ausgesetzte Frage, von den Namen und Eigenschaften der Göttinn Juno, erhalten. Dieses ist schon der dritte Preis, welchen dieser Gelehrte von der Akademie empfangen. Die auf das künftige Jahr ausgesetzte Preisfrage, worüber der Preis auf Ostern 1773. ausgetheilet werden wird, ist: Warum haben sich die Nachfolger Karls des Großen, welche doch herrschsüchtige und kriegerische Prinzen gewesen, nicht so lange auf dem fränkischen Thron behaupten können, als die schwachen Nachfolger des Königs Clovis? Der auf die beste Beantwortung gesetzte Preis ist eine goldene Medaille von 400. Liv. am Werth, und die Abhandlungen müssen vor dem 1. Dec. 1773. eingeschickt seyn.

c) Die königliche Gesellschaft der Künste und Wissenschaften zu Metz hielt den 15. Novemb. ihre Versammlung, und es wurde in derselben für das Jahr 1772. die Preisfrage ausgestellet: Wie und auf was Art die Schiffahrt auf den Flüssen des Landes bequemer und ausgebreiteter eingerichtet werden könne, und wie die natürlichen Hindernisse, so derselben an einigen Orten im Wege stehen, am leichtesten zu heben seyen? Der besten Abhandlung wird ein Preis von ein oder mehreren goldenen Medaillen bis auf den Werth von 100. Luisd'ors zuerkannt werden; und man kann seine Abhandlungen in lateinischer oder französischer Sprache abfassen.

d) Der Capitain Niebuhr in Kopenhagen, der einzige, der von der gelehrten Gesellschaft, die auf Befehl des höchstseligen Königs von Dännemark die Morgenländer besuchte, wieder nach Europa zurück gekommen ist, hat nunmehr mit großer Sorgfalt eine Beschreibung von Arabien ausgearbeitet, die außer einer ganz neuen Charte über einen Theil von Yemen, und 20. gutgestochenen Kupferblatten, ungefehr 80. Bogen in Quart ausmachen, und künftige Ostermesse im Druck erscheinen wird. In dieser Abhandlung über Arabien, die von der Beschreibung selbst getrennet ist, hat der Verfasser Gelegenheit gehabt, die von dem Hofrath Michaelis und der Pariser-Akademie an bemeldte gelehrte Gesellschaft ergangenen Fragen zu beantworten.

e) Se. Durchl. der durch seinen großmüthigen Eifer für die Beförderung der Gelehrsamkeit, und Vollkommenheit der Wissenschaften höchst verehrungswürdige Fürst Jablonowsky, Waywode von Novogrod, hat für das künftige Jahr folgende Preisaufgaben zu bestimmen gnädigst geruhet. 1) Welches sind die ältesten Wohnungen der Wenden und Anten; und wer sind die Wenden am Adriatischen Meere gewesen, die nach dem Polybius, Strabo und Livius weder griechisch noch lateinisch, noch die gallische Sprache geredet

der haben? wobey dasjenige hinzuzufügen ist, was sich auf den Czech und Lech beziehet. 2) Sind die Wilzen, Sorben, oder Soraben (Sclavonisch: Srben) von der Elbe und selbigen Gegenden Deutschlandes nach Croatien und Dalmatien, oder aus Illyrien nach Deutschland gekommen? 3) Wie ist die Distanz eines zu- oder unzugänglichen Ortes, mit oder ohne Instrumenten, auf französische Manier, und auf verschiedene Art zu finden? Die vollkommenste Abhandlung in jeder von diesen 3. Classen wird mit einer fürstlichen Medaille von 30. Ducaten gekrönet. Uebrigens müssen sie lateinisch geschrieben seyn, und die Ausarbeitungen mit einer Devise und versiegelten Billet, längstens bis den 1. May 1772. an den jüngern Ernesti, Professorem Eloquentiæ zu Leipzig, eingeschicket werden.

f) Von einem Unbekannten ist uns folgendes Schreiben zugesendet worden. Da es die Ankündigung etlicher gelehrten Werke, welche künftiges Jahr im Druck erscheinen sollen, und andere gelehrte Anmerkungen enthält; so wird es in dem achten Artickel seinen Platz wohl verdienen: Wir setzen es wörtlich hieher:

Mein Herr Intelligenzer!

Ich las neulich von einem Unbekannten eine Schrift, worinn verschiedene neu heraus kommende Bücher für das nächst eintrettende 1772. Jahr angekündiget werden. Nur Schade für das treffliche Genie des Verfassers, daß er nicht gleich die Werke selbst verfaßt, und nur die Titeln voraus liefert, die doch gemeiniglich, wie die Vorreden zuletzt gedruckt werden. Hier lesen Sie sie:

a) . . . Markolfs vernünftiges Mißtrauen — — auf die für unfehlbar gehaltene Providenz einiger Projectanten. —

b) . . . Stoffhüter: oder der betrogene Oekonomus: eine Abhandlung über die verdorbenen Schuldenmacher, wie sie sich wieder bereichern können: Dedicirt einem Hofjuden.

c) . . . Melacks Babylonischer Sprachmeister, in Folio: mit vielen Noten.

d) . . . Pollkurpfens abgesetzter Bethelvogt: oder neu ersundenes Mittel, das Land von Bethlern zu reinigen; ohne Execution. —

e) . . . Mißantrops Zwo neue Fragen: ob die Bauern Menschen sind? und, ex quo capite zween Arbeiter schuldig sind, 3 Müßiggänger zu ernähren?

f) . . . Der Geldhunger: eine Wochenschrift, welche den schönen Wissenschaften zum Trotz herausgegeben werden wird. *

* Der Verfasser ist leicht zu kennen, denn er gehet Paarfuß.

g) Arithmetica hodierna: oder neue Rechenkunst, das Eigene mit fremder Subtraction zu multipliciren. Nebst der Regula Societatis: auf eine leichte Art das Gewissen zu dividiren. Wird in Genua auf Unkosten der Lotterien abgedruckt.

h) . . . Neugierdes untersuchte Frage: Sind die starken Geister, wie der Berliner Kalender vorgiebt, wirkliche Aprilnarren? Mit Ja beantwortet: in Duodez.

i) . . . Venerilax Untersuchung: ob das trojanische Pferd ein Fuchs, oder ein Apfelschimmel gewesen? eine Akademische Preißschrift.

k) . . . Pythagoräische Seelenwanderung von einem Tändlerladen in den andern. Aus der hieroglyphischen Sprache übersetzt. — Ist lustig zu lesen.

Nun, ich will nicht hoffen, daß diese gelehrten Werke aus Mangel der Pressen ins stecken kommen sollten, oder daß es bloß bey den angezeigten Titeln bleiben werde? — —

Ein jeder Weltbürger hat die Pflicht auf sich, alles dasjenige, was die Wohlfahrt der Menschen vermehret, die Sitten bessert, und dem Vaterlande Ehre machet, mit dem Beytrage aus seinem Fache, oder nach seinem Berufe zu unterstützen. Dieses sind die wahren grossen Geister. — Ein jeder handle demnach in dieser Absicht uneigennützig, und nach seinen Kräften. Wessen Genie zu einem höhern Flug gebohren, der liefere die auserlesenen Früchte seiner Gedanken in das Magazin der Patrioten. Die Liebe zum Vaterlande muß die edle Triebfeder seyn: Denn dieses ist alles Werth. —

Mein Herr Intelligenzer? Ich bin nunmehr über alle Bewunderung hinweg; und es wird Sie selbst nicht mehr wundern, warum Sie in Ausübung ihres Berufs so manchen Verdrus auszustehen gehabt. — Der Nationalgeist ist in manchen Landen gleich einem Klumpen Gold, den man von den Schlacken reinigen mus. Je schärfer nun die Lauge angreift, je glänzender wird das Gold. Zwar die Kinder schreyen, zahnen, und beissen, wenn die Magd ihre grindigen Köpfe säubern will: aber wenn die Zeit der Reinigung vorbey ist; dann freuen sie sich; dann lachen sie. —

Ein grosser Philosoph, wie bekannt, hatte einsmals Kerker und Bande zu leiden, blos, weil er behauptete, daß die Welt rund gebildet sey: und dadurch den ungehobelten Faßboden zerbrach, auf welchen man die ganze Welt zu tanzen glaubte.

Ich weis es, mein Herr! Sie bemühen sich, den Nationalcharakter ihrer Landesleute zu bessern, oder zu verfeinern, und der Lehre der Sitten das Wort zu sprechen; weil eine gesunde Vernunft nicht mehr daran zweifeln kann, daß ein aufgeklärtes Volk weit glücklicher sey, als die Einwohner in Kaphorn.

Es ist wahr, nur kleine Schnecken spitzen ihre Hörner, so lange es regnet: aber, wenn die Sonne kömmt, verbergen sie sich in ihr dunkles äschengrau und gebrechliches Haus. —

Fahren Sie fort, und kündigen Sie der Unwissenheit, dem Laster, dem Eigennutze, und der schädlichen Dummheit im künftigen Jahre den Krieg an! Sie können dadurch ihrem Vaterlande recht nützlich werden. Bleiben sie ein Constantin, oder ein Aesop: es ist einerley. — Ich will Ihnen die Palmen liefern, wenn Sie ein Martyrer der Wahrheit werden. — —

Selbst die Satyre, wenn sie fein genug bearbeitet, wenn sie nicht persönlich ist, wenn sie herrschende Laster bestreitet, ist nach der Lehre der Staatsklugheit, wie ein grosser Gandling behauptet, ein scharfes Messer, womit man das faule Fleisch aus alten Wunden schneidet, und den Schaden zur Heilung befördert.

Hier mus ich Ihnen einen Rath ertheilen: Wenn sich Jemand, der sich zur großen Welt zählet, dagegen moviret; so melden Sie ihm keck: ja, ihm allein, gehe es an; er sey getroffen! — Und dieses zur Strafe seiner ungebethenen Bewegung, weil er nicht fein genug ist, sich zu verbergen; oder nicht Herz genug hat sich zu bessern. —

Bitten Sie grosse Geister, und erhabene Seelen, die Ihr Vaterland gegenwärtig in seinem Schooße hat, aber dermal etwan unter dem Drucke des Undanks schlafen, daß sie aufwachen. — ich glaube, sie sind im Stande, den Groschen im Weinberge des gerechtesten Hausvaters in zwo Stunden zu verdienen, wenn sie nur wollen: nur sollen sie den Pflug nicht hinten an; oder gleich nach der Morgensuppe — wie es einige machen — wieder ausspannen.

Und ist es nicht dem Regenten ein Balsam für das Herz, wenn er gesittete Unterthanen, friedsame Befolger seiner Gesetze, und sanfte Herzen zu regieren hat; als wenn er, wie ein Nabob in Bengalen, es mit Sclaven und Wilden zu thun hat? —

Wie beschämt fallen die verrosteten Grundsätze eines geizigen, alten oder vermoderten M..st.s alsdann zu Boden, der es bisher zur Staatskunst rechnete, wenn ein Volk unter den ärmsten und dümmsten Schulmeistern nur von darum erzogen wird, damit die Jugend niemal in Versuchung gerathen möge, der Verbesserung seines Eigenthums nachzudenken! — Die entferntesten Völker werden einem solchen Lande, in welchem die Verbesserer der Sitten, die Oekonomen, die Gelehrten einen gnädigen Blick vor denen verdienen, denen die Geburt einen Stern auf die Brust setzet, Freude, Wonne und Ruhm zulächeln. — Selbst das englische Frauenzimmer wird über einen solchen sanfter gewordenen Himmelsstrich ein günstigeres Urtheil fällen.

Wenn

Wenn ich, Mein Herr! Ihre Schuld nicht ermüde, so will ich eine kleine Ausschweifung begehen.

Als ich mich auf meinen Reisen in England, und zwar zu London, der Hauptstadt dieses Königreichs, befand, ward ich von einer schönen Engländerinn, mit der ich von ungefehr in Bekanntschaft gerieth, befraget, was für ein Landsmann ich wäre? — Folgende waren ihre Worte: Sir! excuse the Liberty, I take, in asking you, what Countrymen you are: Mein Herr! sagte die Schöne, entschuldigen Sie die Freyheit, wenn ich Sie frage, was sie für ein Landsmann sind? — Und wie! könnte ich wohl eine so höfliche Frage anderst, als mit Höflichkeit beantworten? — My Dear! J am a Bavarian: Meine Freundinn! Ich bin ein Baier. — What cryd She out, in a transport of admiration -- a Barbarian? impossible! -- J am surpris'd to See a Barbarian so civil, so polite, so --- Hier schwieg sie stille, und gieng von mir, ohne mir Zeit zu lassen, mich um die Ursache ihrer Verwunderung zu erkundigen. — Ich kam gar bald auf den Grund, und mein Zweifel hob sich, da ich nachdachte; wie sie mich nicht recht dürfte verstanden haben. Denn da ich ihr sagte: J am a Bavarian, so verstund sie vielleicht: J am a Barbarian. Sehen Sie! dieses verursachte, daß Sie voll Verwunderung aufschrie: Was! Ihr seyd ein Barbar? . . . es ist nicht möglich . . Ich erstaune, einen so gesitteten, so leutseligen, so höflichen . . so . . einen Barbaren zu sehen. Ich überlegte die Sache etwas genauer, und fand, daß sie zwar wohl geurtheilet, aber anfänglich nur übel verstanden habe.

Lassen Sie, mein Herr Intelligenzer! nicht nach, in Ihren bekannten Blättern wohl zu urtheilen; so werden sich auch Leute finden, die Sie wohl verstehen. —

Ich habe die Ehre, Sie unter der Zahl der Patrioten zu verehren, und zu versichern, daß ich sey

Ihr

Aufmerksamer Leser
Jonathas.

Artic. IX.

Merkwürdigkeiten und vermischte Nachrichten.

a) Aybling den 5. December. In dem Dorf Wilting, eine Viertelstunde von hier, ist unlängst eine arme, ledige Weibsperson, Namens Barbara Däschlinn, in ihrem 108. Jahre gestorben. Sie hat Zeit ihres Lebens weder Ader gelassen, noch Arzney gebrauchet, und ist bis auf die letzte Stunde ihres Endes frisch und gesund geblieben: nur vor 2. Jahren ist sie, wegen hohen Alters, blind und des Tageslicht beraubet worden. Ein schönes Alter für die Bauersleute! — Die Deutschen können auch lange leben, wenn sie die Mäßigkeit lieben! Nicht wahr? — —

Artic. X.

Ankündigung.

Den 31. Decemb. 1771. Nachts um 12. Uhr 0. Minuten wird das alte Jahr zu seinen Brüdern in das Reich der gewesenen Dinge per Posta abreisen, und ihnen die Thorheiten der Menschen, den siegenden Schwung der Laster so, wie das Leiden der Unschuld, und die edlen Thaten der Tugendhaften, jene mit Tadel und Fluch, diese mit Lobe und Ruhm erzählen.

Dagegen wird um die nämliche Zeit mit der ersten Secunde das neue Jahr aus dem ungeheuren Zukunftraum herauf rücken, und über alle Sterbliche die süße Hoffnung verbreiten, ihre gränzenlosen Wünsche in diesem Jahre erfüllet zu sehen. — Allein diese Hoffnung wird sie täuschen, denn die, welche in diesem Jahre gelachet, werden künftig weinen; und jene, die geweinet, werden sich über die glückliche Aenderung der Zeiten erfreuen.

Die Kinder des Jahres werden die Gerechtigkeit zur Hofmeisterinn haben; diese wird allen guten und tugendhaften Handlungen den Lohn so, wie bösen Thaten die Strafe, sogleich und ohne Rücksicht bestimmen.

Weil

Weil aber noch viele in der Finsterniß der Vorurtheile und der Dummheit herum tappen, und ihr wahres Glück nicht finden werden; da sie heuer acht Glückseligkeiten, die ihnen die Götter durch die acht Musen zugesendet, nicht erkannt, sondern von sich verstossen haben: so hat uns der Götterboth Merkur die Versicherung gebracht, künftiges Jahr die neunte Muse auf der Erde zu sehen, welche den Sterblichen das Licht der Weisheit anzünden, und ihnen die letzte Glückseligkeit überbringen wird. Sie befindet sich noch sehr wohl in den Armen des unsterblichen Apollo, der sie deßwegen zurück behalten, um ihre Butte wohl zu füllen, und sie mit mehrerem Ansehen wider alle Beleidigungen und Beschimpfungen recht auszuschmücken, damit die Menschen nach ihr lüstern werden, und sie nicht, wie vorhin ihre Schwestern, verkennen mögen. Wer ihr sodann nichts abkauft, und sich noch unglücklich fühlt, der hat sich die Schuld selbst beyzumessen, und darf nicht mehr über die Götter klagen.

Unser Hahn? — o! der hat sich schon zu heiser geschrieen: seine Stimme rührt keine Petrus mehr; sie sind aus Verläugnern Verräther des Herrn geworden: die Judas hassen sein Geschrey, weil sie die Stimme ihres Gewissens genug ängstiget. Er, der Hahn, soll also schweigen: bey den Gottheiten des Mars und der Minerva mag er genug schreyen, deren Sinnbild er ist. Die Menschen schlafen allzustark in ihren Thorheiten und Leidenschaften: sie zörnen, wenn man sie wecket. Denn sie haben gelernet, ohne Wachsamkeit und Thätigkeit im Guten, mit wenigen listigen Ränken, die ihnen im Traume beyfallen, heut zu Tage mehrer auszurichten, als was man vormals durch vieles Nachtwachen zu erlangen kaum im Stande war. —

Die Mode, durch List, Häncheln, Ränke, Untergrabungen und Betrügereyen sein Glück zu befördern ist zu hartnäckig; sie verabscheuet die Ankündigung des Tages der Wahrheit mit rächendem Blick: denn die Mächte der Unwissenheit und der verschleyerten Falschheit sind die Zeit ihrer Aerndte, wo sie die Vögel mit Nachtgärnen fängt, und im Trüben fischet.

Wir wollen ihr ausweichen, ehe sie uns gleiche Netze stellt: und uns in dem Thierreiche um einen andern Gefehrten umsehen, in dem sich die Madam Mode vielleicht gar verlieben mag. —

Künftiges Jahr wird also der Fuchs die Schaubühne betretten, und manche Komödie mitspielen helfen. Vielleicht macht dieses artige, schlaue, verschlagene Thierchen mit seinen gelinden Schritten und niedlichen Wendungen seines beliebten, goldfarben Schweifes mehrer Aufmerksamkeit und Eindruck, als der zur Buße und Belehrung ermunternde Hahn, sollte er auch vor Schreyen zerbersten.

Glückseliges neues Jahr!

Supplement ad Artic. III.

Den 29. September gegenwärtigen Jahres ist unweit Gautting eine Mannsperson von ungefehr 60. Jahren, starken Angesichts, lichtgrauen Haaren, einen weissen Kittel anhabend mit einem Bethelsäckel, worinnen etwas wenig Mehl war; Item den 11. dieß Monaths außer dem Dorfe Germering mehrmalen eine Mannsperson von mittelmäßiger Statur ungefehr etlich 30. Jahr alt, ziemlich mager, dunkelbraunen Haaren, und derley Augenbräune, mit einem blauen Leibstückel, dann einem braunen Rock versehen, todt gefunden worden.

Weilen dann deren Nämen, noch Aufenthaltsort bis anher nicht erforschet werden können; So werden alldiejenigen, welche hievon eine Wissenschaft tragen, oder wo sich dergleichen Personen abgängig befinden, höflichst ersuchet, dem nachstehenden Churfürstl. Pfleggericht die behörige Notification zu ertheilen. Actum den 15. December 1771.

Churfürstl. Pfleggericht Starnberg.

Pro Nota. Dieses gegenwärtigen und nachfolgenden Artikels halber wird hiemit angemerkt, daß die hierinn angesetzten Venalienpreise keineswegs als obrigkeitliche Sätze und Taxen der Feilschaften angesehen werden müssen; indem die Käufe und Verkäufe nur, wie sie sich auf den Markttagen von selbst anbegeben, zusammengetragen und bekannt gemacht werden.

Preise von allerley Victualien und Getreide, wie sie in nachstehenden Tagen waren.

Namen der Städt u. Märkt.	Ayr.	Ochsen-Fleisch		Rind-Fleisch		Kalb-Fleisch		Schaaf-Fleisch		1ß Eyer	Weitzen-Bier		Braun-Bier		Schmalz 1 Pf.	1 kr. Semel wiegt		ein Laib gut Roggenbrod um	wiegt			Mittere Getreid-Preis. Weitz Schä		Korn Schä		Gerst Schä		Hab Schä	
	k.	kr	pf	kr	pf	kr	pf	kr	pf	fl	kr	pf	kr	pf	kr	lo	qu	kr	Pf.	lo	qu	fl.	kr	fl.	kr	fl.	kr	fl.	kr.
Abbach	11	7	—	6	2	—	—	6	—	12	5	—	3	3	24	3	3	—	—	—	—	21	—	—	—	20	—	9	30
Aichach	14	7	2	6	2	—	—	—	—	12	5	2	4	—	22	4	—	8	1	28	—	23	20	20	15	18	50	7	20
Aibling	5	—	—	6	2	—	—		—	15	5	3	4	—	18	3	—	8	1	4	1	26	—	4	—	20	—	8	—
Abensperg	6	6	2	6	—	—	—	6	—	15	5	—	3	3	20	3	1	19	4	8	—	21	30	21	30	19	—	7	—
Braunau																													
Voburg	5	—	—	6	2	10	—	5	2	18	5	—	3	3	17	4	—	4	—	23	3	22	—	21	—	18	—	7	—
Camm	8	—	—	7	3	—	—	5	—	15	4	—	4		20	4	—	12	2	—	—	—	—	—	—	—	—	—	—
Craiburg	5	7	—	6	—	7	—	—	—	18	6	—	3	3	16	3	—	5	—	28	—	23	[illegible]	21	30	18	—	7	—
Dachau																													
Deggendorf																													
Dietfurt	10	7	2	6	2	7	—	6	—	12	5	—	3	3	26	2	—	12	2	—	—	24	—	22	30	18	—	7	30
Dingelfing																													
Dorfen																													
Erding	14	7	—	6	—	5	2	5	—	15	5	1	3	3	19	4	2	5	—	27	2	23	—	23	—	19	—	7	—
Freysing	23	7	2	7	—	8	—	—	—	12	5	—	4	2	21	3	2	12	2	22	—	25	30	25	—	21	30	9	—
Friedberg	13	7	2	6	2	8	—	—	—	12	5	2	4	—	24	3	2	4	—	28	—	24	—	20	30	18	30	7	25
Fridburg	3	6	—	5	2	5	2	4	2	30	4	3	4	1	16	4	—	5	2	—	—	20	—	16	—	15	—	6	30
Geisenfeld	6	8	—	7	—	9	—	—	—	15	5	—	3	3	20	3	3	11	1	24	—	22	—	22	—	20	—	7	30
Kelheim																													
Kötzting																													
Landau																													
Landsperg	14	6	—	6	—	8	—	—	—	12	6	—	4	—	21	3	2	4	—	23	—	22	—	21	30	20	30	7	15
Marquartstein																													
Müldorf																													
Mainburg																													
Mospurg																													
Neuenötting																													
Neumarkt	10	7	—	6	—	7	—	5	—	18	6	—	3	3	15	4	—	3	1	20	—	22	—	22	—	17	—	7	—
Neustadt																													
Passau	14	5	—	4	2	6		4	2	12	4	2	1	2	19	2	1	12	3	—		—		—		—		—	
Pfaffenhofen																													
Pfarrkirchen																													
Plätling																													
Reichenhall	19	6	—	5	2	5	—	5	—	15	5	2	4	1	20	3	—	36	8	—	—	24	30	23	—	19	—	10	30
Regenspurg																													
Rhain	7	6	—	6	2	9				12	6	—	4	—	24	4	—	8	2	8	—	22	30	19	30	17	30	7	—
Ried	31	6	—	5	—	5	2	—	—	18	5	2	3	3	20	3	2	12	2	—	—	20	24	18	30	15	—	7	—
Rosenheim																													
Rottenburg	2	7	2	6	2	10	—	6	—	15	5	—	3	3	18	5	—	4	1	4	2	21	—	22	—	18	—	7	—
Schärding																													
Schongau	14	7	2	6	—	7	—	—	—	12	3	1	4	2	22	3	—	8	1	6	2	23	40	23	30	12	15	8	40
Schrobenhausen																													
Stadt am Hof																													
Tölz	4	7	—	6	1	6	2	4	—	15	5	3	4	—	17	—	—	—	—	—	—	26	—	26	—	20	—	6	—
Traunstein	7	6	—	5	2	6	—	4	2	12	4	3	4	—	20	3	3	5	—	27	1	25	48	22	18	—	—	7	—
Trosperg	9	—	—	6	—	6	—	4	2	15	5	3	4	—	16	—	—	—	—	—	—	24	—	23	—	14	—	8	15
Vilshofen	4	6	1	6	—	6	2	—	—	18	4	2	4	—	20	4	1	6	1	16	—	20	—	20	—	15	—	9	—
Wasserburg	11	7	—	6	2	5	2	—	—	15	5	—	4	1	17	3	—	8	1	24	—	25	—	21	—	19	—	7	30
Weilheim																													
Zwisel	7	—	—	5	2	—	—	5	—	18	5	—	—	4	16	4	2	6	1	4	—	26	—	24	—	19	—	9	—

Venalien und Victualien.	Zahl Maß u. Gewicht.	München d. 20. Dec.			Landshut d. 19. Dec.			Straubing d. 20. Dec.			Burghaus. d. 17. Dec.			Ingolstadt d. 14. Dec.			Amberg d. 9. Dec.		
		fl.	kr.	d.	fl.	kr.	d.	fl.	kr.	d.	fl.	kr.	d.	fl.	kr.	d.	fl.	kr.	d.
Waizen mittler Preis.	1. Schäf.	25	—	—	22	—	—	19	—	—	22	—	—	21	45	—	—	—	—
Korn mittlere Preis.	1. Schäf.	23	—	—	22	—	—	21	—	—	20	—	—	20	30	—	—	—	—
Gersten mittlere Pr.	1. Schäf.	20	—	—	17	—	—	19	—	—	15	—	—	19	30	—	—	—	—
Haber 7. Metzen.	1. Schäf.	8	—	—	7	15	—	8	30	—	7	—	—	7	15	—	—	—	—
Semmelmehl.	1. Metz.	3	52	—	3	44	—	—	—	—	4	—	—	3	15	—	—	—	—
Ordin. Waitzenmehl.	1. Metz.	3	20	—	2	56	—	—	—	—	3	56	—	2	30	—	—	—	—
Roggenausschlag.	1. Metz.	3	42	—	2	40	—	—	—	—	3	12	—	2	50	—	—	—	—
Ordin. Roggenmehl.	1. Metz.	2	40	—	1	52	—	—	—	—	2	40	—	2	20	—	—	—	—
Ochsenfleisch.	1. Pfund.	—	7	2	—	7	2	—	7	1	—	6	1	—	8	—	—	—	—
Rindfleisch.	1. Pfund.	—	7	—	—	7	—	—	—	—	—	5	3	—	7	—	—	6	—
Kalbfleisch.	1. Pfund.	—	7	—	—	16	—	—	10	—	—	6	—	—	8	—	—	8	—
Schaffleisch.	1. Pfund.	—	5	2	—	7	—	—	6	—	—	4	2	—	7	—	—	6	—
Schweinsfleisch.	1. Pfund.	—	8	—	—	10	—	—	10	—	—	7	—	—	9	—	—	10	—
Gänse.	1. Stuck.	—	45	—	—	56	—	1	15	—	—	33	—	1	—	—	—	40	—
Enten.	1. Stuck.	—	30	—	—	28	—	—	36	—	—	—	—	—	25	—	—	24	—
Kapaun oder Koppen.	1. Stuck.	—	40	—	—	45	—	—	45	—	—	30	—	1	20	—	—	—	—
Hennen.	1. Stuck.	—	16	—	—	20	—	—	18	—	—	15	—	—	20	—	—	20	—
Junge Hünner.	1. Paar.	—	36	—	—	28	—	—	—	—	—	—	—	—	32	—	—	—	—
Hechten.	1. Pfund.	—	30	—	—	24	—	—	18	—	—	24	—	—	16	—	—	16	—
Karpfen.	1. Pfund.	—	16	—	—	18	—	—	12	—	—	16	—	—	12	—	—	8	—
Schmalz.	1. Pfund.	—	17	—	—	20	—	—	18	—	—	16	—	—	20	—	—	22	—
Butter.	1. Pfund.	—	18	—	—	20	—	—	18	—	—	15	—	—	22	—	—	20	—
Eyer.	50. Stuck.	—	50	—	—	40	—	—	50	—	—	50	—	—	50	—	—	50	—
Weiß-Waitzenbier.	1. Maaß.	—	5	—	—	5	1	—	5	2	—	4	3	—	4	3	—	4	2
Braunbier.	1. Maaß.	—	4	1	—	4	1	—	4	—	—	4	—	—	4	—	—	4	—
Bierbrandwein.	1. Maaß.	—	15	—	—	26	—	—	24	—	—	16	—	—	30	—	—	24	—
Baumöl.	1. Pfund.	—	22	—	—	24	—	—	28	—	—	22	—	—	24	—	—	28	—
Leinöl.	1. Pfund.	—	14	—	—	16	—	—	20	—	—	14	—	—	16	—	—	16	—
Unschlittausgeschmolz.	1. Centen.	25	—	—	25	—	—	26	—	—	23	—	—	—	—	—	16	40	—
Unschlittkerzen.	1. Pfund.	—	16	—	—	16	—	—	15	—	—	15	—	—	18	—	—	14	—
Det. Baumwolltacht.	1. Pfund.	—	20	—	—	17	—	—	—	—	—	16	—	—	—	—	—	20	—
Seife.	1. Pfund.	—	14	—	—	16	—	—	14	—	—	14	—	—	16	—	—	20	—
Salz.	1. Metz.	1	36	—	2	40	—	1	30	—	1	2	—	1	30	—	2	—	—
Buchenholz.	1. Klaft.	5	30	—	5	—	—	7	—	—	4	15	—	4	30	—	—	—	—
Eichenholz.	1. Klaft.	5	—	—	—	—	—	—	—	—	—	—	—	—	—	—	—	—	—
Birkenholz.	1. Klaft.	4	30	—	5	—	—	6	—	—	—	—	—	—	—	—	—	—	—
Feichtenholz.	1 Klaft.	3	50	—	3	30	—	4	30	—	2	24	—	3	40	—	4	—	—
Jede Klaft. zu 36. Sch. im □ Scheiderlänge 3½. Schuh.		tt.	lo.	qu.	tt.	lo.	qu.	tt.	lo.	qu.	tt.	lo.	qu.	tt.	lo.	qu.	tt.	lo.	qu.
Ein Kreutzer Semmelbrod wiegt		—	3	1	—	4½	—	—	4	—	—	3	2	—	4	2	—	—	—
Ein 4. Kreutzerleib Weißrogg.		—	28	—	—	22	—	—	—	—	—	24	3	—	—	—	3	28	—
Ein 5. Kreutzerleib.		—	—	—	—	—	—	—	—	—	—	—	—	—	—	—	—	—	—
Ein 6. Kreutzerleib.		—	—	—	—	—	—	1	2	1	1	5	1	—	—	—	—	—	—
Ein 8. Kreutzerleib.		1	24	—	—	—	—	—	—	—	—	—	—	—	—	—	—	—	—
Ein 12. Kreutzerleib Hausbrod.		—	—	—	2	17	—	—	—	—	—	—	—	—	—	—	—	—	—

Nota. Künftig erbittet man die mittleren Preise ja alle Monath directe an das Churfürstl. Intelligenz-comtoir (welches die Postfreyheit in ämtlichen Sachen erhalten hat) sicher einzusenden: auch die merkwürdigen Vorfälle jedes Orts umständig beyzufügen. Particuliares mögen ihre Anecdoten, Kritiken, Moral, Satyren, Gedanken, gute Vorschläge zum Besten des Landes an das Comtoir einsenden. Wohlgerathene Stücke werden einverleibt, und alle Erinnerungen mit Dank angenommen werden.

INDEX.

Ueber die in diesem 1771. Jahrgange enthaltenen höchstlandesherrlichen Verordnungen, Gebothe, und Verbothe.

Generalmandat, daß bey den weltlichen Testamenten keine geistliche Person, als Executor, ernennet oder zugelassen werden solle, betreffend. Datiert den 10. December 1760. Num. 27. Pag. 209.

Commißionspatent, wie die den hochanschaulichen Comitialgesandtschaften in Regensburg zugehörigen Güter und Victualien bey den Churbaierischen Mauthämtern behandelt werden sollen, so anders betreffend. Datiert Neustadt den 14. November 1770. Num. 6. P. 70. und 71.

Generalmandat, Die Pferdezucht in Baiern und der obern Pfalz, und die zu deren Emporbringung nunmehr bekannt gemachten Prämien; item die gelehrigen Hufschmiede und Sattler betreffend. Datiert den 19. November 1770. Num. 2. P. 17.

Ordonanz, an sämmtliche Mauth- und Beymauthämter, verschiedene Instructionsmäßige Puncten und Ermahnungen zur guten Besorgung ihrer Amtsgeschäfte, betreffend. Datiert den 1. December 1770. Num. 1. P. 10.

Decret, die zur Beförderung der Landwirthschaft in Baiern und der obern Pfalz; zur Erhaltung der Wohlfeile der Lebensmittel; zur Exequirung landesautzlicher Vorschläge; und in der Folge auch zur Handhabung einer guten Landespolicey, gnädigst verordnete geheime Hofcommißion betreffend. Datiert den 3. December 1770. Num. 1. P. 3.

Verruf, die verbothenen heimlichen und öffentlichen Schmähungen und Pasquillen, und die darauf gesetzten Strafen betreffend. Datiert den 18. December 1770. Num. 1. P. 12.

Generale, an sämmtliche Churfürstl. Pfleggerichter, die Publication des zur neuen Stempelung der Gold- und Silberborten anberaumten Termins, und die Reise des Fabrickendirectors von Bacano betreffend. Datiert den 24. December 1770. Num. 2. P. 21.

Patent, den abermal schärfest verbothenen Vorkauf bey den Häusern, die Abhaltung der Wochenmärkte, die verbothene rohe Häute- und Leinvel-Ausfuhr, dann die innländischen Lederer und Seifensieder betreffend. Datiert den 24. December 1770. Num. 3. P. 29.

Höchstlandesherrliche Verordnung, den verbothenen Getreidaufkauf bey den Häusern; gesetzwidrige Verheimlichung des Getreides; bessere Beschlagung der Schrannen; und die auf gewisse Verbrechen gesetzte Strafe der Landesverweisung, des Galgens, so andern, mit Verschließung des Gnadenweges 2c. betreffend. Datiert den 28. December 1770. Num. 1. P. 4.

Instruction, die Beschreibung der vorräthigen Getreider bey dem Adel- Ritter- Geistlichen- Bürger- und Bauernstande, in Absicht auf die Nothdurft zur eigenen Landesconsumtion, dann die Seelenbeschreibung betreffend. Datiert den 28. December 1771. Num. 1 P. 7.

Patent, die auf die ausführenden frischen Fische gelegte Exitoaccise pr. 2. fl. vom Centner, welche in dem Supplemente zur Tarif nur mit 1. fl. 40. kr. belegt waren, betreffend. Datiert den 2. Jänner 1771. Num. 3. P. 31.

Churfürstl. gnädigste Specialverordnung, die geziemende Respectirung der hohen Commitialgesandschaftlichen Urkunden, so anders betreffend. Datiert den 16. Jänner 1771. Num. 5. P. 53.

Verordnung, daß von den in beyde Churbaierische Herrschaften Sulzbürg und Bierbaum einführenden Weinen kein mehrers, als die ordinaren Zoll- und Mauthgebühren sollen erhollet werden, betreffend. Datiert den 23. Jänner 1771. Num. 4. P. 45.

Verordnung, die Verpflegung der Maleficanten, und was zur Atzung paßierlich ist, betreffend. Datiert den 28. Jänner 1771. Num. 5. P. 55.

Königl. Preusisches Mandat, die Frankfurter Messe betreffend. Datiert Berlin den 28. Jänner 1771. Num. 5. P. 61.

Mandat, das Schulwesen und die Schulbücher betreffend. Datiert den 5. Februar 1771. Num. 4. Pag. 41.

Verruf, die Vorlehen der Speis- und Saamengetreider, und die den Darleihern gnädigst ertheilten Vorzüge, betreffend. Datiert den 6. Februar 1771. Num. 3. P. 31.

Patent, die verbothene Ausfuhr des grünen und gedörten Obsts betreffend. Datiert den 6. Februar 1771. Num. 4. P. 46.

Patent, den Getreidtransit durch die Churbaierischen und Oberpfälzischen Lande betreffend. Datiert den 7. Februar 1771. Num. 4. P. 44.

Verordnung, die Heu- und Grummetsperr zum Vortheil der inländischen Viehzucht, und deren mehrern Emporbringung in Churbaierischen Landen betreffend. Datiert den 15. Februar. 1771. Num. 4. P. 46.

Patent, die Erläuterung, daß die Getreidesperr sich auf die Churpfalz-Sulzbachischen Lande und das Nordgau nicht verstehe, betreffend. Datiert den 6. März 1771. Num. 5. P. 55.

Patent, die erneuerte Sperr der Bierausfuhr betreffend. Datiert den 8. März 1771. Num. 6. P. 70.

Kaiserl. Königliche Verordnung, die Mäckler betreffend. Datiert den 9. März 1771. P. 106.

Verruf, die Mauth- und Accisfreye Einfuhr der Victualien in Baiern und in die Obere Pfalz betreffend. Datiert den 15. März 1771. Num. 5. P. 56.

Patent, die freye Gegenfuhr der Lebensmittel zwischen Baiern und der Obern Pfalz betr. Datiert den 16. März 1771. Num. 6. P. 70.

Verruf, die Sicherheit derenjenigen, welche den Unterthanen im Lande mit Speise- und Sammengetreide-Vorlehen beyhelfen; es sey in Natura, oder in Geld, und die auf solchen Fall dem Darleiher gnädigst zugestandene Privilegien, betreffend. Datiert den 20. Märzen 1771. Num. 5. P. 57.

Patent, daß über die von der Burgerschaft der Reichsstadt Regensburg genießenden Mauth- und Accis-Nachläße besondere Manualien abgehalten werden sollen, so anders betreffend. Datiert den 23. März 1771. Num. 6. P. 73.

Höchstlandesherrliche Verordnung, den zu Abhelfung der Getreidtheurung auf die folgenden 5. Monathe gesetzten Getreidtpreis, nach Proportion der Lage und Entfernung eines Schrannenortes zum andern, betreffend. Datiert den 26. März 1771. Num. 6. P. 65.

Patent, die verbothene Ausfuhr der Stärke und des Haarbuders betreffend. Datiert den 3. April 1771. Num. 8. P. 89.

Königlich Dänisches Mandat, die Einschränkung der leeren Titeln, und Charaktere, so anders betreffend. P. 93.

Generale, den im dem Herzogthum der Obern Pfalz allgemein verfügten Getreidsatz, und die gegen die Getreidverhaltung gemachte Vorsorge betreffend. Datiert den 8. April 1771. Num. 9. P. 101.

Circular-Patent, die sich ins Land einschleichenden Bettler und Vaganten, und die deßhalb durch die Churfürstl. Gränzbeamten gemachte Fürsorge betreffend. Datiert. den 10. April 1771. Num. 10. P. 117.

Verordnung, über das Weincommercium zwischen den Churbaierischen und Oberpfälzischen Landen. Datiert den 13. April 1771. Num. 17. P. 210.

Churfürstl. gnädigste Resolution, den moderirten Getreidsatz für die Schrannenorte München, Landsperg, Tölz, und Weilheim, zur Erleichterung der Zufuhr betreffend. Datiert den 27. April 1771. Num. 9. P. 104.

Verruf, die gegen die Emigration gemachte Fürsorge betreffend. Datiert den 2. May 1771. Num. 11. P. 129.

Universalgetreidsatz, welcher auf gnädigste Specialanbefehlung Sr. Churfürstl. Durchl. für die vier Monathe May, Juny, July und August in den vier Rentämtern, und hierinn enthaltenen Ortschaften, verordnet worden. Datiert den 8. May 1771 Num. 10. P. 118.

Verruf, die ebenfalls gnädigst verordnete Universal-Viehsperr betreffend. Datiert den 18. May 1771. Num. 11. P. 144.

Churfürstl. gnädigste Anbefehlung, die Verschonung der Feldfrüchten, und Verhütung der Wildschäden betreffend. Datiert den 27. May 1771. Num. 12. P. 146.

Verruf, das Verboth des Wildschießens gegen diejenigen, welche die Jagd weder von Amtswegen, noch aus einem Real- oder Personal-Recht zu exerciren haben, so anders betreffend.

Das

Datiert den 27. May 1771. Num. 12. Pag. 153.

Churfürstl. höchstpreiswürdige Anbefehlung, daß die Jagdberechtigten Stände mit Wegschiessung des Wildes, Theils zur Versorgung der Armen, größten Theils aber zur Vermeidung der beträchtlichen Wildschäden auf den Feldern, dem höchstlandesherrlichen Beyspiele nachfolgen sollen. Datiert den 28. May 1771. Num. 12. P. 145.

Churfürstl. gnädigste Verordnung, daß die Hereinbringung der Gold- und Silberborten und Posamentierarbeit, ohne zuvor erholten Paß, bey Strafe der Confiscation verbothen, so anders betreffend. Datiert den 29. May 1771. Num. 15. P. 181.

Patent, die Ausfuhr des Mühlgetreides in das Eichstädtische und die Einfuhr des Gemahlnens betreffend. Datiert den 31. May 1771. Num. 14. P. 170.

Höchstlandesherrliche Verordnung, die Aufhebung des bisher erlaubt gewesenen Getreidekaufs bey den Häusern, mit der wiederamigen Anweisung auf die öffentlichen Schrannen, und daß die Feldfrüchte vor der vollkommenen Zeitigung, bey empfindlicher Leibesstrafe nicht eingeerndtet werden sollen, betreffend. Datiert den 3. Juny 1771. Num. 13. P. 157.

Churfürstl. gnädigste Anbefehlung, daß sich die Churfürstl. Gerichts- und Kastenämter die in Druck gelegte Sammlung der churbaierischen Landsverordnungen beyschaffen sollen. Datiert den 8. Juny 1771. Num. 14. P. 169.

Weitere gnädigste Resolution, den gewöhnlichen Jacobimarkt, oder Dult allhier, so nach geendigtem Salzburgermarkt künftig auf den 7. October dieß Jahrs verlegt worden, betreffend. Datiert den 15. Juny 1771. Num. 14. P. 169.

Circulare, an die sämmtlichen nächst Regensburg entlegenen Mauthstationen, die Zufuhr der Victualien betreffend. Datiert den 17. Juny 1771. Num. 18. P. 225.

Generalverboth, daß von den gericht- und kastenämtischen Amtleuten bey der Haberfuttersammlung auf so unverschämte, als gewissenlose Art kein hartes Getreid, statt des Habers, eingefoderet werden solle. Datiert den 19. Juny 1771. Num. 16. P. 197.

Patent, daß das in dem Nordgau und Salzbachischen von Ausländern erkaufte Hornvieh bey den oberpfälzischen und baierischen Mauthämtern nicht hinaus gelassen, sondern zum inländischen Verkauf angewiesen werden solle. Datiert den 22. Juny 1771. Num. 15. P. 185.

Generalverordnung, daß jedem der Handelsberechtigten, gegen Entrichtung der treffenden Mauth- und Accisgebühr so viel Rauchtaback, als er will, einzuführen gnädigst bewilliget seyn, nebst einer einstweiligen Tariffa, oder Satzungspreis. Datiert den 1. July 1771. Num. 17. P. 210.

Circulare, die gnädigst erforderte Anzeigen für Kinder, und wie viele deren sich erarmt in den Städten, Märkten, und Dörfern befinden, und sowohl der Gemeinde, als dem höchsten Ærario dermal zur Last fallen. Datiert den 8. July 1771. Num. 17. P. 210.

Patent, die Victualien-Zufuhr nach Regensburg betreffend. Datiert den 12. July 1771. Num. 18. P. 226.

Höstlandesherrliche Verordnung, die auf die auswärtigen Grund- und Zehendherren moderirte Getreidsperre betreffend. Datiert den 6. August 1771. Num. 19. P. 249.

Verruf, daß der confiscirte Taback nicht mehr an die octroyrte Compagnie, sondern den inländischen Kaufleuten und Landkrämmern verkauft werden dörfe. Datiert den 9. August 1771. Num. 19. P. 250.

Patent, die verbothene Ausfuhr des Hanfs und dergleichen Sailwerk betreffend. Datiert den 13 August 1771. Num. 19. P. 251.

Patent, die wegen den Salzkarnern bey Erkaufung des Getreids gemachten Verordnungen betreffend. Datiert den 16. August 1771. Num. 21. P. 261.

Patent, die wiederholter verbothene Bierausfuhr betreffend. Datiert den 17 August 1771. Num. 19. P. 252.

Patent, die erneuerte Getreidsperre betreffend. Datiert den 20. August 1771. Num. 19. P. 249.

Churfürstl. gnädigste Resolution, die ausgesperrte Getreidezufuhr nach Regensburg betreffend. Datiert den 20. August 1771. Num. 23. P. 285.

Verruf, wie es nach dem nunmehr aufgehobenen Getreidsatze auf den Schrannen gehalten werden solle, und die verbothenen Getreidanschütten betreffend. Datiert den 30. August 1771. Num. 21. P. 262.

Fünf Churfürstl. gnädigste geheime Raths-Resolutionen, verschiedene Verbesserungen und Einrichtungen bey der hohen Schule in Jngolstadt, dann die künftige Feyer des dritten Jubeljahres seit der Stiftung derselben, betreffend. Datiert den 4. Sept. 1771. Num. 27. P. 338.

Höchstlandesherrliche Verordnung, die verbothenen Winkelkäufe, die Salzkarner, und wie es auf den Schrannen künftig gehalten werden solle, so anders betreffend. Datiert den 5. September 1771. Num. 22. P. 273.

Circular-Patent, die ungesperrte Zufuhr der Victualien aus Baiern nach Regensburg, so anders betreffend. Datiert den 14. September 1771. Num. 24. P. 297.

Patent, Nachtrag und Erläuterung wegen Freypasirung der auswärtigen Gild- und Zehendgetreider. Datiert den 25. September 1771. Num. 23. P. 285.

Generale, die weise Verordnung des zu einer systematischen Landesverfassung in Policey- und Regierungssachen nöthigen Universalconspects über den Nähr- und Zehrstand der Churbair. Lande betreffend. Datiert den 30. September 1771. Num. 25. P. 313.

Ordonanz, daß keine Consumwächter über die Landgränze ohne Jnspections- oder mauthämtlichen Vorweis, paßiren zu lassen. Datiert den 30. September 1771. Num. 27. P. 337.

Churfürstl. gnädigste Resolution, die wiederholter erneuerte freye Einfuhr der Victualien, ohne alle Mauth- und Accisentrichtung, und was hierunter für Artikel verstanden werden, betreffend. Datiert den 3. October 1771. Num. 24. P. 299.

Generalmandat, die in den Churlanden zu Baiern zu errichtenden Haupt- und Filialgetreidmagazine, so andere landesväterliche Vorkehrungen, und vorsorgliche Behelfe betreffend. Datiert den 5. October 1771. Num. 26. P. 325.

Patent, die wiederumige Aufhebung der freyen Einfuhr des Rauchtabacks, so anders betreffend. Datiert den 14. October 1771. Num. 25. P. 317.

Decretum, die von der Churfürstl. geheimen Hofcommißion in Getreidvorfallenheiten und dahin einschlagenden Geschäften treffenden Verfügungen sollen von den Churfürstl. Mauthämtern, auch ohne Mauthdirectorialausschreibung, ungesäumt vollzogen werden. Datiert den 23. October 1771. Num. 26. P. 332.

Mauthdirectorialausschreibung hierauf. P. 333.

Generale, die Abwendung der Wildschäden, das verbothene Wildschießen, und die Bestrafung der Wildprätschützen, so anders betreffend. Datiert den 2. November 1771. Num. 28. P. 349.

Generalmandat, den bey Lebensstrafe neuerdings verbothenen Getreidverkauf bey den Häusern, so andere dießfalls geschärfte Verordnungen betreffend. Datiert den 8. November 1771. Num. 28. P. 352.

Generalmandat, die Besuchung der Universität Jngolstadt von Bairischen Landskindern, und die Abschaffung des Privat- und Winkeldocirens betreffend. Datiert den 18. November 1771. Num. 30. P. 373.

Register.

Ueber die in gegenwärtigen Jntelligenzblättern enthaltenen Materien, besonders die Landwirthschaft, die Policey, die Schulen, die Moral, und den gelehrten Artickel betreffend.

A.

Accouchementhaus, was es ist. Pag. 35.
— besser erklärt: deren Nothwendigkeit in grosen Städten. 92.
Adel, dessen Verdienst ist mehr als die Geburt. 292.
Advocat, Gleichniß eines Bauers davon, etwas zum guten Geschmack. 224.

Af

C.

C.

D.

E.

F.

Frucht

G.

H.

J.

K.

L.

Listen

M.

N.

O.

P.

Q.

— — — — —

R.

W.

W.

X. und Y.

— — — — — —

Z.

* * * * * * * * *

Freunde! zörnet nicht über dieses Gemenge von Nachrichten: nichts ist so klein, welches nicht dem Menschen einigen Nutzen bringet.

Findet ihr Wahrheiten! so glaubt ihnen; leset ihr Ermahnungen! so folget ihnen; sehet ihr Dinge zum Unterricht! so suchet die zu benutzen.

Und wenn ihr Fehler bemerket: so bessert Uns, und Euch zugleich. Wir wollen den Unkosten schon miteinander tragen.

Sollte der Satz richtig seyn, daß sich keiner selbst weise genug sey, so lasset uns mit Sanftmuth und Gedult einander übertragen, helfen, ermahnen, trösten und unterweisen.

Gesetzt, daß diese Blätter wegen Druck und Papier nicht gar umsonst aus der Presse kommen: so machet nur eine gute Meynung dazu: „und bedenket," die Wahrheit kömmt manchesmal theuer.